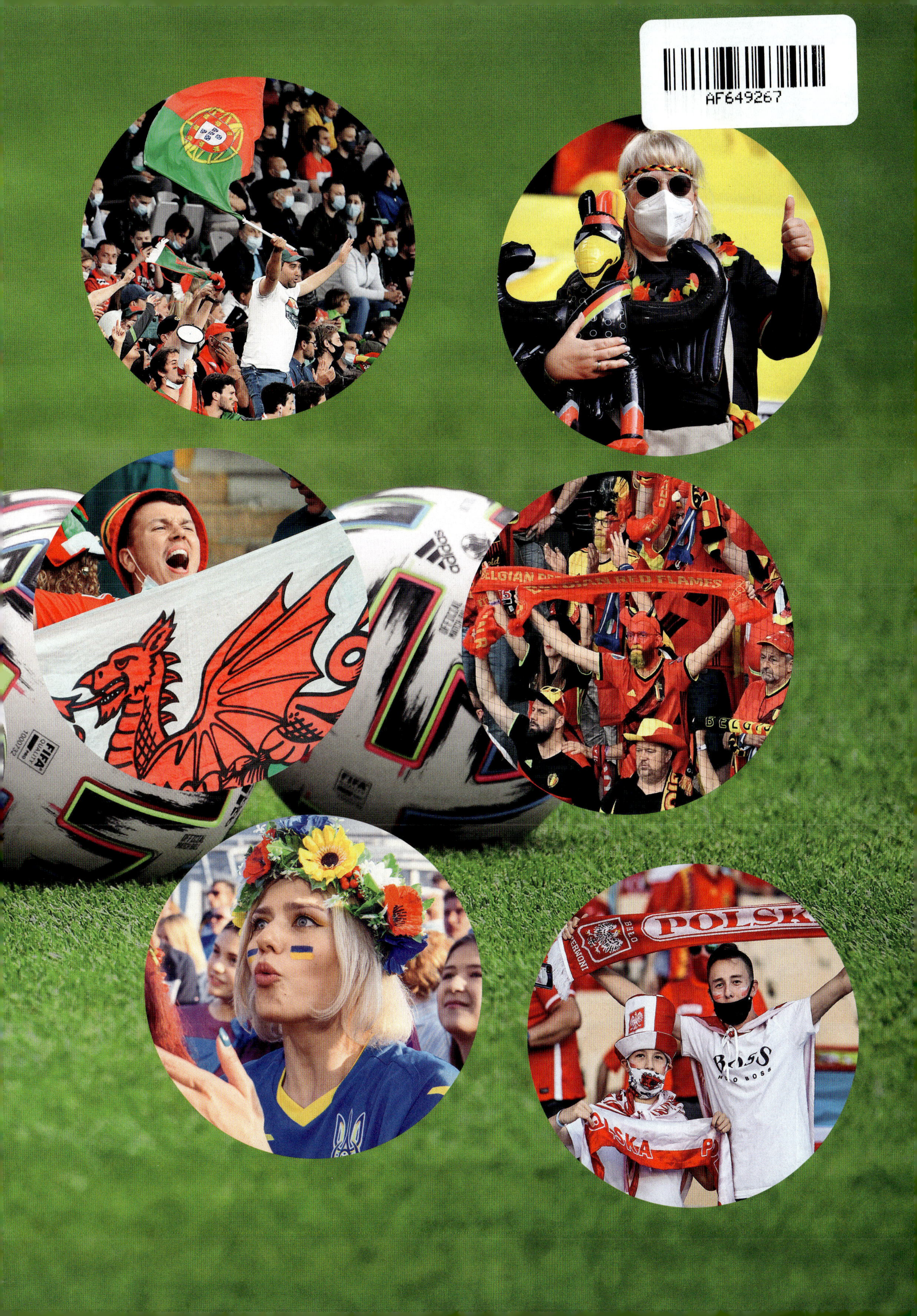
BELGIAN RED FLAMES
POLSK
BOSS

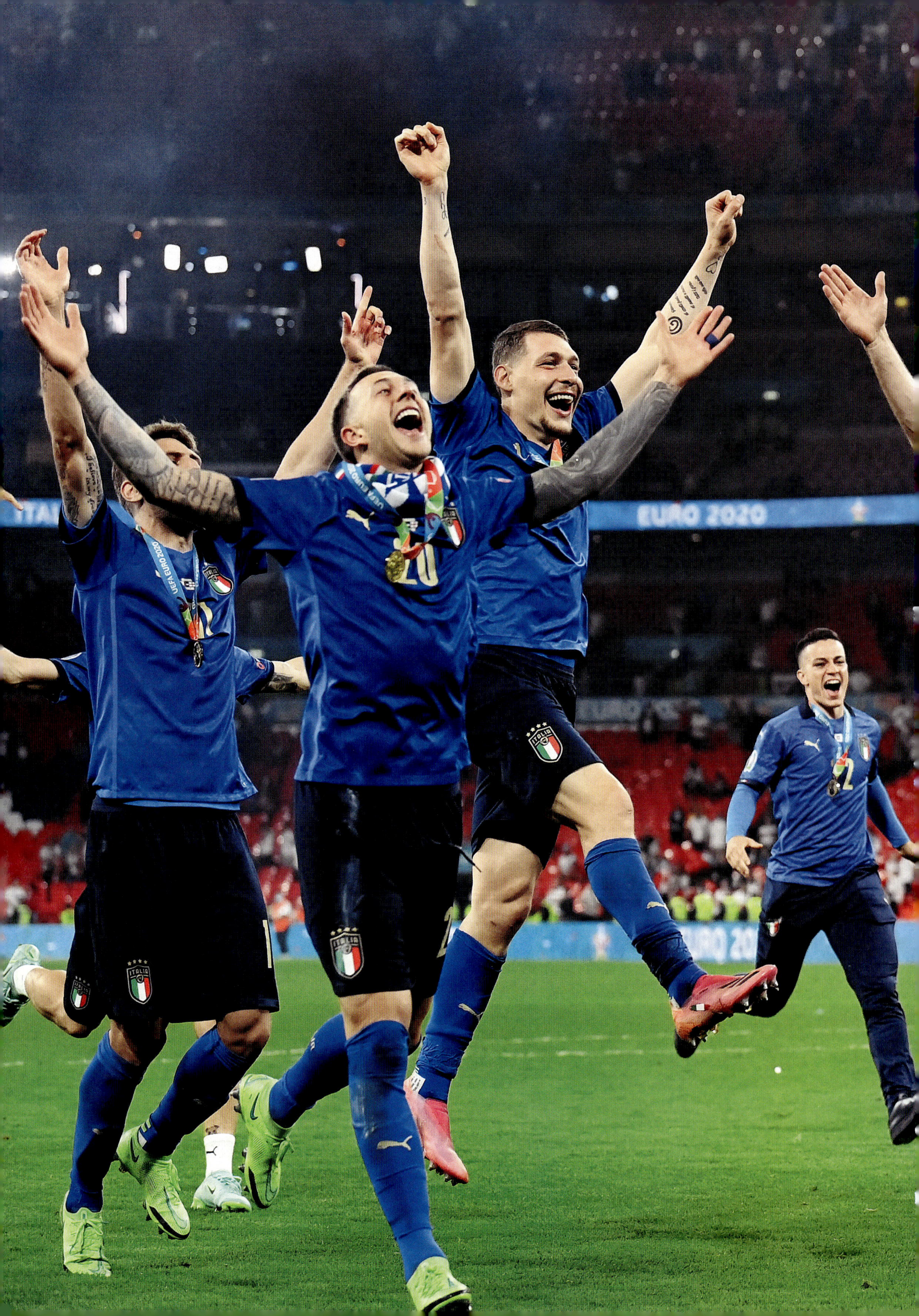
EURO 2020

kicker Fußball
Europameisterschaft 2021

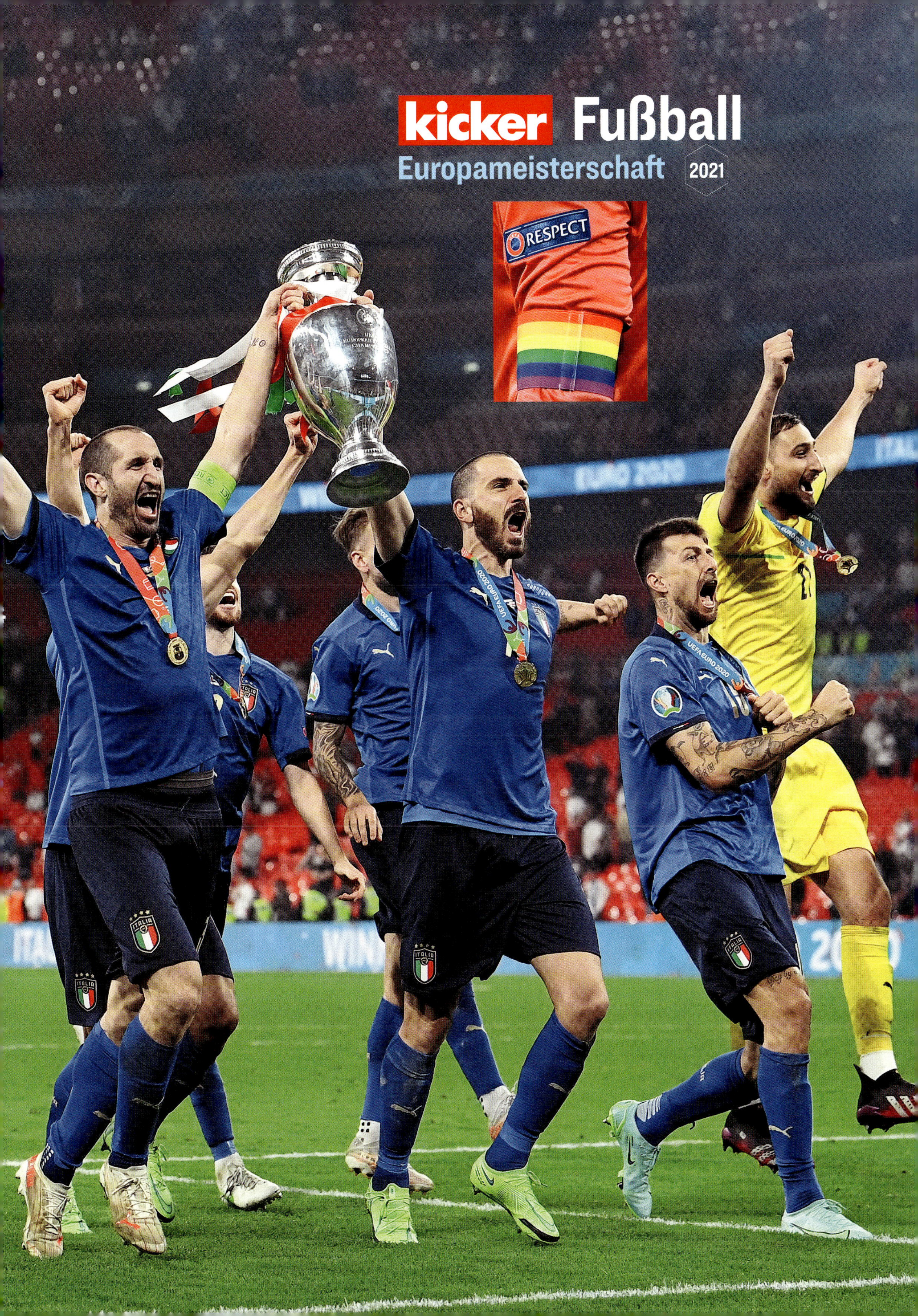

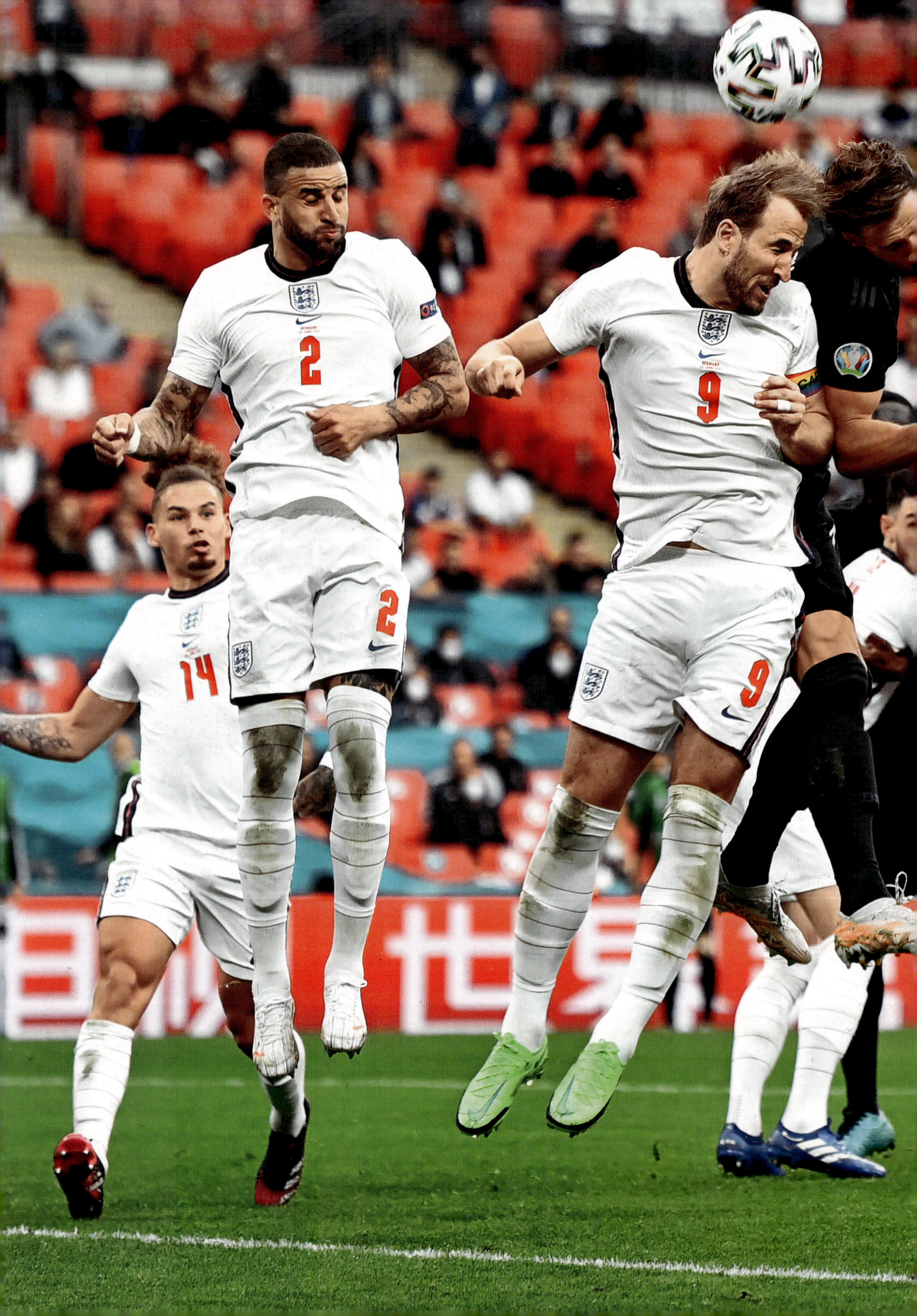
2
9
14

kicker Fußball
Europameisterschaft 2021

kicker
SVEN SIMON

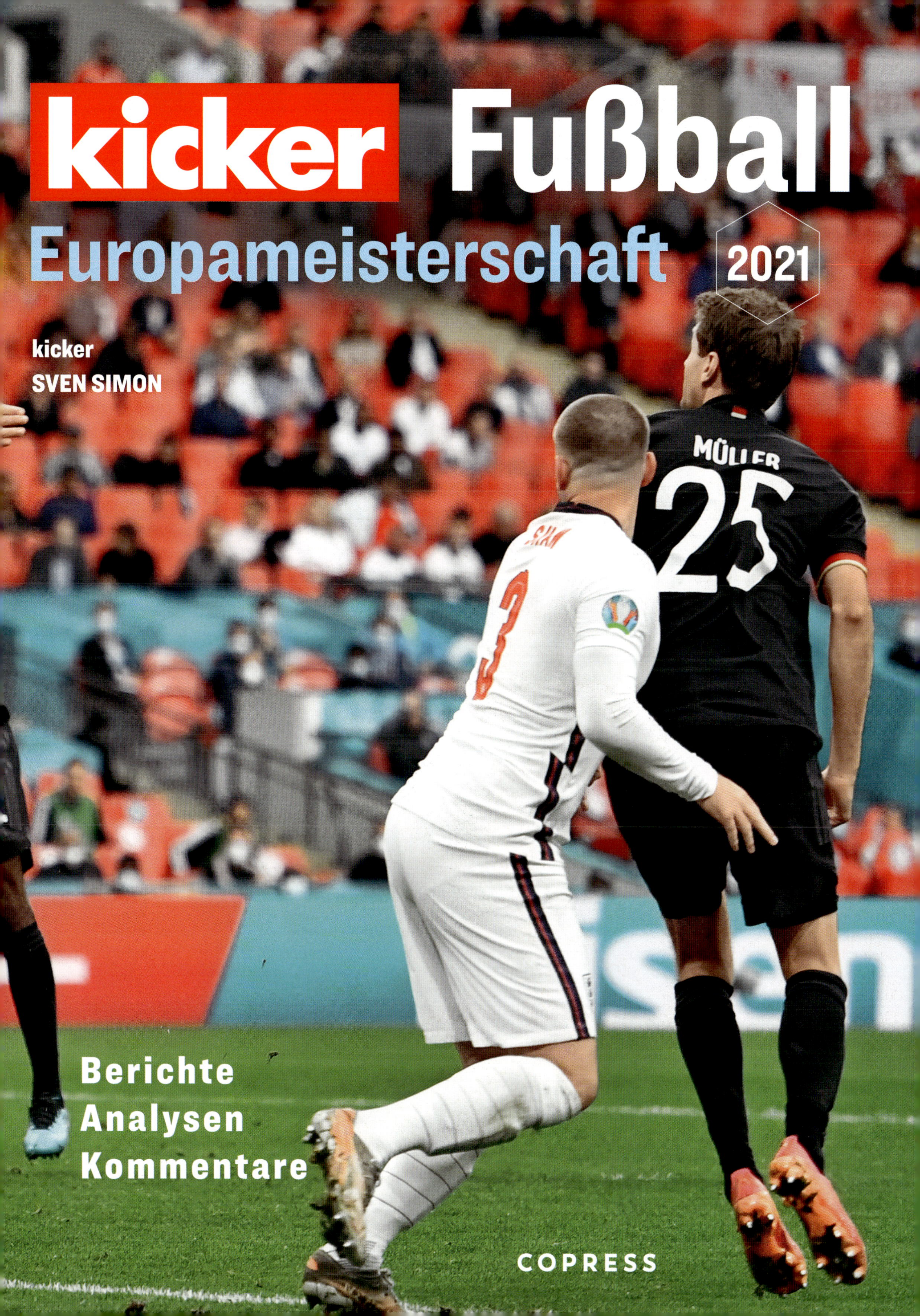

Berichte
Analysen
Kommentare

COPRESS

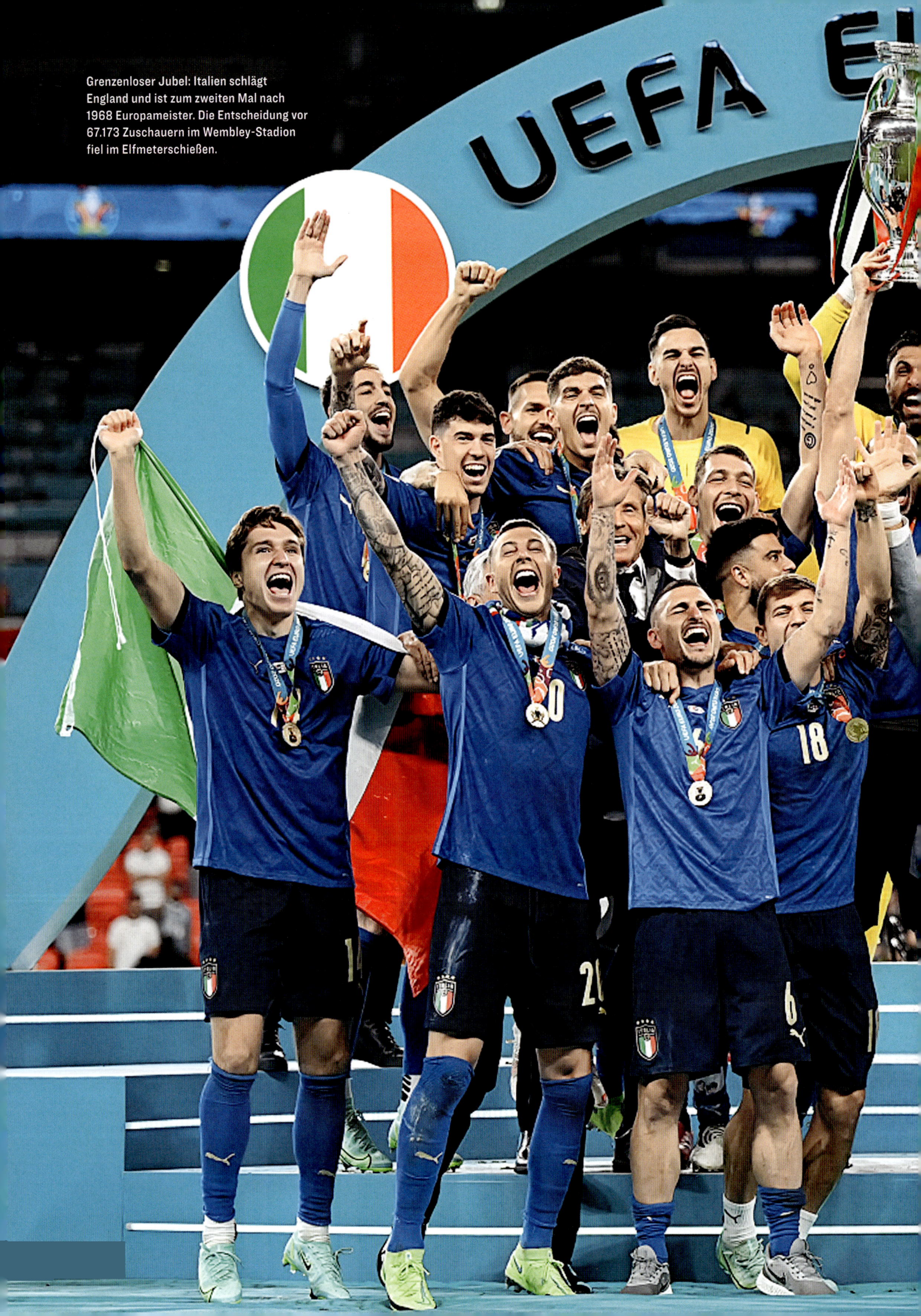

Grenzenloser Jubel: Italien schlägt England und ist zum zweiten Mal nach 1968 Europameister. Die Entscheidung vor 67.173 Zuschauern im Wembley-Stadion fiel im Elfmeterschießen.

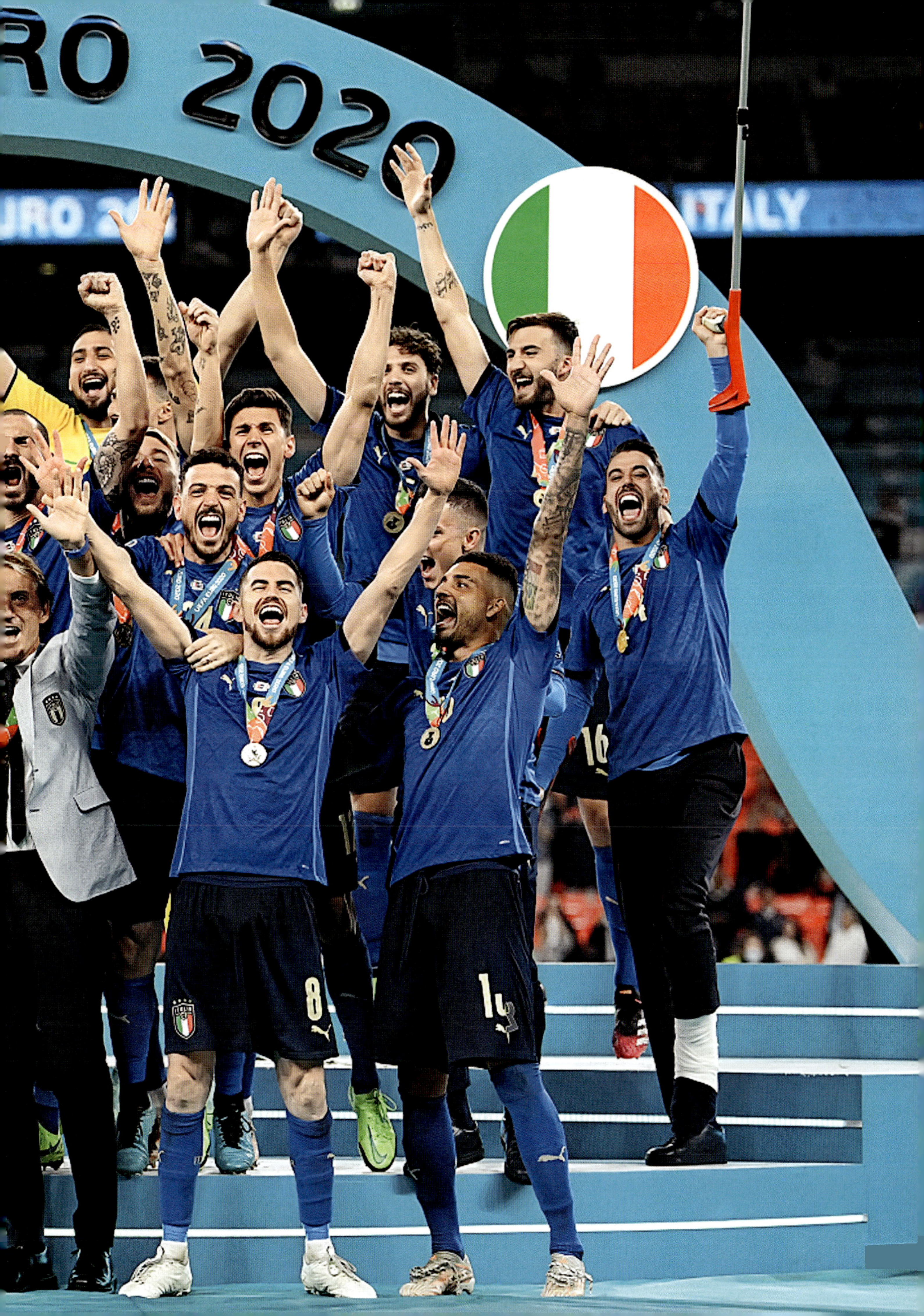
RO 2020
ITALY

EDITORIAL

Spannung, Spektakel, große Gefühle und am Ende gewinnt die beste Mannschaft – Italien!

Die EM 2021 ist Geschichte, damit die EURO 2020. Der Gewinner heißt Italien. Glückwunsch! In einem wahnwitzigen Elfmeterschießen scheiterte England nach drei Fehlversuchen erneut (2:3). Aus dem epischen Abnutzungskampf zuvor war keine der beiden besten Mannschaften des Turniers als Sieger hervorgegangen (1:1). Damit kam dieser Titel keineswegs unverdient zum zweiten Mal nach 1968 nach Rom. Und ist bis auf Weiteres nicht »at home«.

Der Blick auf das gesamte Ereignis weckte am Finaltag zwiespältige Gefühle. London, ach was, ganz England war voller Erwartung aus dem Häuschen. Der Ausnahmezustand in den Straßen und die mehr als 60 000 Zuschauer im Stadion warfen ein weiteres Mal die Frage auf, ob es für eine massenweise überschäumende Party die rechte Zeit war, angesichts der anhaltenden Corona-Pandemie.

Der Idee eines paneuropäischen Turniers 60 Jahre nach der ersten Europameisterschaft, die der frühere französische Weltstar Michel Platini als UEFA-Präsident forcierte, hatte großen Charme. Leider konnte dieser nicht wie ursprünglich gewünscht wirken, weil die Vielzahl der Schauplätze komplizierte Fragen aufwarf: organisatorische ohnehin schon in »normalen« Zeiten, zusätzliche gesundheitspolitische, als es galt, auf Abstand zu gehen.

Die unbeschwerten Begegnungen der Fans in den Städten mussten von vornherein arg begrenzt bleiben. Und doch hat diese Europameisterschaft die Stimmung heben können, weil die (teilweise) dosierte Rückkehr der Zuschauer in die Stadien endlich möglich war. Und vor allem: weil der Sport überwiegend begeisterte. Weil die Spiele, bis auf wenige Ausnahmen, (höchst) spannend verliefen. Weil die Emotionen, die der Fußball auslöst, mit von der Partie waren. Darin eingeschlossen starke Signale für Toleranz über alle Grenzen hinweg, wie sie englische und deutsche Akteure aussendeten, als sie gemeinsam niederknieten – offensiv gegen Rassismus.

Dieses EM-Buch handelt von spektakulären Begegnungen erstklassiger Mannschaften, von gescheiterten Stars wie dem Franzosen Kylian Mbappé, von neuen Helden wie dem italienischen Torhüter Gianluigi Donnarumma, der in der Entscheidung der 51. Partie zwei Elfmeter hielt, vom Ende der Ära des Bundestrainers Joachim Löw und der erneut enttäuschenden deutschen Nationalmannschaft. Auch von den politischen Debatten rund um eine Europameisterschaft, die auf seltsame Weise für immer einzigartig bleiben wird.

Erzählt und eingeordnet von den Reportern und Datenredakteuren des kicker, ins Bild gesetzt von den Fotografinnen und Fotografen internationaler Agenturen.

Ich wünsche Ihnen viel Freude bei der Lektüre und überwiegend gute Erinnerungen an den Fußball der EURO 2020 im Jahr danach.

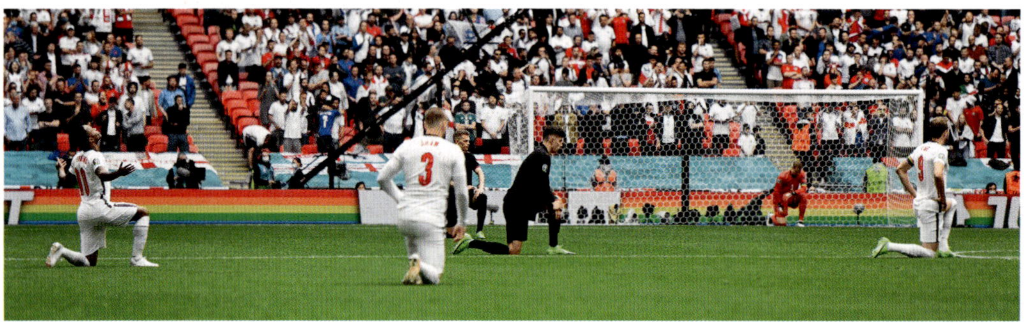

Kniefall: Englische und deutsche Spieler setzen vor dem Achtelfinale gemeinsam ein Zeichen gegen Rassismus.

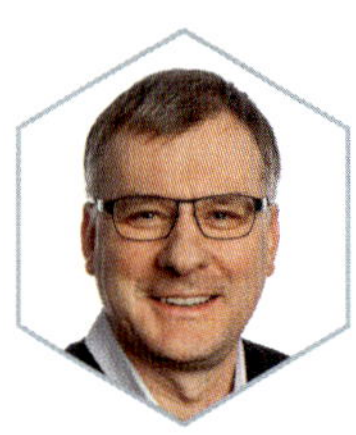

Jörg Jakob
kicker-Chefredakteur

INHALT

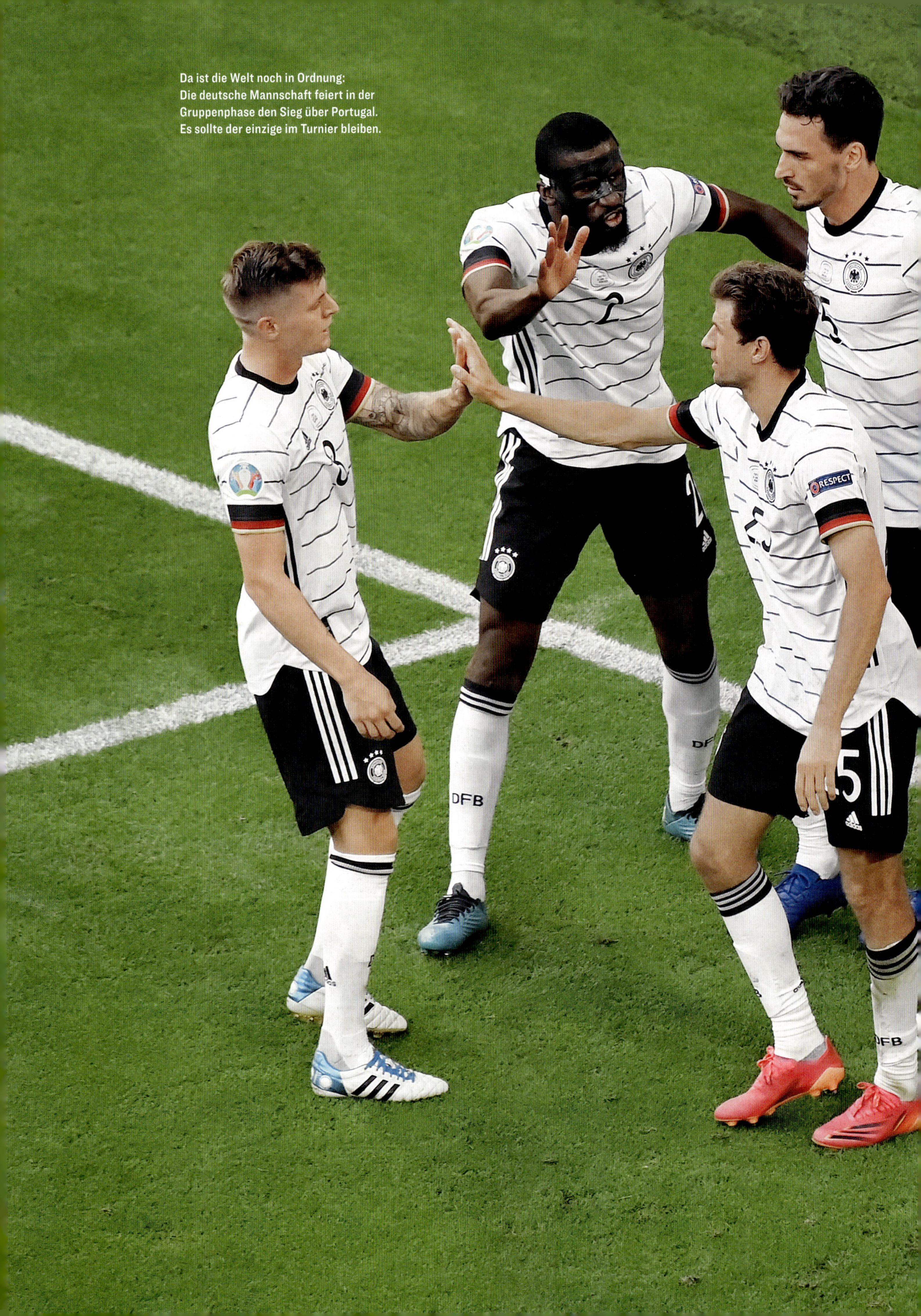

Da ist die Welt noch in Ordnung:
Die deutsche Mannschaft feiert in der Gruppenphase den Sieg über Portugal.
Es sollte der einzige im Turnier bleiben.

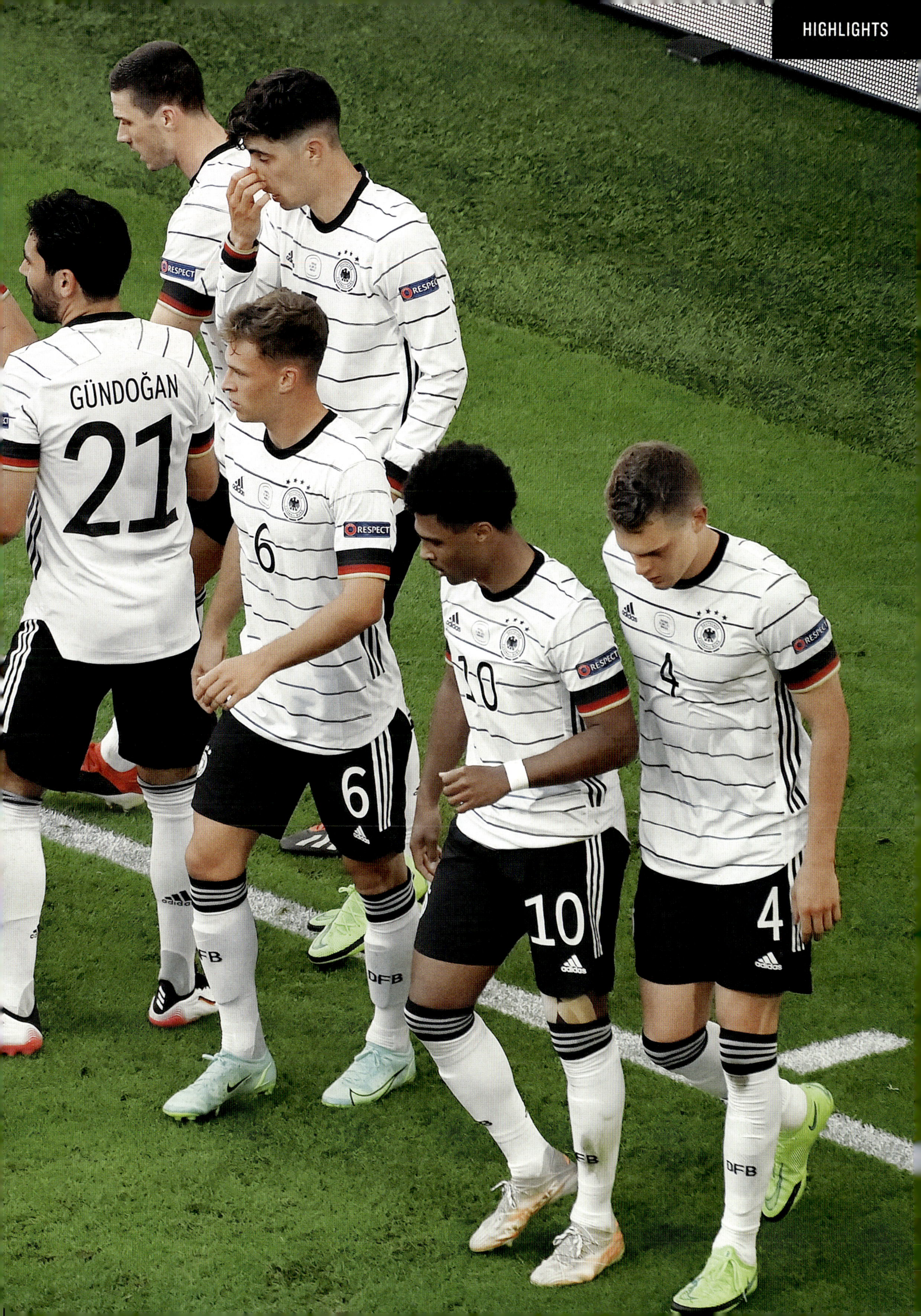
GÜNDOĞAN
21
6
10
4
RESPECT
DFB

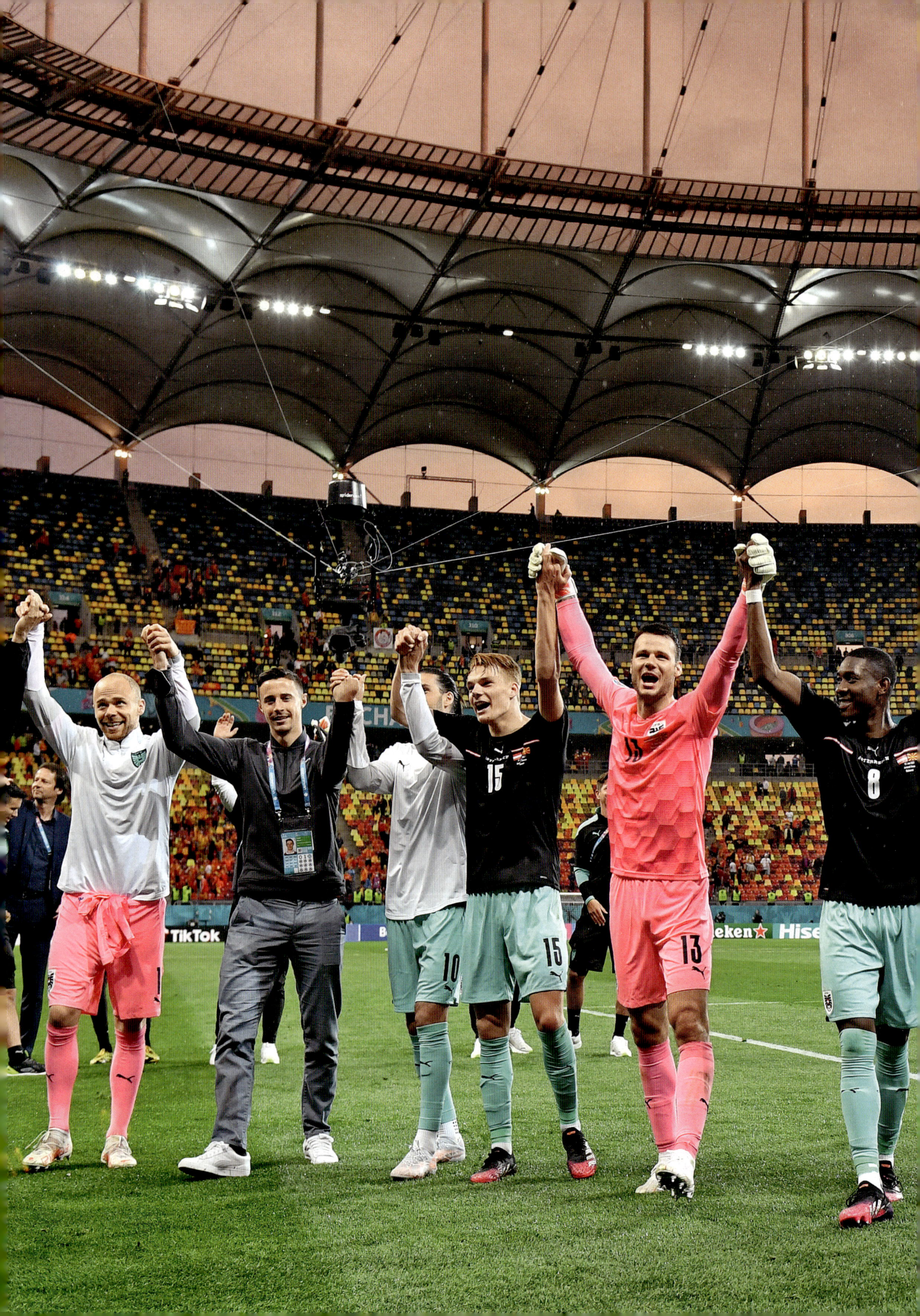
TikTok

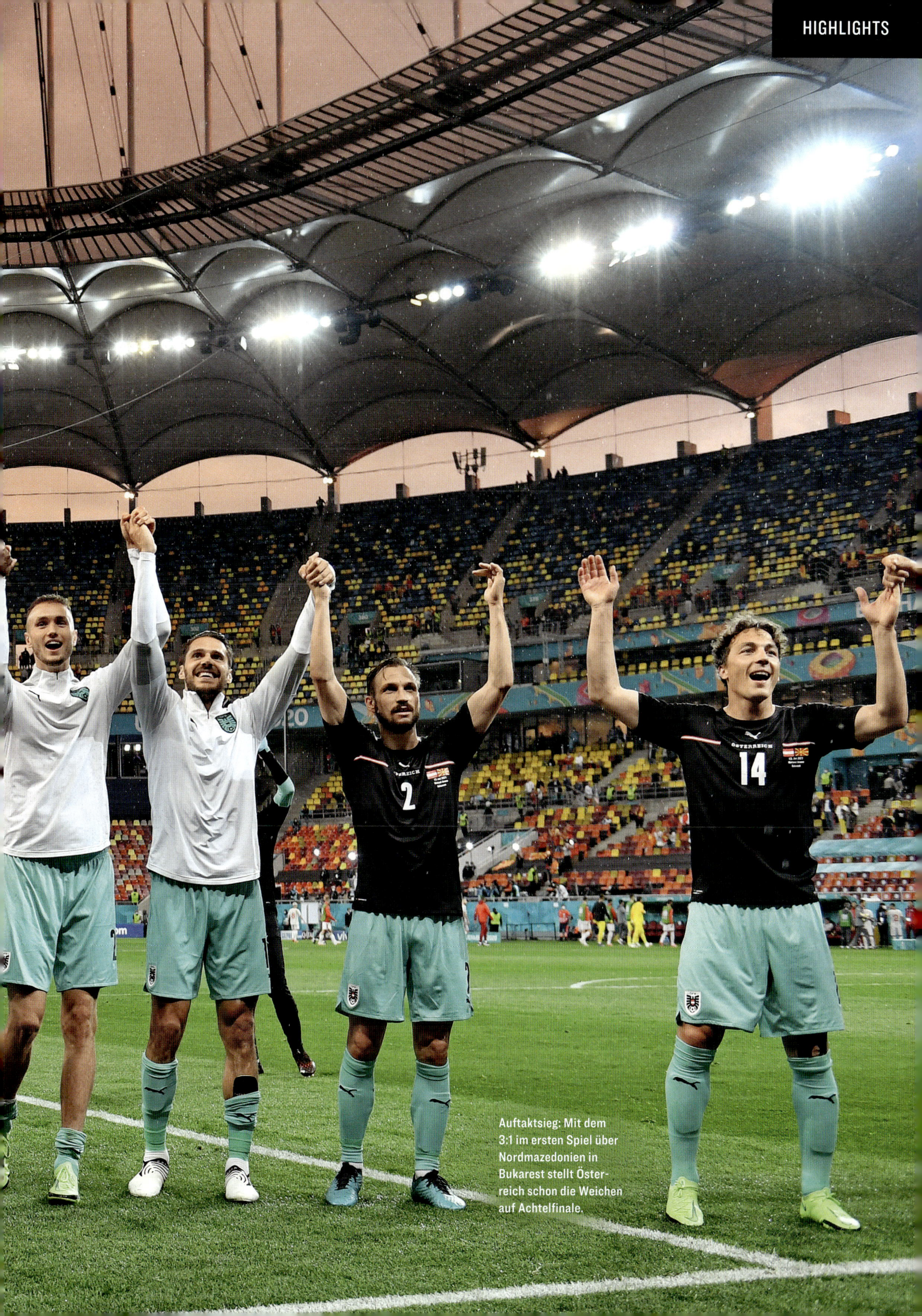

Auftaktsieg: Mit dem 3:1 im ersten Spiel über Nordmazedonien in Bukarest stellt Österreich schon die Weichen auf Achtelfinale.

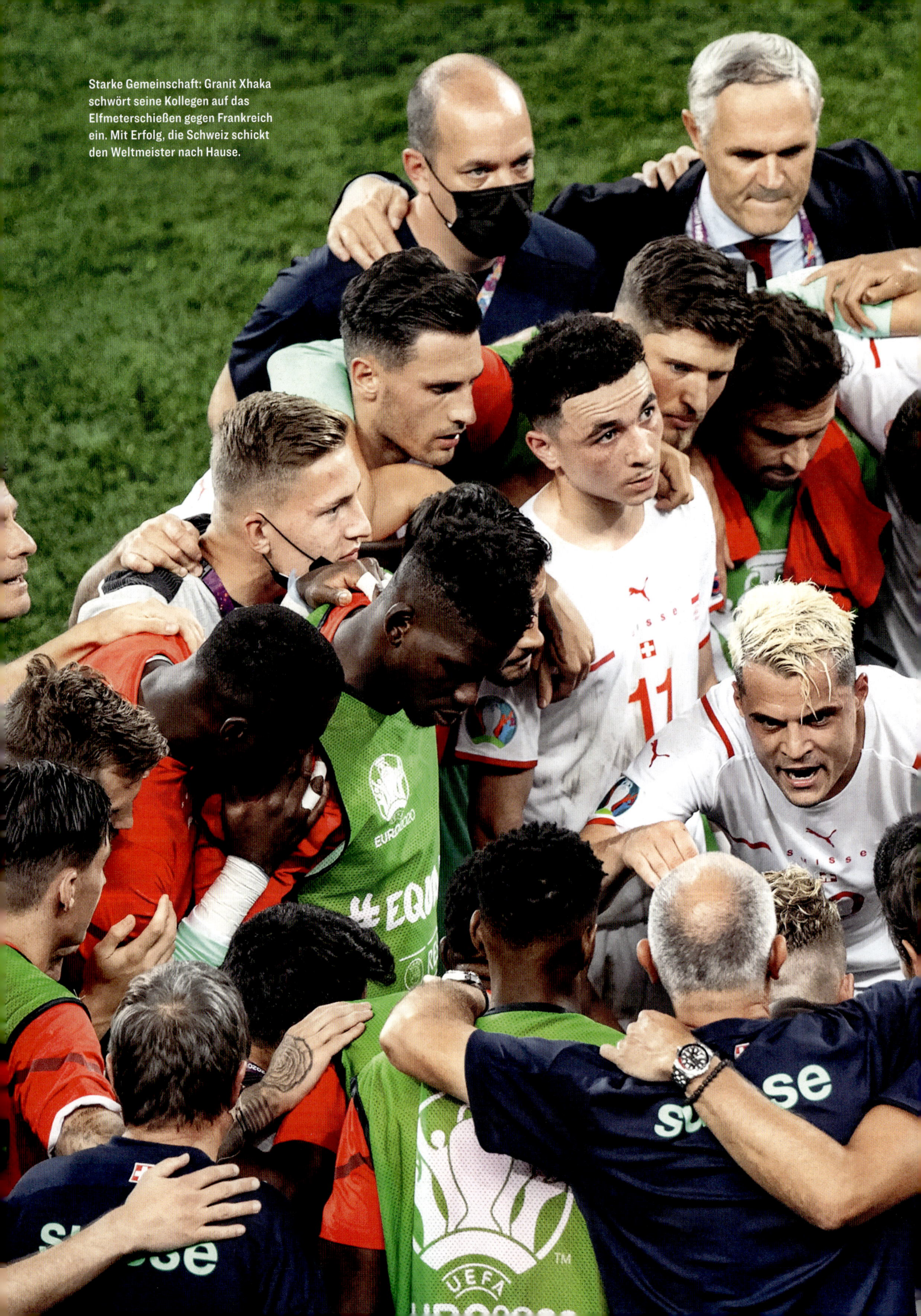

Starke Gemeinschaft: Granit Xhaka schwört seine Kollegen auf das Elfmeterschießen gegen Frankreich ein. Mit Erfolg, die Schweiz schickt den Weltmeister nach Hause.

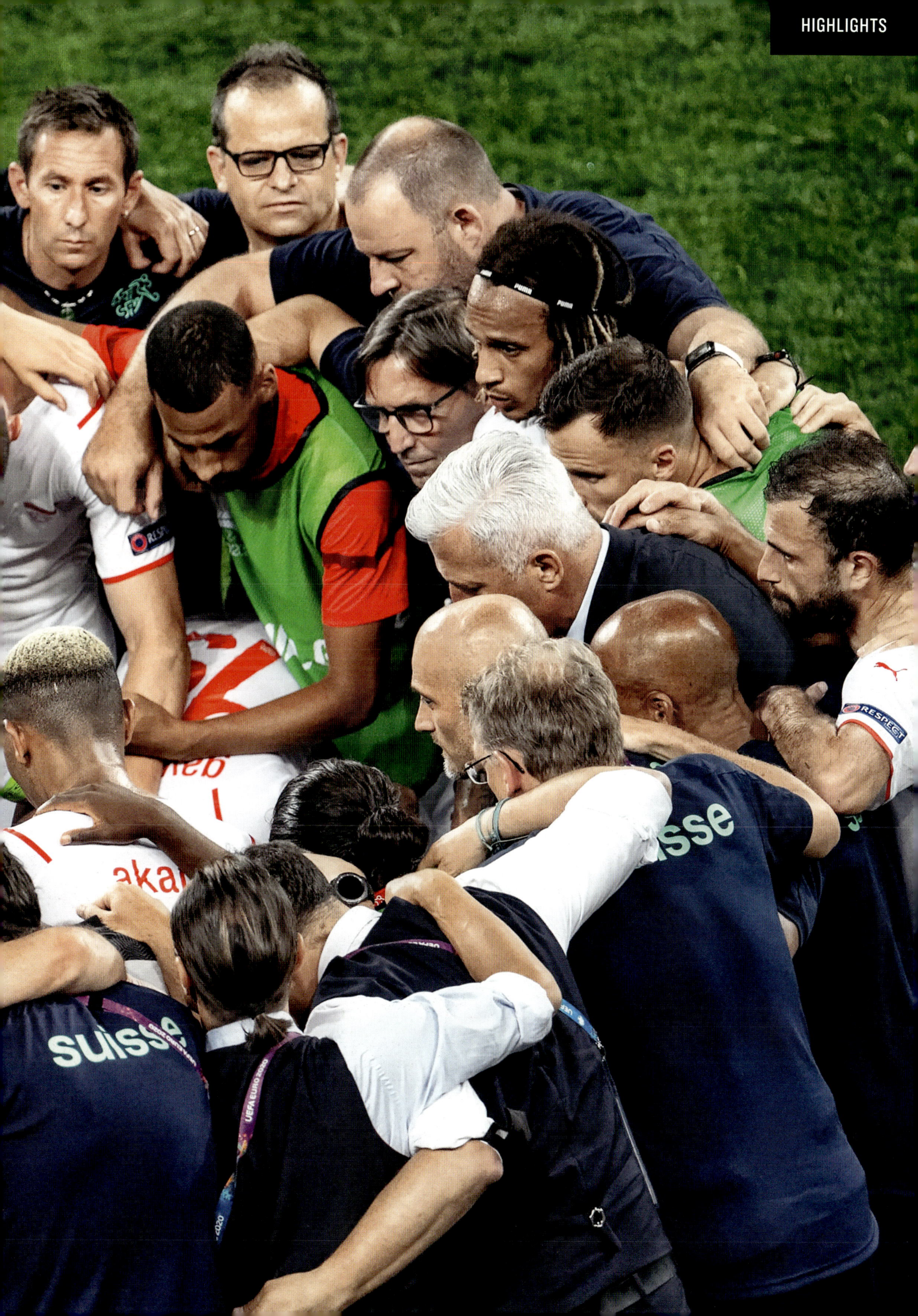
suisse
suisse

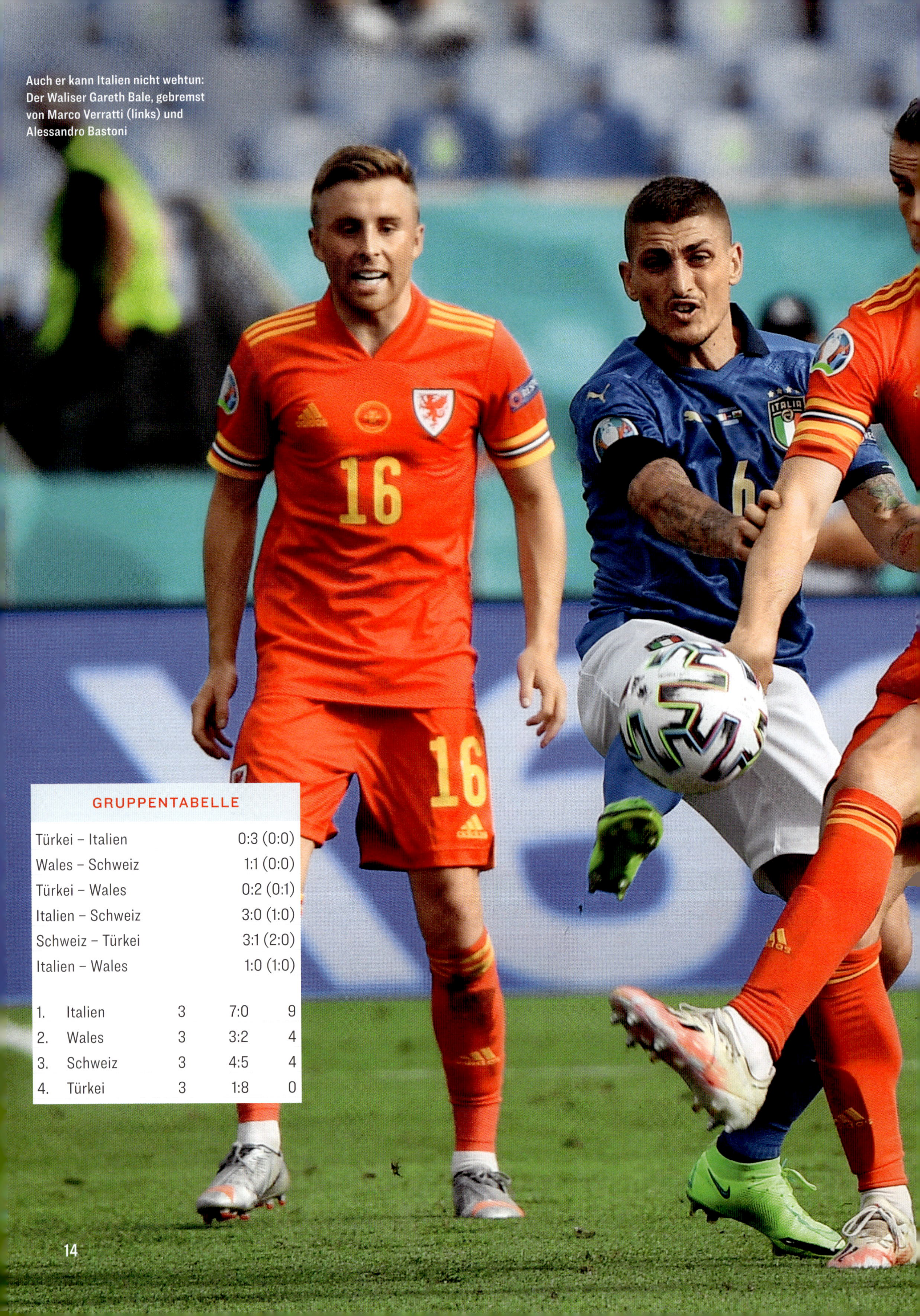

Auch er kann Italien nicht wehtun: Der Waliser Gareth Bale, gebremst von Marco Verratti (links) und Alessandro Bastoni

GRUPPENTABELLE

Türkei – Italien	0:3 (0:0)
Wales – Schweiz	1:1 (0:0)
Türkei – Wales	0:2 (0:1)
Italien – Schweiz	3:0 (1:0)
Schweiz – Türkei	3:1 (2:0)
Italien – Wales	1:0 (1:0)

1.	Italien	3	7:0	9
2.	Wales	3	3:2	4
3.	Schweiz	3	4:5	4
4.	Türkei	3	1:8	0

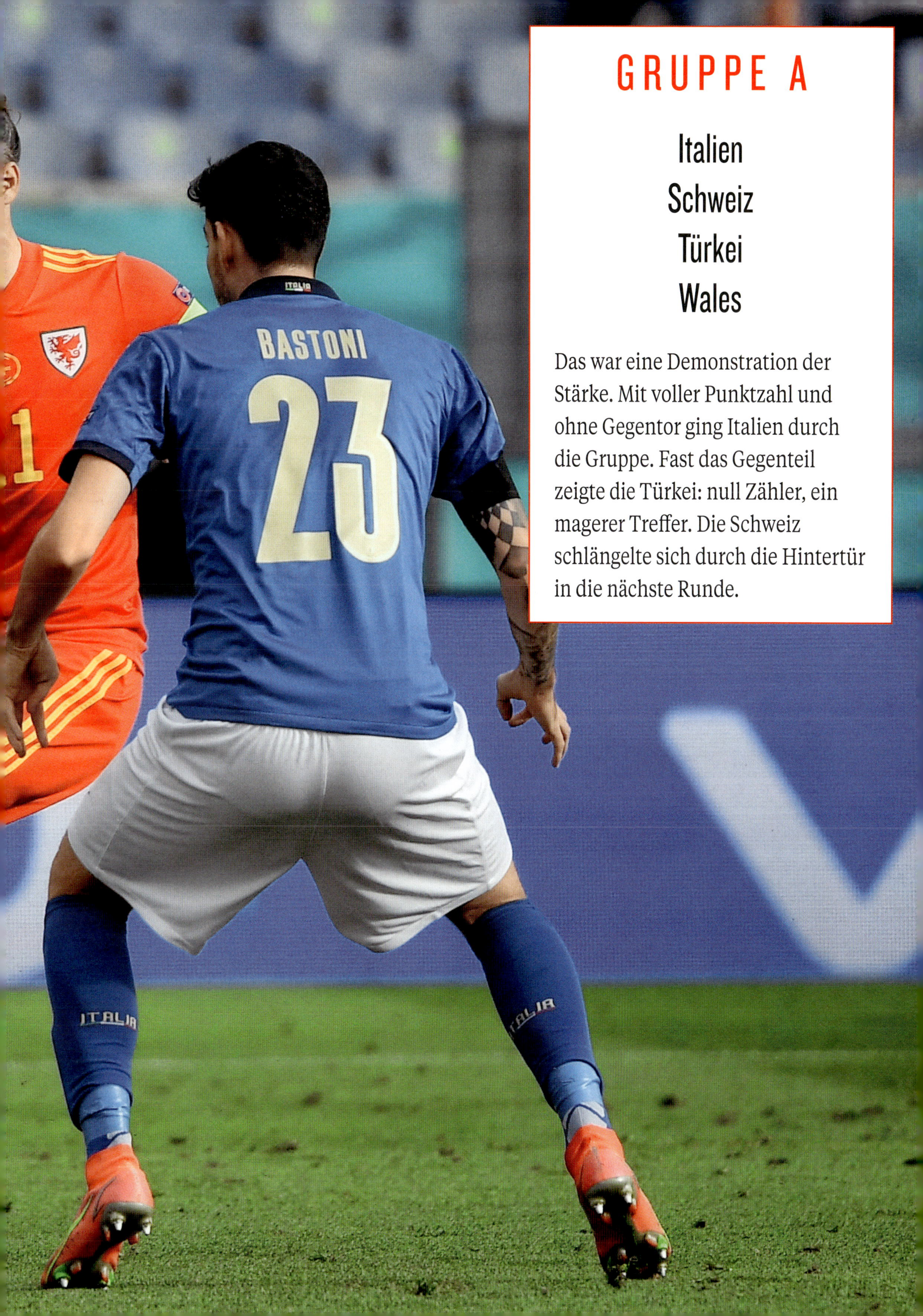

GRUPPE A

Italien
Schweiz
Türkei
Wales

Das war eine Demonstration der Stärke. Mit voller Punktzahl und ohne Gegentor ging Italien durch die Gruppe. Fast das Gegenteil zeigte die Türkei: null Zähler, ein magerer Treffer. Die Schweiz schlängelte sich durch die Hintertür in die nächste Runde.

Italien

1 Sirigu, Salvatore, 12.01.1987, FC Turin
2 di Lorenzo, Giovanni, 04.08.1993, SSC Neapel
3 Chiellini, Giorgio, 14.08.1984, Juventus Turin
4 Spinazzola, Leonardo, 25.03.1993, AS Rom
5 Locatelli, Manuel, 08.01.1998, Sassuolo Calcio
6 Verratti, Marco, 05.11.1992, Paris St. Germain
7 Castrovilli, Gaetano, 17.02.1997, AC Florenz
8 Jorginho, 20.12.1991, FC Chelsea
9 Belotti, Andrea, 20.12.1993, FC Turin
10 Insigne, Lorenzo, 04.06.1991, SSC Neapel
11 Berardi, Domenico, 01.08.1994, Sassuolo Calcio
12 Pessina, Matteo, 21.04.1997, Atalanta Bergamo
13 Emerson, 03.08.1994, FC Chelsea
14 Chiesa, Federico, 25.10.1997, Juventus Turin
15 Acerbi, Francesco, 10.02.1988, Lazio Rom
16 Cristante, Bryan, 03.03.1995, AS Rom
17 Immobile, Ciro, 20.02.1990, Lazio Rom
18 Barella, Nicolo, 07.02.1997, Inter Mailand
19 Bonucci, Leonardo, 01.05.1987, Juventus Turin
20 Bernardeschi, Federico, 16.02.1994, Juventus Turin
21 Donnarumma, Gianluigi, 25.02.1999, AC Mailand
22 Raspadori, Giacomo, 18.02.2000, Sassuolo Calcio
23 Bastoni, Alessandro, 13.04.1999, Inter Mailand
24 Florenzi, Alessandro, 11.03.1991, Paris St. Germain
25 Rafael Toloi, 10.10.1990, Atalanta Bergamo
26 Meret, Alex, 22.03.1997, SSC Neapel

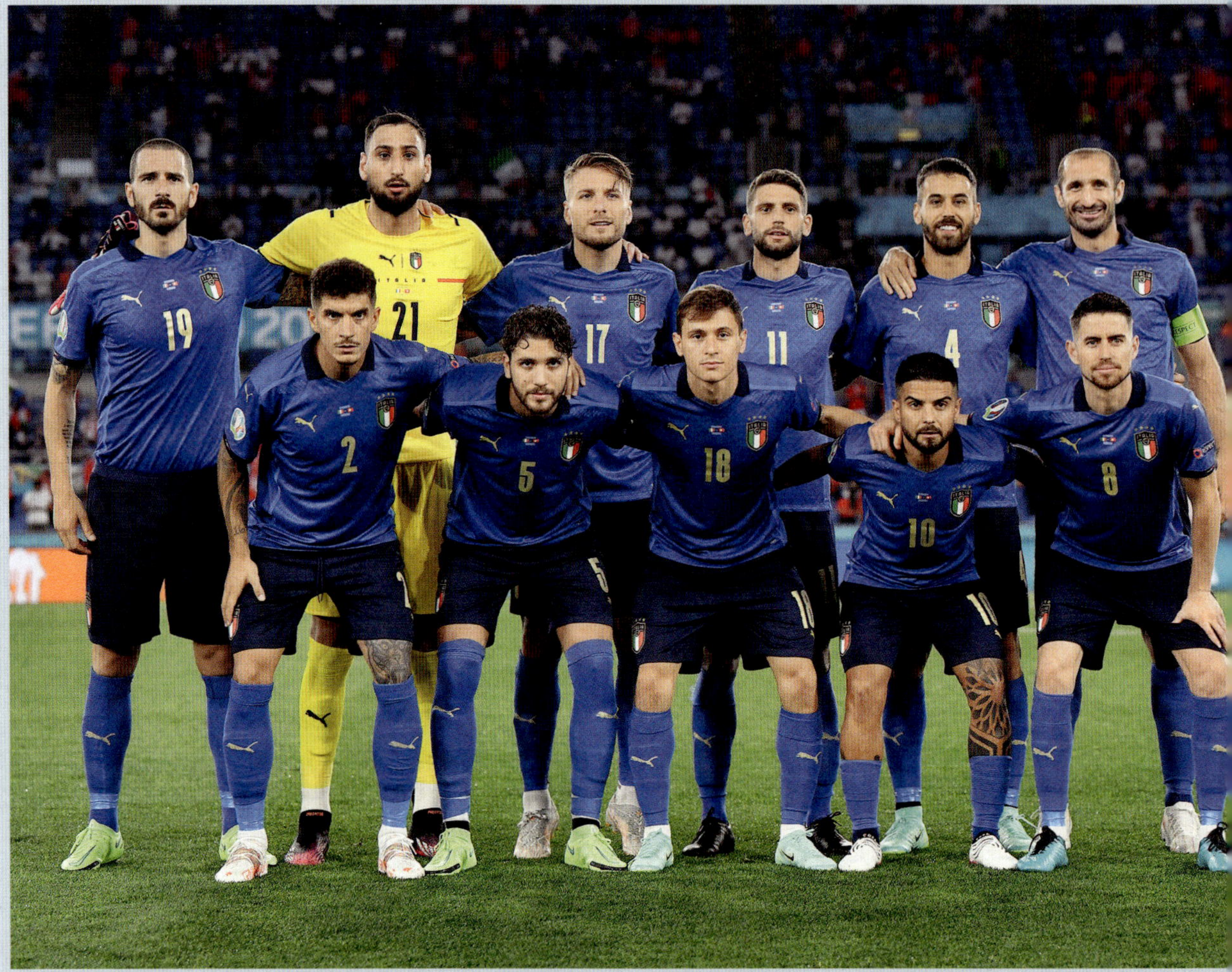

Schweiz

1 Sommer, Yann, 17.12.1988, Bor. Mönchengladbach
2 Mbabu, Kevin, 19.04.1995, VfL Wolfsburg
3 Widmer, Silvan, 05.03.1993, FC Basel
4 Elvedi, Nico, 30.09.1996, Bor. Mönchengladbach
5 Akanji, Manuel, 19.07.1995, Borussia Dortmund
6 Zakaria, Denis, 20.11.1996, Bor. Mönchengladbach
7 Embolo, Breel, 14.02.1997, Bor. Mönchengladbach
8 Freuler, Remo, 15.04.1992, Atalanta Bergamo
9 Seferovic, Haris, 22.02.1992, Benfica Lissabon
10 Xhaka, Granit, 27.09.1992, FC Arsenal
11 Vargas, Ruben, 05.08.1998, FC Augsburg
12 Mvogo, Yvon, 06.06.1994, PSV Eindhoven
13 Rodriguez, Ricardo, 25.08.1992, FC Turin
14 Zuber, Steven, 17.08.1991, Eintracht Frankfurt
15 Sow, Djibril, 06.02.1997, Eintracht Frankfurt
16 Fassnacht, Christian, 11.11.1993, Young Boys Bern
17 Benito, Loris, 07.01.1992, Girondins Bordeaux
18 Mehmedi, Admir, 16.03.1991, VfL Wolfsburg
19 Gavranovic, Mario, 24.11.1989, Dinamo Zagreb
20 Fernandes, Edimilson, 15.04.1996, 1. FSV Mainz 05
21 Omlin, Jonas, 10.01.1994, Montpellier HSC
21 Kobel, Gregor, 06.12.1997, VfB Stuttgart
22 Schär, Fabian, 20.12.1991, Newcastle United
23 Shaqiri, Xherdan, 10.10.1991, FC Liverpool
24 Omeragic, Becir, 20.01.2002, FC Zürich
25 Cömert, Eray, 04.02.1998, FC Basel
26 Lotomba, Jordan, 29.09.1998, OGC Nizza

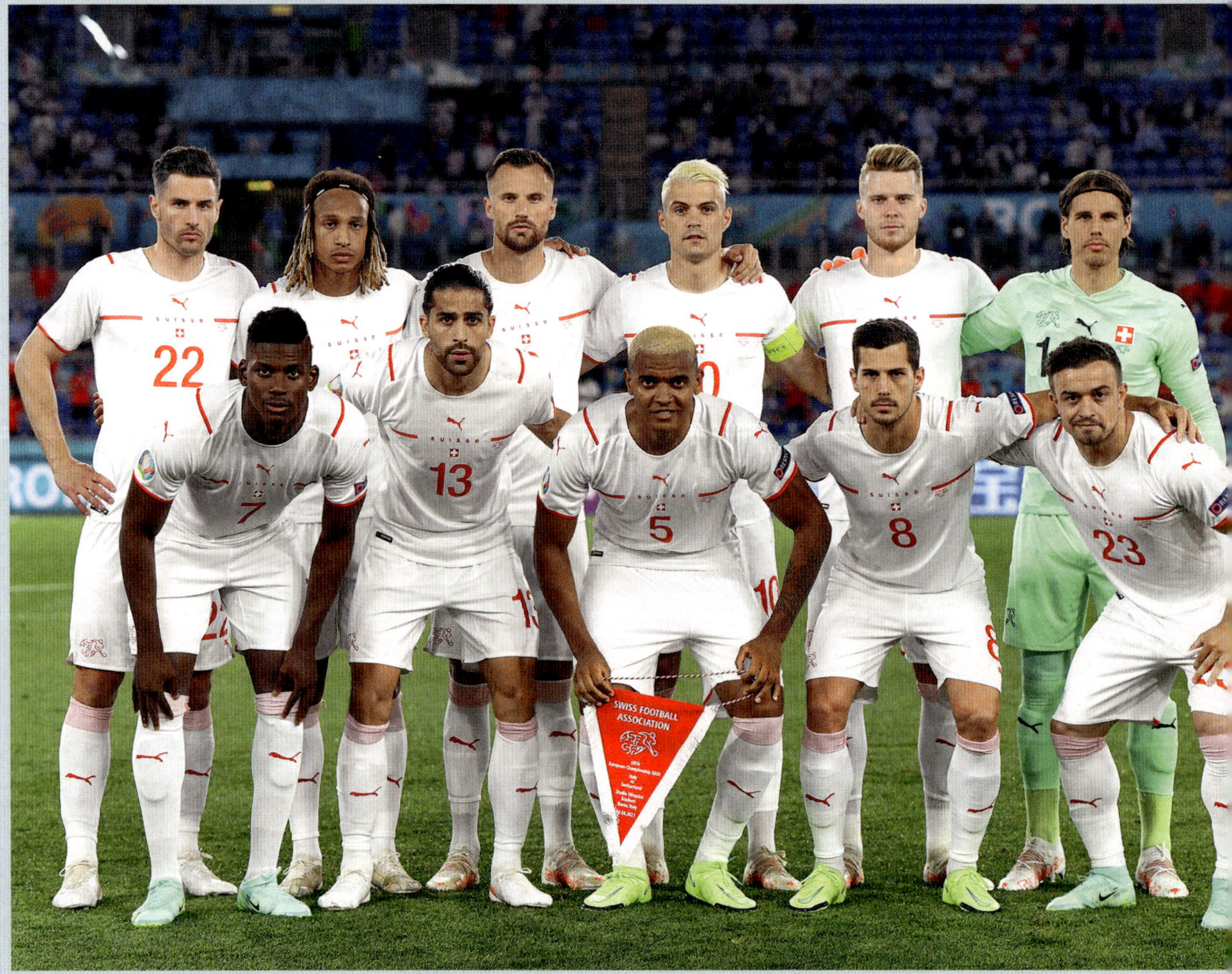

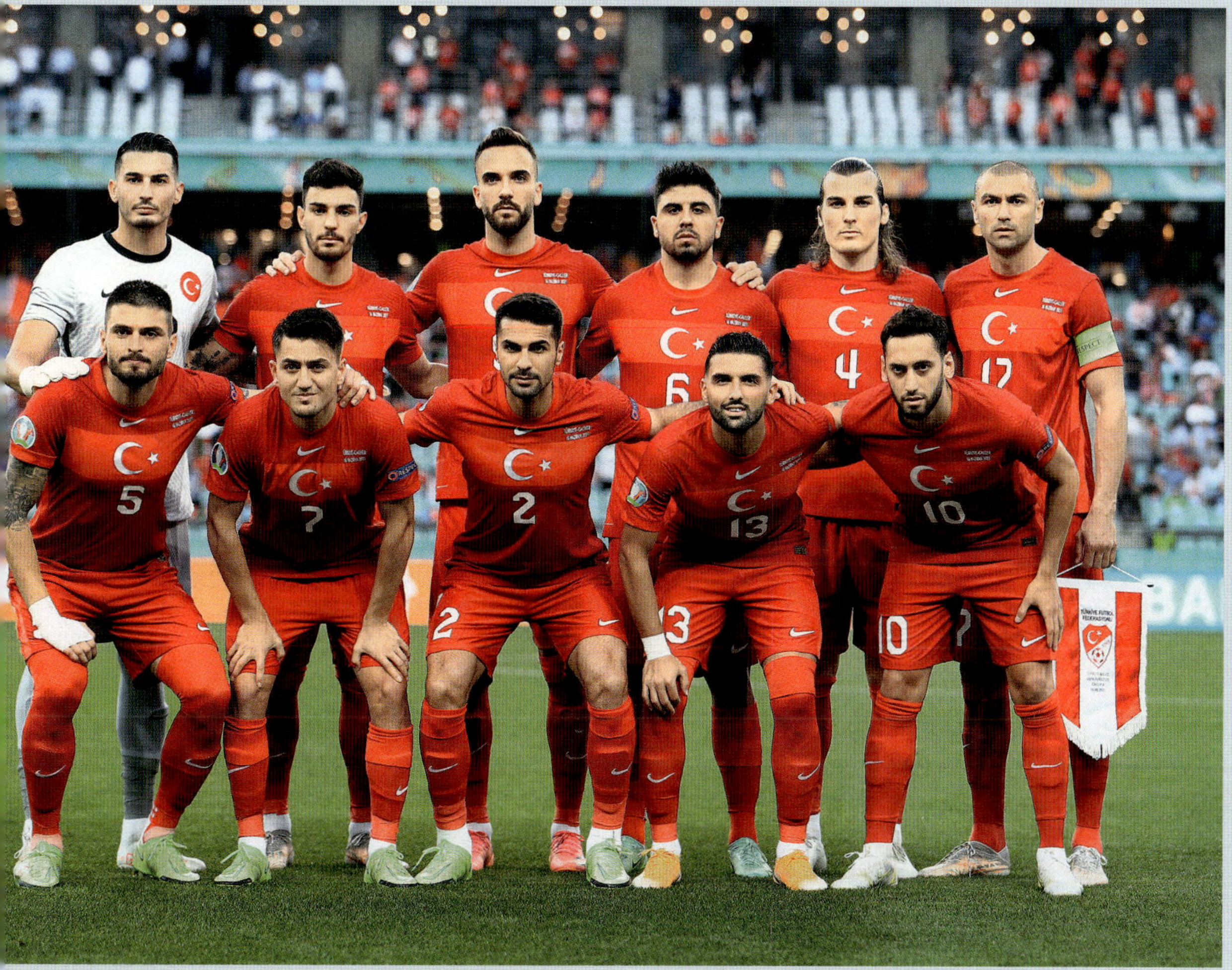

Türkei

1 Günok, Mert, 01.03.1989, Basaksehir FK
2 Celik, Mehmet Zeki, 17.02.1997, Lille OSC
3 Demiral, Merih, 05.03.1998, Juventus Turin
4 Söyüncü, Caglar, 23.05.1996, Leicester City
5 Okay, 09.03.1994, West Bromwich Albion
6 Ozan Tufan, 23.03.1995, Fenerbahce SK
7 Cengiz Ünder, 14.07.1997, Leicester City
8 Toköz, Dorukhan, 21.05.1996, Besiktas JK
9 Karaman, Kenan, 05.03.1994, Fortuna Düsseldorf
10 Calhanoglu, Hakan, 08.02.1994, AC Mailand
11 Yazici, Yusuf, 29.01.1997, Lille OSC
12 Bayindir, Altay, 14.04.1998, Fenerbahce SK
13 Meras, Umut, 20.12.1995, AC Le Havre
14 Antalyali, Taylan, 08.01.1995, Galatasaray SK
15 Kabak, Ozan, 25.03.2000, FC Liverpool
16 Enes Ünal, 10.05.1997, FC Getafe
17 Yilmaz, Burak, 15.07.1985, Lille OSC
18 Yilmaz, Ridvan, 21.05.2001, Besiktas JK
19 Kökcü, Orkun, 29.12.2000, Feyenoord Rotterdam
20 Ömür, Abdülkadir, 25.06.1999, Trabzonspor
21 Irfan Can, 15.07.1995, Fenerbahce SK
22 Ayhan, Kaan, 10.11.1994, Sassuolo Calcio
23 Cakir, Ugurcan, 05.04.1996, Trabzonspor
24 Aktürkoglu, Kerem, 21.10.1998, Galatasaray SK
25 Müldür, Mert, 03.04.1999, Sassuolo Calcio
26 Dervisoglu, Halil, 08.12.1999, Galatasaray SK

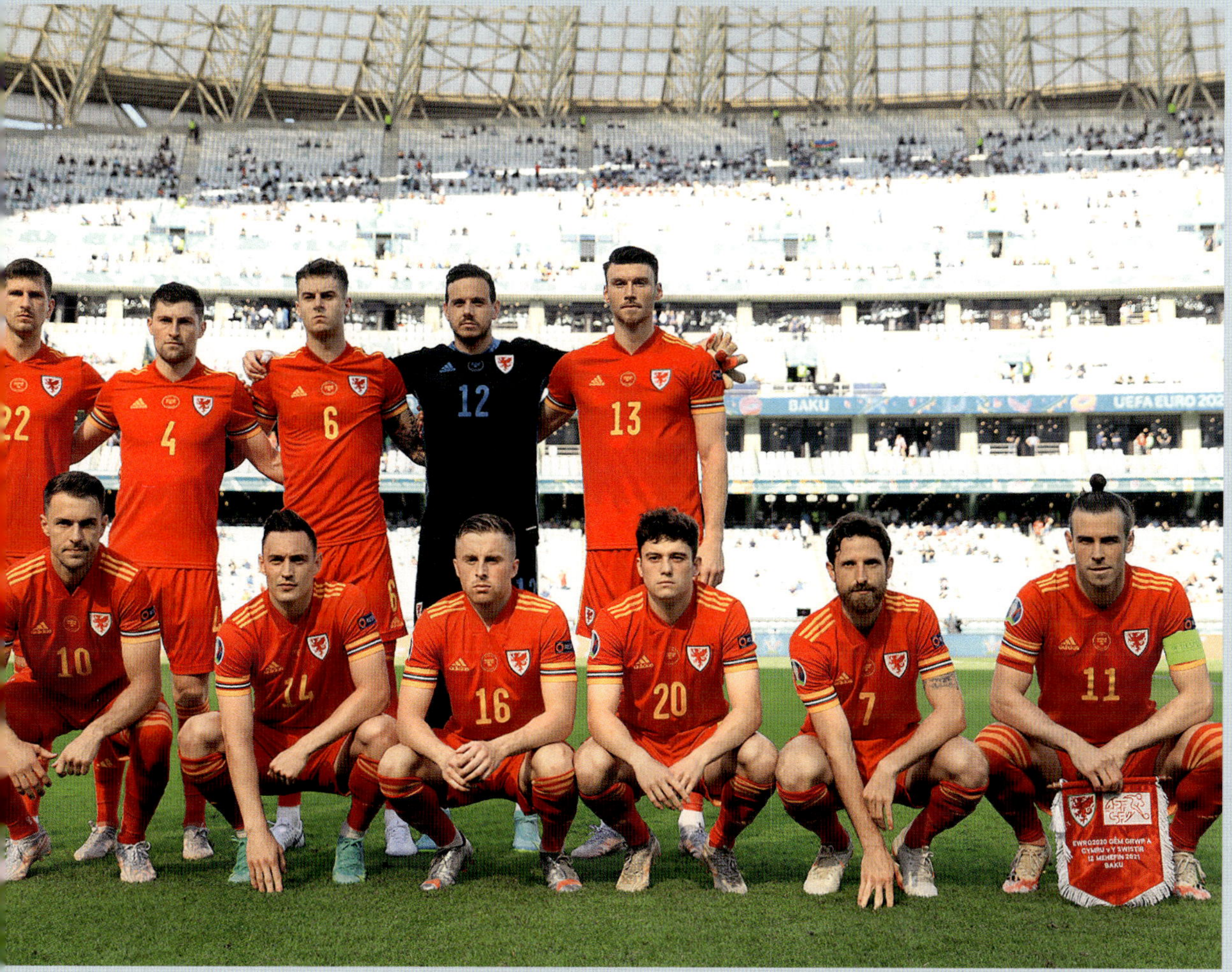

Wales

1 Hennessey, Wayne, 24.01.1987, Crystal Palace
2 Gunter, Chris, 21.07.1989, Charlton Athletic
3 Williams, Neco, 13.04.2001, FC Liverpool
4 Davies, Ben, 24.04.1993, Tottenham Hotspur
5 Lockyer, Tom, 03.12.1994, Luton Town
6 Rodon, Joe, 22.10.1997, Tottenham Hotspur
7 Allen, Joe, 14.03.1990, Stoke City
8 Wilson, Harry, 22.03.1997, Cardiff City
9 Roberts, Tyler, 12.01.1999, Leeds United
10 Ramsey, Aaron, 26.12.1990, Juventus Turin
11 Bale, Gareth, 16.07.1989, Tottenham Hotspur
12 Ward, Danny, 22.06.1993, Leicester City
13 Moore, Kieffer, 08.08.1992, Cardiff City
14 Roberts, Connor, 23.09.1995, Swansea City
15 Ampadu, Ethan, 14.09.2000, Sheffield United
16 Morrell, Joe, 03.01.1997, Luton Town
17 Norrington-Davies, Rhys, 22.04.1999, Stoke City
18 Williams, Jonny, 09.10.1993, Cardiff City
19 Brooks, David, 08.07.1997, AFC Bournemouth
20 James, Daniel, 10.11.1997, Manchester United
21 Davies, Adam, 17.07.1992, Stoke City
22 Mepham, Chris, 05.11.1997, AFC Bournemouth
23 Levitt, Dylan, 17.11.2000, Istra 1961 Pula
24 Cabango, Ben, 30.05.2000, Swansea City
25 Colwill, Rubin, 27.04.2002, Cardiff City
26 Smith, Matthew, 22.11.1999, Doncaster Rovers

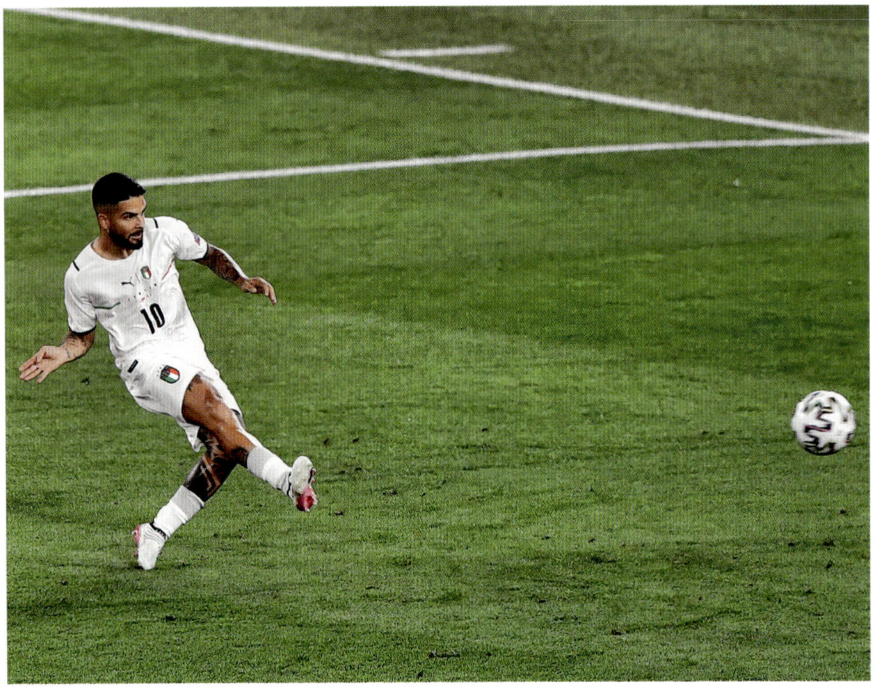

Der Schlusspunkt: Lorenzo Insigne erzielt den 3:0-Endstand für Italien gegen die Türkei.

Italiens magische Nacht

Ciro Immobile drehte im Stadio Olimpico, »seinem« Stadion, eine Ehrenrunde, die Kollegen warfen Handküsse ins jubelnde Publikum und nach dem Duschen startete im Mannschaftsbus die Party dann richtig: Zum Refrain »notti magiche« – magische Nächte – aus dem WM-Hit 1990 »Un'estate italiana« von Gianna Nannini und Edoardo Bennato ließen die ausgelassenen Italiener ihrer Freude über den klaren 3:0-Auftaktsieg freien Lauf. »Magische Nächte« wollten Trainer Roberto Mancini und die Spieler der stolzen italienischen Fußball-Nation schenken bei dieser EM und begannen gleich zum Turnierstart damit, ihr Versprechen zu erfüllen. »Hier ist die magische Nacht, auf die wir lange gewartet haben. 3:0 gegen die Türkei, ein prächtiger Start«, schrieb die »Gazzetta dello Sport« nach dem souverän herausgespielten Erfolg in Rom.

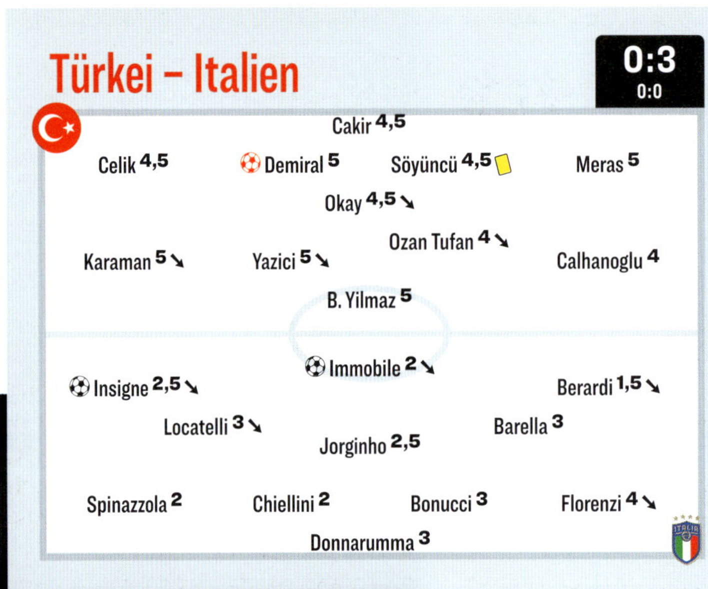

11. Juni in Rom

TÜRKEI – ITALIEN 0:3 (0:0)

EINGEWECHSELT: 46. Cengiz Ünder (3,5) für Yazici, 64. Ayhan für Ozan Tufan, 65. Irfan Can für Okay, 77. Dervisoglu für Karaman – 46. di Lorenzo (3) für Florenzi, 74. Cristante für Locatelli, 81. Belotti für Immobile, 81. Chiesa für Insigne, 85. Bernardeschi für Berardi

TORE: 0:1 Demiral (55., ET), 0:2 Immobile (66.), 0:3 Insigne (79.)

GELBE KARTEN: Söyüncü, Dervisoglu

SCHIEDSRICHTER: Makkelie (Niederlande)

ZUSCHAUER: 12 916

Torschützen unter sich: Ciro Immobile (links) und Lorenzo Insigne feiern den glatten italienischen Sieg im Auftaktspiel der EM.

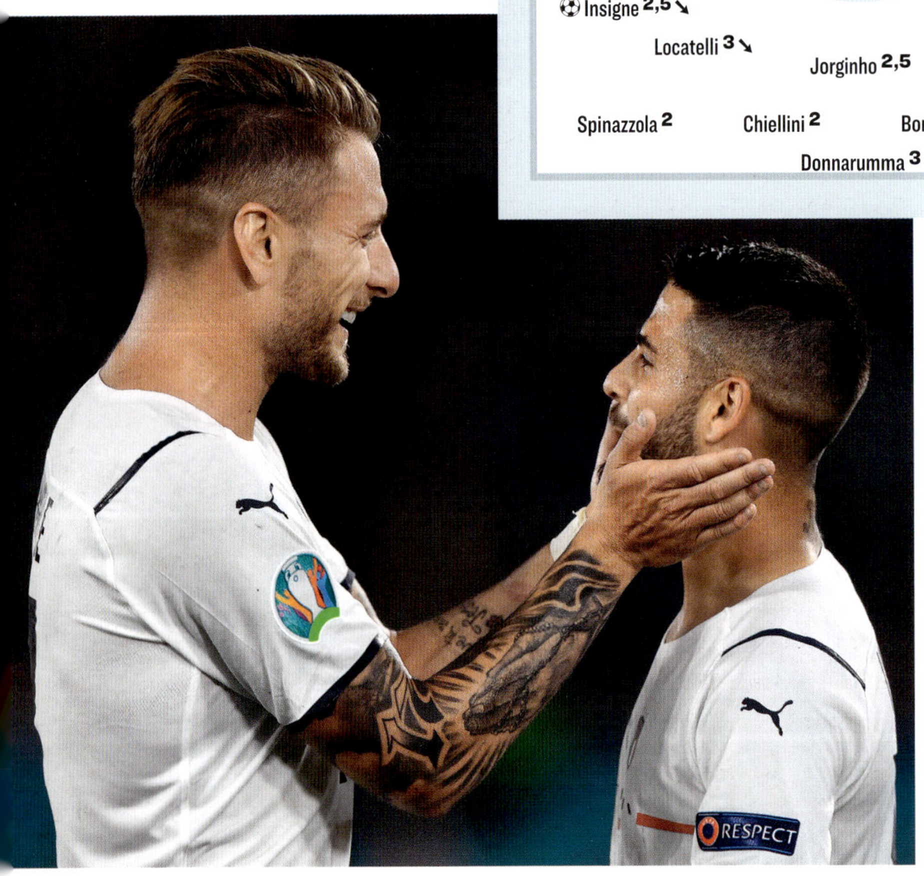

Dreieinhalb Jahre nach dem Verpassen der Weltmeisterschaft meldete sich die Squadra Azzurra mit einer beeindruckenden Leistung zurück. Das neue Italien spielt schön und erfolgreich. Es verbindet die traditionelle Abwehrstärke mit einer fein funktionierenden Offensive. Ist hungrig auf den Titel – und auf die Mission fokussiert. »Das ist nur die erste Etappe einer langen Reise gewesen. Wir müssen mit Bodenständigkeit und großer Demut weitermachen«, forderte Verteidiger Leonardo Bonucci. Auch Coach Mancini überließ das Träumen den euphorisierten Fans. »Wir haben noch sechs Spiele vor uns. Es ist ein langer Weg, es gibt andere starke Mannschaften.«

Als Statement in eigener Sache taugte die Leistung gegen die Türkei allemal. »Das heute war«, freute sich Immobile, »Adrenalin pur.« Zum EM-Beginn setzten die Azzurri auch eine unglaubliche Serie fort, es war das neunte Spiel in Folge ohne Gegentor. Und eine Premiere wurde auch gefeiert: Erstmals bei einer Europameisterschaft hatte Italien nach 90 Minuten drei Tore erzielt.

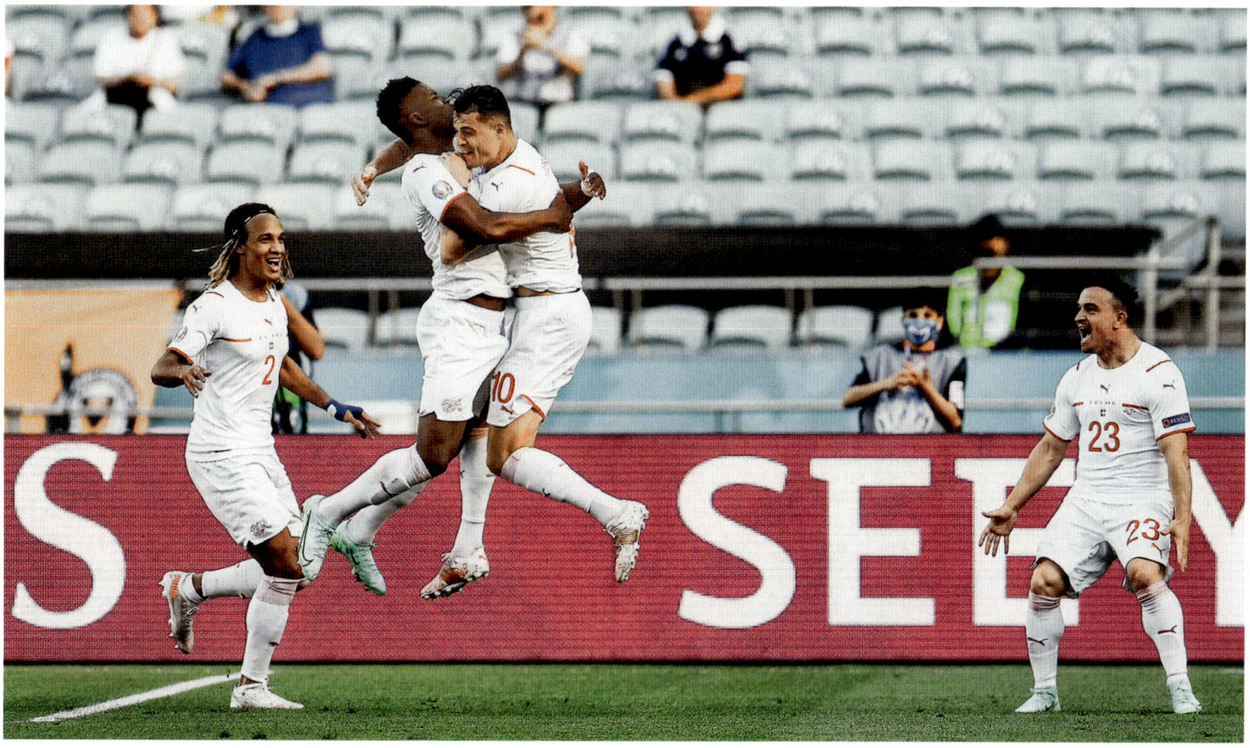

Da ist die Schweizer Welt noch in Ordnung: Breel Embolo hat gerade die Führung gegen Wales erzielt und wird von Granit Xhaka euphorisch gefeiert, auch Kevin Mbabu (links) und Xherdan Shaqiri wollen mitmachen.

WALES | SCHWEIZ 1:1

Ein halb volles Glas beim Charaktertest

Der »Blick« hatte die Partie im Vorfeld als »Charaktertest« ausgerufen, den die Eidgenossen am Ende nur zum Teil bestanden. Eine unerklärliche Phase der Lethargie unmittelbar nach dem Führungstor kostete die Schweiz den Auftaktsieg bei der EURO 2020. Und für das erste Unentschieden gegen Wales überhaupt hatten die Schweizer einen ungünstigen Zeitpunkt gewählt. »Das Schweizer Nationalteam steckt sich hohe Ziele – entsprechend groß ist die Ernüchterung nach dem 1:1 gegen Wales«, schrieb die »Neue Zürcher Zeitung« am Tag danach. Beim EM-Start in Baku scheiterte die Nati bei 30 Grad aber nicht am Gegner, sondern an der eigenen Chancenverwertung. Dominant trat der leichte Favorit auf, elf Schüsse feuerten die Schweizer alleine in den ersten 45 Minuten in Richtung walisisches Gehäuse ab – so viele wie nie zuvor in einem EM- oder WM-Spiel seit 1966. Einzig den Torhunger aus dem letzten Test vor Turnierstart gegen Liechtenstein (7:0) konnte die Mannschaft von Trainer Vladimir Petkovic nicht mit nach Aserbaidschan retten. Die ansprechende Leistung gab dem 57-Jährigen dennoch Anlass zu Optimismus: »Ich sehe das Glas als halb voll an. Wir haben das Spiel über lange Zeit dominiert und waren in vielen Bereichen besser als sie. Wir haben nur zehn Minuten abgeschaltet und dabei ein Tor kassiert.«

Besonders Borussia Mönchengladbachs Stürmer Breel Embolo, der in der eidgenössischen Heimat Bestnoten bekam und auch zu Recht zum »Spieler des Spiels« gewählt wurde, trumpfte auf: Sechs Torschüsse, zwei Torschussvorlagen, 41 Ballkontakte, 87 Prozent Passquote, 64 Prozent gewonnene Zweikämpfe standen nach 90 umkämpften Minuten für den bulligen Angreifer zu Buche. Bezeichnend aber eben auch, dass sein erlösendes Führungstor kurz nach der Pause nach einem Standard fallen musste. Und natürlich per Kopf, die Hälfte seiner Tore für die Nati erzielte Embolo auf diese Weise (drei von sechs bei 44 Einsätzen). »Ich bin angesichts des Resultats ein wenig frustriert, da wir Chancen auf ein zweites Tor hatten, sie aber nicht genutzt haben«, gestand der 24-Jährige. Reichlich Kritik aus der Heimat prasselte auf Xherdan

Wales – Schweiz 1:1 (0:0)

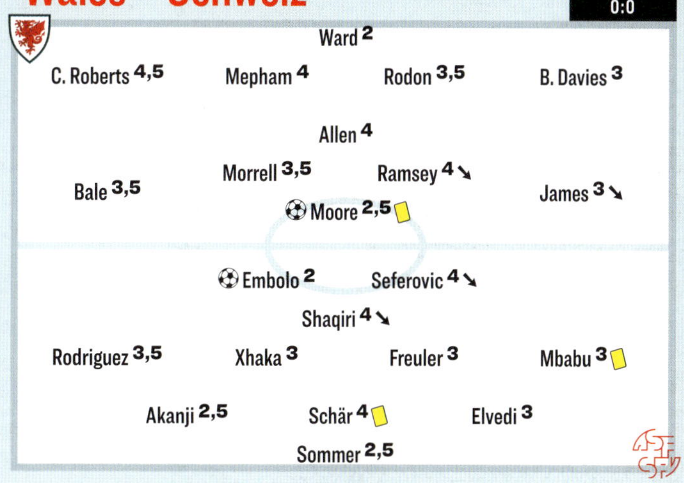

12. Juni in Baku

WALES – SCHWEIZ 1:1 (0:0)

EINGEWECHSELT: 75. Brooks für James, 90./+3 Ampadu für Ramsey – 66. Zakaria für Shaqiri, 84. Gavranovic für Seferovic

TORE: 0:1 Embolo (49.), 1:1 Moore (74.)

GELBE KARTEN: Moore – Schär, Mbabu

SCHIEDSRICHTER: Turpin (Frankreich)

ZUSCHAUER: 8782

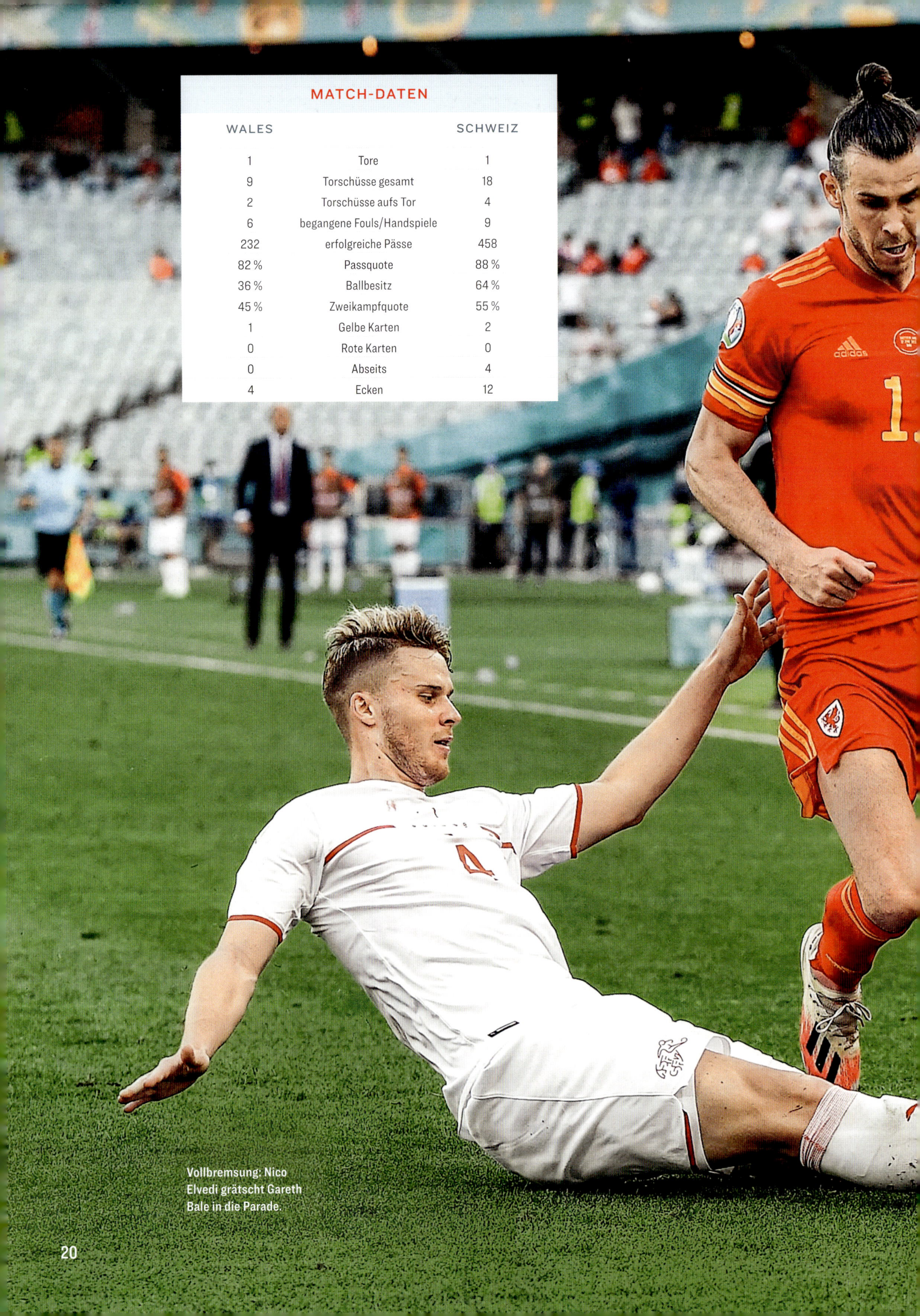

MATCH-DATEN

WALES		SCHWEIZ
1	Tore	1
9	Torschüsse gesamt	18
2	Torschüsse aufs Tor	4
6	begangene Fouls/Handspiele	9
232	erfolgreiche Pässe	458
82 %	Passquote	88 %
36 %	Ballbesitz	64 %
45 %	Zweikampfquote	55 %
1	Gelbe Karten	2
0	Rote Karten	0
0	Abseits	4
4	Ecken	12

Vollbremsung: Nico Elvedi grätscht Gareth Bale in die Parade.

Sehr umtriebig: Breel Embolo war auch von Chris Mepham in seinem Tatendrang kaum zu bremsen.

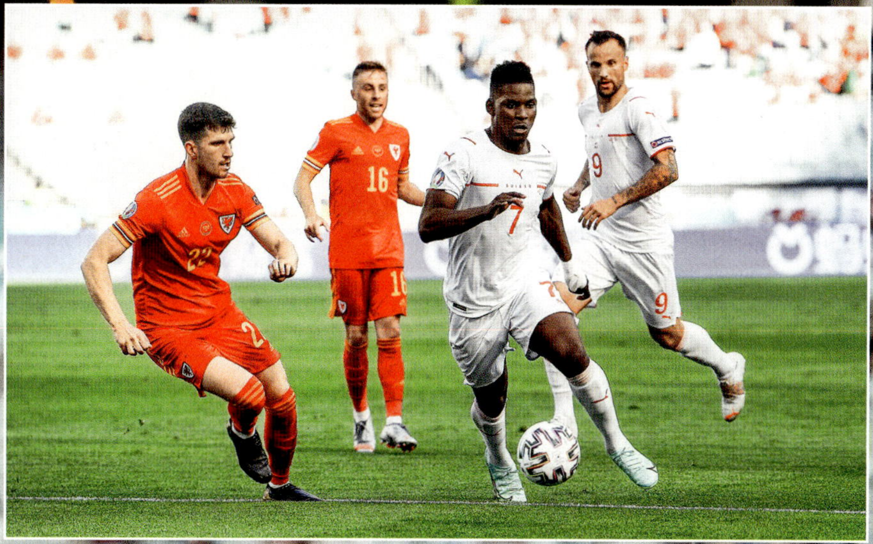

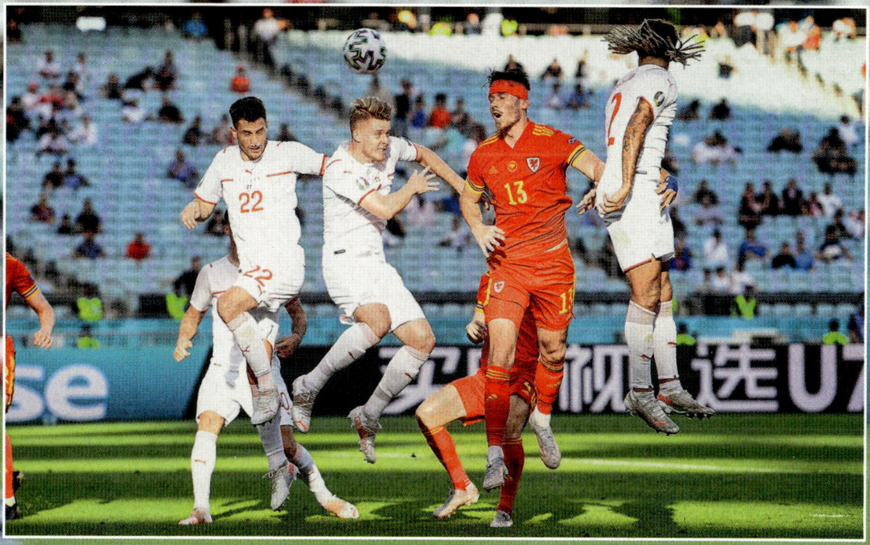

Alles unter Kontrolle: Kieffer Moore ohne Chance gegen die nummerische Übermacht von Fabian Schär, Nico Elvedi und Kevin Mbabu (von links)

Shaqiri ein, der einen unauffälligen Auftritt hinlegte (31 Ballkontakte) und bereits nach 66 Minuten von Petkovic vom Platz geholt wurde. »Von Shaq muss mehr kommen«, stellte der »Blick« klar und dem 29-Jährigen das Prädikat »schwach« aus. Dabei sprechen die nackten Zahlen für das Kraftpaket vom FC Liverpool. Seit der WM 2014 war Shaqiri bei großen Turnieren an 47 Prozent der Schweizer Tore direkt beteiligt. Neben fünf Toren bedeutete sein Eckball auf Embolo den zweiten Assist in diesem Zeitraum.

Die Waliser dagegen wirkten hochzufrieden mit dem Punkt. Superstar Gareth Bale lobte die einmal mehr tadellose Einstellung der Drachen: »Manchmal zieht einem ein 0:1-Rückstand den Stecker, aber wir haben wie immer Charakter gezeigt.« Auch Mittelfeld-Antreiber Aaron Ramsey befand, dass der EM-Halbfinalist von 2016 »auf diese Leistung durchaus aufbauen kann«.

TÜRKEI | WALES **0:2**

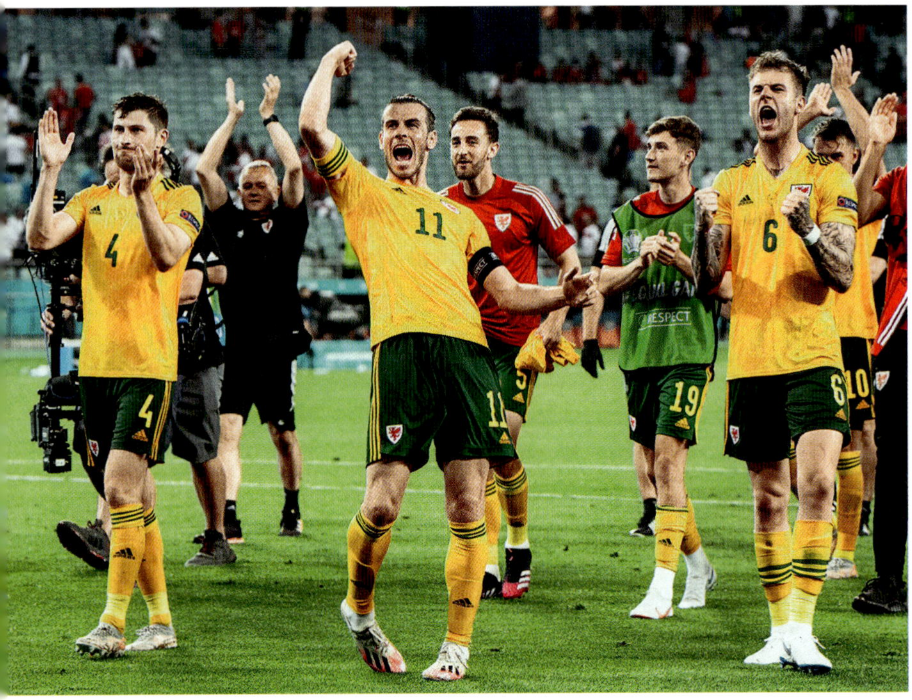

Bale zeigt enorme Courage

Der Ball segelte über das Tor in den Abendhimmel von Baku – und das nicht einmal knapp. Der kläglich verschossene Elfmeter stand irgendwie sinnbildlich für den Gareth Bale der jüngeren Vergangenheit. Und doch lieferte der 31-Jährige einen Auftritt ab, wie man ihn bei Real Madrid und Tottenham Hotspur zuletzt kaum noch gesehen hatte. Der vielmehr an den Bale erinnerte, der den EM-Debütanten Wales 2016 sensationell ins Halbfinale geführt hatte: motiviert, spielfreudig, herausragend. Wie Phönix aus der Asche!

Bale glänzte gegen die Türkei als Spielmacher, der fast alle Offensivaktionen seines Teams initiierte – vor allem mit genialen Pässen in die Tiefe auf Aaron Ramsey, der einen davon kurz vor der Pause zur walisischen Führung nutzte. Bale ließ sich auch von besagtem Fehlschuss nicht aus der Bahn werfen. »Er hat danach enorme Courage gezeigt«, befand Interims-Nationaltrainer Robert Page. Nach unnachahmlichem Antritt legte Bale in der Nachspielzeit auch das 2:0 durch Connor Roberts auf.

Und die Türkei? Das Team von Senol Günes, das beim »Heimspiel« in Aserbaidschans Hauptstadt von fast 20 000 Zuschauern frenetisch unterstützt wurde, zeigte sich offensiv im Vergleich zur klaren Auftaktniederlage gegen Italien zwar verbessert, blieb aber erneut zu viel schuldig. Und doch: Hätte der eingewechselte Demiral kurz vor Schluss die Ausgleichschance per Kopf genutzt, wäre ein Punkt drin gewesen – und wohl doch etwas intensiver über Bales verschossenen Elfmeter diskutiert worden. So blieb dieser eine Randnotiz. »Hätte uns jemand vor dem Turnier vier Punkte nach zwei Spielen angeboten, hätten wir es definitiv angenommen«, strahlte der zum »Spieler des Spiels« gekürte Bale. Im Nationalstadion feierte da längst nur noch der kleine Haufen walisischer Fans, der erneut vom Erreichen der K.-o.-Runde träumen durfte.

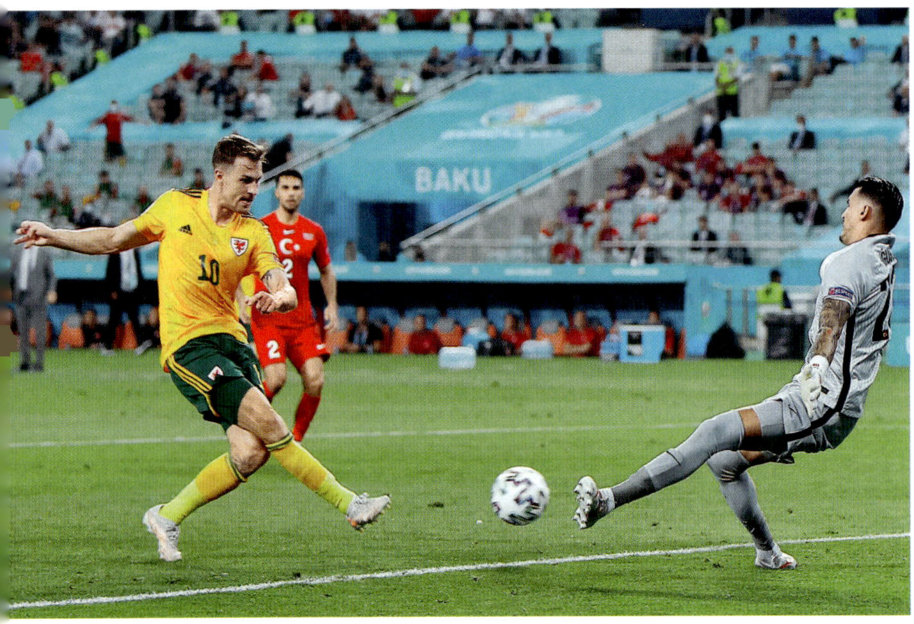

Ein verschossener Elfmeter kann doch einen Gareth Bale nicht erschüttern: Der walisische Kapitän nach Abpfiff und Sieg über die Türkei

Der Grundstein zum Erfolg: Aaron Ramsey trifft zum 1:0 für Wales – natürlich nach einem Zuspiel von Gareth Bale.

Türkei – Wales **0:2** (0:1)

Cakir 2,5
Celik 5,5 – Ayhan 5 – Söyüncü 4,5 – Meras 4 ↘
Okay 4,5 ↘
Calhanoglu 4 (Gelb) – Ozan Tufan 4,5 ↘
Cengiz Ünder 5 ↘ – Karaman 5 ↘
B. Yilmaz 5 (Gelb)

Moore 2,5
James 2,5 ↘ – ⚽ Ramsey 2 ↘ – Bale 1,5
Allen 2,5 ↘ – Morrell 3,5
B. Davies 3 (Gelb) – Rodon 3,5 – Mepham 3 (Gelb) – ⚽ C. Roberts 2,5
Ward 2,5

16. Juni in Baku

TÜRKEI – WALES 0:2 (0:1)

EINGEWECHSELT: 46. Yazici (4,5) für Ozan Tufan, 46. Demiral (4,5) für Okay, 73. Müldür für Meras, 75. Dervisoglu für Karaman, 83. Irfan Can für Cengiz Ünder – 73. Ampadu für Allen, 85. Wilson für Ramsey, 90./+4 N. Williams für James

TORE: 0:1 Ramsey (42.), 0:2 C. Roberts (90./+5)

GELBE KARTEN: B. Yilmaz, Calhanoglu – Mepham, B. Davies

BES. VORK.: Bale verschießt FE (61.)

SCHIEDSRICHTER: Soares Dias (Portugal)

ZUSCHAUER: 19 762

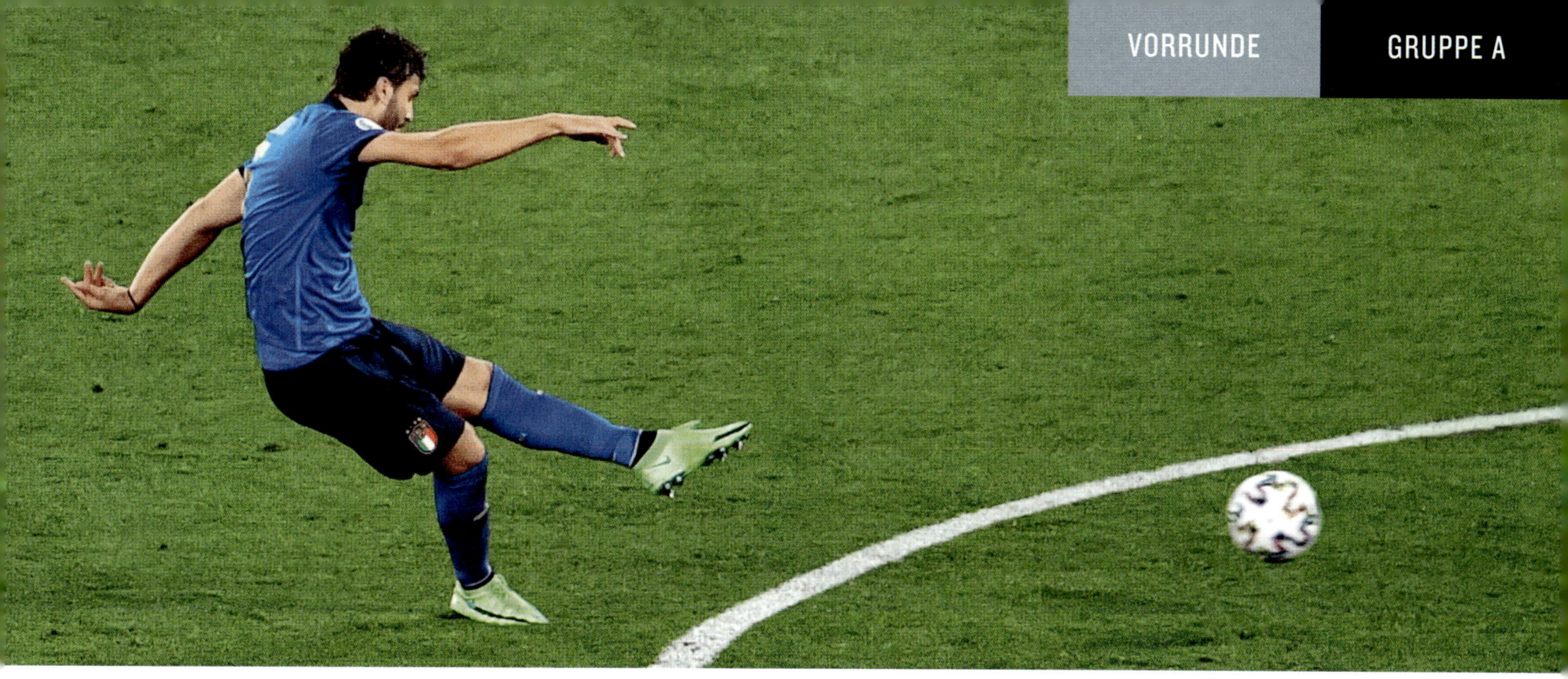

Dieser Treffer zählt: Manuel Locatelli netzt zum zweiten Mal ein.

ITALIEN | SCHWEIZ 3:0

Und Tschüss, »Geheimfavorit«

Als das Spiel auf den Schlusspfiff zusteuerte und Ciro Immobile mit dem 3:0 das i-Tüpfelchen auf diese Fußball-Gala setzte, war die Squadra Azzurra ihre Rolle als Geheimfavorit endgültig los. Ab sofort, da waren sich nicht nur die Fußball-Experten auf den verschiedenen TV-Kanälen einig, musste Italien zu einem »Top-Favoriten« auf den EM-Titel erhoben werden. Auch in den zweiten 90 Turnierminuten zeigte die Mannschaft von Roberto Mancini ihre außergewöhnliche Klasse, ja, sie bot – wer hätte das vor einigen Jahren im Zusammenhang mit dem Calcio gedacht – schon wieder Spektakel, eine zweite magische

> »Glückwunsch an Italien – sie spielen großartigen Fußball, und das schon seit einiger Zeit.«
>
> Vladimir Petkovic

Nacht nach dem 3:0 gegen die Türkei, Fußball zum Verlieben. »Es ist ein Genuss, dieser italienischen Mannschaft zuzuschauen«, schwärmte ARD-Experte Bastian Schweinsteiger. Und Vladimir Petkovic, Trainer der absolut chancenlosen Schweizer Auswahl, äußerte voller Bewunderung: »Glückwunsch an Italien – sie spielen großartigen Fußball, und das schon seit einiger Zeit.«

Diese nahezu perfekte Balance aus Organisation, Individualität und Kreativität, aus defensiver Stabilität und trickreicher Offensive erstickte nach der Türkei auch die Schweiz. Wie gefestigt die Mannschaft zudem mit Rückschlägen umzugehen verstand, bewiesen zwei Momente, die Spiele zum Kippen bringen können. Zunächst wurde das 1:0 von Giorgio Chiellini wegen eines vorangegangenen Handspiels annulliert (19. Minute). Nur kurze Zeit später musste der 36 Jahre alte Kapitän und Garant für die

MATCH-DATEN

ITALIEN		SCHWEIZ
3	Tore	0
13	Torschüsse gesamt	6
3	Torschüsse aufs Tor	1
10	begangene Fouls/Handspiele	12
451	erfolgreiche Pässe	472
86 %	Passquote	87 %
49 %	Ballbesitz	51 %
43 %	Zweikampfquote	57 %
0	Gelbe Karten	2
0	Rote Karten	0
2	Abseits	4
3	Ecken	2

Dieser Treffer zählt nicht: Vor seinem vermeintlichen 1:0 hatte Giorgio Chiellini den Ball regelwidrig mit dem Arm berührt.

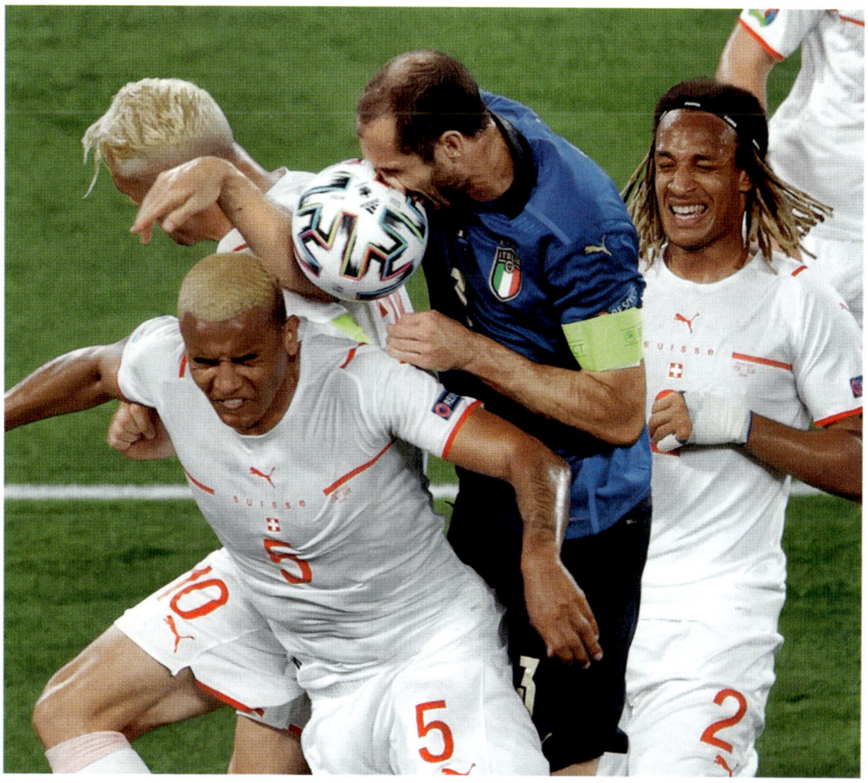

Abwehrstärke des Teams mit muskulären Problemen im Oberschenkel vom Platz. Trotzdem zog die Mannschaft unbeirrt ihr Spiel durch, besonders der überragende Manuel Locatelli, der doppelt traf und bei seiner Auswechslung mit stehenden Ovationen von den begeisterten Tifosi gefeiert wurde. Die anschließenden Lobeshymnen gab der Mittelfeldspieler direkt an die Kollegen zurück. »Es war ein fantastisches Spiel«, sagte Locatelli, »wir haben tolle Arbeit zusammen als Mannschaft geleistet.« Durch das 3:0 qualifizierte sich Italien nicht nur als erste Nation fürs Achtelfinale, sondern baute seine Super-Serie auf 29 Spiele ohne Niederlage aus. Der Rekord von 30 Spielen am Stück, aufgestellt unter Vittorio Pozzo von 1935 bis 1939 – zum Greifen nah.

Von solchen Meilensteinen konnte die Schweiz nach ihrer zweiten Enttäuschung bei dieser EM nur träumen. Wie gegen Wales blieb die

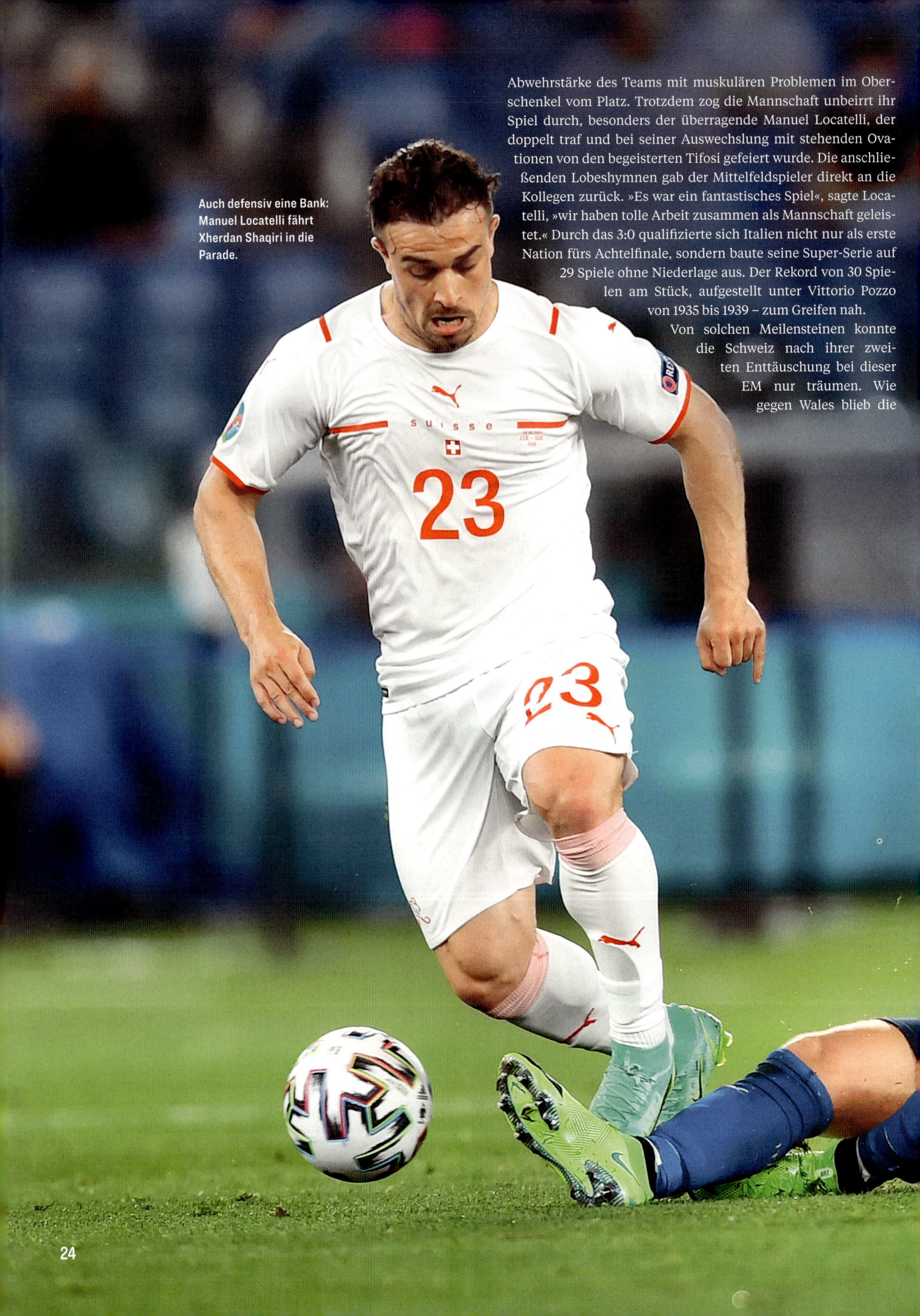

Auch defensiv eine Bank: Manuel Locatelli fährt Xherdan Shaqiri in die Parade.

als goldene Generation bezeichnete Auswahl weit hinter den Erwartungen und eigenen Ansprüchen zurück. Negative Schlagzeilen produzierte die »Nati« weiter auch abseits des Platzes, es ging vor dem Italien-Spiel um einen ins Mannschaftshotel bestellten Coiffeur, der einigen Nationalspielern die Haare schön machen durfte und Granit Xhaka sowie Manuel Akanji in einem leuchtenden Blond erstrahlen ließ. Doch noch war es ja nicht zu spät, dem ganzen Turnier eine Wende zu verleihen. Das wollte Petkovic nach dem Abpfiff auch seinen Spielern vermitteln: »Ich habe mit der Mannschaft gesprochen und ihr gesagt: Es gibt noch ein Spiel, und drei Punkte gegen die Türkei können uns ins Achtelfinale bringen.«

Italien – Schweiz

3:0 (1:0)

Donnarumma 3
di Lorenzo 3 – Bonucci 2,5 – Chiellini ↘ – Spinazzola 3
Barella 3 ↘ – Jorginho 1,5 – ⚽ Locatelli 1 ↘
Berardi 2 ↘ – ⚽ Immobile 3 – Insigne 3 ↘

Embolo 4,5 (Gelbe Karte) – Seferovic 5 ↘
Shaqiri 4 ↘
Rodriguez 5 – Xhaka 3,5 – Freuler 4 ↘ – Mbabu 4 ↘
Akanji 5 – Schär 4 ↘ – Elvedi 4,5
Sommer 4

16. Juni in Rom

ITALIEN – SCHWEIZ 3:0 (1:0)

EINGEWECHSELT: 24. Acerbi (3) für Chiellini, 69. Chiesa für Insigne, 70. Rafael Toloi für Berardi, 86. Pessina für Locatelli, 86. Cristante für Barella – 46. Gavranovic (5) für Seferovic, 57. Zuber (3,5) für Schär, 58. Widmer (4,5) für Mbabu, 76. Vargas für Shaqiri, 84. Sow für Freuler

TORE: 1:0 Locatelli (26.), 2:0 Locatelli (52.), 3:0 Immobile (89.)

GELBE KARTEN: Gavranovic, Embolo

SCHIEDSRICHTER: Karasev (Russland)

ZUSCHAUER: 12 445

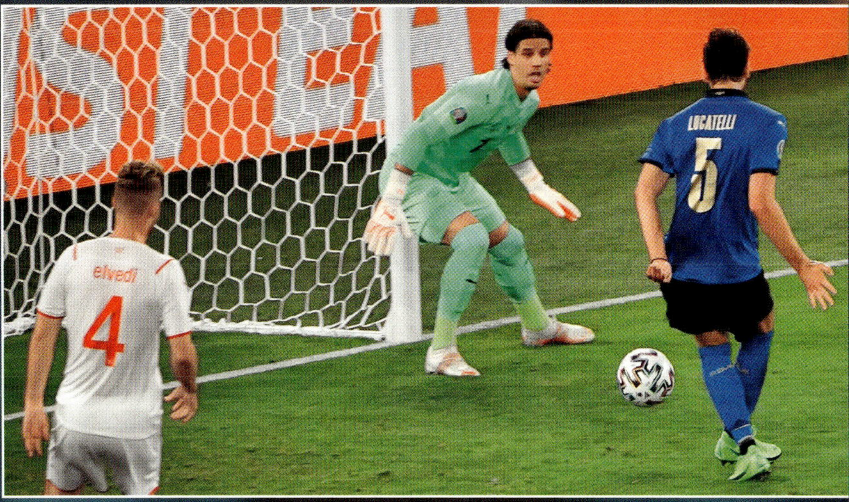

Der Schlusspunkt einer überragenden Kombination: Manuel Locatelli schiebt aus kurzer Distanz zum 1:0 ein.

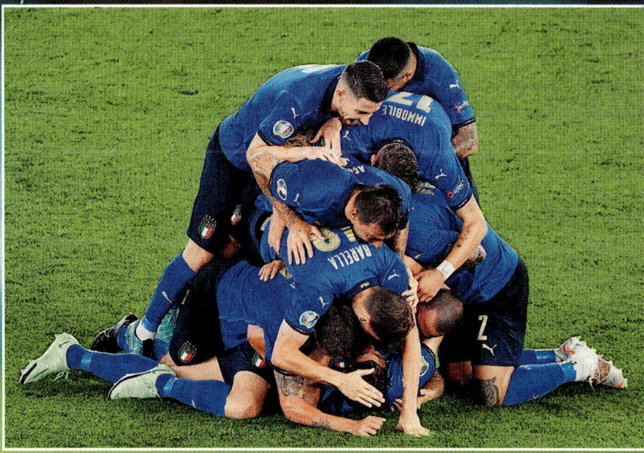

Ganz Italien jubelt: Doppeltorschütze Locatelli liegt irgendwo unter einem Haufen von Kollegen.

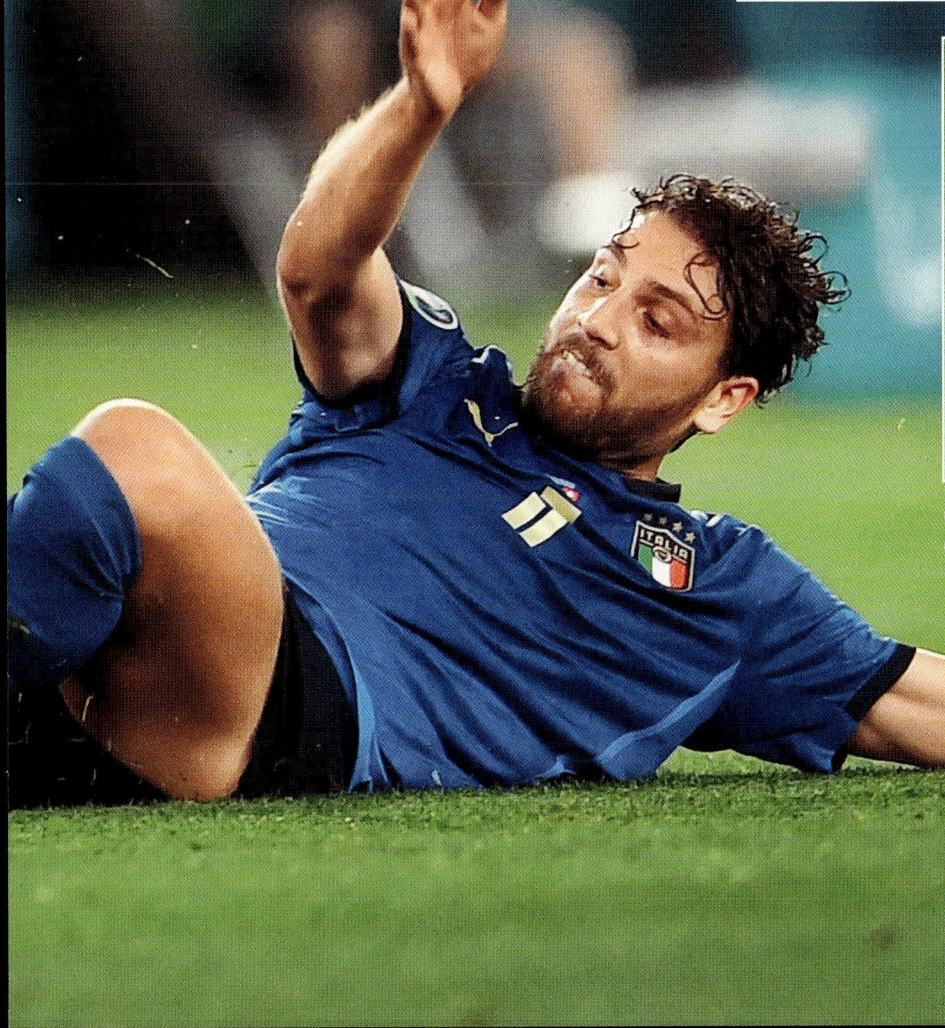

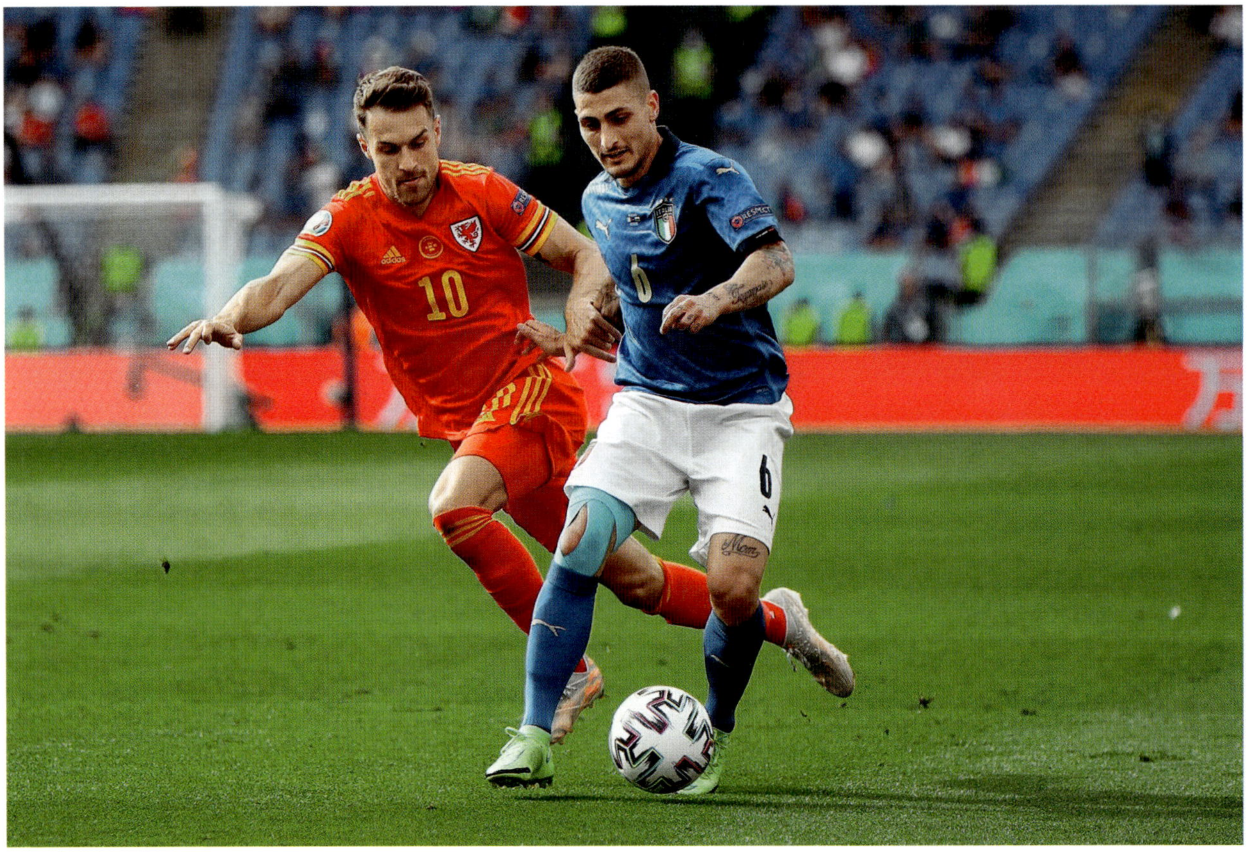

Abschirmdienst: Marco Verratti behauptet den Ball gegen Aaron Ramsey.

ITALIEN | WALES 1:0

Fluch und Segen vieler Wechsel

»Wembley, wir kommen!« Die italienischen Gazetten, die die Squadra Azzurra bereits im Finale wähnten, überschlugen sich förmlich nach dem 1:0 gegen Wales. Der dritte Sieg im dritten Spiel kam mit einer nahezu komplett ausgetauschten Startelf zustande, wofür Nationaltrainer Roberto Mancini gefeiert wurde. »Er hat nach der Apokalypse 2018 die Trümmer weggefegt«, jubelte die »Gazzetta dello Sport«. Und die Zahlen lasen sich beeindruckend: Italien war 30 Spiele am Stück ungeschlagen, das war zuvor nur unter Vittorio Pozzo gelungen. Er war als Nationaltrainer zwischen 1935 und 1939 genauso viele Spiele ohne Niederlage geblieben und hatte mit den Azzurri 1934 und 1938 den WM-Titel geholt.

Auf dem Weg zum angepeilten zweiten EM-Triumph nach 1968 wollte Mancini den gesamten Kader einbeziehen. Bereits nach dem letzten Gruppenspiel hatte der 56-Jährige von den 26 berufenen Spielern 25 eingesetzt. Matteo Pessina, Schütze des siegbringenden Tores gegen die Waliser, hatte vor diesem Match nur vier EM-Minuten bestritten. Dass Mancini gegen Wales in der 89. Minute sogar Ersatzkeeper Salvatore Sirigu einwechselte, wurde im Ausland zum Teil auch als respektlos gewertet. Die Kritik versuchte der fürs Wales-Spiel zurückgekehrte Marco Verratti schnell im Keim zu ersticken. »Wenn wir sagen, dass es eine Nationalmannschaft für alle ist, dann meinen wir das auch so«, begründete der Mittelfeld-Antreiber von Paris Saint-Germain die ungewöhnliche Maßnahme. Die sportlichen Argumente hatte Mancini ohnehin auf seiner Seite. Drei Vorrundensiege, kein Gegentor – das hatte es bei einer EM zuvor noch nie gegeben.

Der walisische Superstar Gareth Bale hätte diesen Rekord locker verhindern können, jagte den Ball eine Viertelstunde vor Schluss aber mit viel Zeit und freistehend über den Kasten. Ärger mit den Fans blieb ihm angesichts des feststehenden zweiten Platzes erspart.

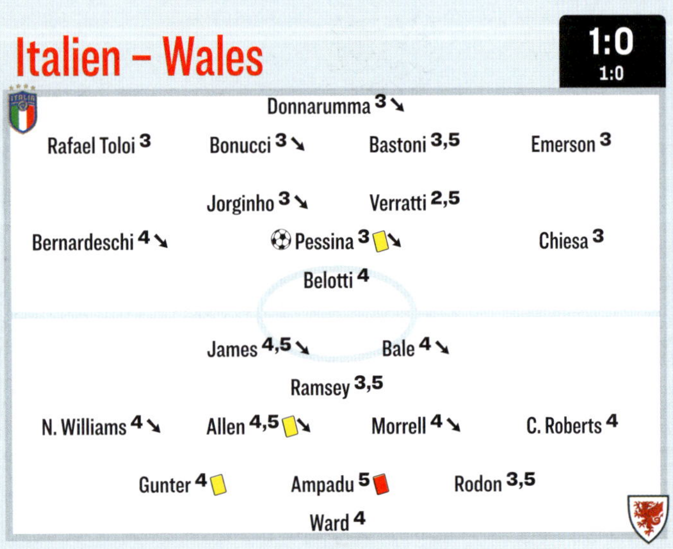

20. Juni in Rom

ITALIEN – WALES 1:0 (1:0)

EINGEWECHSELT: 46. Acerbi (4) für Bonucci, 75. Cristante für Jorginho, 75. Raspadori für Bernardeschi, 87. Castrovilli für Pessina, 89. Sirigu für Donnarumma – 60. Moore (4) für Morrell, 74. Wilson für James, 86. Brooks für Bale, 86. B. Davies für N. Williams, 86. Levitt für Allen

TOR: 1:0 Pessina (39.)

GELBE KARTEN: Pessina – Allen, Gunter

ROTE KARTE: Ampadu (55., grobes Foulspiel)

SCHIEDSRICHTER: Hategan (Rumänien)

Zuschauer: 11 541

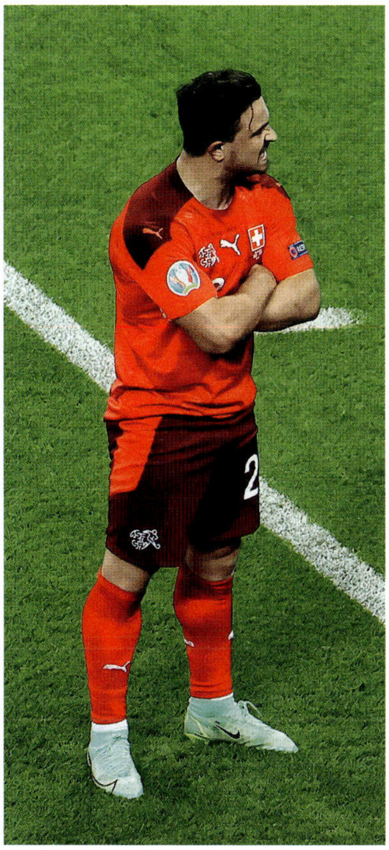

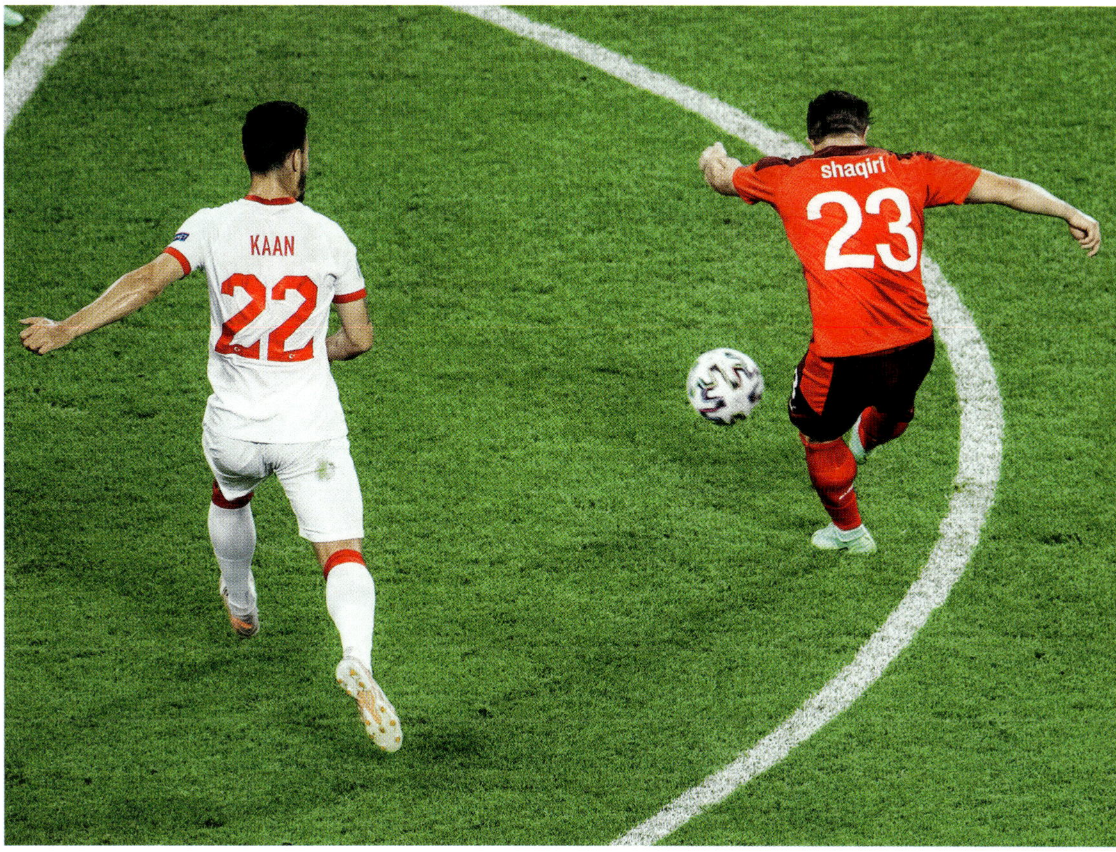

Die Folge: Xherdan Shaqiri lässt sich nach seinem 3:1 etwas eigenwillig feiern.

Die Tat: Mit diesem Schuss an Kaan Ayhan vorbei erzielt Shaqiri seinen ersten Treffer.

SCHWEIZ | TÜRKEI 3:1

Trotz Kritik und Platz drei eine Runde weiter

Nach dem desolaten Auftritt gegen Italien war auf die Schweizer viel Kritik hereingeprasselt. Keineswegs nur aus sportlichen Gründen, sondern auch, weil sich einige Spieler – darunter Kapitän Granit Xhaka – vor dem Duell mit den Azzurri einen Friseur hatten einfliegen lassen. Der schwer angeschlagene Nationaltrainer Vladimir Petkovic hatte sich vor dem von ihm dazu deklarierten »Spiel der letzten Chance« gegen die Türkei in einem emotionalen Brief an die Schweiz gewandt, verzweifelt um Unterstützung gebeten und versprochen, man werde wieder »alle Werte und Tugenden auf den Platz bringen«. Seine häufig als »goldene Generation« gepriesenen Schützlinge schienen den Ernst der Lage erkannt zu haben. Beim 3:1-Erfolg über die Türkei lieferte die »Nati« in Baku von Beginn an eine in allen Bereichen verbesserte Vorstellung ab und trat spielerisch wie kämpferisch als Einheit auf. Herausragend in einem starken Schweizer Kollektiv: Gladbachs Torhüter Yann Sommer, der rechtzeitig nach der Geburt seiner zweiten Tochter zwischen die Pfosten zurückgekehrt war und seine Mannschaft gerade in der Anfangsphase mit starken Paraden vor einem möglichen Rückstand bewahrte. Der Frankfurter Steven Zuber, der erstmals in der Startelf stand und alle drei Schweizer Tore vorbereitete. Und vor allem Xherdan Shaqiri, der als unermüdlicher Antreiber glänzte und zwei Treffer der Extraklasse erzielte, das erste davon – ein sehenswerter 20-Meter-Schuss – gar mit seinem vermeintlich schwächeren rechten Fuß. Mit nunmehr sieben Toren überholte der Liverpool-Profi den legendären Josef Hügi (sechs Treffer bei der Heim-WM 1954) als Schweizer Rekordtorschützen bei großen Turnieren. Zudem vollbrachte der 29-Jährige das Kunststück, bei vier Endrunden in Folge (WM 2014 und 2018, EM 2016 und 2021) getroffen zu haben. Nach dem großen Wirbel

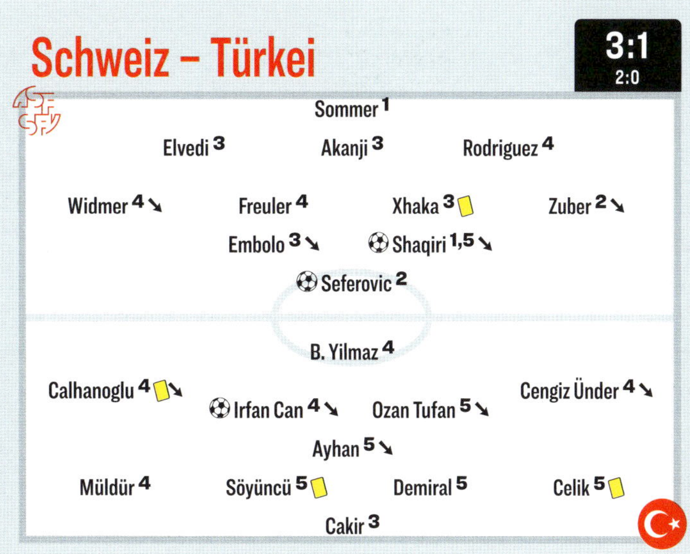

20. Juni in Baku

SCHWEIZ – TÜRKEI 3:1 (2:0)

EINGEWECHSELT: 75. Gavranovic für Seferovic, 75. Vargas für Shaqiri, 85. Benito für Zuber, 85. Mehmedi für Embolo, 90./+2 Mbabu für Widmer – 63. Okay für Ayhan, 63. Yazici für Ozan Tufan, 80. Kökcü für Irfan Can, 80. Karaman für Cengiz Ünder, 86. Dorukhan für Calhanoglu

TORE: 1:0 Seferovic (6.), 2:0 Shaqiri (26.), 2:1 Irfan Can (62.), 3:1 Shaqiri (68.)

GELBE KARTEN: Xhaka – Calhanoglu, Celik, Söyüncü

SCHIEDSRICHTER: Vincic (Slowenien)

ZUSCHAUER: 17138

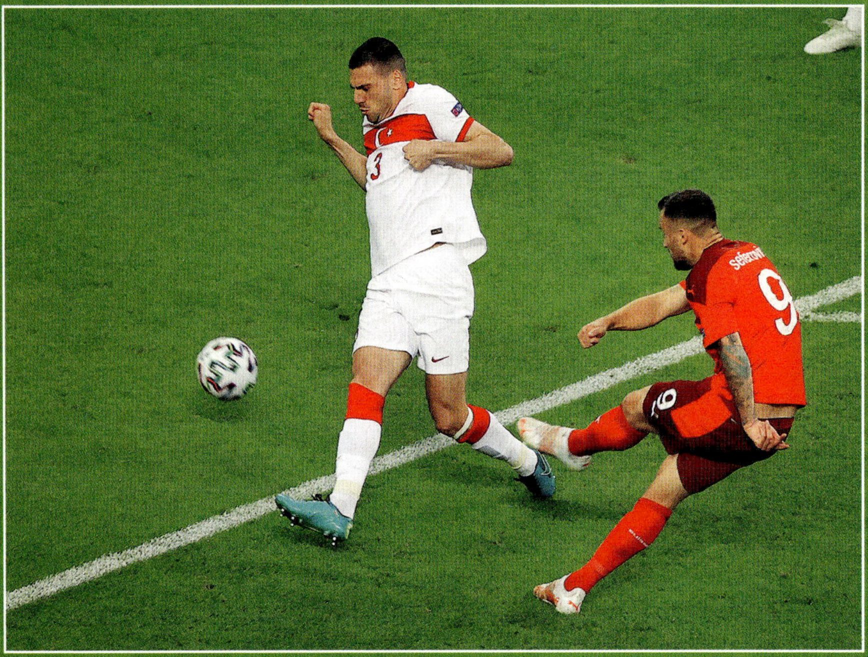

Die frühe Führung für die Schweiz: Haris Seferovic schießt Merih Demiral durch die Beine, der Ball landet im Tor.

der Vortage schwang bei den Schweizern eine Menge Genugtuung mit. »Einige Leute versuchen, diese Mannschaft kaputtzumachen, indem sie viel reden und schreiben«, erklärte Kapitän Granit Xhaka. »Doch eines kann ich garantieren: An solcher Kritik wird die Mannschaft nicht kaputtgehen.«

Während die Schweiz Platz zwei aufgrund der schlechteren Tordifferenz gegenüber Wales zwar verpasste, als einer der vier besten Gruppendritten aber dann doch noch ins Achtelfinale einzog, war das Turnier für die Türkei, von manchen vor Beginn noch als Geheimfavorit gehandelt, nach drei ganz schwachen Auftritten beendet. »Uns ist klar, dass eine solche Vorstellung wie bei diesem Turnier inakzeptabel ist«, gestand Trainer Senol Günes. Null Punkte und 1:8 Tore aus drei Spielen bedeuteten ein historisch schlechtes EM-Abschneiden für seine Mannschaft, für die es in der Heimat heftige Schelte setzte.

> »An solcher Kritik wird die Mannschaft nicht kaputtgehen.«
>
> Granit Xhaka

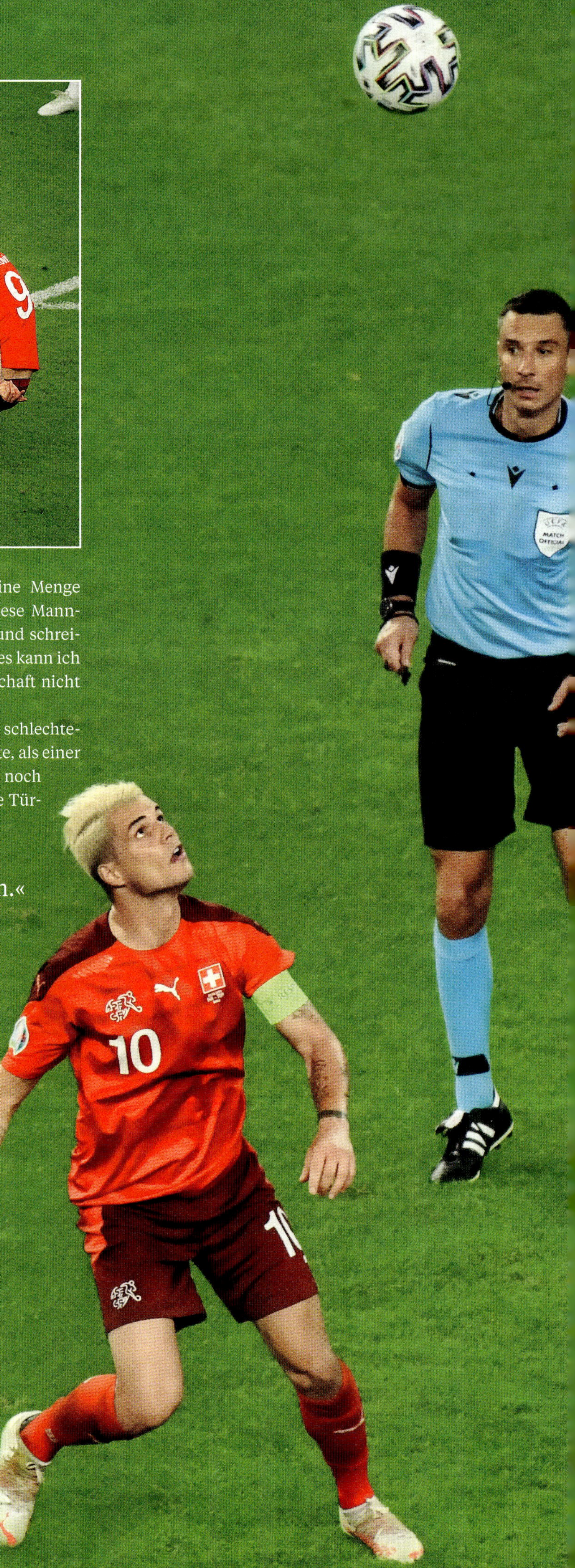

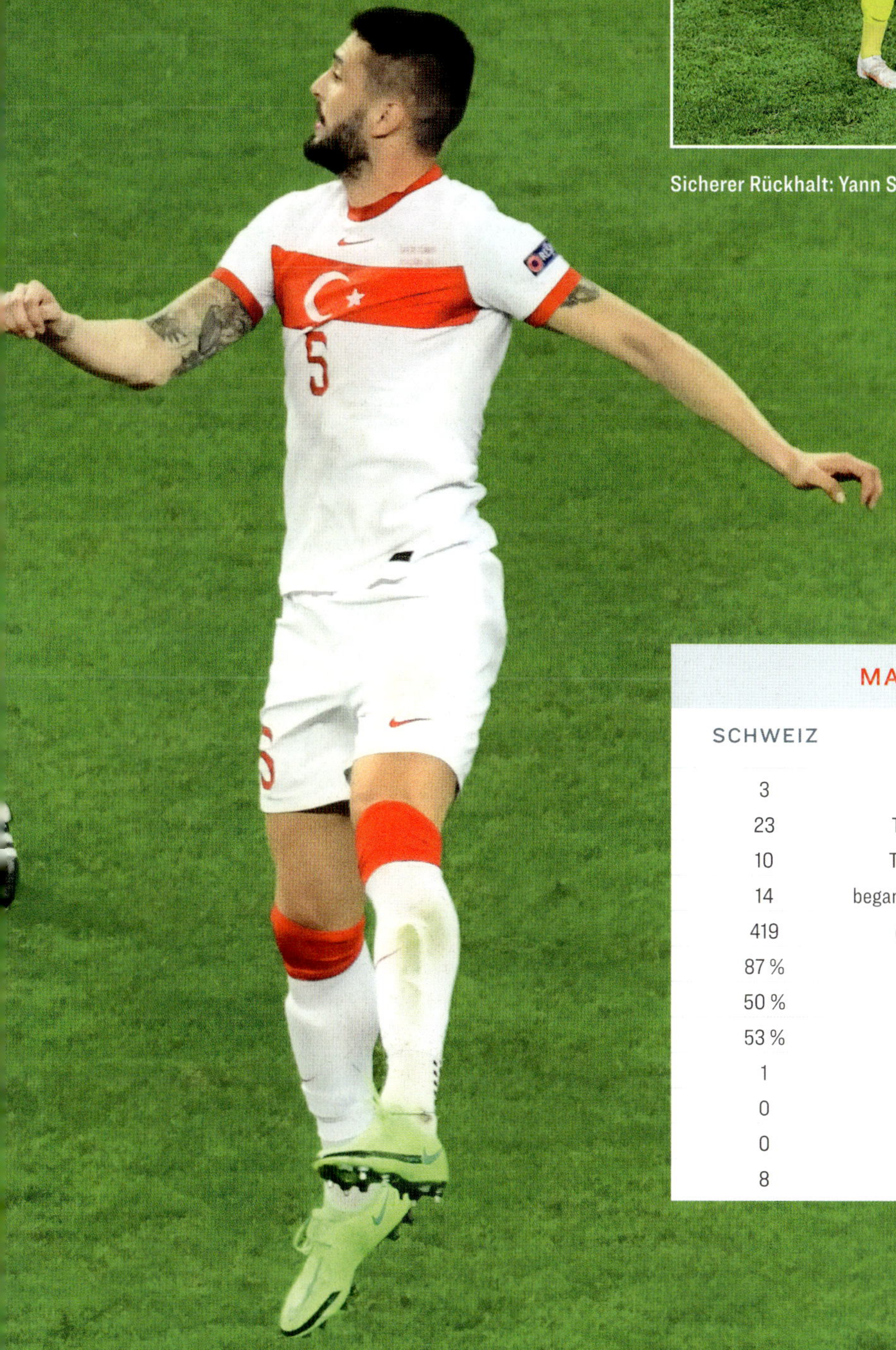

Das Objekt der Begierde: Der Ball zwischen Granit Xhaka, dem Türken Okay und Schiedsrichter Slavko Vincic aus Slowenien

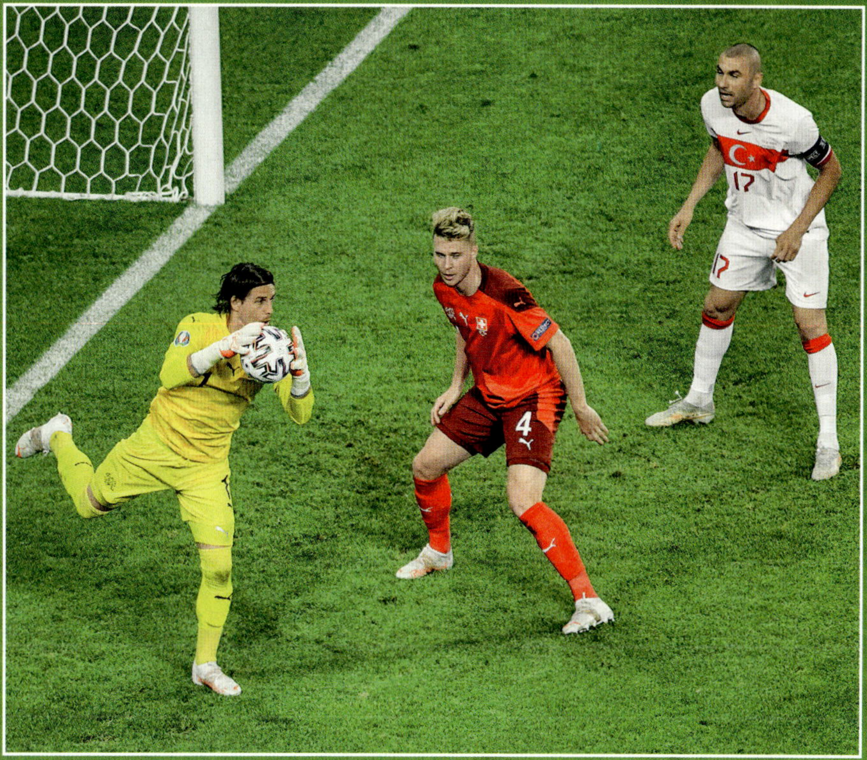

Sicherer Rückhalt: Yann Sommer greift sich den Ball, Nico Elvedi und Burak Yilmaz schauen zu.

MATCH-DATEN

SCHWEIZ		TÜRKEI
3	Tore	1
23	Torschüsse gesamt	19
10	Torschüsse aufs Tor	6
14	begangene Fouls/Handspiele	20
419	erfolgreiche Pässe	408
87 %	Passquote	86 %
50 %	Ballbesitz	50 %
53 %	Zweikampfquote	47 %
1	Gelbe Karten	3
0	Rote Karten	0
0	Abseits	1
8	Ecken	8

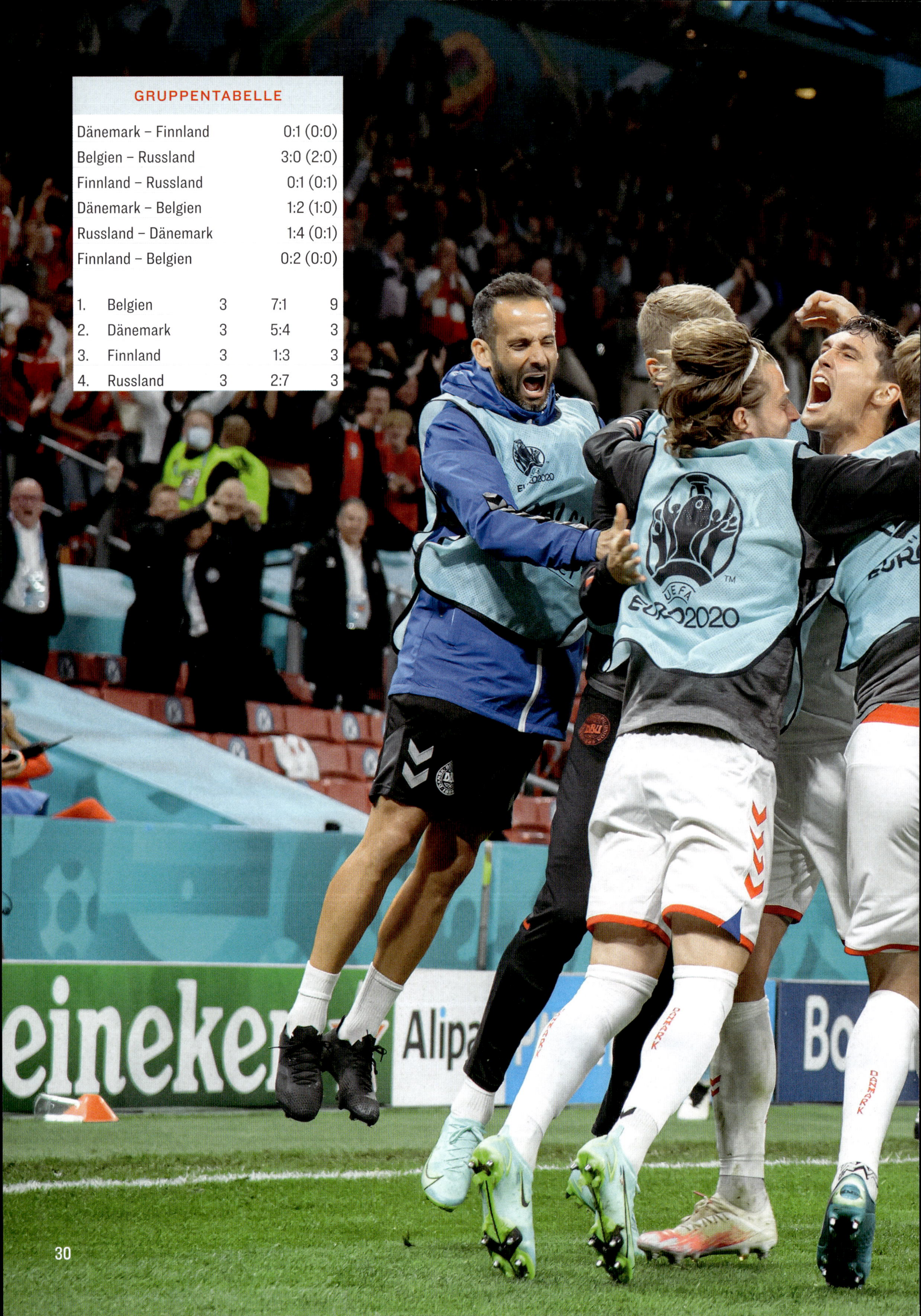

GRUPPENTABELLE

Dänemark – Finnland	0:1 (0:0)
Belgien – Russland	3:0 (2:0)
Finnland – Russland	0:1 (0:1)
Dänemark – Belgien	1:2 (1:0)
Russland – Dänemark	1:4 (0:1)
Finnland – Belgien	0:2 (0:0)

1.	Belgien	3	7:1	9
2.	Dänemark	3	5:4	3
3.	Finnland	3	1:3	3
4.	Russland	3	2:7	3

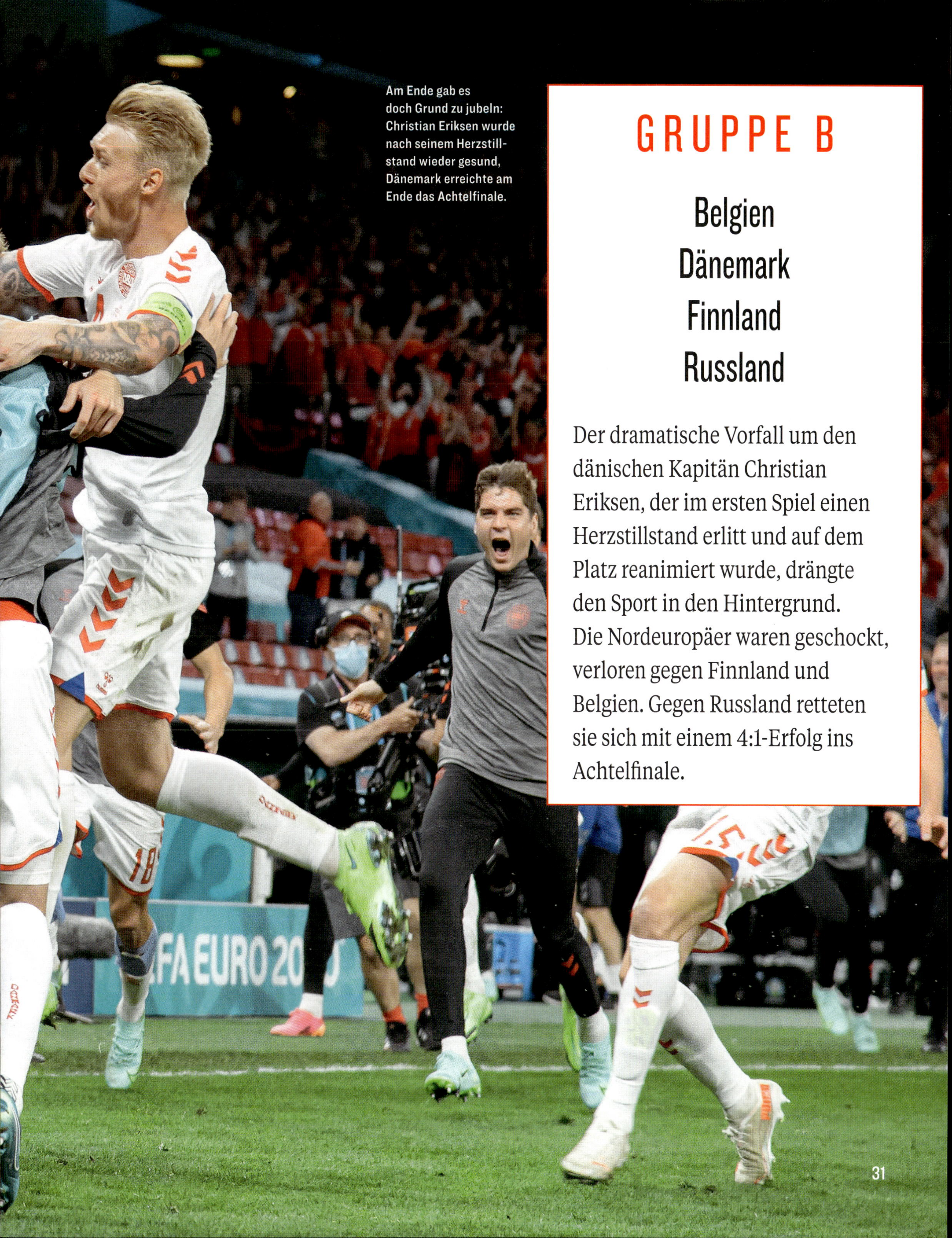

Am Ende gab es doch Grund zu jubeln: Christian Eriksen wurde nach seinem Herzstillstand wieder gesund, Dänemark erreichte am Ende das Achtelfinale.

GRUPPE B

Belgien
Dänemark
Finnland
Russland

Der dramatische Vorfall um den dänischen Kapitän Christian Eriksen, der im ersten Spiel einen Herzstillstand erlitt und auf dem Platz reanimiert wurde, drängte den Sport in den Hintergrund. Die Nordeuropäer waren geschockt, verloren gegen Finnland und Belgien. Gegen Russland retteten sie sich mit einem 4:1-Erfolg ins Achtelfinale.

Belgien

1 Courtois, Thibaut, 11.05.1992, Real Madrid
2 Alderweireld, Toby, 02.03.1989, Tottenham Hotspur
3 Vermaelen, Thomas, 14.11.1985, Vissel Kobe
4 Boyata, Dedryck, 28.11.1990, Hertha BSC
5 Vertonghen, Jan, 24.04.1987, Benfica Lissabon
6 Witsel, Axel, 12.01.1989, Borussia Dortmund
7 De Bruyne, Kevin, 28.06.1991, Manchester City
8 Tielemans, Youri, 07.05.1997, Leicester City
9 Lukaku, Romelu, 13.05.1993, Inter Mailand
10 Hazard, Eden, 07.01.1991, Real Madrid
11 Carrasco, Yannick, 04.09.1993, Atletico Madrid
12 Mignolet, Simon, 06.03.1988, Club Brügge
12 Kaminski, Thomas, 23.10.1992, Blackburn Rovers
13 Sels, Matz, 26.02.1992, Racing Straßburg
14 Mertens, Dries, 06.05.1987, SSC Neapel
15 Meunier, Thomas, 12.09.1991, Borussia Dortmund
16 Hazard, Thorgan, 29.03.1993, Borussia Dortmund
17 Vanaken, Hans, 24.08.1992, Club Brügge
18 Denayer, Jason, 28.06.1995, Olympique Lyon
19 Dendoncker, Leander, 15.04.1995, Wolverhampton Wanderers
20 Benteke, Christian, 03.12.1990, Crystal Palace
21 Castagne, Timothy, 05.12.1995, Leicester City
22 Chadli, Nacer, 02.08.1989, Basaksehir FK
23 Batshuayi, Michy, 02.10.1993, Crystal Palace
24 Trossard, Leandro, 04.12.1994, Brighton & Hove Albion
25 Doku, Jeremy, 27.05.2002, Stade Rennes
26 Praet, Dennis, 14.05.1994, Leicester City

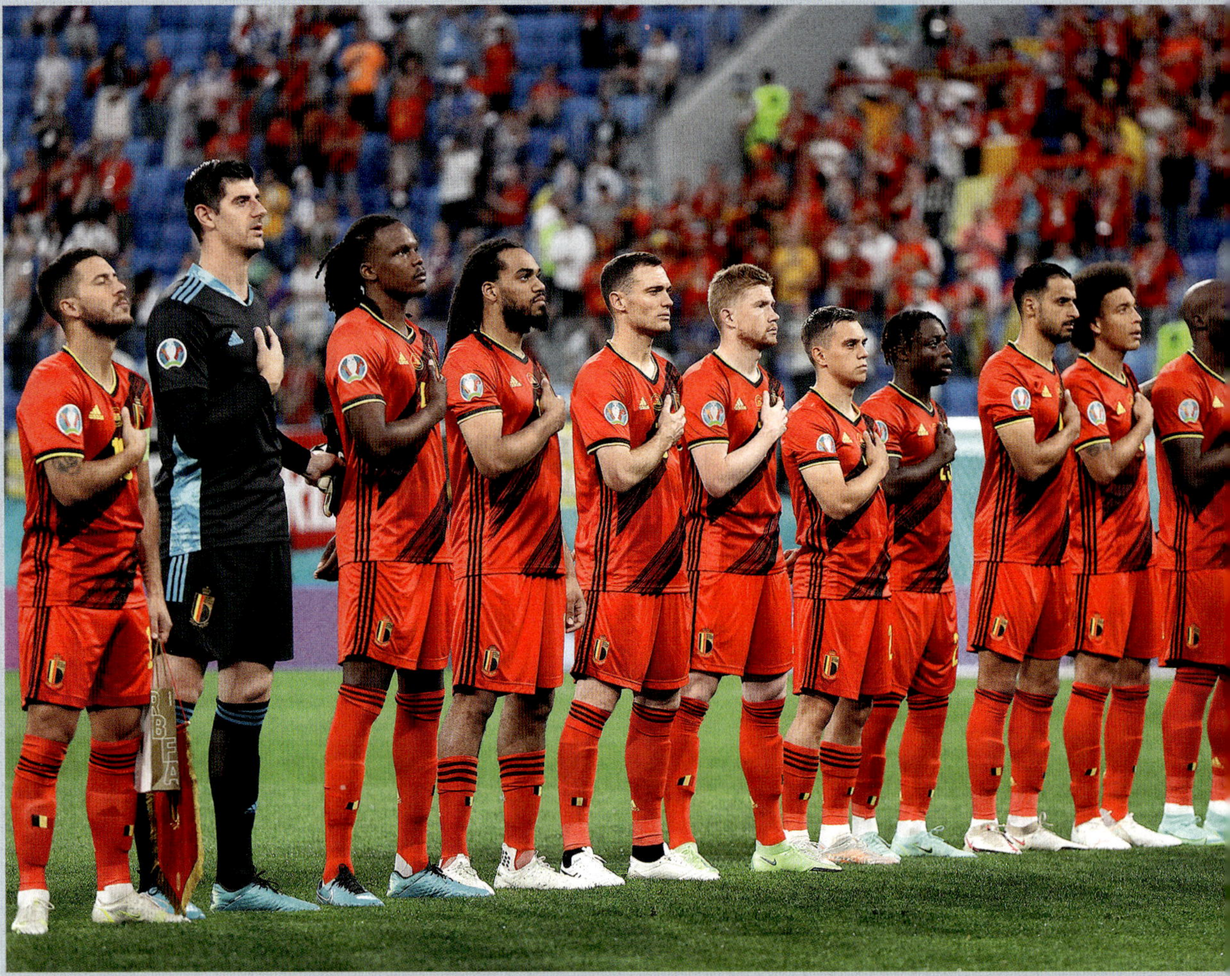

Dänemark

1 Schmeichel, Kasper, 05.11.1986, Leicester City
2 Andersen, Joachim, 31.05.1996, FC Fulham
3 Vestergaard, Jannik, 03.08.1992, FC Southampton
4 Kjaer, Simon, 26.03.1989, AC Mailand
5 Maehle, Joakim, 20.05.1997, Atalanta Bergamo
6 Christensen, Andreas, 10.04.1996, FC Chelsea
7 Skov, Robert, 20.05.1996, TSG Hoffenheim
8 Delaney, Thomas, 03.09.1991, Borussia Dortmund
9 Braithwaite, Martin, 05.06.1991, FC Barcelona
10 Eriksen, Christian, 14.02.1992, Inter Mailand
11 Skov Olsen, Andreas, 29.12.1999, FC Bologna
12 Dolberg, Kasper, 06.10.1997, OGC Nizza
13 Jörgensen, Mathias, 23.04.1990, FC Kopenhagen
14 Damsgaard, Mikkel, 03.07.2000, Sampdoria Genua
15 Nörgaard, Christian, 10.03.1994, FC Brentford
16 Lössl, Jonas, 01.02.1989, FC Midtjylland
17 Stryger Larsen, Jens, 21.02.1991, Udinese Calcio
18 Wass, Daniel, 31.05.1989, FC Valencia
19 Wind, Jonas, 07.02.1999, FC Kopenhagen
20 Poulsen, Yussuf, 15.06.1994, RB Leipzig
21 Cornelius, Andreas, 16.03.1993, Parma Calcio
22 Rönnow, Frederik, 04.08.1992, FC Schalke 04
23 Höjbjerg, Pierre-Emile, 05.08.1995, Tottenham Hotspur
24 Jensen, Mathias, 01.01.1996, FC Brentford
25 Christiansen, Anders, 08.06.1990, Malmö FF
26 Boilesen, Nicolai, 16.02.1992, FC Kopenhagen

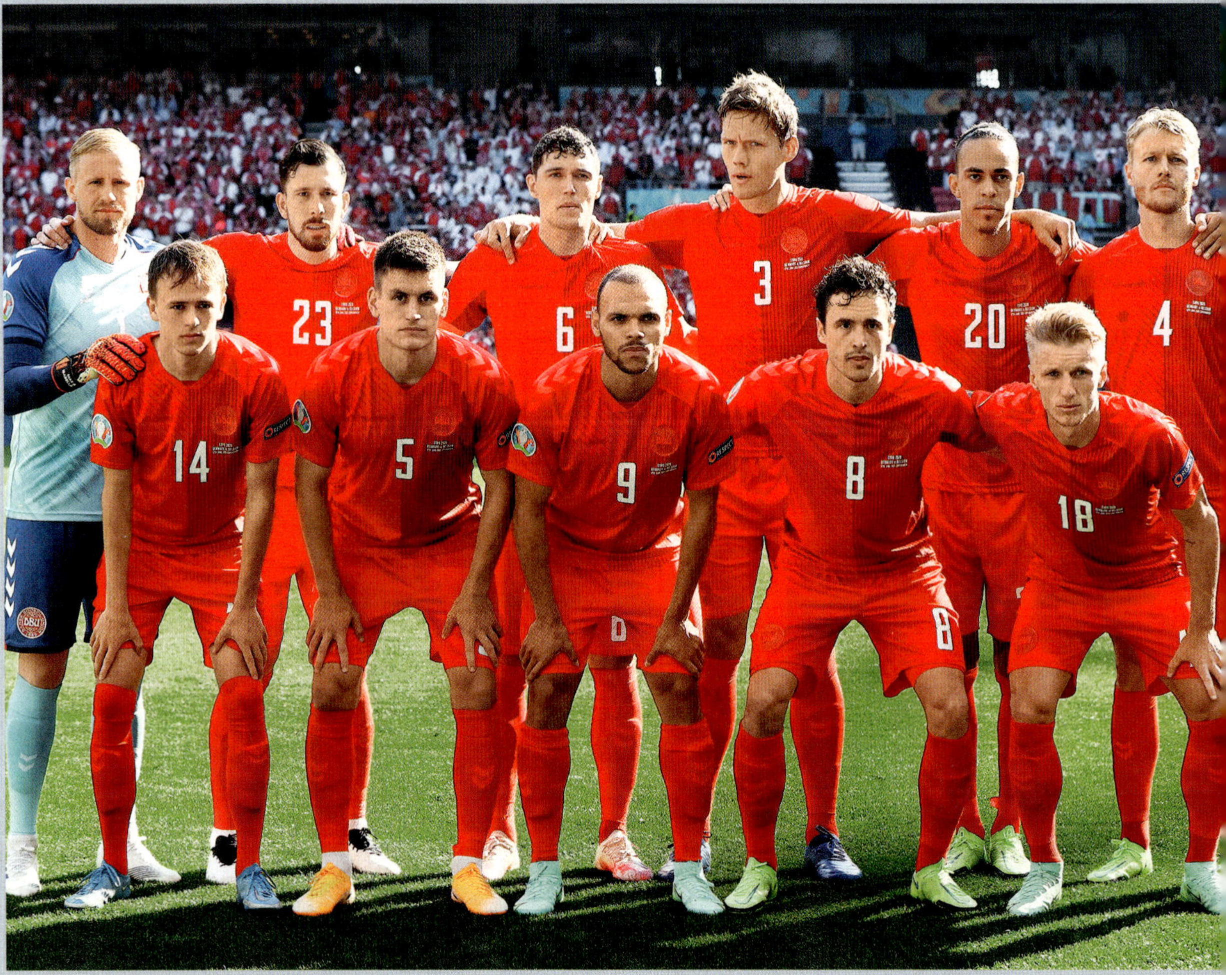

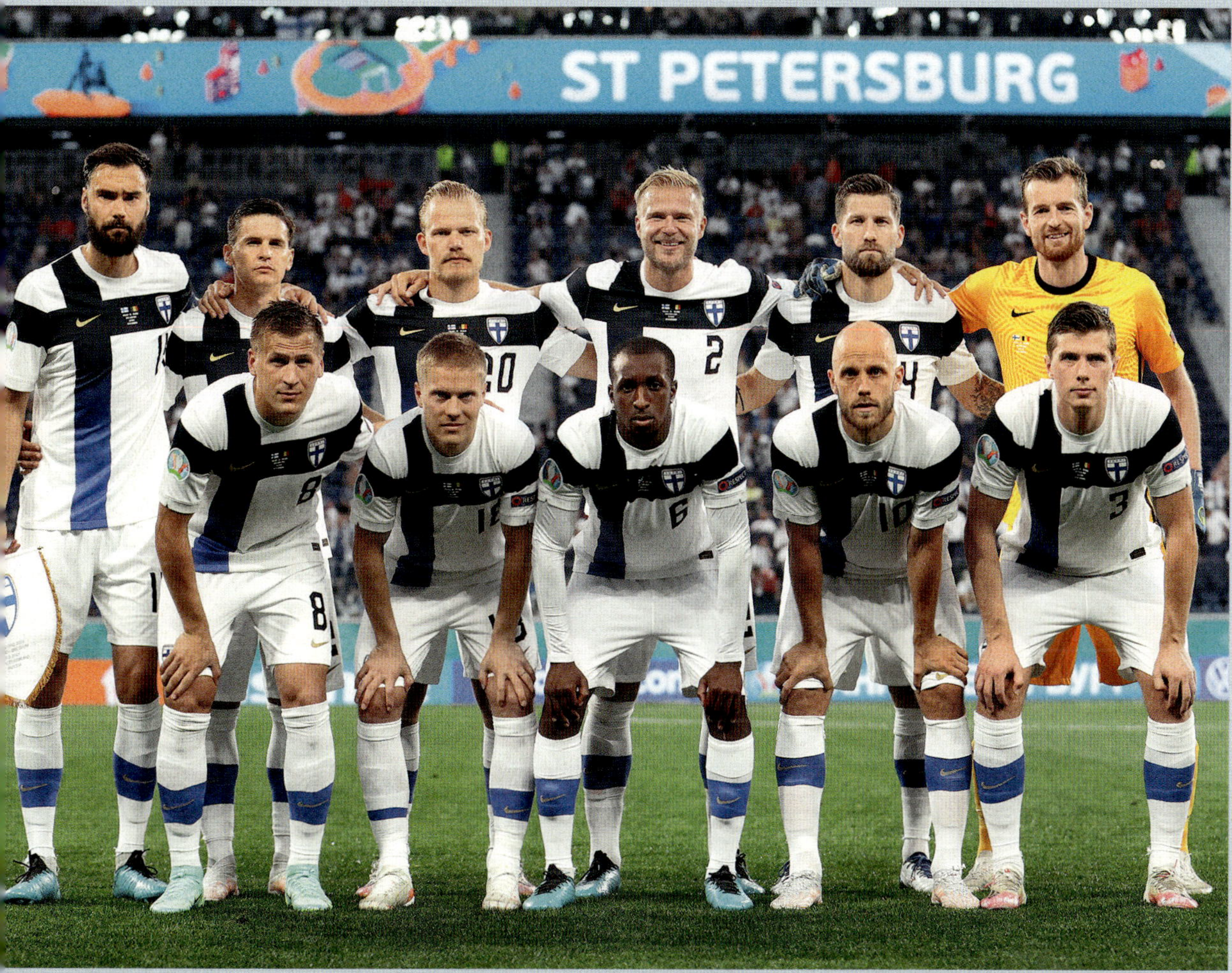

Finnland

1 Hradecky, Lukas, 24.11.1989, Bayer 04 Leverkusen
2 Arajuuri, Paulus, 15.06.1988, Pafos FC
3 O'Shaughnessy, Daniel, 14.09.1994, HJK Helsinki
4 Toivio, Joona, 10.03.1988, BK Häcken
5 Väisänen, Leo, 23.07.1997, IF Elfsborg Boras
6 Kamara, Glen, 28.10.1995, Glasgow Rangers
7 Taylor, Robert, 21.10.1994, Brann Bergen
8 Lod, Robin, 17.04.1993, Minnesota United
9 Jensen, Fredrik, 09.09.1997, FC Augsburg
10 Pukki, Teemu, 29.03.1990, Norwich City
11 Schüller, Rasmus, 18.06.1991, Djurgardens IF
12 Joronen, Jesse, 21.03.1993, Brescia Calcio
13 Soiri, Pyry, 22.09.1994, Esbjerg fB
14 Sparv, Tim, 20.02.1987, AE Larisa
15 Hämäläinen, Niko, 05.03.1997, Queens Park Rangers
16 Lam, Thomas, 18.12.1993, PEC Zwolle
17 Alho, Nikolai, 12.03.1993, MTK Budapest
18 Uronen, Jere, 13.07.1994, KRC Genk
19 Kauko, Joni, 12.07.1990, Esbjerg fB
20 Pohjanpalo, Joel, 13.09.1994, 1. FC Union Berlin
21 Lappalainen, Lassi, 24.08.1998, Club de Foot Montreal
22 Raitala, Jukka, 15.09.1988, Minnesota United
23 Jaakkola, Anssi, 13.03.1987, Bristol Rovers
24 Valakari, Onni, 18.08.1999, Pafos FC
25 Ivanov, Robert, 19.09.1994, Warta Posen
26 Forss, Marcus, 18.06.1999, FC Brentford

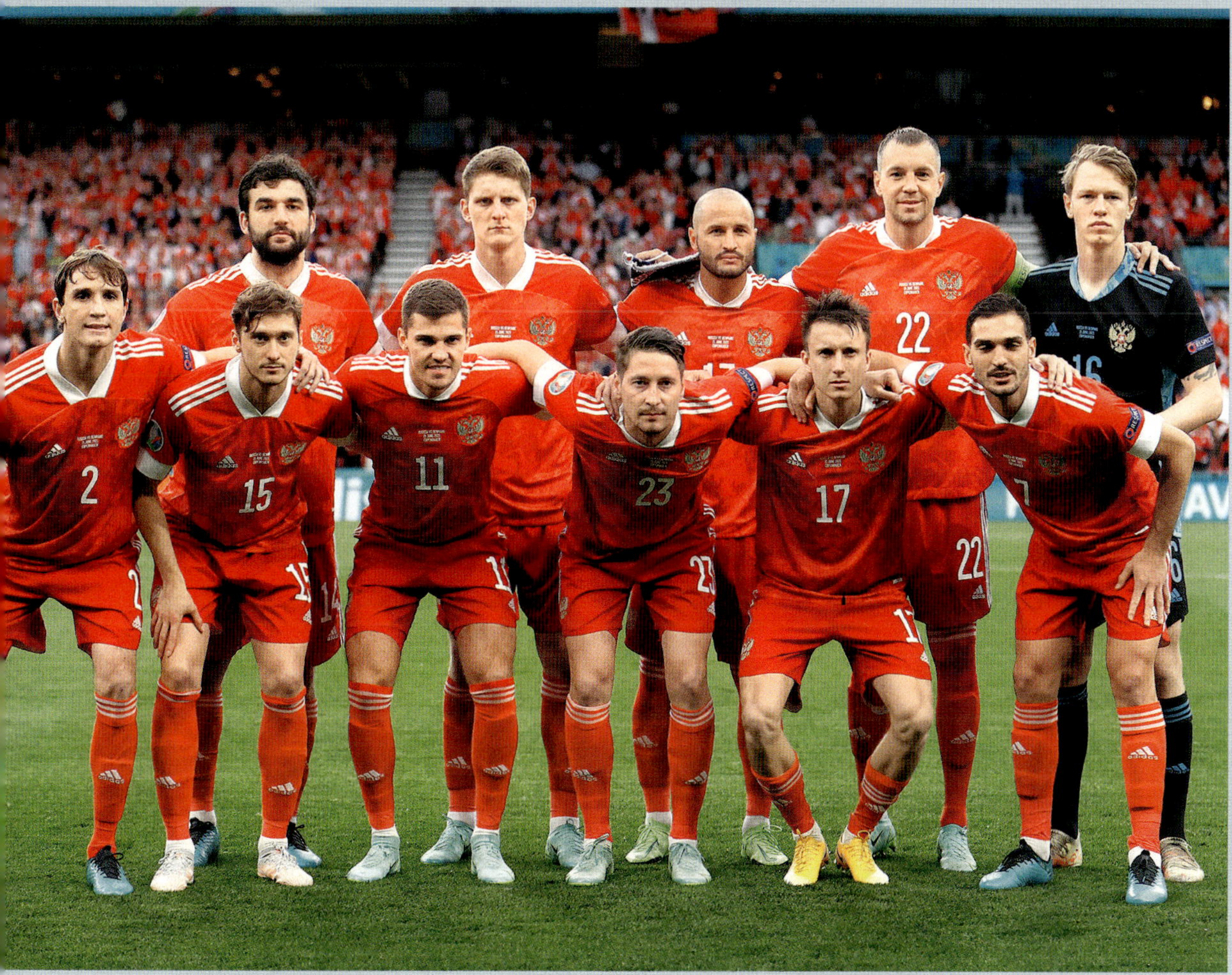

Russland

1 Shunin, Anton, 27.01.1987, Dynamo Moskau
2 Mario Fernandes, 19.09.1990, ZSKA Moskau
3 Diveev, Igor, 27.09.1999, ZSKA Moskau
4 Karavaev, Vyacheslav, 20.05.1995, Zenit St. Petersburg
5 Semyonov, Andrei, 24.03.1989, Achmat Grosny
6 Cheryshev, Denis, 26.12.1990, FC Valencia
7 Ozdoev, Magomed, 05.11.1992, Zenit St. Petersburg
8 Barinov, Dmitri, 11.09.1996, Lokomotive Moskau
9 Sobolev, Alexander, 07.03.1997, Spartak Moskau
10 Zabolotny, Anton, 13.06.1991, PFK Sotschi
11 Zobnin, Roman, 11.02.1994, Spartak Moskau
12 Dyupin, Yury, 17.03.1988, Rubin Kasan
13 Kudryashov, Fedor, 05.04.1987, Antalyaspor
14 Dzhikiya, Giorgi, 21.11.1993, Spartak Moskau
15 Miranchuk, Aleksey, 17.10.1995, Atalanta Bergamo
16 Safonov, Matvei, 25.02.1999, FK Krasnodar
17 Golovin, Aleksandr, 30.05.1996, AS Monaco
18 Zhirkov, Yuriy, 20.08.1983, Zenit St. Petersburg
19 Zhemaletdinov, Rifat, 20.09.1996, Lokomotive Moskau
20 Ionov, Aleksey, 18.02.1989, FK Krasnodar
21 Fomin, Daniil, 02.03.1997, Dynamo Moskau
22 Dzyuba, Artyom, 22.08.1988, Zenit St. Petersburg
23 Kuzyaev, Daler, 15.01.1993, Zenit St. Petersburg
24 Evgenyev, Roman, 23.02.1999, Dynamo Moskau
25 Makarov, Denis, 18.02.1998, Rubin Kasan
26 Mukhin, Maksim, 04.11.2001, Lokomotive Moskau

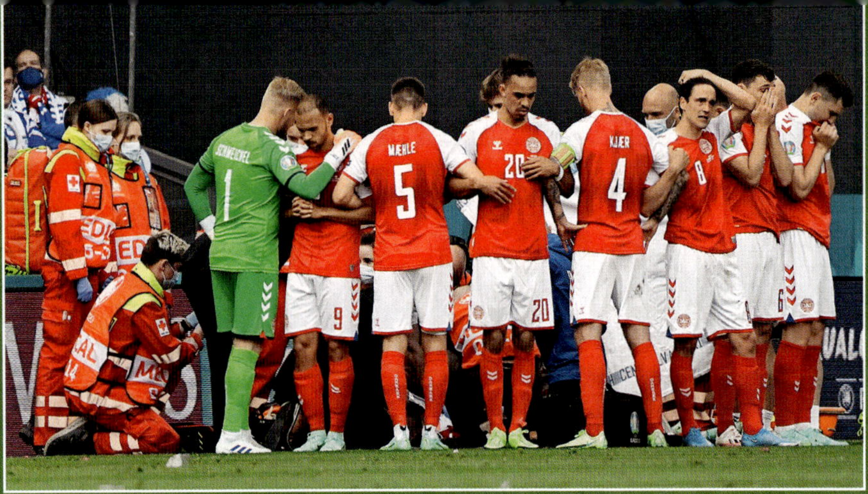

Das Drama: Die dänischen Spieler bilden eine Mauer, um Christian Eriksen nach dessen Herzattacke vor neugierigen Blicken zu schützen.

DÄNEMARK | FINNLAND 0:1

Plötzlich wurde Fußball sinnlos

Es lief die 43. Minute, als dieses Fußballspiel seine Bedeutung verlor. Als sich die Euphorie der 15200 Zuschauer in Kopenhagen in Entsetzen verwandelte. Christian Eriksen, der Star der Dänen, brach ohne Fremdeinwirkung zusammen und blieb regungslos auf dem Rasen liegen. Der 29-Jährige erlitt einen Herzstillstand, Sanitäter und Ärzte mussten ihn auf dem Platz wiederbeleben. Mit bangen Gesichtern, teils mit Tränen in den Augen bildeten die Mitspieler einen Sichtschutz, um die Szenerie vor den Kameras abzuschirmen. Ein ganzes Stadion stand unter Schock – und Millionen zitterten an den Bildschirmen mit. Es dauerte fast eine Stunde bis zur Nachricht, dass Eriksen wach, stabil und im Krankenhaus sei. Dänische und finnische Fans skandierten daraufhin gemeinsam seinen Namen. Doch die dramatischen Ereignisse wirkten nach. »Wir hatten einen der unseren, der auf dem Boden lag und um sein Leben kämpfte. Das bedeutet, dass Fußball völlig sinnlos wird«, beschrieb Dänemarks Trainer Kasper Hjulmand die Situation.

Weitergespielt wurde nach 107-minütiger Unterbrechung trotzdem. Nach Kontakt mit Eriksen und auch auf dessen Wunsch entschied sich das dänische Team, die Partie fortzusetzen. Einige fühlten sich jedoch unter Druck gesetzt, weil die UEFA als einzigen Ausweichtermin den folgenden Mittag anbot. »Die Spieler wollten es versuchen, aber einige waren nicht fähig zu spielen«, bilanzierte Hjulmand frustriert.

Die Dänen wirkten nach Wiederanpfiff wie gelähmt, die Partie war unter diesen Umständen nicht mit normalen Maßstäben zu bewerten. Kapitän Simon Kjaer bat um seine Auswechslung, weil er der Situation nicht mehr gewachsen war. Die 0:1-Niederlage war an diesem denkwürdigen Abend nur Nebensache. Mit dem einzigen Torabschluss der Finnen köpfte Joel Pohjanpalo den EM-Neuling zum Sieg. Doch viel wichtiger: Eriksens Zustand blieb in den folgenden Tagen stabil und gut.

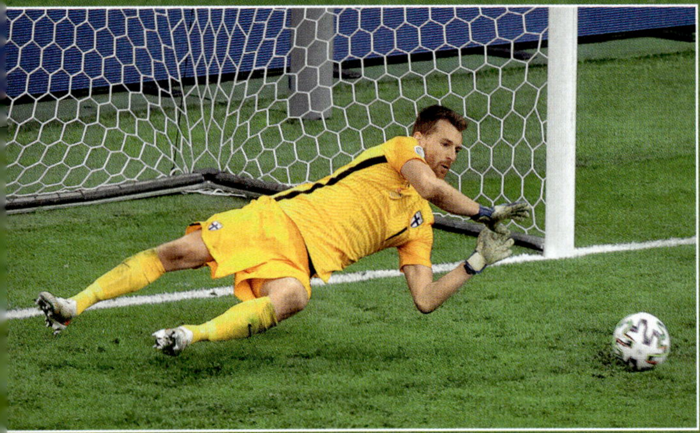

Gehalten: Lukas Hradecky wehrt den Strafstoß von Pierre-Emile Höjbjerg ab.

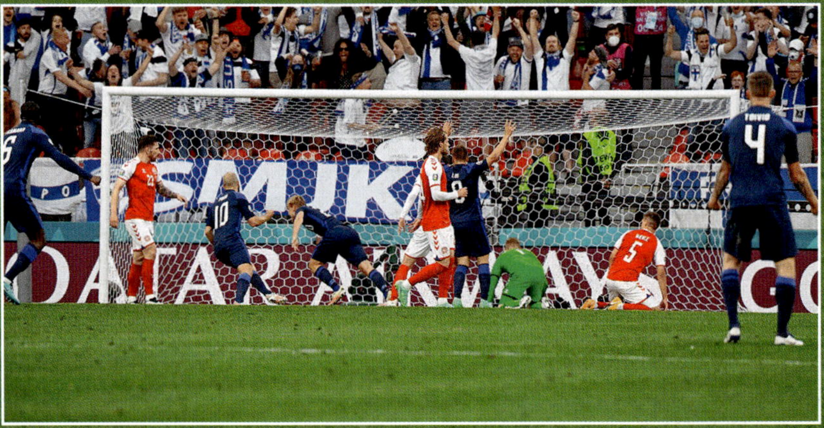

Nicht gehalten: Kasper Schmeichel kann den Kopfballtreffer von Joel Pohjanpalo nicht verhindern.

Dänemark – Finnland 0:1 (0:0)

Schmeichel
Wass ↘ · Kjaer ↘ · Christensen · Maehle
Höjbjerg
Eriksen ↘ · Delaney ↘
Poulsen · Wind ↘ · Braithwaite

Pukki ↘ · ⚽ Pohjanpalo ↘
Kamara · Sparv 🟨↘ · Lod 🟨
Uronen · O'Shaughnessy · Arajuuri · Toivio · Raitala ↘
Hradecky

12. Juni in Kopenhagen

DÄNEMARK – FINNLAND 0:1 (0:0)

EINGEWECHSELT: 43. Jensen für Eriksen, 63. Skov Olsen für Wind, 63. Vestergaard für Kjaer, 76. Stryger Larsen für Wass, 76. Cornelius für Delaney – 76. Schüller für Sparv, 76. Kauko für Pukki, 84. Forss für Pohjanpalo, 90. Väisänen für Raitala

TOR: 0:1 Pohjanpalo (60.)

GELBE KARTEN: Lod, Sparv

BES. VORK.: Das Spiel wurde nach dem Kollaps von Eriksen (43.) für eineinhalb Stunden unterbrochen. Hradecky hält FE von Höjbjerg (74.). Aufgrund des Dramas um Christian Eriksen entschloss sich die kicker-Redaktion, die Spieler trotz Fortsetzung der Partie nicht individuell zu benoten, da die Spieler extrem unter dem Eindruck des Geschehens standen.

SCHIEDSRICHTER: Taylor (England)

ZUSCHAUER: 15 200

BELGIEN | RUSSLAND **3:0**

Ein Schatten auf dem Traumstart

Es war ein Tor, das so früh fiel, dass man es unter normalen Umständen als Traumstart ins Turnier verbucht hätte, aber die Umstände waren nicht normal. Romelu Lukaku hatte nach zehn Minuten mit links aus der Drehung vollstreckt, dann lief er Richtung Kamera und rief: »Chris, stay strong! Chris, I love you!«

Lukakus Gedanken und Gefühle galten Christian Eriksen, seinem Teamkollegen von Inter Mailand, der zweieinhalb Stunden zuvor bei Dänemarks EM-Auftakt gegen Finnland auf dem Platz kollabiert und von Notärzten mit Herzdruckmassagen gerettet worden war. Das Drama von Kopenhagen überschattete die Abend-Partie in St. Petersburg. »Es gab viele Tränen vor dem Spiel«, sagte Lukaku nach dem 3:0 gegen defensiv überforderte und offensiv biedere Russen. »Es war schwer, sich zu konzentrieren. Chris hat zwei kleine Kinder, die ihn brauchen.«

Die Belgier – wegen des im Champions-League-Finale erlittenen Augenhöhlen- und Nasenbeinbruchs noch ohne ihren Besten Kevin de Bruyne – erledigten ihren Job mit nüchterner Souveränität, aber wirkliche Freude konnte sich an diesem Abend in Moll nicht einstellen. Der russische Verteidiger Andrei Semyonov assistierte mit maximaler Unbeholfenheit Lukaku beim 1:0, vorm 3:0 schüttelte Lukaku Igor Diveev ab. Der früh eingewechselte BVB-Profi Thomas Meunier nutzte die russische Konfusion nach 34 Minuten zum 2:0 und schrieb EM-Geschichte – als erster Joker-Torschütze in der ersten Halbzeit. Der Anlass seines Dienstbeginns war indes unschön. Nach einem üblen Zusammenprall von Timothy Castagne und Daler Kuzyaev mussten beide mit Kopfverletzungen ausgewechselt werden, für Castagne war die EM nach 27 Minuten vorbei: Bruch der Augenhöhle. Das passte zu diesem Samstagabend, an dem den »Roten Teufeln« und Lukaku ein EM-Traumstart gelang, aber niemandem nach solchem Vokabular zumute war.

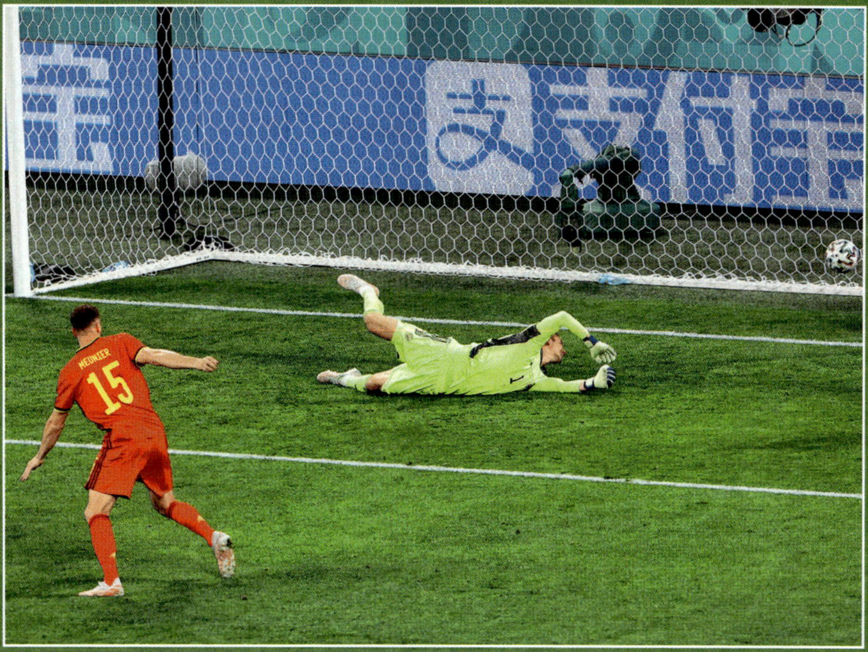

Sandwich-Treffer: Zwischen Lukakus 1:0 und 3:0 trug sich Thomas Meunier als Torschütze ein.

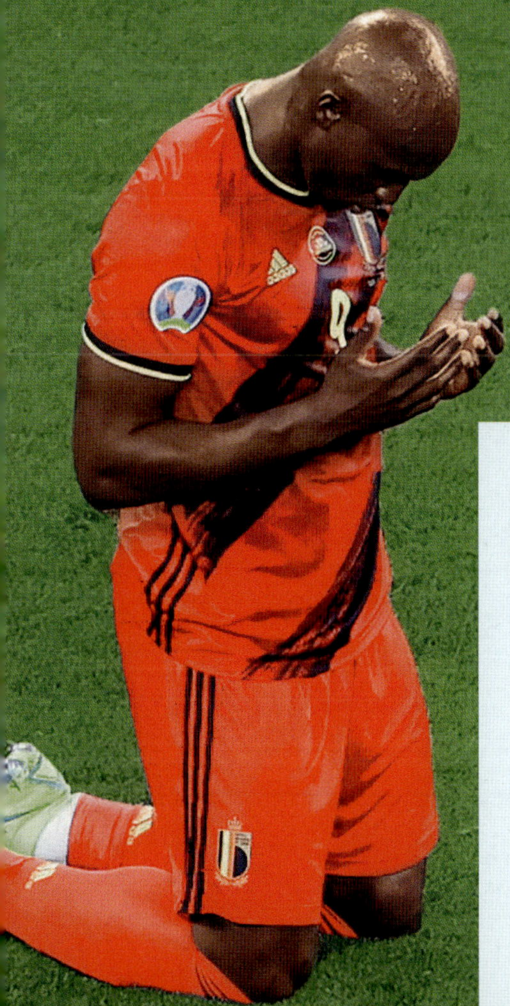

Keine bedingungslose Freude: Romelu Lukaku ist zwar gegen Russland zweimal erfolgreich, doch der Kollaps von Christian Eriksen, seinem Vereinskollegen bei Inter Mailand, beschäftigt ihn.

Belgien – Russland

3:0 (2:0)

Courtois 3
Alderweireld 3,5 – Boyata 2,5 – Vertonghen 4 ↘
Castagne ↘ – Dendoncker 4 – Tielemans 3,5 – T. Hazard 2,5
Mertens 3,5 ↘ – Carrasco 4 ↘
Lukaku 1,5

Dzyuba 4
Kuzyaev ↘ – Golovin 2,5 – Zobnin 4 ↘
Ozdoev 4 – Barinov 4,5 ↘
Zhirkov 4,5 ↘ – Semyonov 5 – Dzhikiya 4,5 – Mario Fernandes 3
Shunin 4,5

12. Juni in St. Petersburg

BELGIEN – RUSSLAND 3:0 (2:0)

EINGEWECHSELT: 27. Meunier (2) für Castagne, 72. E. Hazard für Mertens, 76. Vermaelen für Vertonghen, 77. Praet für Carrasco – 29. Cheryshev (4,5) für Kuzyaev, 43. Karavaev (4) für Zhirkov, 46. Diveev (4,5) für Barinov, 63. Mukhin für Zobnin, 63. Miranchuk für Cheryshev

TORE: 1:0 Lukaku (10.), 2:0 Meunier (34.), 3:0 Lukaku (88.)

GELBE KARTEN: keine

SCHIEDSRICHTER: Mateu Lahoz (Spanien)

ZUSCHAUER: 26 264

FINNLAND | RUSSLAND 0:1

Ein kleines Kunstwerk von Miranchuk

Manchmal hängt das Glück an ein paar mickrigen Zentimetern. Die Flanke von Jukka Raitala kam perfekt, der Kopfball von Joel Pohjanpalo war wuchtig und platziert. Finnland nahm für einen klitzekleinen Moment ein Vollbad im Glück, ehe der VAR klarmachte: Abseits, kein Tor. Es war nach nur drei Minuten ein Schlüsselmoment des Spiels und ein Wachmacher für Russland, das danach mit Entschlossenheit und Kraft dominierte.

Finesse gab es auch zu bestaunen – vor allem von einem, dem der Ball gehorcht, aber der an manchen Tagen die Grenze zur Unsichtbarkeit streift. Diesmal nicht: Aleksey Miranchuk, für den Trainer Stanislav Cherchesov beim blassen Auftakt gegen Belgien (0:3) nur als Joker Verwendung hatte, nutzte das Kräftemessen mit Nachbar Finnland in St. Petersburg als große Bühne. Er legte Magomed Ozdoev und Rifat Zhemaletdinov beste Gelegenheiten auf, die diese verstreichen ließen, und zeigte in der Nachspielzeit der ersten Halbzeit, wie es geht. Ein Zuspiel von Artyom Dzyuba legte sich Miranchuk vom rechten auf den linken Fuß – und schlenzte den Ball aus zehn Metern in den Winkel des Tores von Lukas Hradecky. Es war ein kleines Kunstwerk. Die finnischen Verteidiger, in ausreichender Zahl um den bei Atalanta Bergamo unter Vertrag stehenden Miranchuk versammelt, hielten respektvoll Abstand. »Es war ein schönes Tor«, befand Finnlands Coach Markku Kanerva mit süßsaurer Miene, »aber wir hätten es verhindern können.«

Cherchesov hatte auf die Enttäuschung gegen Belgien zum Auftakt nicht nur mit der Hereinnahme von Matchwinner Miranchuk reagiert, sondern auch im Tor umbesetzt: Matvei Safonov beerbte Anton Shunin und hielt beim 1:0-Sieg seine Weste weiß. »Wir wussten, was er kann«, sagte Cherchesov. »Wir haben ihn schließlich nicht von der Straße geholt.« Was Miranchuk kann, wusste er auch – und bekam es bei dessen Schlenzer ins Glück noch mal demonstriert.

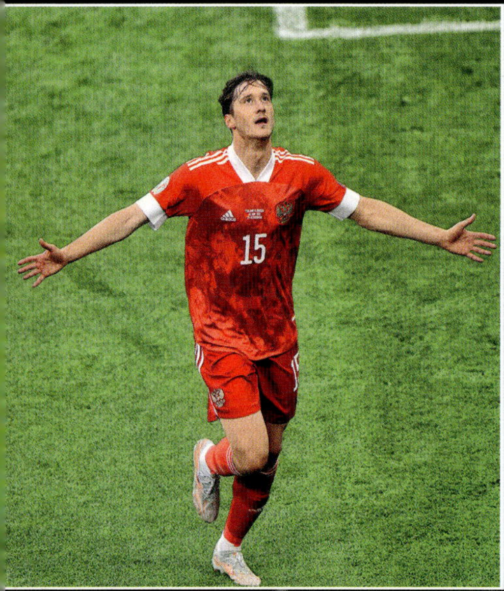

Welt, lass dich umarmen: Aleksey Miranchuk nach seinem Traumtor, das den russischen Sieg sicherstellte

Finnland – Russland

0:1 (0:1)

Finnland: Hradecky 2,5 – Toivio 4 ↘, Arajuuri 4,5, O'Shaughnessy 4,5 (Gelbe Karte) – Raitala 3,5 ↘, Uronen 3,5 – Schüller 4 ↘, Lod 4, Kamara 3 (Gelbe Karte) – Pukki 4,5 ↘, Pohjanpalo 3,5

Russland: Dzyuba 3 ↘ – Golovin 2,5, Miranchuk 2 ↘ (Tor) – Kuzyaev 3, Ozdoev 5 (Gelbe Karte) ↘, Zobnin 3,5, Mario Fernandes - ↘ – Dzhikiya 3 (Gelbe Karte), Diveev 2, Barinov 4 (Gelbe Karte) – Safonov 3

16. Juni in St. Petersburg

FINNLAND – RUSSLAND 0:1 (0:1)

EINGEWECHSELT: 67. Kauko für Schüller, 75. Soiri für Raitala, 75. Lappalainen für Pukki, 85. Jensen für Toivio – 26. Karavaev (4) für Mario Fernandes, 61. Zhemaletdinov für Ozdoev, 85. Sobolev für Dzyuba, 85. Mukhin für Miranchuk

TOR: 0:1 Miranchuk (45./+2)

GELBE KARTEN: Kamara, O'Shaughnessy – Barinov, Ozdoev, Dzhikiya

SCHIEDSRICHTER: Makkelie (Niederlande)

ZUSCHAUER: 24 540

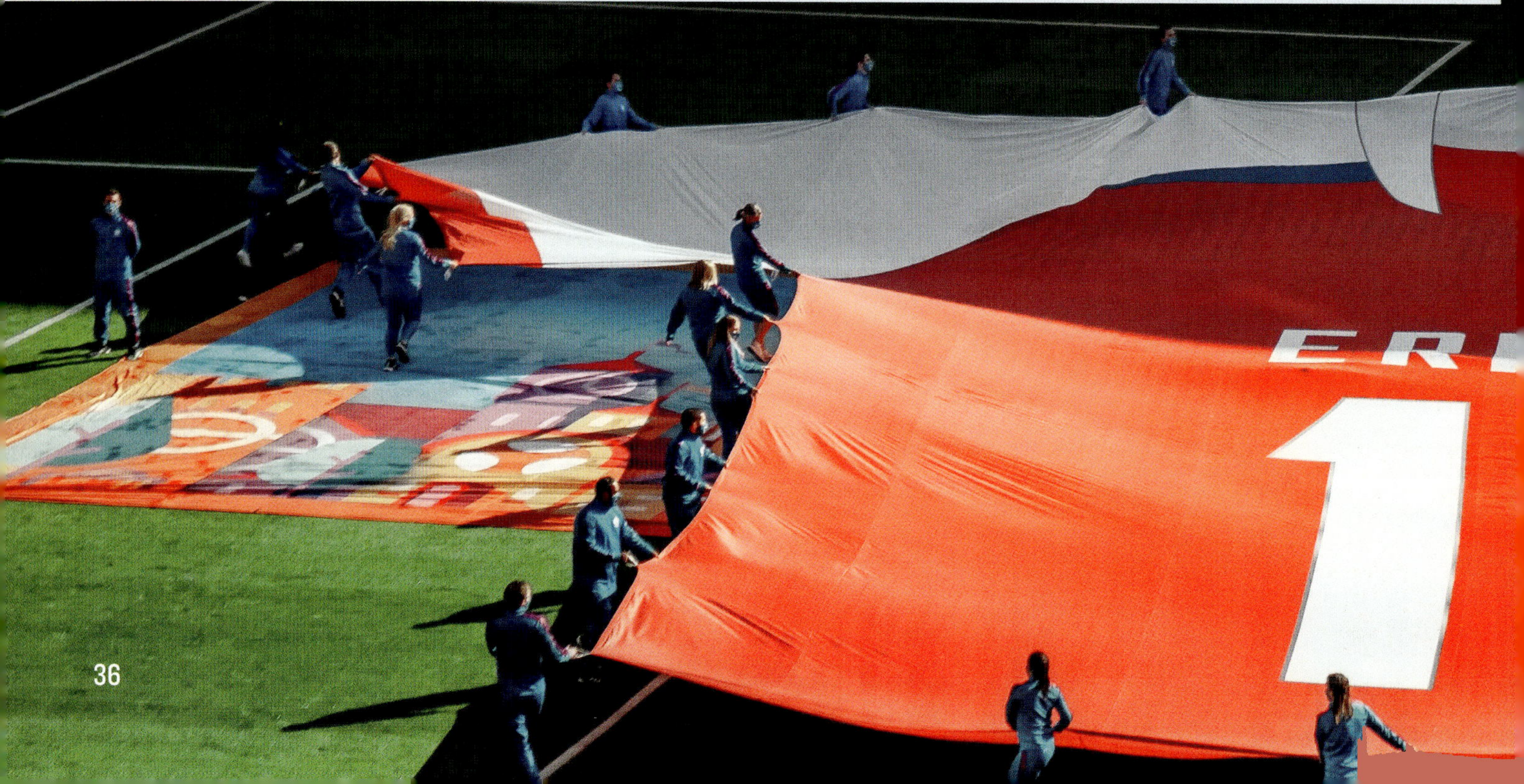

DÄNEMARK | BELGIEN 1:2

De Bruyne kommt, trifft und jubelt nicht

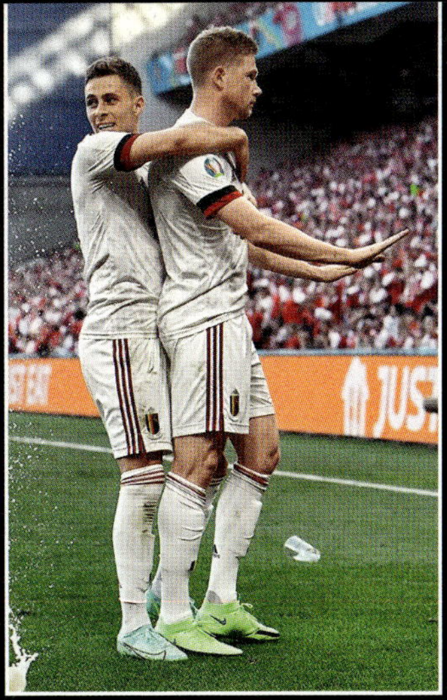

Nachwirkungen: Der Herzstillstand von Christian Eriksen im Spiel zuvor beschäftigte die Dänen noch. Die Belgier Thorgan Hazard und Torschütze Kevin De Bruyne (rechts) hielten sich emotional zurück.

Nur äußerst selten weiß man schon vor dem Anpfiff, wann sich der Moment eines Spiels ereignen wird. Bei dieser Partie war das anders. Nach genau zehn Minuten erhob sich das gesamte Kopenhagener Stadion, das »Parken«, um Christian Eriksen Zuversicht, Kraft und die besten Wünsche zu schicken. Donnernd applaudierten Publikum, Spieler und Schiedsrichter. 600 Meter entfernt befand sich Eriksen – nach seinem dramatischen Herzstillstand während der Partie der Dänen gegen Finnland – mit den Umständen entsprechend gutem Gesundheitszustand im Krankenhaus. Die Aufmunterungen konnte er womöglich hören, schließlich herrschte eine frenetische Stimmung. »Der Fußball hat wieder einmal gezeigt, dass er so viel mehr kann, als einen Sieger und einen Verlierer zu ermitteln. Das Herz des ›Parken‹ hat noch nie lauter geschlagen«, schrieb die einheimische Tageszeitung »Berlingske«.
Vor dem Anpfiff übergab Belgiens Kapitän Jan Vertonghen ein von allen Teamkollegen unterschriebenes Trikot mit der Nummer 10 an den Gegner. Die Vorgeschichte habe »die Atmosphäre noch brutaler gemacht«, befand der Däne Yussuf Poulsen, der schon in der 2. Minute die Führung erzielte. »Ich habe in meinem Leben an vielen Orten gespielt, aber keine Atmosphäre war besser als die hier«, sagte Torwart Kasper Schmeichel. »Es war die Rede von 25 000 Zuschauern. Aber es klang, als wären es 75 000 gewesen.«
Angetrieben davon gingen die Dänen mit einer überraschenden Wucht zu Werke. Offenbar vermochten sie die Emotionen der jüngsten Tage in Energie umzuwandeln. Und die Belgier? »Wie gelähmt« sei man zunächst gewesen, sagte Trainer Roberto Martinez. Der Favorit kam in keine Zweikämpfe und hatte defensiv mehr als genug zu tun. 9:1 Torschüsse für Dänemark standen zur Pause auf dem Zettel. Weil Belgien nach der Halbzeit aber neben einer entschlossoseneren Körpersprache auch Kevin De Bruyne mitbrachte, kippte die Partie. Der Spielmacher war zuvor im Champions-League-Finale mit Gesichtsfrakturen ausgeschieden und hatte noch gegen Russland gefehlt, nun riss er das Geschehen direkt an sich und sorgte mit Vorlage plus Tor für den Sieg. Belgien stand vorzeitig im Achtelfinale, aber De Bruyne nahm Rücksicht: Er jubelte ausdrücklich nicht.

Dänemark – Belgien 1:2 (1:0)

Schmeichel 4
Christensen 3,5 – Kjaer 2 – Vestergaard 4 ↘
Wass 2 (gelb) ↘ – Höjbjerg 1,5 – Delaney 3 ↘ – Maehle 2,5
Braithwaite 2 – ⚽ Poulsen 2,5 ↘ – Damsgaard 2,5 (gelb) ↘

Lukaku 3,5
Carrasco 4 ↘ – Mertens 4,5 ↘
⚽ T. Hazard 3,5 (gelb) ↘ – Tielemans 2,5 – Dendoncker 4 ↘ – Meunier 4,5
Vertonghen 5 – Denayer 4 – Alderweireld 4
Courtois 2

17. Juni in Kopenhagen
DÄNEMARK – BELGIEN 1:2 (1:0)
EINGEWECHSELT: 61. Nörgaard (-) für Poulsen, 61. Stryger Larsen (-) für Wass, 72. Cornelius für Damsgaard, 72. Jensen für Delaney, 84. Skov Olsen für Vestergaard – 46. De Bruyne (1) für Mertens, 59. E. Hazard (2,5) für Carrasco, 59. Witsel (3) für Dendoncker, 90./+5 Vermaelen für T. Hazard
TORE: 1:0 Poulsen (2.), 1:1 T. Hazard (55.), 1:2 De Bruyne (70.)
GELBE KARTEN: Wass, Damsgaard, Jensen – T. Hazard
SCHIEDSRICHTER: Kuipers (Niederlande)
ZUSCHAUER: 23 395

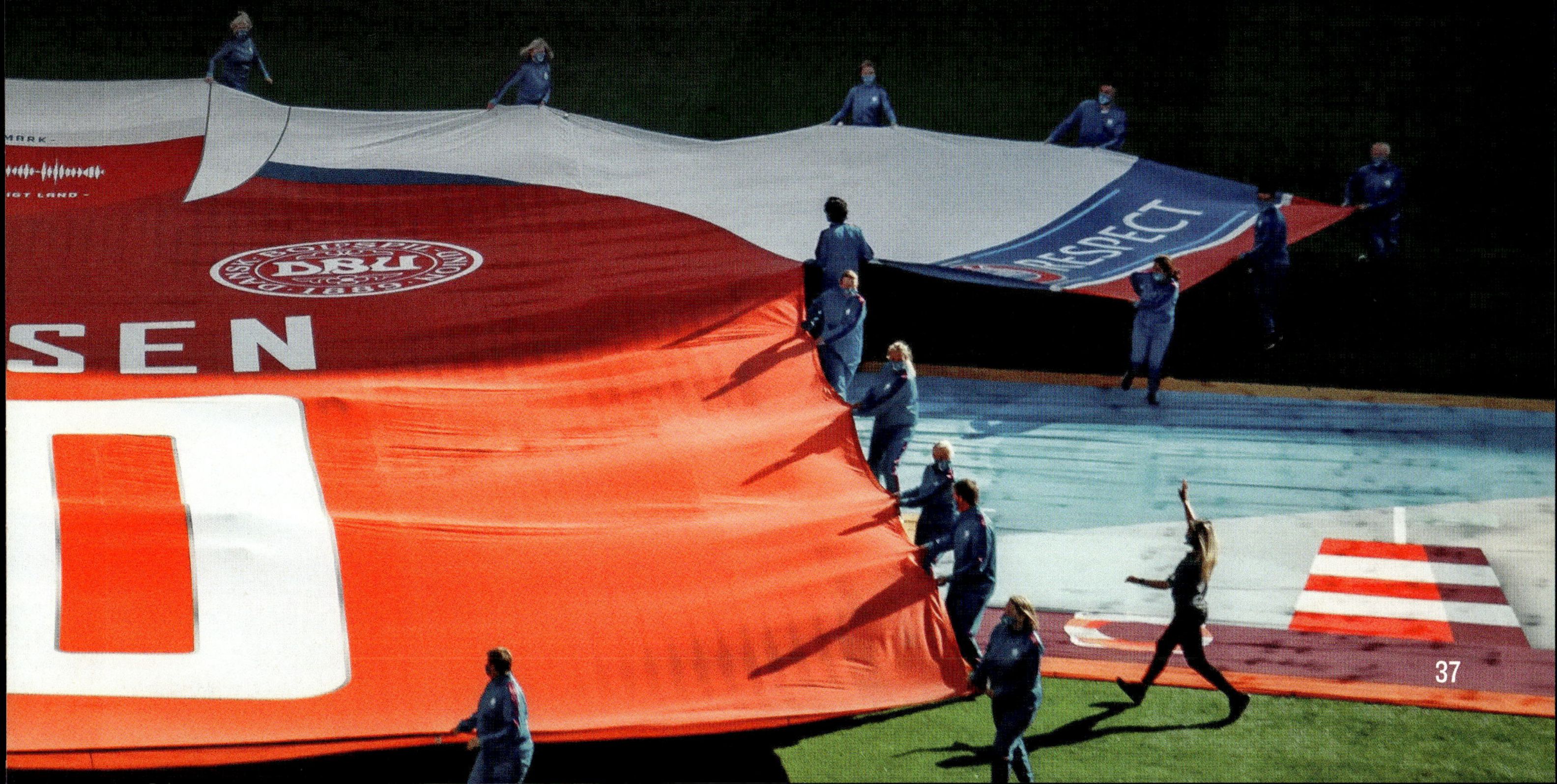

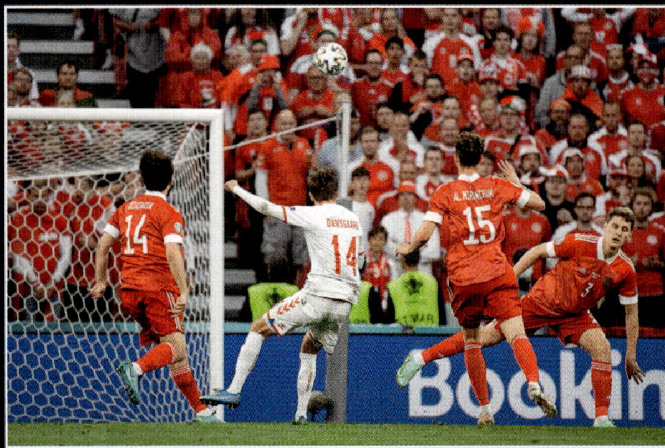

Drei gegen einen ist nicht unfair: Mikkel Damsgaard setzt sich vor dem 1:0 gegen die numerische Überlegenheit der Russen durch.

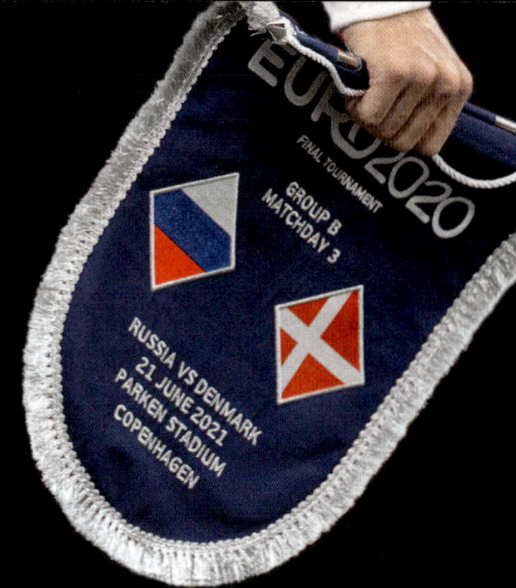

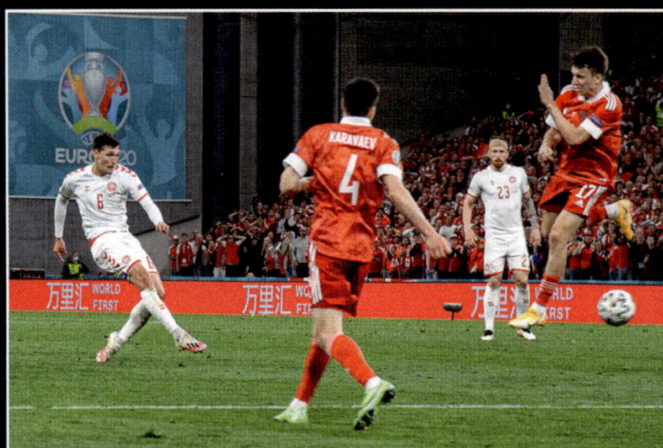

Jetzt gibt es kein Halten mehr: Andreas Christensen stößt mit seinem 3:1 das Tor zum Achtelfinale weit auf.

RUSSLAND | DÄNEMARK **1:4**

Zweimal doppelte Euphorie führt zu Ekstase

Die Intensität von Jubel lässt sich offenbar ganz einfach verdoppeln. Dafür lieferte das Spiel gleich zwei Beweise. Yussuf Poulsen hatte soeben den Treffer zum 2:0 erzielt, da erreichte den bebenden Kopenhagener »Parken« eine Nachricht aus St. Petersburg: Belgien führt! Schlagartig nahm die Lautstärke, die Vibration noch einmal merklich zu – bis der Treffer in St. Petersburg vom VAR einkassiert wurde. 20 Minuten später noch einmal die doppelte Euphorie: Andreas Christensens Volltreffer zum dänischen 3:1 gegen Russland wurde untermalt vom Lukaku-Tor im Parallelspiel – Ekstase! »Ich hätte mir nie erträumen können, ein Teil von etwas so Großem zu sein«, schwärmte der 20 Jahre alte Mikkel Damsgaard, der den herrlichen Treffer zum 1:0 erzielt hatte. »Wenn es jemand verdient hat, dann sind es diese Spieler«, lobte Trainer Kasper Hjulmand: »Ich kann nicht verstehen, wie sie das schaffen konnten, nach dem, was sie durchgemacht haben.« Er bezog sich auf den Herzstillstand von Christian Eriksen im ersten Spiel gegen Finnland – und die bangen Stunden danach.

Eine unvergleichlich emotionale Vorrunde endete im Weiterkommen. Mit zwei Niederlagen in der Gruppenphase hatte das als Tabellenzweiter bei einer EM noch niemand geschafft. Tausende Anhänger sangen und tanzten auf den Straßen Kopenhagens. »Verrückt, surreal und erstaunlich«, schrieb die Boulevardzeitung »Ekstra Bladet«: »Jetzt beginnt der wirklich spaßige Teil der Europameisterschaft.«

Auf der anderen Seite haderte Russlands Trainer Stanislav Cherchesov mit der Wucht des Publikums: »Es war nicht fair, was die Unterstützung angeht«, sagte er. »Aber wir müssen es so akzeptieren. Das ist keine Entschuldigung und kein Grund.« Nur eine Halbzeit lang war es mit einer Defensivtaktik gelungen, die dänische Spielfreude zu bremsen.

Überschwängliche Freude: Dänemarks Trainer Kasper Hjulmand

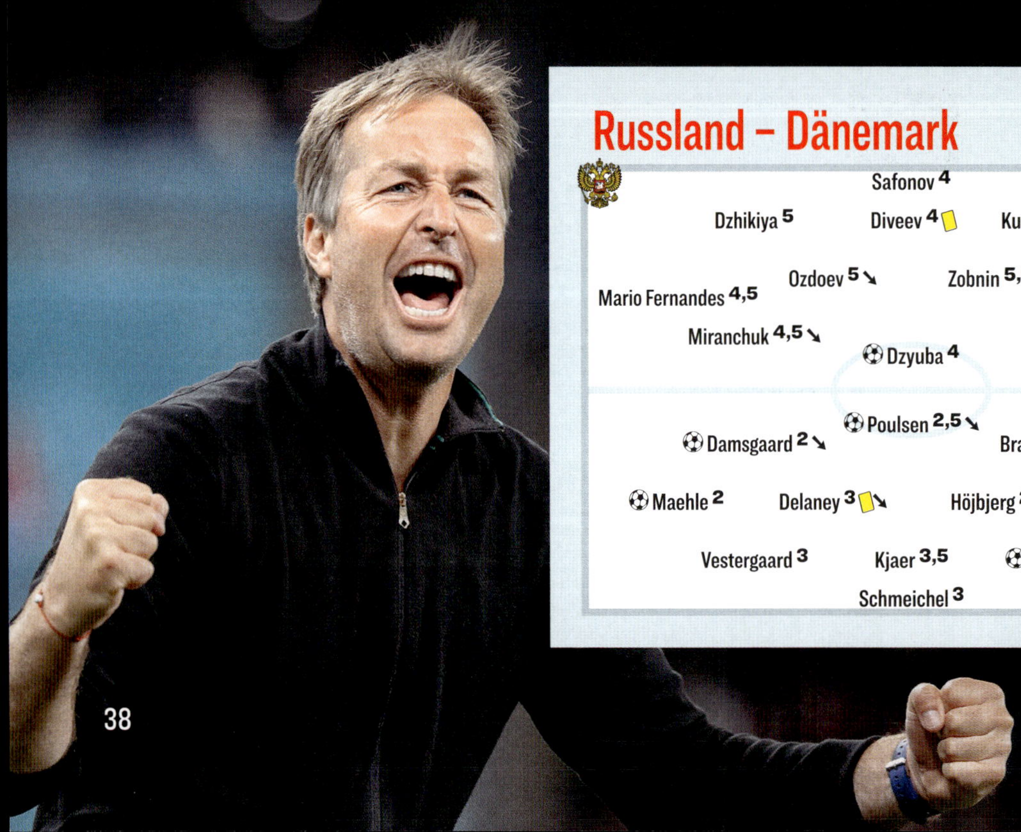

Russland – Dänemark

1:4
0:1

Safonov 4
Dzhikiya 5 | Diveev 4 | Kudryashov 6
Mario Fernandes 4,5 | Ozdoev 5 | Zobnin 5,5 | Kuzyaev 4
Miranchuk 4,5 | Dzyuba 4 | Golovin 3

Damsgaard 2 | Poulsen 2,5 | Braithwaite 2,5
Maehle 2 | Delaney 3 | Höjbjerg 2 | Wass 3
Vestergaard 3 | Kjaer 3,5 | Christensen 1
Schmeichel 3

21. Juni in Kopenhagen

RUSSLAND – DÄNEMARK 1:4 (0:1)

EINGEWECHSELT: 61. Zhemaletdinov für Ozdoev, 61. Sobolev für Miranchuk, 67. Karavaev für Kudryashov, 67. Mukhin für Kuzyaev – 60. Stryger Larsen (3) für Wass, 60. Dolberg (3) für Poulsen, 72. Nörgaard für Damsgaard, 85. Cornelius für Braithwaite, 85. Jensen für Delaney

TORE: 0:1 Damsgaard (38.), 0:2 Poulsen (59.), 1:2 Dzyuba (70., FE), 1:3 Christensen (79.), 1:4 Maehle (82.)

GELBE KARTEN: Kudryashov, Diveev – Delaney

SCHIEDSRICHTER: Turpin (Frankreich)

Zuschauer: 23 644

FINNLAND | BELGIEN **0:2**

Pechvogel Hradecky geht »etwas trinken«

Als Lukas Hradecky kurz nach Mitternacht das Stadion von St. Petersburg verließ, war er geknickt, aber auch gerührt. Rund 500 finnische Fans verabschiedeten den Torhüter und sein Team mit einem warmen Applaus. Nach einer Partie, die Trainer Markku Kanerva zum »größten Spiel der finnischen Fußball-Geschichte« erhoben hatte.
Belgiens individuelle Klasse gegen Finnlands nimmermüdes Bollwerk – so lässt sich das Spiel zusammenfassen. Hradecky war dabei lange der herausragende Akteur. Als Kevin De Bruyne im Strafraum vier verdutzte Finnen austanzte, verhinderte der Keeper von Bayer Leverkusen gerade noch ein Eigentor von Paulus Arajuuri. Danach parierte der 31-Jährige einen Kopfball von Romelu Lukaku, einen Schlenzer von Jeremy Doku und einen Schuss von Eden Hazard. In der 74. Minute aber verließ ihn das Glück: Nach Thomas Vermaelens Kopfball ans Lattenkreuz prallte der Ball an Hradeckys linke Hand und von dort hinter die Linie. Das Eigentor war der Knackpunkt in einer einseitigen Partie, Lukaku legte wenig später den zweiten Treffer nach. »Jemand muss der tragische Held sein«, meinte Pechvogel Hradecky – und wollte »etwas trinken«, um die Enttäuschung zu verarbeiten. Für EM-Neuling Finnland bedeutete die Niederlage das Aus. Drei Punkte und 1:3 Tore reichten nicht, um als einer der vier besten Gruppendritten in die nächste Runde einzuziehen. Kanerva lobte trotzdem: »Ich bin sehr stolz, wir haben großartig gekämpft.«
Die Belgier, schon zuvor weiter, machten mit dem 2:0 den Gruppensieg perfekt – und nutzten die Partie, um drei ihrer Stars in Schwung zu bringen. De Bruyne (nach Gesichtsoperation), Kapitän Hazard (nach Knöchelproblemen) und Dortmunds Axel Witsel (nach Achillessehnenriss) standen erstmals bei diesem Turnier in der Startelf. Auch darüber war Trainer Roberto Martinez glücklich: »Es ist ein perfekter Moment, in die K.-o.-Runde zu starten.«

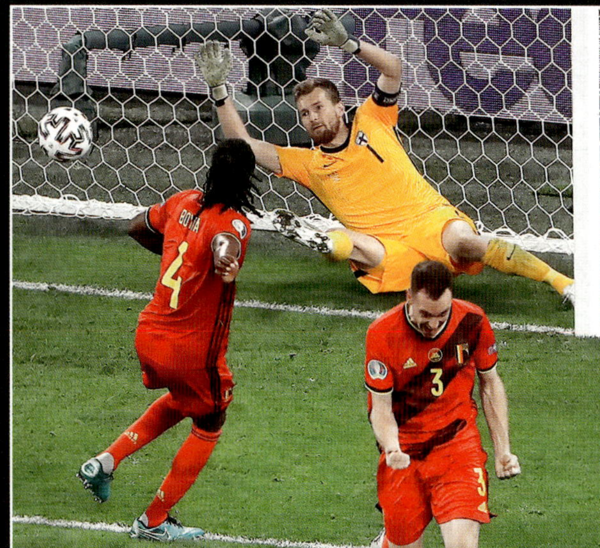

Da verlässt ihn das Glück: Ein Eigentor des sonst starken Lukas Hradecky bringt Belgien in Führung.

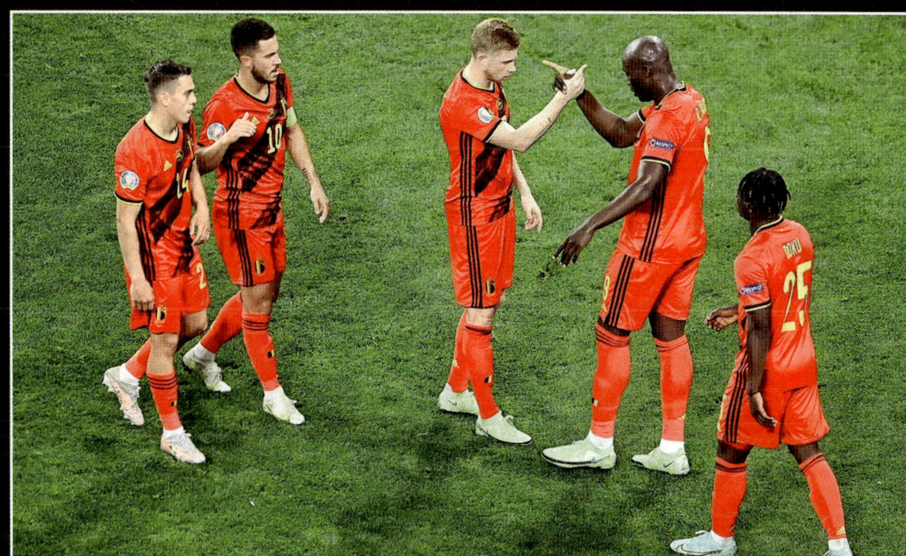

Belgiens Triebfedern: Romelu Lukaku, Schütze des 2:0, und Kevin De Bruyne, Antreiber im Mittelfeld

Finnland – Belgien

0:2 (0:0)

Hradecky 3
Toivio 3,5 – Arajuuri 4 – O'Shaughnessy 4
Raitala 4,5 – Uronen 3 ↘
Lod 4,5 ↘ – Sparv 4,5 ↘ – Kamara 3,5
Pohjanpalo 5 ↘ – Pukki 5 ↘

Lukaku 2 ↘
E. Hazard 3,5 – Doku 3 ↘
Chadli 4,5 – De Bruyne 2 ↘ – Witsel 3 – Trossard 3,5 ↘
Vermaelen 2 – Boyata 2,5 – Denayer 3,5
Courtois 3

21. Juni in St. Petersburg

FINNLAND – BELGIEN 0:2 (0:0)

EINGEWECHSELT: 59. Schüller (4,5) für Sparv, 70. Kauko für Pohjanpalo, 70. Alho für Uronen, 90./+1 Forss für Lod, 90./+1 Jensen für Pukki – 75. Meunier für Trossard, 75. Batshuayi für Doku, 84. Benteke für Lukaku, 90./+1 Vanaken für De Bruyne

TORE: 0:1 Hradecky (74., ET), 0:2 Lukaku (81.)

GELBE KARTEN: keine

SCHIEDSRICHTER: Dr. Brych (München)

ZUSCHAUER: 18 545

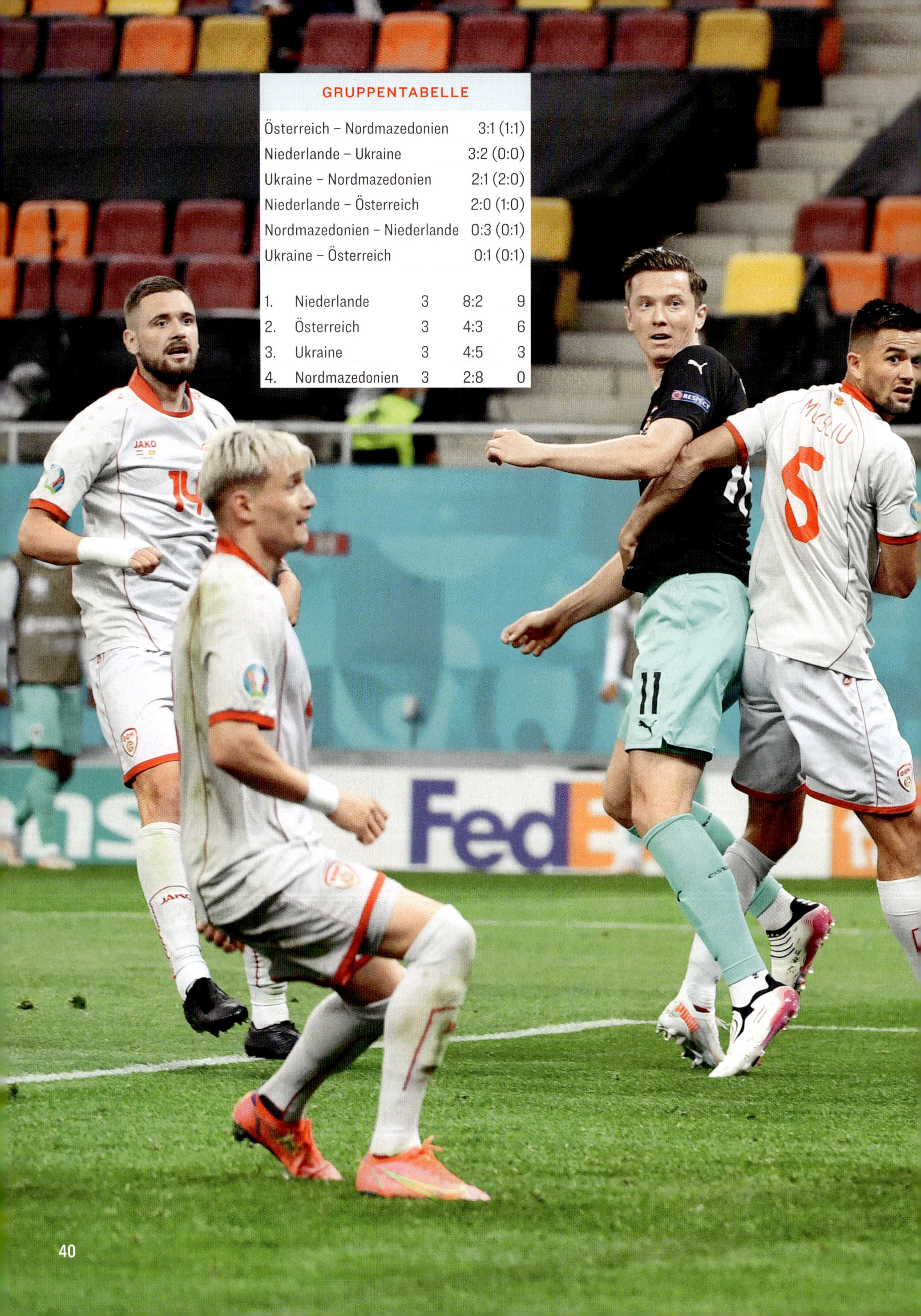

GRUPPENTABELLE

Österreich – Nordmazedonien	3:1 (1:1)
Niederlande – Ukraine	3:2 (0:0)
Ukraine – Nordmazedonien	2:1 (2:0)
Niederlande – Österreich	2:0 (1:0)
Nordmazedonien – Niederlande	0:3 (0:1)
Ukraine – Österreich	0:1 (0:1)

1.	Niederlande	3	8:2	9
2.	Österreich	3	4:3	6
3.	Ukraine	3	4:5	3
4.	Nordmazedonien	3	2:8	0

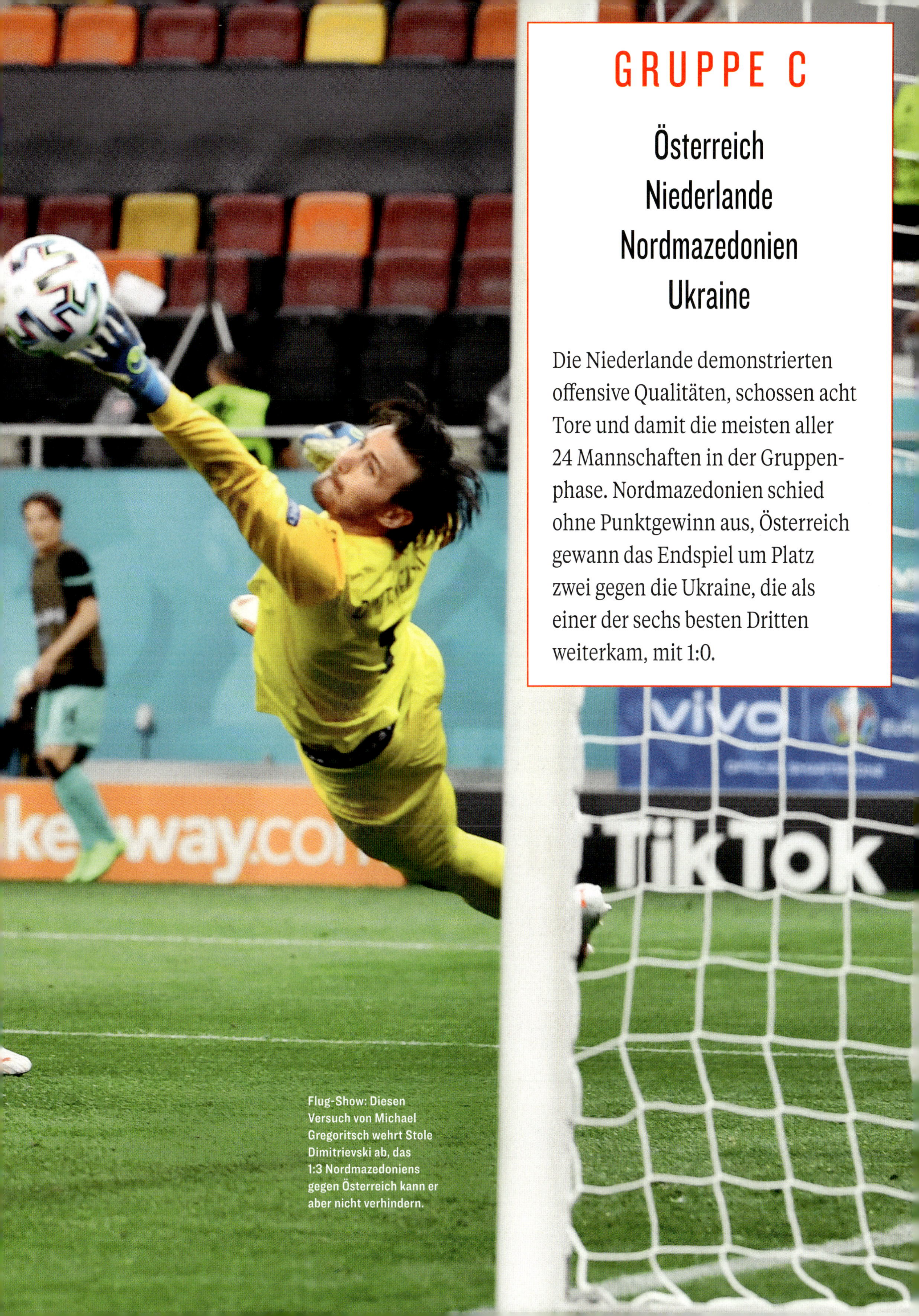

GRUPPE C

Österreich
Niederlande
Nordmazedonien
Ukraine

Die Niederlande demonstrierten offensive Qualitäten, schossen acht Tore und damit die meisten aller 24 Mannschaften in der Gruppenphase. Nordmazedonien schied ohne Punktgewinn aus, Österreich gewann das Endspiel um Platz zwei gegen die Ukraine, die als einer der sechs besten Dritten weiterkam, mit 1:0.

Flug-Show: Diesen Versuch von Michael Gregoritsch wehrt Stole Dimitrievski ab, das 1:3 Nordmazedoniens gegen Österreich kann er aber nicht verhindern.

Österreich

1 Schlager, Alexander, 01.02.1996, Linzer ASK
2 Ulmer, Andreas, 30.10.1985, RB Salzburg
3 Dragovic, Aleksandar, 06.03.1991, Bayer 04 Leverkusen
4 Hinteregger, Martin, 07.09.1992, Eintracht Frankfurt
5 Posch, Stefan, 14.05.1997, TSG Hoffenheim
6 Ilsanker, Stefan, 18.05.1989, Eintracht Frankfurt
7 Arnautovic, Marko, 19.04.1989, Shanghai Port
8 Alaba, David, 24.06.1992, Bayern München
9 Sabitzer, Marcel, 17.03.1994, RB Leipzig
10 Grillitsch, Florian, 07.08.1995, TSG Hoffenheim
11 Gregoritsch, Michael, 18.04.1994, FC Augsburg
12 Pervan, Pavao, 13.11.1987, VfL Wolfsburg
13 Bachmann, Daniel, 09.07.1994, FC Watford
14 Baumgartlinger, Julian, 02.01.1988, Bayer 04 Leverkusen
15 Lienhart, Philipp, 11.07.1996, SC Freiburg
16 Trimmel, Christopher, 24.02.1987, 1. FC Union Berlin
17 Schaub, Louis, 29.12.1994, FC Luzern
18 Schöpf, Alessandro, 07.02.1994, FC Schalke 04
19 Baumgartner, Christoph, 01.08.1999, TSG Hoffenheim
20 Onisiwo, Karim, 17.03.1992, 1. FSV Mainz 05
21 Lainer, Stefan, 27.08.1992, Bor. Mönchengladbach
22 Lazaro, Valentino, 24.03.1996, Bor. Mönchengladbach
23 Schlager, Xaver, 28.09.1997, VfL Wolfsburg
24 Laimer, Konrad, 27.05.1997, RB Leipzig
25 Kalajdzic, Sasa, 07.07.1997, VfB Stuttgart
26 Friedl, Marco, 16.03.1998, Werder Bremen

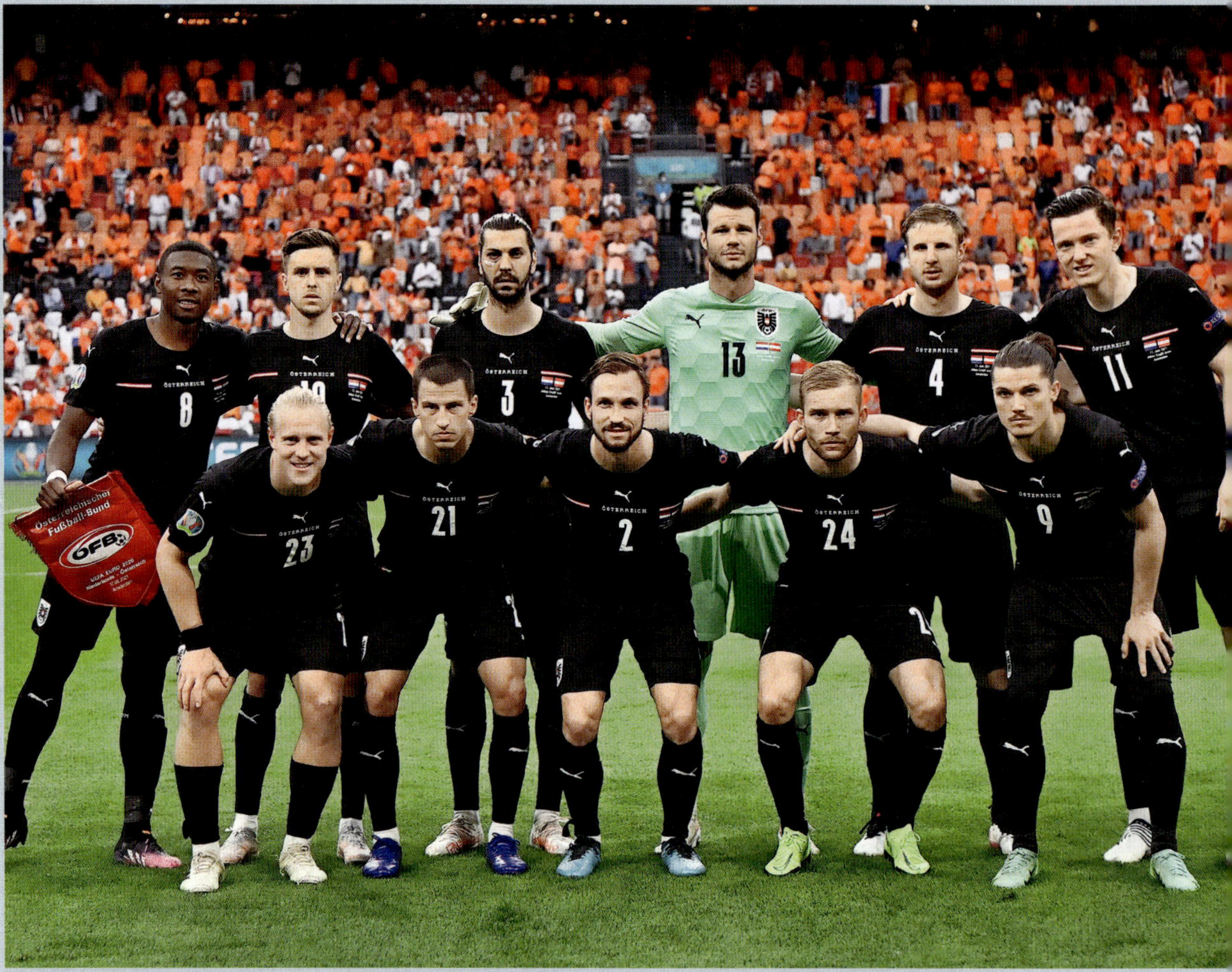

Niederlande

1 Stekelenburg, Maarten, 22.09.1982, Ajax Amsterdam
2 Veltman, Joel, 15.01.1992, Brighton & Hove Albion
3 de Ligt, Matthijs, 12.08.1999, Juventus Turin
4 Aké, Nathan, 18.02.1995, Manchester City
5 Wijndal, Owen, 28.11.1999, AZ Alkmaar
6 de Vrij, Stefan, 05.02.1992, Inter Mailand
7 Berghuis, Steven, 19.12.1991, Feyenoord Rotterdam
8 Wijnaldum, Georginio, 11.11.1990, FC Liverpool
9 de Jong, Luuk, 27.08.1990, FC Sevilla
10 Depay, Memphis, 13.02.1994, Olympique Lyon
11 Promes, Quincy, 04.01.1992, Spartak Moskau
12 van Aanholt, Patrick, 29.08.1990, Crystal Palace
13 Krul, Tim, 03.04.1988, Norwich City
14 Klaassen, Davy, 21.02.1993, Ajax Amsterdam
15 de Roon, Marten, 29.03.1991, Atalanta Bergamo
16 Gravenberch, Ryan, 16.05.2002, Ajax Amsterdam
17 Blind, Daley, 09.03.1990, Ajax Amsterdam
18 Malen, Donyell, 19.01.1999, PSV Eindhoven
19 Weghorst, Wout, 07.08.1992, VfL Wolfsburg
21 de Jong, Frenkie, 12.05.1997, FC Barcelona
22 Dumfries, Denzel, 18.04.1996, PSV Eindhoven
23 Bizot, Marco, 10.03.1991, AZ Alkmaar
24 Koopmeiners, Teun, 28.02.1998, AZ Alkmaar
25 Timber, Jurrien, 17.06.2001, Ajax Amsterdam
26 Gakpo, Cody, 07.05.1999, PSV Eindhoven

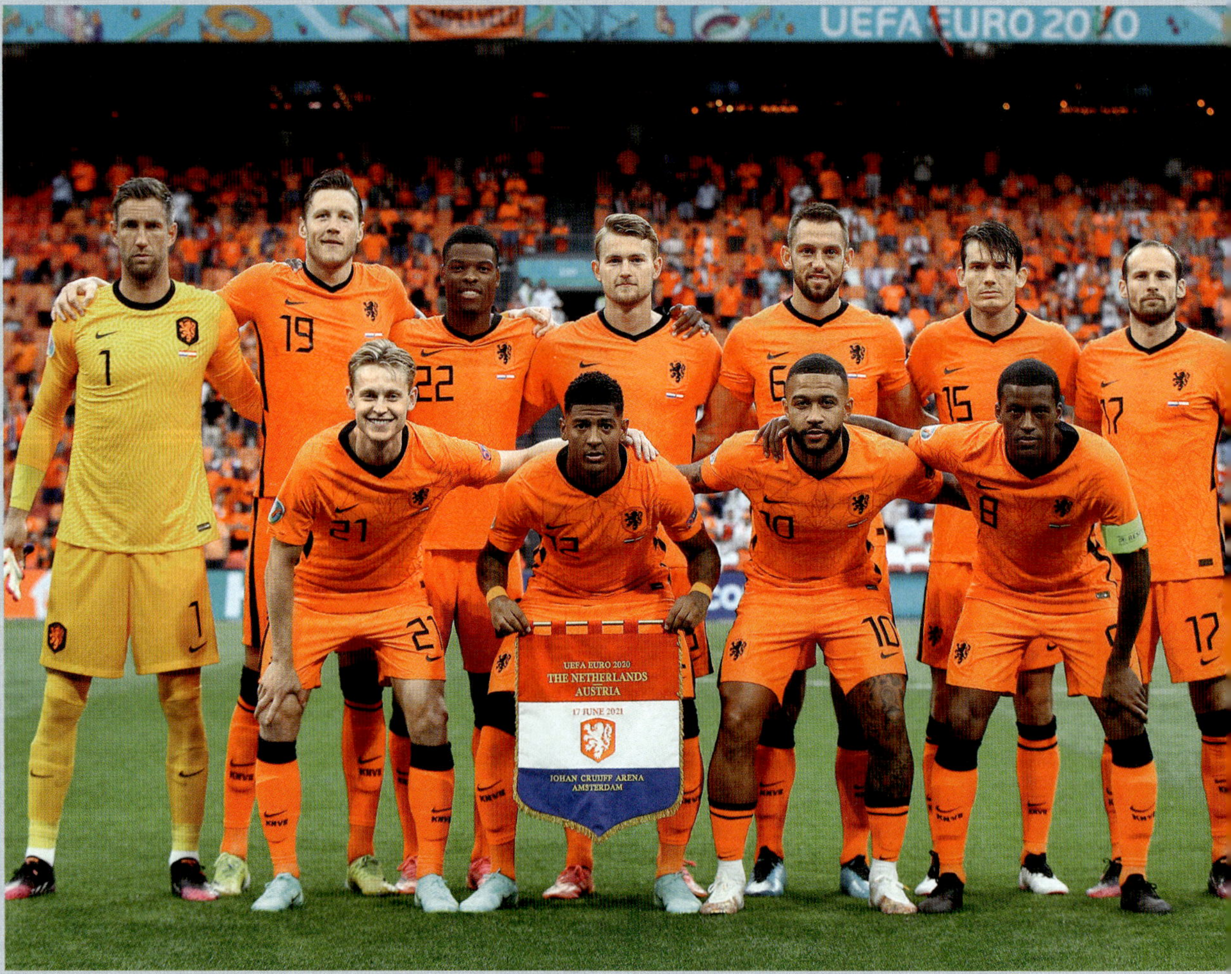

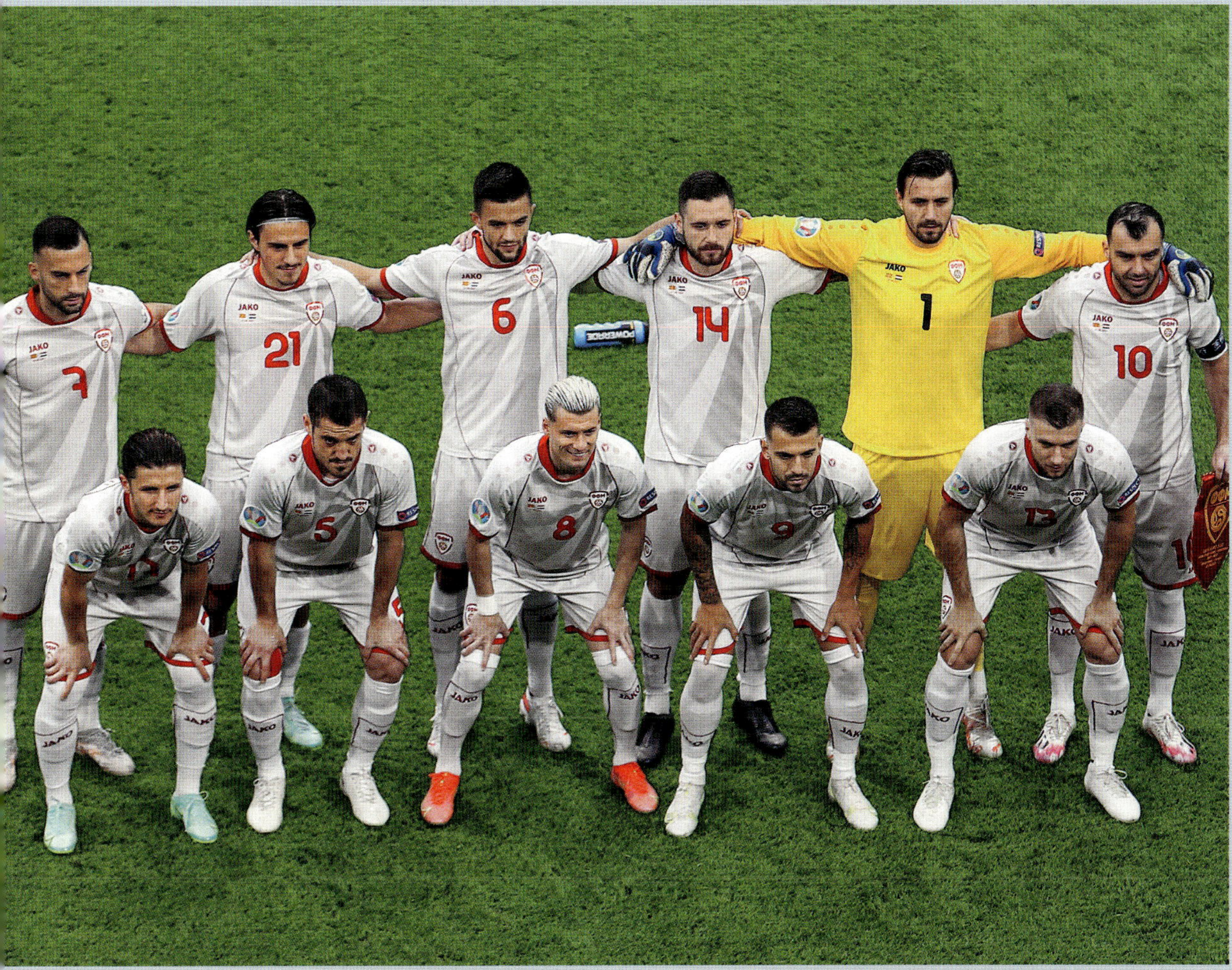

Nordmazedonien

1 Dimitrievski, Stole, 25.12.1993, Rayo Vallecano
2 Bejtulai, Egzon, 07.01.1994, Shkendija Tetovo
3 Zajkov, Gjoko, 10.02.1995, RSC Charleroi
4 Ristevski, Kire, 22.10.1990, Ujpest Budapest
5 Ademi, Arijan, 29.05.1991, Dinamo Zagreb
6 Musliu, Visar, 13.11.1994, Fehervar FC
7 Trickovski, Ivan, 18.04.1987, AEK Larnaka
8 Alioski, Ezgjan, 12.02.1992, Leeds United
9 Trajkovski, Aleksandar, 05.09.1992, RCD Mallorca
10 Pandev, Goran, 27.07.1983, CFC Genua 1893
11 Hasani, Ferhan, 18.06.1990, Partizani Tirana
12 Jankov, Risto, 05.09.1998, Rabotnicki Skopje
13 Ristovski, Stefan, 12.02.1992, Dinamo Zagreb
14 Velkovski, Darko, 21.06.1995, HNK Rijeka
15 Kostadinov, Tihomir, 04.03.1996, MFK Ruzomberok
16 Nikolov, Boban, 28.07.1994, US Lecce
17 Bardhi, Enis, 02.07.1995, UD Levante
18 Stojanovski, Vlatko, 23.04.1997, FC Chambly Oise
19 Velkoski, Krste, 20.02.1988, FK Sarajevo
20 Spirovski, Stefan, 23.08.1990, AEK Larnaka
21 Elmas, Eljif, 24.09.1999, SSC Neapel
22 Shishkovski, Damjan, 18.03.1995, Doxa Katokopias
23 Radeski, Marjan, 10.02.1995, Akademija Pandev
24 Avramovski, Daniel, 20.02.1995, Kayserispor
25 Churlinov, Darko, 11.07.2000, VfB Stuttgart
26 Ristovski, Milan, 08.04.1998, Spartak Trnava

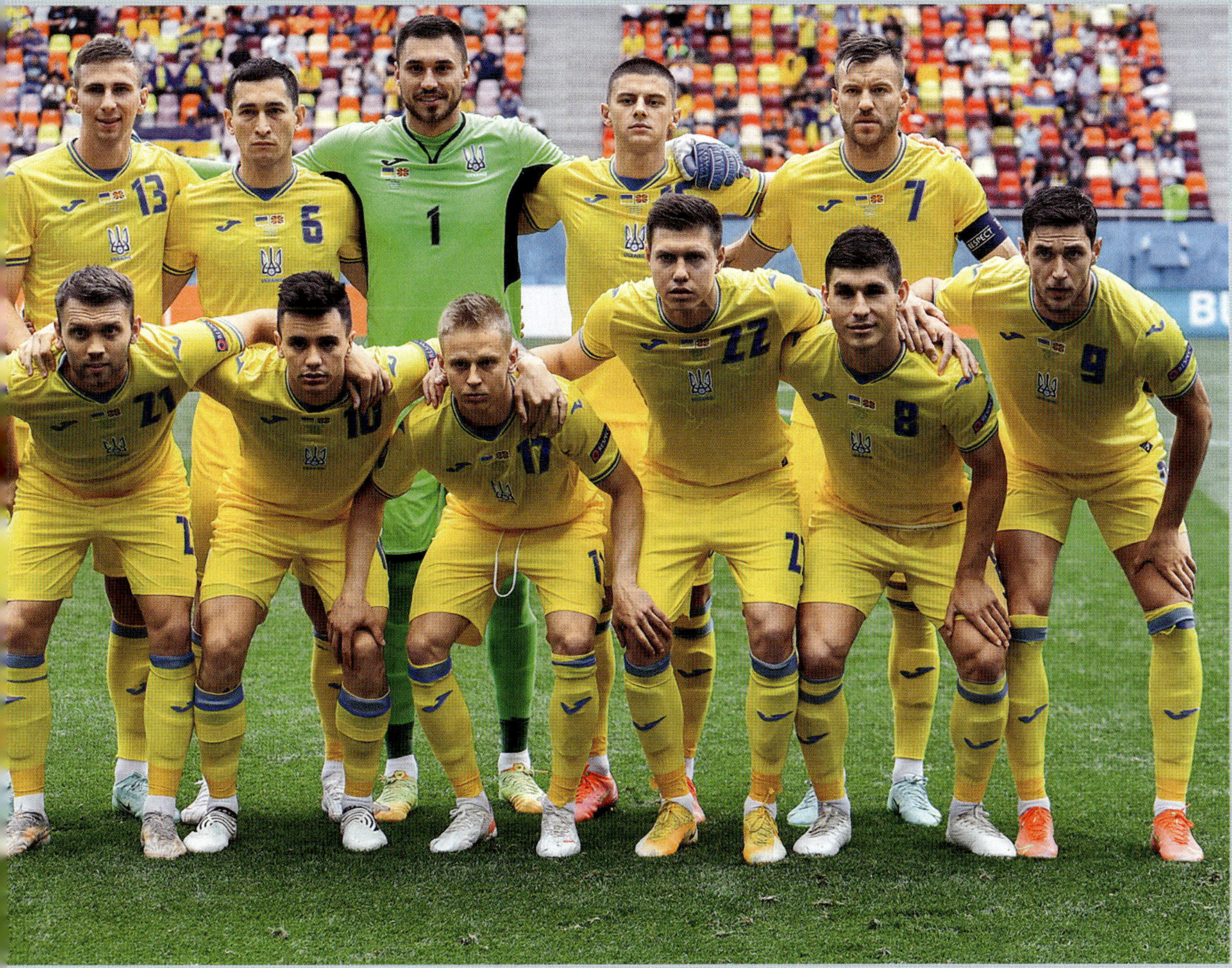

Ukraine

1 Bushchan, Heorhiy, 31.05.1994, Dynamo Kiew
2 Sobol, Eduard, 20.04.1995, Club Brügge
3 Sudakov, Georgiy, 01.09.2002, Schachtar Donezk
4 Kryvtsov, Serhiy, 15.03.1991, Schachtar Donezk
5 Sydorchuk, Serhiy, 02.05.1991, Dynamo Kiew
6 Stepanenko, Taras, 08.08.1989, Schachtar Donezk
7 Yarmolenko, Andrey, 23.10.1989, West Ham United
8 Malinovskyi, Ruslan, 04.05.1993, Atalanta Bergamo
9 Yaremchuk, Roman, 27.11.1995, KAA Gent
10 Shaparenko, Mykola, 04.10.1998, Dynamo Kiew
11 Marlos, 07.06.1988, Schachtar Donezk
12 Pyatov, Andriy, 28.06.1984, Schachtar Donezk
13 Zabarnyi, Illya, 01.09.2002, Dynamo Kiew
14 Makarenko, Yevhen, 21.05.1991, KV Kortrijk
15 Tsygankov, Viktor, 15.11.1997, Dynamo Kiew
16 Mykolenko, Vitali, 29.05.1999, Dynamo Kiew
17 Zinchenko, Oleksandr, 15.12.1996, Manchester City
18 Bezus, Roman, 26.09.1990, KAA Gent
19 Besyedin, Artem, 31.03.1996, Dynamo Kiew
20 Zubkov, Olexandr, 03.08.1996, Ferencvaros Budapest
21 Karavaev, Oleksandr, 02.06.1992, Dynamo Kiew
22 Matviienko, Mykola, 02.05.1996, Schachtar Donezk
23 Trubin, Anatoliy, 01.08.2001, Schachtar Donezk
24 Tymchyk, Oleksandr, 20.01.1997, Dynamo Kiew
25 Popov, Denys, 17.02.1999, Dynamo Kiew
26 Dovbyk, Artem, 21.06.1997, FC Dnipro

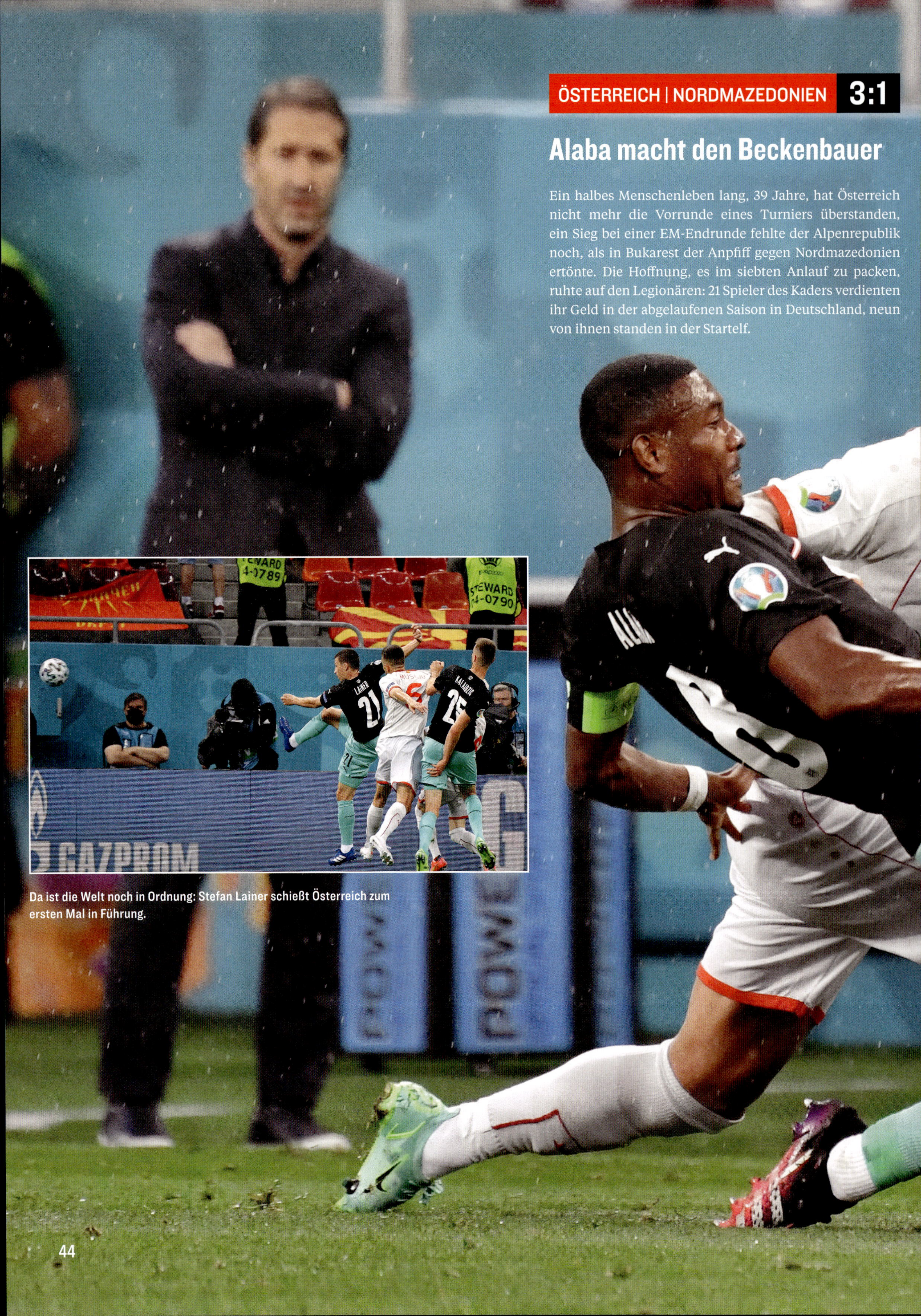

ÖSTERREICH | NORDMAZEDONIEN 3:1

Alaba macht den Beckenbauer

Ein halbes Menschenleben lang, 39 Jahre, hat Österreich nicht mehr die Vorrunde eines Turniers überstanden, ein Sieg bei einer EM-Endrunde fehlte der Alpenrepublik noch, als in Bukarest der Anpfiff gegen Nordmazedonien ertönte. Die Hoffnung, es im siebten Anlauf zu packen, ruhte auf den Legionären: 21 Spieler des Kaders verdienten ihr Geld in der abgelaufenen Saison in Deutschland, neun von ihnen standen in der Startelf.

Da ist die Welt noch in Ordnung: Stefan Lainer schießt Österreich zum ersten Mal in Führung.

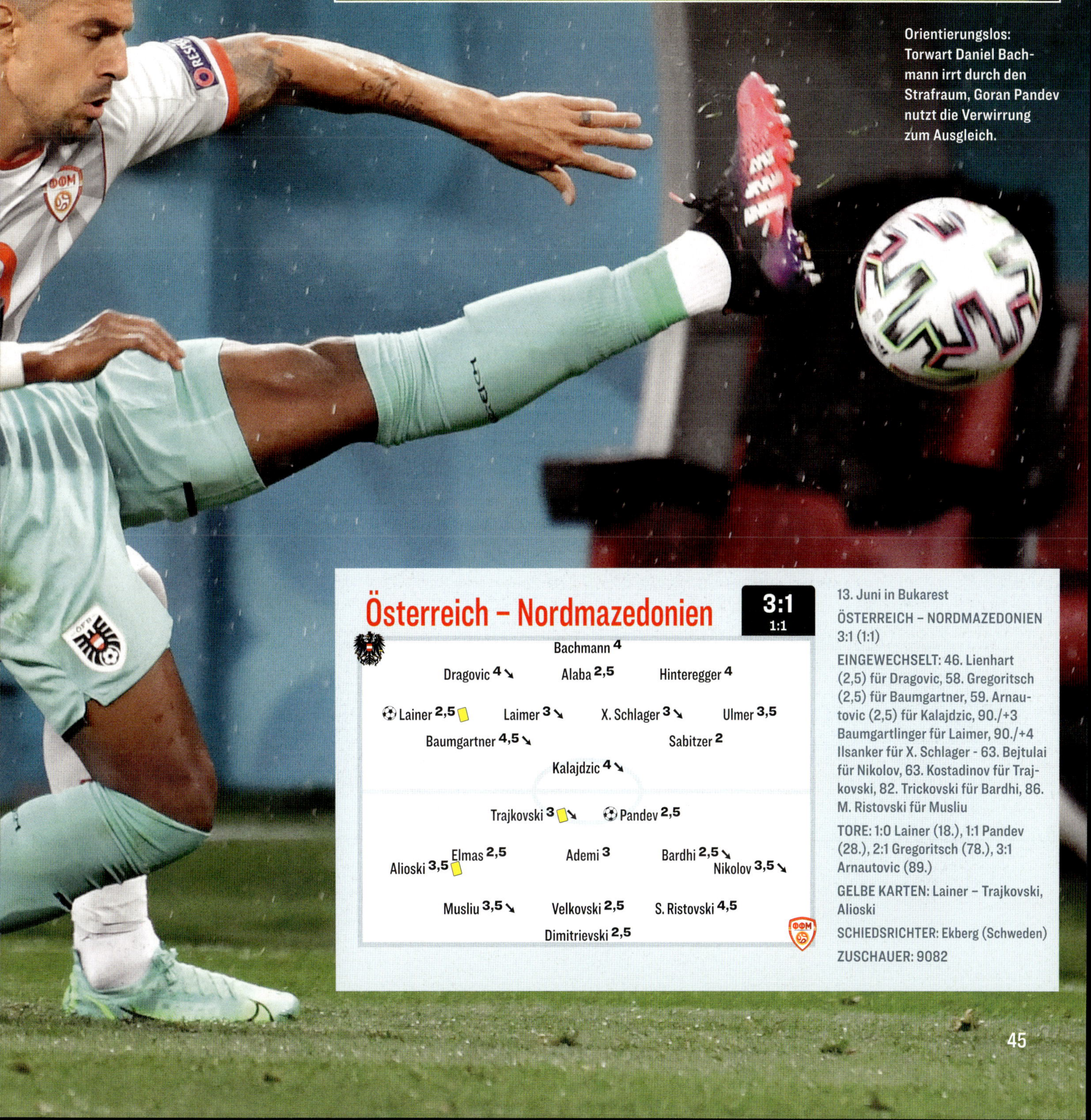

Ungewohnte Rolle: David Alaba spielt zunächst eine Art Libero und wirft sich Aleksandar Trajkovski entgegen.

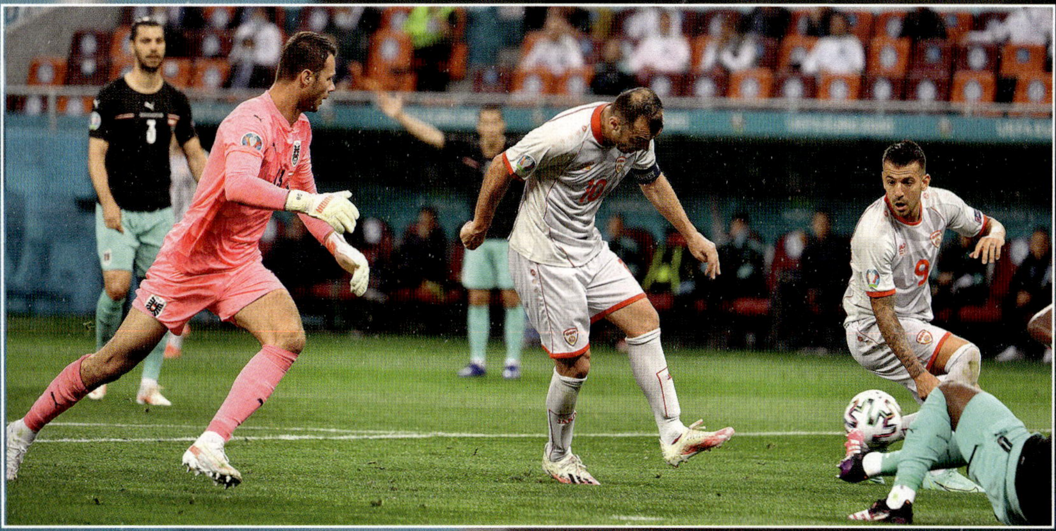

Orientierungslos: Torwart Daniel Bachmann irrt durch den Strafraum, Goran Pandev nutzt die Verwirrung zum Ausgleich.

Österreich – Nordmazedonien

3:1 (1:1)

Bachmann 4

Dragovic 4 ↘ – Alaba 2,5 – Hinteregger 4

⚽ Lainer 2,5 (Gelbe Karte) – Laimer 3 ↘ – X. Schlager 3 ↘ – Ulmer 3,5

Baumgartner 4,5 ↘ – Sabitzer 2

Kalajdzic 4 ↘

Trajkovski 3 (Gelbe Karte) ↘ – ⚽ Pandev 2,5

Alioski 3,5 (Gelbe Karte) – Elmas 2,5 – Ademi 3 – Bardhi 2,5 ↘ – Nikolov 3,5 ↘

Musliu 3,5 ↘ – Velkovski 2,5 – S. Ristovski 4,5

Dimitrievski 2,5

13. Juni in Bukarest

ÖSTERREICH – NORDMAZEDONIEN 3:1 (1:1)

EINGEWECHSELT: 46. Lienhart (2,5) für Dragovic, 58. Gregoritsch (2,5) für Baumgartner, 59. Arnautovic (2,5) für Kalajdzic, 90./+3 Baumgartlinger für Laimer, 90./+4 Ilsanker für X. Schlager - 63. Bejtulai für Nikolov, 63. Kostadinov für Trajkovski, 82. Trickovski für Bardhi, 86. M. Ristovski für Musliu

TORE: 1:0 Lainer (18.), 1:1 Pandev (28.), 2:1 Gregoritsch (78.), 3:1 Arnautovic (89.)

GELBE KARTEN: Lainer – Trajkovski, Alioski

SCHIEDSRICHTER: Ekberg (Schweden)

ZUSCHAUER: 9082

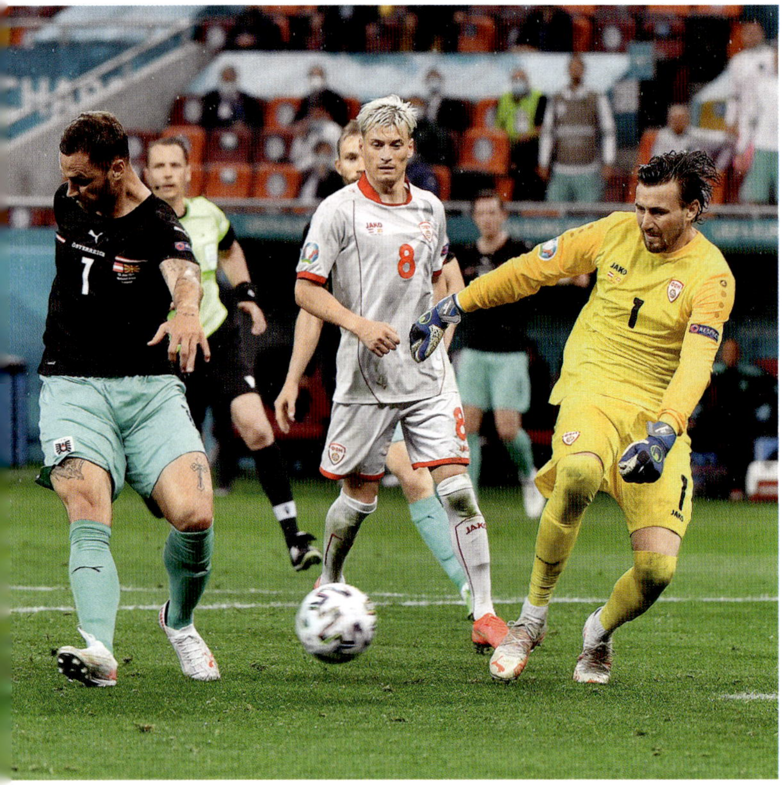

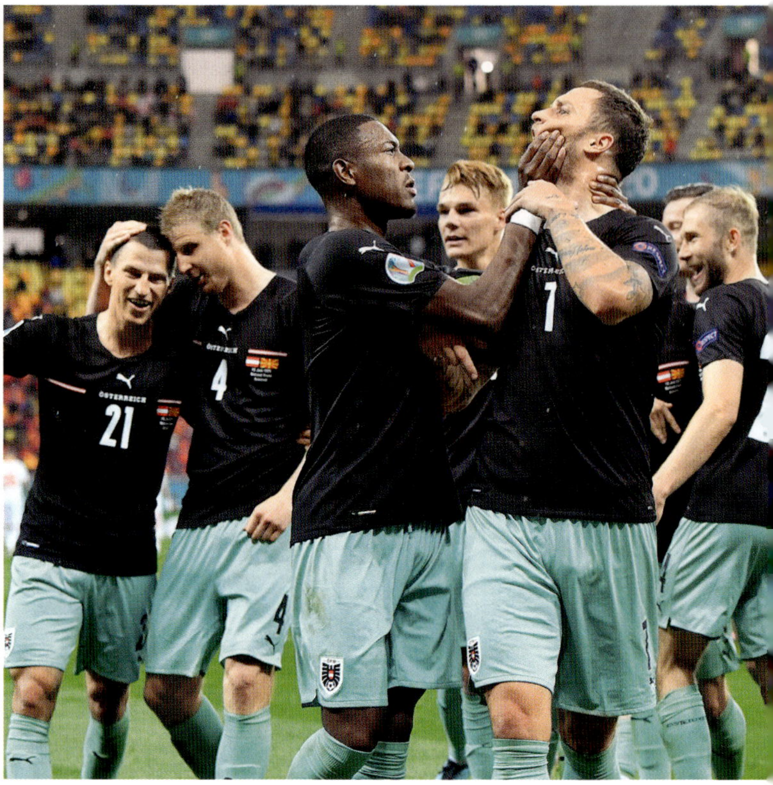

Erst die gute Tat: Marko Arnautovic besorgt das 3:1 für Österreich, Nordmazedoniens Torhüter Stole Dimitrievski hat das Nachsehen ...

... dann die schlechte: Der Torschütze beleidigt nach seinem Treffer Gegenspieler Ezgjan Alioski, David Alaba versucht vergeblich, ihn daran zu hindern.

Die Geschichte des Spiels schrieb Österreichs größter Star, der auf dem Sprung von der Bundesliga gen Real Madrid war: David Alaba, zweimaliger Triple-Sieger mit dem FC Bayern. In München organisierte der 28-Jährige unter Trainer Hansi Flick die Viererkette, ab und zu half er im defensiven Mittelfeld aus, jahrelang verteidigte er links hinten. Nationalcoach Franco Foda hatte vor dem Auftakt ganz andere Pläne mit Alaba, er ließ ihn zentral in einer Dreierkette agieren, meist etwas zurückgesetzt. Libero nannte man diese Position früher: Alaba macht den Beckenbauer. Besonders originell war diese Idee Fodas nicht, Alaba wirkte verschenkt, seine Kreativität fehlte Österreich weiter vorne. Der Favorit machte sich trotz des sehenswerten Führungstreffers von Stefan Lainer, dem Rechtsverteidiger aus Mönchengladbach, das Leben schwer, er ging nach einem Patzer von Torhüter Daniel Bachmann mit einem 1:1 in die Halbzeit.

> »Ich habe ihm gesagt, mir ist es egal, wo ich spiele. Was ich versprechen kann, ist, dass ich alles gebe.«
>
> David Alaba

Alaba wurde ein entscheidender Teil der Problemlösung, als Foda nach einer Stunde seinen Plan änderte und sein Star fortan über die linke Seite das Spiel anschob. Mit einer perfekt platzierten Flanke setzte Alaba in der 78. Minute Michael Gregoritsch in Szene, der zum 2:1 traf. Noch ein Bundesliga-Gastarbeiter, wenn auch zuletzt nur in einer Reservistenrolle beim FC Augsburg. »Ich habe ihm gesagt, mir ist es egal, wo ich spiele. Was ich versprechen kann, ist, dass ich alles gebe«, berichtet Alaba hinterher von mehreren Gesprächen mit seinem Trainer, der wiederum stolz seinen Spielern gratulierte: »Sie haben Geschichte geschrieben.« Österreichs Siegpremiere bei einer EM ließ die Hoffnung sprießen, zum ersten Mal seit der WM 1982 in Spanien eine Vorrunde zu überstehen.

Davon ist Neuling Nordmazedonien nach der Auftaktniederlage weit entfernt, doch auch der kleine Balkanstaat schrieb als 35. Land bei einer Endrunde Historie. Dass sie ein unangenehmer Gegner ist, bewies die Mannschaft vor dem Turnier, als sie in der WM-Qualifikation sensationell 2:1 in Deutschland gewann. Bei der EM glückte im ersten Anlauf ein Tor. Das erzielte wenig überraschend Goran Pandev, 2010 Champions-League-Sieger mit Inter Mailand und unumstrittener Anführer des Teams. Wenige Wochen vor seinem 38. Geburtstag wurde er zum zweitältesten Torschützen der EM-Geschichte. Mehr Lebenszeit auf dem Buckel hatte in dieser Beziehung lediglich Ivica Vastic 2008. Ein Österreicher.

MATCH-DATEN

ÖSTERREICH		NORDMAZEDONIEN
3	Tore	1
10	Torschüsse gesamt	7
7	Torschüsse aufs Tor	2
13	begangene Fouls/Handspiele	16
466	erfolgreiche Pässe	241
84 %	Passquote	72 %
63 %	Ballbesitz	37 %
50 %	Zweikampfquote	50 %
1	Gelbe Karten	2
0	Rote Karten	0
1	Abseits	0
4	Ecken	0

NIEDERLANDE | UKRAINE 3:2

»Frank, einfach 4-3-3«

Zumindest die Geschichte versprach rosige Zeiten für Oranje. Nach sieben Jahren im Abseits kehrten die Niederlande gegen die Ukraine wieder zu einem großen Turnier zurück. Bei den anderen beiden Malen, bei denen die Elftal nach einem solchen Zeitraum oder noch längerer Durststrecke ihr Comeback gab, gewann sie Silber (WM 1974) sowie Gold bei der EM 1988, dem bisher einzigen Titel. Im Endspiel in München damals mit dem grandiosen Van-Basten-Tor bestand das Team des Gegners Sowjetunion hauptsächlich aus: Ukrainern.
Bei der EM 2021 trauten Oranje nur wenige eine solche Überraschung zu, auch wenn der Start ein verdientes 3:2 gegen ein ukrainisches Team brachte, das auch offiziell als solches firmiert. Und deren größter Star der Trainer war: Andriy Shevchenko. Der ehemalige Topstürmer hatte sein Team nach vorn getrieben, das ein 0:2 in ein 2:2 verwandelte, um dann doch noch zu verlieren.
Die Niederlande aber wären nicht die Niederlande, gäbe es trotz des Spektakels nicht viel Skepsis rund um ihre Nationalelf. Vor allem Frank de Boer stand in der Kritik. Der Bondscoach wurde wegen seiner Personalauswahl angezweifelt, etwa weil er den 38-jährigen Maarten Stekelenburg ins Tor stellte und Jasper Cillessen wegen dessen Corona-Infektion aus dem Kader strich.
Auch die für Niederländer völlig ungewohnte taktische Ausrichtung der Mannschaft stieß vielen daheim sauer auf. Beim Abschlusstraining vor dem Ukraine-Spiel hatte ein von Fans gechartertes Flugzeug seine Runden über dem Platz gedreht, mit einem Banner: »Frank, gewoon 4-3-3«, auf Deutsch etwa: »Frank, einfach 4-3-3«. Genau wie es der große Johan Cruyff einst vorgegeben hatte. Der aktuelle Bondscoach aber erwiderte nur, er habe selbst ein Flugzeug bestellt mit einem Transparent seiner Marschroute. Die lautet weiter 3-5-2, fast ein Sakrileg. Der Sieg und drei Tore besänftigten viele Skeptiker.

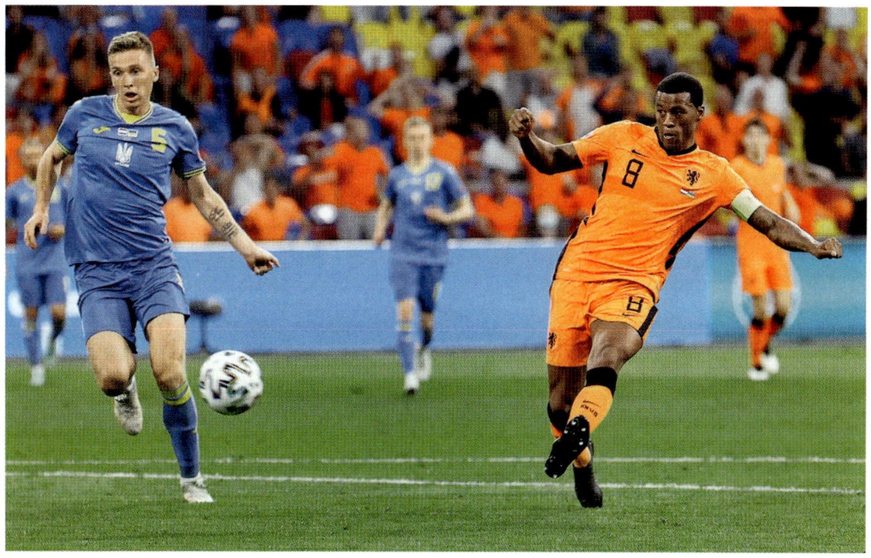

Die Führung für die Niederlande: Georginio Wijnaldum schießt zum 1:0 ein.

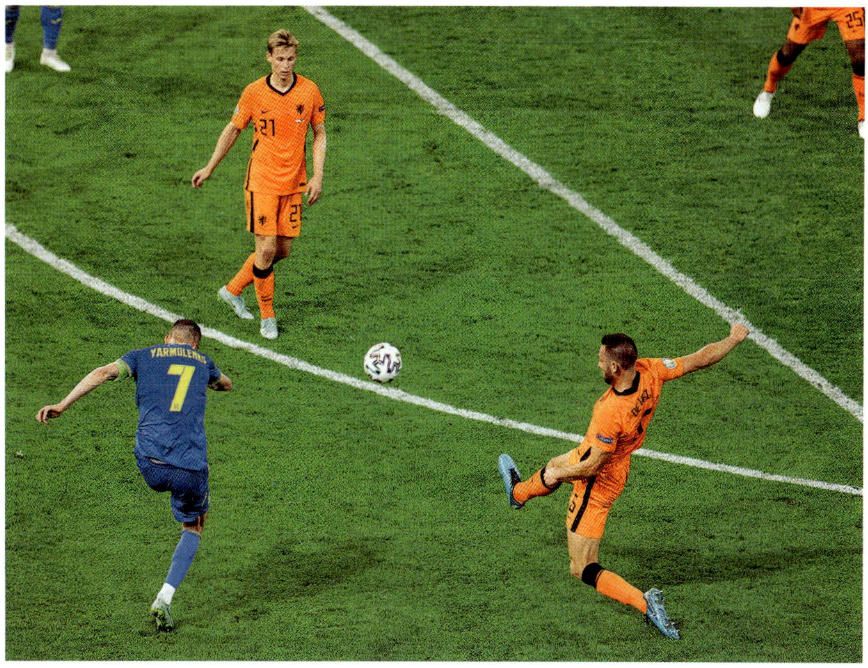

Der Anschluss: Andrey Yarmolenko schlenzt den Ball mit links in den Winkel – die Ukraine darf wieder hoffen.

Niederlande – Ukraine 3:2 (0:0)

Stekelenburg 3
Timber 3 ↘ · de Vrij 3,5 · Blind 2,5 ↘
⚽ Dumfries 2 · van Aanholt 4 ↘
de Roon 4 · ⚽ Wijnaldum 2 · F. de Jong 2,5
⚽ Weghorst 4 ↘ · Depay 3,5 ↘

⚽ Yaremchuk 3
Zubkov ↘ · ⚽ Yarmolenko 2
Zinchenko 4 · Sydorchuk 4 🟨 · Malinovskyi 3,5
Mykolenko 5 · Matviienko 4 · Zabarnyi 3,5 · Karavaev 3
Bushchan 3,5

13. Juni in Amsterdam

NIEDERLANDE – UKRAINE 3:2 (0:0)

EINGEWECHSELT: 64. Aké für Blind, 64. Wijndal für van Aanholt, 88. L. de Jong für Weghorst, 88. Veltman für Timber, 90./+1 Malen für Depay - 13. Marlos (5) für Zubkov, 64. Shaparenko für Marlos

TORE: 1:0 Wijnaldum (52.), 2:0 Weghorst (58.), 2:1 Yarmolenko (75.), 2:2 Yaremchuk (79.), 3:2 Dumfries (85.)

GELBE KARTE: Sydorchuk

SCHIEDSRICHTER: Dr. Brych (München)

Zuschauer: 15 837

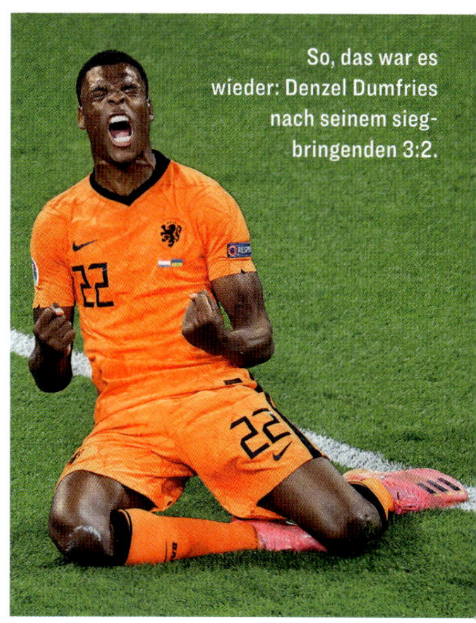

So, das war es wieder: Denzel Dumfries nach seinem siegbringenden 3:2.

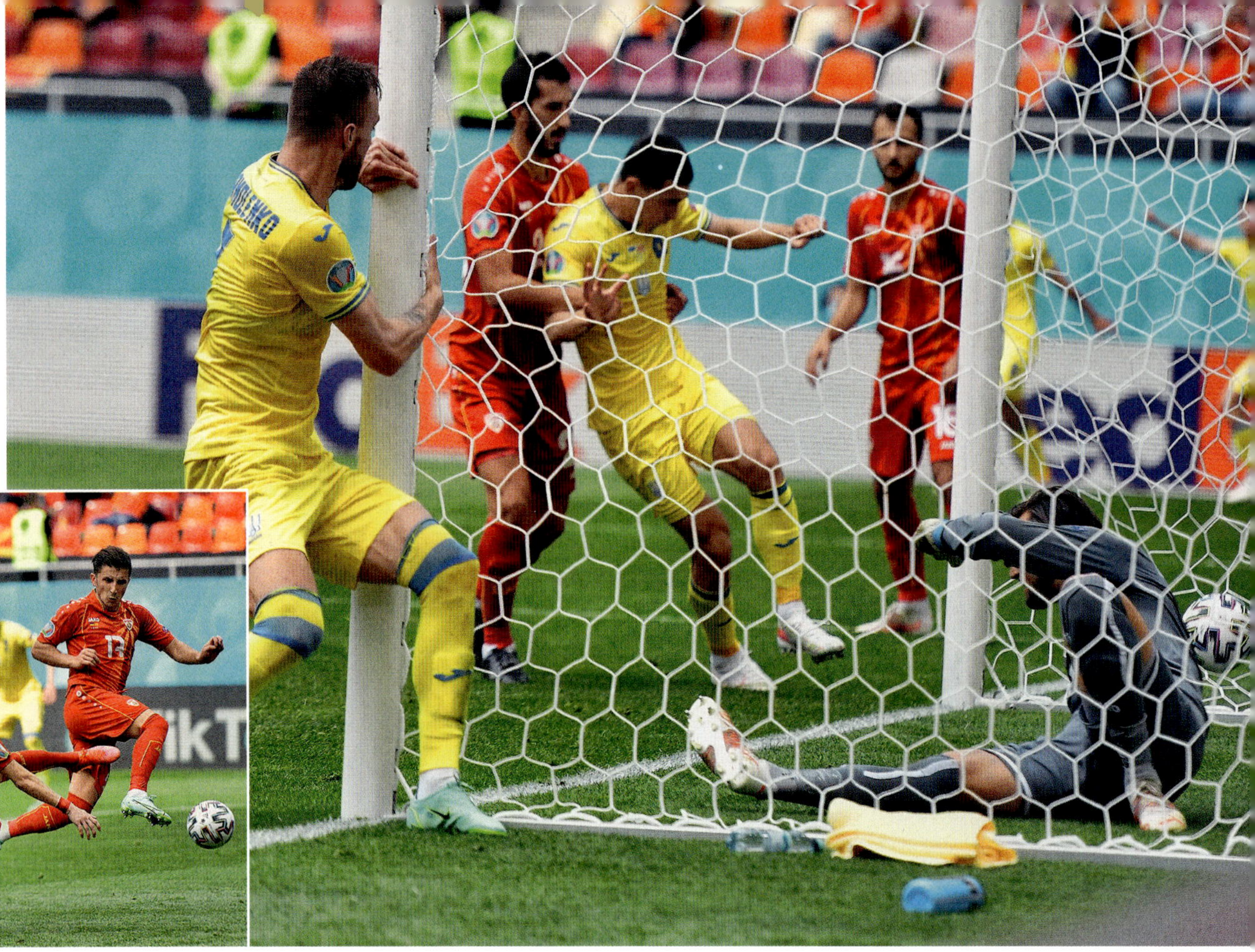

Ball und Keeper sind drin, der Torschütze hängt am Pfosten: Der Ukrainer Andrey Yarmolenko und Stole Dimitrievski

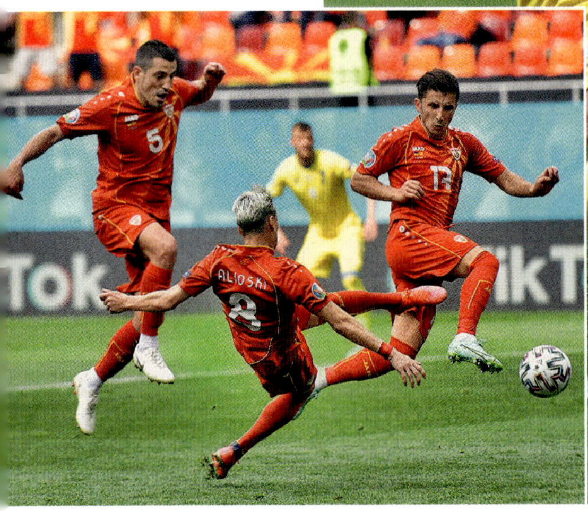

Der entscheidende Nachschuss: Erst scheitert Ezgjan Alioski mit seinem Strafstoß, im zweiten Versuch trifft er artistisch.

UKRAINE | NORDMAZEDONIEN **2:1**

Alioski mit der zweiten Chance

Es sollte das Spiel der verschossenen Elfmeter werden – auch wenn diese unterschiedliche Ausgänge hatten. Die Ukraine, das Team von Trainer Andriy Shevchenko, führte schnell verdient mit 2:0. Auch, weil Nordmazedonien arg nachlässig verteidigte, keinen wirklichen Zugriff fand. Erst mit dem Seitenwechsel änderte sich die Partie. Ein erster Elfmeterpfiff in der 55. Minute ließ das Spiel turbulenter werden. Ukraine-Keeper Heorhiy Buschchan gegen Nordmazedoniens Ezgjan Alioski. Der Torhüter ahnte die Ecke, ließ den Ball aber in die Mitte prallen, sodass der Schütze noch eine zweite Chance bekam. Und im Nachschuss traf.

Mit diesem 2:1 wurde es streckenweise hektischer, intensiver. Am Ergebnis änderte sich jedoch nichts. Und doch hatte die Partie noch einen Aufreger parat. In der 84. Minute. Wieder Strafstoß, nur diesmal auf der anderen Seite. Es war die Möglichkeit, das Spiel frühzeitig zu entscheiden. Ruslan Malinovskyi übernahm die Verantwortung. Doch auch der Ukrainer scheiterte, denn Nordmazedoniens Torhüter Stole Dimitrievski, der ohnehin ein starkes Spiel ablieferte, wählte die richtige Ecke. Und diesmal gab es keinen verwertbaren Abpraller. Womit die Ukraine weiter zittern musste. Ganz zum Leid des Trainers. »Wir hatten genug Chancen, das Spiel früher zu entscheiden. Wir hätten einfach nur das dritte Tor machen müssen«, haderte Shevchenko: »Nordmazedonien hat Charakter gezeigt. Sie haben nach einem Elfmeter getroffen, wir nicht.«

Trotzdem blieb es am Ende beim verdienten 2:1-Sieg für die Ukraine – in einer Partie, in der es vom Punkt nicht klappen sollte. Zumindest nicht auf Anhieb. Das Shevchenko-Team hielt sich damit alle Türen für das Achtelfinale offen, während Nordmazedonien mit null Punkten ins letzte Gruppenspiel gegen die Niederlande ging.

Ukraine – Nordmazedonien

2:1 (2:0)

UKRAINE

Bushchan 2,5

Karavaev 3 · Zabarnyi 3,5 · Matviienko 3 · Mykolenko 3,5

Stepanenko 2,5

Shaparenko 3 ↘ · Zinchenko 3

Malinovskyi 2,5 ↘

⚽ Yaremchuk 2,5 ↘ · ⚽ Yarmolenko 1,5 ↘

Elmas 3 · Pandev 3,5

Bardhi 3 ↘

⚽ Alioski 3 · Spirovski 5 ↘ · Ademi 4 ↘ · Nikolov 3,5 ↘

Musliu 4 · Velkovski 2,5 ↘ · S. Ristovski 3

Dimitrievski 2

17. Juni in Bukarest

UKRAINE – NORDMAZEDONIEN 2:1 (2:0)

EINGEWECHSELT: 70. Tsygankov für Yarmolenko, 70. Besyedin für Yaremchuk, 78. Sydorchuk für Shaparenko, 90./+1 Sobol für Malinovskyi – 46. Churlinov (3) für Spirovski, 46. Trajkovski (2,5) für Nikolov, 77. Avramovski für Bardhi, 85. Ristevski für Ademi, 86. Trickovski für Velkovski

TORE: 1:0 Yarmolenko (29.), 2:0 Yaremchuk (34.), 2:1 Alioski (57.)

GELBE KARTEN: Shaparenko – Velkovski, Avramovski

BES. VORK.: Buschchan hält FE von Alioski (57.), Dimitrievski hält HE von Malinovskyi (84.)

SCHIEDSRICHTER: Rapallini (Argentinien)

ZUSCHAUER: 10 001

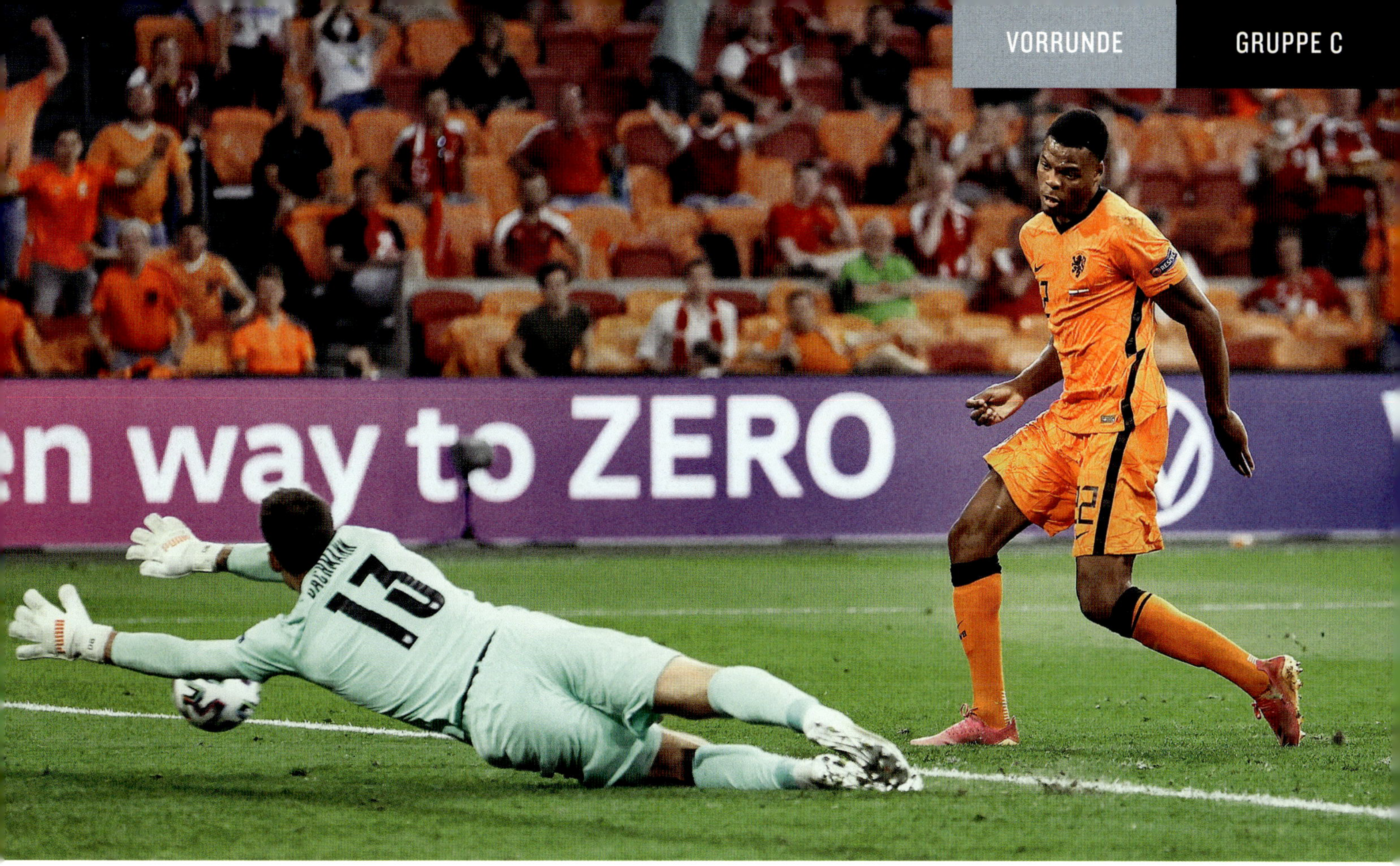

Wieder einmal Denzel Dumfries: Der Außenbahnspieler ist an den ersten fünf Turniertoren der Niederländer beteiligt.

NIEDERLANDE | ÖSTERREICH 2:0

Tore: Ohne Dumfries geht es nicht

Die Niederlande und Österreich – da war doch was?! Genau, 1978 hatte der Wiener Grantler Ernst Happel die Elftal ins WM-Finale geführt, das jedoch gegen Argentinien verloren ging. 43 Jahre später sorgte der 2:0-Erfolg über Team Austria dafür, dass die Oranje-Fans nach vielen Zweifeln vor dem Turnier schon vom zweiten EM-Titel träumten. Holland stand nach zwei Spielen bereits als Gruppensieger fest, angeführt vom zunächst so umstrittenen Coach Frank de Boer drehte das Team nach dem Spiel eine Ehrenrunde durch die Johan-Cruyff-Arena in Amsterdam.

Die Massen in Orange jubelten dabei einem neuen Helden zu: Denzel Dumfries war wie schon beim 3:2 gegen die Ukraine auch gegen Österreich an allen Toren beteiligt. Vor Memphis Depays Elfmeter war er von David Alaba gefoult worden, später schloss er einen Konter zum Endstand ab. All das nicht als Stürmer, sondern als nimmermüder Rechtsverteidiger, der vor dieser EM noch kein Tor für Oranje erzielt hatte. Und der fast gar nicht für die Elftal hätte spielen können. Denn Dumfries lief 2014 schon zweimal für seine Heimat Aruba auf, eine ehemalige niederländische Kolonie in der Karibik, allerdings nur in

Niederlande – Österreich 2:0 (1:0)

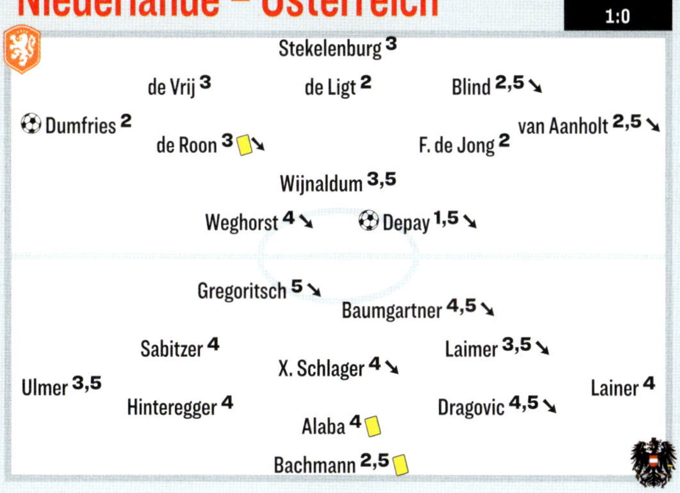

17. Juni in Amsterdam

NIEDERLANDE – ÖSTERREICH 2:0 (1:0)

EINGEWECHSELT: 64. Aké für Blind, 64. Malen für Weghorst, 64. Wijndal für van Aanholt, 74. Gravenberch für de Roon, 82. L. de Jong für Depay – 61. Kalajdzic für Gregoritsch, 61. Grillitsch für Laimer, 70. Lazaro für Baumgartner, 84. Lienhart für Dragovic, 84. Onisiwo für X. Schlager

TORE: 1:0 Depay (11., FE), 2:0 Dumfries (67.)

GELBE KARTEN: de Roon – Alaba, Bachmann

SCHIEDSRICHTER: Grinfeld (Israel)

ZUSCHAUER: 15 243

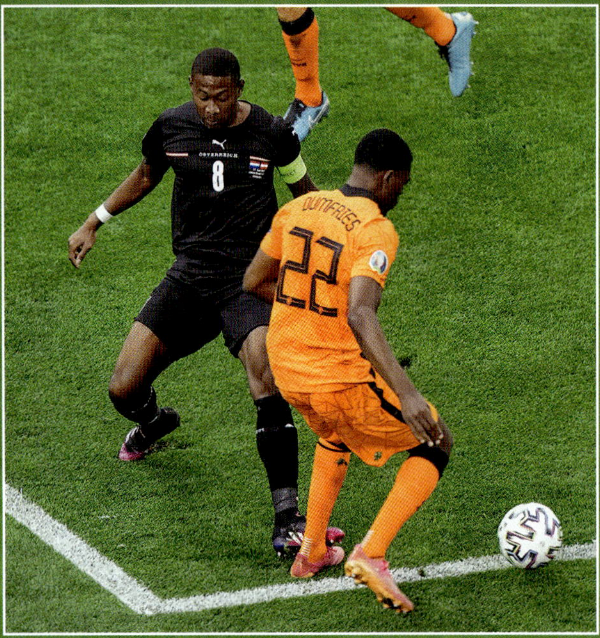

Auf den Fuß getreten: Diese Attacke von David Alaba gegen Dumfries führt zum Strafstoß.

Oh weh: Alaba hat einen Elfmeter verursacht – das ist ihm in 298 Bundesligaspielen nicht passiert.

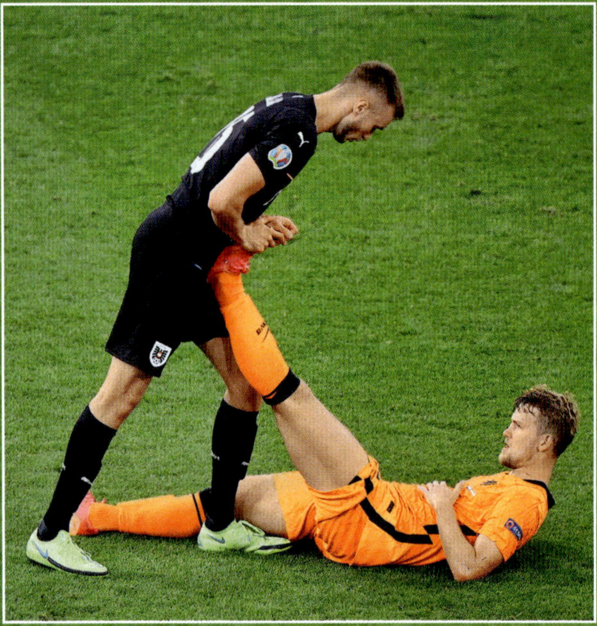

Faire Tat: Sasa Kalajdzic hilft Matthijs de Ligt bei der Überwindung eines Krampfes.

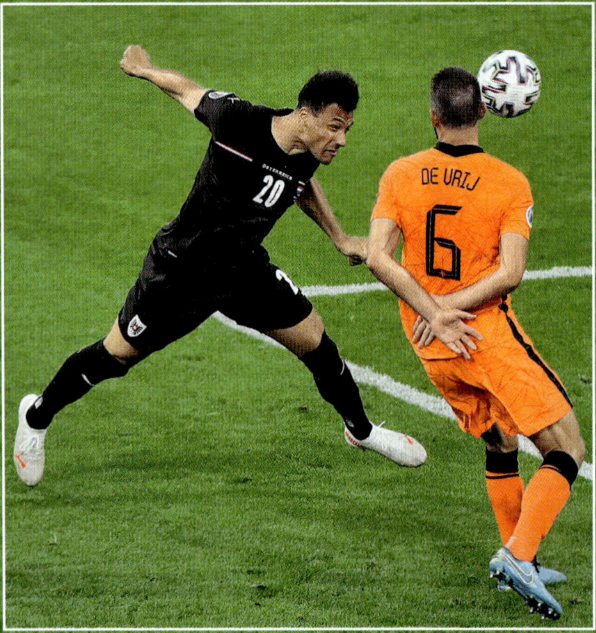

Vorsicht, Handspiel: Stefan de Vrij verschränkt die Arme hinter dem Rücken, damit sie nicht von Karim Onisiwos Kopfball getroffen werden.

Freundschaftsspielen gegen Guam, wodurch der spätere Wechsel noch möglich war.

»Für mich ging damals ein Traum in Erfüllung«, erinnerte sich Dumfries. Dabei war er in früheren Zeiten nicht unbedingt durch Technik und Spielkunst aufgefallen, sondern durch enormen Einsatzwillen. Inzwischen ist der 25-Jährige mit der auffällig kräftigen Physis nicht nur Kapitän und Leistungsträger von Coach Roger Schmidt bei der PSV Eindhoven, sondern auch ein Fixpunkt in der niederländischen Nationalelf. In de Boers für viele Traditionalisten ungewohntem 3-5-2-System sind spurtstarke Außenbahnspieler wie er besonders gefragt. Und nach den zwei Erfolgen mit zwei Toren und drei Vorarbeiten von ihm gibt Dumfries mit entschlossener Miene die Marschroute vor: »Der Fokus bleibt hoch. Wir wollen mehr.«

Österreich jedenfalls war in Amsterdam die eindeutig unterlegene Mannschaft. Alaba, wieder als Libero aufgeboten, hatte in 298 Bundesligaspielen nie einen Elfmeter verursacht, doch gegen Oranje unterlief ihm früh das Missgeschick. Ansonsten ging nach vorne wenig für das zaghafte Team von Franco Foda, dem zu allem Überfluss mit Marko Arnautovic eine Option im Sturm fehlte. Der einstige Bremer war für ein Spiel gesperrt worden, weil er beim Jubel über sein Tor gegen Nordmazedonien einen Gegenspieler beleidigt hatte. So standen zwar wieder fast ausschließlich Profis aus der deutschen Bundesliga auf dem Platz, die sich gegen die Niederlage aber viel zu wenig wehrten, auch wenn Foda als Entschuldigung erklärte: »Wir haben gegen eine Topmannschaft gespielt, die sehr kompakt ist und außergewöhnliche Stürmer hat.« Sowie einen bärenstarken Rechtsverteidiger namens Denzel Dumfries.

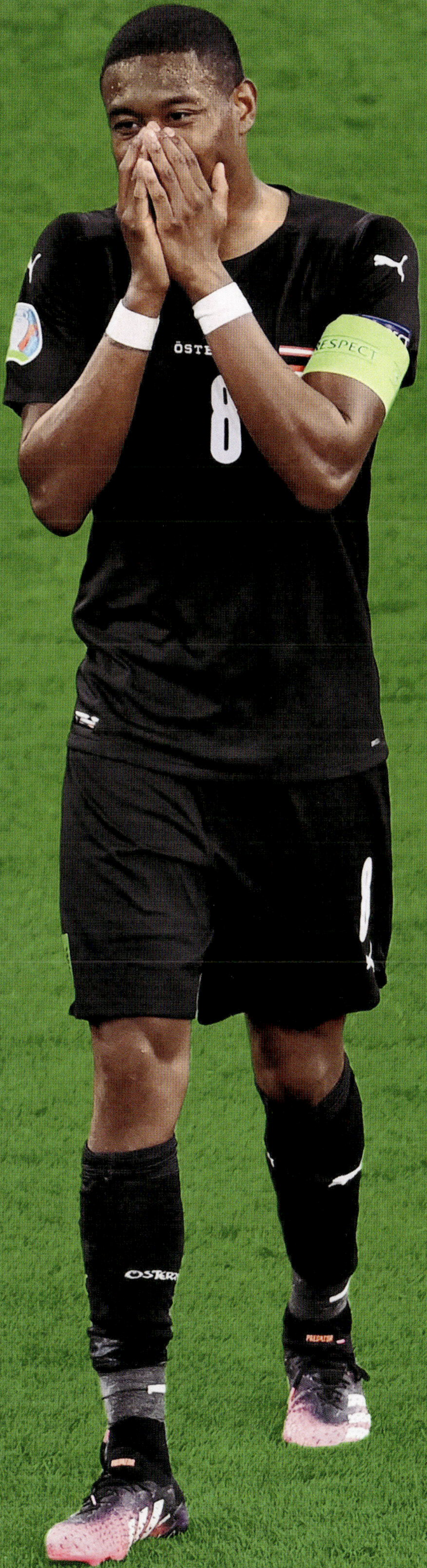

»Wir haben gegen eine Topmannschaft gespielt, die sehr kompakt ist und außergewöhnliche Stürmer hat.«

Franco Foda

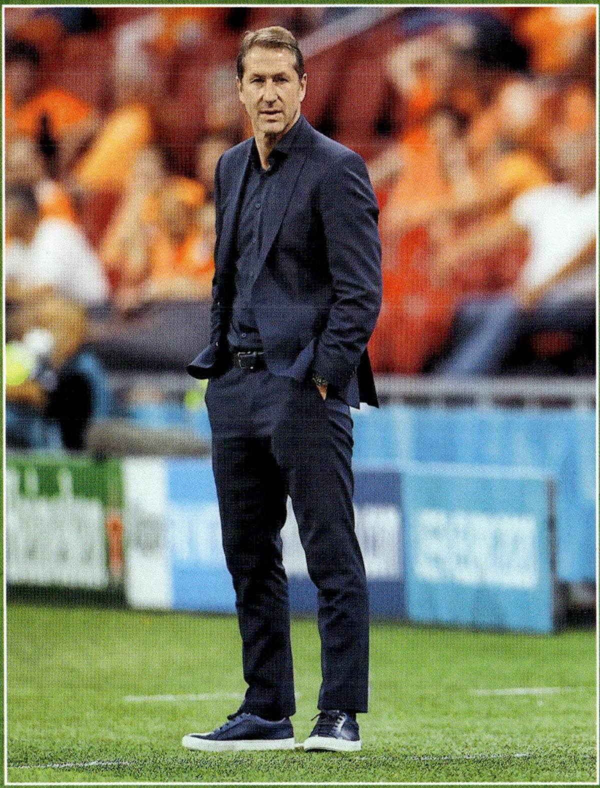

MATCH-DATEN

NIEDERLANDE		ÖSTERREICH
2	Tore	0
14	Torschüsse gesamt	9
3	Torschüsse aufs Tor	1
13	begangene Fouls/Handspiele	9
379	erfolgreiche Pässe	437
79 %	Passquote	82 %
47 %	Ballbesitz	53 %
52 %	Zweikampfquote	48 %
1	Gelbe Karten	2
0	Rote Karten	0
1	Abseits	0
2	Ecken	5

NORDMAZEDONIEN | NIEDERLANDE **0:3**

De Boer setzt auf den Rhythmus

Bondscoach Frank de Boer widerstand dieser Verlockung: Schon oft hatten Nationaltrainer in der Vergangenheit im dritten Gruppenspiel beinahe das komplette Team ausgewechselt, wenn die ersten beiden gewonnen wurden und die Qualifikation für die K.-o.-Runde bereits feststand – siehe Italien gegen Wales in Gruppe A. Und nicht selten verloren diese Teams dadurch ihren Rhythmus und verabschiedeten sich in der folgenden Partie aus dem Turnier.

Gegen Nordmazedonien änderte de Boer als Trainer des Gruppensiegers seine erfolgreiche Formation daher nur auf zwei Positionen. Die Stars blieben im Team – und trugen die Niederlande zum 3:0 gegen den EM-Neuling. Memphis Depay traf zur Führung und legte die Treffer zwei und drei von Kapitän Georginio Wijnaldum zur perfekten Gruppenbilanz auf. Kurios: Depay fixierte zwischen dem zweiten und dritten Spiel seinen ablösefreien Wechsel von Olympique Lyon zum FC Barcelona. Dorthin sollte eigentlich auch der ebenfalls ablösefreie Wijnaldum vom FC Liverpool gehen, er entschied sich aber im letzten Moment für Paris Saint-Germain. Ihren Marktwert mussten die beiden Stars bei diesem Turnier nicht mehr erhöhen, ihre Klasse war auch ohne dieses Schaufenster europaweit bekannt.

Nicht vergessen werden sollte mit Blick auf den Pflichtsieg, dass die Niederländer gegen ihren tapferen Konkurrenten anfangs viel Glück bei einem knappen Abseitstor von Trickovski und einem Pfostenschuss von Trajkovski hatten. So verabschiedeten sich die Nordmazedonier zwar punktlos, aber erhobenen Hauptes von dieser EM. Und sie sorgten für den emotionalsten Moment in der Johan-Cruyff-Arena, als ihr Kapitän Goran Pandev in der 68. Minute den Platz verließ, mit seinen 37 Jahren vermutlich zum letzten Mal im Nationaltrikot. Grund genug für seine Mitspieler, für ihn Spalier zu stehen. Ein Abgang durch das große Tor.

Unwiderstehlicher Vorwärtsdrang: Memphis Depay schießt Holland in Führung.

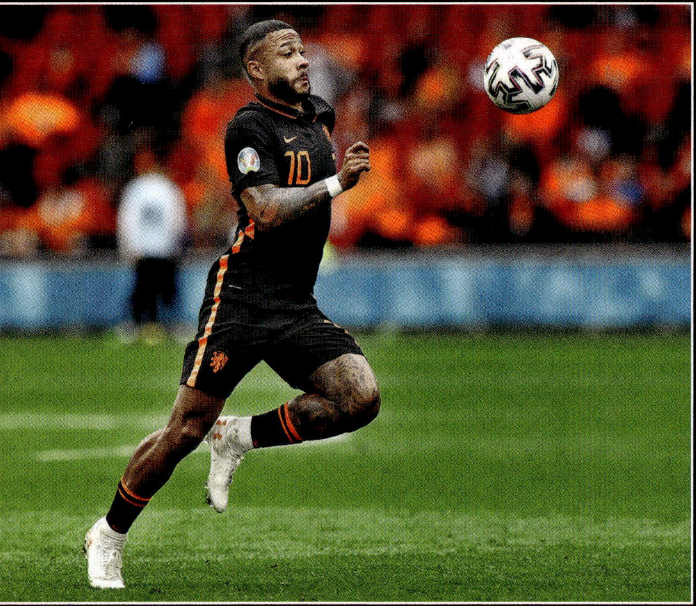

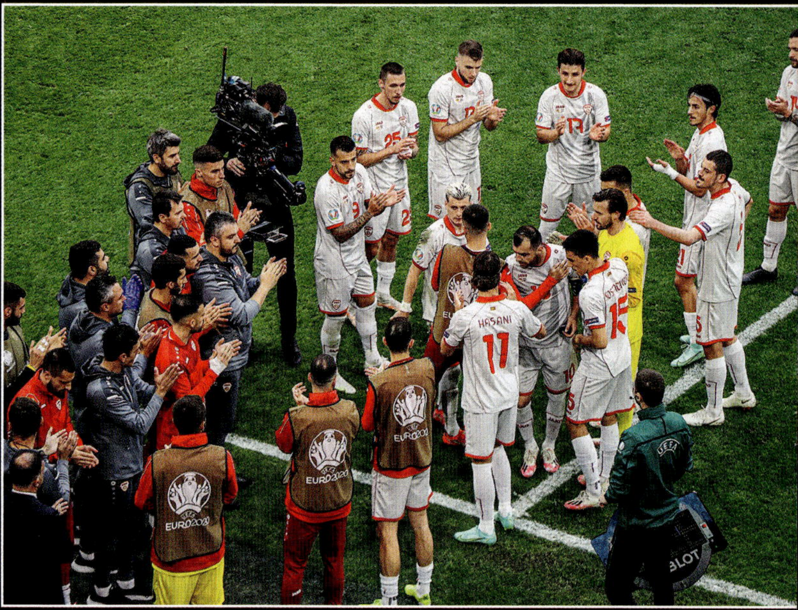

Große Ehre: Die Nordmazedonier verabschieden ihre Legende. Goran Pandev hat gegen die Niederlande sein letztes Länderspiel absolviert.

Nordmazedonien – Niederlande 0:3 (0:1)

Dimitrievski 3
S. Ristovski 2,5 · Velkovski 4 · Musliu 4 · Alioski 4,5
Bardhi 3,5 ↘ · Ademi 3 ↘
Trickovski 2,5 ↘ · Elmas 4 · Trajkovski 2,5 ↘
Pandev 4 ↘

Malen 2 ↘ · ⚽ Depay 1,5 ↘
⚽ Wijnaldum 1,5
Gravenberch 4 · F. de Jong 2 ↘
van Aanholt 4 · Dumfries 3 ↘
Blind 3 · de Ligt 3,5 · de Vrij 3 ↘
Stekelenburg 2,5

21. Juni in Amsterdam

NORDMAZEDONIEN – NIEDERLANDE 0:3 (0:1)

EINGEWECHSELT: 56. Churlinov (3,5) für Trickovski, 68. Kostadinov für Pandev, 68. Hasani für Trajkovski, 78. Stojanovski für Bardhi, 78. Nikolov für Ademi – 46. Timber (3) für de Vrij, 46. Berghuis (2,5) für Dumfries, 66. Weghorst für Depay, 66. Promes für Malen, 78. Gakpo für F. de Jong

TORE: 0:1 Depay (24.), 0:2 Wijnaldum (50.), 0:3 Wijnaldum (58.)

GELBE KARTEN: S. Ristovski, Musliu, Alioski, Kostadinov

SCHIEDSRICHTER: Kovacs (Rumänien)

ZUSCHAUER: 15 227

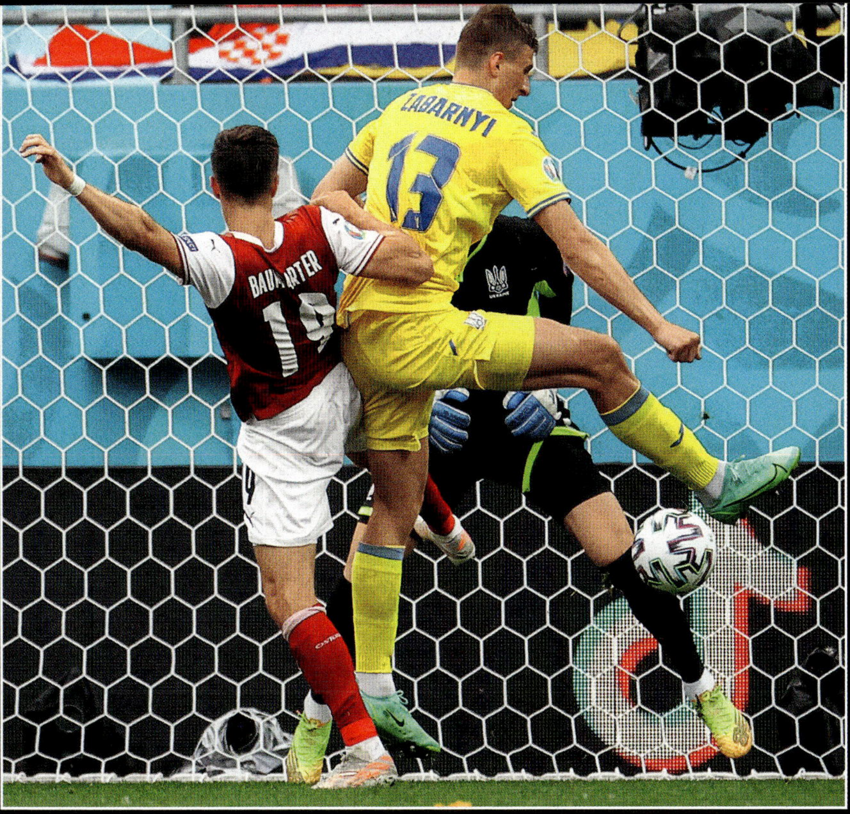

Die Entscheidung: Christoph Baumgartner kommt vor Illya Zabarnyi an den Ball, das 1:0 für Österreich.

UKRAINE | ÖSTERREICH **0:1**

67 Jahre Wartezeit sind vorbei

Und da war es passiert. Nach 67 Jahren Wartezeit hat es Österreich mal wieder geschafft. Die Rot-Weiß-Roten kämpften sich erstmals seit der Weltmeisterschaft 1954 in die K.-o.-Phase eines Großereignisses. Aus eigener Kraft. Dabei war der Auftakt-Erfolg gegen Nordmazedonien schon historisch: Es war nämlich der erste Sieg überhaupt für Österreich in einer EM-Gruppenphase. Dieses Kunststück musste in der dritten Partie gegen die Ukraine wiederholt werden, um sicherzugehen, dass man es auch wirklich unter die letzten 16 packt.

Angeführt von Kapitän David Alaba wehrte sich das Team gegen die Mannschaft von Trainer Andriy Shevchenko, die punktgleich in dieses entscheidende dritte Spiel ging. Chancen hatte die Elf von Franco Foda mehrere. Genutzt am Ende allerdings nur eine. In der 23. Minute durch Christoph Baumgartner. Doch dieser eine Treffer sollte reichen: reichen für den zweiten österreichischen Sieg bei einer Europameisterschaft; reichen für Platz zwei in Gruppe C; reichen für den Einzug ins Achtelfinale. Die Ukraine hingegen musste als Gruppendritter mit einer Tordifferenz von minus 1 zittern. Doch auch für das Shevchenko-Team ging's letztlich weiter. Für die einen also glücklich, für die anderen aufgrund des eigenen Schaffens.

Die Ukraine enttäuschte beim 0:1 gegen Österreich erneut, kam einzig auf ein 2:1 gegen Nordmazedonien. »Ich habe eine Mannschaft gesehen, der es an Kraft mangelte«, sagte Coach Shevchenko: »Wir haben auf dem Niveau gespielt, das unsere Physis zuließ.« Zuversicht für das Duell in der ersten K.-o.-Runde gegen Schweden klingt prinzipiell anders.

So wie bei den Österreichern beispielsweise, auf die die stärkste Nation der Gruppenphase wartete, die Nachbarn aus Italien, die als erste Mannschaft in der EM-Geschichte alle Gruppenspiele ohne Gegentor gewannen. Trotzdem sagte Alaba unmittelbar nach dem Sieg gegen die Ukraine selbstbewusst: »Wir sind hier, um zu träumen. Mal sehen, was da alles geht.« Und sein Trainer Foda setzte noch einen drauf, kitzelte den Gegner sogar ein wenig, als er meinte: »Im ersten Moment schaut es so aus, als ob die Aufgabe unlösbar wäre, weil Italien seit Ewigkeiten kein Spiel mehr verloren hat. Aber irgendwann kassierst du auch wieder eine Niederlage.« Und warum nicht gegen Österreich, so die Hoffnungen. Weshalb Marko Arnautovic nach dem Einzug in den Entweder-oder-Modus direkt stichelnd nachlegte: »Italien ist natürlich machbar.«

Klar, die Österreicher haben mit zwei Einträgen in das EM-Geschichtsbuch kräftig Selbstvertrauen getankt. Ob ein weiteres Kapitel hinzukam, entschied sich im Londoner Wembley-Stadion. Die Voraussetzungen dafür hatte sich Österreich mit dem 1:0-Erfolg gegen die Ukraine selbst geschaffen.

> »Italien ist natürlich machbar.«
>
> Marko Arnautovic

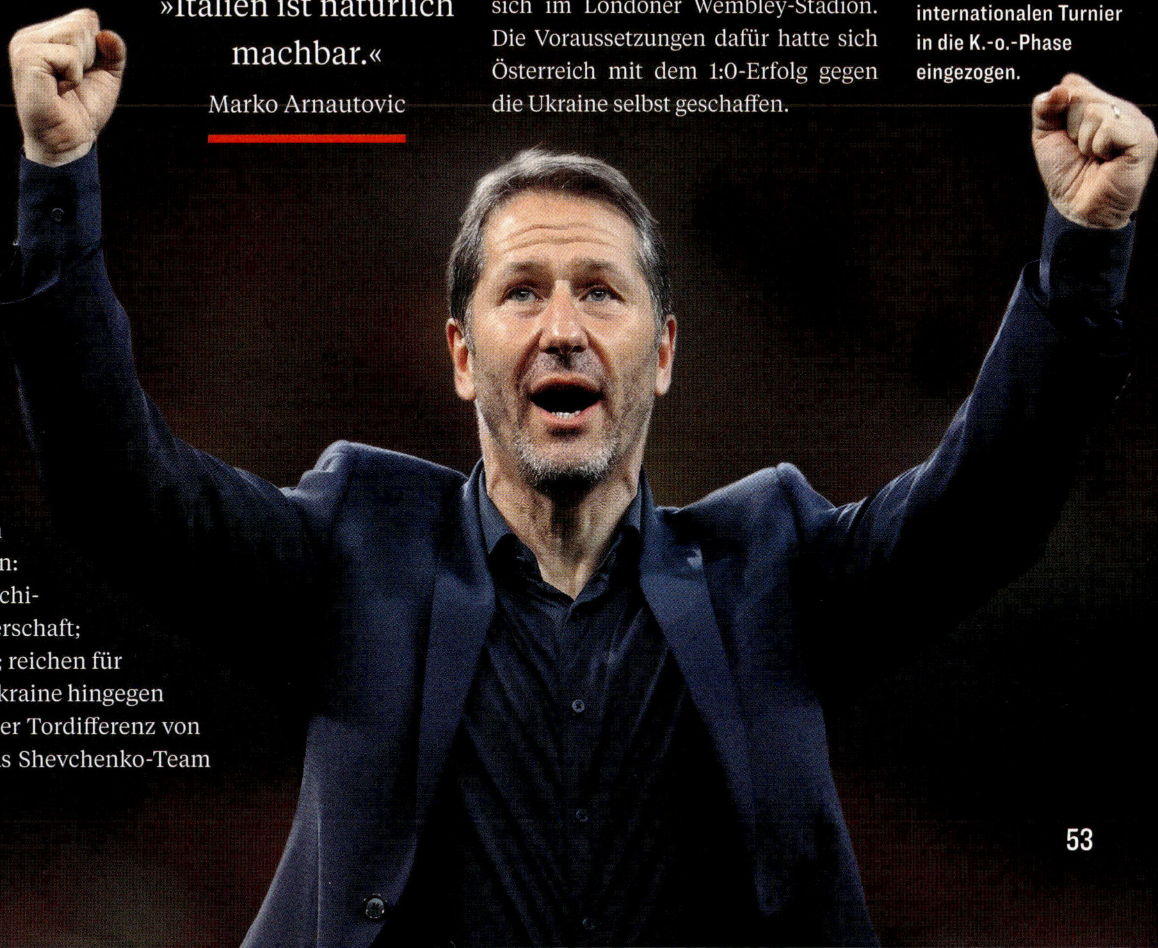

Endlich: Nach 67 Jahren ist Österreich mit Trainer Franco Foda wieder bei einem großen internationalen Turnier in die K.-o.-Phase eingezogen.

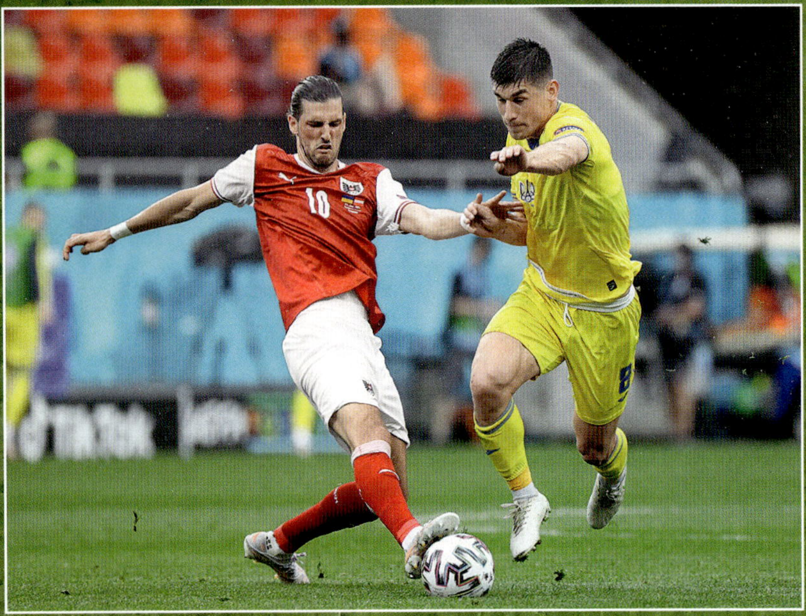

Gebremst: Florian Grillitsch stört die Kreise von Ruslan Malinovskyi.

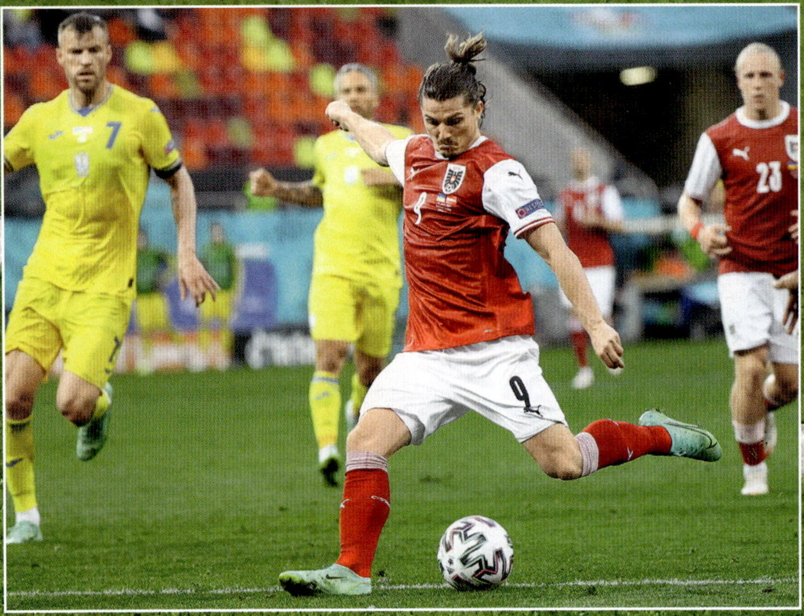

Geschossen: Marcel Sabitzer zieht ab, der Ball findet aber nicht den Weg ins Tor.

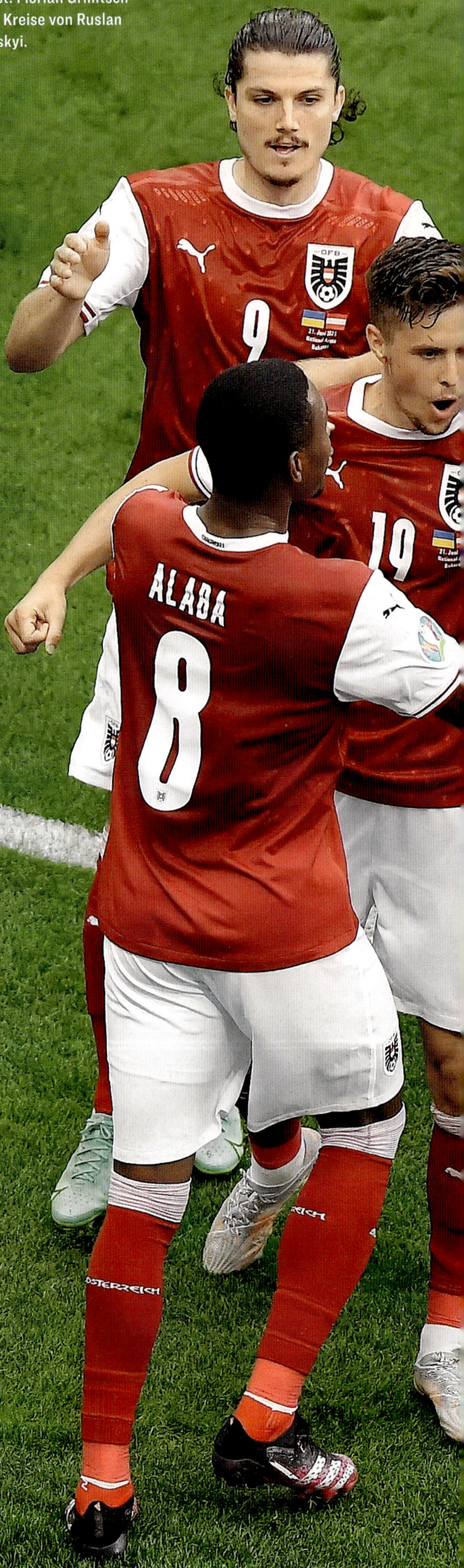

Ganz Österreich jubelt: David Alaba und die anderen feiern mit dem Torschützen Christoph Baumgartner (Nummer 19).

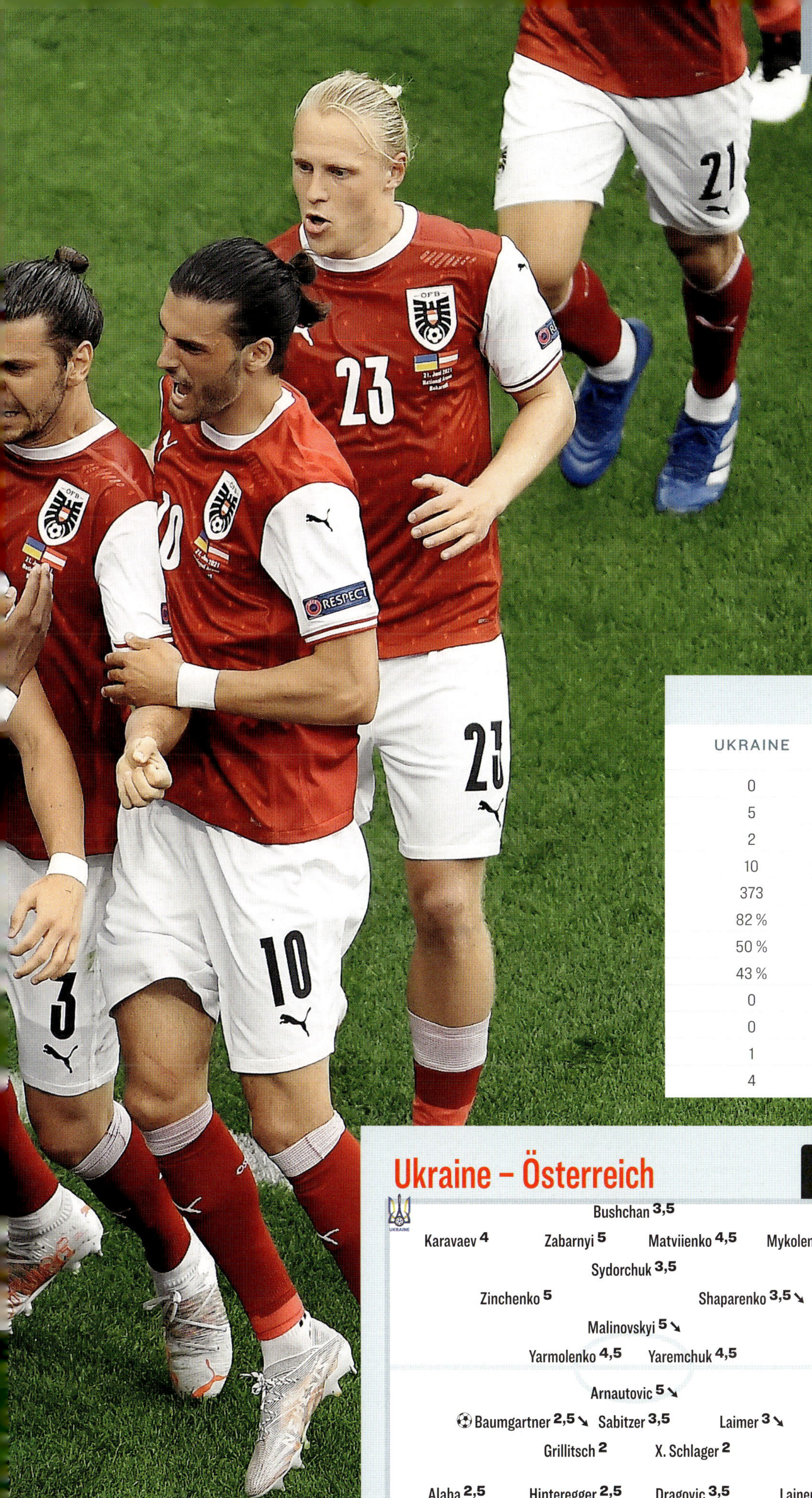

MATCH-DATEN

UKRAINE		ÖSTERREICH
0	Tore	1
5	Torschüsse gesamt	18
2	Torschüsse aufs Tor	8
10	begangene Fouls/Handspiele	11
373	erfolgreiche Pässe	363
82 %	Passquote	80 %
50 %	Ballbesitz	50 %
43 %	Zweikampfquote	57 %
0	Gelbe Karten	0
0	Rote Karten	0
1	Abseits	2
4	Ecken	9

Ukraine – Österreich

0:1 (0:1)

Bushchan 3,5
Karavaev 4 Zabarnyi 5 Matviienko 4,5 Mykolenko 4 ↘
Sydorchuk 3,5
Zinchenko 5 Shaparenko 3,5 ↘
Malinovskyi 5 ↘
Yarmolenko 4,5 Yaremchuk 4,5

Arnautovic 5 ↘
⚽ Baumgartner 2,5 ↘ Sabitzer 3,5 Laimer 3 ↘
Grillitsch 2 X. Schlager 2
Alaba 2,5 Hinteregger 2,5 Dragovic 3,5 Lainer 3,5
Bachmann 2,5

21. Juni in Bukarest

UKRAINE – ÖSTERREICH 0:1 (0:1)

EINGEWECHSELT: 46. Tsygankov (5) für Malinovskyi, 68. Marlos für Shaparenko, 85. Besyedin für Mykolenko – 32. Schöpf (2,5) für Baumgartner, 72. Ilsanker für Laimer, 90. Kalajdzic für Arnautovic

TOR: 0:1 Baumgartner (21.)

GELBE KARTEN: keine

SCHIEDSRICHTER: Cakir (Türkei)

ZUSCHAUER: 10 472

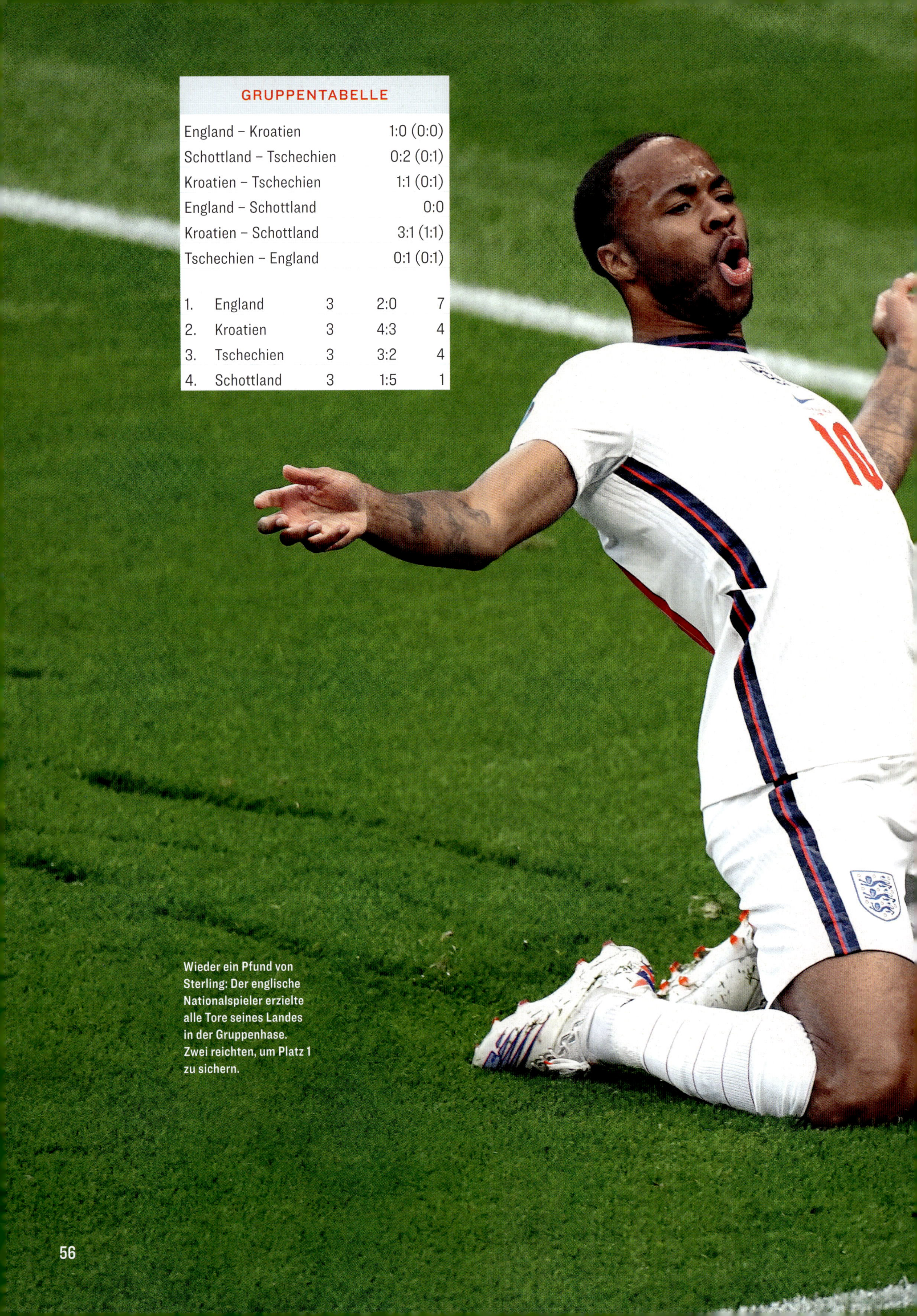

GRUPPENTABELLE

England – Kroatien	1:0 (0:0)
Schottland – Tschechien	0:2 (0:1)
Kroatien – Tschechien	1:1 (0:1)
England – Schottland	0:0
Kroatien – Schottland	3:1 (1:1)
Tschechien – England	0:1 (0:1)

1.	England	3	2:0	7
2.	Kroatien	3	4:3	4
3.	Tschechien	3	3:2	4
4.	Schottland	3	1:5	1

Wieder ein Pfund von Sterling: Der englische Nationalspieler erzielte alle Tore seines Landes in der Gruppenhase. Zwei reichten, um Platz 1 zu sichern.

GRUPPE D

Kroatien
Tschechien
England
Schottland

Die Engländer zeigten sich minimalistisch, aber erfolgreich. Zwei Tore genügten ihnen, um sich den ersten Platz und damit einen Klassiker zu sichern: Heimspiel gegen Deutschland im Wembley-Stadion im Achtelfinale. Vizeweltmeister Kroatien schwächelte zunächst und rettete sich mit einem finalen 3:1 über Schottland auf Platz 2.

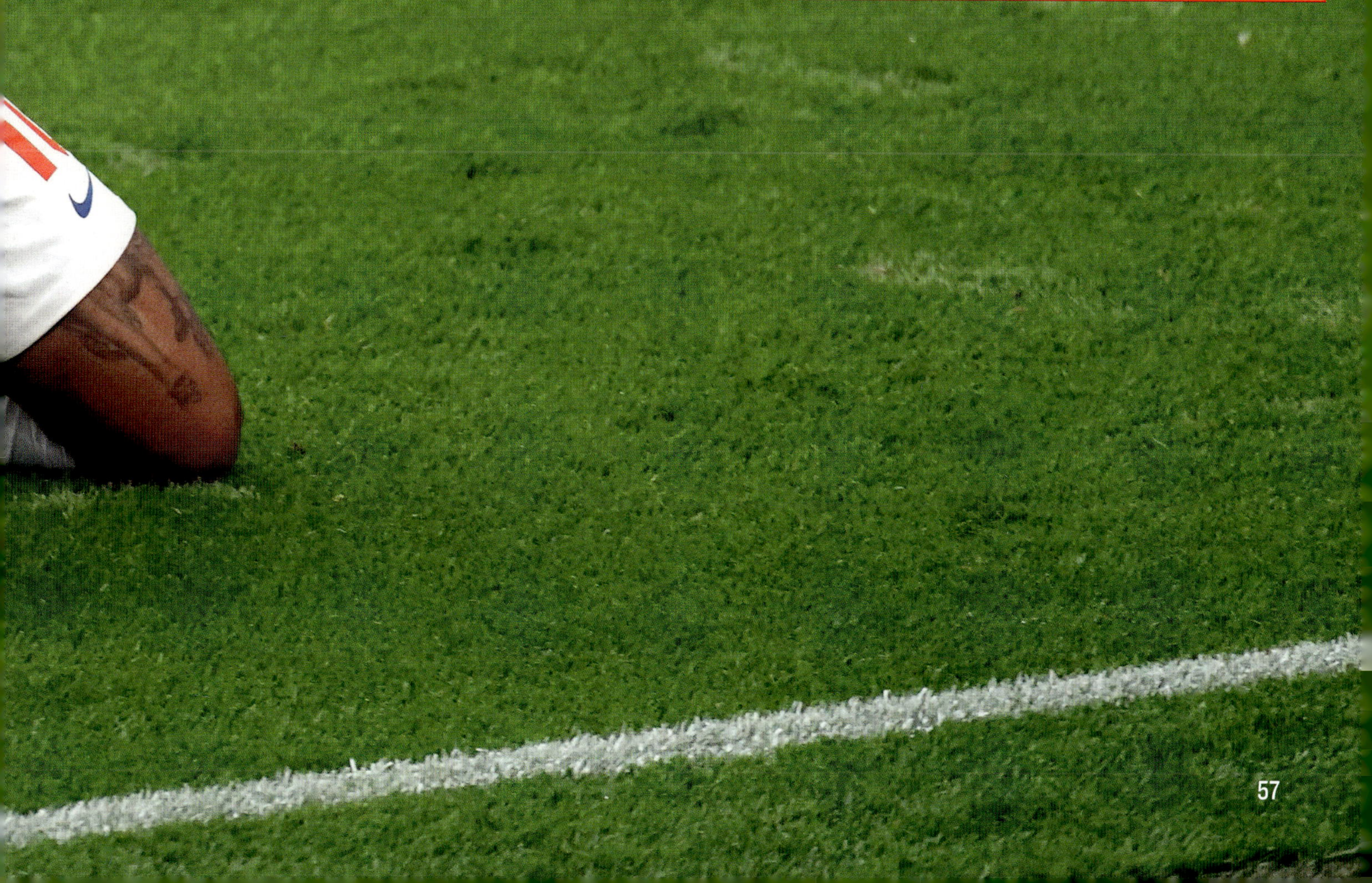

Kroatien

1 Livakovic, Dominik, 09.01.1995, Dinamo Zagreb
2 Vrsaljko, Sime, 10.01.1992, Atletico Madrid
3 Barisic, Borna, 10.11.1992, Glasgow Rangers
4 Perisic, Ivan, 02.02.1989, Inter Mailand
5 Caleta-Car, Duje, 17.09.1996, Olympique Marseille
6 Lovren, Dejan, 05.07.1989, Zenit St. Petersburg
7 Brekalo, Josip, 23.06.1998, VfL Wolfsburg
8 Kovacic, Mateo, 06.05.1994, FC Chelsea
9 Kramaric, Andrej, 19.06.1991, TSG Hoffenheim
10 Modric, Luka, 09.09.1985, Real Madrid
11 Brozovic, Marcelo, 16.11.1992, Inter Mailand
12 Kalinic, Lovre, 03.04.1990, Hajduk Split
13 Vlasic, Nikola, 04.10.1997, ZSKA Moskau
14 Budimir, Ante, 22.07.1991, CA Osasuna
15 Pasalic, Mario, 09.02.1995, Atalanta Bergamo
16 Skoric, Mile, 19.06.1991, NK Osijek
17 Rebic, Ante, 21.09.1993, AC Mailand
18 Orsic, Mislav, 29.12.1992, Dinamo Zagreb
19 Badelj, Milan, 25.02.1989, CFC Genua 1893
20 Petkovic, Bruno, 16.09.1994, Dinamo Zagreb
21 Vida, Domagoj, 29.04.1989, Besiktas JK
22 Juranovic, Josip, 16.08.1995, Legia Warschau
23 Sluga, Simon, 17.03.1993, Luton Town
24 Bradaric, Domagoj, 10.12.1999, Lille OSC
25 Gvardiol, Josko, 23.01.2002, Dinamo Zagreb
26 Ivanusec, Luka, 26.11.1998, Dinamo Zagreb

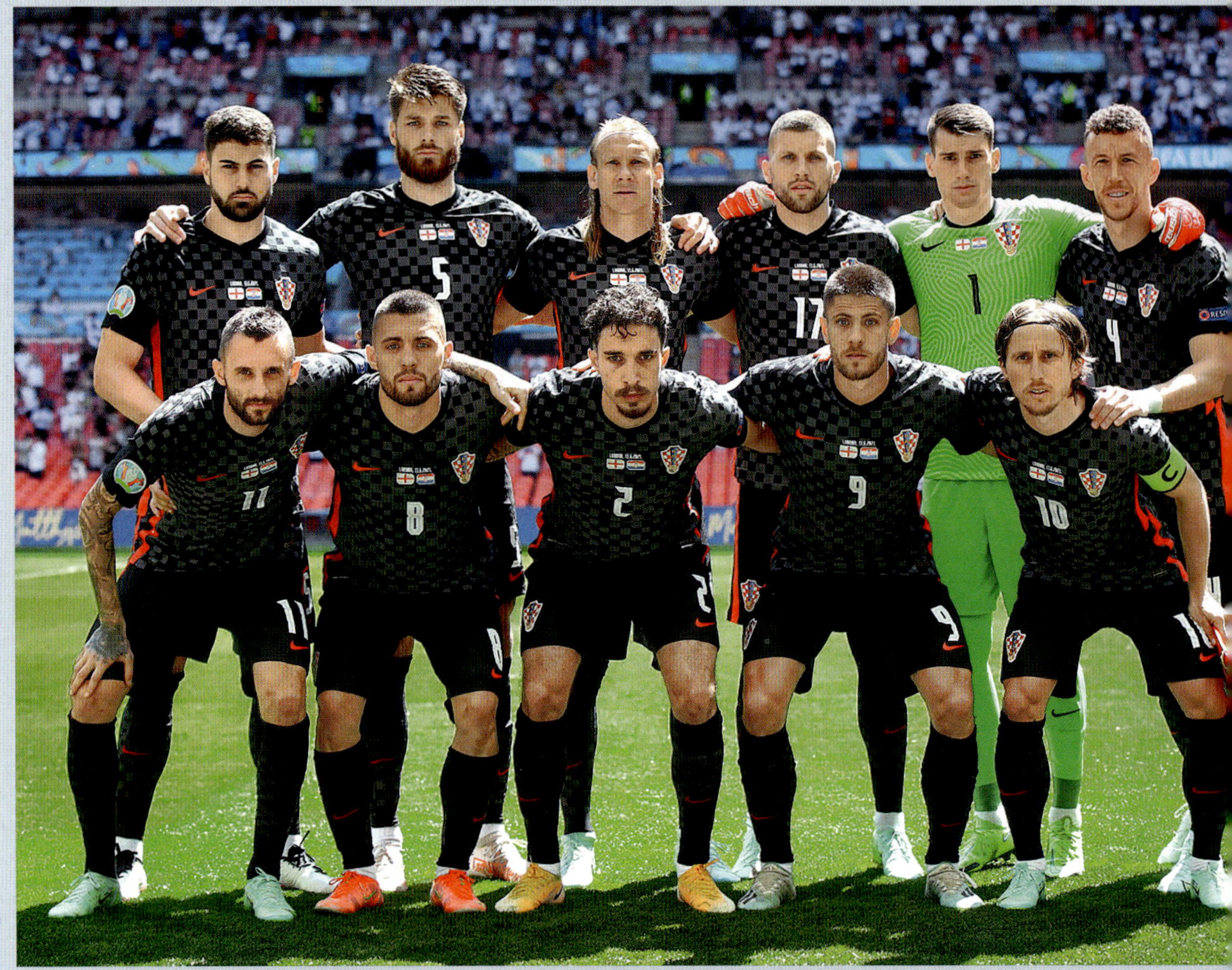

Tschechien

1 Vaclik, Tomas, 29.03.1989, FC Sevilla
2 Kaderabek, Pavel, 25.04.1992, TSG Hoffenheim
3 Celustka, Ondrej, 18.06.1989, Sparta Prag
4 Brabec, Jakub, 06.08.1992, Viktoria Pilsen
5 Coufal, Vladimir, 22.08.1992, West Ham United
6 Kalas, Tomas, 15.05.1993, Bristol City
7 Barak, Antonin, 03.12.1994, Hellas Verona
8 Darida, Vladimir, 08.08.1990, Hertha BSC
9 Holes, Tomas, 31.03.1993, Slavia Prag
10 Schick, Patrik, 24.01.1996, Bayer 04 Leverkusen
11 Krmencik, Michal, 15.03.1993, PAOK Saloniki
12 Masopust, Lukas, 12.02.1993, Slavia Prag
13 Sevcik, Petr, 04.05.1994, Slavia Prag
14 Jankto, Jakub, 19.01.1996, Sampdoria Genua
15 Soucek, Tomas, 27.02.1995, West Ham United
16 Mandous, Ales, 21.04.1992, Sigma Olmütz
17 Zima, David, 08.11.2000, Slavia Prag
18 Boril, Jan, 11.01.1991, Slavia Prag
19 Hlozek, Adam, 25.07.2002, Sparta Prag
20 Vydra, Matej, 01.05.1992, FC Burnley
21 Kral, Alex, 19.05.1998, Spartak Moskau
22 Mateju, Ales, 03.06.1996, Brescia Calcio
23 Koubek, Tomas, 26.08.1992, FC Augsburg
24 Pekhart, Tomas, 26.05.1989, Legia Warschau
25 Pesek, Jakub, 24.06.1993, Slovan Liberec
26 Sadilek, Michal, 31.05.1999, Slovan Liberec

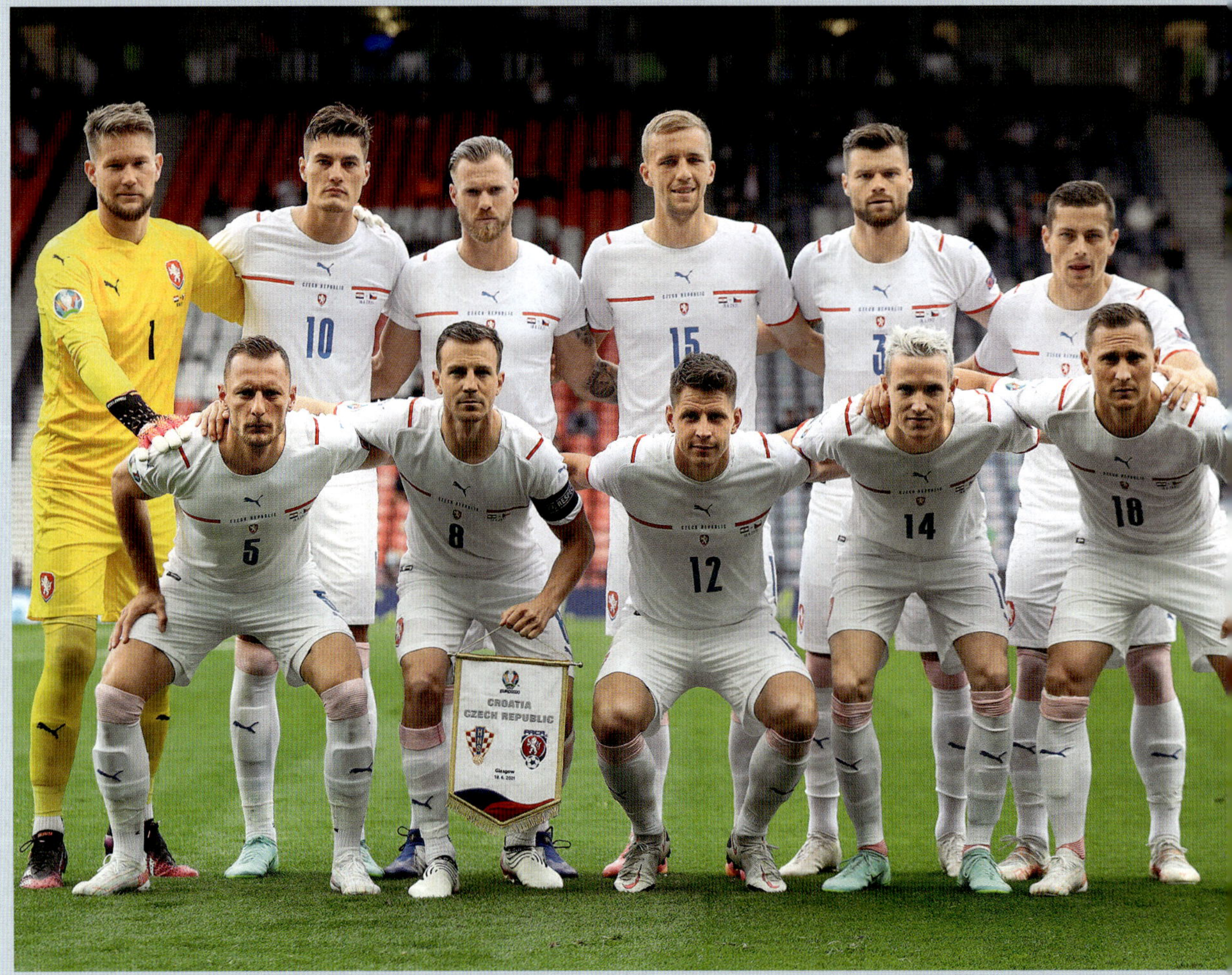

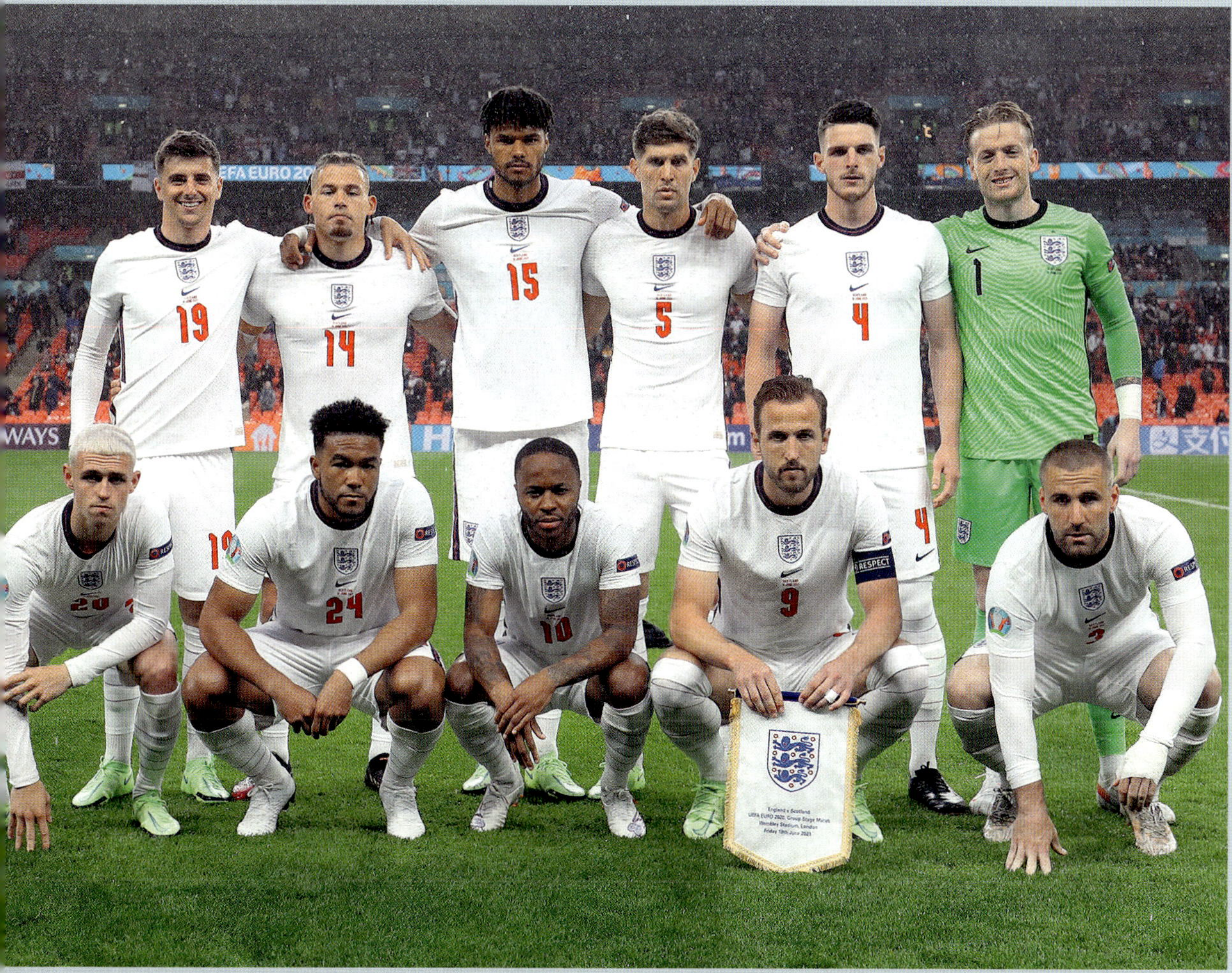

England

1 Pickford, Jordan, 07.03.1994, FC Everton
2 Walker, Kyle, 28.05.1990, Manchester City
3 Shaw, Luke, 12.07.1995, Manchester United
4 Rice, Declan, 14.01.1999, West Ham United
5 Stones, John, 28.05.1994, Manchester City
6 Maguire, Harry, 05.03.1993, Manchester United
7 Grealish, Jack, 10.09.1995, Aston Villa
8 Henderson, Jordan, 17.06.1990, FC Liverpool
9 Kane, Harry, 28.07.1993, Tottenham Hotspur
10 Sterling, Raheem, 08.12.1994, Manchester City
11 Rashford, Marcus, 31.10.1997, Manchester United
12 Trippier, Kieran, 19.09.1990, Atletico Madrid
13 Henderson, Dean, 12.03.1997, Manchester United
13 Ramsdale, Aaron, 14.05.1998, Sheffield United
14 Phillips, Kalvin, 02.12.1995, Leeds United
15 Mings, Tyrone, 13.03.1993, Aston Villa
16 Coady, Conor, 25.02.1993, Wolverhampton Wanderers
17 Sancho, Jadon, 25.03.2000, Borussia Dortmund
18 Calvert-Lewin, Dominic, 16.03.1997, FC Everton
19 Mount, Mason, 10.01.1999, FC Chelsea
20 Foden, Phil, 28.05.2000, Manchester City
21 Chilwell, Ben, 21.12.1996, FC Chelsea
22 White, Ben, 08.10.1997, Brighton & Hove Albion
23 Johnstone, Sam, 25.03.1993, West Bromwich Albion
24 James, Reece, 08.12.1999, FC Chelsea
25 Saka, Bukayo, 05.09.2001, FC Arsenal
26 Bellingham, Jude, 29.06.2003, Borussia Dortmund

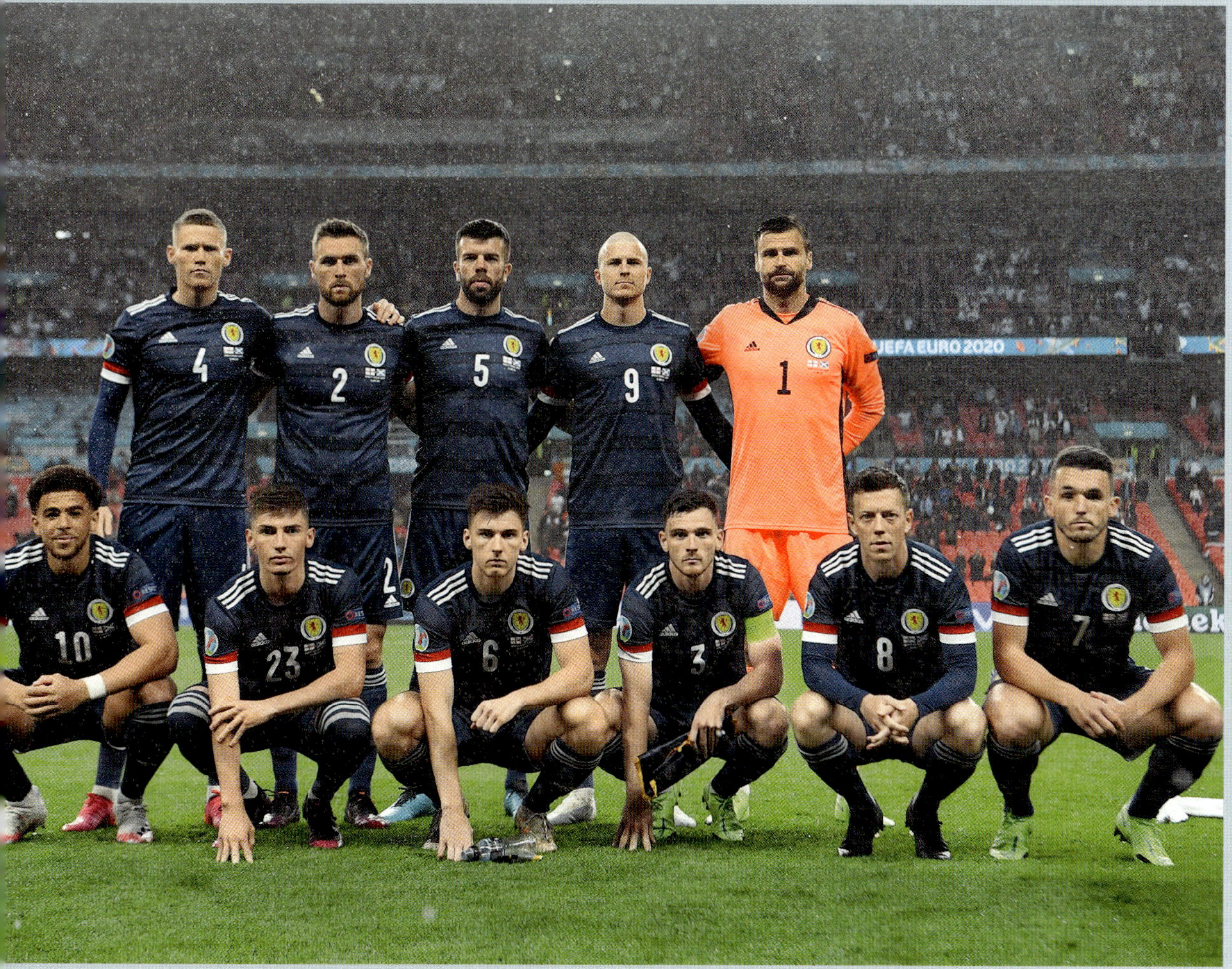

Schottland

1 Marshall, David, 05.03.1985, Derby County
2 O'Donnell, Stephen, 11.05.1992, FC Motherwell
3 Robertson, Andrew, 11.03.1994, FC Liverpool
4 McTominay, Scott, 08.12.1996, Manchester United
5 Hanley, Grant, 20.11.1991, Norwich City
6 Tierney, Kieran, 05.06.1997, FC Arsenal
7 McGinn, John, 18.10.1994, Aston Villa
8 McGregor, Callum, 14.06.1993, Celtic Glasgow
9 Dykes, Lyndon, 07.10.1995, Queens Park Rangers
10 Adams, Ché, 13.07.1996, FC Southampton
11 Christie, Ryan, 22.02.1995, Celtic Glasgow
12 Gordon, Craig, 31.12.1982, Heart of Midlothian
13 Taylor, Greg, 05.11.1997, Celtic Glasgow
14 Fleck, John, 24.08.1991, Sheffield United
15 Gallagher, Declan, 13.02.1991, FC Motherwell
16 Cooper, Liam, 30.08.1991, Leeds United
17 Armstrong, Stuart, 30.03.1992, FC Southampton
18 Turnbull, David, 10.07.1999, Celtic Glasgow
19 Nisbet, Kevin, 08.03.1997, Hibernian Edinburgh
20 Fraser, Ryan, 24.02.1994, Newcastle United
21 McLaughlin, Jon, 09.09.1987, Glasgow Rangers
22 Patterson, Nathan, 16.10.2001, Glasgow Rangers
23 Gilmour, Billy, 11.06.2001, FC Chelsea
24 Hendry, Jack, 07.05.1995, KV Oostende
25 Forrest, James, 07.07.1991, Celtic Glasgow
26 McKenna, Scott, 12.11.1996, Nottingham Forest

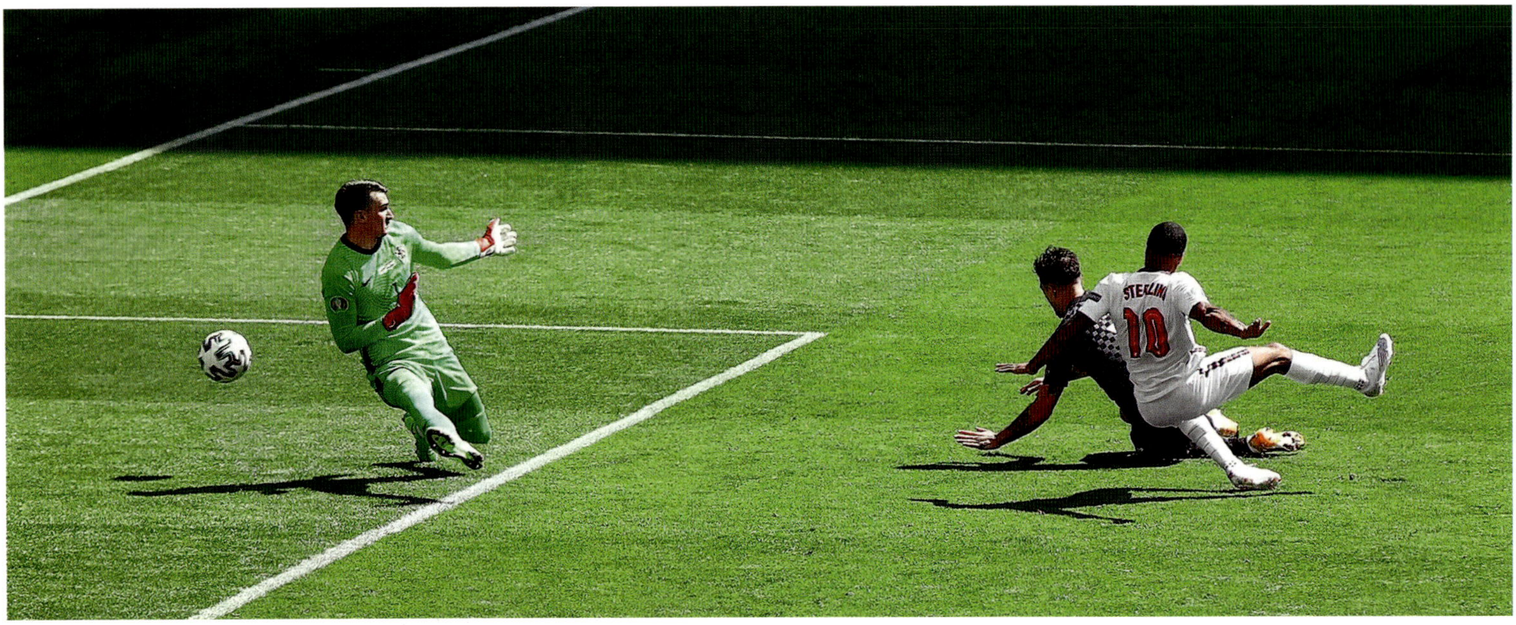

Nicht platziert, aber erfolgreich: Raheem Sterling braucht etwas Glück, um das Tor des Tages für England zu erzielen.

ENGLAND | KROATIEN 1:0

Dusel is coming home

Die Geschichte von Englands 1:0 gegen Kroatien vom 13. Juni 2021 begann bereits am 15. August 2020. In der 86. Minute des Champions-League-Viertelfinals zwischen ManCity und Lyon verpasste Raheem Sterling die Megachance zum 2:2, die Cityzens flogen raus. Freistehend hatte er den Ball über das leere Tor geschossen. Es war der Moment, in dem ein Stecker gezogen wurde. Selbstverständlichkeit, Torgefährlichkeit, Zutrauen in die Fähigkeiten, all das schwand beim Nationalstürmer, der eine schwache Saison spielte und schließlich seinen Stammplatz verlor. Dass er sowohl beim Champions-League-Finale Citys gegen Chelsea als auch beim EM-Auftakt der Three Lions in der Startelf auftauchte, überraschte, darf aber als Vertrauen der Coaches Pep Guardiola respektive Gareth Southgate in Sterlings Grundtalente bewertet werden.

Sterling spielte an diesem 13. Juni gegen Vizeweltmeister Kroatien genau so, wie Sterling eben seit knapp einem Jahr spielte: Er ist schnell, er ist dribbelstark – und er ist total ineffizient, wenn es darum geht, all die guten Ansätze in Produktives umzuwandeln. Als ob man ein Luxushotel buchen würde und dann auf einer Matratze aus Steinen schlafen müsste.

Doch hatte Kalvin Phillips eine Idee. Der Mann von Leeds United wählte einen ebenso wunderbaren Laufweg für sein Dribbling wie den anschließenden Pass auf – Sterling. Und der schoss, wie Sterling eben seit knapp einem Jahr schoss: nicht gut, unplatziert, mittig.Doch in diesem Moment war etwas anders: Das Glück, das Sterling seit seinem Wolkenkratzer-Schuss verlassen und auch keinen Bock mehr hatte, bei ihm anzuklopfen, war zurück, denn Keeper Dominik Livakovic konnte den Ball nicht entscheidend abwehren. 1:0 für England, Endstand, Dusel is coming home.

Wer Englands Riesenmöglichkeit zum 2:0 vergab, war auch klar. Aber das war an diesem Nachmittag dann nicht mehr wichtig.

Jetzt bricht es aus ihm heraus: Raheem Sterling hat eine lange schwierige Zeit hinter sich gebracht.

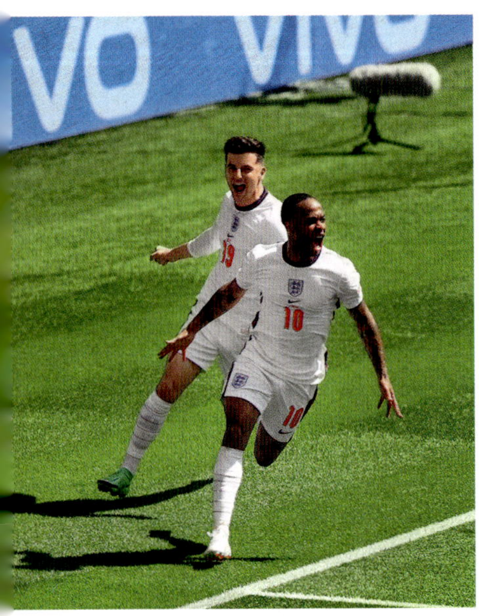

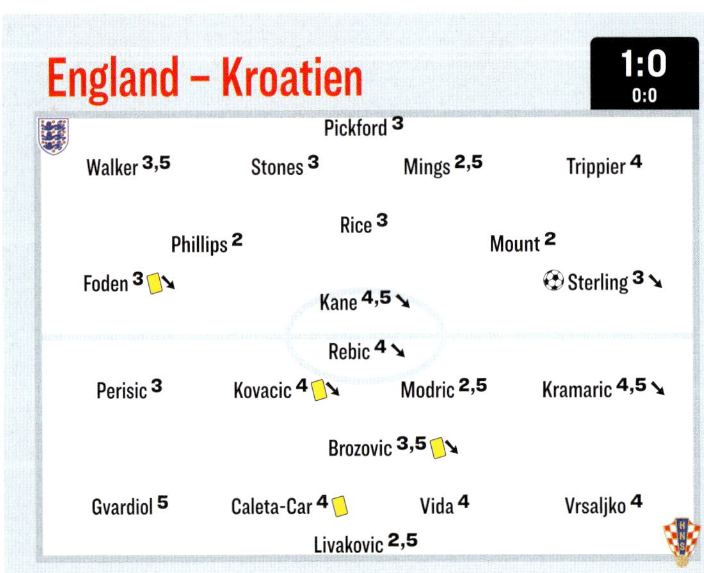

13. Juni in London

ENGLAND – KROATIEN 1:0 (0:0)

EINGEWECHSELT: 71. Rashford für Foden, 82. Bellingham für Kane, 90./+2 Calvert-Lewin für Sterling – 70. Vlasic für Brozovic, 70. Brekalo für Kramaric, 78. Petkovic für Rebic, 85. Pasalic für Kovacic

TOR: 1:0 Sterling (57.)

GELBE KARTEN: Foden – Caleta-Car, Kovacic, Brozovic

SCHIEDSRICHTER: Orsato (Italien)

ZUSCHAUER: 18 497

SCHOTTLAND | TSCHECHIEN **0:2**

Der Schönheitspreis für Schick

Alles sah so leicht und spontan aus. Ein kurzer Antritt nach einem geblockten schottischen Angriffsversuch, ein noch kürzerer Blick und schließlich ein ganz langer Ball ins Glück. Schon am vierten Turniertag hat sich Tschechiens Patrik Schick unwiderruflich zu einem Hauptdarsteller dieser Endrunde gemacht. Und verriet nachher, dass sein Traumtor aus 45 Metern zum 2:0-Endstand im Glasgower Hampden Park in gewisser Weise sogar geplant war. »Ich hatte die Idee schon in der ersten Halbzeit, weil ich gesehen habe, dass der Torwart häufig weit vor dem Tor steht. Deshalb habe ich es in dem Moment einfach versucht.«
Die Gastgeber hatten zu diesem Zeitpunkt – ebenfalls durch Schick – bereits 0:1 zurückgelegen, gaben ein durchaus ansprechendes Comeback auf der großen Bühne und drückten. Was nach dem abgewehrten Angriffsversuch in Sekundenschnelle passierte, hatte sich Schick womöglich in seinen kühnsten Plänen ausgemalt, Marshall hätte es nicht erahnen können: Der 25-jährige Leverkusener erlief den Ball und bugsierte ihn in einer geradezu genialen Flugkurve mit dem ersten Kontakt ins Tor. Schick ist damit der erste Tscheche seit Tomas Rosicky vor 15 Jahren, der bei einer Endrunde doppelt für sein Land traf – der Schönheitspreis ist ihm, so abgegriffen die Namensspiele um und mit ihm auch sind, kaum zu nehmen.
Während die Fußballwelt staunte über den Mittelstürmer, der in der Bundesliga einen eher enttäuschenden Saisonausklang erlebte, für Tschechien aber in den vorangegangenen elf Länderspielen acht Treffer erzielt hatte, zeigte sich sein Trainer nur wenig überrascht. »Wir wissen, dass Patrik ein Genie ist«, erklärte Jaroslav Silhavy, »er weiß, wie man abschließt.« Geht es nach dem Coach, wird Schick, ganz gleich ob mit oder ohne Schönheitspreis, noch häufiger als Hauptdarsteller auftreten: »Er ist ein großartiger Fußballer, und wir werden noch viele weitere Tore von ihm sehen.«

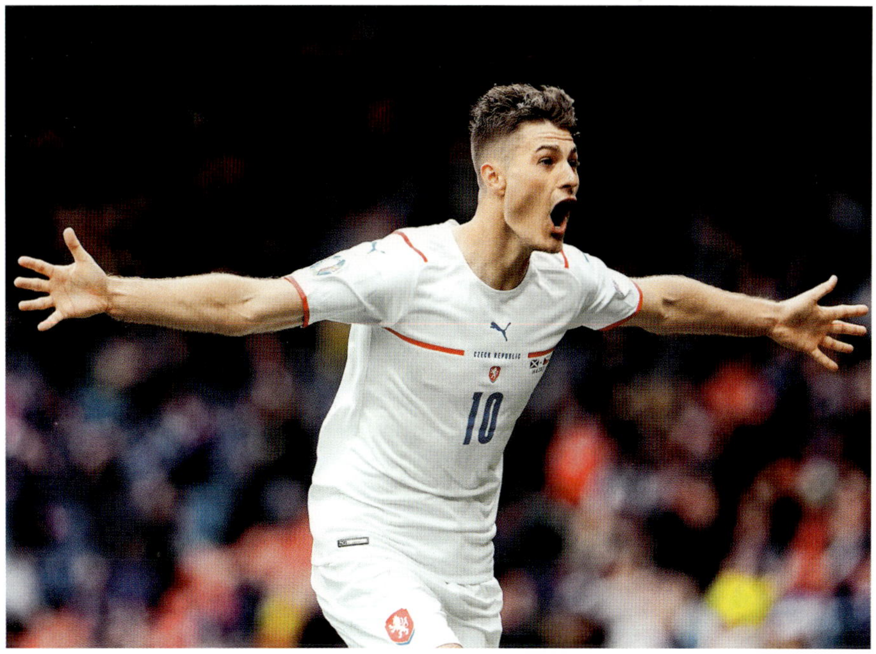

Jubel nach dem zweiten Tor: Patrik Schick bezwingt Torhüter David Marshall aus sage und schreibe 45 Metern.

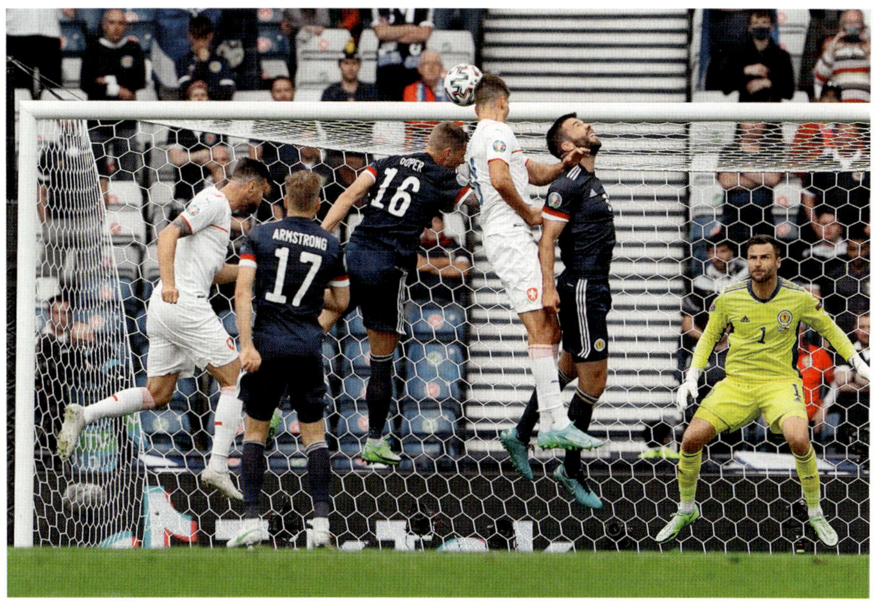

Das erste Tor: Patrik Schick springt mit Abstand am höchsten und bringt Tschechien mit 1:0 in Führung.

Schottland – Tschechien **0:2** (0:1)

Marshall 4
Hendry 3,5 ↘ Hanley 4,5 Cooper 4
O'Donnell 4,5 ↘ McTominay 3 Robertson 2,5
McGinn 3 Armstrong 4 ↘
Dykes 4 ↘ Christie 4,5 ↘

Schick 1 ↘
Jankto 4,5 ↘ Darida 3,5 ↘ Masopust 3,5 ↘
Soucek 4,5 Kral 4 ↘
Boril 4 Kalas 3,5 Celustka 3,5 Coufal 3
Vaclik 1,5

14. Juni in Glasgow

SCHOTTLAND – TSCHECHIEN 0:2 (0:1)

EINGEWECHSELT: 46. Adams (5) für Christie, 67. McGregor für Hendry, 67. Fraser für Armstrong, 79. Forrest für O'Donnell, 79. Nisbet für Dykes – 67. Holes für Kral, 72. Hlozek für Jankto, 72. Vydra für Masopust, 87. Krmencik für Schick, 87. Sevcik für Darida

TORE: 0:1 Schick (42.), 0:2 Schick (52.)

GELBE KARTEN: keine

SCHIEDSRICHTER: Siebert (Berlin)

ZUSCHAUER: 9847

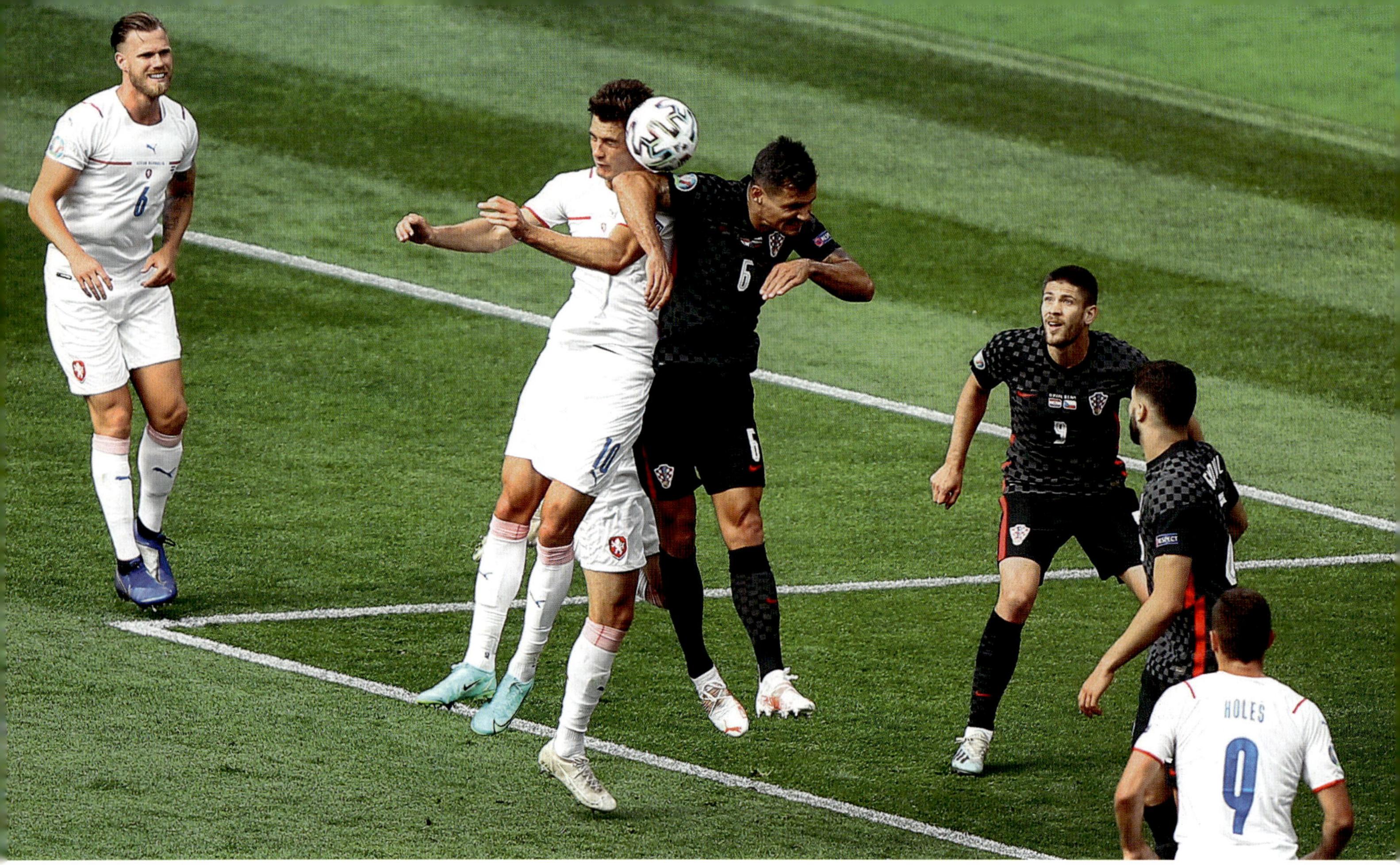

Au, Backe: Dejan Lovren fährt im Luftkampf mit dem Tschechen Patrik Schick schmerzhaft den Ellenbogen aus.

KROATIEN | TSCHECHIEN 1:1

Lovren fordert Änderungen

Bereits nach dem 0:1 zum EM-Start gegen England hatte sich die Offensive als Schwachpunkt der Kroaten herausgestellt. »Wir werden etwas offensiver spielen«, hatte daher Coach Zlatko Dalic vollmundig für das zweite Gruppenspiel gegen Tschechien angekündigt, um dann von seinen Mannen enttäuscht zu werden. Der Vize-Weltmeister kam nach biederem Auftritt nicht über ein 1:1 hinaus. Wenig Trost spendete dabei die Tatsache, dass der ehemalige Bundesliga-Profi Ivan Perisic nach starker Einzelaktion als erster Kroate überhaupt bei vier Endrunden traf (WM 2014 und 2018 sowie EM 2016 und 2020). »Das ist nicht das Kroatien, das ich mir vorgestellt hatte«, beklagte Dalic: »Das macht wenig Mut, wir quälen uns und haben zu viele Einzelaktionen.« Langsam, träge, kraftlos – der Vize-Weltmeister schien auch gegen Tschechien psychisch wie physisch nicht voll da. »Sieben bis acht Spieler aus der ersten Elf sind nicht ganz fit«, gab Dalic zu: »Dann fehlt uns auch noch das Erfolgserlebnis. Wir sind ständig im Minus, das motiviert nicht.«

Das Achtelfinale bleibt dennoch erreichbar für die Kroaten. Dafür brauchte es aber Änderungen, wie Dejan Lovren, der mit seinem Ellenbogeneinsatz gegen Patrik Schick den 0:1-Rückstand (37. FE, Schick) eingeleitet hatte, betonte: »Wir sahen bisher nicht gut aus. Wir müssen etwas ändern, sonst wird das nichts mehr.« Sein Trainer meinte, dass man an der Physis nicht mehr arbeiten könne, dafür aber im mentalen und taktischen Bereich. Dabei kündigte Dalic auch an, dass er von seiner Idee mit Ante Rebic im Sturmzentrum abrücken werde: »Das hat nicht funktioniert.«

Ganz anders die Stimmung bei den Tschechen, die nach den ersten zwei Partien voll im Soll waren. »Die ersten beiden Spiele bei der EURO zu gewinnen, wäre natürlich schön gewesen«, meinte Abwehrmann Tomas Kalas, »aber unsere vier Punkte dürften uns zum Weiterkommen reichen.«

Kroatien – Tschechien

1:1 (0:1)

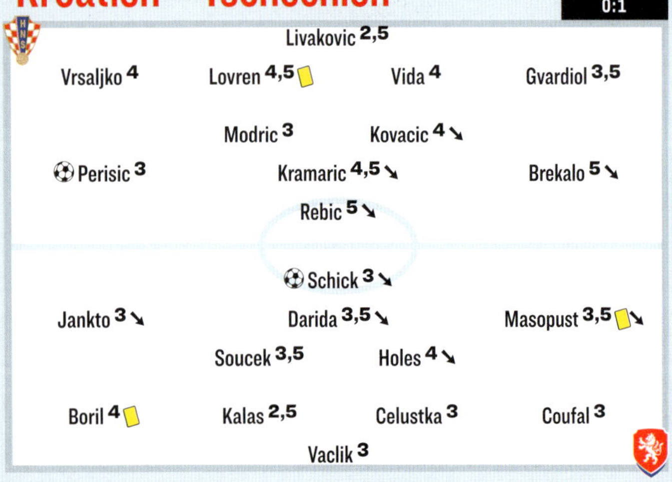

18. Juni in Glasgow

KROATIEN – TSCHECHIEN 1:1 (0:1)

EINGEWECHSELT: 46. Ivanusec (3) für Brekalo, 46. Petkovic (3,5) für Rebic, 62. Vlasic für Kramaric, 87. Brozovic für Kovacic – 63. Hlozek für Masopust, 63. Kral für Holes, 74. Sevcik für Jankto, 74. Krmencik für Schick, 87. Barak für Darida

TORE: 0:1 Schick (37., FE), 1:1 Perisic (47.)

GELBE KARTEN: Lovren – Masopust, Boril, Hlozek

SCHIEDSRICHTER: del Cerro Grande (Spanien)

ZUSCHAUER: 5607

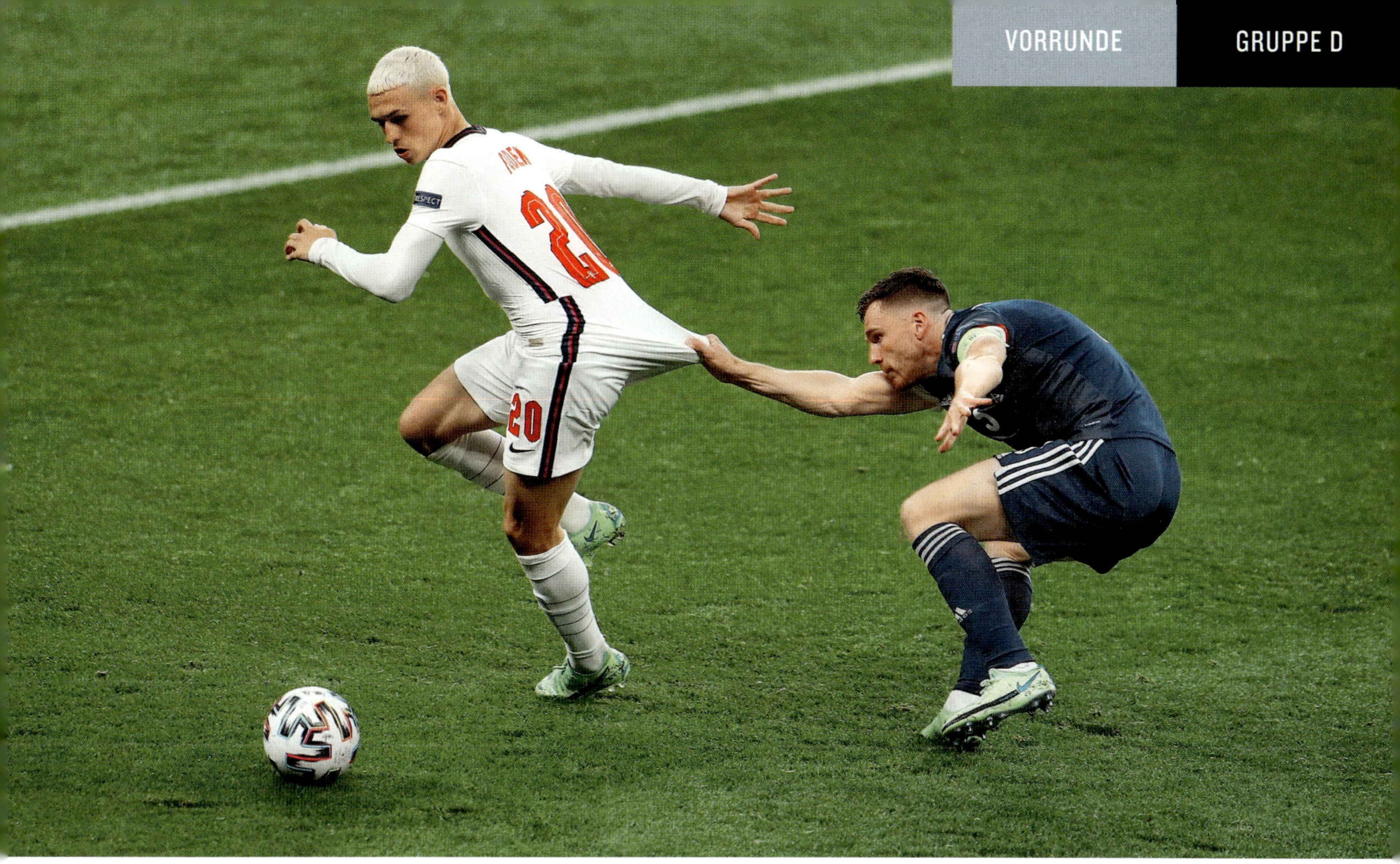

Trikot-Test: Andrew Robertson versucht auf illegale Weise, Phil Foden zu bremsen.

ENGLAND | SCHOTTLAND 0:0

Nationalfeiertag: November im Juni

Der Nationalfeiertag der Schotten ist der 30. November. St Andrew's Day heißt er. Offiziell. Der inoffizielle Nationalfeiertag im Fußball aber ist spätestens seit 2021 der 18. Juni. Dank eines 0:0 in Wembley gegen England.

An diesem Datum, am 18. Juni, gab's schon zwei Siege für die Bravehearts bei EM-Turnieren. 1992 gegen die GUS, 1996 gegen die Schweiz. Nun das Remis gegen den ungeliebten und eigentlich übermächtigen Bruder im »Battle of Britain«. Ein verdienter Punkt für die Gäste gegen biedere, einfallslose und überhebliche Three Lions, eher Schmusekätzchen als Löwen.

1996 hat es dieses EM-Duell, England gegen Schottland, auch gegeben (Ergebnis: 2:0), damals waren die meisten Startelfspieler von heute noch nicht geboren. Zumindest nicht bei den Engländern. Das Einzige, was an diesem verregneten Abend im Londoner Westen an einen der Torschützen von damals, Paul Gascoigne, erinnerte, waren die Haarfarbe und die Frisur von Phil Foden, ein noch genialerer Fußballer übrigens als »Gazza«. Und man kann ihm nur wünschen: auch ein schlauerer und nicht so spleeniger, der seine Karriere und sein Leben nicht irgendwann ruinieren wird. An dieses Match, als das Wetter und die Stimmung der Schotten eher den November importierten als eine laue Sommernacht zuließen, wird man sich nicht wirklich erinnern. Wobei, vielleicht doch: Es war im 115. Kampf der beiden ewigen Rivalen, die sich erstmals 1872 mit einem 0:0 getrennt hatten, das erste torlose Remis auf englischem Boden. Und, das war das Beste: Auf genau diesen Boden knieten sich alle Spieler, auch die Schotten, vor dem Match, um zu zeigen: »Black Lives Matter«. Eine starke, weil auch gemeinsame Geste gegen Rassismus. Und in diesen Zeiten, da der Brexit Großbritannien gespalten hat, ein Zeichen dafür, dass der Fußball bei aller Rivalität eine gemeinsame Brücke in die Zukunft auf der Insel sein kann.

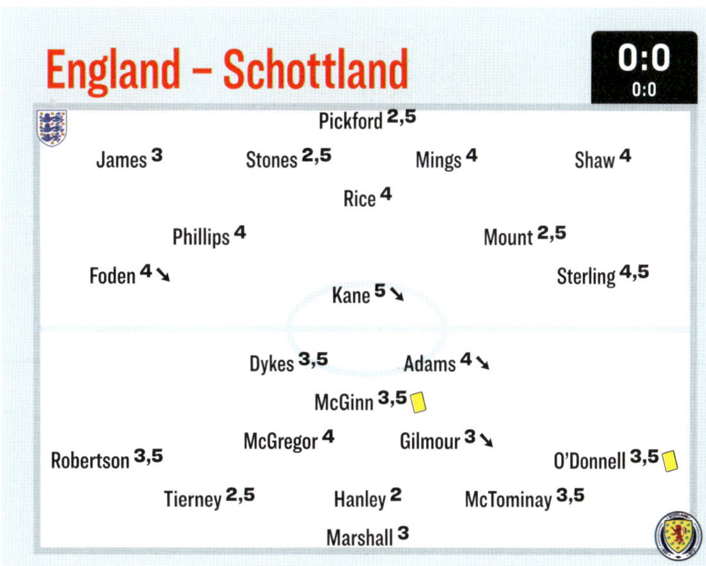

18. Juni in London

ENGLAND – SCHOTTLAND 0:0 (0:0)

EINGEWECHSELT: 63. Grealish für Foden, 74. Rashford für Kane – 76. Armstrong für Gilmour, 86. Nisbet für Adams

TORE: keine

GELBE KARTEN: McGinn, O'Donnell

SCHIEDSRICHTER: Mateu Lahoz (Spanien)

ZUSCHAUER: 20 306

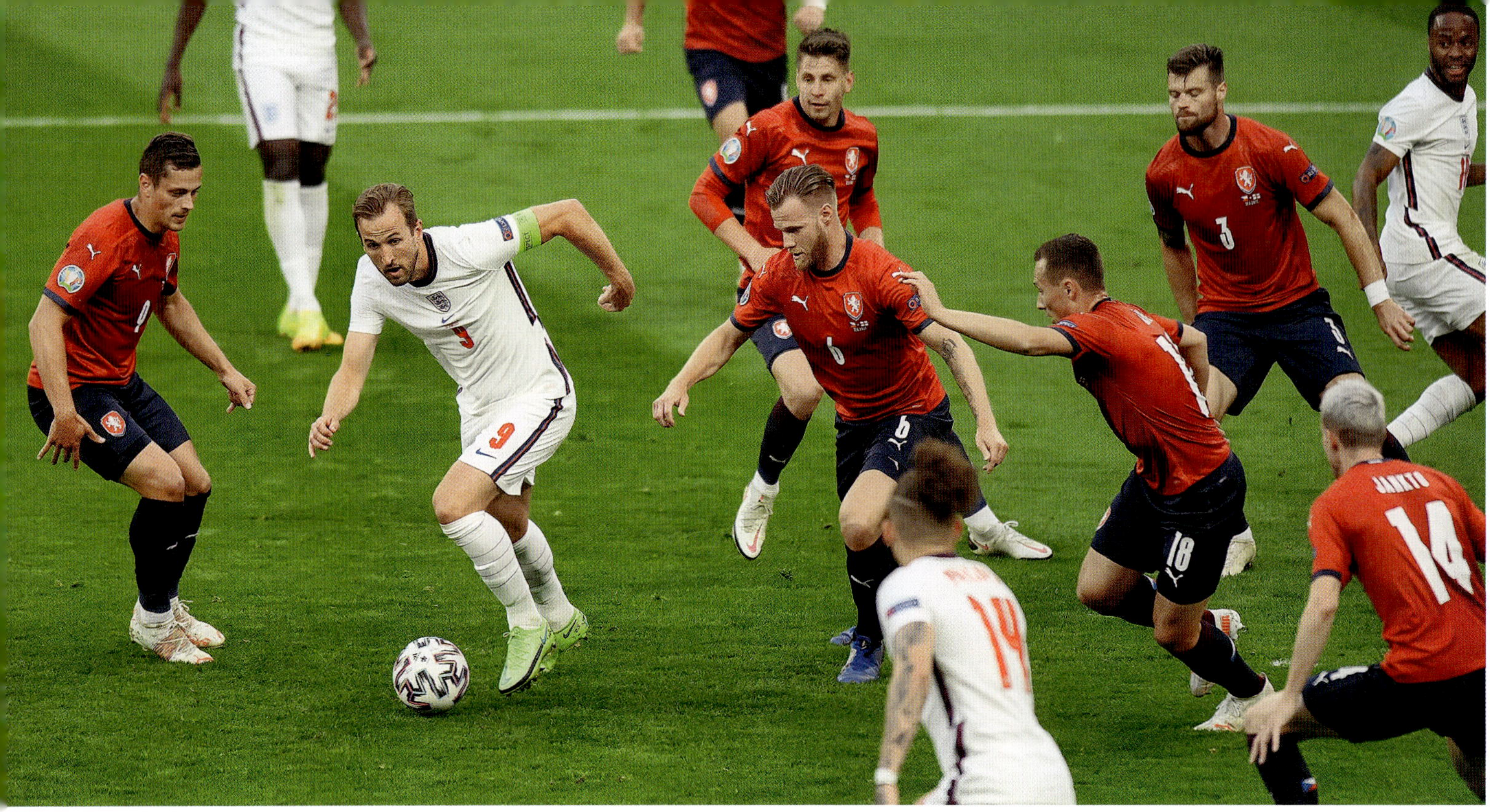

Alle auf einen: Harry Kane durfte sich der liebevollen Bewachung durch die Tschechen sicher sein und blieb ohne Torerfolg.

TSCHECHIEN | ENGLAND 0:1

Von halb vollen und halb leeren Gläsern

Das Wortspiel drängt sich auf. Trotz Sterling: England fehlte der ganz große Glanz. Erst zum dritten Mal haben die Briten durch das 1:0 gegen Tschechien einen Gruppensieg erreicht, sind noch dazu ohne Gegentor geblieben – und mussten doch damit leben, dass vieles hinterfragt wurde. Weil auch dieser finale Akt in der Gruppe D die Diskrepanz zwischen dem viel beschriebenen Potenzial und der tatsächlich erbrachten Leistung offensichtlich machte. »Wir hatten von Anfang an das Ziel, Gruppensieger zu werden, damit wir in Wembley bleiben können.« Raheem Sterling, wie beim 1:0 gegen Kroatien erfolgreich und damit bislang einziger Torschütze der »Three Lions«, sah sich in einer Position, in der er sich rechtfertigen musste. Weil die Ansprüche andere sind auf der Insel. »England hat erst zum dritten Mal eine Gruppe gewonnen, ist jedoch der Erstplatzierte mit den wenigsten erzielten Toren«, bilanzierte »The Telegraph« und fragte: »Also: Ist das Glas halb voll oder halb leer?« Gegen kompakte Tschechen war es vor allem im ersten Durchgang deutlich voller als bei der vorangegangenen Nullnummer gegen Schottland. Sterling traf in der schwungvollen Anfangsphase erst den Pfosten, kurz darauf das Tor. Dann wurde es wieder weniger. Die Elf von Gareth Southgate schaltete in den Verwaltungsmodus um, und Sterling befand: »Das Wichtigste ist, dass wir wieder kein Tor gefangen haben.« Doch die BBC forderte deutlich mehr: »England ist zwar Gruppensieger, muss aber einen Gang höher schalten.«

Gegen harmlose Tschechen mussten sie dies nicht. Für das Achtelfinale waren auch die Gäste bereits vorher qualifiziert, ernsthafte Ansprüche auf den Gruppensieg meldete das Team von Jaroslav Silhavy nicht an. Auch Leverkusens Patrik Schick, mit drei Treffern ein Hauptdarsteller der ersten beiden Partien, blieb ohne Wirkung. »Es war ein zahnloser Auftritt«, konstatierte der Coach. Und reihte sich ein unter denen, die ihre Gemütslage nicht so richtig greifen konnten: Die Ziele waren erreicht, die Freude darüber aber auf der Strecke geblieben. Auch hier: War das Glas halb voll oder halb leer?

Tschechien – England 0:1 (0:1)

Vaclik 3
Coufal 4 – Celustka 4,5 – Kalas 4 – Boril 4,5 (Gelbe Karte)
Holes 3 ↘ – Soucek 4
Masopust 3,5 ↘ – Darida 4,5 ↘ – Jankto 4 ↘
Schick 5 ↘

Kane 3
⚽ Sterling 1,5 ↘ – Grealish 2,5 ↘ – Saka 3 ↘
Rice 4 ↘ – Phillips 4
Shaw 2,5 – Maguire 2 – Stones 3 ↘ – Walker 3
Pickford 2,5

22. Juni in London

TSCHECHIEN – ENGLAND 0:1 (0:1)

EINGEWECHSELT: 46. Sevcik (4) für Jankto, 64. Kral für Darida, 64. Hlozek für Masopust, 75. Pekhart für Schick, 84. Vydra für Holes – 46. Henderson (3,5) für Rice, 67. Rashford für Sterling, 67. Bellingham für Grealish, 79. Mings für Stones, 84. Sancho für Saka

TOR: 0:1 Sterling (12.)

GELBE KARTE: Boril

SCHIEDSRICHTER: Soares Dias (Portugal)

ZUSCHAUER: 19 104

KROATIEN – SCHOTTLAND 3:1

Modric Ältester und Jüngster

Kroatien stand schon am Abgrund, stürzte aber nicht, weil im Hampden Park zu Glasgow Luka Modric trotz seiner 35 Jahre groß aufspielte und die Feurigen unter anderem mit einem wunderbaren Außenristschuss zum zwischenzeitlichen 2:1 gegen Schottland ins Achtelfinale führte. Es war sein 18. Tor in der Nationalelf – und ein ganz wichtiges dazu, denn es ging um »Sein oder Nichtsein« für den Vize-Weltmeister. »Niemand weiß, wie Luka es schafft, weiterhin so zu spielen. Man würde erwarten, dass er nachlässt, dass er an Energie verliert, aber er ist immer noch die Kraft, die das ganze Team antreibt«, schwärmte Trainer Zlatko Dalic von seinem Spielmacher, der mit seinem Treffer zum ältesten (35 Jahre, 286 Tage) EM-Torschützen Kroatiens avancierte, nachdem er auch schon der jüngste (22 Jahre, 273 Tage, 2008 beim 1:0 gegen Österreich) war.
Modric legte später auch noch den Treffer von Ivan Perisic zum 3:1-Endstand auf und entfachte damit gleich wieder große Euphorie in der Heimat, wo die schwachen Auftritte gegen England und Tschechien vergessen schienen. Medien und Fans bemühten den Geist von Russland und dachten dabei an die WM 2018, als man ins Finale eingezogen war. »Wenn wir so spielen, dann sind wir für jeden eine Gefahr«, befeuerte Modric dies und verriet zudem, dass ihm sein Tor zwar sehr viel bedeute, »aber unser starkes Spiel bedeutet noch viel mehr«.
Dass Modric so überzeugen konnte, lag auch an einem taktischen Kniff von Dalic, der mit Marcelo Brozovic einen weiteren Sechser installiert und so seinem Spielmacher mehr Freiheiten ermöglicht hatte. Ebenfalls als richtige Schachzüge erwiesen sich die Hereinnahmen von Nikola Vlasic und Sturmtank Bruno Petkovic, die beide belebende Elemente im kroatischen Spiel waren. »Wir haben unsere beste Elf gefunden«, stellte Dalic fest.

Kroatien – Schottland 3:1 (1:1)

Livakovic 2,5
Juranovic 3,5 – Lovren 3 – Vida 4 – Gvardiol 3 ↘
Brozovic 3 – Kovacic 3
Vlasic 3 ↘ – Modric 1,5 – Perisic 2,5 ↘
Petkovic 4 ↘
Adams 4 ↘ – Dykes 5
McGinn 4
McGregor 3 – Armstrong 4 ↘
Robertson 3,5 – O'Donnell 5 ↘
Tierney 3 – Hanley 5 ↘ – McTominay 4
Marshall 3

22. Juni in Glasgow

KROATIEN – SCHOTTLAND 3:1 (1:1)

EINGEWECHSELT: 70. Kramaric für Petkovic, 70. Barisic für Gvardiol, 76. Ivanusec für Vlasic, 81. Rebic für Perisic – 33. McKenna (5) für Hanley, 70. Fraser für Armstrong, 84. Nisbet für Adams, 84. Patterson für O'Donnell

TORE: 1:0 Vlasic (17.), 1:1 McGregor (42.), 2:1 Modric (62.), 3:1 Perisic (77.)

GELBE KARTEN: Lovren – McKenna

SCHIEDSRICHTER: Rapallini (Argentinien)

ZUSCHAUER: 9896

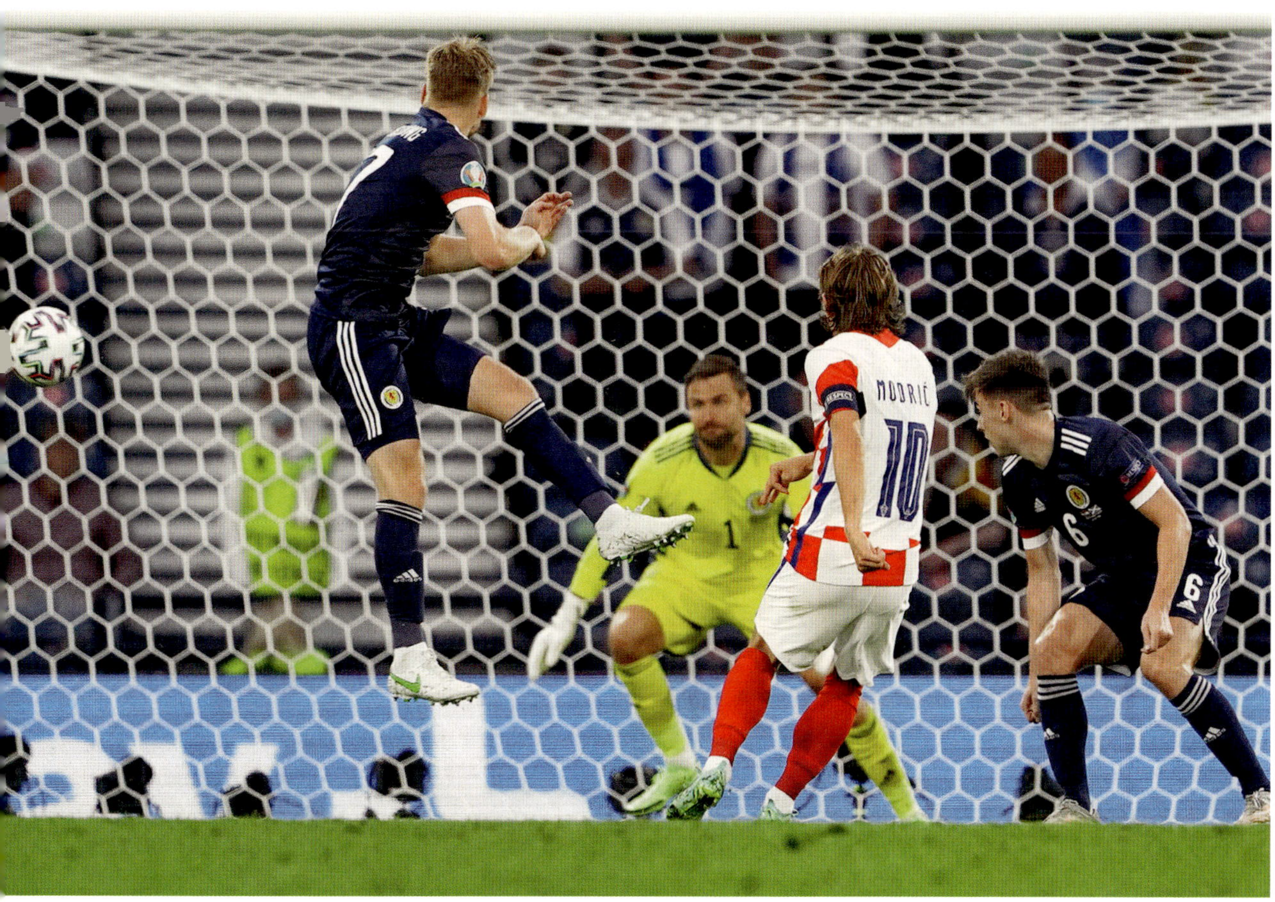

Je oller, desto doller: Der 35-jährige Luka Modric bringt die Kroaten gegen Schottland mit seinem 2:1 auf die Siegesstraße.

GRUPPENTABELLE

Polen – Slowakei	1:2 (0:1)
Spanien – Schweden	0:0
Schweden – Slowakei	1:0 (0:0)
Spanien – Polen	1:1 (1:0)
Slowakei – Spanien	0:5 (0:2)
Schweden – Polen	3:1 (1:0)

1.	Schweden	3	4:2	7
2.	Spanien	3	6:1	5
3.	Slowakei	3	2:7	3
4.	Polen	3	4:6	1

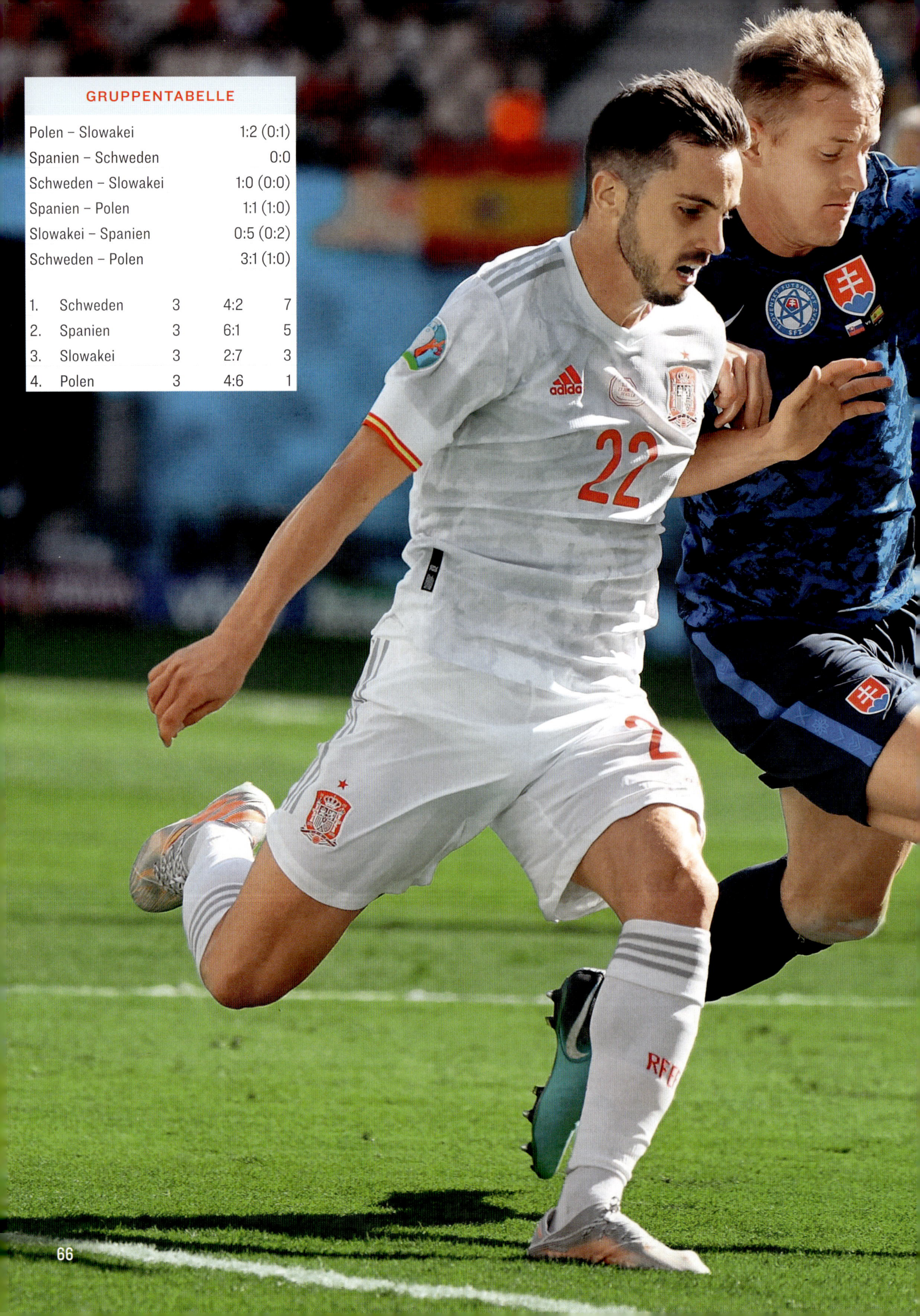

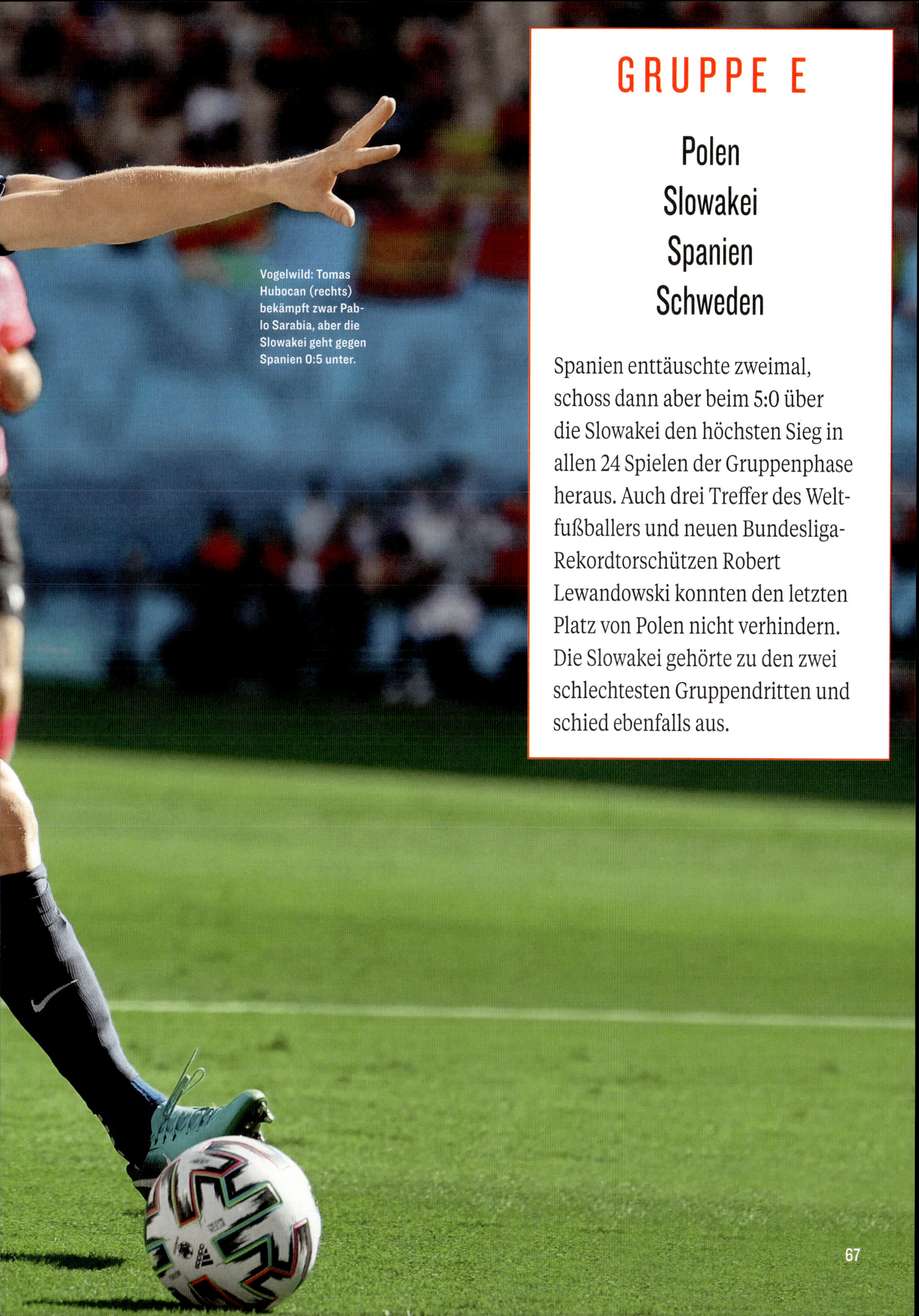

Vogelwild: Tomas Hubocan (rechts) bekämpft zwar Pablo Sarabia, aber die Slowakei geht gegen Spanien 0:5 unter.

GRUPPE E

Polen
Slowakei
Spanien
Schweden

Spanien enttäuschte zweimal, schoss dann aber beim 5:0 über die Slowakei den höchsten Sieg in allen 24 Spielen der Gruppenphase heraus. Auch drei Treffer des Weltfußballers und neuen Bundesliga-Rekordtorschützen Robert Lewandowski konnten den letzten Platz von Polen nicht verhindern. Die Slowakei gehörte zu den zwei schlechtesten Gruppendritten und schied ebenfalls aus.

Polen

1 Szczesny, Wojciech, 18.04.1990, Juventus Turin
2 Piatkowski, Kamil, 21.06.2000, Rakow Tschenstochau
3 Dawidowicz, Pawel, 20.05.1995, Hellas Verona
4 Kedziora, Tomasz, 11.06.1994, Dynamo Kiew
5 Bednarek, Jan, 12.04.1996, FC Southampton
6 Kozlowski, Kacper, 16.10.2003, Pogon Stettin
8 Linetty, Karol, 02.02.1995, FC Turin
9 Lewandowski, Robert, 21.08.1988, Bayern München
10 Krychowiak, Grzegorz, 29.01.1990, Lokomotive Moskau
11 Swiderski, Karol, 23.01.1997, PAOK Saloniki
12 Skorupski, Lukasz, 05.05.1991, FC Bologna
13 Rybus, Maciej, 19.08.1989, Lokomotive Moskau
14 Klich, Mateusz, 13.06.1990, Leeds United
15 Glik, Kamil, 03.02.1988, Benevento Calcio
16 Moder, Jakub, 07.04.1999, Brighton & Hove Albion
17 Placheta, Przemyslaw, 23.03.1998, Norwich City
18 Bereszynski, Bartosz, 12.07.1992, Sampdoria Genua
19 Frankowski, Przemyslaw, 12.04.1995, Chicago Fire FC
20 Zielinski, Piotr, 20.05.1994, SSC Neapel
21 Jozwiak, Kamil, 22.04.1998, Derby County
22 Fabianski, Lukasz, 18.04.1985, West Ham United
23 Kownacki, Dawid, 14.03.1997, Fortuna Düsseldorf
24 Swierczok, Jakub, 28.12.1992, Piast Gleiwitz
25 Helik, Michal, 09.09.1995, FC Barnsley
26 Puchacz, Tymoteusz, 23.01.1999, Lech Posen

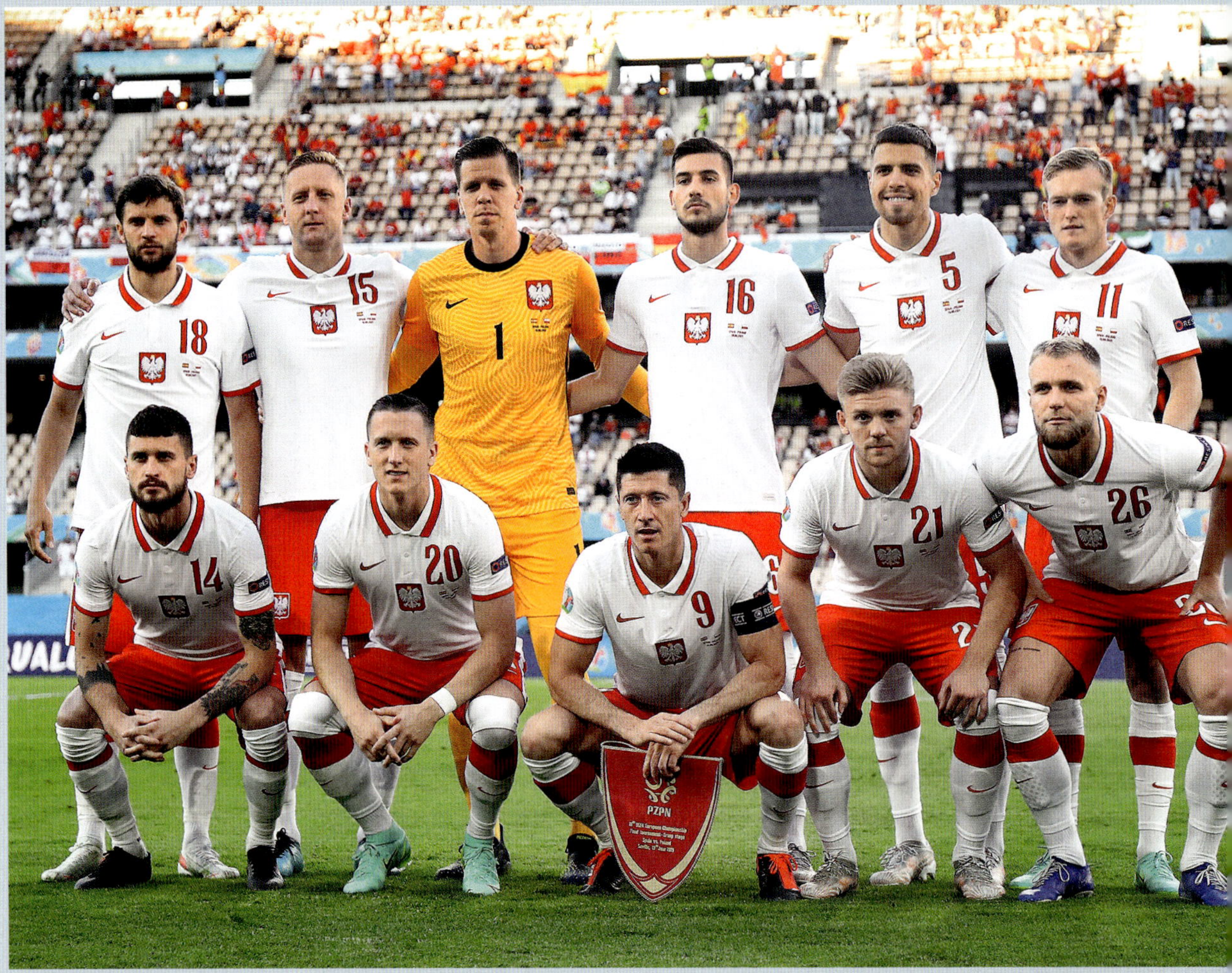

Slowakei

1 Dubravka, Martin, 15.01.1989, Newcastle United
2 Pekarik, Peter, 30.10.1986, Hertha BSC
3 Vavro, Denis, 10.04.1996, SD Huesca
4 Valjent, Martin, 11.12.1995, RCD Mallorca
5 Satka, Lubomir, 02.12.1995, Lech Posen
6 Gregus, Jan, 29.01.1991, Minnesota United
7 Weiss, Vladimir, 30.11.1989, Slovan Bratislava
8 Duda, Ondrej, 05.12.1994, 1. FC Köln
9 Bozenik, Robert, 18.11.1999, Feyenoord Rotterdam
10 Suslov, Tomas, 07.06.2002, FC Groningen
11 Benes, Laszlo, 09.09.1997, FC Augsburg
12 Kuciak, Dusan, 21.05.1985, Lechia Danzig
13 Hrosovsky, Patrik, 22.04.1992, KRC Genk
14 Skriniar, Milan, 11.02.1995, Inter Mailand
15 Hubocan, Tomas, 17.09.1985, Omonia Nikosia
16 Hancko, David, 13.12.1997, Sparta Prag
17 Hamsik, Marek, 27.07.1987, IFK Göteborg
18 Haraslin, Lukas, 26.05.1996, Sassuolo Calcio
19 Kucka, Juraj, 26.02.1987, Parma Calcio
20 Mak, Robert, 08.03.1991, Ferencvaros Budapest
21 Duris, Michal, 01.06.1988, Omonia Nikosia
22 Lobotka, Stanislav, 25.11.1994, SSC Neapel
23 Rodak, Marek, 13.12.1996, FC Fulham
24 Koscelnik, Martin, 02.03.1995, Slovan Liberec
25 Hromada, Jakub, 25.05.1996, Slavia Prag
26 Schranz, Ivan, 13.09.1993, FK Jablonec

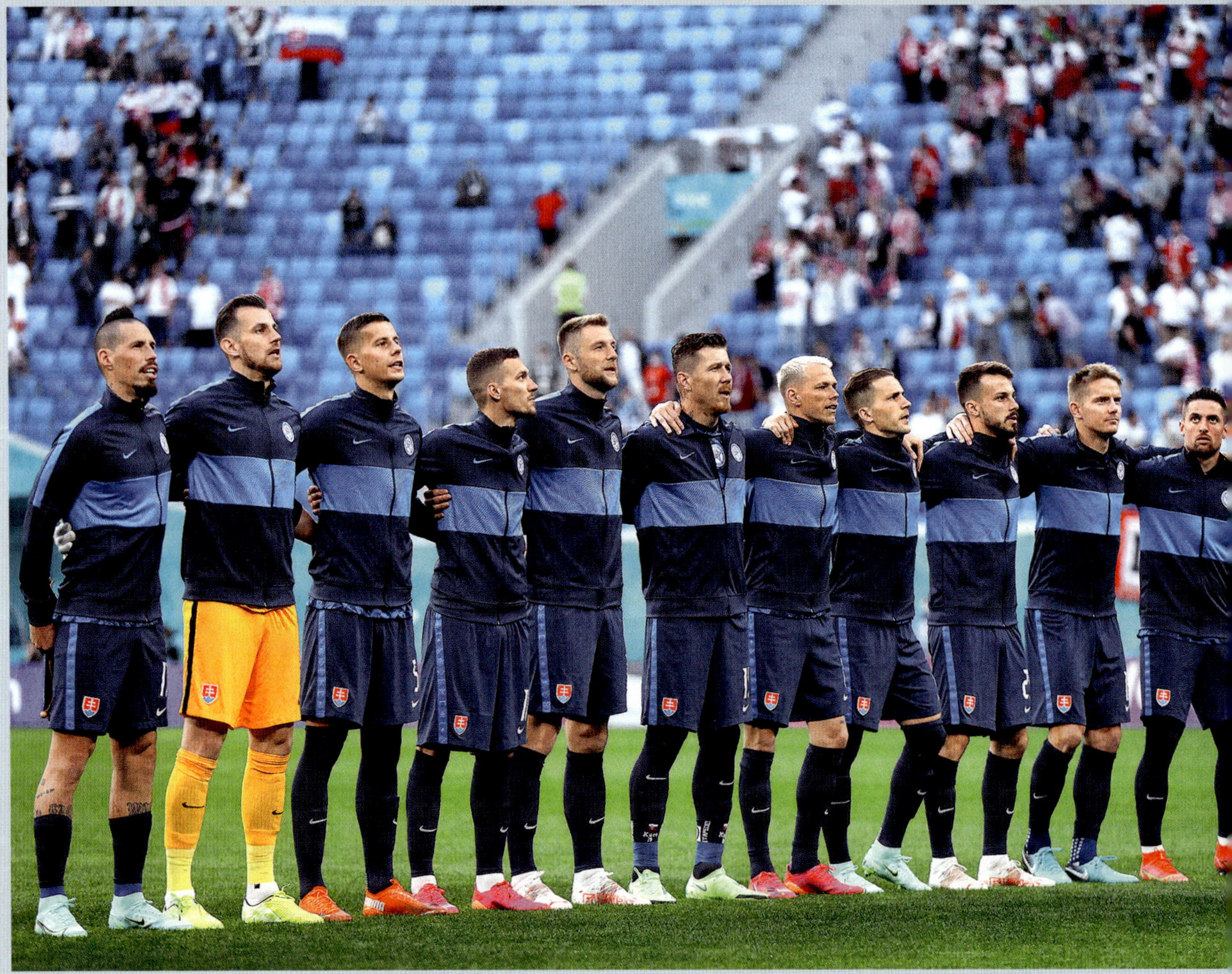

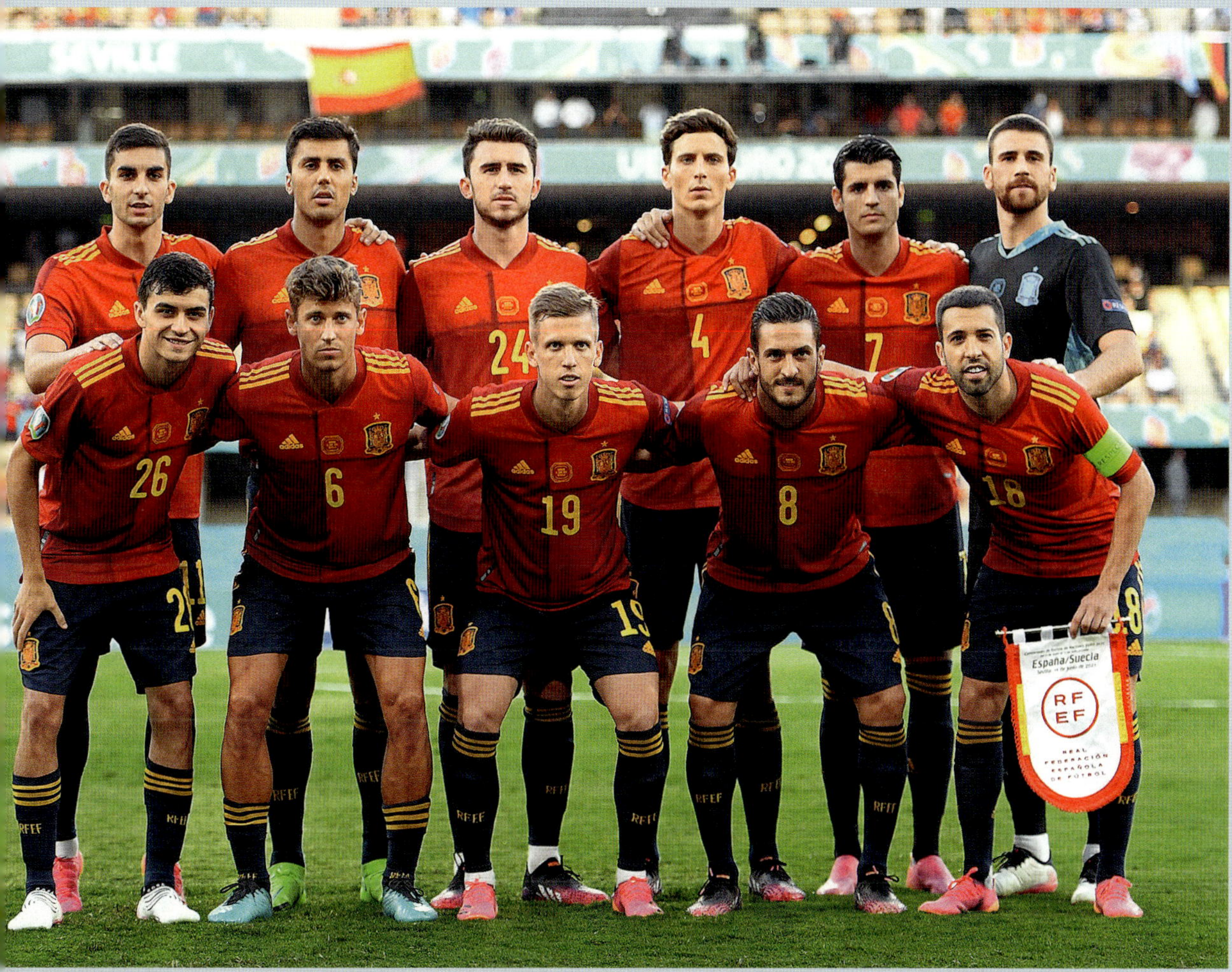

Spanien

1 de Gea, David, 07.11.1990, Manchester United
2 Azpilicueta, Cesar, 28.08.1989, FC Chelsea
3 Llorente, Diego, 16.08.1993, Leeds United
4 Pau, 16.01.1997, FC Villarreal
5 Busquets, Sergio, 16.07.1988, FC Barcelona
6 Llorente, Marcos, 30.01.1995, Atletico Madrid
7 Morata, Alvaro, 23.10.1992, Juventus Turin
8 Koke, 08.01.1992, Atletico Madrid
9 Gerard, 07.04.1992, FC Villarreal
10 Thiago, 11.04.1991, FC Liverpool
11 Ferran Torres, 29.02.2000, Manchester City
12 Garcia, Eric, 09.01.2001, Manchester City
13 Sanchez, Robert, 18.11.1997, Brighton & Hove Albion
14 Gaya, 25.05.1995, FC Valencia
16 Rodrigo, 22.06.1996, Manchester City
17 Fabian, 03.04.1996, SSC Neapel
18 Jordi Alba, 21.03.1989, FC Barcelona
19 Dani Olmo, 07.05.1998, RB Leipzig
20 Traoré, Adama, 25.01.1996, Wolverhampton Wanderers
21 Oyarzabal, Mikel, 21.04.1997, Real Sociedad San Sebastian
22 Sarabia, Pablo, 11.05.1992, Paris St. Germain
23 Unai Simon, 11.06.1997, Athletic Bilbao
24 Laporte, Aymeric, 27.05.1994, Manchester City
26 Pedri, 25.11.2002, FC Barcelona

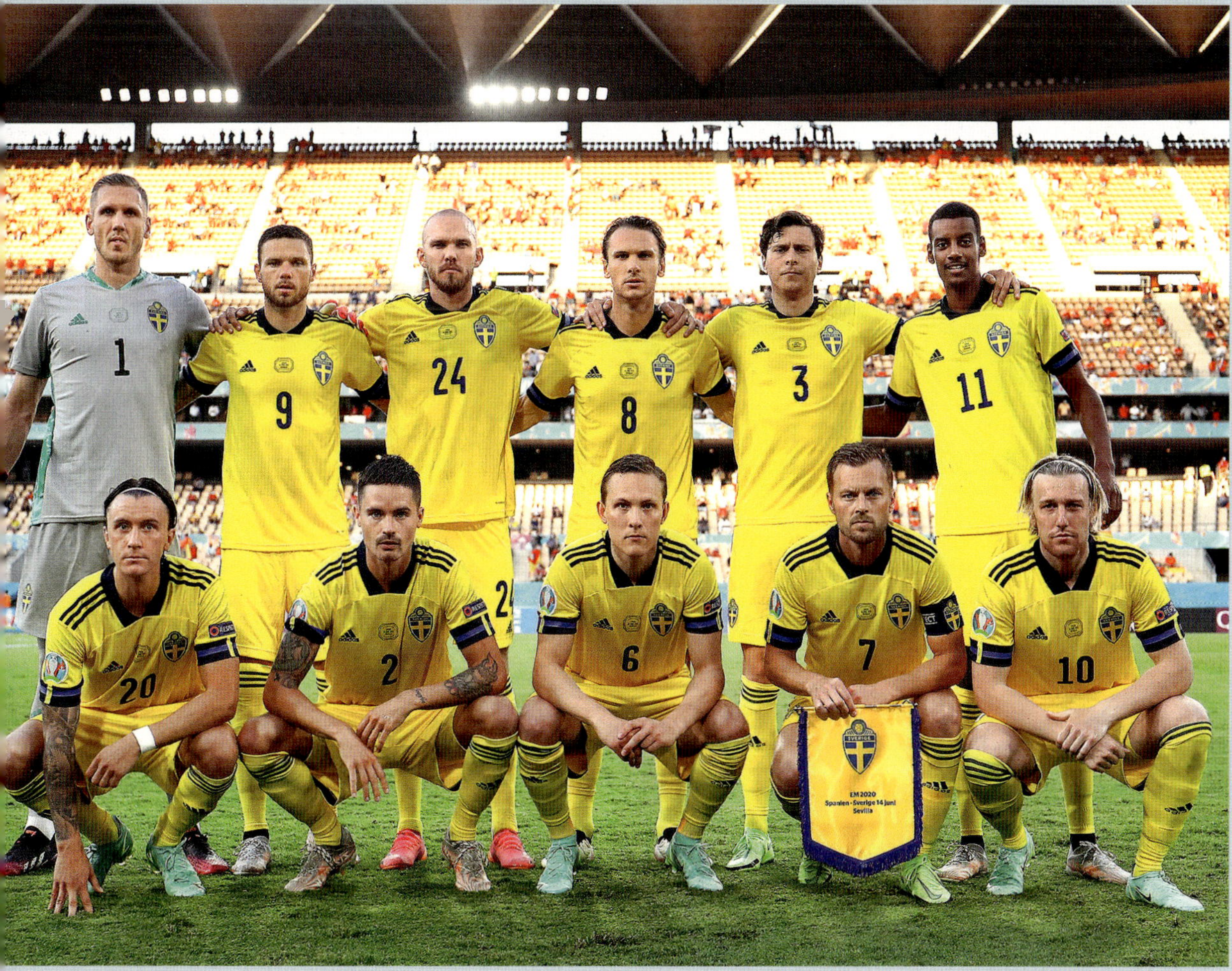

Schweden

1 Olsen, Robin, 08.01.1990, FC Everton
2 Lustig, Mikael, 13.12.1986, AIK Solna
3 Lindelöf, Victor, 17.07.1994, Manchester United
4 Granqvist, Andreas, 16.04.1985, Helsingborgs IF
5 Bengtsson, Pierre, 12.04.1988, Vejle BK
6 Augustinsson, Ludwig, 21.04.1994, Werder Bremen
7 Larsson, Sebastian, 06.06.1985, AIK Solna
8 Ekdal, Albin, 28.07.1989, Sampdoria Genua
9 Berg, Marcus, 17.08.1986, FK Krasnodar
10 Forsberg, Emil, 23.10.1991, RB Leipzig
11 Isak, Alexander, 21.09.1999, Real Sociedad San Sebastian
12 Johnsson, Karl-Johan, 28.01.1990, FC Kopenhagen
13 Svensson, Gustav, 07.02.1987, Guangzhou City
14 Helander, Filip, 22.04.1993, Glasgow Rangers
15 Sema, Ken, 30.09.1993, FC Watford
16 Krafth, Emil, 02.08.1994, Newcastle United
17 Claesson, Viktor, 02.01.1992, FK Krasnodar
18 Jansson, Pontus, 13.02.1991, FC Brentford
19 Svanberg, Mattias, 05.01.1999, FC Bologna
20 Olsson, Kristoffer, 30.06.1995, FK Krasnodar
21 Kulusevski, Dejan, 25.04.2000, Juventus Turin
22 Quaison, Robin, 09.10.1993, 1. FSV Mainz 05
23 Nordfeldt, Kristoffer, 23.06.1989, Genclerbirligi Ankara
24 Danielson, Marcus, 08.04.1989, Dalian Professional
25 Larsson, Jordan, 20.06.1997, Spartak Moskau
26 Cajuste, Jens, 10.08.1999, FC Midtjylland

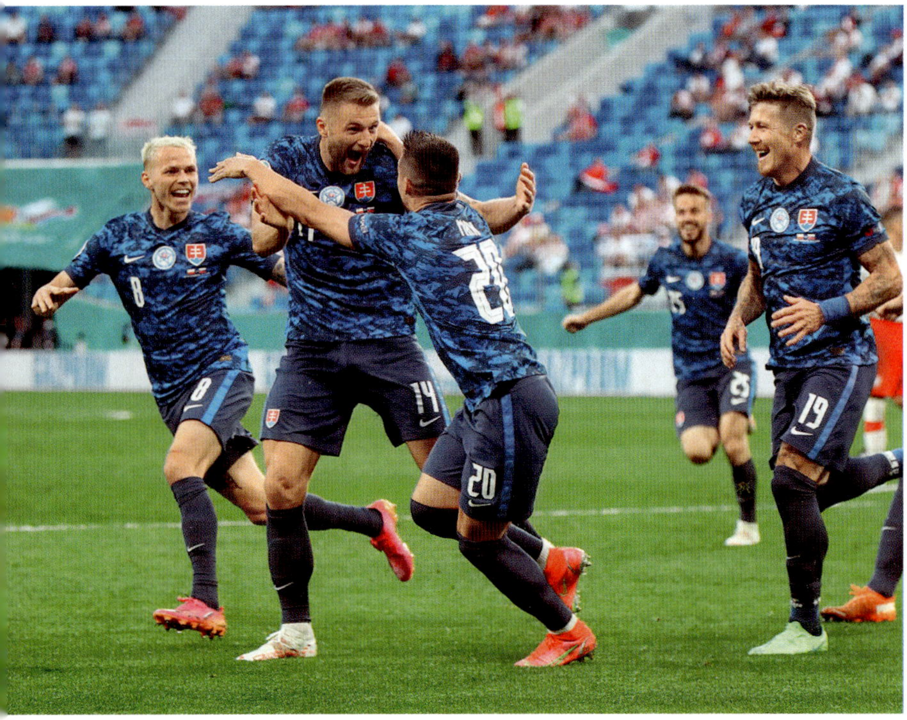

Im Zentrum des Jubels: Sieg Torschütze Milan Skriniar (Zweiter von links) wird von seinen Kollegen überschwänglich gefeiert.

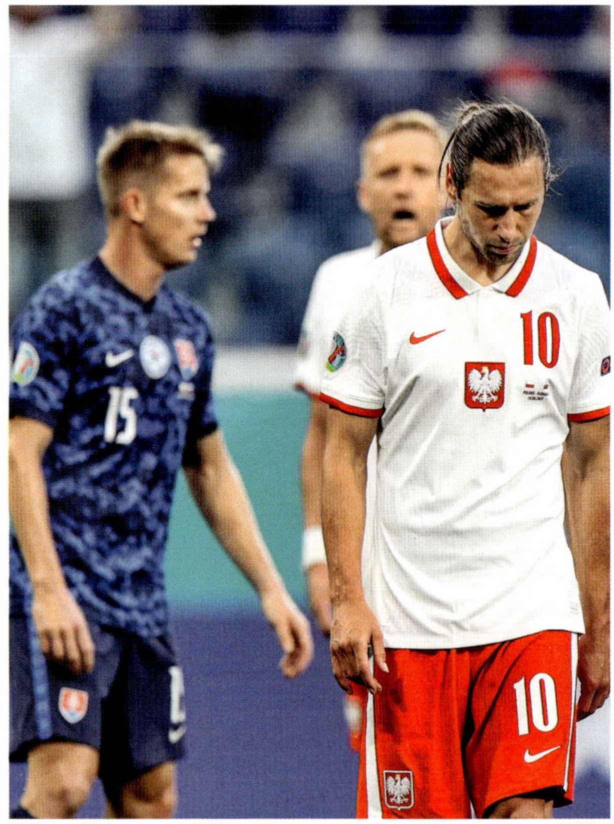

Weggeschickt, niedergeschlagen: Grzegorz Krychowiak verlässt nach seiner Gelb-Roten Karte den Platz.

POLEN | SLOWAKEI 1:2

Krychowiaks Fehltritte

Ein kurzes Halten an der Schulter, ein Tritt auf den Fuß – manchmal reichen zwei an sich wenig spektakuläre Aktionen aus, um ein Fußballspiel entscheidend zu beeinflussen. In der ersten Halbzeit holte sich Grzegorz Krychowiak eine unnötige Gelbe Karte für sein taktisches Halten des Slowaken Tomas Hubocan ab. Eine von vielen schwachen Aktionen der Polen vor der Pause, die Verteidiger Jan Bednarek nach dem Abpfiff als »dumme Junioren-Fehler« tadelte. Das stümperhafte Defensivverhalten von Bartosz Bereszynski und Kamil Jozwiak vor dem slowakischen Führungstreffer gehört auch auf diese Liste.

Dennoch raffte sich das polnische Team des erst im Januar engagierten portugiesischen Trainers Paulo Sousa nach dem Seitenwechsel auf, glich sofort durch Karol Linetty aus, war am Drücker – und dann kam wieder Krychowiak ins Spiel. Besser gesagt: Sein linker Fuß spielte dummerweise nicht den Ball, sondern kam kurz auf dem rechten Fuß von Jakub Hromada zum Stehen: Gelb-Rot.

Der Platzverweis raubte den Polen den Schwung und der nächste »Junioren-Fehler« von Jozwiak ermöglichte den Slowaken den Siegtreffer. Innenverteidiger Milan Skriniar hatte Jozwiak nach einer Ecke ausgebufft, aber noch regelkonform weggedrückt und dann in Stürmer-Manier vollendet. Überhaupt stellte der Profi von Inter Mailand als Anführer seiner Nation sein Gegenüber in den Schatten. Und das war kein Geringerer als Robert Lewandowski. Der Weltfußballer zog in den direkten Duellen mit Bewacher Skriniar fast immer den Kürzeren, hing zwar mangels Zulieferung seiner meist indisponierten Mitspieler viel in der Luft, bei den wenigen halbwegs gefährlichen Aktionen unterliefen aber auch ihm ungewohnte Fehler.

Den größten Anteil am bitteren EM-Fehlstart der Polen gegen die cleveren Slowaken, bei denen der Ex-Nürnberger Robert Mak die Führung mit einem beherzten Solo einleitete, hatte aber der Trainer. Sousa wählte zum Turnierauftakt eine in System und Personal völlig neue Formation.

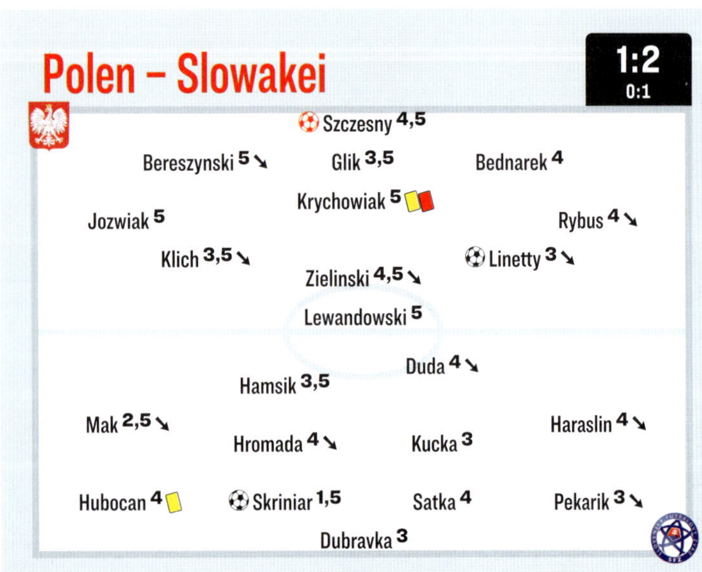

14. Juni in St. Petersburg

POLEN – SLOWAKEI 1:2 (0:1)

EINGEWECHSELT: 74. Frankowski für Linetty, 74. Puchacz für Rybus, 85. Moder für Klich, 85. Swiderski für Zielinski – 79. Hrosovsky für Hromada, 79. Koscelnik für Pekarik, 87. Suslov für Mak, 87. Duris für Haraslin, 90./+2 Gregus für Duda

TORE: 0:1 Szczesny (18., ET), 1:1 Linetty (46.), 1:2 Skriniar (69.)

GELBE KARTE: Hubocan

GELB-ROTE KARTE: Krychowiak (62.)

SCHIEDSRICHTER: Hategan (Rumänien)

ZUSCHAUER: 12 862

SPANIEN | SCHWEDEN **0:0**

Premiere: Ganz ohne Königliche

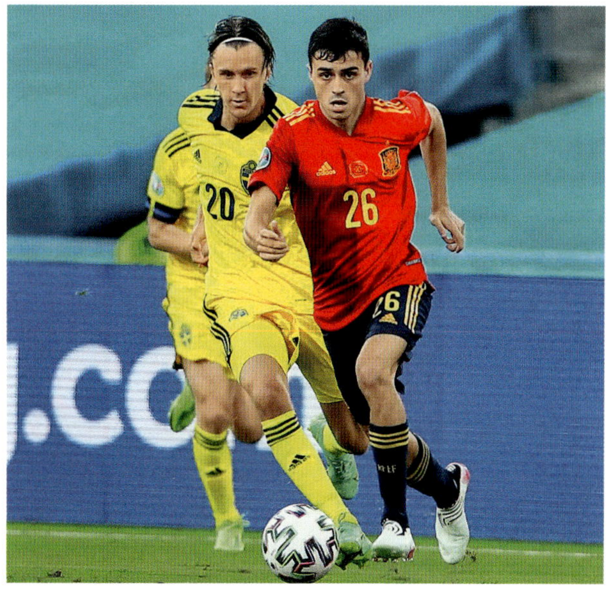

Wieder nichts: Obwohl er Kristoffer Olsson versetzt, schafft es auch Spaniens Supertalent Pedri nicht, den schwedischen Riegel zu knacken.

Es war ein Zeichen, das Spaniens Nationaltrainer Luis Enrique da zum Auftakt der Gruppe E setzte: Mit Keeper Unai Simon, den Verteidigern Marcos Llorente, Aymeric Laporte und Pau, den Mittelfeldspielern Rodrigo und Pedri sowie den Offensivkräften Ferran Torres und Dani Olmo von RB Leipzig stellte der Coach gleich acht Turnierdebütanten auf.

Gar nicht erst nominiert hatte er für die Endrunde den 35-jährigen bisherigen Kapitän Sergio Ramos von Real Madrid. Ohnehin ist kein Spieler der Königlichen im Kader, das gab es auch noch nie in der Geschichte der Seleccion.

Barcas Mittelfeldjuwel Pedri indes avancierte in der Hitze Andalusiens mit 18 Jahren und 201 Tagen gar zum jüngsten Spieler in der Historie der Roja, der bei einer EM- oder WM-Endrunde zum Einsatz kam. In Barcelona überlässt selbst Lionel Messi dem Supertalent schon mal den Ball, gegen Schweden konnte er sich in seinem fünften Länderspiel kaum durchsetzen – was in Sevilla generell für die Gastgeber galt. 85 Prozent Ballbesitz und sieben teilweise hochkarätige Chancen führten zu nichts: Wie so oft agierte Spanien offensiv zu unscharf.

Bei den Schweden standen mit Bremens Linksverteidiger Ludwig Augustinsson und Leipzigs Mittelfeldmann Emil Forsberg zwei Spieler aus der Bundesliga in der Startelf. Mit dabei auch die aus der Bundesliga bekannten Stürmer Alexander Isak (einst beim BVB, mittlerweile in San Sebastian) und Marcus Berg (früher Hamburger SV, jetzt FK Krasnodar/Russland).

Es war zwar Einbahnstraßenfußball, die Skandinavier hätten das Spiel dennoch fast auf den Kopf gestellt. Doch Isaks Schuss landete vor der Pause abgefälscht am Pfosten, Berg traf nach dem Wechsel freistehend aus drei Metern nicht ins Tor, nachdem Isak die Abwehr ausgetanzt hatte. So blieb es an einem für Spanien historischen Abend beim ersten 0:0 dieser EM.

Spanien – Schweden 0:0

Unai Simon 3

M. Llorente 3 · Laporte 3 · Pau 3,5 · Jordi Alba 3,5

Koke 2,5 ↘ · Rodrigo 3 ↘ · Pedri 4,5

Ferran Torres 3 ↘ · Morata 5 ↘ · Dani Olmo 3 ↘

Isak 4 ↘ · Berg 4,5 ↘

Forsberg 4 ↘ · Ekdal 3 · Olsson 3 ↘ · S. Larsson 4,5

Augustinsson 3,5 · Danielson 4,5 · Lindelöf 3 · Lustig 4 ↘

Olsen 2

14. Juni in Sevilla

SPANIEN – SCHWEDEN 0:0

EINGEWECHSELT: 66. Thiago für Rodrigo, 66. Sarabia für Morata, 74. Gerard für Dani Olmo, 74. Oyarzabal für Ferran Torres, 87. Fabian für Koke – 69. Quaison für Berg, 69. Claesson für Isak, 75. Krafth für Lustig, 84. Cajuste für Olsson, 84. Bengtsson für Forsberg

TORE: keine

GELBE KARTE: Lustig

SCHIEDSRICHTER: Vincic (Slowenien)

ZUSCHAUER: 10 559

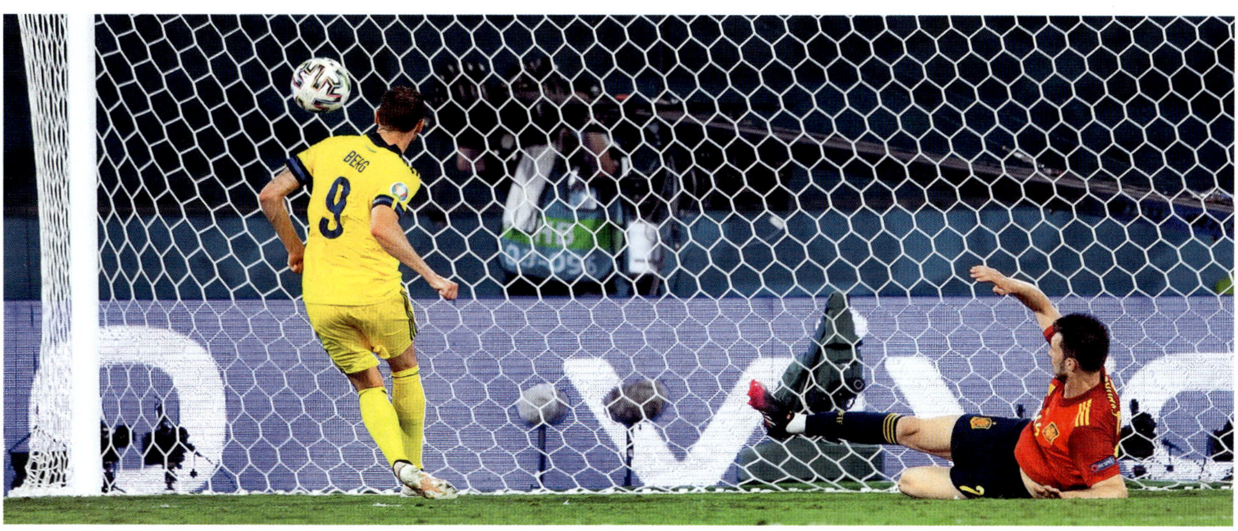

Das gibt es doch nicht: Marcus Bergs Schuss geht am leeren spanischen Tor vorbei.

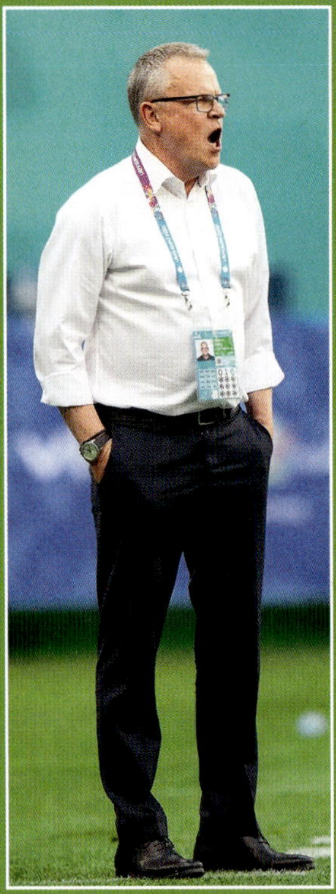

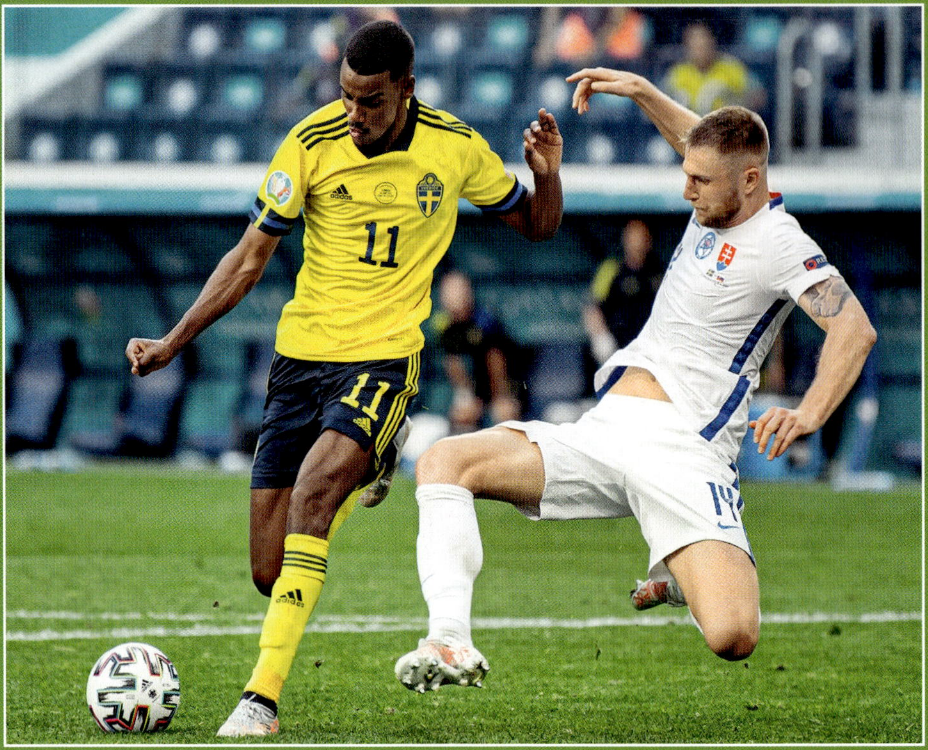

Findet die richtigen Worte: Schwedens Trainer Janne Andersson bringt sein Team zur Halbzeit auf Kurs.

Ständiger Unruheherd: Der Slowake Milan Skriniar hat viel Arbeit mit Alexander Isak.

SCHWEDEN | SLOWAKEI 1:0

Andersson drückt die richtigen Knöpfe

Was genau passiert eigentlich während der Halbzeit in der Kabine? Eine Frage, die sich Außenstehende oft stellen. Am liebsten wollen sie mithören und zuschauen. In aller Regel können sie aber nur die Folgen der Pausenbesprechung beobachten.
Beim EM-Gruppenduell zwischen Schweden und der Slowakei ruhten große Hoffnungen auf der Unterbrechung im Stadion von St. Petersburg. Irgendetwas musste doch passieren, um dieses 45 Minuten lang so biedere Fußballspiel zum Leben zu erwecken. Schweden und Slowaken hatten mit vereinten Kräften in der ersten Hälfte keine einzige echte Torchance zustande gebracht. Wenn man nun die Auftritte im zweiten Durchgang analysiert, kommt man zu dem Schluss: Nur Schwedens Trainer Janne Andersson hat die richtigen Knöpfe gedrückt. Sein Team spielte plötzlich zielstrebiger nach vorne und erarbeitete, angetrieben von Dreh- und Angelpunkt Alexander Isak, doch noch sechs gute Gelegenheiten.
Zunächst parierte der slowakische Keeper Martin Dubravka zweimal stark, sorgte dann aber für die fünfte schwedische Chance, die Leipzig-Profi Emil Forsberg aus elf Metern zum Tor des Tages verwandelte. In Person von Robin Quaison war ein weiterer Bundesligaakteur direkt beteiligt. Der Mainzer Stürmer wurde nach klugem Pass von Isak im Strafraum vom zu spät kommenden Dubravka gefoult. So schnell kam der Torhüter vom Weg zum Helden des Spiels ab und stand stattdessen auf der Ursachenliste für die Niederlage ganz oben. Dort hatte er jedoch gute Gesellschaft: Trotz einiger Schussversuche blieben die beim 2:1 gegen Polen noch so clever und effizient agierenden Slowaken offensiv fast alles schuldig, nur ein Abschluss des Kölners Ondrej Duda von der Strafraumgrenze ging letztlich als Chance durch.
Dem deutschen Schiedsrichter Daniel Siebert war's egal. Der 37 Jahre alte Berliner zählte mit seiner souveränen Leitung dieser Partie mit überschaubaren Herausforderungen zu den besten Akteuren auf dem Rasen. Die Halbzeit-Performance des slowakischen Trainers Stefan Tarkovic erschien hingegen in keinem guten Licht.

Schweden – Slowakei 1:0 (0:0)

Olsen 3,5
Lustig 4 – Lindelöf 3,5 – Danielson 3 – Augustinsson 2,5 ↘
Olsson 4,5 ↘ – Ekdal 3 ↘
S. Larsson 3,5 – Forsberg 2 ↘
Isak 2 – Berg 4,5 ↘

Duda 4
Hamsik 4 ↘
Mak 4,5 ↘ – Koscelnik 4,5
Hrosovsky 4,5 ↘ – Kucka 4
Hubocan 4 ↘ – Skriniar 3 – Satka 4 – Pekarik 4,5 ↘
Dubravka 3,5

18. Juni in St. Petersburg

SCHWEDEN – SLOWAKEI 1:0 (0:0)

EINGEWECHSELT: 64. Claesson für Olsson, 64. Quaison für Berg, 88. Svensson für Ekdal, 88. Bengtsson für Augustinsson, 90./+3 Krafth für Forsberg – 64. Haraslin für Pekarik, 77. Weiss für Mak, 77. Benes für Hamsik, 84. Hancko für Hubocan, 84. Duris für Hrosovsky

TOR: 1:0 Forsberg (77., FE)

GELBE KARTEN: Olsson – Dubravka, Duda, Weiss

SCHIEDSRICHTER: Siebert (Berlin)

ZUSCHAUER: 11 525

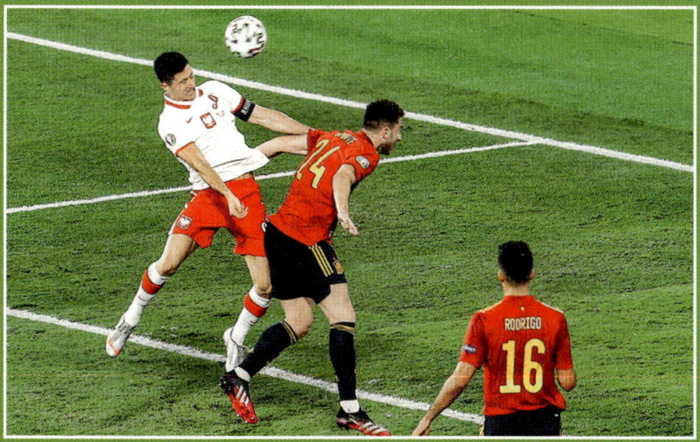

Der Ausgleich durch den Weltfußballer: Robert Lewandowski überspringt Aymeric Laporte und köpft das 1:1.

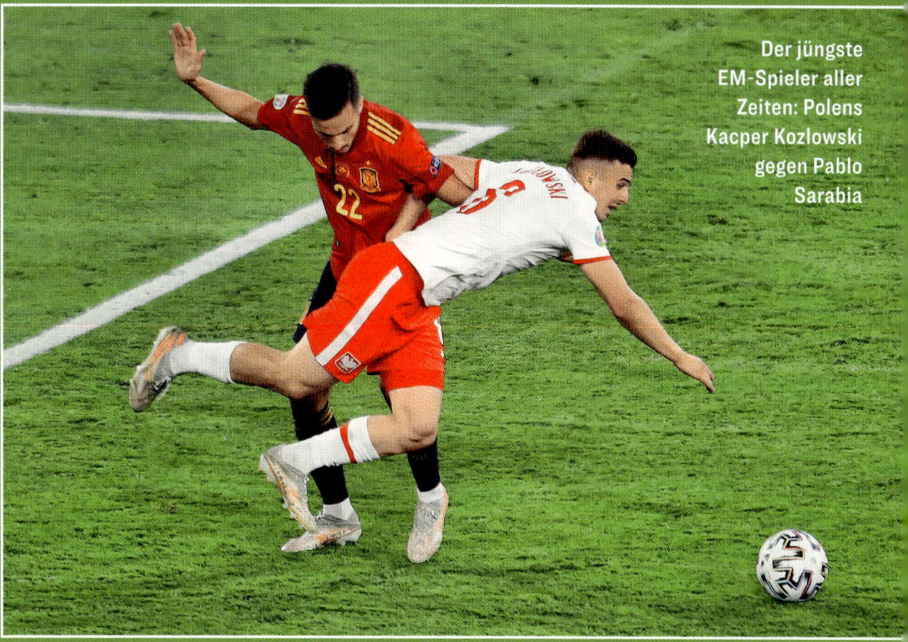

Der jüngste EM-Spieler aller Zeiten: Polens Kacper Kozlowski gegen Pablo Sarabia

SPANIEN | POLEN 1:1

Morata ist besser als sein Ruf

Geht doch. Knapp eine halbe Stunde war gespielt beim zweiten Auftritt der Roja gegen Polen, da besorgte Spaniens zuvor heftig kritisierter Stürmer Alvaro Morata die Führung. Was hatten ihm die Medien der Heimat nicht alles abgesprochen nach dem 0:0 zum Auftakt gegen Schweden, vor allem die Bezeichnung Torjäger. Diesmal traf der Stürmer von Juventus Turin auf Vorarbeit von Gerard.

Spaniens Angreifer standen beim zweiten Auftritt der Seleccion in Sevilla auch weiter im Fokus. Denn nach einer Stunde setzte Gerard einen Foulelfmeter an den Pfosten – den Nachschuss vergab, genau, Morata. 20 Treffer in 42 Länderspielen bilanzierte der 28-Jährige nach dem Match, das ist im historischen Vergleich innerhalb der Roja aller Ehren wert. Denn damit liegt er vor Größen wie Raul oder Fernando Torres. Nur Spaniens Rekordtorjäger David Villa, der in insgesamt 98 Spielen 59-mal traf, war zum Vergleichszeitpunkt besser. Doch Morata musste, anders als die Genannten, immer schon nicht nur gegen die Gegner auf dem Rasen kämpfen, sondern auch gegen seinen schlechten Leumund.

Ganz anders ist das in Polen mit dem Standing des Weltfußballers Robert Lewandowski. Beim 1:2 zum Auftakt gegen die Slowakei torlos geblieben, musste sich der Bayern-Stürmer auch gegen Spanien zunächst gedulden. Vor der Pause scheiterte er im Anschluss an einen Pfostenschuss von Karol Swiderski an Keeper Unai Simon. Nach dem Wechsel erzielte er per Kopf den Ausgleich. Tore pflastern Lewandowskis Weg. Für Kacper Kozlowski indes war allein schon seine Einwechslung ein Highlight. Das Toptalent von Pogon Stettin kam nach einer Stunde und löste mit 17 Jahren und 246 Tagen nach nur sechs Tagen den Engländer Jude Bellingham (17/349) von Borussia Dortmund als jüngsten Spieler der EM-Historie ab.

Spanien – Polen 1:1 (1:0)

Unai Simon 3

M. Llorente 3,5 – Laporte 4 – Pau 3,5 – Jordi Alba 4,5

Koke 4 ↘ – Rodrigo 3,5 – Pedri 4,5

Gerard 4 ↘ – ⚽ Morata 4 ↘ – Dani Olmo 4,5 ↘

⚽ Lewandowski 2,5 – Swiderski 3,5 ↘

Zielinski 4

Puchacz 4,5 – Moder 5 ↘ – Klich 3,5 ↘ – Jozwiak 3,5

Bednarek 4 ↘ – Glik 3,5 – Bereszynski 3,5

Szczesny 3,5

19. Juni in Sevilla

SPANIEN – POLEN 1:1 (1:0)

EINGEWECHSELT: 61. Ferran Torres für Dani Olmo, 68. Fabian für Koke, 68. Sarabia für Gerard, 87. Oyarzabal für Morata – 55. Kozlowski (4) für Klich, 68. Frankowski für Swiderski, 85. Dawidowicz für Bednarek, 85. Linetty für Moder

TORE: 1:0 Morata (25.), 1:1 Lewandowski (54.)

GELBE KARTEN: Pau, Rodrigo – Klich, Moder, Jozwiak, Lewandowski

BES. VORK.: Gerard verschießt FE (58.)

SCHIEDSRICHTER: Orsato (Italien)

ZUSCHAUER: 11 742

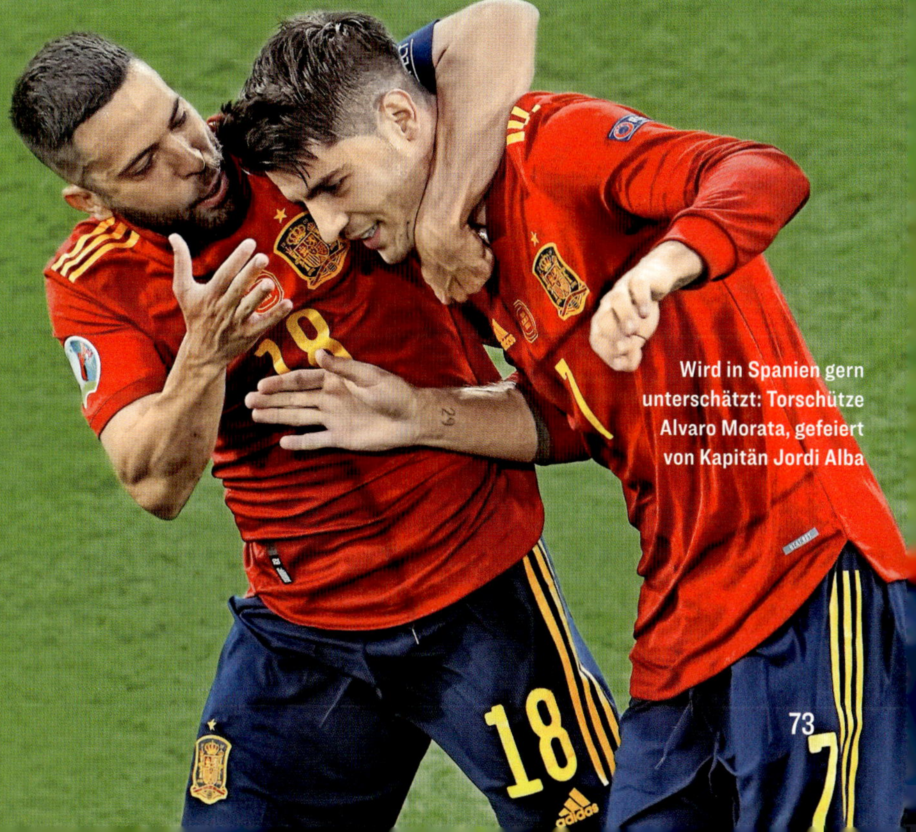

Wird in Spanien gern unterschätzt: Torschütze Alvaro Morata, gefeiert von Kapitän Jordi Alba

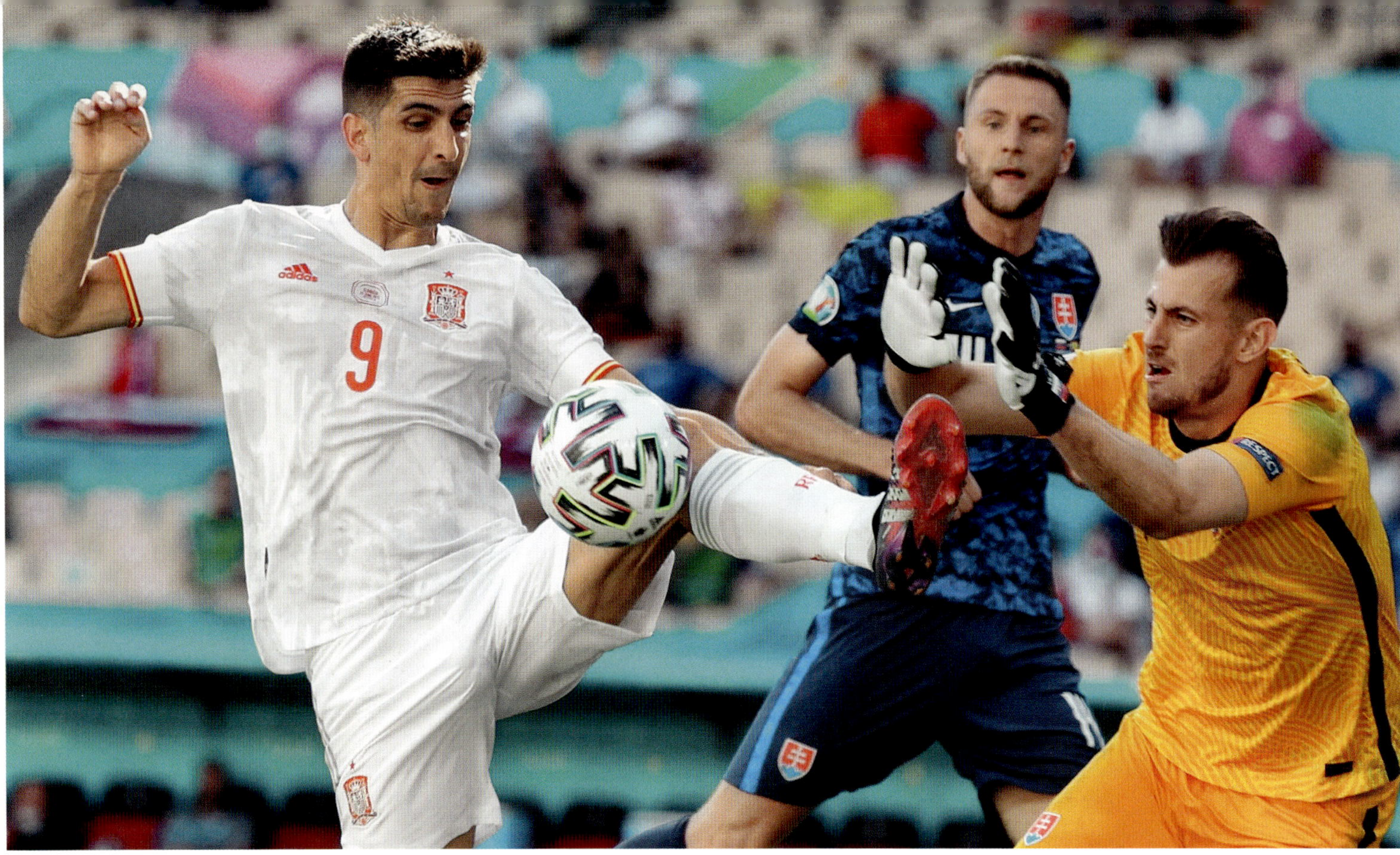

Prügelknabe: Gegen Gerard behält der slowakische Torhüter Martin Dubravka die Oberhand, sonst kommt es knüppeldick für ihn.

SLOWAKEI | SPANIEN 0:5

Ein Angebot vom deutschen Volleyball-Meister

Weil die Furia Roja in den vorherigen Auftritten so gar keine rote Furie gewesen war, stand Spaniens Qualifikation für das Achtelfinale auf dem Spiel. Und für Nationaltrainer Luis Enrique der Job. Und als wäre das Nervenflattern nicht groß genug gewesen, verschoss der viel kritisierte Stürmer Alvaro Morata früh einen Strafstoß. Im Spiel zuvor hatte Gerard einen Elfmeter vergeben, Morata war mit dem Nachschuss gescheitert. Die scheinbar ewige Torflauten-Story der Roja schien sich fortzusetzen. Doch diesmal hatte der Gegner ein Einsehen. Die Slowaken traten fortan auf, als wollten sie schnell in den Urlaub.

Dem ersten spanischen Treffer ging ein Katastrophenpass der Slowaken im Aufbau voraus, am Ende boxte sich Keeper Martin Dubravka die Kugel in Volleyball-Manier ins eigene Netz. Es hatte was von Slapstick – und es hörte nicht auf, fast hätte man vergessen, dass da ein entscheidendes EM-Endrundenspiel stattfand. Anekdote am Rande: Der deutsche Volleyball-Meister Berlin Volleys unterbreitete in den Tagen nach der Partie Dubravka ein nicht ganz ernst gemeintes Angebot. »Vertrag ist in der Post, Medizincheck steht noch aus«, verbreitete der Verein auf Instagram, begleitet von einem Video-Ausschnitt dieser Szene.

Noch vor der Pause verteidigte die Slowakei erneut amateurhaft und lud den erst kurz vor der EM eingebürgerten Franzosen Ayermic Laporte, der seine Karriere bei Athletic Bilbao in Spaniens Liga begonnen hatte, zu dessen erstem Länderspieltor für Spanien ein. In der zweiten Halbzeit entwickelte sich dann ein munteres Scheibenschießen, die Slowaken standen dabei Spalier und halfen so mit, dass Spanien sie aus dem Turnier schoss. Juraj Kucka traf zum 5:0-Endstand – mit dem zweiten Eigentor. Nun endlich durfte die Slowakei in den Urlaub, Spaniens Roja kam weiter und hatte erstmals bei diesem Turnier etwas von einer Furie.

Slowakei – Spanien 0:5 (0:2)

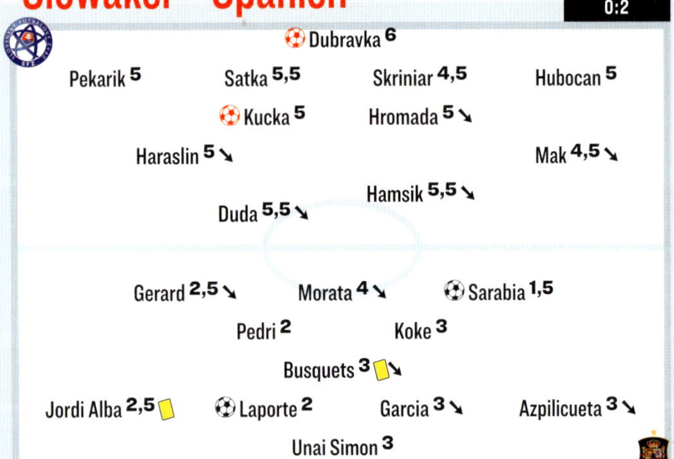

23. Juni in Sevilla

SLOWAKEI – SPANIEN 0:5 (0:2)

EINGEWECHSELT: 46. Lobotka (5) für Hromada, 46. Duris (5) für Duda, 69. Weiss für Mak, 69. Suslov für Haraslin, 90. Benes für Hamsik – 66. Ferran Torres für Morata, 71. Thiago für Busquets, 71. Pau für Garcia, 77. Traoré für Gerard, 77. Oyarzabal für Azpilicueta

TORE: 0:1 Dubravka (30., ET), 0:2 Laporte (45./+3), 0:3 Sarabia (56.), 0:4 Ferran Torres (67.), 0:5 Kucka (71., ET)

GELBE KARTEN: Duda, Skriniar – Busquets, Jordi Alba

BES. VORK.: Dubravka hält FE von Morata (12.)

SCHIEDSRICHTER: Kuipers (Niederlande)

ZUSCHAUER: 11 204

SCHWEDEN | POLEN 3:2

Lewandowski trägt Trauer

Nach dem 3:2 der Schweden gegen die Polen sollte sich eigentlich alles um Emil Forsberg drehen. Der Leipziger war der beste Mann auf dem Platz, schoss zwei Tore – darunter den zweitschnellsten Treffer der EM-Historie. Der Mittelfeldspieler strahlte in der Vorrunde jene Dominanz aus, auf die die Anhänger der Tre Konor seit Jahren warteten. »Ich bin stolz, welche Mentalität das Team gezeigt hat«, sagte Forsberg euphorisiert.

Auf der einen Seite die Freude der Schweden – auf der anderen die Trauer des Weltfußballers. »Es ist schwer, nach so einem Spiel guter Laune zu sein«, sagte ein tief enttäuschter Robert Lewandowski. Für einen stillen Charakter wie ihn kann man diese Aussage als maximal negativen Gefühlsausbruch werten.

Und dennoch war es sein Doppelpack, der die Polen nochmal vom Weiterkommen träumen ließ. Doch einmal mehr musste die Elf von Trainer Paulo Sousa erleben, dass ein Lewandowski nicht ausreicht, um die K.-o.-Phase zu erreichen. Bei sieben Turnierteilnahmen seit 2002 schafften dies die Weiß-Roten nur 2016 vor dem dramatischen Viertelfinal-Aus gegen Portugal (3:5 i.E.). In der Heimat lobten die Medien ihren Kapitän für sein bestes Turnier inklusive seiner drei Treffer, doch wusste auch Lewandowski, dass »uns Fähigkeiten gefehlt haben«. Defensiv sehr fehlerhaft und quasi ohne Spielaufbau agierten die Polen. Es kann aber auch sein, dass er damit ein kleines bisschen Selbstkritik übte. Denn so eine Szene wie in der 17. Minute, als er aus wenigen Metern den Ball nicht ins fast leere Tor, sondern an die Latte köpfte, kennt man von ihm kaum. Es wäre der 1:1-Ausgleich gewesen und vielleicht wären die Polen dann früher aufgewacht. Doch erstens kennt der Fußball keinen Konjunktiv und zweitens schoss Schwedens Joker Viktor Claesson sein Team in der Nachspielzeit zum Gruppensieg.

Schweden – Polen

3:2 (1:0)

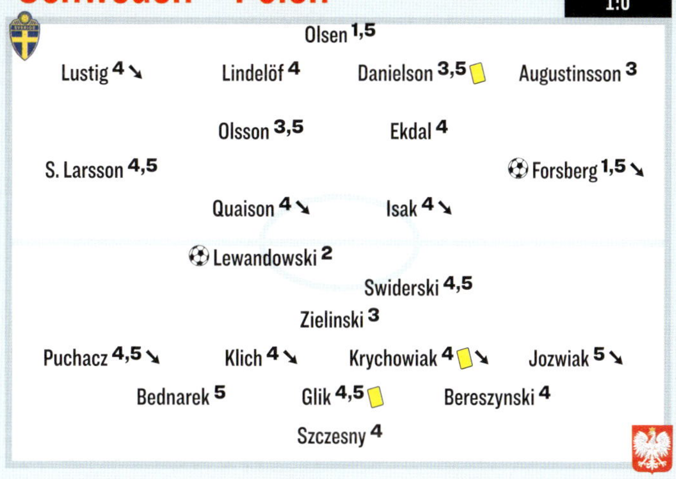

23. Juni in St. Petersburg

SCHWEDEN – POLEN 3:2 (1:0)

EINGEWECHSELT: 55. Kulusevski (1,5) für Quaison, 68. Berg für Isak, 68. Krafth für Lustig, 78. Claesson für Forsberg – 46. Frankowski (3,5) für Puchacz, 61. Swierczok für Jozwiak, 73. Kozlowski für Klich, 78. Placheta für Krychowiak

TORE: 1:0 Forsberg (2.), 2:0 Forsberg (59.), 2:1 Lewandowski (61.), 2:2 Lewandowski (84.), 3:2 Claesson (90./+4)

GELBE KARTEN: Danielson – Krychowiak, Glik

SCHIEDSRICHTER: Oliver (England)

ZUSCHAUER: 14 252

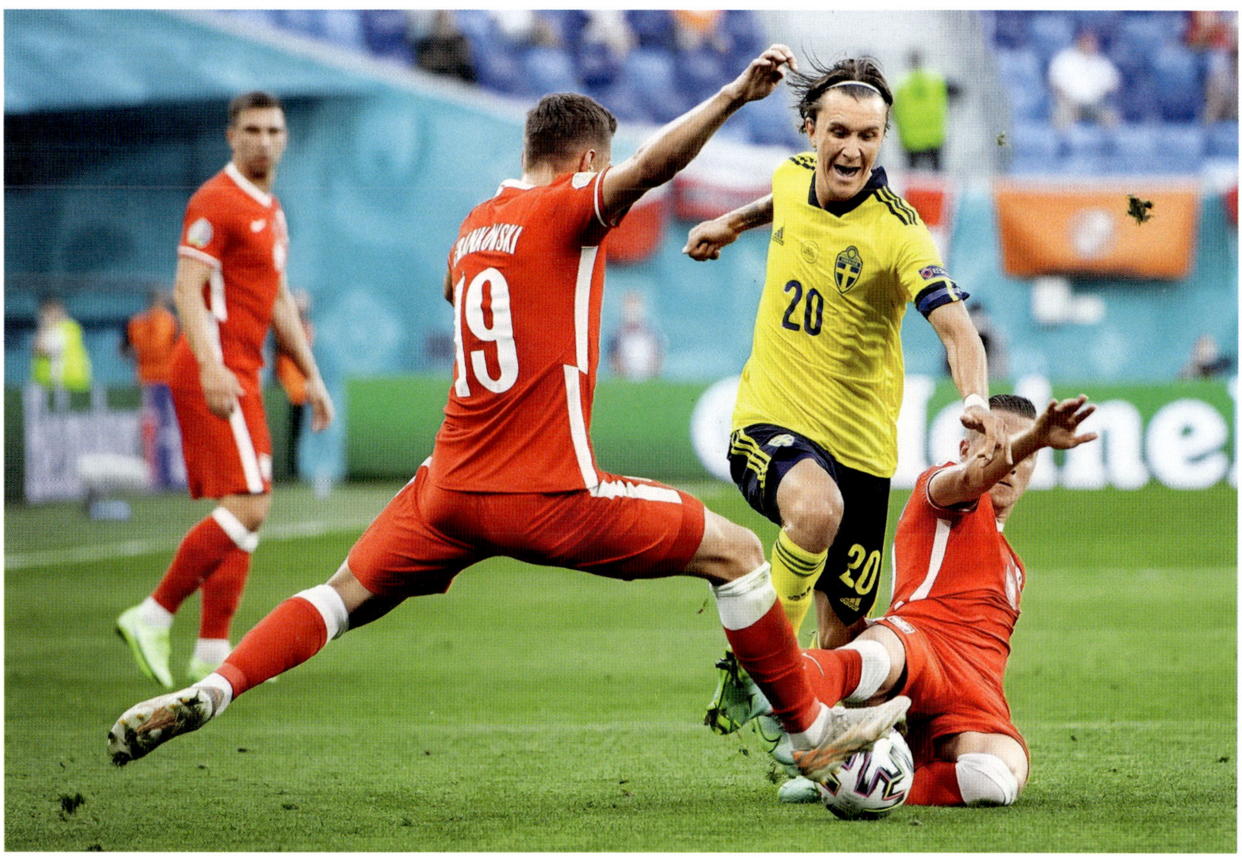

Ab durch die Mitte: Der Schwede Kristoffer Olsson gegen die Polen Przemyslaw Frankowski und Piotr Zielinski

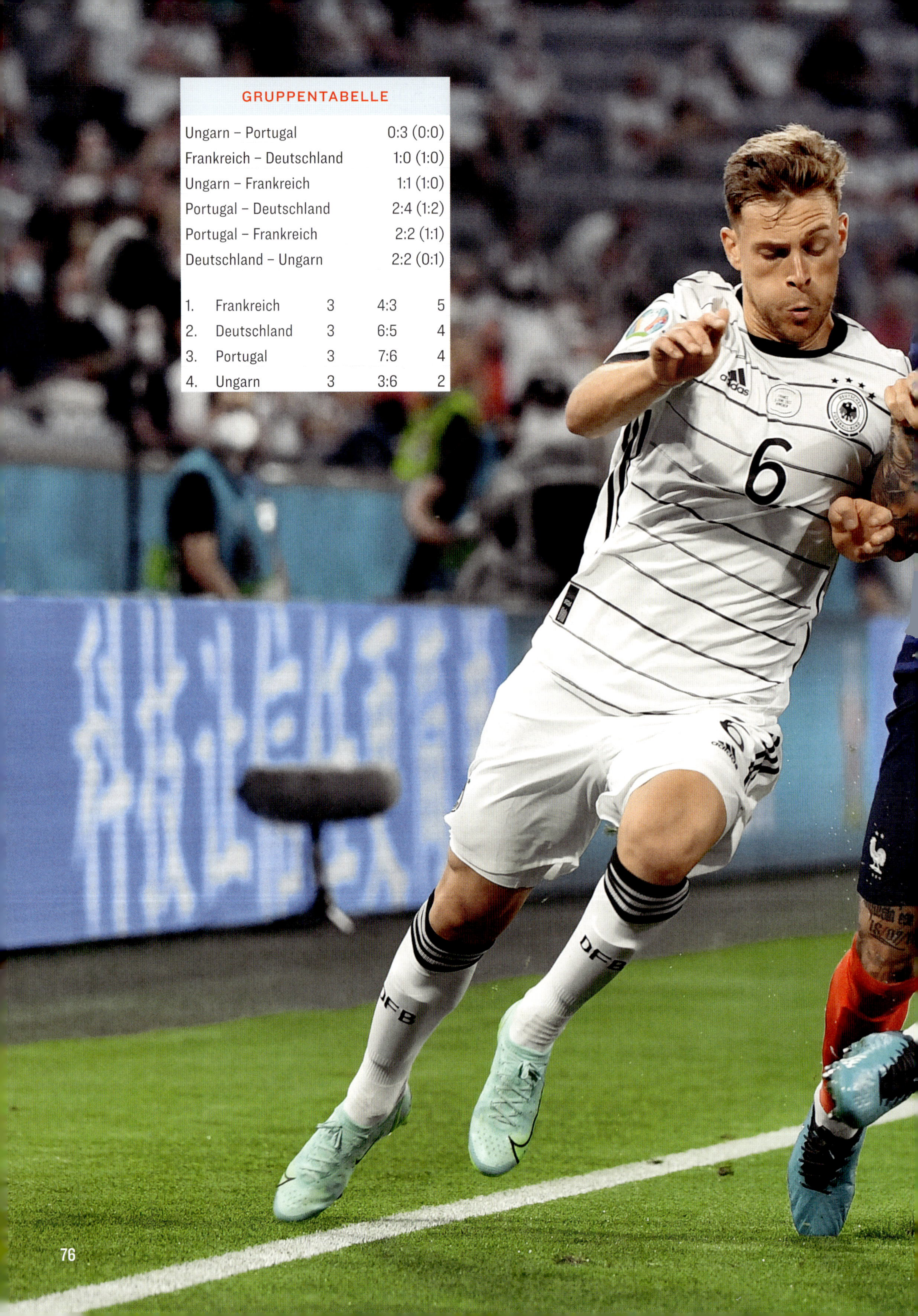

GRUPPENTABELLE

Ungarn – Portugal	0:3 (0:0)
Frankreich – Deutschland	1:0 (1:0)
Ungarn – Frankreich	1:1 (1:0)
Portugal – Deutschland	2:4 (1:2)
Portugal – Frankreich	2:2 (1:1)
Deutschland – Ungarn	2:2 (0:1)

1.	Frankreich	3	4:3	5
2.	Deutschland	3	6:5	4
3.	Portugal	3	7:6	4
4.	Ungarn	3	3:6	2

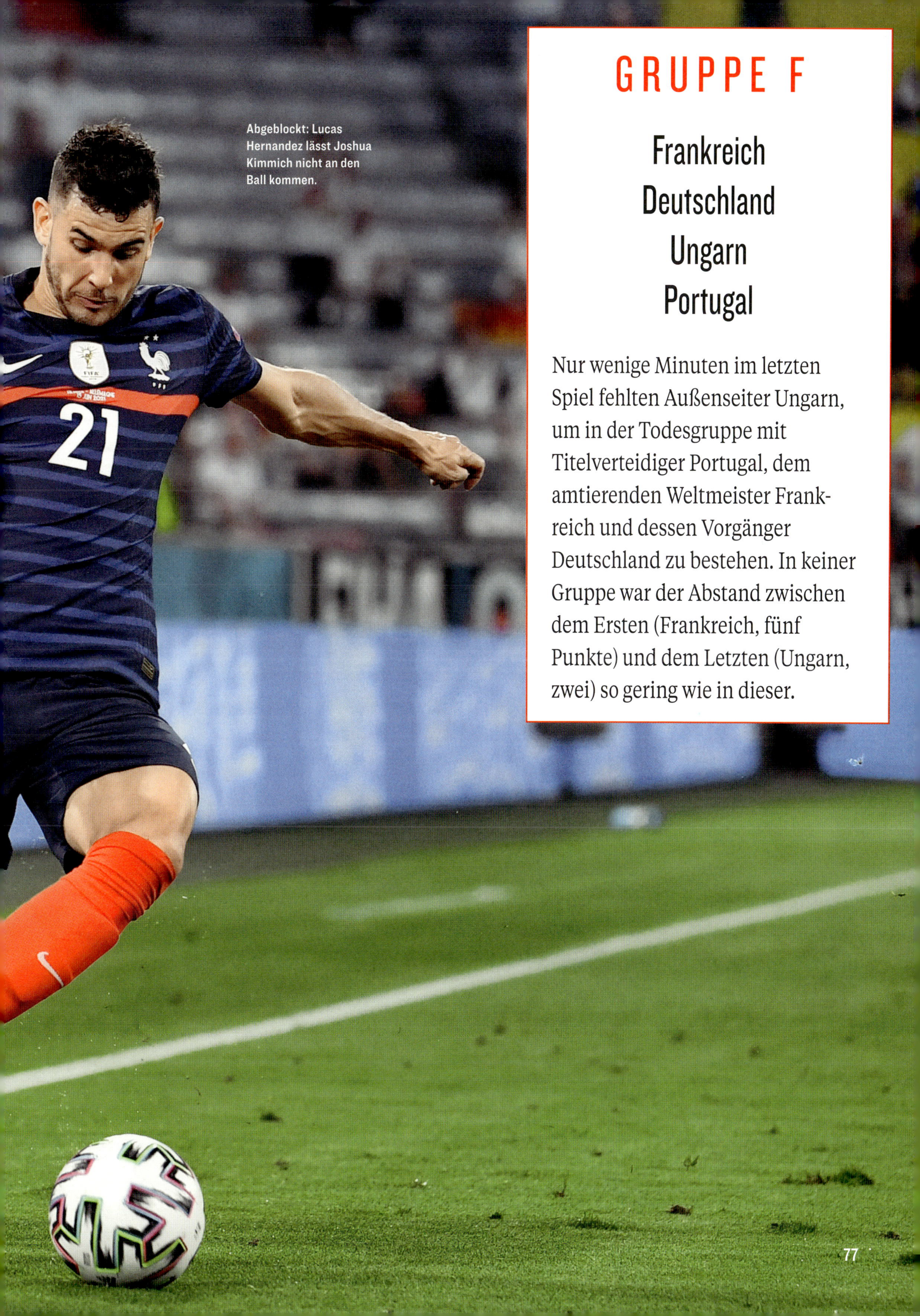

Abgeblockt: Lucas Hernandez lässt Joshua Kimmich nicht an den Ball kommen.

GRUPPE F

Frankreich
Deutschland
Ungarn
Portugal

Nur wenige Minuten im letzten Spiel fehlten Außenseiter Ungarn, um in der Todesgruppe mit Titelverteidiger Portugal, dem amtierenden Weltmeister Frankreich und dessen Vorgänger Deutschland zu bestehen. In keiner Gruppe war der Abstand zwischen dem Ersten (Frankreich, fünf Punkte) und dem Letzten (Ungarn, zwei) so gering wie in dieser.

Frankreich

1 Lloris, Hugo, 26.12.1986, Tottenham Hotspur
2 Pavard, Benjamin, 28.03.1996, Bayern München
3 Kimpembe, Presnel, 13.08.1995, Paris St. Germain
4 Varane, Raphael, 25.04.1993, Real Madrid
5 Lenglet, Clement, 17.06.1995, FC Barcelona
6 Pogba, Paul, 15.03.1993, Manchester United
7 Griezmann, Antoine, 21.03.1991, FC Barcelona
8 Lemar, Thomas, 12.11.1995, Atletico Madrid
9 Giroud, Olivier, 30.09.1986, FC Chelsea
10 Mbappé, Kylian, 20.12.1998, Paris St. Germain
11 Dembelé, Ousmane, 15.05.1997, FC Barcelona
12 Tolisso, Corentin, 03.08.1994, Bayern München
13 Kanté, N'golo, 29.03.1991, FC Chelsea
14 Rabiot, Adrien, 03.04.1995, Juventus Turin
15 Zouma, Kurt, 27.10.1994, FC Chelsea
16 Mandanda, Steve, 28.03.1985, Olympique Marseille
17 Sissoko, Moussa, 16.08.1989, Tottenham Hotspur
18 Digne, Lucas, 20.07.1993, FC Everton
19 Benzema, Karim, 19.12.1987, Real Madrid
20 Coman, Kingsley, 13.06.1996, Bayern München
21 Hernandez, Lucas, 14.02.1996, Bayern München
22 Ben Yedder, Wissam, 12.08.1990, AS Monaco
23 Maignan, Mike, 03.07.1995, Lille OSC
24 Dubois, Leo, 14.09.1994, Olympique Lyon
25 Koundé, Jules, 12.11.1998, FC Sevilla
26 Thuram, Marcus, 06.08.1997, Bor. Mönchengladbach

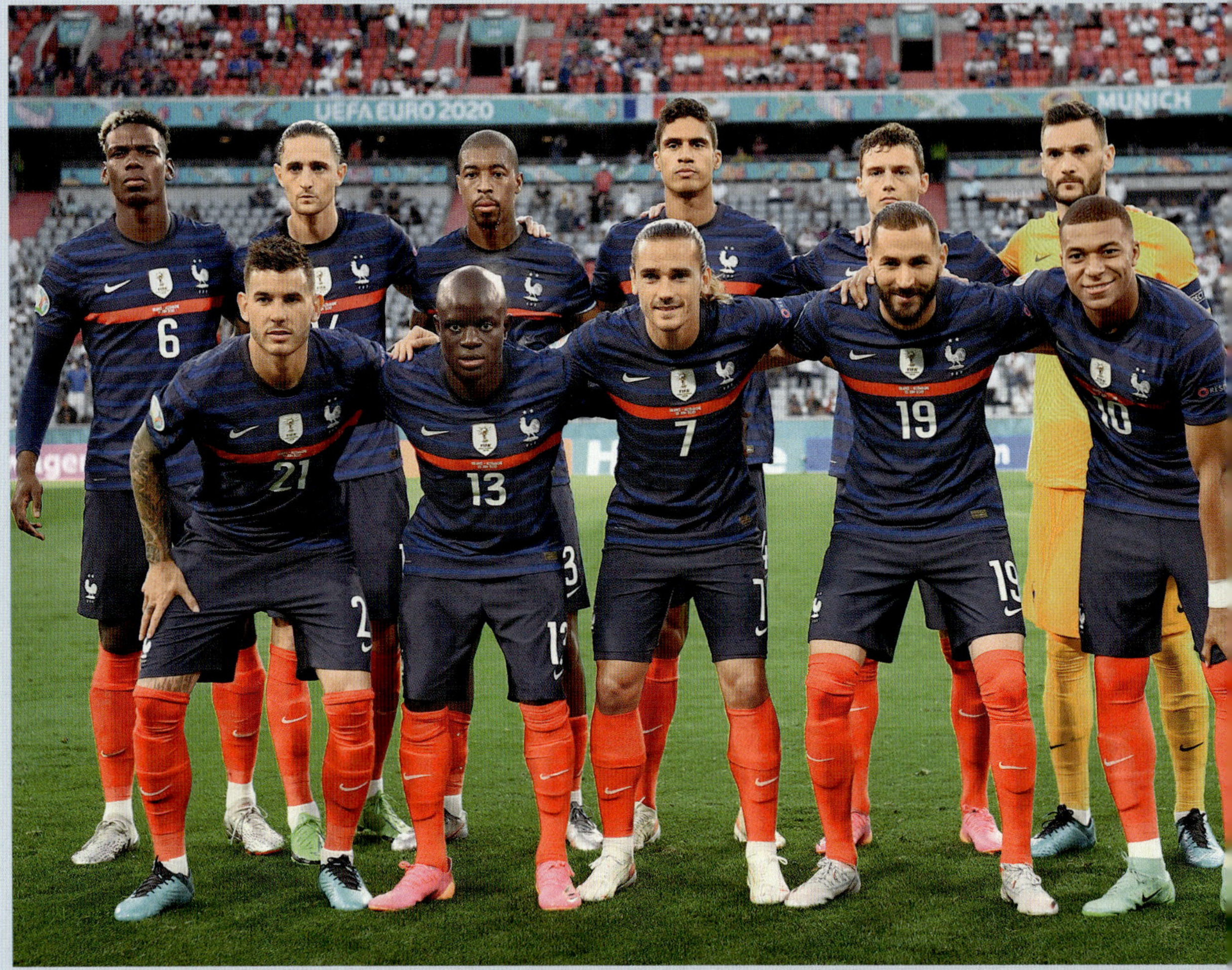

Deutschland

1 Neuer, Manuel, 27.03.1986, Bayern München
2 Rüdiger, Antonio, 03.03.1993, FC Chelsea
3 Halstenberg, Marcel, 27.09.1991, RB Leipzig
4 Ginter, Matthias, 19.01.1994, Bor. Mönchengladbach
5 Hummels, Mats, 16.12.1988, Borussia Dortmund
6 Kimmich, Joshua, 08.02.1995, Bayern München
7 Havertz, Kai, 11.06.1999, FC Chelsea
8 Kroos, Toni, 04.01.1990, Real Madrid
9 Volland, Kevin, 30.07.1992, AS Monaco
10 Gnabry, Serge, 14.07.1995, Bayern München
11 Werner, Timo, 06.03.1996, FC Chelsea
12 Leno, Bernd, 04.03.1992, FC Arsenal
13 Hofmann, Jonas, 14.07.1992, Bor. Mönchengladbach
14 Musiala, Jamal, 26.02.2003, Bayern München
15 Süle, Niklas, 03.09.1995, Bayern München
16 Klostermann, Lukas, 03.06.1996, RB Leipzig
17 Neuhaus, Florian, 16.03.1997, Bor. Mönchengladbach
18 Goretzka, Leon, 06.02.1995, Bayern München
19 Sané, Leroy, 11.01.1996, Bayern München
20 Gosens, Robin, 05.07.1994, Atalanta Bergamo
21 Gündogan, Ilkay, 24.10.1990, Manchester City
22 Trapp, Kevin, 08.07.1990, Eintracht Frankfurt
23 Can, Emre, 12.01.1994, Borussia Dortmund
24 Koch, Robin, 17.07.1996, Leeds United
25 Müller, Thomas, 13.09.1989, Bayern München
26 Günter, Christian, 28.02.1993, SC Freiburg

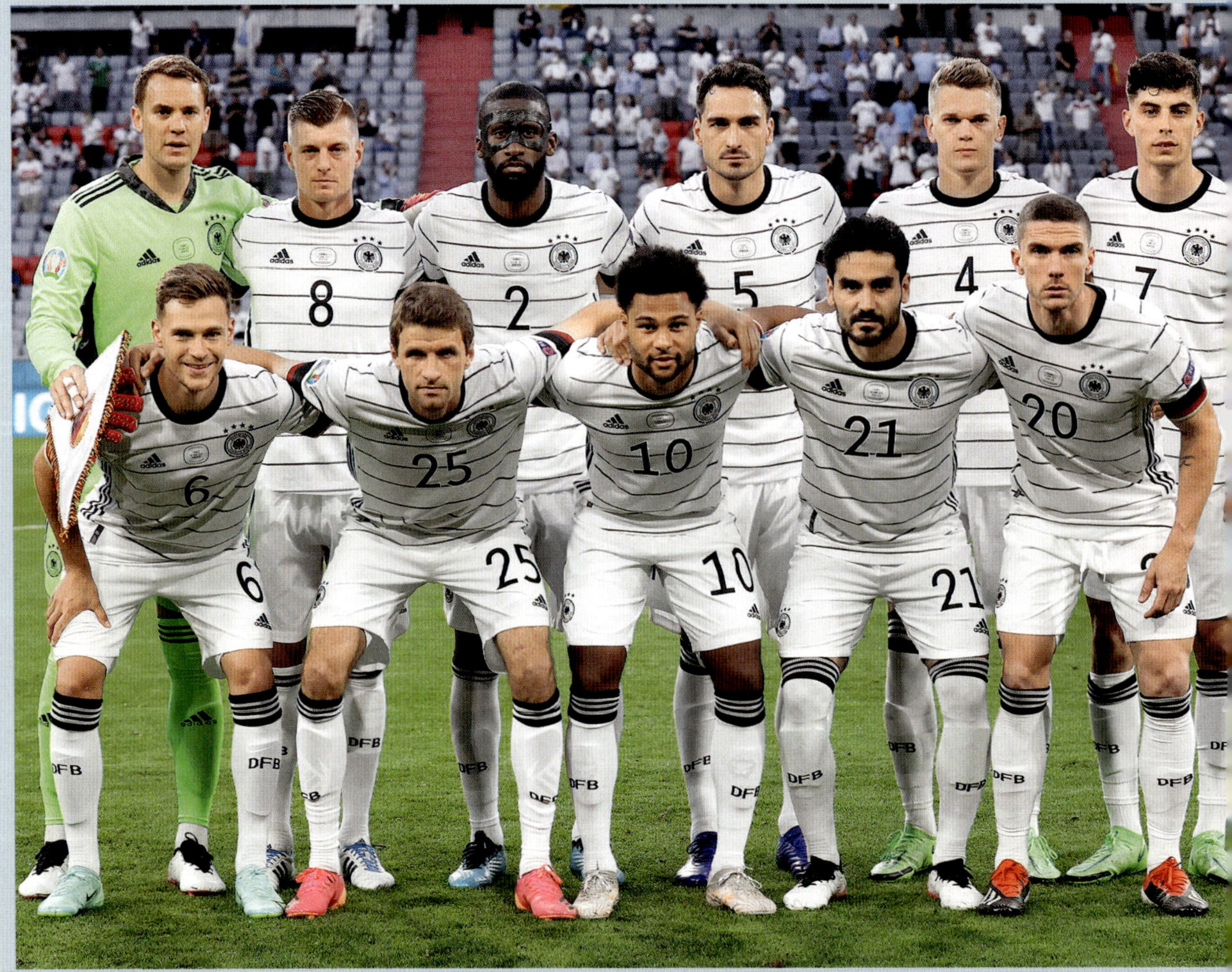

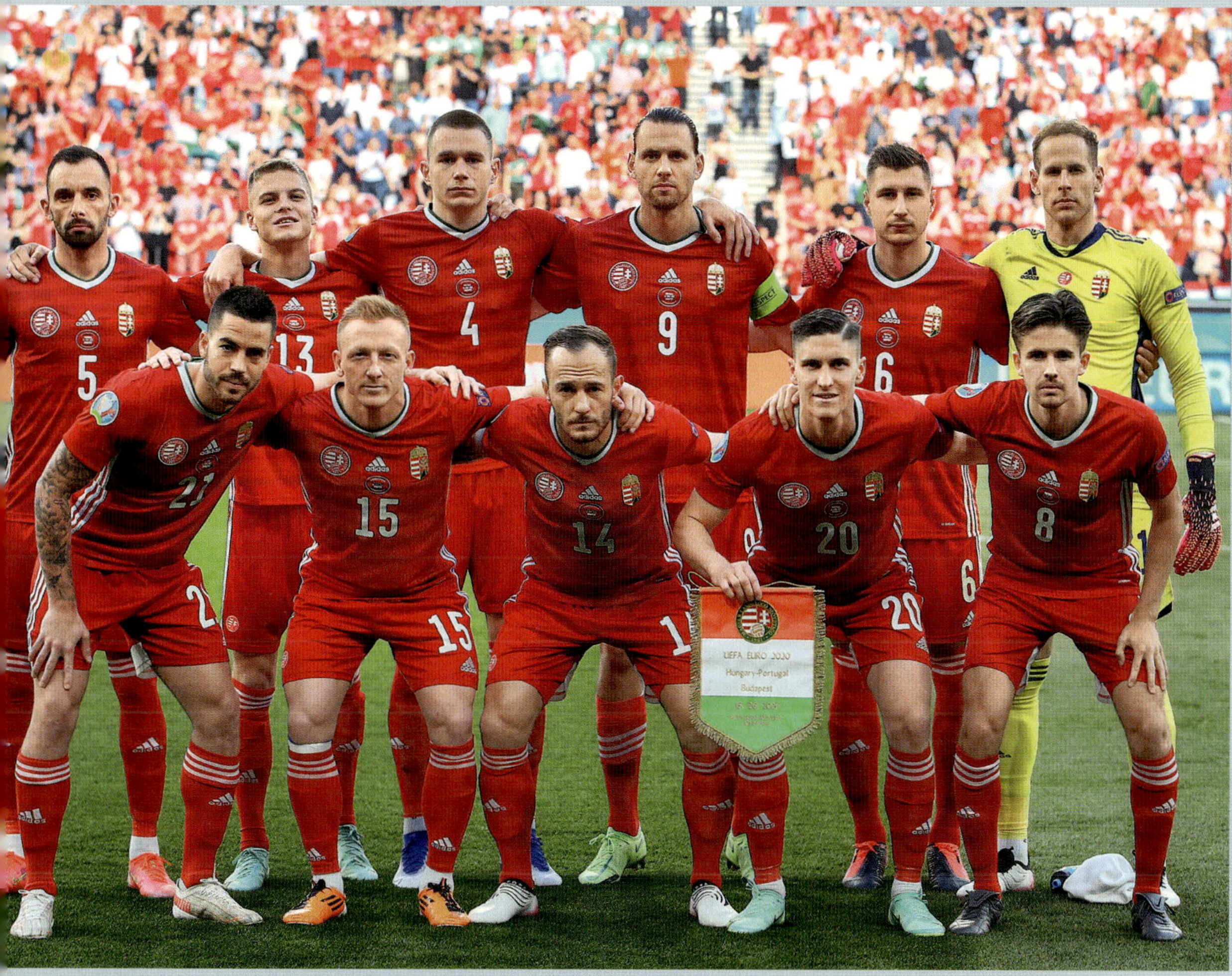

Ungarn

1 Gulacsi, Peter, 06.05.1990, RB Leipzig
2 Lang, Adam, 17.01.1993, Omonia Nikosia
3 Kecskes, Akos, 04.01.1996, FC Lugano
4 Szalai, Attila, 20.01.1998, Fenerbahce SK
5 Fiola, Attila, 17.02.1990, Fehervar FC
6 Orban, Willi, 03.11.1992, RB Leipzig
7 Nego, Loic, 15.01.1991, Fehervar FC
8 Nagy, Adam, 17.06.1995, Bristol City
9 Szalai, Adam, 09.12.1987, 1. FSV Mainz 05
10 Cseri, Tamas, 15.01.1988, Mezökövesd-Zsory SE
11 Holender, Filip, 27.07.1994, Partizan Belgrad
12 Dibusz, Denes, 16.11.1990, Ferencvaros Budapest
13 Schäfer, Andras, 13.04.1999, DAC Dunajska Streda
14 Lovrencsics, Gergö, 01.09.1988, Ferencvaros Budapest
15 Kleinheisler, Laszlo, 08.04.1994, NK Osijek
16 Gazdag, Daniel, 02.03.1996, Philadelphia Union
17 Varga, Roland, 23.01.1990, MTK Budapest
18 Siger, David, 30.11.1990, Ferencvaros Budapest
19 Varga, Kevin, 30.03.1996, Kasimpasa SK
20 Sallai, Roland, 22.05.1997, SC Freiburg
21 Botka, Endre, 25.08.1994, Ferencvaros Budapest
22 Bogdan, Adam, 27.09.1987, Ferencvaros Budapest
23 Nikolics, Nemanja, 31.12.1987, Fehervar FC
24 Schön, Szabolcs, 27.09.2000, FC Dallas
25 Hahn, Janos, 15.05.1995, Paksi SE
26 Bolla, Bendeguz, 22.11.1999, Fehervar FC

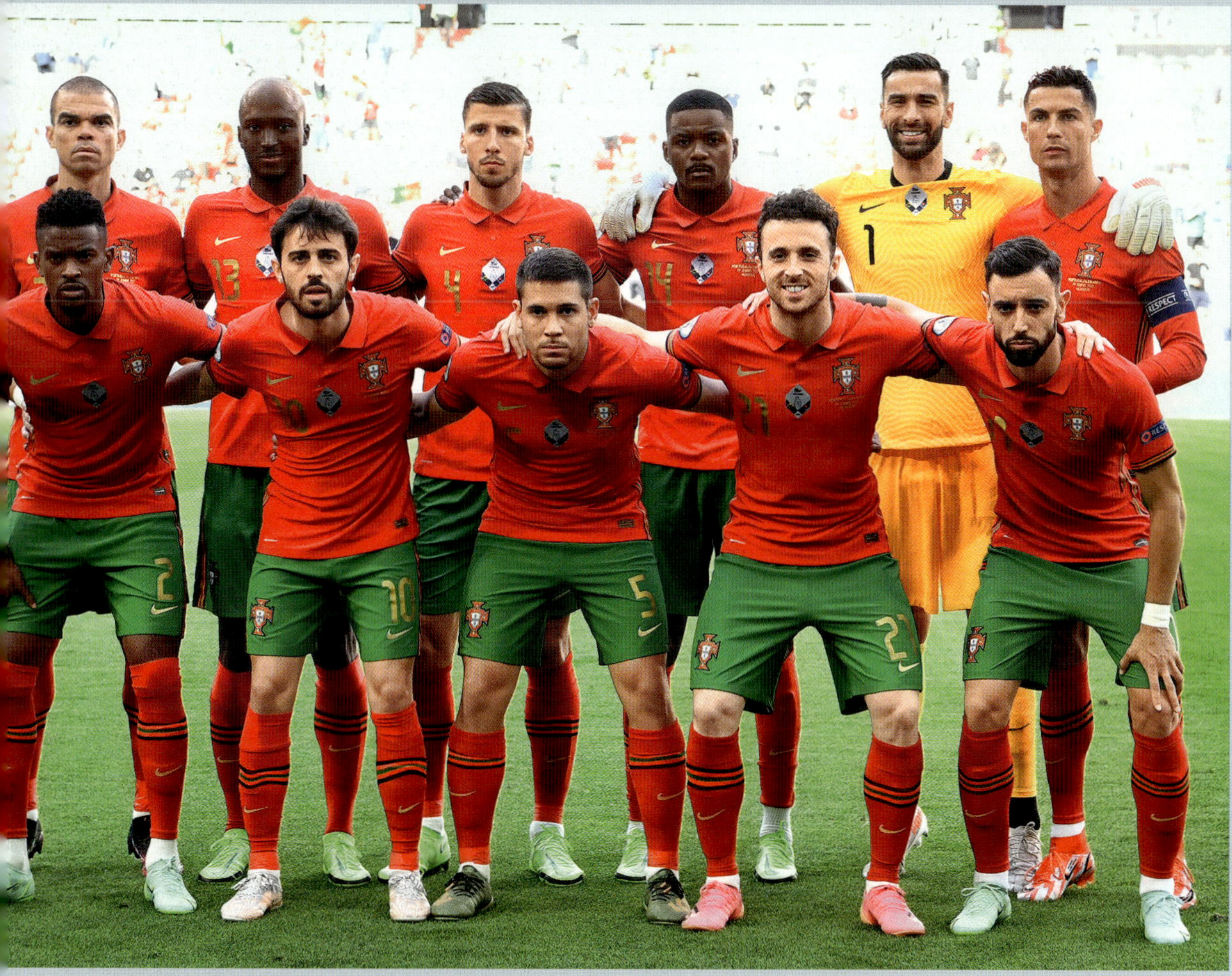

Portugal

1 Rui Patricio, 15.02.1988, Wolverhampton Wanderers
2 Nelson Semedo, 16.11.1993, Wolverhampton Wanderers
3 Pepe, 26.02.1983, FC Porto
4 Ruben Dias, 14.05.1997, Manchester City
5 Guerreiro, Raphael, 22.12.1993, Borussia Dortmund
6 José Fonte, 22.12.1983, Lille OSC
7 Cristiano Ronaldo, 05.02.1985, Juventus Turin
8 Joao Moutinho, 08.09.1986, Wolverhampton Wanderers
9 Silva, André, 06.11.1995, Eintracht Frankfurt
10 Bernardo Silva, 10.08.1994, Manchester City
11 Bruno Fernandes, 08.09.1994, Manchester United
12 Lopes, Anthony, 01.10.1990, Olympique Lyon
13 Danilo Pereira, 09.09.1991, Paris St. Germain
14 William Carvalho, 07.04.1992, Real Betis Sevilla
15 Rafa, 17.05.1993, Benfica Lissabon
16 Renato Sanches, 18.08.1997, Lille OSC
17 Goncalo Guedes, 29.11.1996, FC Valencia
18 Ruben Neves, 13.03.1997, Wolverhampton Wanderers
19 Pedro Goncalves, 28.06.1998, Sporting Lissabon
20 Diogo Dalot, 18.03.1999, AC Mailand
21 Diogo Jota, 04.12.1996, FC Liverpool
22 Rui Silva, 07.02.1994, FC Granada
23 Joao Felix, 10.11.1999, Atletico Madrid
24 Sergio Oliveira, 02.06.1992, FC Porto
25 Nuno Mendes, 19.06.2002, Sporting Lissabon
26 Joao Palhinha, 09.07.1995, Sporting Lissabon

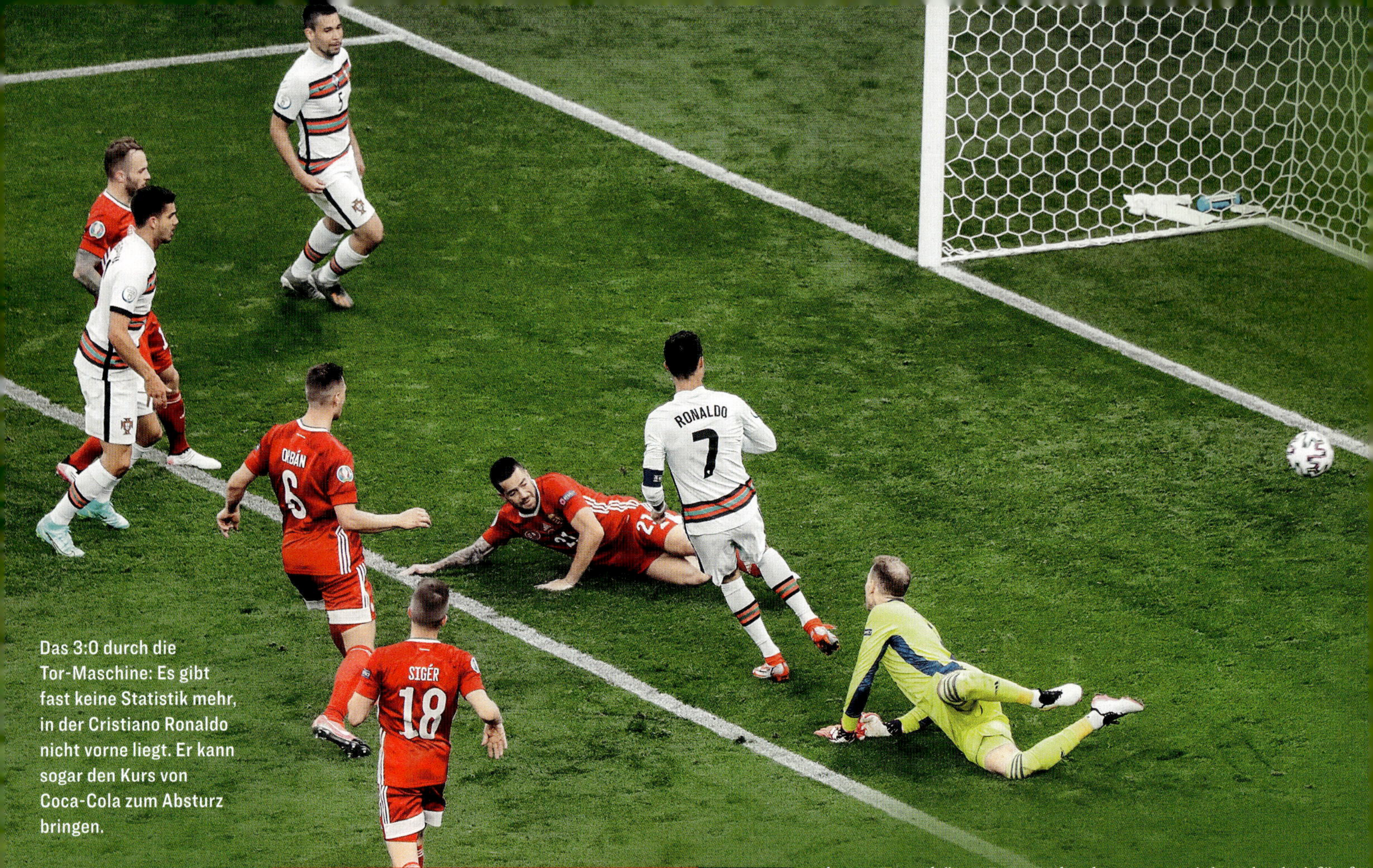

Das 3:0 durch die Tor-Maschine: Es gibt fast keine Statistik mehr, in der Cristiano Ronaldo nicht vorne liegt. Er kann sogar den Kurs von Coca-Cola zum Absturz bringen.

UNGARN | PORTUGAL **0:3**

Fünf neue Rekorde für Cristiano Ronaldo

Cristiano Ronaldo ist ein Phänomen – auch mit 36 Jahren noch. Der Superstar der Portugiesen hat in seiner Karriere schon Dutzende Rekorde gebrochen. Zum Auftakt der EM kamen vor der ungewohnten Kulisse in der komplett ausverkauften Puskas-Arena in Budapest gleich fünf weitere hinzu: Dank seines Doppelpacks (87., Foulelfmeter, 90.+2) beim 3:0-Auftakterfolg über Ungarn ist er nun der beste Torschütze Portugals, der erste Spieler, der bei fünf Europameisterschaften auf dem Platz stand, der erste, der bei fünf EM-Endrunden mindestens ein Tor erzielte, der erste, der in elf aufeinanderfolgenden Turnieren traf – und der beste Torschütze in der EM-Historie. Mit seinen Treffern Nummer zehn und elf zog er vorbei an Frankreichs Michel Platini, mit dem sich Ronaldo den Rekord bislang geteilt hatte.

Wer jedoch dachte, der Rekordjäger würde sich anschließend selbst dafür feiern, der täuschte sich. Ganz im Sinne eines Teamspielers sagte er: »Ich bin der Mannschaft sehr dankbar, dass sie mir geholfen hat, zwei Tore zu schießen.« Ein Kinderspiel war es nicht – weder für Ronaldo noch für seine Teamkollegen. Denn Ungarn verteidigte lange Zeit sehr gut, setzte vereinzelte Nadelstiche und musste sich erst in der Schlussphase der Partie der Klasse und Beharrlichkeit von Ronaldo und Co beugen, nachdem der Dortmunder Raphael Guerreiro zur Führung (84.) getroffen hatte.

Über welch eine Macht Ronaldo verfügt, mussten rund um diesen ersten Spieltag nicht nur die Ungarn erleben. Nein, auch der Softdrink-Konzern Coca-Cola wurde von dem mittlerweile 36-Jährigen nicht verschont. Weil Ronaldo bei einer Pressekonferenz vor dem Spiel zwei Flaschen der dunkelbraunen Brause aus dem Bild räumte und anschließend eine Flasche Wasser in die Kamera hielt, brach der Börsenwert des US-Konzerns um sage und schreibe vier Milliarden Dollar ein. Auch das dürfte ein Rekord gewesen sein …

Ungarn – Portugal

0:3 (0:0)

Gulacsi 2

Botka 4 — Orban 4,5 — At. Szalai 4

Lovrencsics 4 — Fiola 4 ↘

Kleinheisler 4 ↘ — A. Nagy 3,5 ↘ — Schäfer 4 ↘

Sallai 4 ↘ — Ad. Szalai 4

⚽ Cristiano Ronaldo 2

Diogo Jota 3 ↘ — Bruno Fernandes 2,5 ↘ — Bernardo Silva 3 ↘

Danilo Pereira 3 — William Carvalho 3 ↘

⚽ Guerreiro 2,5 — Ruben Dias 3 — Pepe 2,5 — Nelson Semedo 4

Rui Patricio 3

15. Juni in Budapest

UNGARN – PORTUGAL 0:3 (0:0)

EINGEWECHSELT: 65. Nego für Schäfer, 77. Schön für Sallai, 78. Siger für Kleinheisler, 88. K. Varga für Fiola, 88. R. Varga für Nagy – 71. Rafa (1,5) für Bernardo Silva, 81. Silva für Diogo Jota, 81. Renato Sanches für William Carvalho, 89. Joao Moutinho für Bruno Fernandes

TORE: 0:1 Guerreiro (84.), 0:2 Cristiano Ronaldo (87., FE), 0:3 Cristiano Ronaldo (90./+2)

GELBE KARTEN: Nego, Orban – Ruben Dias

SCHIEDSRICHTER: Cakir (Türkei)

ZUSCHAUER: 55 662

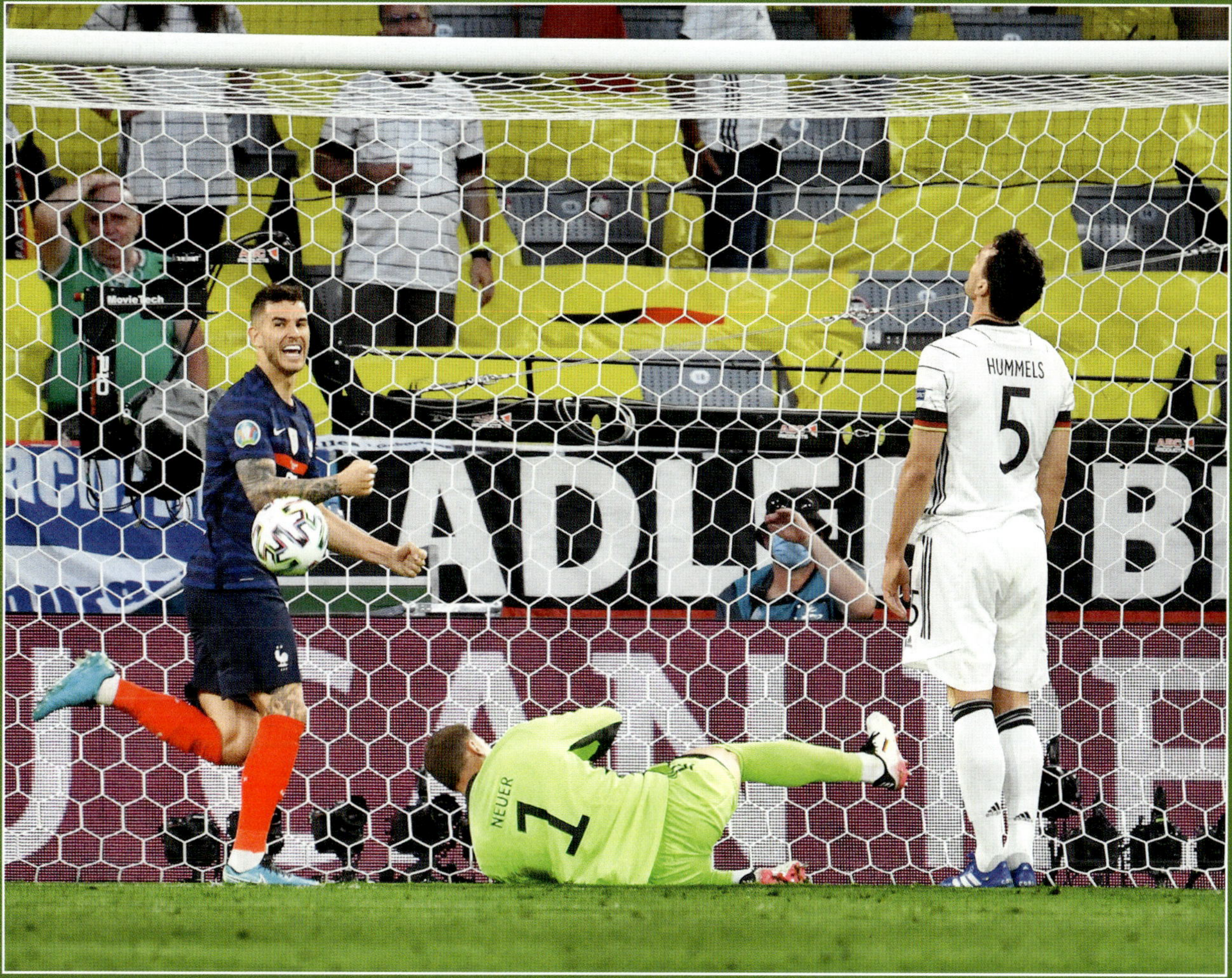

Die falsche Richtung: Mats Hummels unterläuft ein Eigentor, das die Entscheidung bedeutet. Lucas Hernandez freut sich darüber.

FRANKREICH | DEUTSCHLAND 1:0

Vom Heilsbringer zum Unglücksraben

Sie standen ganz besonders im Blickpunkt: Mats Hummels und Thomas Müller, die in die Jahre gekommenen Weltmeister, wurden von Joachim Löw nach zweieinhalbjähriger Verbannung zu Beginn der EM-Vorbereitung zurückgeholt, um die zuletzt chronisch instabile Nationalmannschaft wieder zu festigen. 28,95 Jahre betrug auch deshalb das Durchschnittsalter der Anfangsformation im schwerstmöglichen EM-Auftaktspiel gegen Weltmeister Frankreich, es war zugleich die älteste deutsche Startelf in einem Länderspiel seit über 19 Jahren.

Die vermeintlichen Heilsbringer konnten der zugedachten Rolle in der Münchner Allianz-Arena allenfalls bedingt gerecht werden. Der 32-jährige Hummels avancierte in seinem 73. Länderspiel gar zum großen Unglücksraben, als ihm in der 20. Minute ein Eigentor unterlief, das den Franzosen den verdienten 1:0-Sieg bescherte. Einen größeren Vorwurf konnte man dem Abwehrspieler von Borussia Dortmund nicht dafür machen, dass die scharfe Hereingabe von Frankreichs Linksverteidiger Lucas Hernandez von seinem Schienbein unhaltbar für Torhüter Manuel Neuer ins eigene Netz prallte. »Kein Vorwurf an Mats beim Eigentor: Das war schwierig für ihn, da zu klären«, urteilte auch der Bundestrainer. Hätte Hummels das Bein zurückgezogen, wäre der Ball bei Kylian Mbappé gelandet, der hinter ihm freistehend und einschussbereit lauerte.

> »Die Bleus weisen den Weg!«
>
> Frankreichs Staatschef Emmanuel Macron

MATCH-DATEN

FRANKREICH		DEUTSCHLAND
1	Tore	0
4	Torschüsse gesamt	10
1	Torschüsse aufs Tor	1
7	begangene Fouls/Handspiele	10
358	erfolgreiche Pässe	617
82 %	Passquote	89 %
38 %	Ballbesitz	62 %
60 %	Zweikampfquote	40 %
0	Gelbe Karten	1
0	Rote Karten	0
5	Abseits	2
3	Ecken	5

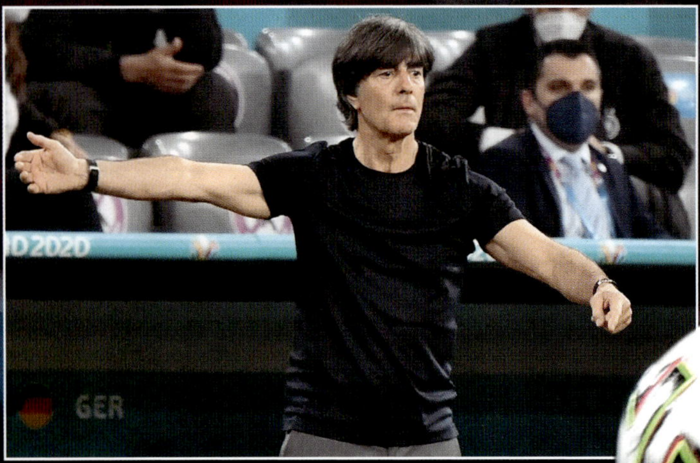

Dirigent an der Seitenlinie: Auch Jogi Löws Anweisungen helfen Deutschland wenig.

Vorbildliche Körperhaltung: Joshua Kimmichs Versuch, einen Flugball zu stoppen

Frankreich – Deutschland

1:0
1:0

Lloris 3,5

Pavard 3,5 · Varane 2,5 · Kimpembe 3 · Hernandez 3

Kanté 3

Pogba 1,5 · Rabiot 3 ↘

Griezmann 2,5 · Mbappé 3

Benzema 3,5 ↘

Gnabry 4 ↘

T. Müller 4 · Havertz 4,5 ↘

Gosens 2,5 ↘ · Kroos 3,5 · Gündogan 4 · Kimmich 3,5 (Gelbe Karte)

Rüdiger 4,5 · Hummels 4 (Tor) · Ginter 3 ↘

Neuer 3

15. Juni in München

FRANKREICH – DEUTSCHLAND 1:0 (1:0)

EINGEWECHSELT: 89. Tolisso für Benzema, 90./+4 Dembelé für Rabiot – 74. Werner für Gnabry, 74. Sané für Havertz, 88. Can für Ginter, 88. Volland für Gosens

TOR: 1:0 Hummels (20., ET)

GELBE KARTE: Kimmich

SCHIEDSRICHTER: del Cerro Grande (Spanien)

ZUSCHAUER: 13 000

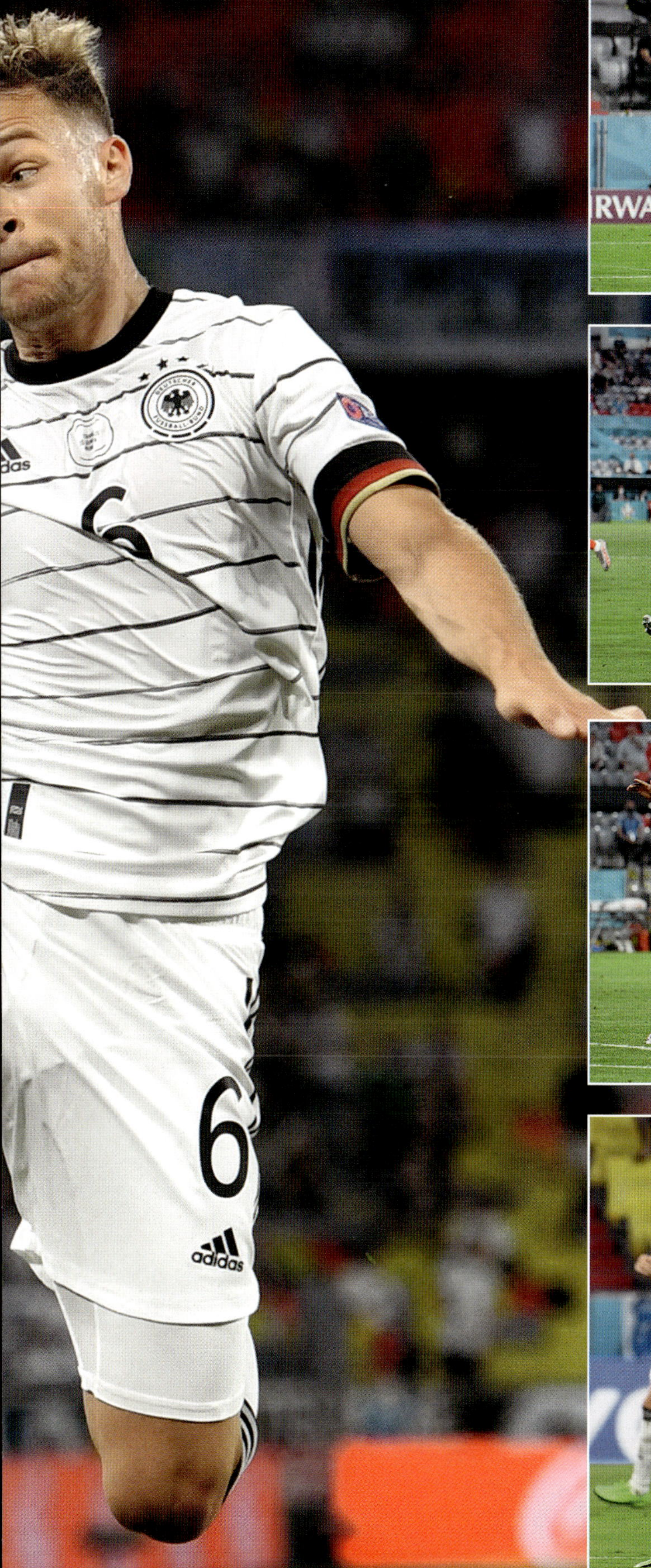

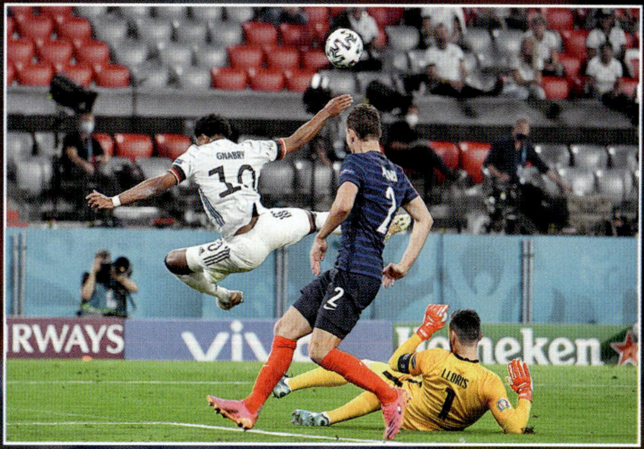

Sie versuchen alles: Serge Gnabry als bekanntes Flugobjekt im Strafraum ...

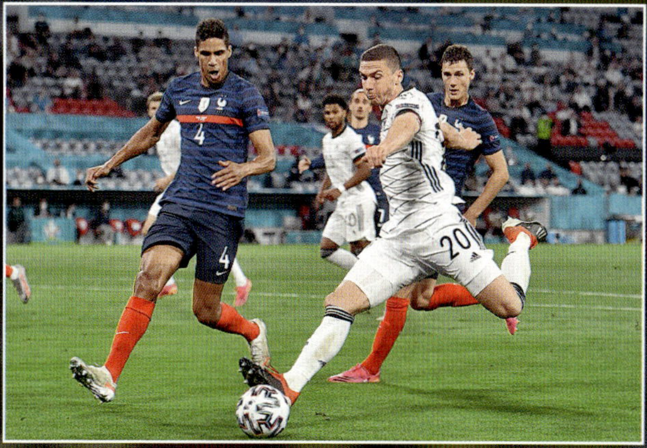

... Robin Gosens schlägt immer wieder Flanken in den französischen Strafraum ...

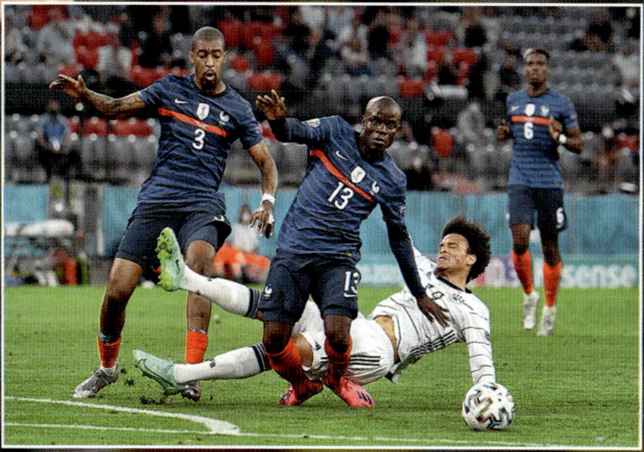

... Leroy Sané fightet mit allem, was er hat, gegen Presnel Kimpembe (hinten) und N'golo Kanté ...

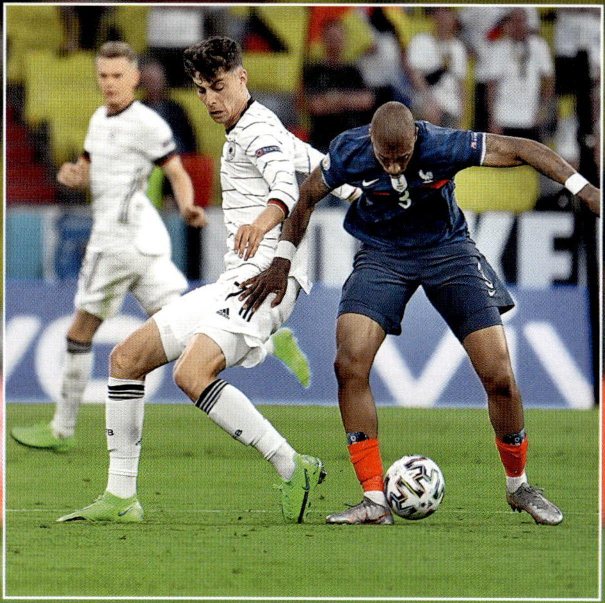

... auch Kai Havertz kann gegen Defensivkünstler Kimpembe nichts ausrichten.

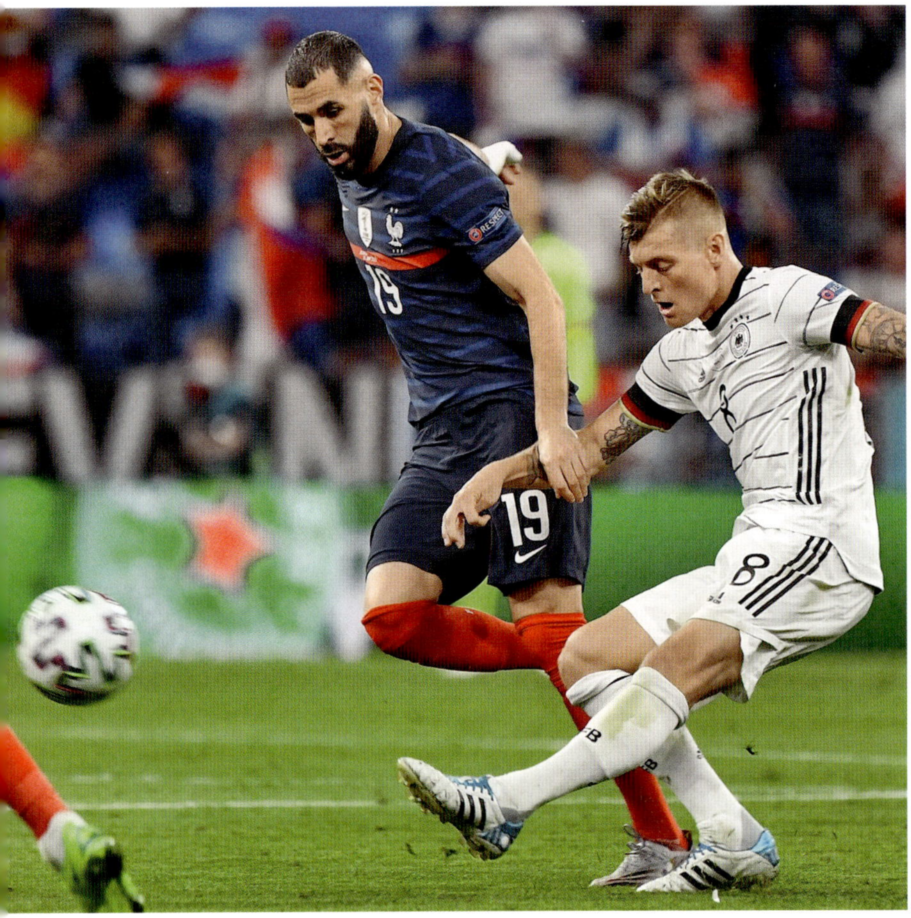

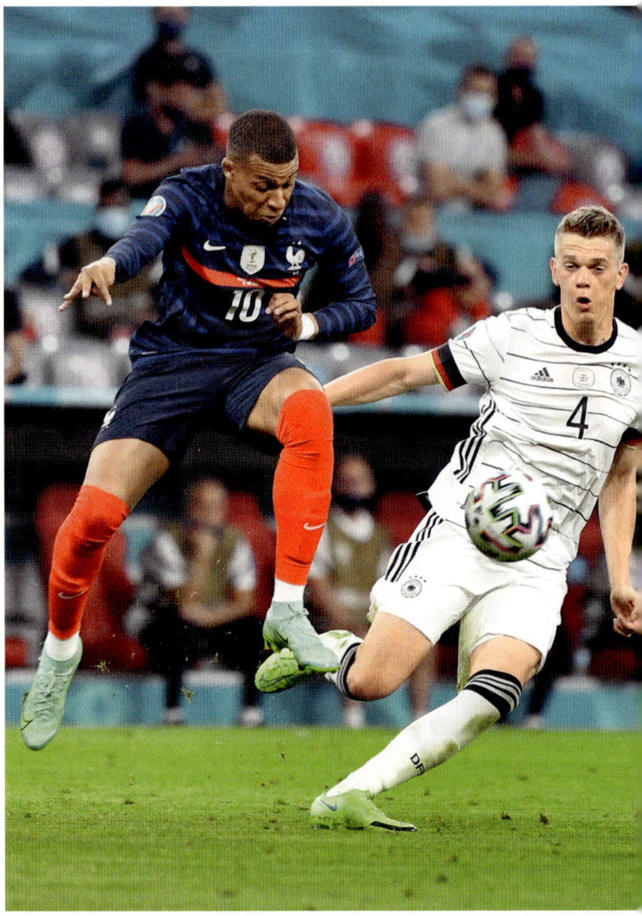

Verkehrte Rolle: Frankreichs Angreifer Karim Benzema ist sich nicht zu schade, gegen Toni Kroos defensiv zu arbeiten.

Wachhund: Matthias Ginter lässt Frankreichs Superstürmer Kylian Mbappé kaum Raum zur Entfaltung.

Viel ärgerlicher als Hummels' Missgeschick war die Entstehung dieses entscheidenden Treffers. Ein banaler Einwurf genügte, um die deutsche Defensive zu düpieren. Dabei hatte Löw im Trainingslager in Seefeld das Verteidigen von Standardsituationen, explizit auch das richtige Verhalten bei gegnerischen Einwürfen, zu einem Schwerpunktthema erklärt. Löw hatte damit auf den Umstand reagiert, dass ein Viertel der 20 Gegentore, die die Nationalelf in den 13 Länderspielen zwischen September 2020 und dem EM-Start in München kassierte, aus Standards resultierten. Antonio Rüdiger hatte allerdings in den Videositzungen offensichtlich nicht ganz genau hingeschaut. Der Champions-League-Sieger vom FC Chelsea löste nach besagtem Einwurf mit seiner ungestümen Herangehensweise die fatale Kettenreaktion aus, an deren Ende Hummels' Missgeschick stand. Der Routinier meldete sich in der Nacht auf seinem Instagram-Account mit einer Botschaft an seine Fans zu Wort: »Die Niederlage schmerzt uns sehr und mich besonders, weil mein Eigentor das Spiel am Ende entschieden hat.«

Zum ersten Mal überhaupt verlor Deutschland damit ein EM-Auftaktspiel, zum zweiten Mal in der 15-jährigen Löw-Ära als Bundestrainer startete die DFB-Elf mit einer Niederlage in ein Turnier. 2018 folgte bei der WM in Russland das desaströse Vorrunden-Aus. An eine Wiederholung verschwendete Löw in der Stunde der Niederlage keine Gedanken: »Jetzt haben wir verloren und sind alle enttäuscht, aber es ist ja nichts passiert. Wir haben noch zwei Spiele, in denen wir alles geradebiegen können.«

PRESSESTIMMEN

»Paul Pogba, der Startänzer der Blauen. Immer, wenn der Mittelfeldspieler das Nationaltrikot trägt, wächst er über sich hinaus. Gegen Deutschland hat Frankreich den ersten Gipfel bezwungen. Ein verdienter, vielversprechender Sieg.
LE MONDE (FRANKREICH)

Ein Hummels-Eigentor beschert Frankreich den idealen Auftakt. Frankreich feiert einen verdienten, aber keinesfalls spektakulären Sieg. Deutschland hielt überraschend gut mit.
THE SUN (ENGLAND)

Frankreich teilt gegen ein zahnloses Deutschland den ersten Schlag aus. Deutschland tat zu wenig, um Frankreich echte Schmerzen zuzufügen. VOETBAL INTERNATIONAL (NIEDERLANDE)

Frankreich erobert München. Riesenspiel in der Allianz-Arena. Deutschland immer wieder mit Powerplay, wurde aber dafür nicht belohnt. Am Ende hat sich der Favorit durchgesetzt, allerdings leidend und am Ende froh, als es vorbei war. Deutschland zeigte viel Kämpferherz und Aufopferungsbereitschaft, belohnt wurde es dafür aber nicht. AS (SPANIEN)

Albtraum Hummels. Eine weitere Mauer ist gestürzt: Fußball ist nicht mehr dieses einfache Spiel, in dem 22 Männer 90 Minuten lang einem Ball nachjagen, und am Ende gewinnt immer Deutschland. Frankreich ist die Mannschaft, die man in diesem Turnier besiegen muss. Sie gewinnt mit irritierender Leichtigkeit auf den Flügeln von Mbappe und Pogba.
CORRIERE DELLO SPORT (ITALIEN)

Deutschlands Nationalspieler wähnen sich gegen Frankreich trotz Niederlage ebenbürtig – dem ist nicht so. Joshua Kimmich und Toni Kroos geben sich nach der 0:1-Niederlage gegen Frankreich selbstbewusst. Trotzdem droht Deutschland schon am kommenden Samstag gegen Portugal das EM-Aus. NEUE ZÜRCHER ZEITUNG (SCHWEIZ)«

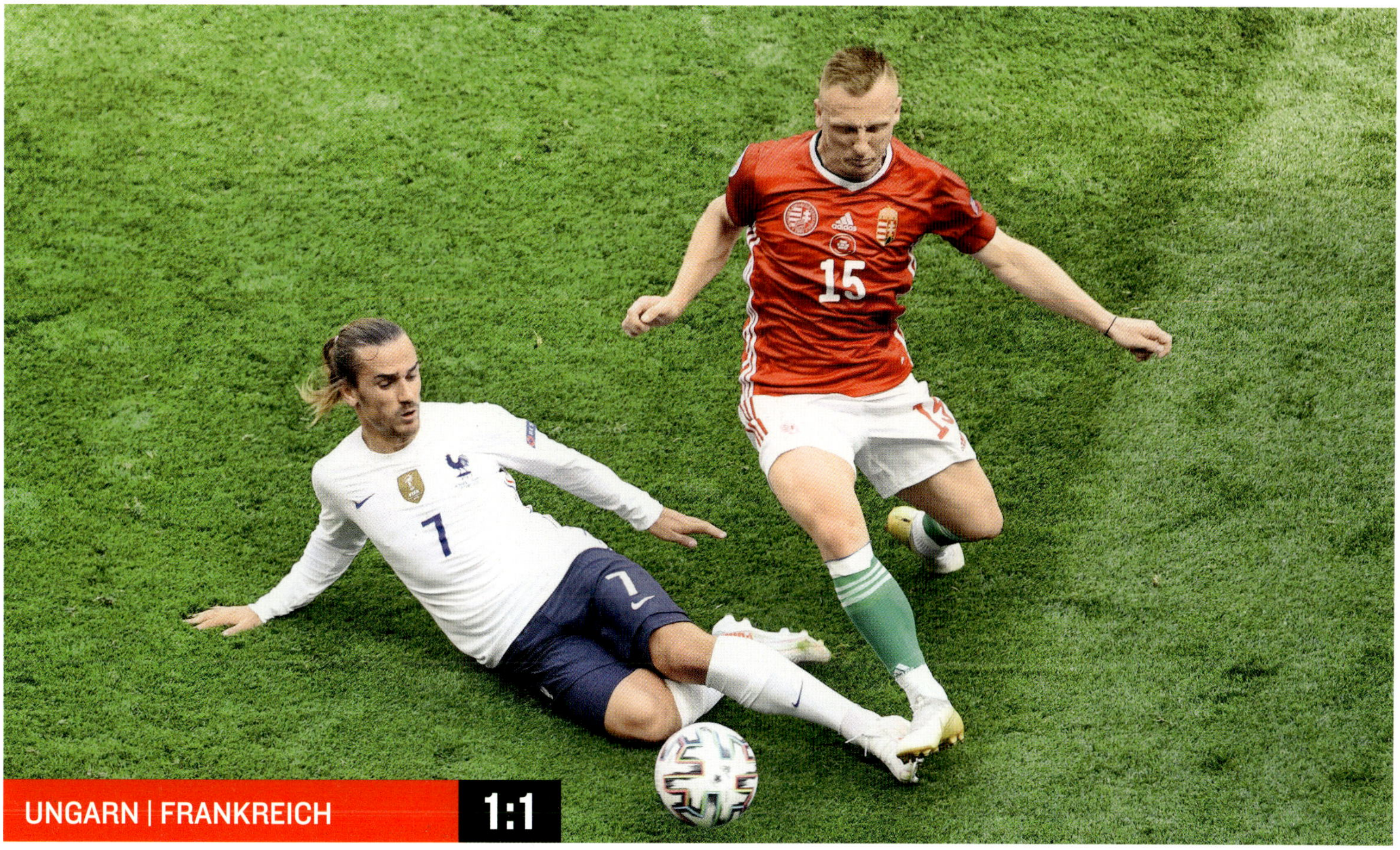

UNGARN | FRANKREICH 1:1

Griezmann versteht nichts

Die Geisterspiele der vergangenen Monate haben die Fußball-Welt daran gewöhnt, dass es kaum noch Außenseitersiege gibt. In leeren Stadien setzt sich häufiger die qualitativ bessere Mannschaft durch, Underdogs haben es ohne Unterstützung von den Rängen schwerer. In Budapest allerdings galten bei dieser Euro Vor-Pandemie-Verhältnisse. Die Puskas-Arena, der ganze Stolz des ungarischen Fußballs, war bei allen Spielen prall gefüllt – und verwandelte sich bei den Partien des Gastgeberlandes in einen Hexenkessel, den man in dieser Form lange nicht erlebt hatte.

Auch der Weltmeister Frankreich bekam das beim 1:1 zu spüren, allen voran Antoine Griezmann, der sich anschließend darüber beklagte, man habe auf dem Rasen schlicht nichts verstanden. Es war eine mutige Aussage, die nicht jedem Fan geschmeckt haben dürfte, vor allem aber war sie eine sehr läppische Entschuldigung dafür, dass Griezmann und Co gegen den klaren Außenseiter nicht gewinnen konnten.

Ja, Frankreich setzte die Ungarn unter Druck, hatte Chancen, war das bessere Team. Aber: Die individuell eigentlich hoffnungslos unterlegenen Ungarn warfen sich der französischen Übermacht entgegen wie einst Asterix den Römern. Lauf- und zweikampfstark, bissig, nie aufgebend – so raubte die Mannschaft des italienischen Trainers Marco Rossi dem großen Favoriten den Nerv. Mehr noch: Ganz am Ende der ersten Hälfte gingen die Ungarn durch Attila Fiola sogar in Führung. Er vollendete einen Konter und sorgte für eine Gefühlsexplosion in der Puskas-Arena.

Zum ganz großen Wurf indes langte es für die tapfer dagegenhaltenden Ungarn nicht. Denn Griezmann bezwang – trotz aller akustischen Störungen – dann doch noch Leipzigs Peter Gulacsi im Tor der Gastgeber (66.). Anders als gegen Portugal (0:3) aber blieben die Ungarn diesmal im Spiel und durften sich am Ende gemeinsam mit 55 998 Fans über einen überraschenden Punktgewinn freuen.

In Corona-Zeiten irritieren ihn laute und viele Zuschauer: Antoine Griezmann, grätschend gegen Lazlo Kleinheisler

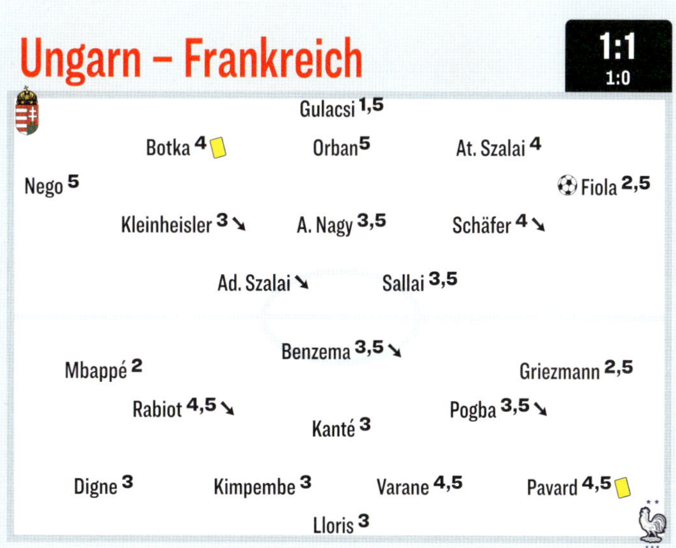

19. Juni in Budapest

UNGARN – FRANKREICH 1:1 (1:0)

EINGEWECHSELT: 26. Nikolics (4,5) für Ad. Szalai, 75. Cseri für Schäfer, 84. Lovrencsics für Kleinheisler – 57. Dembelé (3,5) für Rabiot, 76. Tolisso für Pogba, 76. Giroud für Benzema, 87. Lemar für Dembelé

TORE: 1:0 Fiola (45./+2), 1:1 Griezmann (66.)

GELBE KARTEN: Botka – Pavard

SCHIEDSRICHTER: Oliver (England)

ZUSCHAUER: 55 998

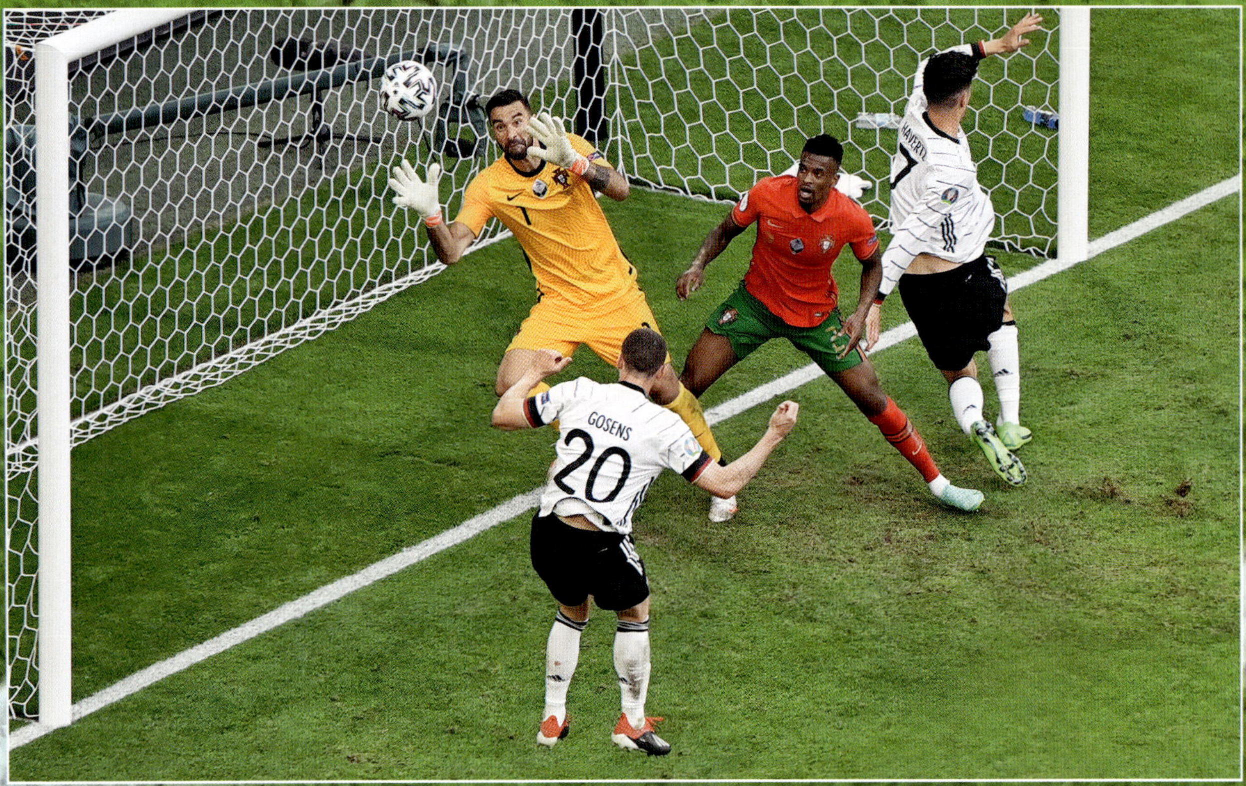

Wirbelwind auf außen: Robin Gosens köpft das 4:2 für Deutschland.

PORTUGAL | DEUTSCHLAND 2:4

Plötzlich wachsen Löw Flügel

Joachim Löw sah cool aus. Aus dem weit offenen Kragen seines dunkelblauen Hemdes schimmerte eine lange Weißgoldkette. Und Löw war tatsächlich cool, obwohl gerade für ihn viel Druck auf dem Kessel war, die Münchner Arena hätte die Sonne gar nicht auf 33 Grad aufheizen müssen. Doch der Bundestrainer kühlte die nach dem 0:1-Start gegen Frankreich aufgeregte Atmosphäre in Fußball-Deutschland ab. Von den hektischen Diskussionen über das Thema, ob die Viererkette nicht doch das

Portugal – Deutschland

2:4
1:2

Rui Patricio 3,5
Nelson Semedo 5 – Pepe 4 – Ruben Dias 4 – Guerreiro 5
Danilo Pereira 4 – William Carvalho 3,5 ↘
Bruno Fernandes 4 ↘
Bernardo Silva 5 ↘ – Cristiano Ronaldo 2 – Diogo Jota 2 ↘

Gnabry 3,5 ↘
T. Müller 2,5 – Havertz 1,5 ↘
Gosens 1 ↘ – Kroos 3 – Gündogan 3 ↘ – Kimmich 2
Rüdiger 3,5 – Hummels 3 ↘ – Ginter 2
Neuer 3,5

19. Juni in München

PORTUGAL – DEUTSCHLAND 2:4 (1:2)

EINGEWECHSELT: 46. Renato Sanches (2,5) für Bernardo Silva, 58. Rafa (4,5) für William Carvalho, 64. Joao Moutinho für Bruno Fernandes, 83. Silva für Diogo Jota – 62. Halstenberg für Gosens, 62. Can für Hummels, 73. Goretzka für Havertz, 73. Süle für Gündogan, 87. Sané für Gnabry

TORE: 1:0 Cristiano Ronaldo (15.), 1:1 Ruben Dias (35., ET), 1:2 Guerreiro (39., ET), 1:3 Havertz (51.), 1:4 Gosens (60.), 2:4 Diogo Jota (67.)

GELBE KARTEN: Havertz, Ginter

SCHIEDSRICHTER: Taylor (England)

ZUSCHAUER: 12 926

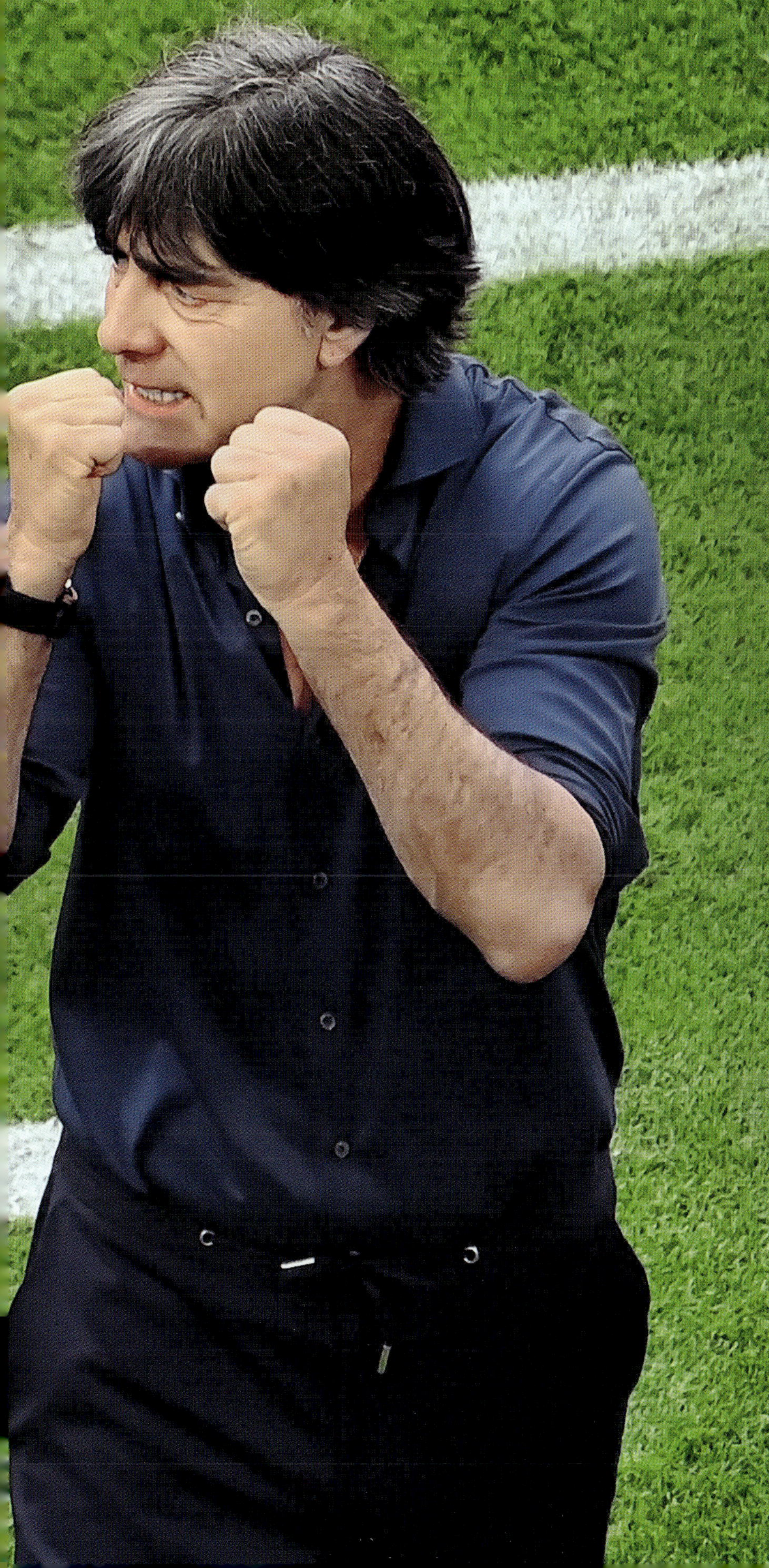

Zwei Fäuste für vier Treffer: Jogi Löw hat gegen Portugal viel Grund zur Freude.

bessere Modell sei im Vergleich zur Dreierabwehr, ließ er sich genauso wenig beeindrucken wie von der Kimmich-Debatte – rechts draußen oder im zentralen Mittelfeld? »Es ist keine Frage des Systems, sondern der taktischen Umsetzung«, dozierte der Fußballlehrer vor dem Anpfiff der zweiten Partie und tauschte gegen Portugal keinen einzigen Spieler aus. Auch das System blieb, ein variables 3-4-3. »Wir sind noch auf der Suche nach der goldenen Mitte«, sagte Löw und fügte hinzu: »Am Ende sind es die einfachen Dinge.«
Es war der entscheidende Merksatz für seine Spieler, die trotz des 0:1-Rückstands nach dilettantischem Abwehrverhalten – Ecke für Deutschland, Konter, Tor für Portugal – 90 Minuten der Leidenschaft und Hingabe darboten: Mit frühen Attacken erstickten sie jeglichen Aufbau hinter

PRESSESTIMMEN

Der Europameister hat Angst vor Deutschland. PUBLICO (PORTUGAL)

Ronaldo muss sich in Demut üben. RECORD (PORTUGAL)

Portugal am Boden. Cristiano Ronaldo, obwohl Schütze des ersten Tores, und seine Partner sind schwer auf die Schnauze gefallen. Es war ein verrücktes Spiel. LE FIGARO (FRANKREICH)

Havertz glänzt, Ronaldo brodelt: ein Thriller mit sechs Toren, Deutschland blamiert Portugal. MIRROR (ENGLAND)

Deutschland ist noch so ein Biest. Das Biest war Gosens. Wahnsinnsspektakel des linken Verteidigers der deutschen Nationalmannschaft mit zwei Vorlagen und einem Tor. AS (SPANIEN)

Gosens rettet Deutschland. Er ist der deutsche Held, obwohl er bis vor wenigen Monaten in der Heimat ein Unbekannter war, da er nie in einer deutschen Meisterschaft gespielt hat und schon mit 18 ausgewandert ist. LA REPUBBLICA (ITALIEN)

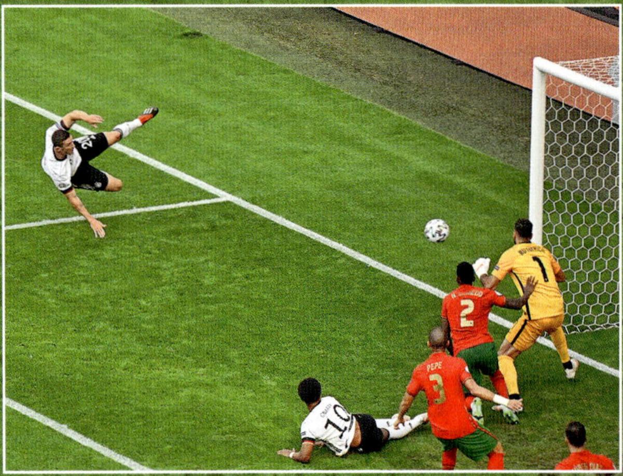

Das zählt nicht:
Ein frühes Tor von Gosens wird aberkannt, weil Serge Gnabry im Abseits steht.

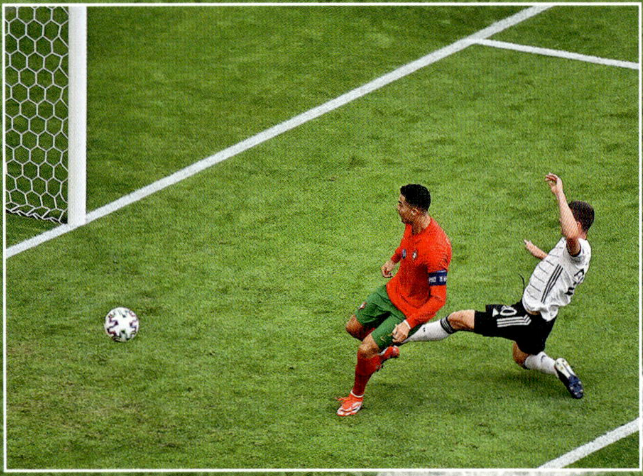

Ein Rückschlag:
Gosens kann den ersten Treffer Portugals nicht verhindern.

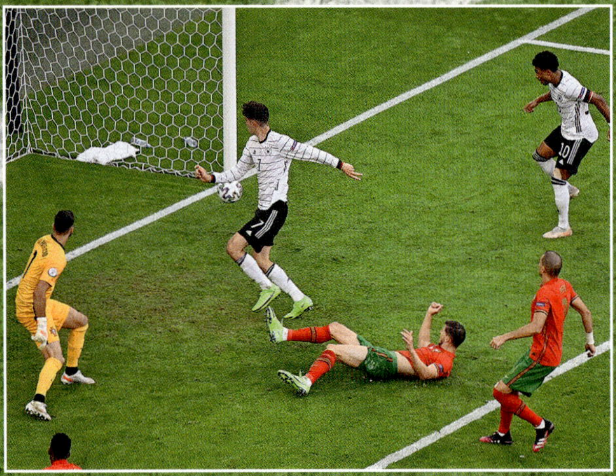

Jetzt läuft alles in die richtigen Bahnen: Kai Havertz bei seinem 3:1

»unwirklich … magisch … affengeil«

Robin Gosens

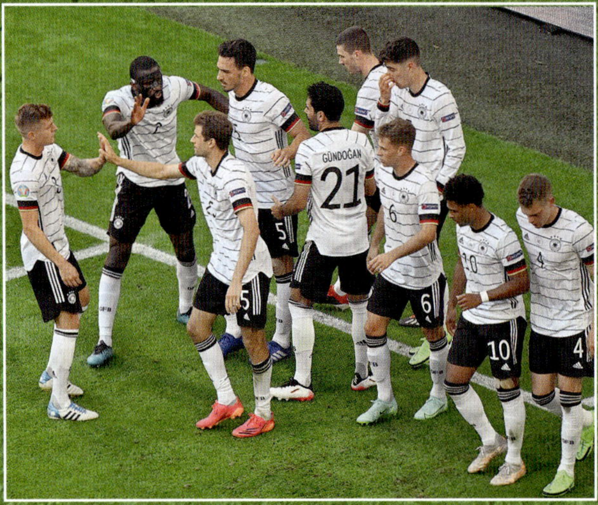

Die Mannschaft jubelt:
Mit dem Sieg über Portugal fällt den deutschen Spielern eine gewaltige Last von den Schultern.

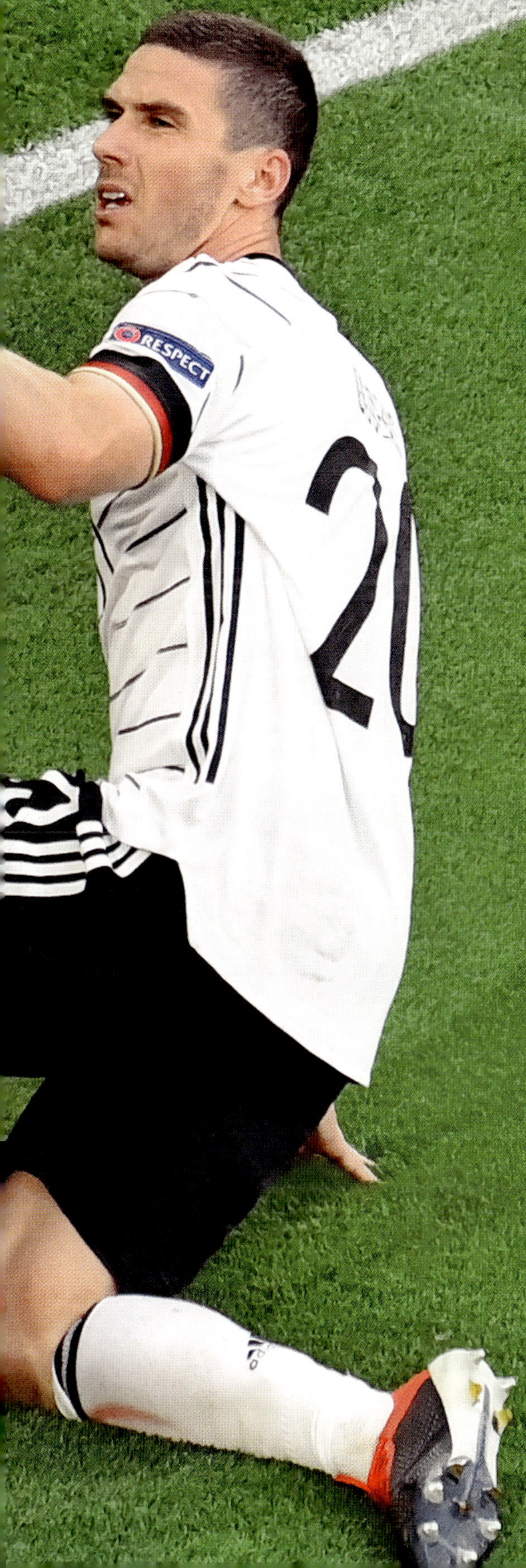

MATCH-DATEN

PORTUGAL		DEUTSCHLAND
2	Tore	4
7	Torschüsse gesamt	12
2	Torschüsse aufs Tor	7
5	begangene Fouls/Handspiele	15
360	erfolgreiche Pässe	524
86 %	Passquote	90 %
42 %	Ballbesitz	58 %
55 %	Zweikampfquote	45 %
0	Gelbe Karten	2
0	Rote Karten	0
2	Abseits	1
6	Ecken	3

Superstar Cristiano Ronaldo, um ihrerseits den portugiesischen Strafraum von den Flügeln aus mit Flanken zu fluten. So resultierten alle vier Treffer aus hohen oder halbhohen Hereingaben, zweimal lenkten die rot-grünen Gegner den Ball selbst in ihr Tor, erst Ruben Dias, dann Guerreiro, ehe sich Kai Havertz zum jüngsten deutschen EM-Torschützen und Robin Gosens zum neuen Publikumsliebling machten. Der Mann, der entlang der linken Bande bis zu seiner Auswechslung nonstop aktiv gewesen war, wuchtete mit dem Kopf Joshua Kimmichs Flugball zum 4:1 ins Netz, bereitete zudem das 1:1 und das 3:1 vor. Als »unwirklich«, »magisch«, »affengeil« empfand Gosens, der Mann mit der authentischen Sprache, das nur eine gute Stunde lang aktiv Erlebte, weil er nach getaner Schweißarbeit völlig ausgelaugt vorzeitig Feierabend hatte. »Wie kannst du dich nach einer Stunde auswechseln lassen?«, fragte ihn Thomas Müller und gab selbst die Antwort: »Ach ja, du spielst ja in Italien« – da reiche die Energie nicht länger. Gosens, bei Atalanta Bergamo, lachte über das Späßchen des ewigen Bayern und konterte lässig: »Besser 60 gute Minuten als 90 schlechte.« Er hatte 60 herausragende hingelegt. »Ultrahappy« hatte ihn »die Hütte«, also das erzielte Tor, gemacht. Er hätte sich »gerne zwicken« lassen, »aber selbst dann glaube ich es nicht«. Es war für den Spätberufenen – erst neun Länderspiele mit immerhin schon 26 Jahren – ein schöner Traum, die deutschen Fans feierten das siegreiche DFB-Team: »Oh, wie ist das schön«, so was hatten sie ja lange nicht gesehen von der Nationalmannschaft. »Natürlich gibt so ein Erfolg eine gewisse Stärkung«, sagte Löw nach dieser mitreißenden Show. Trotz der Niederlage gegen den Weltmeister aus Frankreich habe er, der Chef, »nie gezweifelt«. Entsprechend zuversichtlich war er aufgetreten, sein Bekenntnis zu diesem System und Personal wurde gerechtfertigt. Ob es nun Sturheit oder Überzeugung beim Bundestrainer gewesen war, wie gemutmaßt wurde, ist unerheblich. Es war erfolgreich.

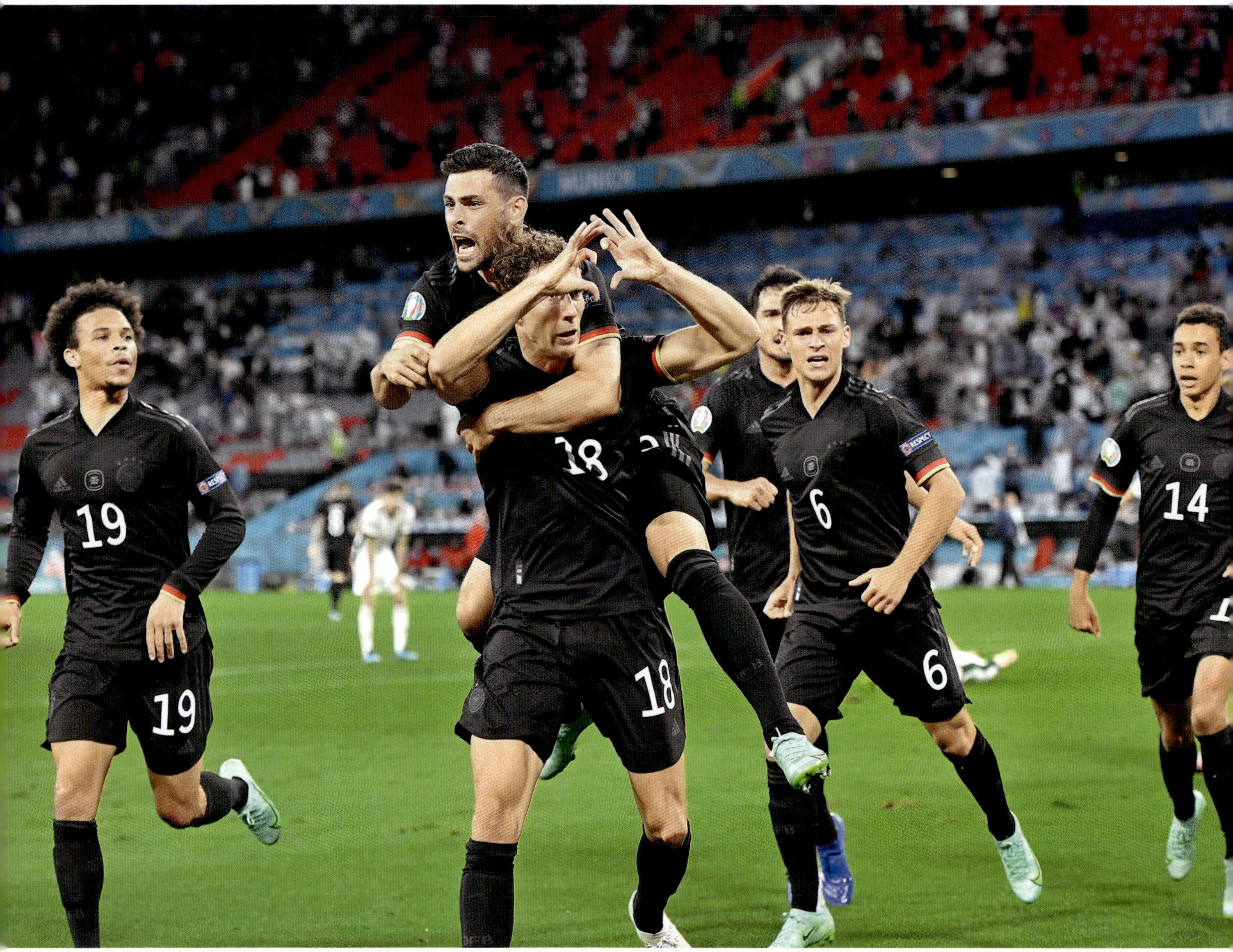

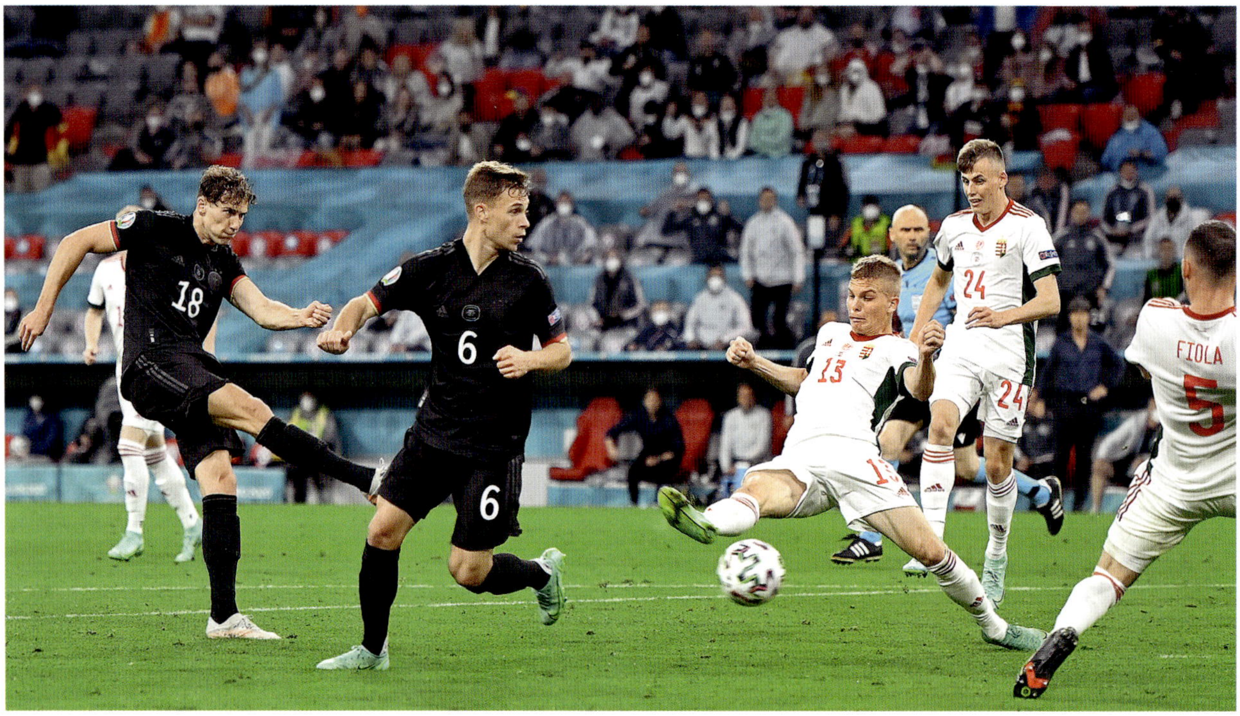

Tor und Herz: Leon Goretzka trifft zum 2:2, sichert so Deutschland das Weiterkommen und setzt ein Zeichen für Toleranz in Richtung der ungarischen Fans.

DEUTSCHLAND | UNGARN 2:2

Goretzka mit Tor und Herz

Betont gelassen hatte sich Bundestrainer Joachim Löw während der Gruppenphase dieser Europameisterschaft gegeben. Er habe noch mehrere Spiele vor sich, sagte er beispielsweise vor der zweiten Partie gegen Portugal, die sein Team mit 4:2 gewann. Mehr als zwei sollte das heißen – doch dieses Unterfangen wäre im dritten und abschließenden Gruppenspiel gegen Ungarn fast schiefgegangen. Am Ende eines wilden Spiels stand nach Leon Goretzkas Willens-Tor in der 84. Minute ein 2:2, das Löw und seine Mannschaft so gerade noch vor der Blamage rettete.

Tagelang war im Vorfeld der Begegnung darüber diskutiert worden, ob die Münchner Arena in Regenbogen-Farben getaucht werden darf oder nicht. Am Ende lehnte die UEFA ab, weil sie den Vorschlag als »politisch motiviert« betrachtete. Und ein Zusammenhang mit einem umstrittenen ungarischen Gesetz, das die Informationsmöglichkeiten von Jugendlichen zu Homo- und Transsexualität erheblich einschränkt, war ja auch von niemandem abgestritten worden. Also leuchtete die Arena nicht in bunten Farben, dafür sah man überall im Stadion und im Umfeld Regenbogen-Fähnchen und bunte Gesichtsmasken. Auch Manuel Neuers Kapitänsbinde sendete durch ihre Farbgebung erneut ein Signal für Vielfalt und Toleranz – zum Unmut der überwiegend in Schwarz gekleideten ungarischen Fans, die sich hinter dem Tor aufgebaut hatten und in der zweiten Hälfte von deutschen Polizisten in Schach gehalten werden mussten, als Goretzka direkt vor ihren Augen mit den Händen ein Herz-Zeichen formte. Die Botschaft dieser kleinen Provokation war klar – und bescherte dem entscheidenden Torschützen nach seinem Treffer ein zweites Mal Applaus der deutschen Fans.

Bis dahin allerdings war es ein hartes Stück Arbeit für das DFB-Team, das ganz anders auftrat als noch gegen Portugal, obwohl Löw nur eine Veränderung vorgenommen hatte: Leroy Sané ersetzte den angeschlagenen Thomas Müller. Die Ungarn allerdings traten deutlich anders auf als zuvor die Portugiesen. Sie schenkten den Deutschen keinen Raum, gingen bissig in die Zweikämpfe, befreiten sich darüber hinaus immer wieder geschickt aus der eigenen Hälfte.

Adam Szalais Führungstreffer in der elften Minute war die fast logische Konsequenz – und schockte Löw und seine Mannschaft sichtlich im Sturzregen von München. Es dauerte bis zur 66. Minute, ehe nach einem Fehler von Leipzigs Peter Gulacsi Kai Havertz zum Ausgleich traf, doch der Jubel war kaum verhallt, da stand es nach Andras Schäfers Treffer schon wieder 1:2.

Löw wechselte alles an Offensivkräften ein, was die Bank hergab. Doch lange Zeit blieb das Anrennen planlos und stumpf. Erst Goretzka fand nach schöner Vorarbeit von Jamal Musiala und einem abgeblockten Schuss von Timo Werner die Lücke, die den Weg ins Achtelfinale ebnete.

Der erste Ausgleich: Kai Havertz köpft das 1:0.

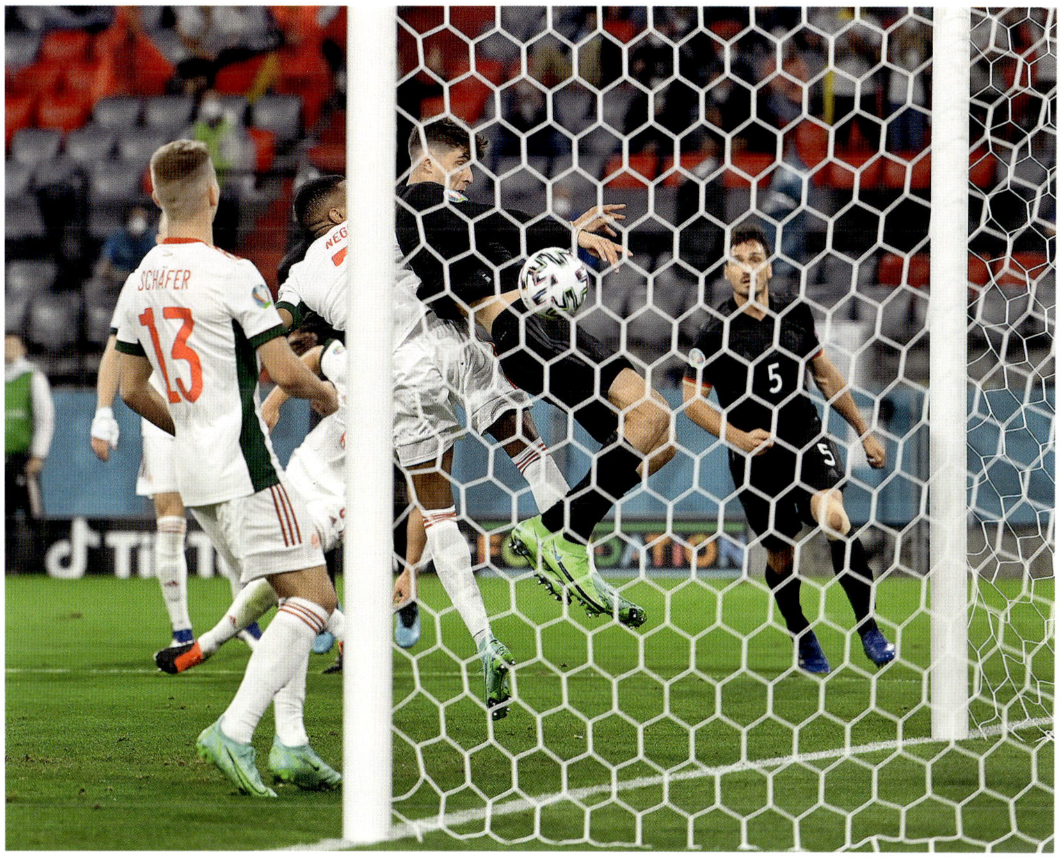

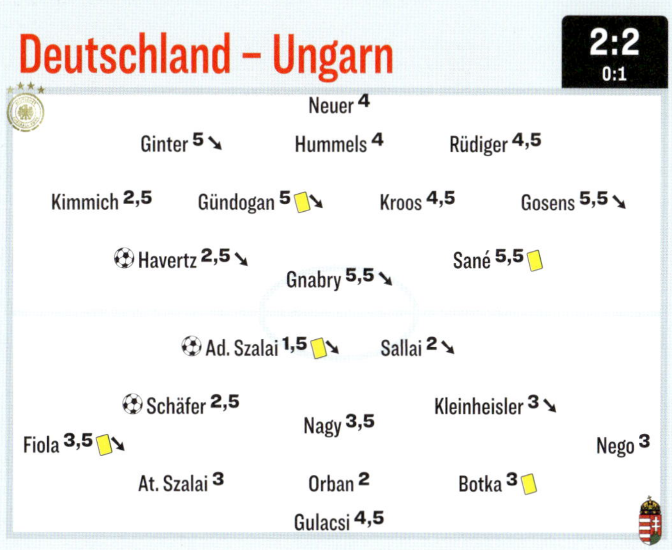

23. Juni in München

DEUTSCHLAND – UNGARN 2:2 (0:1)

EINGEWECHSELT: 58. Goretzka (2) für Gündogan, 67. Müller für Gnabry, 67. Werner für Havertz, 82. Musiala für Gosens, 82. Volland für Ginter – 75. Schön für Sallai, 82. K. Varga für Ad. Szalai, 88. Nikolics für Fiola, 88. Lovrencsics für Kleinheisler

TORE: 0:1 Ad. Szalai (11.), 1:1 Havertz (66.), 1:2 Schäfer (68.), 2:2 Goretzka (84.)

GELBE KARTEN: Gündogan, Sané – Botka, Ad. Szalai, Fiola

SCHIEDSRICHTER: Karasev (Russland)

ZUSCHAUER: 12 413

MATCH-DATEN

DEUTSCHLAND		UNGARN
2	Tore	2
18	Torschüsse gesamt	9
6	Torschüsse aufs Tor	4
8	begangene Fouls/Handspiele	10
656	erfolgreiche Pässe	168
91 %	Passquote	71 %
75 %	Ballbesitz	25 %
56 %	Zweikampfquote	44 %
2	Gelbe Karten	3
0	Rote Karten	0
2	Abseits	0
6	Ecken	1

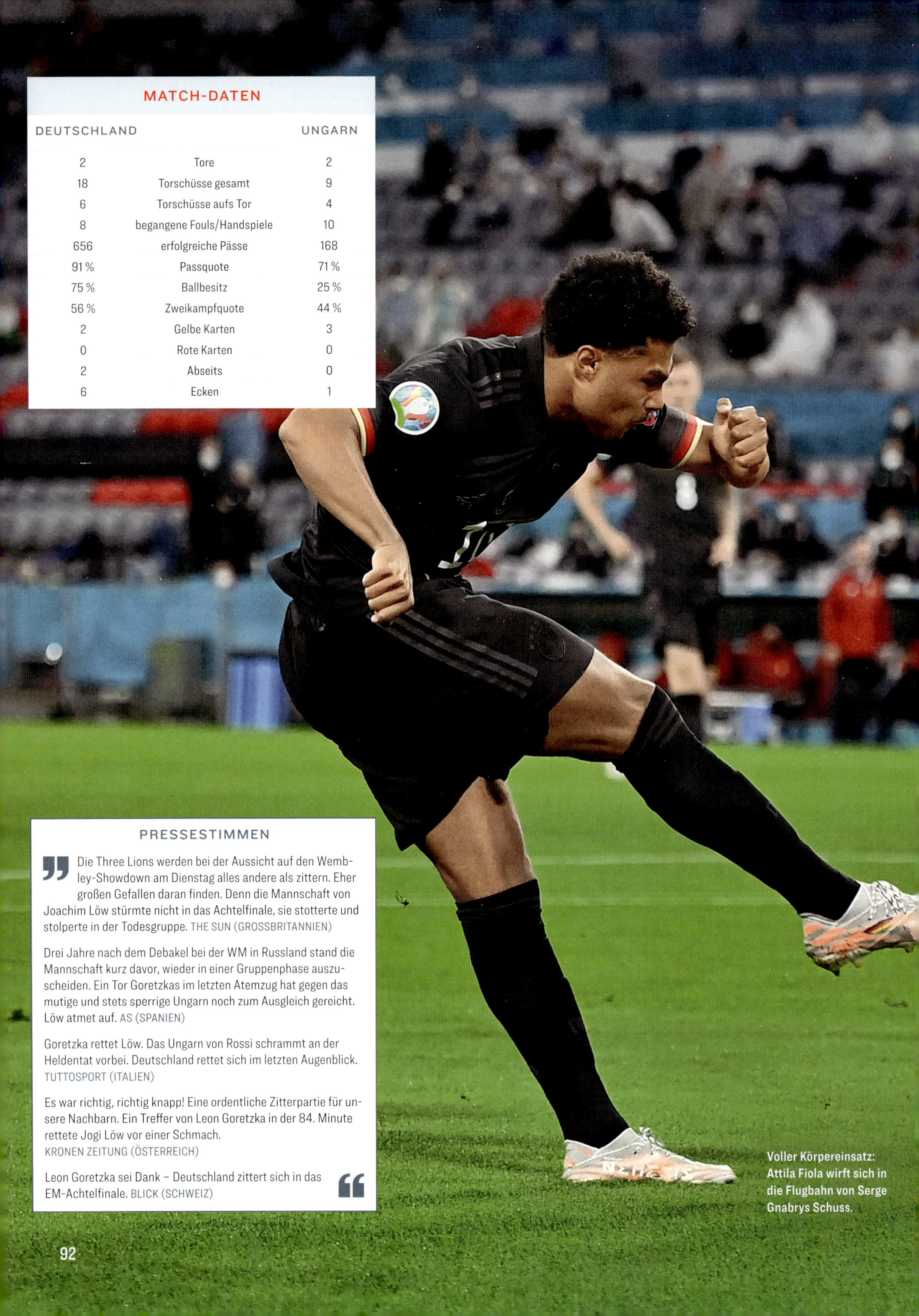

PRESSESTIMMEN

Die Three Lions werden bei der Aussicht auf den Wembley-Showdown am Dienstag alles andere als zittern. Eher großen Gefallen daran finden. Denn die Mannschaft von Joachim Löw stürmte nicht in das Achtelfinale, sie stotterte und stolperte in der Todesgruppe. THE SUN (GROSSBRITANNIEN)

Drei Jahre nach dem Debakel bei der WM in Russland stand die Mannschaft kurz davor, wieder in einer Gruppenphase auszuscheiden. Ein Tor Goretzkas im letzten Atemzug hat gegen das mutige und stets sperrige Ungarn noch zum Ausgleich gereicht. Löw atmet auf. AS (SPANIEN)

Goretzka rettet Löw. Das Ungarn von Rossi schrammt an der Heldentat vorbei. Deutschland rettet sich im letzten Augenblick. TUTTOSPORT (ITALIEN)

Es war richtig, richtig knapp! Eine ordentliche Zitterpartie für unsere Nachbarn. Ein Treffer von Leon Goretzka in der 84. Minute rettete Jogi Löw vor einer Schmach. KRONEN ZEITUNG (ÖSTERREICH)

Leon Goretzka sei Dank – Deutschland zittert sich in das EM-Achtelfinale. BLICK (SCHWEIZ)

Voller Körpereinsatz: Attila Fiola wirft sich in die Flugbahn von Serge Gnabrys Schuss.

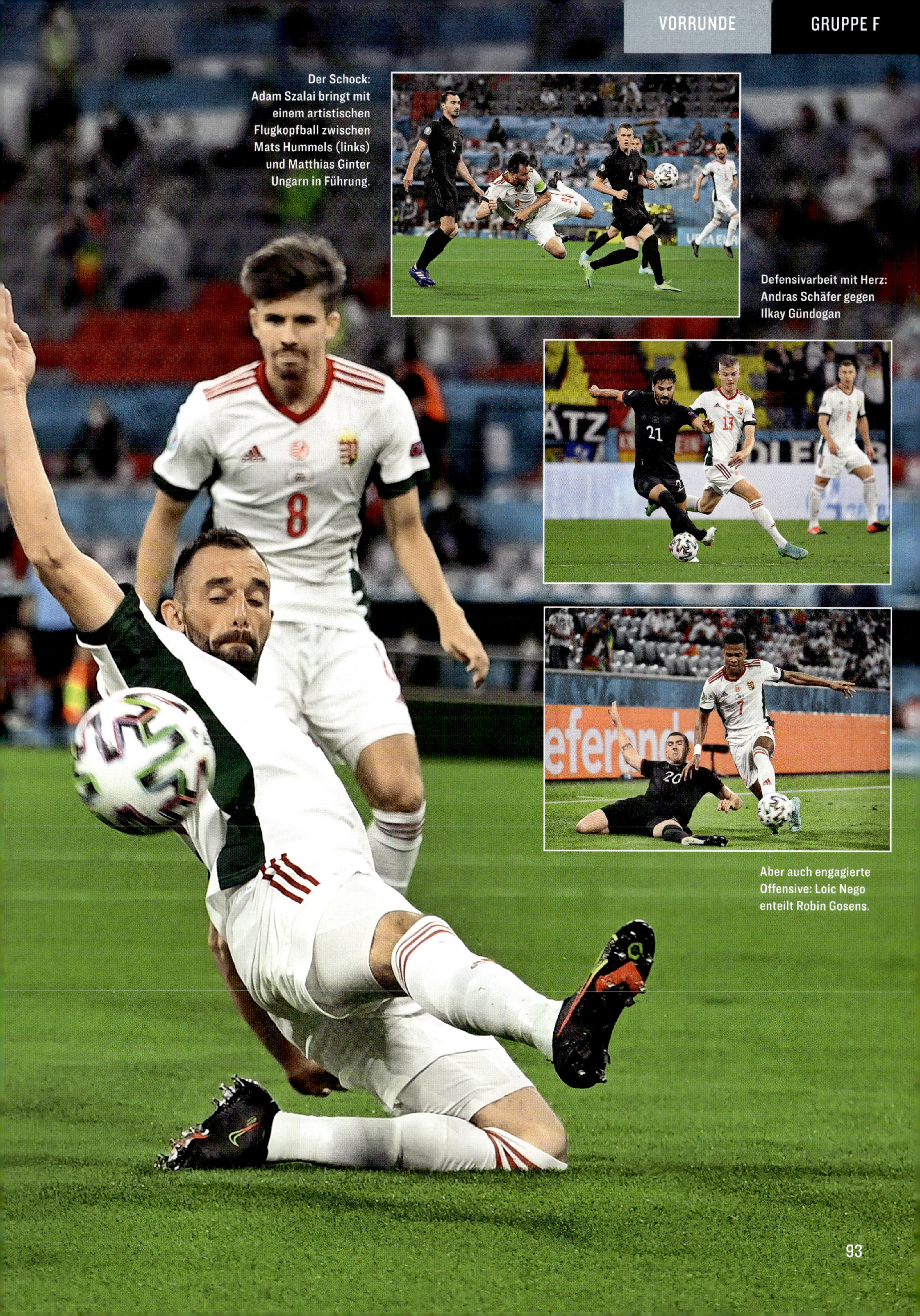

Der Schock: Adam Szalai bringt mit einem artistischen Flugkopfball zwischen Mats Hummels (links) und Matthias Ginter Ungarn in Führung.

Defensivarbeit mit Herz: Andras Schäfer gegen Ilkay Gündogan

Aber auch engagierte Offensive: Loic Nego enteilt Robin Gosens.

PORTUGAL | FRANKREICH **2:2**

Champions-League-Sieger unter sich

Arm in Arm liefen Karim Benzema und Cristiano Ronaldo nach dem Schlusspfiff über den Rasen der Budapester EM-Arena. Die einstigen Teamkollegen, die mit Real Madrid viermal die Champions League gewannen, waren in diesem letzten Gruppenspiel zwischen Frankreich und Portugal die entscheidenden Figuren. Und doch hatte dieser Abend, der mit 2:2 ein für beide Seiten zum Weiterkommen reichendes Resultat brachte, für die beiden Doppel-Torschützen eine ganz unterschiedliche Bedeutung. Cristiano Ronaldo fügte mit den beiden Elfmeter-Toren seinen unzähligen persönlichen Bestmarken einen weiteren Rekord hinzu. Mit nunmehr 109 Toren in Länderspielen zog er mit dem einst für Arminia Bielefeld, den FC Bayern und Hertha BSC aktiven Bundesliga-Profi Ali Daei gleich, der diese Marke zwischen 1993 und 2006 für den Iran aufgestellt hatte.
Für Benzema waren seine Länderspieltore Nummer 28 und 29, mit denen er Frankreich den Gruppensieg sicherte, die ersten seit dem 8. Oktober 2015. Da hatte der inzwischen 33-jährige Stürmer beim 4:0 gegen Armenien ebenfalls doppelt getroffen. Danach flog er aus Frankreichs Kader, weil er mutmaßlich in die Sexvideo-Erpressung

Portugal – Frankreich

2:2 1:1

Rui Patricio 2

Nelson Semedo 4,5 ↘ Pepe 3 Ruben Dias 4 Guerreiro 3,5

Danilo Pereira 3 ↘

Renato Sanches 3 ↘ Joao Moutinho 3 ↘

Bernardo Silva 3,5 ↘ Cristiano Ronaldo 1,5 Diogo Jota 4

Benzema 1,5

Griezmann 3 ↘

Mbappé 2,5

Tolisso 3,5 ↘

Kanté 3 Pogba 2

Hernandez 3,5 ↘ Kimpembe 3 Varane 3 Koundé 5

Lloris 4

23. Juni in Budapest

PORTUGAL – FRANKREICH 2:2 (1:1)

EINGEWECHSELT: 46. Joao Palhinha (4) für Danilo Pereira, 72. Bruno Fernandes für Bernardo Silva, 73. Ruben Neves für Joao Moutinho, 79. Diogo Dalot für Nelson Semedo, 87. Sergio Oliveira für Renato Sanches – 46. Digne für Hernandez, 52. Rabiot (3,5) für Digne, 66. Coman für Tolisso, 87. Sissoko für Griezmann

TORE: 1:0 Cristiano Ronaldo (30., FE), 1:1 Benzema (45./+2, FE), 1:2 Benzema (48.), 2:2 Cristiano Ronaldo (60., HE)

GELBE KARTEN: Lloris, Hernandez, Griezmann, Kimpembe

SCHIEDSRICHTER: Mateu Lahoz (Spanien)

ZUSCHAUER: 54 886

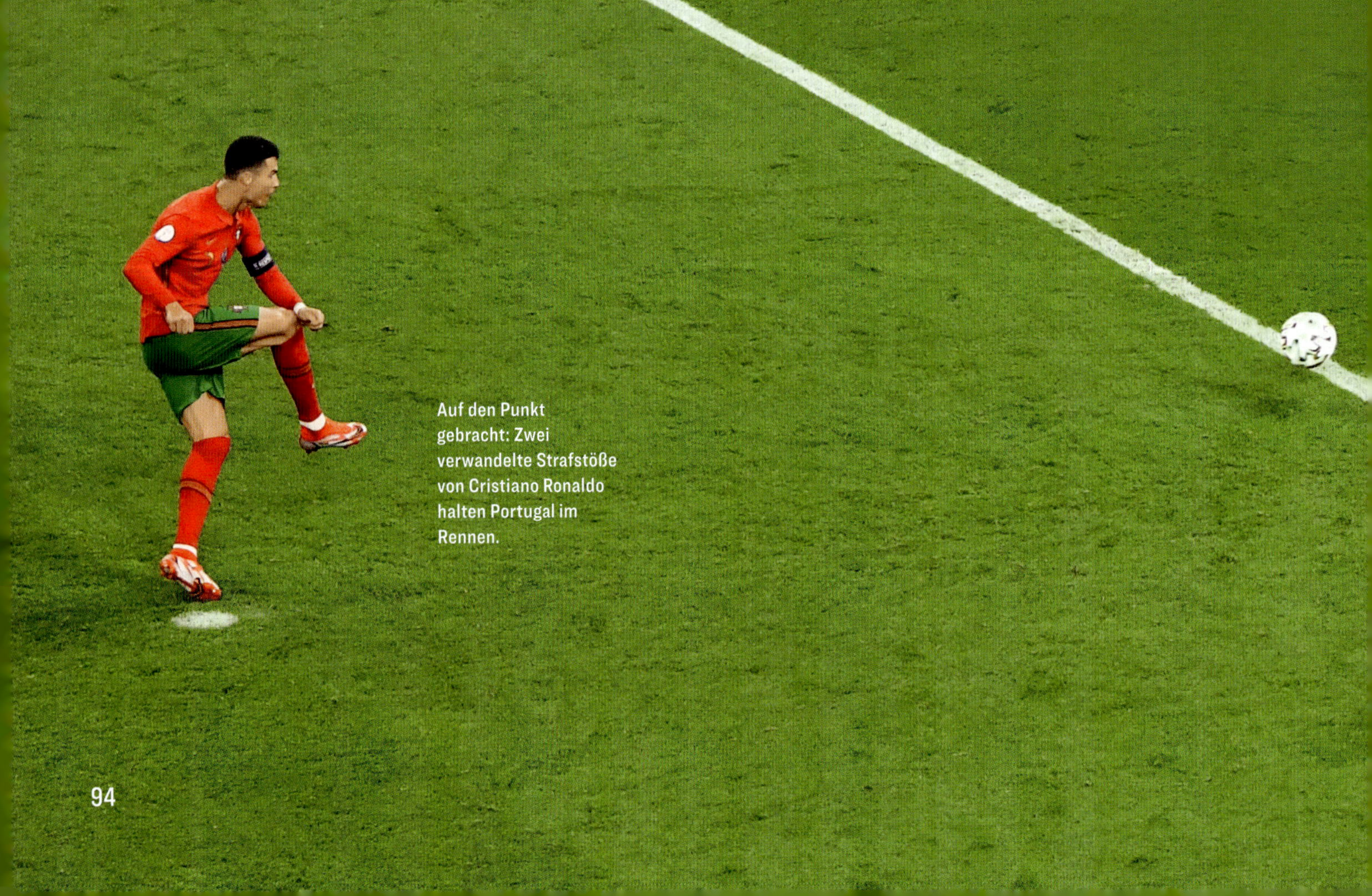

Auf den Punkt gebracht: Zwei verwandelte Strafstöße von Cristiano Ronaldo halten Portugal im Rennen.

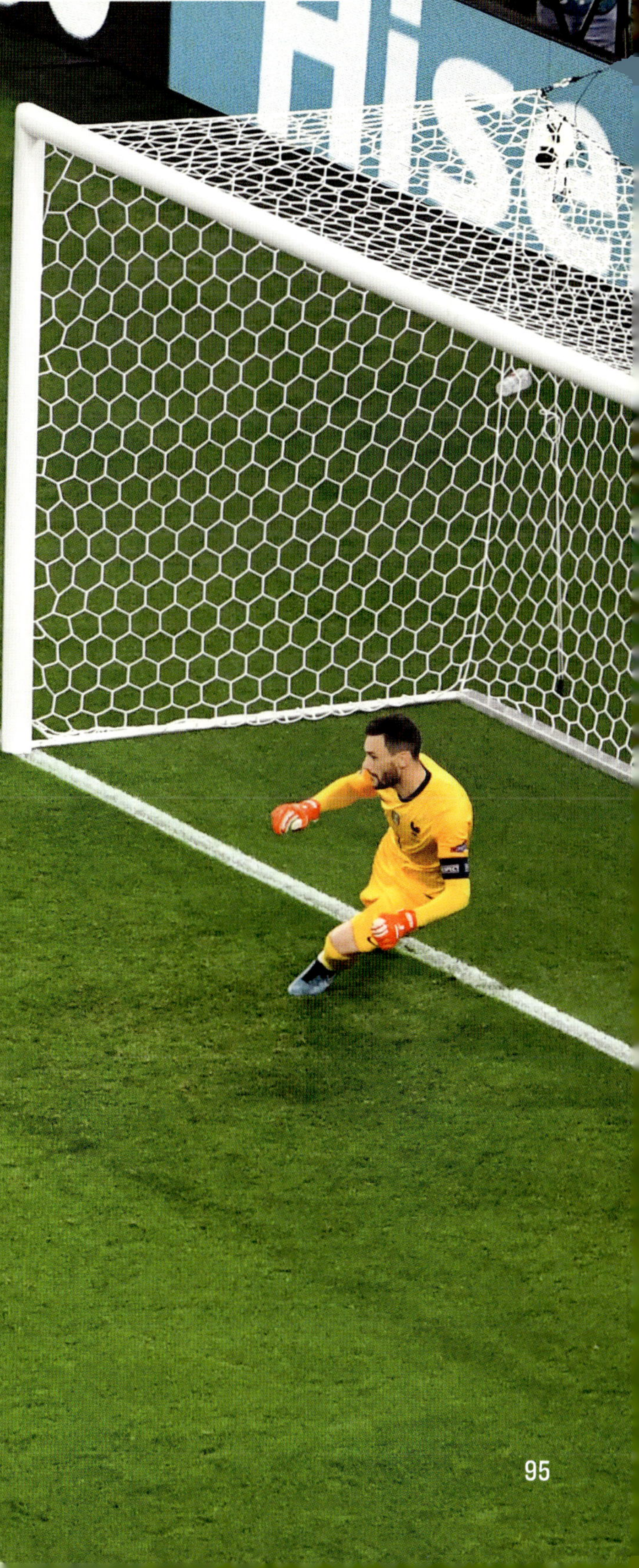

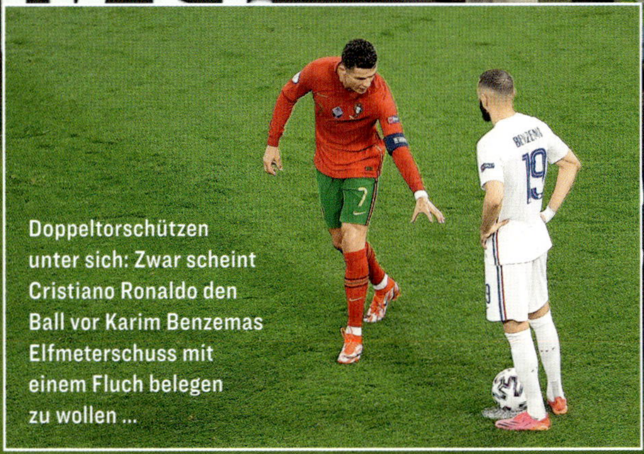

Doppeltorschützen unter sich: Zwar scheint Cristiano Ronaldo den Ball vor Karim Benzemas Elfmeterschuss mit einem Fluch belegen zu wollen ...

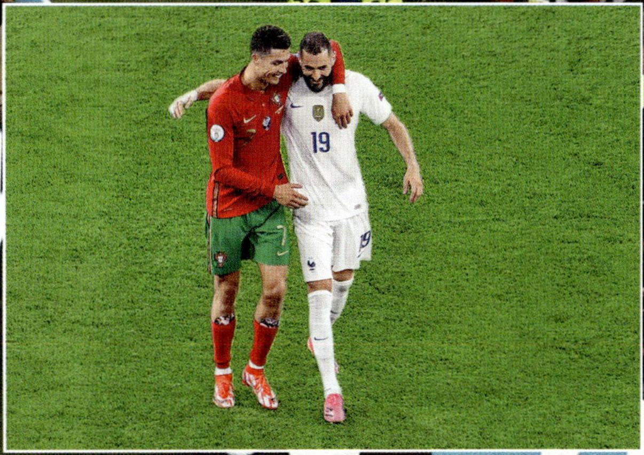

... aber sein ehemaliger Teamkollege von Real Madrid trifft ebenfalls zweifach, und so freuen sich schließlich beide über das Weiterkommen.

eines Teamkollegen verwickelt war und obendrein die Nichtberücksichtigung für die Heim-EM 2016 mit seiner algerischen Herkunft begründete.

Dass Nationalcoach Didier Deschamps den Angreifer, der in der vergangenen Saison mit 30 Pflichtspieltoren für Real für sich warb, trotz aller Verwerfungen nach gut fünfeinhalb Jahren aus dem Exil holte und für die EM nominierte, war für die Franzosen eine Sensation. Und die Vorbehalte, die viele Fans hatten, wuchsen mit jedem torlosen Länderspiel des Rückkehrers. In den Testspielen gegen Wales (3:0), als er zudem einen Elfmeter verschoss, und Bulgarien (3:0) ging er leer aus, ebenso in den EM-Gruppenspielen gegen Deutschland (1:0) und Ungarn (1:1). Gegen Portugal aber verwandelte der Routinier in der Nachspielzeit der ersten Halbzeit einen Strafstoß souverän, und kurz nach der Pause vollendete er einen Traumpass von Paul Pogba gekonnt zur zwischenzeitlichen Führung.

»Alles für Frankreich«, hatte Deschamps Benzemas Rückholaktion begründet – in Budapest zeigte der Begnadigte erstmals, wie wertvoll er für »Les Bleus« sein kann.

KOMMENTAR

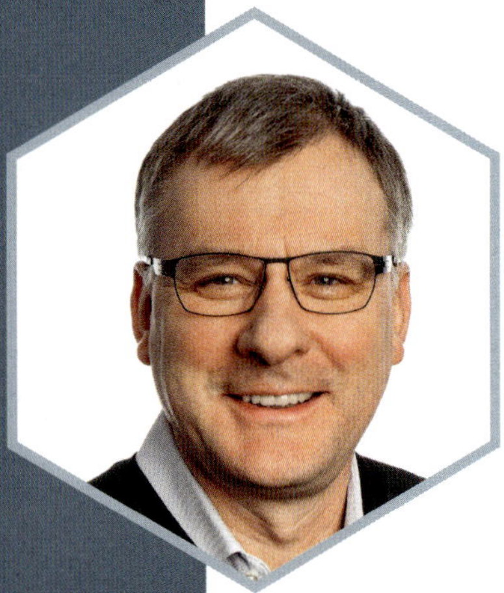

KICKER-CHEFREDAKTEUR JÖRG JAKOB:

SCHNELL IST VIEL POLITIK IM SCHÖNEN SPIEL

Es ist wie unter einer Glocke. Die Pandemie dämpft alles. Es dauert einige Zeit, bis einem dämmert: Diese Europameisterschaft ist sportlich und im Ablauf tatsächlich viel besser als der Ruf, der ihr vorauseilte. Klar: Die unterschiedlichen epidemiologischen Lagen legen sinnvolle, differenzierte Lockerungen und damit variierende Zuschauerzulassungen nahe. Die EM bleibt jedoch in dieser Gruppenphase umstritten, weil der Umgang mit den Corona-Maßnahmen an manchen Schauplätzen zweifelhaft ist. Europa gibt kein harmonisiertes Bild ab. Wie denn auch, da der Kontinent schon politisch so zerklüftet ist?

Als die ersten EM-Teilnehmer gerade ausgeschieden sind, tagt der letzte EU-Gipfel mit der Bundeskanzlerin Angela Merkel und hat diese nicht neue Erkenntnis zum Ergebnis: Es bedarf eines fortwährend zähen Ringens, um annähernd eine Einheit zu formen. Erfolg gibt es auf allen Ebenen nur in kleinen Schritten. Und was gut gemeint ist, wie ein paneuropäisches Turnier 60 Jahre nach der ersten Meisterschaft des Kontinentalverbandes UEFA, ist nicht sogleich auch gut gemacht. Da ist's im Fußball wieder mal wie im Leben.

Warum dieser Einstieg? Weil die um ein Jahr verspätete EURO 2020 rasch als die politischste EM oder WM bisher gilt. Das Prädikat rührt nicht von den anhaltenden Diskussionen darüber, ob eine EM in zehn Staaten und elf Stadien, zumal in Zeiten einer Pandemie, sein muss. Es kommt vor allem daher, dass die Öffentlichkeit den Sport und gerade den Profifußball heute mehr denn je in die gesellschaftliche Verantwortung nimmt. Wodurch Fragen entstehen an die UEFA und überhaupt alle Beteiligten. Danach: Wie es sich verhält mit den Grundwerten und Menschenrechten bei Gastgebern wie Aserbaidschan, Russland, Ungarn. Wo der Grundsatz der Neutralität und die politische Enthaltsamkeit enden. Wann es höchste Zeit ist, für die penetrant mit Worten propagierte Vielfalt, Toleranz und Weltoffenheit auch einmal mit glaubwürdigen Taten einzutreten.

Die Umweltschutzorganisation Greenpeace schießt sich ins Knie, als einer ihrer Aktivisten vor dem deutschen Auftakt gegen Frankreich aus der Luft mit einem Motor-Schirm in die Münchner Arena eindringt, das Leben von Zuschauern gefährdet und zwei Menschen mit seiner verantwortungslosen und schließlich verunglückten Protestaktion verletzt.

Der europäische Verband schießt ein Eigentor, als ihm der Befreiungsschlag inmitten eines klassischen sport- und verbandspolitischen Dilemmas nicht gelingt. Den Antrag, am Spieltag der Partie Deutschland gegen Ungarn das Stadion in Regenbogenfarben illuminieren zu lassen, lehnt er ab. Damit ein leuchtendes Signal der Toleranz und Akzeptanz von sexuellen Minderheiten. Für die bunte Binde des deutschen Kapitäns Manuel Neuer war noch ein »good cause« reklamiert worden. Aber weil das noch größere Signal auch ein konkreter Protest gegen die aktuelle Politik der ungarischen Regierung und ein Schwule und Lesben diskriminierendes Gesetz ist, gibt es dafür kein grünes Licht. Ein Versagen der UEFA, häufig als Einknicken vor Ungarns Staatschef Viktor Orban interpretiert, der das Stadion in Budapest mit Zehntausenden füllt und recht früh als alternativen Endspielort positioniert. Merkel und Kollegen sagen Orban deutlicher die Meinung über sein undemokratisches Treiben, als es UEFA-Chef Aleksander Ceferin, zumindest öffentlich, sich leisten will.

Zurück zum Sport, bei den Eigentoren können wir bleiben. Denn sie zählen zu den spektakulären Facetten der Gruppenphase. Acht werden es insgesamt. Das ist ein Rekord. Alle bisherigen Finalturniere zusammengerechnet, stehen nur neun Treffer ins falsche Ziel zu Buche. Dreimal bugsieren Torhüter die Kugel ins Netz hinter sich – zuvor war noch keinem Schlussmann bei einer EM-Endrunde dieses Missgeschick unterlaufen.

Dass diese Europameisterschaft besser wird als ihr Ruf, lässt sich schon gleich zu ihrem Beginn spüren. Die Eröffnungsfeier ist angemessen kompakt und feierlich choreografiert. Als im Olympiastadion von Rom die Nationalhymnen Italiens und der Türkei erklingen, Spieler und Zuschauer inbrünstig mitsingen, wird es auf natürliche Weise emotional: Das Comeback der Fans ist ein Segen. Knapp 13000 vermitteln auch den Daheimgebliebenen vor den Bildschirmen: Ein großes Stück Glück ist zurück. »Fratelli d'Italia« erklingt, und so spielen sie, die Italiener bestechen mit Leidenschaft und Teamgeist im Eröffnungsspiel (3:0) und setzen ihre begeisternde Begeisterung fort – drei Siege, 7:0 Tore, neuer EM-Rekord. Da wächst ein Mitfavorit heran.

Was der »Squadra Azzurra« Rom ist der »Elftal« Amsterdam: In ihren Heimspielen erzielen die Niederländer, ein Geheimtipp, acht Treffer. So viele schafft kein anderes

Sieben Nationen sind in der Elf der Vorrunde vertreten, ein Deutscher ist nicht dabei. Der Tscheche Patrik Schick und der Schweizer Yann Sommer vertreten die Bundesliga. Mit drei Spielern stellt Italien, das die Gruppenphase mit drei Siegen, ohne Gegentor und somit im Quervergleich als bestes der 24 an den Start gegangenen Teams beendete, das größte Kontingent. Sehr effizient Kevin De Bruyne. Der Belgier fehlte im ersten Spiel wegen einer Gesichtsverletzung, wurde im zweiten eingewechselt und stand nur gegen Finnland in der Anfangsformation. Doch das reichte ihm, um ganz entscheidend zum Weiterkommen seines Teams beizutragen. Obwohl Robert Lewandowski wie Schick und Romelu Lukaku drei Treffer erzielte – Ronaldo kam auf deren fünf – gelang dem Weltfußballer nicht der Sprung in diese Elf, zu enttäuschend der vierte Platz in Gruppe E für ihn und seine Polen.

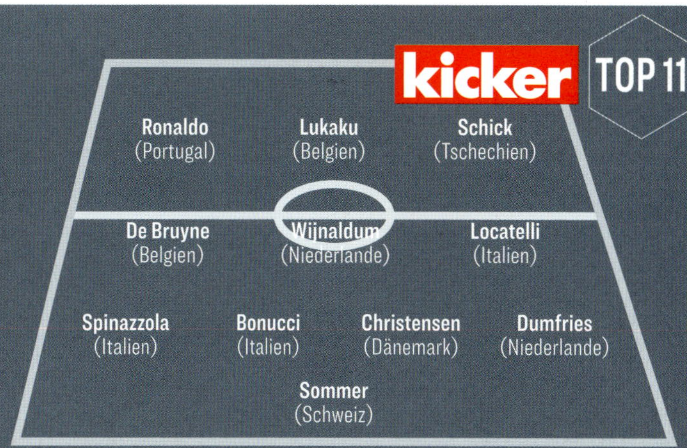

Team. Einer allein bringt es auf fünf, Cristiano Ronaldo. Mit nun insgesamt 14 übertrifft der portugiesische Superstar die bisherige EM-Bestmarke von Michel Platini (neun) und stellt den Weltrekord von Ali Daei ein. Der Iraner hatte 109 Länderspieltore vorgelegt.

Zum Fünferpack von CR7 gehören drei Elfmeter. Klar, die traumhaften Fernschüsse des Tschechen Patrik Schick, der Schottlands Torhüter David Marshall brillant überwindet, oder des Kroaten Luka Modric, der die Kugel links wie rechts von außerhalb des Strafraums ins Netz zirkelt, sind viel schöner anzusehen ... doch es wurden auch bisher schon sechs Strafstöße verschossen (vier davon gehalten). Und schließlich ...

... zählt am Ende auch bei dieser EM das nackte Ergebnis. Wie an diesem Mittwochabend des 23. Juni. Der 2:2-Ausgleich von Leon Goretzka für Deutschland gegen Ungarn wirbelt die abschließende Gruppe F noch einmal entscheidend durcheinander. Ob die Elf von Joachim Löw so mangelhaft ist wie bei diesem zittrigen, hart erkämpften Remis, ob sie so spielstark und agil ist wie beim 4:2 gegen Europameister Portugal oder ob sie einfach nur nicht die Klasse hat wie ihr Bezwinger (1:0), Weltmeister und Topfavorit Frankreich – man weiß es noch nicht. Sicher ist zum Ende der Gruppenphase jedoch: Die 15-jährige Ära des Bundestrainers Löw könnte im Achtelfinale gegen England ausgerechnet dort enden, wo die deutsche Nationalmannschaft zuletzt eine EM gewann, in London.

Die Aussicht auf diesen Klassiker weckt umgehend Vorfreude. Doch beim Blick auf die K.-o.-Runde überwiegt diese Freude, die größte; darüber: Wenn das Achtelfinale mit der Partie Wales gegen Dänemark beginnt, kann Christian Eriksen seinen Mannschaftskameraden die Daumen drücken. Mitten im ersten Gruppenspiel der Dänen gegen Finnland war das Herz des 29-Jährigen stehen geblieben, gefühlt die Welt schaute zu und bangte um ihn. Schnelle, kompetente erste Hilfe rettete dem Profi von Inter Mailand das Leben. Für Stunden hing eine zusätzliche schwere Last über der EM, die ihr bald mit guten Nachrichten aus einer Kopenhagener Klinik genommen wurde. Wichtiger als das Spiel, mit dem wir leben, ist das Leben.

RANGLISTE DER GRUPPENDRITTEN

Die Reihenfolge der Kriterien:
1. die höhere Punktzahl
2. die bessere Tordifferenz
3. die größere Anzahl an erzielten Toren
4. die größere Anzahl an Siegen
5. das bessere Fair-Play-Verhalten während der Endrunde bezüglich der Karten
6. der bessere Rang in der Schlussrangliste der EM-Qualifikation

	Sp.	Tore	Punkte	Gruppe	GK	GRK	RK	FP
1. Portugal	3	7:6	4	F	1	0	0	1
2. Tschechien	3	3:2	4	D	4	0	0	4
3. Schweiz	3	4:5	4	A	5	0	0	5
4. Ukraine	3	4:5	3	C	2	0	0	2
5. Finnland	3	1:3	3	B	4	0	0	4
6. Slowakei	3	2:7	3	E	6	0	0	6

Fair-Play-Wertung (FP): Gelbe Karten (GK) je ein Punkt, Gelb-Rote Karten (GRK) je 3 Punkte (erste Gelbe Karte ist hier enthalten), Rote Karten (RK) je 3 Punkte

Bunte Fahnen: Deutsche Fans und auch Manuel Neuer mit seiner Binde setzen Zeichen für Offenheit und Toleranz.

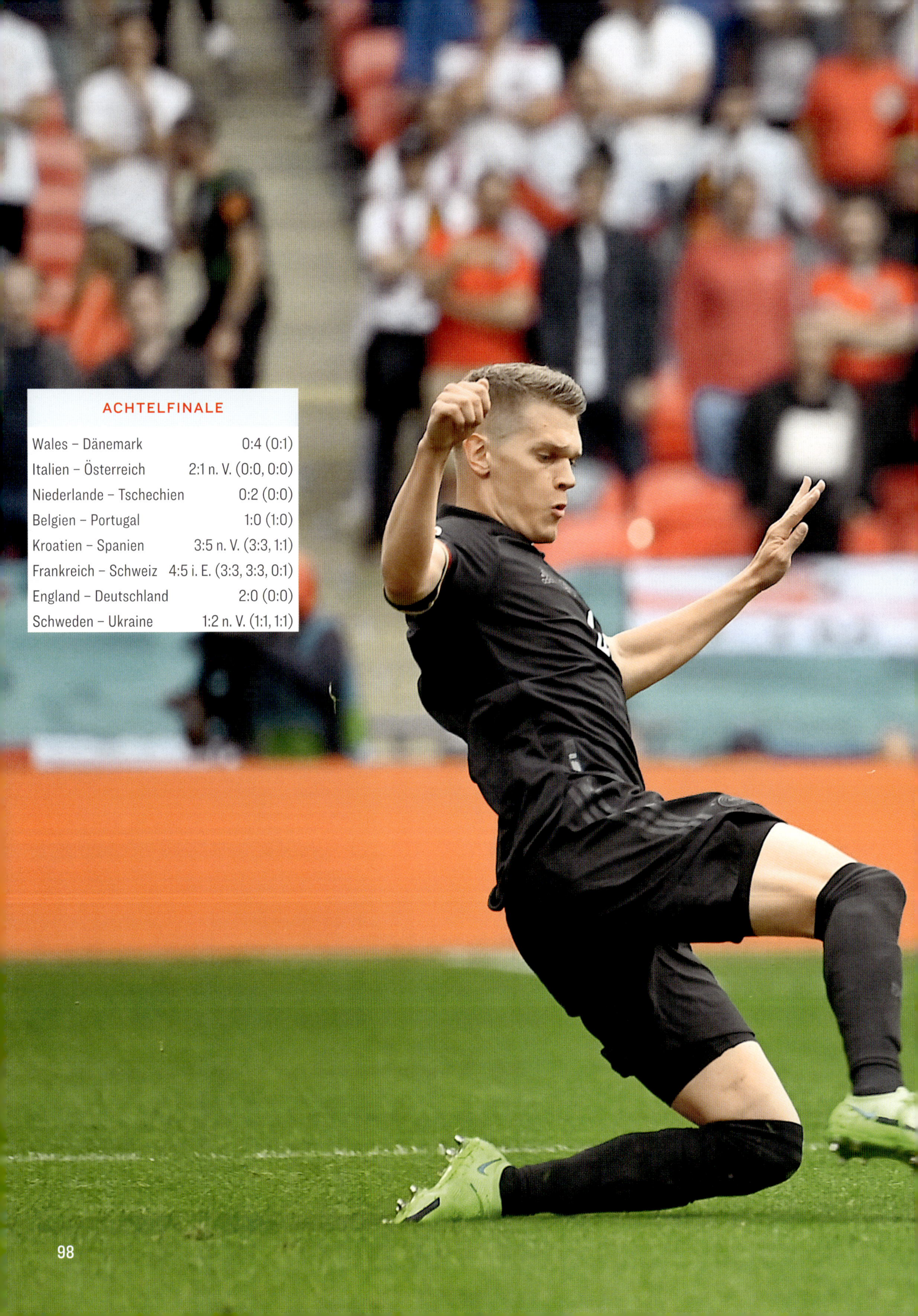

ACHTELFINALE

Wales – Dänemark	0:4 (0:1)
Italien – Österreich	2:1 n. V. (0:0, 0:0)
Niederlande – Tschechien	0:2 (0:0)
Belgien – Portugal	1:0 (1:0)
Kroatien – Spanien	3:5 n. V. (3:3, 1:1)
Frankreich – Schweiz	4:5 i. E. (3:3, 3:3, 0:1)
England – Deutschland	2:0 (0:0)
Schweden – Ukraine	1:2 n. V. (1:1, 1:1)

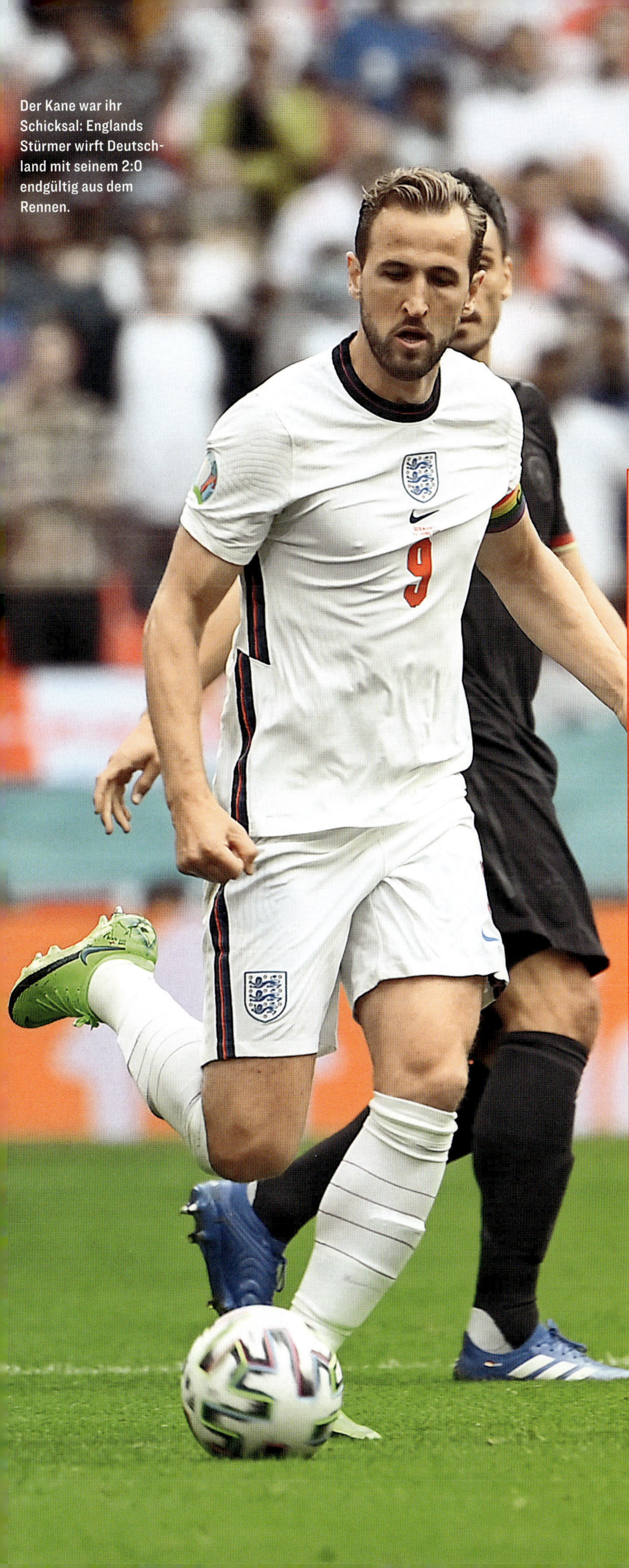

Der Kane war ihr Schicksal: Englands Stürmer wirft Deutschland mit seinem 2:0 endgültig aus dem Rennen.

ACHTELFINALE

Im Klassiker gegen England, zumal im Wembley-Stadion, der Stätte unter anderem des WM-Finales 1966 zwischen den beiden großen Fußballnationen, musste Deutschland den EM-Dexit hinnehmen. Es war gleichzeitig das letzte Spiel für Jogi Löw als Bundestrainer. 2:0 für die Briten – eines der deutlicheren Ergebnisse im Achtelfinale. Lediglich Dänemark gewann gegen Wales höher (4:0). Sonst überwogen ganz knappe Spielausgänge. Viermal ging es in die Verlängerung, einmal zusätzlich noch ins Elfmeterschießen. Titelverteidiger Portugal, Kroatien als Vize- und Frankreich als amtierender Weltmeister flogen aus dem Wettbewerb, dazu die DFB-Elf, 2014 Vorgänger der Bleus als Welt-Titelträger.

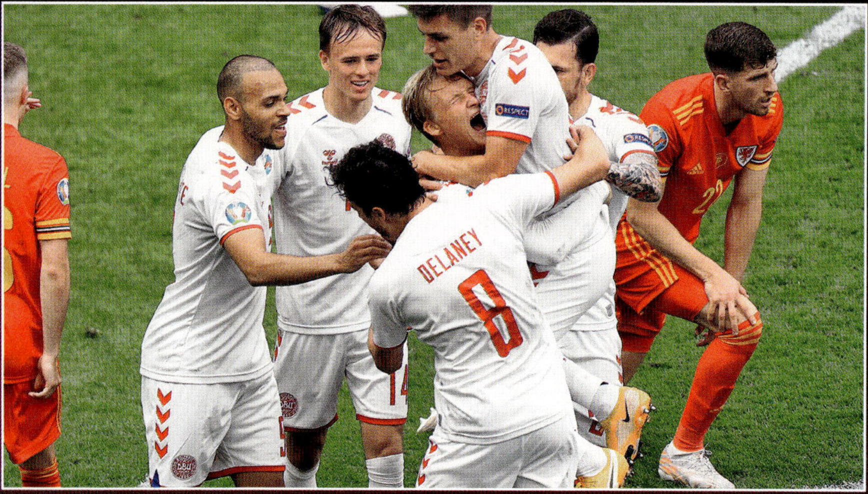

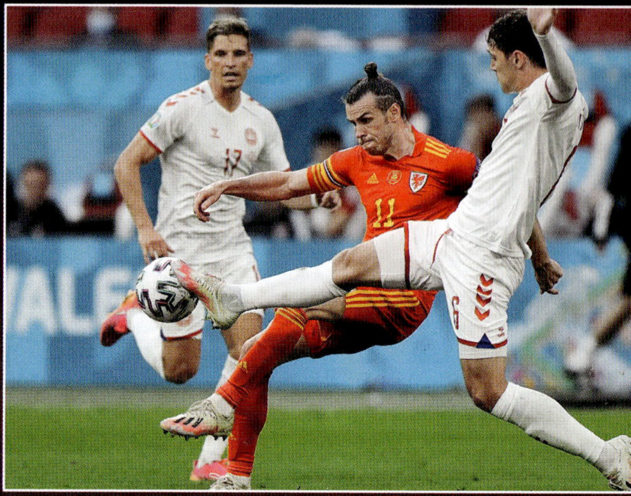

Bilder der dänischen Überlegenheit: Torjubel nach Dolbergs 1:0. …

… kein Raum zur Entfaltung für Gareth Bale …

WALES | DÄNEMARK 0:4

Ein außergewöhnlicher Abend für Dolberg

Nach den äußerst emotionalen Auftritten in Kopenhagen wurde auch das Achtelfinale in der Amsterdam Arena für die Dänen zum begeisternden Heimspiel. Dass sie sich aufgrund der Corona-Bestimmungen nur für zwölf Stunden im Land aufhalten durften, ohne danach in Quarantäne zu müssen, hatte Tausende dänische Fans nicht davon abgehalten, den kurzen Ausflug zu unternehmen. Während es die geltenden Auflagen den walisischen Fans erneut nahezu unmöglich machten, ihr Team zu unterstützen, stellten die Dänen einen großen Teil der knapp 15 000 Fans. Zum EM-Liebling war »Danish Dynamite« beim neutralen Beobachter ohnehin längst avanciert. Noch lange nach Schlusspfiff feierten die Spieler mit ihren Anhängern. »Das waren einfach unglaubliche Szenen«, sagte Nationaltrainer Kasper Hjulmand. »Es ist schwer zu glauben, dass das wirklich Realität ist.«

Ein außergewöhnlicher Abend war es für Angreifer Kasper Dolberg, der schon auf dem Weg zum Stadion gemerkt haben wollte, »dass das heute etwas ganz Besonderes ist«. Nur weil der Leipziger Yussuf Poulsen wegen einer Oberschenkelverletzung kurzfristig ausgefallen war, rutschte der 23-Jährige von der OGC Nizza im Sturmzentrum in die Startelf. Mit zwei Treffern wurde er beim klaren 4:0-Erfolg gegen Wales zum Wegbereiter und Matchwinner für die am Schluss entfesselt aufspielenden Dänen. Und das ausgerechnet an seiner alten Wirkungsstätte, dem Stadion, in dem er von 2016 bis 2019 für Ajax stürmte, in dem auch Christian Eriksen einst seine Profikarriere begonnen hatte. Nicht nur mit Dolberg bewies Hjulmand ein gutes Händchen. Auch sein Schachzug, Innenverteidiger Andreas Christensen ins Mittelfeld vorzuziehen, wo der Champions-League-Sieger vom FC Chelsea erfolgreich die Kreise von Aaron Ramsey einengte, ging voll auf. Nur zwei

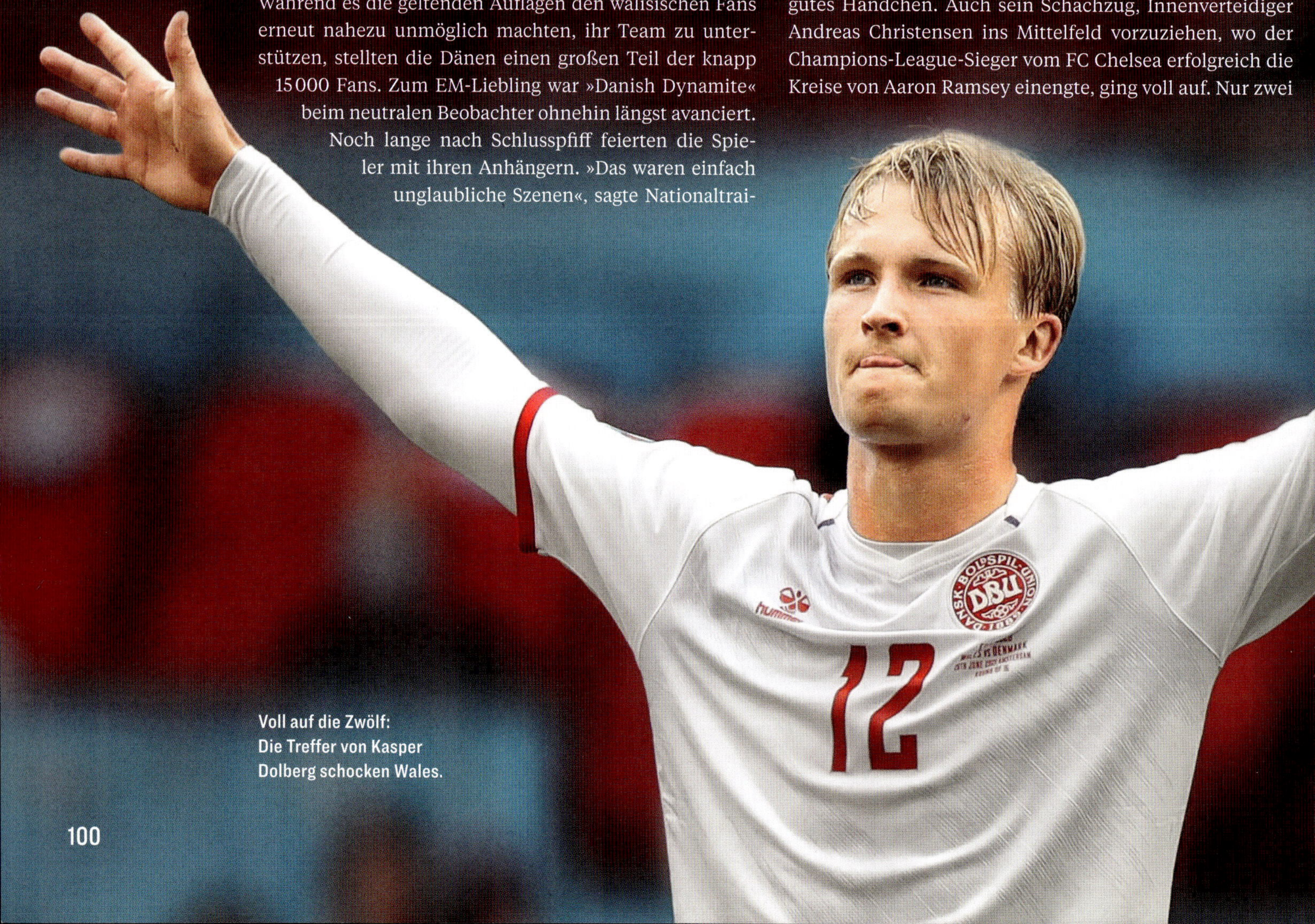

Voll auf die Zwölf: Die Treffer von Kasper Dolberg schocken Wales.

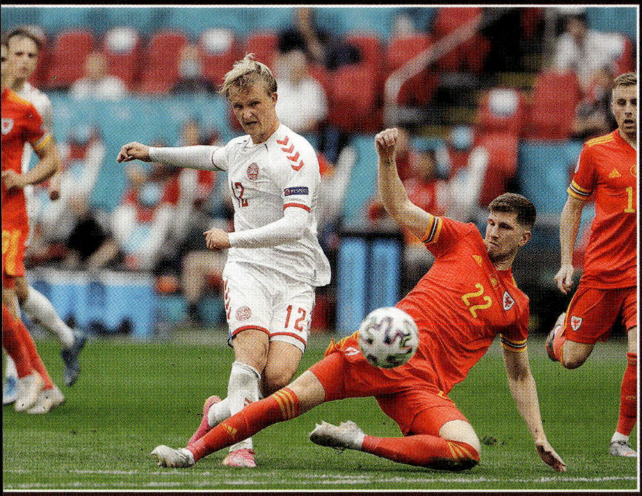

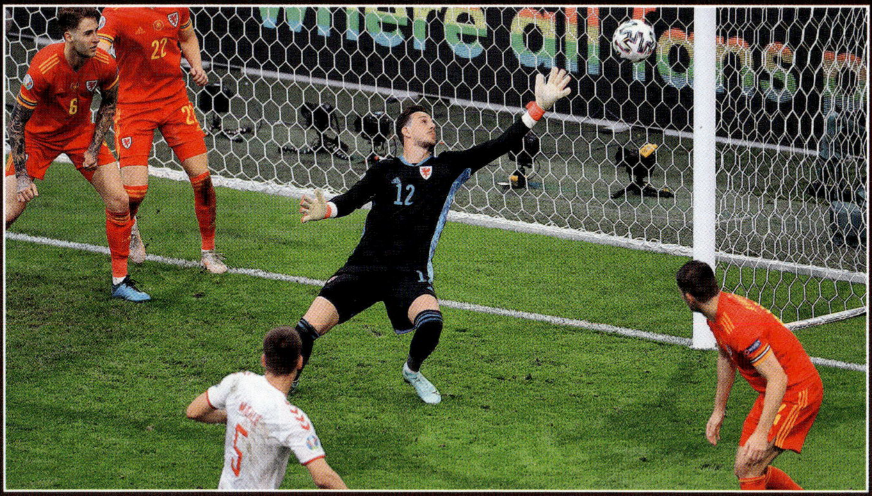

Wochen nach Eriksens dramatischem Zusammenbruch waren die Dänen komplett in Feierlaune. »Der Kollaps von Christian hat alles verändert«, urteilte Hjulmand leicht pathetisch. »Wir brauchten in diesem Moment Liebe und Unterstützung. Das hat uns Flügel verliehen.«
Katerstimmung herrschte hingegen bei den Walisern, die nach vielversprechendem Beginn keine Antworten mehr auf die ersten beiden Gegentreffer, der zweite begünstigt von einem missglückten Klärungsversuch des eingewechselten Neco Williams, fanden. Trotz des enttäuschenden Achtelfinal-Auftritts, bei dem nach den Reisestrapazen des Turniers (Baku–Rom–Amsterdam) am Ende auch die Kraft fehlte, hatte das Team von Interimsnationaltrainer Rob Page aber ein ordentliches Turnier gespielt. Komplett auf 180 war nach dem Spiel dennoch Kapitän Gareth Bale, der seine über eineinhalb Jahre währende Torflaute im Wales-Trikot bei der EM nicht hatte beenden können. Der Superstar schimpfte zunächst vor allem wegen eines vermeintlichen Fouls in der Entstehung des zweiten dänischen Treffers über den deutschen Schiedsrichter Daniel Siebert, der ihm wegen hämischen Applaudierens die Gelbe Karte gezeigt hatte. Dann stürmte Bale wutentbrannt aus dem BBC-Interview, nachdem er auf seine Zukunft im Nationalteam angesprochen worden war. Erst im walisischen Fernsehen bekräftigte der 31-Jährige: »Ich werde für Wales bis zu dem Tag spielen, an dem ich mit dem Fußball aufhöre.«
Die Gerüchte über einen bevorstehenden Rücktritt hatten sich in den Wochen zuvor hartnäckig gehalten. Der Traum von einem weiteren Überraschungscoup wie dem Halbfinaleinzug beim EM-Debüt vor fünf Jahren zerplatzte für die Waliser jäh. Die Dänen hingegen ritten mit bewundernswerter Entschlossenheit auf den Tag genau 29 Jahre nach dem märchenhaften Finaltriumph bei der EM 1992 gegen Deutschland auf einer riesigen Euphorie- und Sympathiewelle weiter. Nächste Station: Baku.

... Chris Mepham kommt gegen Dolberg wieder einmal zu spät ...

... Joakim Maehle lässt Torhüter Wayne Hennessey beim 3:0 für Dänemark keine Chance.

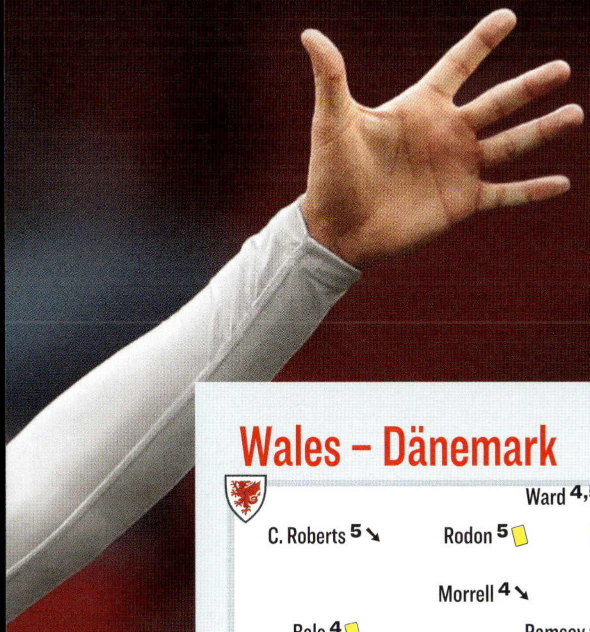

Wales – Dänemark

0:4 (0:1)

Ward 4,5
C. Roberts 5 ↘ · Rodon 5 · Mepham 4,5 · B. Davies 5
Morrell 4 ↘ · Allen 5
Bale 4 · Ramsey 4 · James 5 ↘
Moore 5 ↘

Dolberg 1,5 ↘
Damsgaard 2 ↘ · Braithwaite 2
Maehle 1,5 · Delaney 2 ↘ · Höjbjerg 2,5 · Stryger Larsen 3 ↘
Vestergaard 3 · Kjaer 2,5 ↘ · Christensen 2
Schmeichel 3

26. Juni in Amsterdam

WALES – DÄNEMARK 0:4 (0:1)

EINGEWECHSELT: 40. N. Williams (5) für C. Roberts, 59. Wilson (5,5) für Morrell, 78. T. Roberts für Moore, 78. Brooks für James - 60. Nörgaard (2,5) für Damsgaard, 60. Jensen (2,5) für Delaney, 69. Cornelius für Dolberg, 77. Boilesen für Stryger Larsen, 77. Andersen für Kjaer

TORE: 0:1 Dolberg (27.), 0:2 Dolberg (48.), 0:3 Maehle (88.), 0:4 Braithwaite (90./+4)

GELBE KARTEN: Rodon, Moore, Brooks, Bale

ROTE KARTE: Wilson (90., grobes Foulspiel)

SCHIEDSRICHTER: Siebert (Berlin)

ZUSCHAUER: 14 645

ITALIEN | ÖSTERREICH **2:1**

Weltrekord für Italien – Grausamkeit für Österreich

Großartige Defensivspieler hat Italien in seiner ruhmreichen Fußballgeschichte reichlich hervorgebracht: Die Verteidiger Giuseppe Bergomi, Gaetano Scirea oder Antonio Cabrini, die 1982er Weltmeister. Ihre Erben von 2006, Alessandro Nesta und Fabio Cannavaro. Dazwischen Paolo Maldini und Franco Baresi, nicht zu vergessen Dino Zoff und Gianluigi Buffon im Tor. Die Abwehr gilt seit jeher als große Handwerkskunst bei den Südeuropäern. Daran hat sich nie etwas geändert, so attraktiv die aktuelle Generation in der Gruppenphase 2021 auch spielte. Und so ereignete sich beim Achtelfinalsieg gegen Österreich gar Historisches: Während der Partie übertrafen die Azzurri ihren eigenen Weltrekord, den sie mit 1142 Minuten ohne Gegentor in den 1970ern aufgestellt hatten. Bei 1168 Zeigerumdrehungen steht die neue Bestmarke von Torwart Gianluigi Donnarumma, Leonardo Bonucci und Kapitän Giorgio Chiellini nun, wobei Letzterer das Duell mit Österreich verletzt verpasste, dafür aber auf der Tribüne nach dem Erreichen des Viertelfinals mit den Fans um die Wette strahlte.

»Wir können unglaublich stolz auf uns sein, auch Österreich kann stolz auf uns sein.«

David Alaba

Für beides, Rekord wie Viertelfinale, benötigte Italien jedoch eine Portion Glück im Londoner Wembley-Stadion. Vor allem in der 65. Minute, als Österreich nach einem Treffer Marko Arnautovics schon über die Führung jubelte, der VAR den Treffer jedoch wegen Abseits zu Recht einkassierte. »Wir hatten Probleme. Dieses Spiel war so schwer, wahrscheinlich schwerer als unser Viertelfinale«, gab Trainer Roberto Mancini ehrlich zu, samt Prophezeiung für die nächste Runde.

Diese erreichte seine Mannschaft nicht nur wegen der Defensive, sondern auch dank eines luxuriösen Kaders. In der Verlängerung traf erst Joker Federico Chiesa sehenswert, der ebenfalls eingewechselte Matteo Pessina erhöhte auf 2:0. Frische Kräfte als Spielentscheider. Geschenkt, dass die Rekordserie ohne Gegentor in der 114. Spielminute endete. Viel größer war die Freude über das 31. ungeschlagene Spiel in Serie, noch länger als der alte nationale Rekord aus den 1930ern. Beeindruckende Statistiken, mit denen Italien seine Rolle als Geheimfavorit beim Turnier untermauerte, auch wenn es dieses Mal nach starker erster Halbzeit ins Wanken geriet.

Italiens Glück war Österreichs Pech. 43 Jahre nach Cordoba, dem noch heute gerne erzählten und mittlerweile verklärten 3:2-Sieg gegen Deutschland bei der WM 1978, lag der Beginn einer neuen Nationallegende denkbar nah. Doch es sollte nicht sein, sodass Sasa Kalajdzic, der Torschütze beim 1:2, das Spiel als »eines der grausamsten von ganz Fußball-Österreich« bezeichnete. Arnautovic fehlten

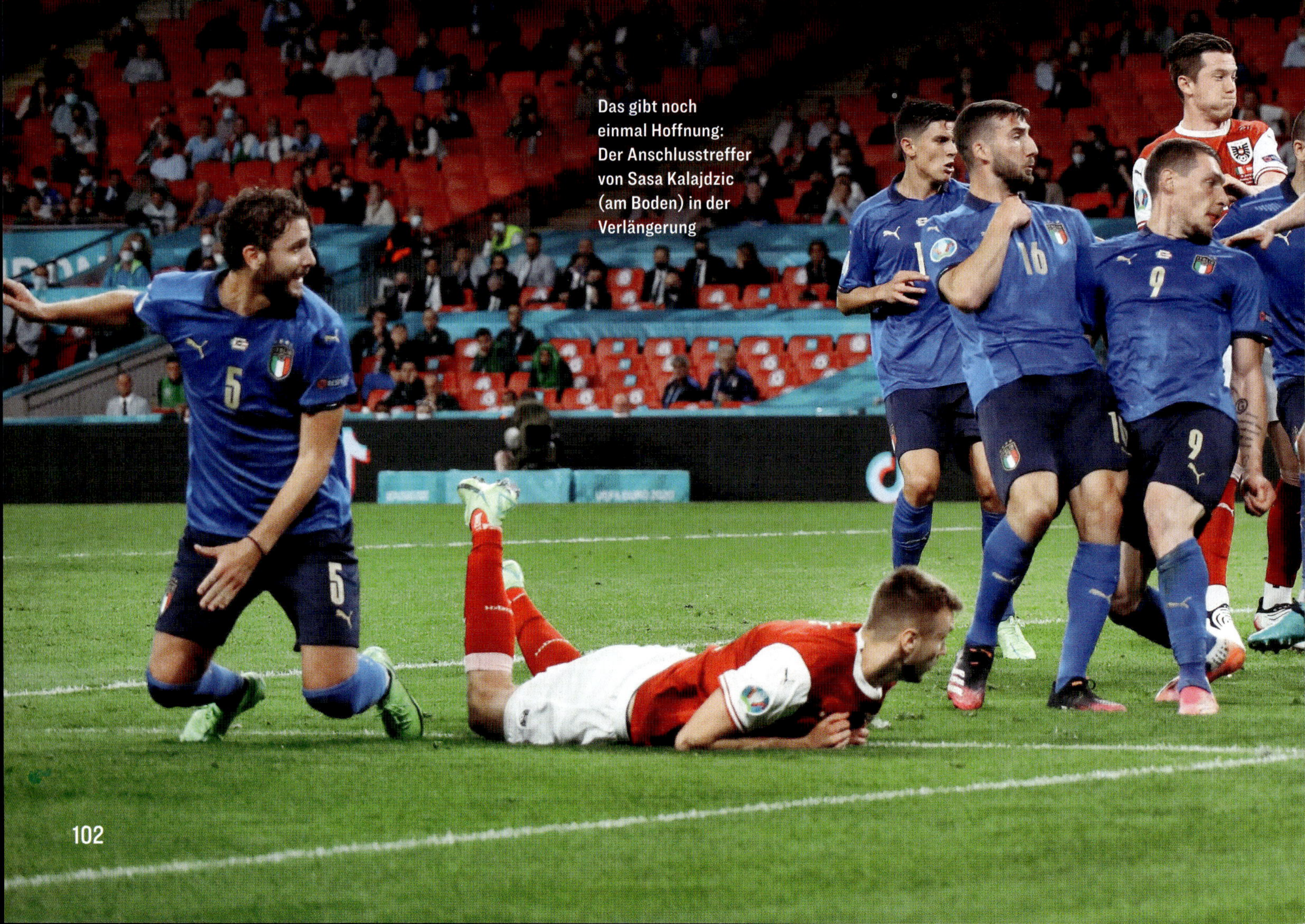

Das gibt noch einmal Hoffnung: Der Anschlusstreffer von Sasa Kalajdzic (am Boden) in der Verlängerung

PRESSESTIMMEN

Italien hat sich verdient für das Viertelfinale qualifiziert, aber Österreich hat die Azzurri auf den Boden der Tatsachen zurückgeholt, was nicht unbedingt eine schlechte Sache ist. Österreich bringt Italien wie keine andere Mannschaft bisher in Schwierigkeiten. GAZZETTA DELLO SPORT (ITALIEN)

Fodas Truppe punktet mit Strategie, Organisation und Qualität. Das ÖFB-Team glänzt mit Spielern wie Leipzigs Kapitän Sabitzer, der Technik und Taktik hat. Nicht umsonst wird er von großen europäischen Klubs umworben. CORRIERE DELLA SERA (ITALIEN)

SOOOO BITTER! Dennoch danke für diesen geilen Hit! Brutales Aus nach heroischem Kampf. Foda-Elf fährt erhobenen Hauptes nach Hause. Wir sind stolz auf euch. Arnautovic ließ Wembley explodieren – doch 1:0 für freche, mutige Österreicher wurde vom Video-Assistenten annulliert. Ihr seid trotzdem Sieger. KRONEN ZEITUNG (ÖSTERREICH)

Die einen haben das Spiel gewonnen, die anderen die Herzen der Fans erobert und sich internationalen Respekt erspielt. Es war ein ›Arrivederci‹ mit Anstand. Bis zum Schluss hatten sie gekämpft für das Wunder von Wembley, so nah waren sie dran, hatten alles gegeben, der Lohn blieb aber aus. KURIER (ÖSTERREICH)

Italien quält sich zum Weiterkommen. Man muss vor diesen aufopferungsvoll kämpfenden Österreichern den Hut ziehen. MARCA (SPANIEN)

Mancini und der Glaube bremsen Alaba aus. Italien weiß auch, wie man im alten Stil gewinnt. Österreich scheidet aus, nachdem es Italien in die Verlängerung gezwungen hatte. AS (SPANIEN)

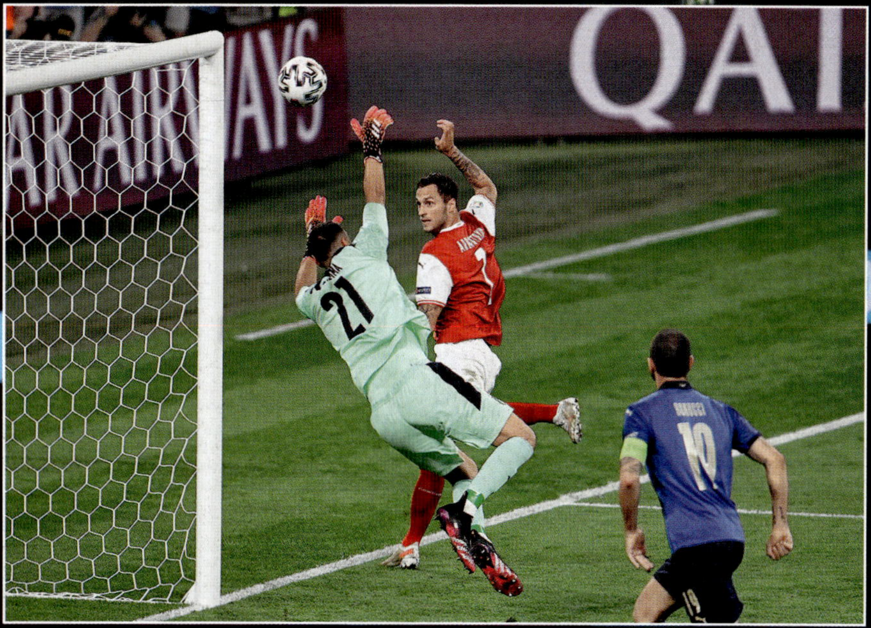

Zählt nicht: Das vermeintliche 1:0 für Österreich durch Marko Arnautovic

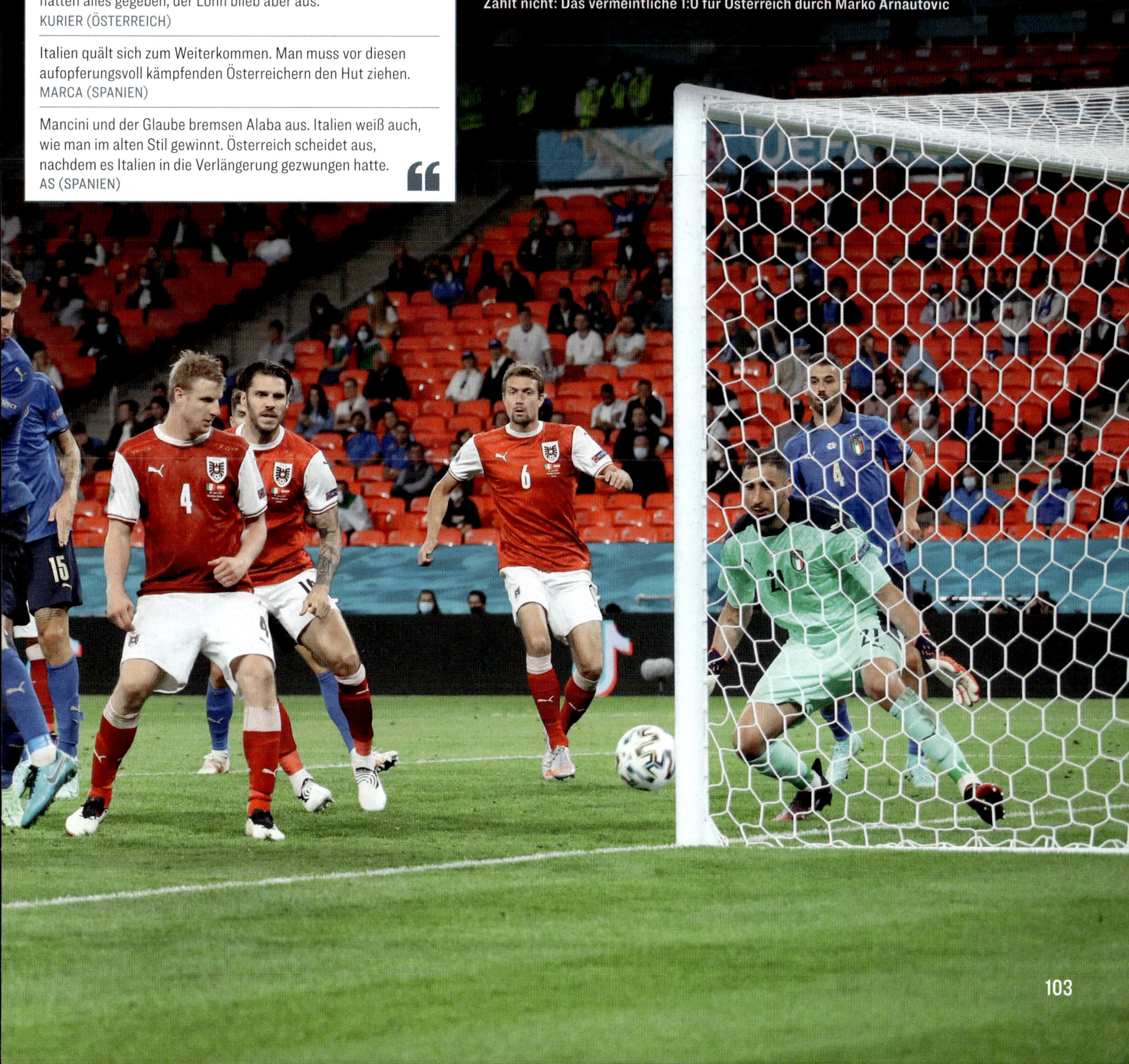

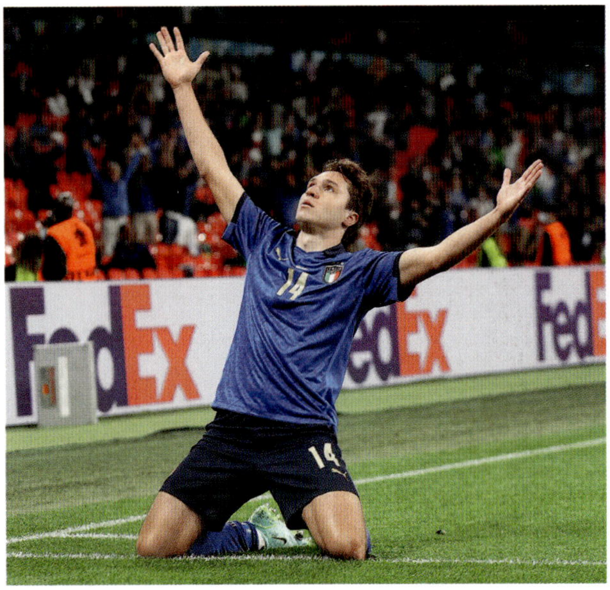

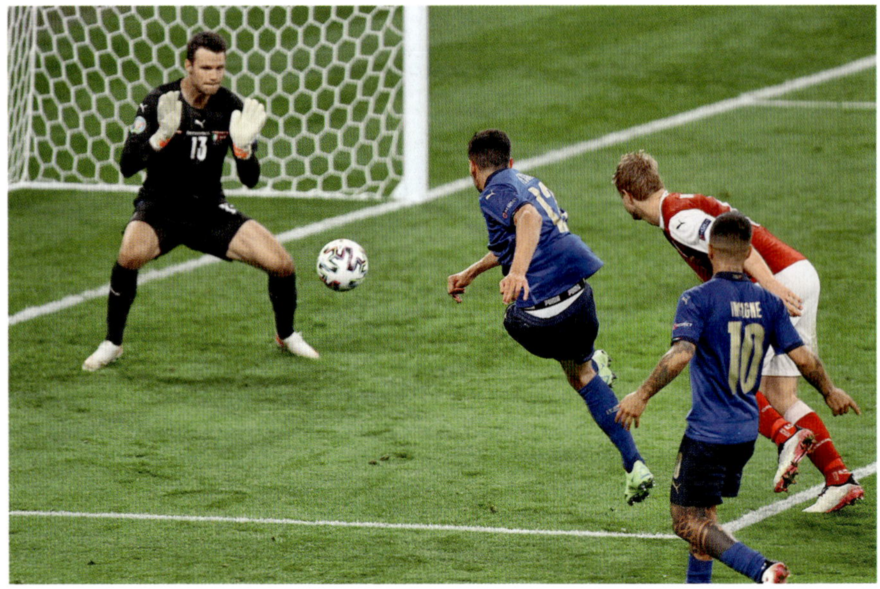

Das 1:0 für Italien: Der eingewechselte Federico Chiesa bricht den Bann, bringt den Favoriten in Führung und lässt sich von den Fans feiern.

Das 2:0 für Italien: Matteo Pessina lässt Österreichs Torhüter Daniel Bachmann keine Chance.

bei seinem Abseitstor Zentimeter zum neuen Hans Krankl. Die beste Turnierleistung reichte dem Team des Deutschen Franco Foda nicht, um den südlichen Nachbarn sensationell zu bezwingen. »Wenn wir ein wenig Glück haben, dann ist das Spiel nach 90 Minuten zu Ende und wir sind weiter. Aber man kann sich nicht mehr freuen, weil irgendwelche Leute entscheiden«, sagte der stets polarisierende Arnautovic. Kalajdzic behauptete, sein Team sei mindestens ebenbürtig, wenn nicht sogar besser gewesen. Realistischer und objektiver brachte es Foda auf den Punkt: »Wenn es Abseits war, war es Abseits. Ich bin für diese Hilfe, der Fußball soll fair sein.«

Zur Wahrheit gehört, dass Italien in den ersten 45 Minuten sehr dominant spielte, bei einem Pfostentreffer Ciro Immobiles ebenfalls nicht vom Glück geküsst war und in der Verlängerung dank des in der Breite besseren Kaders von der Bank nachlegen konnte. So blieb den tapferen Österreichern nur die Flucht zum Hätte, Wenn und Aber. »Wenn wir 1:0 in Führung gehen, bringen wir das Ding nach Hause«, war sich David Alaba sicher. Doch sicher ist nur eins, auch diese Worte stammten aus dem Mund des neuen Real-Madrid-Stars: »Wir können unglaublich stolz auf uns sein, auch Österreich kann stolz auf uns sein.« Aber halt nicht ganz so stolz wie einst auf Krankl, Bruno Pezzey, Herbert Prohaska oder Walter Schachner 1978 in Cordoba. Was bleibt, ist das erstmalige Erreichen der K.-o.-Runde bei einer Europameisterschaft im dritten Anlauf und das erste Überstehen einer Gruppenphase seit der WM 1982. Seinerzeit sorgte die »Schande von Gijon« dafür, jenes Ballgeschiebe beim 0:1 gegen Deutschland. Eine andere Geschichte, stolz war darauf nämlich niemand.

MATCH-DATEN

ITALIEN		ÖSTERREICH
2	Tore	1
27	Torschüsse gesamt	16
6	Torschüsse aufs Tor	3
10	begangene Fouls/Handspiele	22
579	erfolgreiche Pässe	500
87 %	Passquote	81 %
52 %	Ballbesitz	48 %
50 %	Zweikampfquote	50 %
2	Gelbe Karten	3
0	Rote Karten	0
4	Abseits	2
4	Ecken	3

Italien – Österreich

2:1
0:0

Donnarumma 2,5
di Lorenzo 3 · Acerbi 3,5 · Bonucci 3 · Spinazzola 2,5
Barella 3,5 · Jorginho 3 · Verratti 3,5
Berardi 4 · Immobile 4 · Insigne 3

Arnautovic 4
Baumgartner 3,5 · Sabitzer 3,5 · Laimer 4
Grillitsch 3,5 · X. Schlager 2,5
Alaba 4 · Hinteregger 3 · Dragovic 2,5 · Lainer 4
Bachmann 2,5

26. Juni in London

ITALIEN – ÖSTERREICH 2:1 n. V. (0:0, 0:0)

EINGEWECHSELT: 67. Locatelli (3,5) für Verratti, 67. Pessina (2,5) für Barella, 84. Belotti (3) für Immobile, 84. Chiesa (2,5) für Berardi, 108. Cristante für Insigne – 90. Schöpf (3) für Baumgartner, 97. Kalajdzic für Arnautovic, 106. Gregoritsch für X. Schlager, 106. Schaub für Grillitsch, 114. Trimmel für Lainer, 114. Ilsanker für Laimer

TORE: 1:0 Chiesa (95.), 2:0 Pessina (105.), 2:1 Kalajdzic (114.)

GELBE KARTEN: di Lorenzo, Barella – Arnautovic, Hinteregger, Dragovic

SCHIEDSRICHTER: Taylor (England)

ZUSCHAUER: 18 910

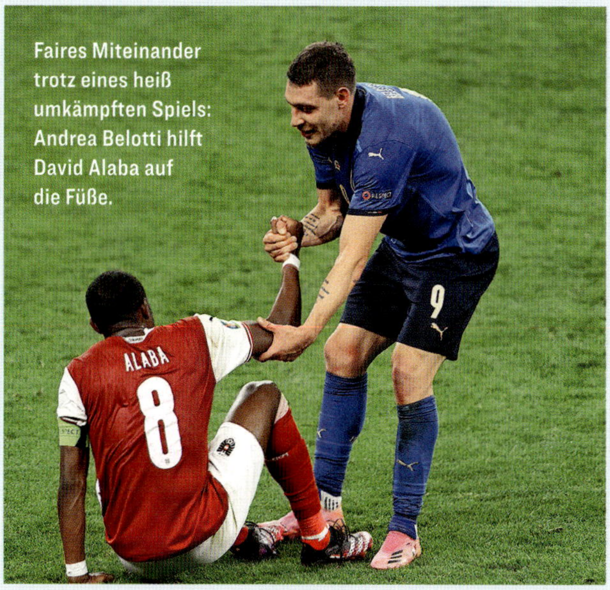

Faires Miteinander trotz eines heiß umkämpften Spiels: Andrea Belotti hilft David Alaba auf die Füße.

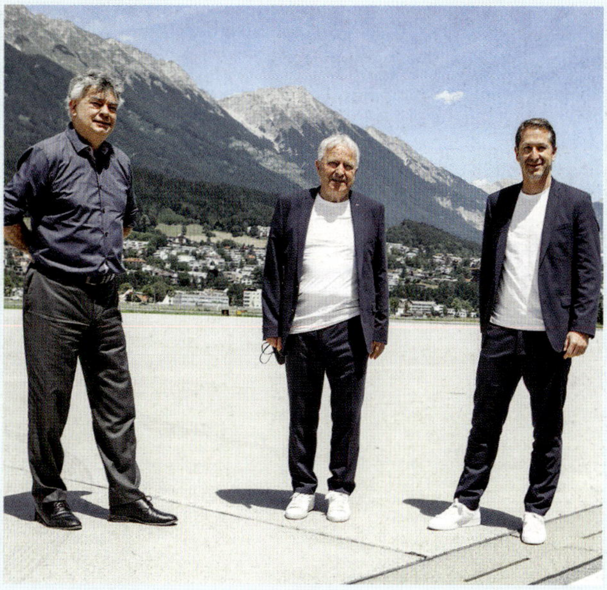

Österreichs Führungstrio: Sportminister Werner Kogler, Verbandspräsident Leo Windtner und Trainer Franco Foda (von links)

ÖSTERREICH-BILANZ VON KICKER-KORRESPONDENT HUBERT WINKLBAUER:

FRANCO FODA FÜHRT DIE GOLDENE GENERATION WEITER

Das muss dieser ÖFB-Mannschaft erst jemand nachmachen: Als 1:2-Verlierer eines dramatischen EM-Achtelfinales gegen Italien in London abreisen, um als gefeierte Sieger in der Heimat anzukommen. »Das, was ihr geleistet habt, ist Fußballgeschichte!«, übte sich Österreichs Sportminister Werner Kogler als Chef des Empfangskomitees im Pathos. Keine Frage: Eine »goldene Generation« schickt sich da an, eine goldene Ära einzuleiten. Freilich mit Trainer Franco Foda als Boss.

Foda, der noch Tage vor dem EM-Start verdächtigt worden war, die eigene Biederkeit seinen Schützlingen zur Lähmung jeglicher offensiven Kreativität zu injizieren, fühlt sich nach dem denkwürdigen Italien-Spiel gefestigt genug, nicht nur ein neues Kompetenzzentrum für den ÖFB mit Fußballplätzen und Büroräumen, sondern auch ein neues Stadion (»ein richtiges enges Fußballstadion«) zu fordern. Zu Tode betrübt und himmelhochjauchzend liegen nahe beieinander. 13. Juni: Der 3:1-Pflichtsieg über Nordmazedonien war mehr erzittert als erspielt. Nur der Fakt, dass es der erste EM-Sieg in der Geschichte des ÖFB war, milderte die Kritiken. 17. Juni: Fast widerstandslos ergab sich Österreich den Niederländern. 21. Juni: Gegen die Ukraine gelingen die Schubumkehr und der historische Einzug in ein EM-Achtelfinale. 26. Juni: das große Spiel gegen Italien! Das ÖFB-Team kaschiert taktisch eindrücklich die individuelle Überlegenheit der Italiener, um nach 120 Minuten unglücklich mit 1:2 zu scheitern. Aber war das ÖFB-Team nicht auf Augenhöhe mit dem großen Gegner? War es zeitweise nicht sogar überlegen? War dies nicht der offenkundige Eintritt in die europäische Fußball-Elite?

Beim ÖFB geht man davon aus, dass das Italien-Spiel kein einmaliger »Ausreißer« nach oben war, sondern offenkundiger Beweis einer kontinuierlichen Weiterentwicklung ist. Foda ruft die neuen Ziele aus: Die WM-Quali für Katar 2022, die so holprig (0:4 gegen Dänemark, 2:2 gegen Schottland, 3:1 gegen die Färöer) begonnen hat, soll neue Triumphe bringen. Hatte der ins Journalistenfach gewechselte ehemalige Team-Goalgetter Marc Janko vor der EM noch von einer schlechten Stimmung im Team berichtet, hat sich laut Foda seine Truppe in den viereinhalb Wochen konzentrierter EM-Vorbereitung zu einer Einheit verschweißt. Da sind die jungen Wilden wie Baumgartner (Jahrgang 1999), Xaver Schlager (1997), Laimer (1997), Kalajdzic (1997), die so erfolgshungrig wie charakterstark im Team enorme Schubkraft entwickeln.

Da sind Sabitzer und Grillitsch, in denen sich Erfahrung und Jugend in perfekter Balance hält, da ist der Abwehrzement mit den Routiniers Dragovic und Hinteregger. Da ist mit Alaba ein absoluter Weltstar, der bereit scheint, dem Team auf jeglicher Position zu dienen. Und da ist Arnautovic, den sie Motivationsvieh nennen, weil er niemanden und nichts zu fürchten scheint. Und da ist mit Bachmann ein neuer Einsergoalie, der quasi aus dem Nichts kam, um die Hoffnung auf eine bleibende Größe zu nähren. Fußball-Österreich hat sich entschlossen, dieser Truppe große Erfolge zuzutrauen. Jetzt muss sie diesem Vertrauen nur noch gerecht werden ...

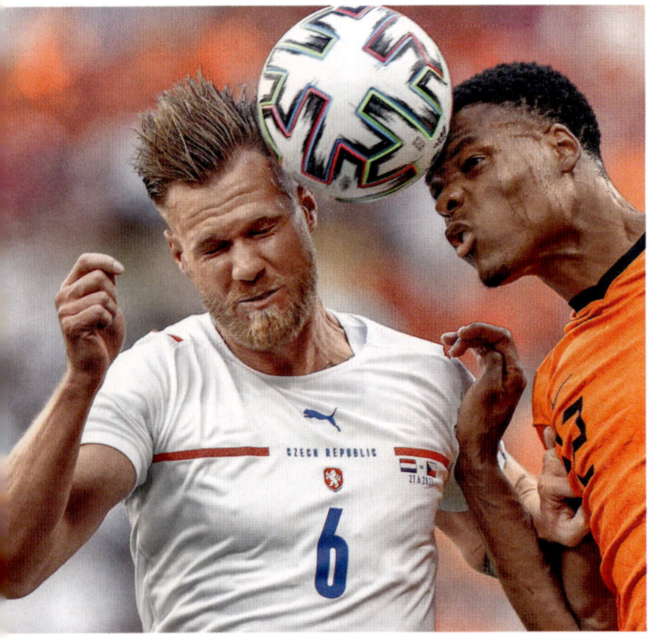

Doppelkopf: Der Tscheche Tomas Kalas und Denzel Dumfries

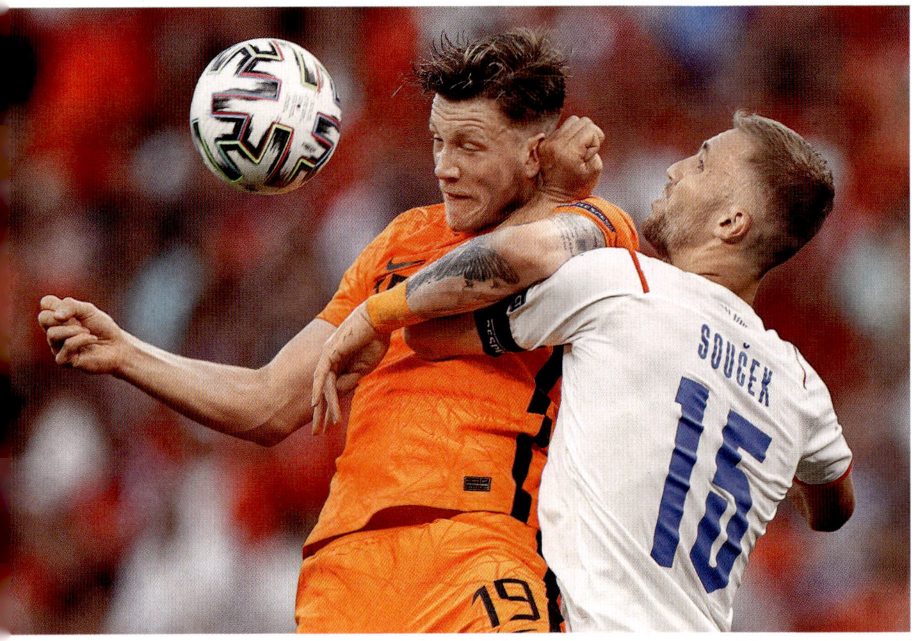

Mit allen Mitteln: Tomas Soucek bekämpft vehement Wout Weghorst.

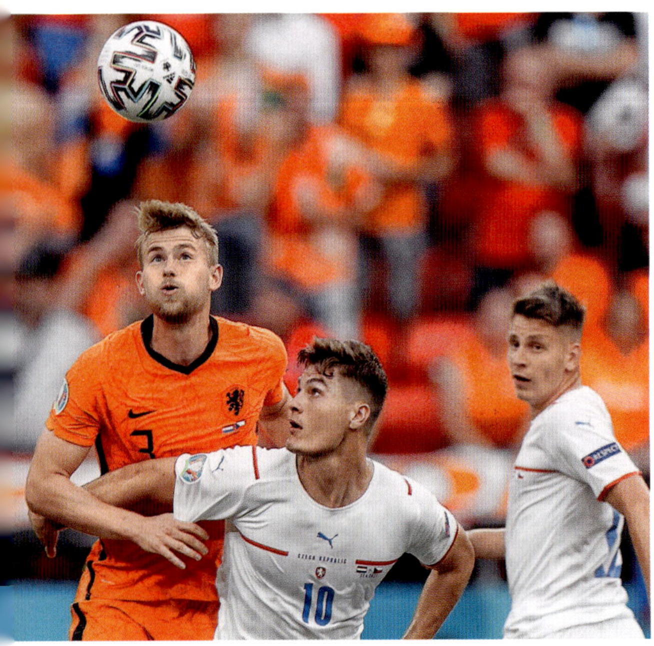

Zu hoch: Matthijs de Ligt überspringt Patrik Schick.

NIEDERLANDE | TSCHECHIEN 0:2

In 28 Sekunden vom Traum zum Trauma

28 Sekunden. So lange dauerte es, bis aus einem Traum für Oranje ein Trauma wurde. Vorne vergab Donyell Malen in jener 52. Minute des Achtelfinals die Riesenchance zur 1:0-Führung für die Niederlande, weil Tschechiens Keeper Tomas Vaclik ihn ebenso mutig wie geschickt im Eins-gegen-eins stoppte. Im direkten Gegenzug geschah die andere entscheidende Szene: Matthijs de Ligt kam im Duell mit Patrik Schick ins Straucheln, und der Abwehrchef der Niederländer stoppte den Ball in seiner Not außerhalb des Strafraums absichtlich mit der Hand. Rote Karte wegen Vereitelung einer klaren Torchance, der Anfang vom Ende für die Niederlande.

Die Frage stellte sich: Was hätte wohl Virgil van Dijk in dieser Situation gemacht? Er wäre vielleicht gar nicht erst gestolpert. Doch der Verteidiger des FC Liverpool fehlte nach seiner schweren Knieverletzung bei dieser EM, und so entlud sich eben alles auf den jungen de Ligt. »Ich fühle mich ganz schlecht«, erklärte der 21-Jährige tieftraurig, »meinetwegen haben wir dieses Spiel verloren.« Was jedoch nicht ganz stimmte, denn Holland beging auch noch den schlimmen Fehler, in Unterzahl ein Gegentor nach einer Standardsituation zu kassieren.

Die Tschechen, eigentlich nur Außenseiter, hatten der Elftal schon zuvor arge Probleme bereitet, weil sie taktisch geschickt den Spielfluss von Memphis Depay oder Gini Wijnaldum unterbanden. Selbst, dass Kapitän Vladimir Darida fehlte, hatte man kaum bemerkt. Schließlich hatten andere Verantwortung übernommen. Tomas Holes zum Beispiel, der nach einer Freistoßflanke erst per Kopf traf und auch das 2:0 von Patrik Schick einleitete, der mit nun vier Treffern immer mehr zum Shootingstar des Turniers avancierte.

»Vielleicht sind wir nicht so gute Fußballer wie die Niederländer, aber im heutigen Fußball braucht man Engagement und Teamgeist. Genau das haben wir gezeigt«, meinte der Leverkusener Stürmer über den Einzug ins Viertelfinale gegen Dänemark. »Es ist wirklich Bombe!« Danach ging er mit den Kollegen auf zwei Ehrenrunden durchs Stadion und feierte die kleine Sensation. Fast auf den Tag genau 25 Jahre später wurden freilich die Erinnerungen wach an die EM 1996, als erst Oliver Bierhoff und das Golden Goal im Finale von Wembley die Tschechen aus ihren Titelträumen rissen. Oder auch an 2004, als man es letztmals unter die letzten vier bei einer EM schaffte, dann aber gegen Griechenland verlor. Die Helden von einst heißen Nedved, Poborsky, Koller oder Rosicky. Vielleicht kommen bald Schick, Soucek oder Vaclik hinzu.

Bei Oranje herrschte freilich Götterdämmerung. Die eben erst entstandene Euphorie über die drei Siege in der Vorrunde wurde jäh abgewürgt. Tausende Fans waren nach Budapest gereist, das sein viertes und letztes EM-Spiel erlebte. Schon tags zuvor hatte der Verband für sie mit einer

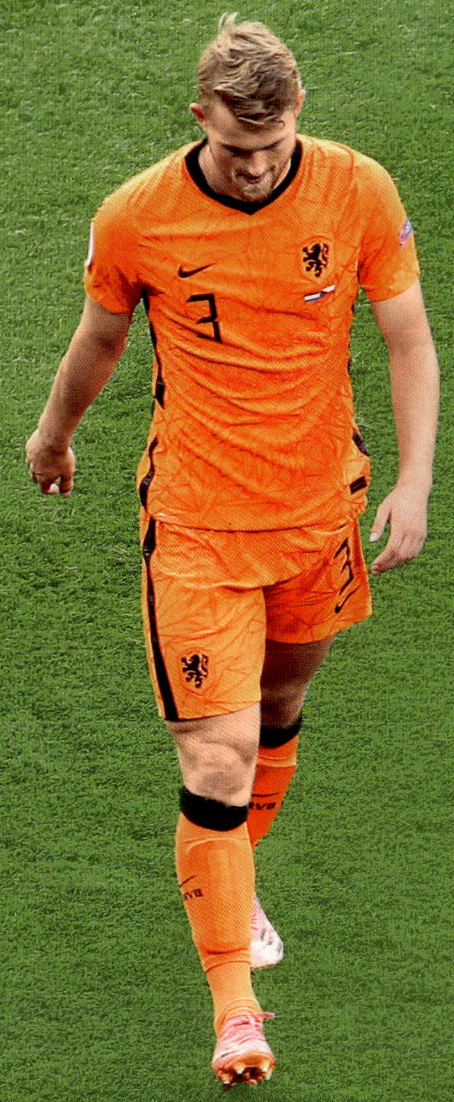

Tief enttäuscht: Matthijs de Light verlässt nach seiner Roten Karte wegen Vereitlung einer klaren Torchance enttäuscht den Platz.

spektakulären Lichtshow die ungarische Hauptstadt in Orange getaucht. Auch daheim waren nach der anfänglichen Skepsis plötzlich doch viele Häuser, Straßen und Plätze geschmückt. Es blieb ein kurzer Spaß.
Denn sofort nach dem Aus gingen die Debatten über Bondscoach Frank de Boer wieder los, vor allem um sein stures Festhalten am 3-5-2-System. »Er schmiss alles, wofür die holländische Schule steht, ein paar Wochen vor der EM einfach so in die Amsterdamer Grachten«, schrieb »De Telegraaf« in einem wütenden Kommentar. Fans und TV-Experten ließen ihrem Frust freien Lauf, während de Boer mit versteinerter Miene erklärte: »Ich werde diese bittere Pille schlucken und dann alles reflektieren.« Zwei Tage später war er seinen Job los. Aber hätte es im 4-3-3 unbedingt besser geklappt? Die fatalen 28 Sekunden von Budapest waren eher keine Frage des Systems.

Niederlande – Tschechien

0:2 (0:0)

Stekelenburg 4,5
de Vrij 4,5 ↘ · de Ligt 5 (Rote Karte) · Blind 4,5 ↘
Dumfries 2,5 (Gelbe Karte) · van Aanholt 4,5 ↘
de Roon 3,5 ↘ · F. de Jong 3,0 (Gelbe Karte)
Wijnaldum 5
Depay 4 · Malen 4 ↘

⚽ Schick 2 ↘
Sevcik 4 ↘ · Barak 3 ↘ · Masopust 3,5 ↘
Soucek 3 · ⚽ Holes 2 ↘
Kanderabek 4 · Kalas 2 · Celustka 3 · Coufal 3,5 (Gelbe Karte)
Vaclik 2

27. Juni in Budapest

NIEDERLANDE – TSCHECHIEN 0:2 (0:0)

EINGEWECHSELT: 57. Promes für Malen, 73. Weghorst für de Roon, 81. Timber für Blind, 81. Berghuis für van Aanholt – 79. Jankto für Masopust, 85. Hlozek für Sevcik, 85. Kral für Holes, 90./+2 Krmencik für Schick, 90./+2 Sadilek für Barak

TORE: 0:1 Holes (68.), 0:2 Schick (80.)

GELBE KARTEN: Dumfries, F. de Jong – Coufal

ROTE KARTE: de Ligt (55., Handspiel)

SCHIEDSRICHTER: Karasev (Russland)

ZUSCHAUER: 52 834

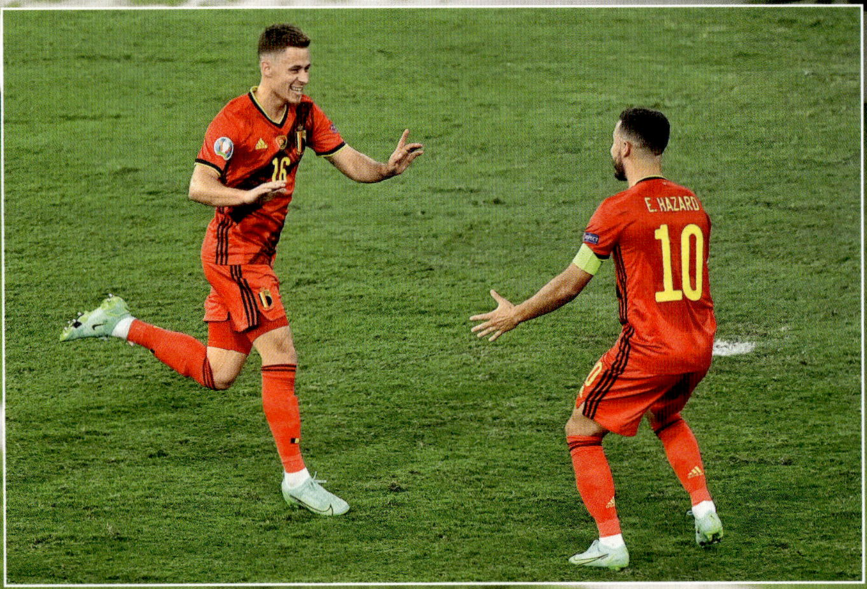

Zwei Brüder gehen gemeinsam ins Viertelfinale: Eden und Thorgan Hazard (links)

BELGIEN | PORTUGAL 1:0

Der Titelverteidiger bekommt ein Ex

Die EM endete für Fernando Santos mit einer Fehlkalkulation. Wie schon 2016 hatte der portugiesische Nationaltrainer vor Turnierbeginn eine vollmundige Ankündigung gemacht. »Ich habe Gepäck für einen Monat mit«, hatte Santos gesagt, »und Tabak auch.« Vor fünf Jahren hatte er sein gutes Gespür unter Beweis gestellt, der Familie seine Rückkehr erst nach Ende der EM prophezeit und das in die Tat umgesetzt: Er kam als Europameister. Diesmal aber war schon zweieinhalb Wochen später alles vorbei.
Der Titelverteidiger bekam schon im Achtelfinale den Zusatz Ex.
Dabei waren die Portugiesen gegen Belgien die bessere Mannschaft. Chancen, Torschüsse, Pässe, Zweikämpfe – alle Zahlen sprachen für sie. Joao Palhinha, der überraschend im defensiven Mittelfeld das Vertrauen erhalten hatte, konnte sich gar »an keine belgische Gelegenheit außer dem Treffer erinnern«. Dieses einzige Tor hatte es allerdings in sich. Thorgan Hazard überraschte den portugiesischen Keeper Rui Patricio mit einem sogenannten »Knuckleball«, einem Schuss, der sehr wenig Effet und daher auch keine allzu stabile Flugbahn mitbringt. Diese sei »ziemlich schwierig« gewesen für Rui Patricio, fand auch Hazard, und sagte nicht ohne Stolz: »Die Leute sagten, es sei ein Schuss wie von Ronaldo.«
Der Superstar selbst blieb erstmals im Turnier blass und torlos. Überhaupt: Dem Klang der Länder- und Spielernamen nach zu urteilen, hätte es das erste Top-Spiel der K.-o.-Runde werden sollen. Was Belgien und Portugal aber auf dem Rasen von Sevilla anboten, passte so gar nicht zu den Erwartungen. Wenig Tempo, wenige Glanzmomente, viele taktische Fouls, viel solides Handwerk. Als hätten sich beide Mannschaften vorgenommen, ja nicht in Schönheit zu sterben. Spaß machte das den Zuschauern eher wenig.
Von einem »glücklichen Sieg« sprach Thomas Vermaelen. Zusammen mit Toby Alderweireld und Jan Vertonghen bildete er die 101 Jahre alte belgische Dreierkette, an der es kaum ein Vorbeikommen gab und die sich auf ihre prominenten Vorderleute wieder einmal verlassen durfte. Eine BVB-Kombination über Thomas Meunier und Thorgan Hazard knackte die gegnerische Blockade noch vor der Pause. Mit Axel Witsel und Raphael Guerreiro mutete das Spiel ohnehin wie ein Dortmunder Klassentreffen an. Im Fokus stand hinterher verständlicherweise Hazard. »In Spielen wie diesen musst du deine Chancen mit beiden Händen ergreifen«, sagte er und mutmaßte: Dieses Tor könnte das wichtigste seiner Karriere gewesen sein. Lange Zeit hatte er im Schatten des älteren Bruders Eden ge-

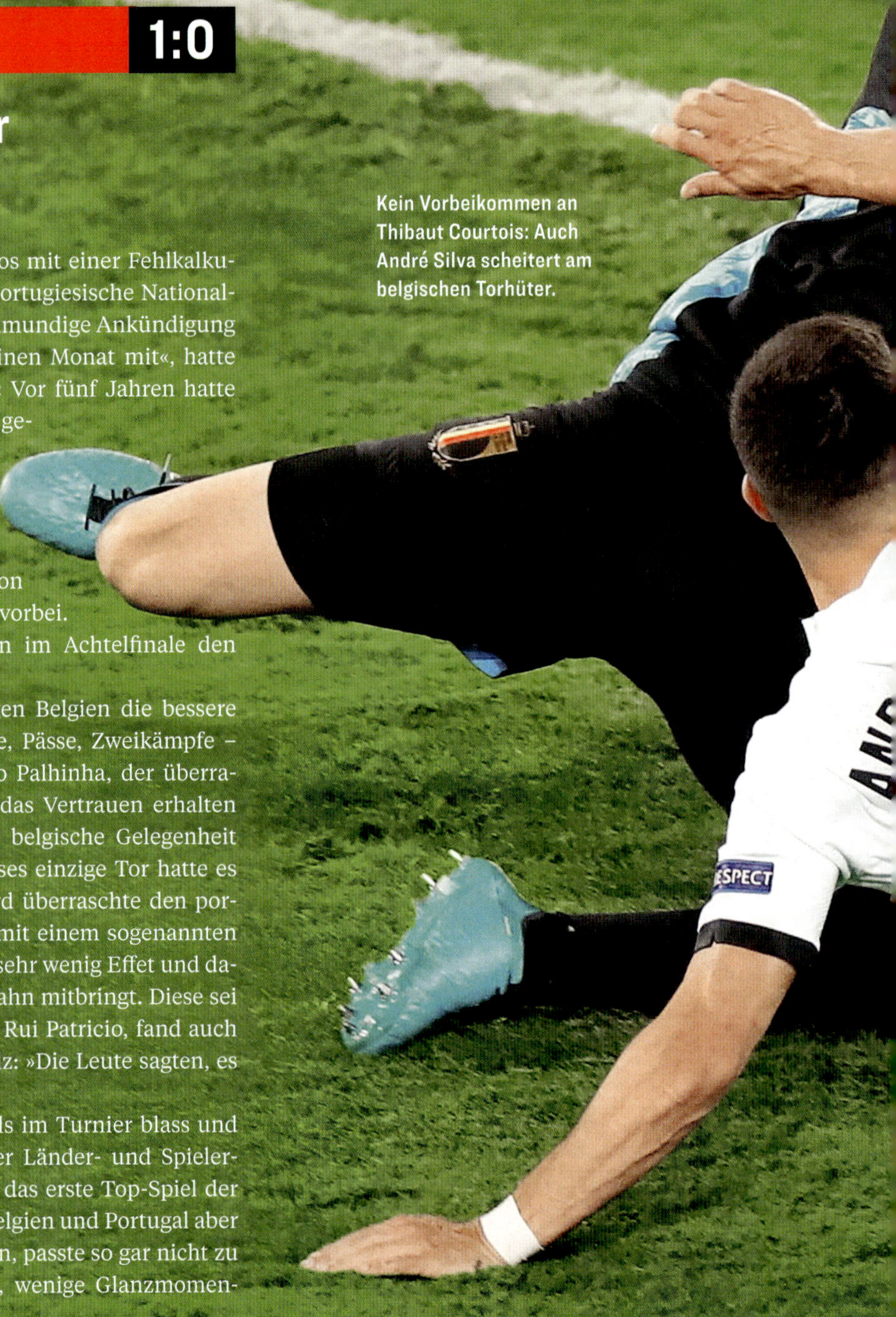

Kein Vorbeikommen an Thibaut Courtois: Auch André Silva scheitert am belgischen Torhüter.

standen. Nachdem der aber zwei schwächere Jahre bei Real Madrid hinter sich hatte und Thorgan endlich zum Stammspieler bei den »Roten Teufeln« aufgestiegen war, begegnen sich die Brüder auf dem Platz nun auf Augenhöhe. »Wer Hazard(s) hat, braucht keinen Ronaldo«, feierte die Zeitung »GrenzEcho«. Die Tatsache, dass Thorgan mit 28 Jahren Drittjüngster der belgischen Startelf war, zeugte von einer gewaltigen Reife und erklärte gleichzeitig, warum man so vorsichtig und defensiv agierte: Mit erfrischendem Offensivfußball hatte man bei früheren Turnieren zwar regelmäßig die Herzen der Fans gewonnen, niemals aber einen Pokal. Viele Möglichkeiten bleiben der »goldenen Generation« nun schließlich nicht mehr.

Belgien – Portugal

1:0
1:0

Courtois 2,5
Alderweireld 2,5 · Vermaelen 2,5 · Vertonghen 3
Meunier 3,5 · Tielemans 4 · Witsel 3 · T. Hazard 2 ↘
De Bruyne 3 ↘ · E. Hazard 3 ↘
Lukaku 4

Diogo Jota 4,5 ↘ · Cristiano Ronaldo 4 · Bernardo Silva 5,5 ↘
Renato Sanches 3 ↘ · Joao Palhinha 3,5 ↘ · Joao Moutinho 4,5 ↘
Guerreiro 4 · Ruben Dias 4 · Pepe 3 · Diogo Dalot 3,5
Rui Patricio 4,5

27. Juni in Sevilla
BELGIEN – PORTUGAL 1:0 (1:0)
EINGEWECHSELT: 48. Mertens (4) für De Bruyne, 87. Carrasco für E. Hazard, 90./+5 Dendoncker für T. Hazard – 56. Joao Felix (4,5) für Joao Moutinho, 56. Bruno Fernandes (4,5) für Bernardo Silva, 70. Silva für Diogo Jota, 78. Danilo Pereira für Joao Palhinha, 79. Sergio Oliveira für Renato Sanches
TOR: 1:0 T. Hazard (42.)
GELBE KARTEN: Vermaelen, Alderweireld – Joao Palhinha, Diogo Dalot, Pepe
SCHIEDSRICHTER: Dr. Brych (München)
ZUSCHAUER: 11 504

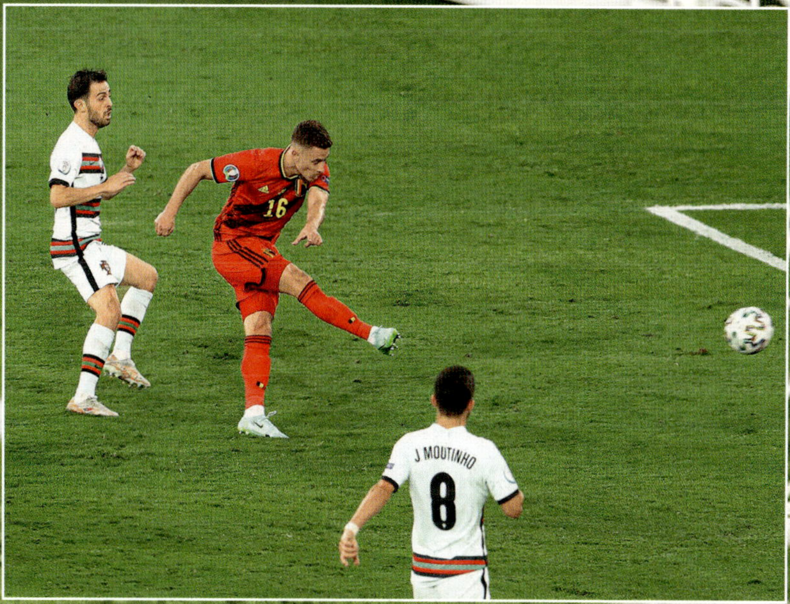

So wird Portugal zum Ex-Titelverteidiger: Dieser Schuss von Thorgan Hazard bringt Belgien eine Runde weiter.

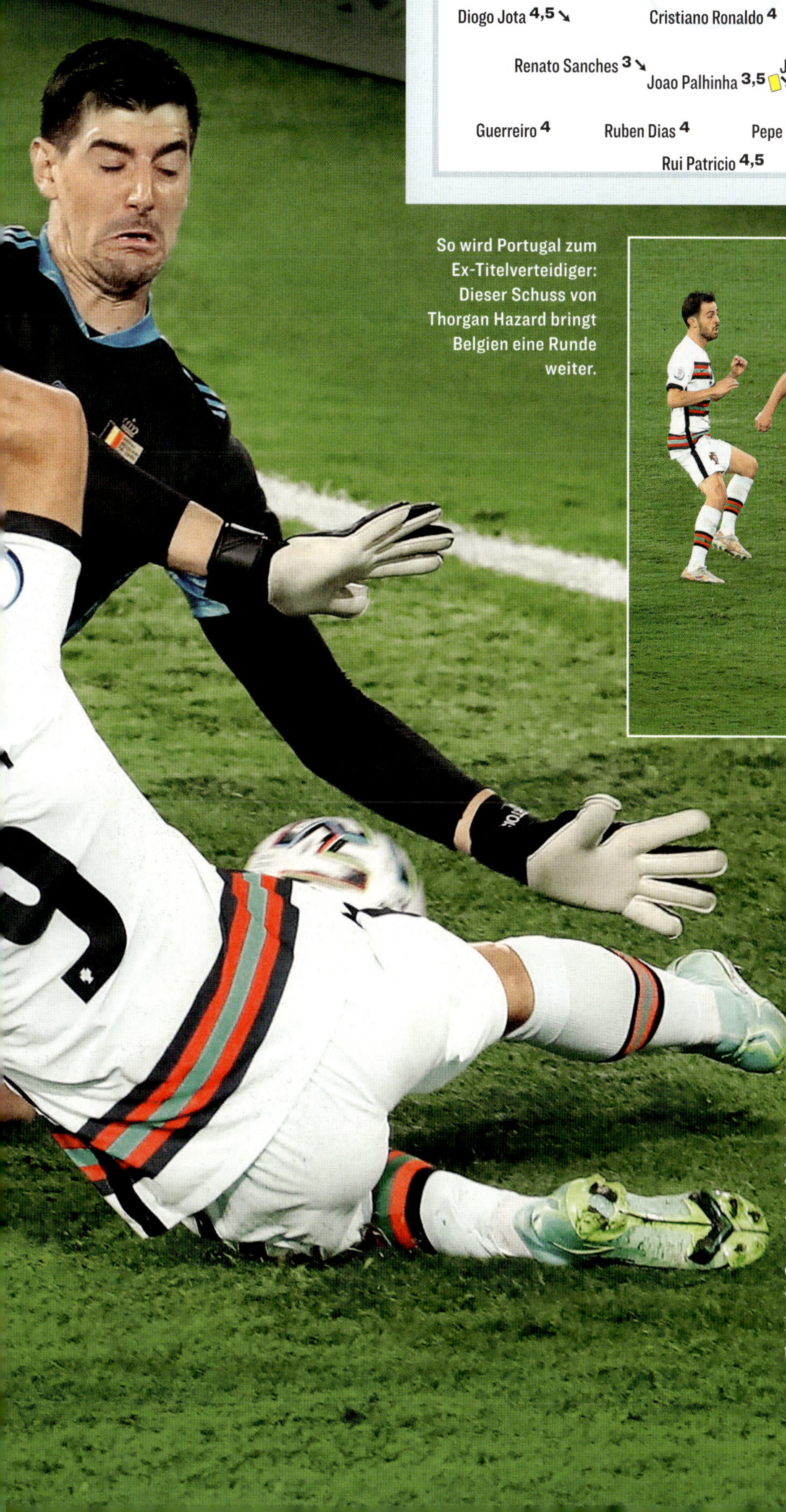

Auf der Gegenseite flossen nach Abpfiff in der Kabine die Tränen. »Es wird nicht schwer sein, die Spieler wieder aufzurichten«, sagte Portugals Trainer Santos dennoch: »Sie haben eine großartige Leistung gezeigt.« Seine etwas eigenwillige Art von Selbstbewusstsein hatte er nicht verloren. »Kein Team kann sagen, dass es besser ist als Portugal«, sagte Santos. »Es gibt bloß einige Mannschaften, die genauso gut sind.«

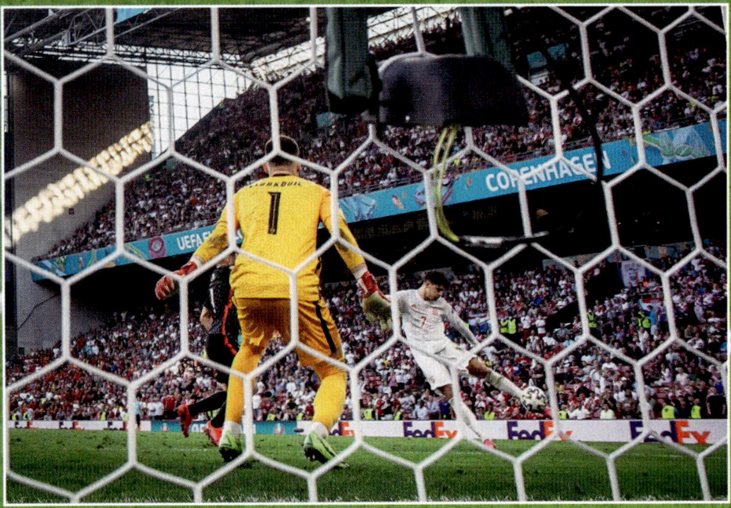

Wider die öffentliche Meinung: Der in der Heimat oft kritisierte Alvaro Morata bringt Spanien sehenswert mit 4:3 in Führung.

KROATIEN | SPANIEN 3:5

Viele Torjäger – aber kein Ausnahmekönner

Nach dem 5:0 über die Slowakei zum Abschluss der Vorrunde drängte sich bei den Spaniern, die zuvor zweimal offensiv weitgehend enttäuscht hatten, die Frage auf, ob diese Angriffsleistung nur eine Eintagsfliege gewesen war. Für Trainer Luis Enrique war schon vor dem Achtelfinale gegen Kroatien klar gewesen, dass »die Flasche entkorkt« worden war. Und der 51-Jährige sollte recht behalten, denn auch den Kroaten schenkte die Furia Roja fünf Stück ein – allerdings in 120 Minuten und in einem Spiel, das einer spektakulären Achterbahnfahrt glich. Erst gerieten die Iberer nach grobem Torwartfehler in Rückstand, dann wähnten sie sich kurz vor Schluss dank einer 3:1-Führung schon eine Runde weiter, nur um doch noch von einem leidenschaftlich spielenden Gegner den 3:3-Ausgleich zu kassieren. In der Verlängerung ging den Kroaten aber die Puste aus – und Spanien gewann den spektakulären Schlagabtausch letztlich doch mit 5:3. Bemerkenswert: Sowohl das vierte als auch das fünfte Tor legte der eingewechselte Dani Olmo auf, dessen Karriere einst ausgerechnet in Kroatien bei Dinamo Zagreb Fahrt aufgenommen hatte und für den das Duell laut eigener Aussage »ein ganz besonderes Spiel« war.

Fahrt aufgenommen hatte auch die zu Turnierbeginn noch stark kritisierte spanische Offensive, die plötzlich elf Tore erzielt hatte und zu diesem Zeitpunkt die treffsicherste aller EM-Teilnehmer war. Und das ganz ohne den einen offensiven Ausnahmekönner, dafür aber mit mehreren guten Angreifern, die sich die Last teilen. »Die Leute haben gesagt, dass Spanien keine Tore schießen könne«, sagte Ferran Torres, merkte voller Genugtuung an, dass er »darauf nie gehört« habe, und freute sich darüber, dass die Kritiker eines Besseren belehrt worden waren. Trainer Enrique freute sich vor allem für den zuvor in der Heimat arg gescholtenen Alvaro Morata. »Es gab einen Moment, da habe ich gedacht, dass wir verlieren, aber dann kam Morata und erzielte ein wunderbares Tor«, sagte Enrique mit Blick auf das äußerst sehenswerte 4:3 des 28-Jährigen: »Ich freue mich für ihn.« Dass die Iberer erstmals seit dem EM-Titel 2012 wieder ein Viertelfinale erreichten, war aber auch Torhüter Unai Simon geschuldet, der sich nach seiner bitteren Slapstick-Einlage, die letztlich zu Pedris Eigentor zum 0:1 geführt hatte, enorm steigerte und »eine großartige Reaktion zeigte«, wie Ferran Torres hervorhob: »Er hat uns vor allem beim Stand von 3:3 gerettet.« Enrique pflichtete ihm bei: »Unai Simon war heute ein Vorbild für alle jungen Spieler, die einmal Profifußballer

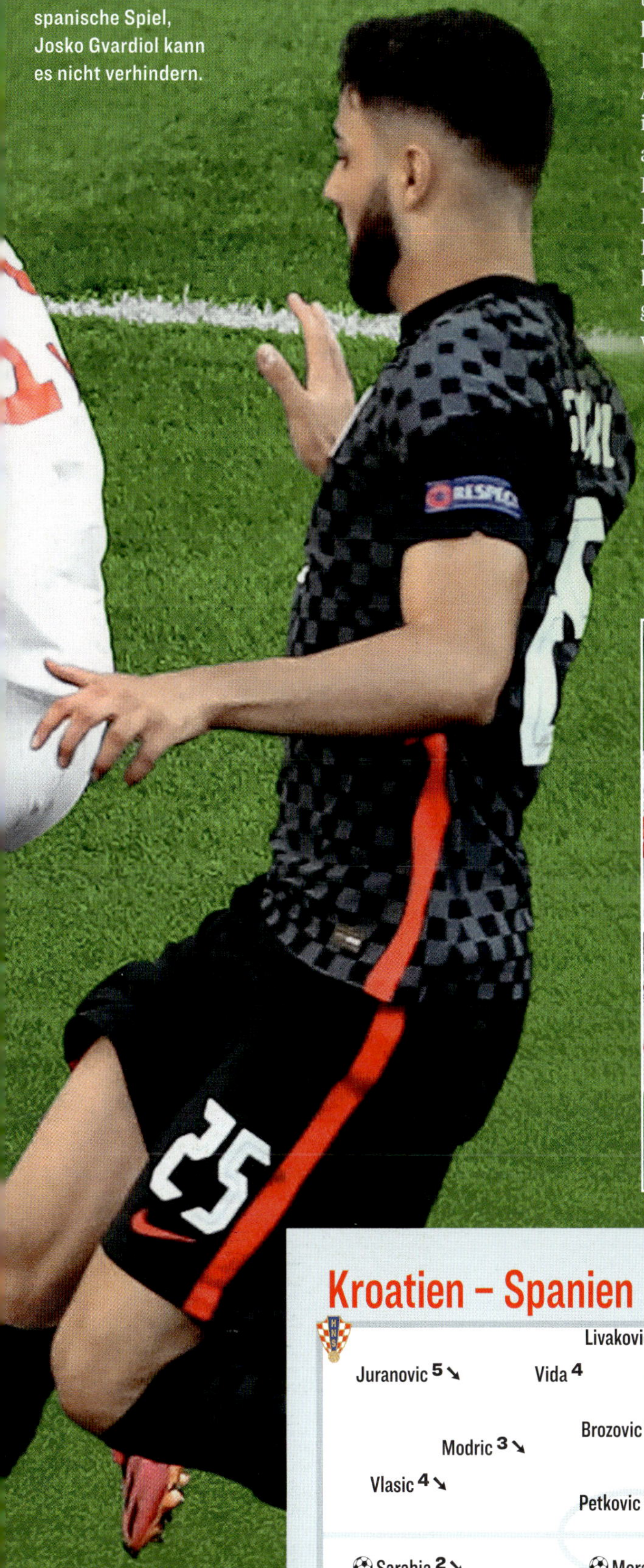

Wichtiger Joker: Dani Olmo bringt frischen Wind ins spanische Spiel, Josko Gvardiol kann es nicht verhindern.

werden wollen. Die Botschaft ist: Mach' dir keine Sorgen wegen deiner Fehler. Konzentriere dich auf dein Ziel. Natürlich war das heute ein schwerer Fehler von ihm. Aber er hat danach noch einige fantastische Paraden gezeigt.«

In Kroatien überwog indes natürlich die Trauer über das Aus und den Fakt, dass man weiterhin auf den ersten Sieg in der K.-o.-Phase einer EM warten muss. Allerdings verabschiedete sich der Vize-Weltmeister auch erhobenen Hauptes, immerhin hatte man trotz des Ausfalls zweier Leistungsträger wie Ivan Perisic (COVID-19) und Dejan Lovren (Gelbsperre) die favorisierten Spanier mit starker Moral und enormer Leidenschaft in die Verlängerung gezwungen. »Wir können stolz auf unsere Leistung sein, wir haben Charakter bewiesen«, meinte Kapitän Luka Modric, der sich zu seiner persönlichen Zukunft in der Nationalelf nicht eindeutig äußern wollte. Zunächst müsse er sich »erholen« und dann würde er »über alles nachdenken«. Ein Abschied käme nicht überraschend, immerhin wäre Modric, der seit seinem Debüt 2006 142 Länderspiele bestritt, bei der WM 2022 bereits 37 Jahre alt.

Wechselbäder: Nach seinem schlimmen Patzer beim 0:1 rettet Spaniens Torhüter Unai Simon mehrmals in höchster Not, kann aber Luka Modrics Assist vor dem 2:3-Anschlusstreffer nicht verhindern.

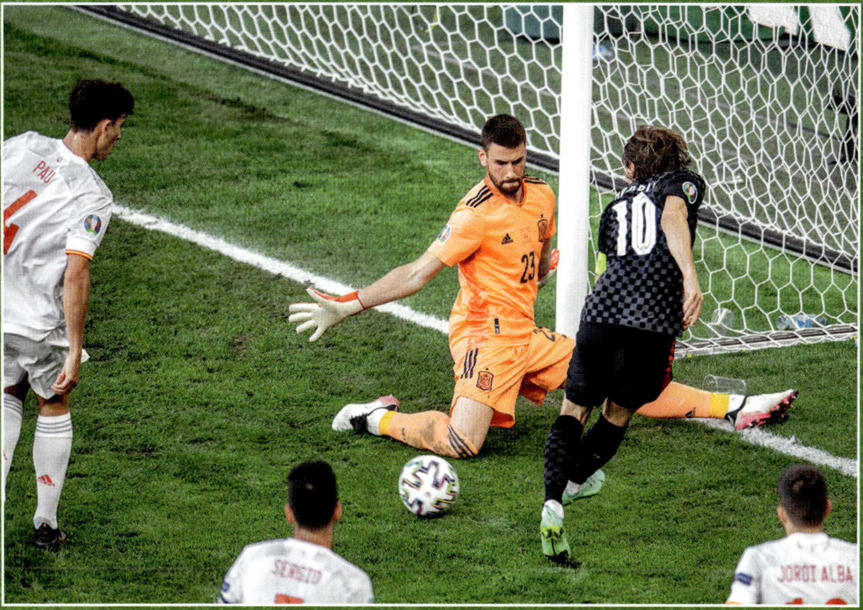

Kroatien – Spanien

n. V. **3:5** (3:3, 1:1)

Livakovic 2,5
Juranovic 5 ↘ Vida 4 Caleta-Car 4,5 Gvardiol 6
Brozovic 3,5
Modric 3 ↘ Kovacic 3 ↘
Vlasic 4 ↘ Rebic 5,5 ↘
Petkovic 4,5 ↘

Sarabia 2 ↘ Morata 3 Ferran Torres 2 ↘
Pedri 2,5 Koke 4 ↘
Busquets 3 ↘
Gaya 4 ↘ Laporte 2,5 Garcia 3,5 ↘ Azpilicueta 3
Unai Simon 5

28. Juni in Kopenhagen

KROATIEN – SPANIEN 3:5 n. V. (3:3, 1:1)

EINGEWECHSELT: 46. Kramaric (3) für Petkovic, 67. Orsic (1,5) für Rebic, 74. Brekalo (5) für Juranovic, 79. Budimir (2,5) für Kovacic, 79. Pasalic (2) für Vlasic, 114. Ivanusec für Modric – 71. Dani Olmo (1,5) für Sarabia, 71. Pau (5) für Garcia, 77. Jordi Alba (3) für Gaya, 77. Fabian (4) für Koke, 88. Oyarzabal (2,5) für Ferran Torres, 101. Rodrigo für Busquets

TORE: 1:0 Pedri (20., ET), 1:1 Sarabia (38.), 1:2 Azpilicueta (57.), 1:3 Ferran Torres (77.), 2:3 Orsic (85.), 3:3 Pasalic (90./+2), 3:4 Morata (100.), 3:5 Oyarzabal (103.)

GELBE KARTEN: Brozovic, Caleta-Car

SCHIEDSRICHTER: Cakir (Türkei)

ZUSCHAUER: 22 771

Die Entscheidung mit dem zehnten Elfmeter: Yann Sommer ahnt die richtige Ecke und lenkt den Versuch von Kylian Mbappé am Pfosten vorbei …

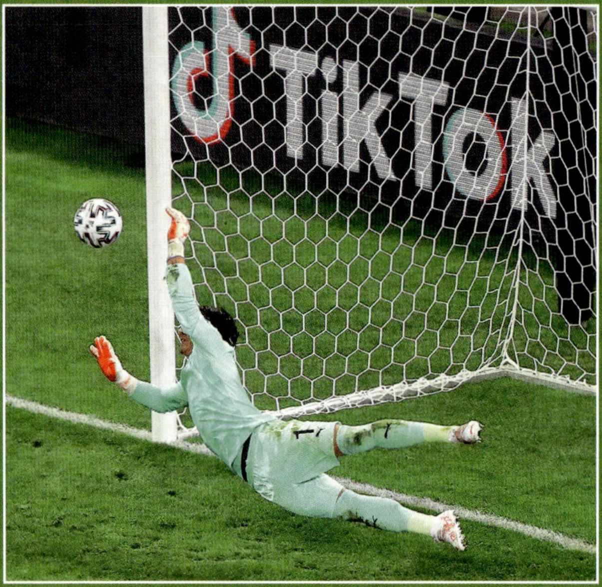

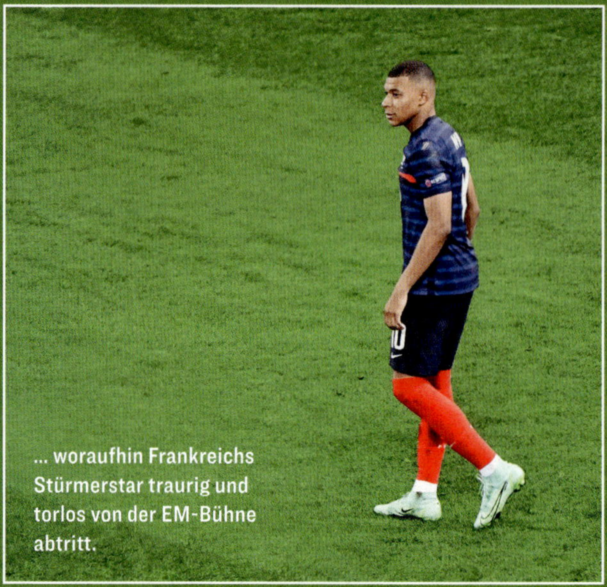

… woraufhin Frankreichs Stürmerstar traurig und torlos von der EM-Bühne abtritt.

FRANKREICH | SCHWEIZ 7:8

Mbappés Sommer-Albtraum

Ein herzliches Dankeschön an Ricardo Rodriguez. Der Schweizer Linksverteidiger machte aus einem ansehnlichen Achtelfinale gegen Frankreich einen rasanten, atemberaubenden Kick. In der 55. Minute hätte er mit einem Elfmeter das 2:0 erzielen und dem Spiel einen möglicherweise vorentscheidenden Impuls geben können. Natürlich wäre es auch spannend gewesen, zu beobachten, wie der Weltmeister mit einem noch deutlicheren Rückstand umgegangen wäre. So aber weckte Rodriguez den großen Turnierfavoriten mit seinem Fehlschuss richtig auf – das französische Feuerwerk konnte beginnen.

Aus Schweizer Sicht war diese Leistungsexplosion der Franzosen zu befürchten, zu erwarten war sie ganz und gar nicht. Denn die Mannschaft von Trainer Didier Deschamps fand im ersten Abschnitt auch angesichts der neuen taktischen Ausrichtung mit einer Dreierkette überhaupt nicht zu ihrem Spiel. Die Eidgenossen verteidigten bravourös, erstickten jeden Umschaltmoment der Equipe Tricolore im Keim und führten völlig verdient durch den Kopfballtreffer von Haris Seferovic. Sollten die Schweizer wirklich den Achtelfinalfluch besiegen können, der sie zuvor bei drei großen Turnieren seit der WM 2014 ins Tal der Tränen gestürzt hatte?

> »So viel Herz, Megakampf, Jungs. Auf ins Viertelfinale!«
>
> Tennisstar Roger Federer

Karim Benzema unternahm alles, um die Nati wieder auf die Heimreise zu schicken. Der Rückkehrer ins Deschamps-Team schnürte binnen zwei Minuten einen Doppelpack und verpasste Frankreich damit für 16 Minuten ein Selbstbewusstsein, dass man für die in dieser Phase wankenden Schweizer das Allerschlimmste befürchten musste. Als Paul Pogba den Ball in der 75. Minute traumhaft in den Win-

Frankreich – Schweiz

i. E. 4:5 **3:3** 3:3, 0:1

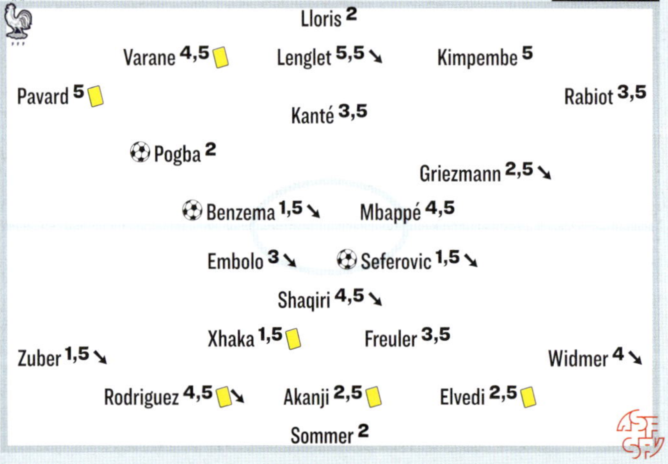

28. Juni in Bukarest

FRANKREICH – SCHWEIZ 4:5 i. E. (3:3, 3:3, 0:1)

EINGEWECHSELT: 46. Coman (2,5) für Lenglet, 88. Sissoko (4) für Griezmann, 94. Giroud für Benzema, 112. Thuram für Coman 73. Gavranovic (2) für Shaqiri, 73. Mbabu (2,5) für Widmer, 79. Fassnacht (3) für Zuber, 79. Vargas (3) für Embolo, 87. Mehmedi (3,5) für Rodriguez, 97. Schär für Seferovic

TORE: 0:1 Seferovic (15.), 1:1 Benzema (57.), 2:1 Benzema (59.), 3:1 Pogba (75.), 3:2 Seferovic (81.), 3:3 Gavranovic (90.)

ELFMETERSCHIESSEN: 0:1 Gavranovic, 1:1 Pogba, 1:2 Schär, 2:2 Giroud, 2:3 Akanji, 3:3 Thuram, 3:4 Vargas, 4:4 Kimpembe, 4:5 Mehmedi, Mbappé scheitert an Sommer

GELBE KARTEN: Varane, Coman, Pavard – Elvedi, Rodriguez, Xhaka, Akanji

BES. VORK.: Lloris hält FE von Rodriguez (55.)

SCHIEDSRICHTER: Rapallini (Argentinien)

ZUSCHAUER: 22 642

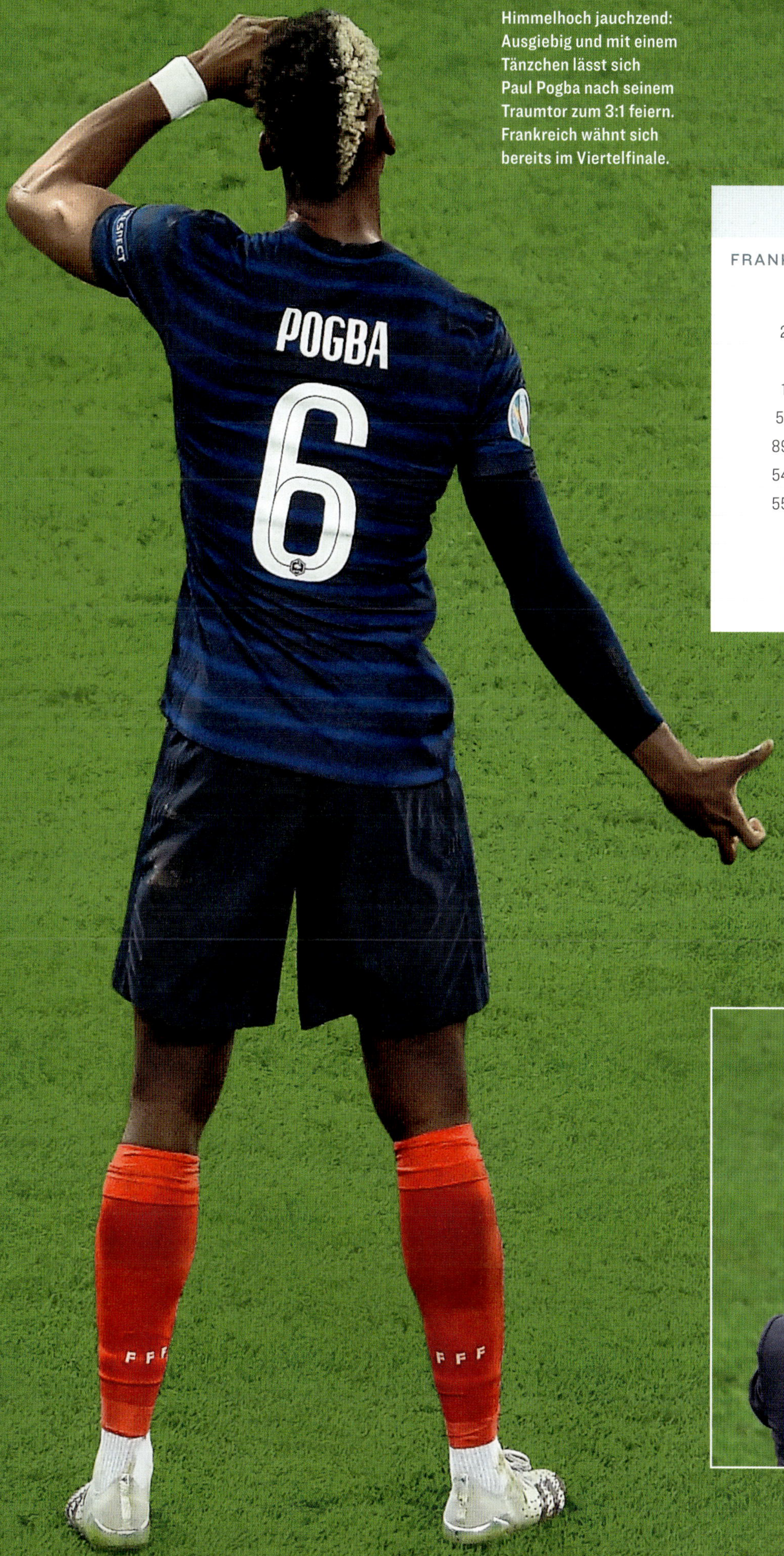

Himmelhoch jauchzend: Ausgiebig und mit einem Tänzchen lässt sich Paul Pogba nach seinem Traumtor zum 3:1 feiern. Frankreich wähnt sich bereits im Viertelfinale.

MATCH-DATEN

FRANKREICH		SCHWEIZ
3	Tore	3
26	Torschüsse gesamt	12
8	Torschüsse aufs Tor	5
14	begangene Fouls/Handspiele	13
555	erfolgreiche Pässe	453
89 %	Passquote	85 %
54 %	Ballbesitz	46 %
55 %	Zweikampfquote	45 %
3	Gelbe Karten	4
0	Rote Karten	0
1	Abseits	1
8	Ecken	5

Zu Tode betrübt: Didier Deschamps versucht vergeblich Paul Pogba zu trösten.

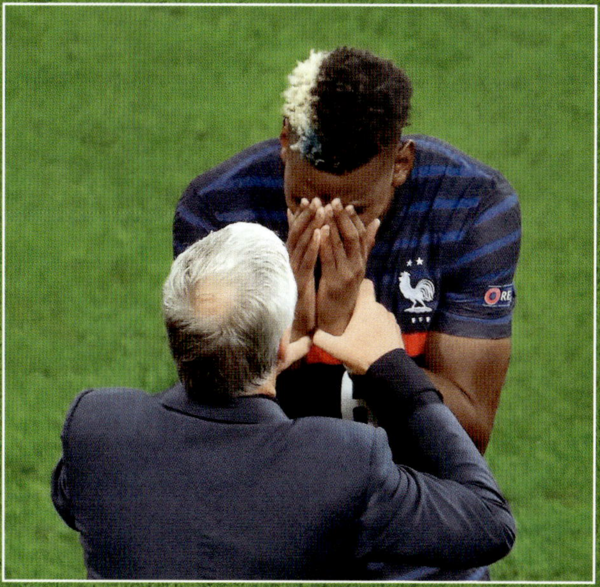

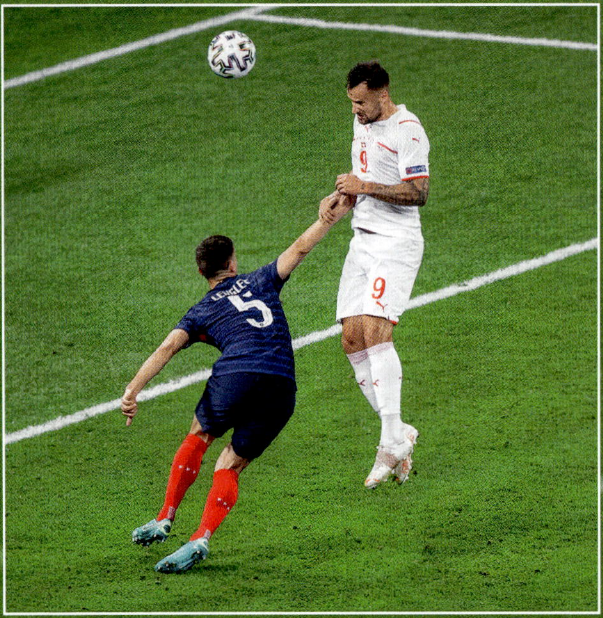

Der sitzt: Der Kopfball von Haris Seferovic bringt das 1:0 für die Schweiz, Clement Lenglet ist desorientiert.

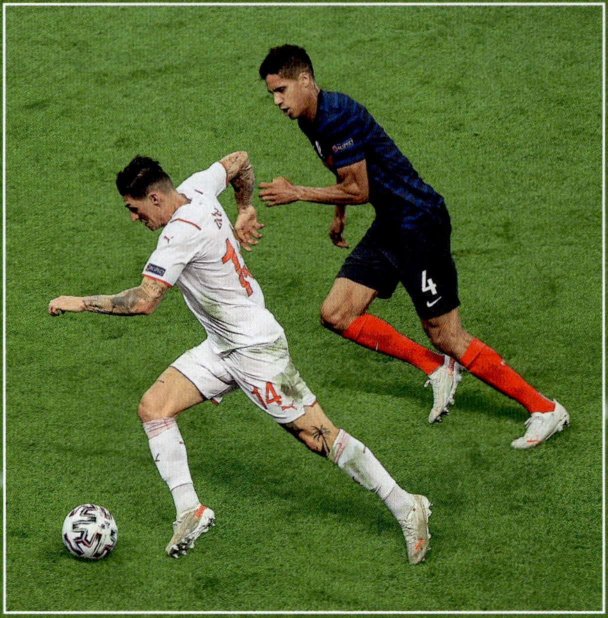

Zu schnell: Steven Zuber enteilt Raphael Varane.

kel zum 3:1 zimmerte, schien die Messe für die Nati gelesen. Mit breiten Beinen posierend stellte der französische Mittelfeldspieler die Überlegenheit des Weltmeisters zur Schau, sein nachfolgendes Tänzchen tat sein Übriges. Oder war es genau diese Jubelpose, die die Schweizer so sehr reizte, dass ihr Keeper Yann Sommer nach dem Schlusspfiff den Franzosen »eine gewisse Überheblichkeit« unterstellte? Mit aller Macht stemmte sich nun die Elf von Trainer Vladimir Petkovic gegen eine weitere Achtelfinal-Schlappe und fand wieder zu ihrem mutigen Offensivspiel zurück. Belohnt wurde die Aufholjagd durch den früheren Mainzer und Schalker Mario Gavranovic, der in der Schlussminute den 3:3-Ausgleich erzielte. Das Drama erreichte seine nächste Phase – Verlängerung und Elfmeterschießen.

PRESSESTIMMEN

Vernichtet! Die Enttäuschung Mbappé. Eine unglaubliche Pleite, ausgelöst durch verflogene Strapazierfähigkeit und eine waghalsige Aufstellung. Ein fantastisches Spiel, eine immense Pleite, eine enorme Enttäuschung. Frankreich – Schweiz war all das und noch viel mehr. L'EQUIPE (FRANKREICH)

Der traurige Absturz eines Weltmeisters. Das Spiel war atemberaubend, aber Les Bleus haben in ihrer Spielordnung nur rumgefaselt und wurden von einer durchschnittlichen Schweiz nach Hause geschickt. OUEST FRANCE (FRANKREICH)

Liberté, Egalité, Viertelfinalé. SeNATIonell!
BLICK (SCHWEIZ)

Unglaublich, aber wahr: Schweizer Fußball-Wunder geschehen.
NEUE ZÜRCHER ZEITUNG (SCHWEIZ)

Adieu Mbappé! Die Schweiz schafft eine Revolution, indem sie die Franzosen vom Thron stürzt. Frankreich wird ausgerechnet von seinem Liebling Mbappé verraten, das Team zahlt jedoch einen hohen Preis für seine Arroganz und für die Unterschätzung der Schweizer. CORRIERE DELLA SERA (ITALIEN)

Die Schweiz schafft die große Sensation und haut Frankreich im Elfmeterschießen raus, jetzt trifft sie auf Spanien. Wahnsinnsfußball und Wahnsinns-Europameisterschaft. SPORT (SPANIEN)

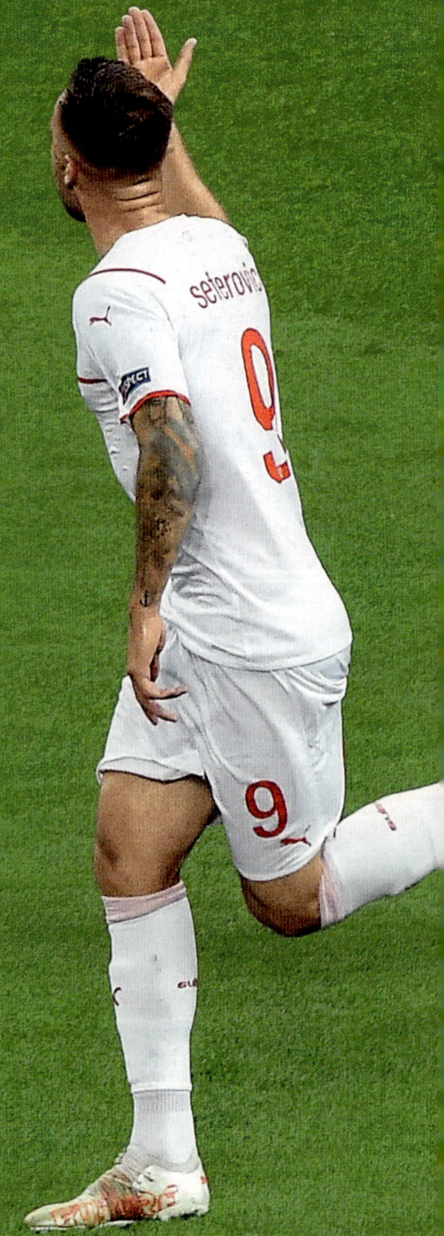

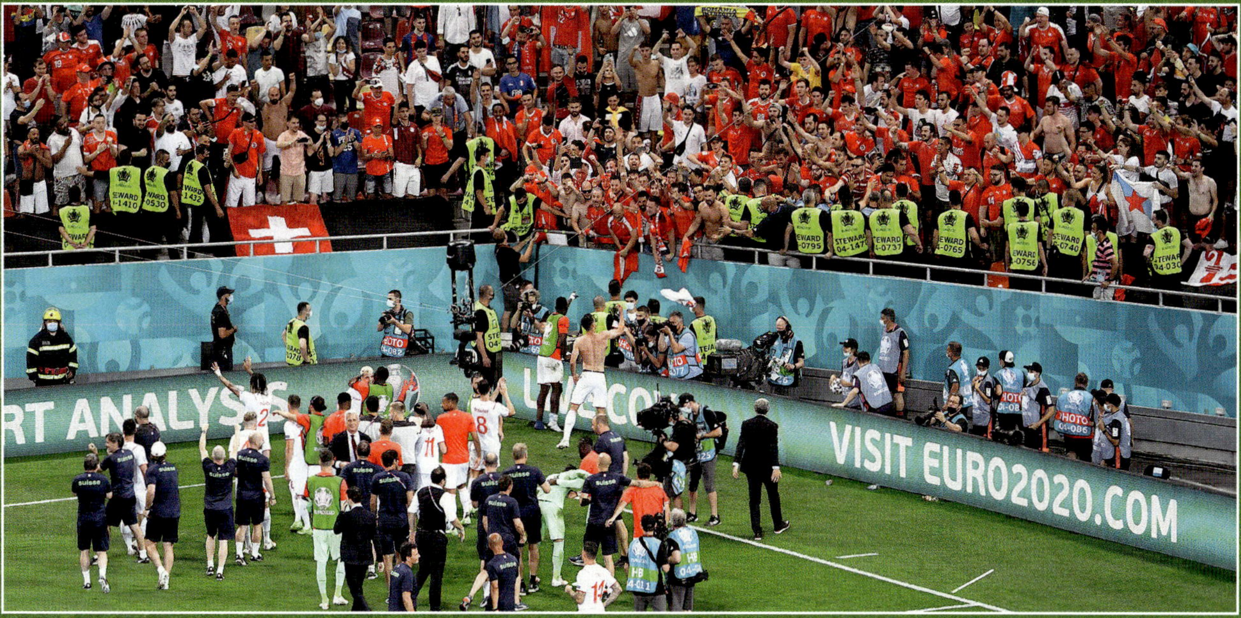

Hopp Schwyz: Fans und Mannschaft feiern die Sensation, die Schweiz hat den Weltmeister aus dem Turnier geworfen.

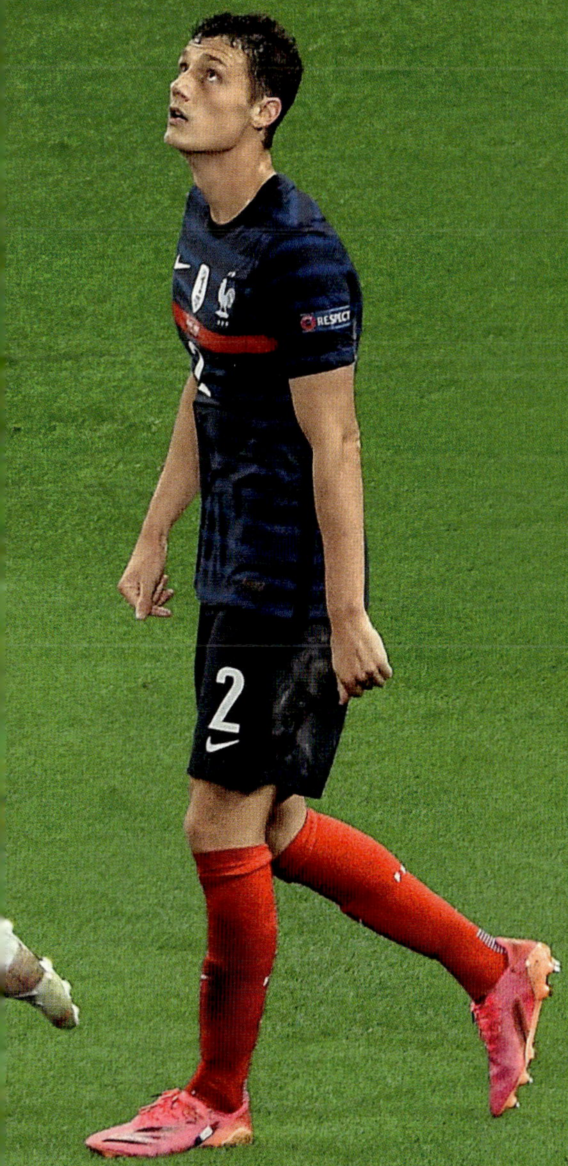

Die nächsten Akte des Thrillers sollten ganz eng mit dem Namen Kylian Mbappé verknüpft sein. Der Ausnahmestürmer der Franzosen war bei diesem Turnier angetreten, um seiner Karriere ein weiteres erfolgreiches Kapitel hinzuzufügen. Doch weder mit dem Titel noch als Torschützenkönig trottete der 22-Jährige nach seinem fatalen finalen Fehlschuss gegen Sommer todtraurig in die Kabine, der Blick leer, der aufmunternde Klaps seines Trainers dürfte sich wie eine schallende Ohrfeige angefühlt haben. »Ich habe versagt«, ließ Mbappé seine 53 Millionen Instagram-Follower wissen und sprach von einer »Nacht ohne Schlaf«. Beim Herumwälzen von links nach rechts dürfte Mbappé vor allem beschäftigt haben, warum er bei diesem Turnier seinen »Killerinstinkt« verloren hat. 14-mal kam der PSG-Stürmer in den vier EM-Spielen zum Abschluss, so häufig wie kein anderer Spieler bis dahin. Doch außer einem aberkannten Abseitstor gegen Deutschland beim 1:0-Auftaktsieg fand kein einziger Ball den Weg ins Netz. Sein 15. und letzter Schuss besiegelte das Aus des Weltmeisters, nur Italien scheiterte als amtierender Champion bei der nachfolgenden EM früher – 1984 schaffte es die Squadra Azzurra nicht einmal bis zur Endrunde. Damals, vor 37 Jahren, krönte sich Frankreich im eigenen Land erstmals zum Europameister. Den Unfall des verlorenen EM-Finales 2016 gegen Portugal wollten Pogba, Griezmann und auch Mbappé nun reparieren, doch das Vorhaben scheiterte krachend.

Unglaublich: Haris Seferovic feiert sein Tor, Benjamin Pavard will von der Anzeigentafel bestätigt wissen, was er gesehen hat.

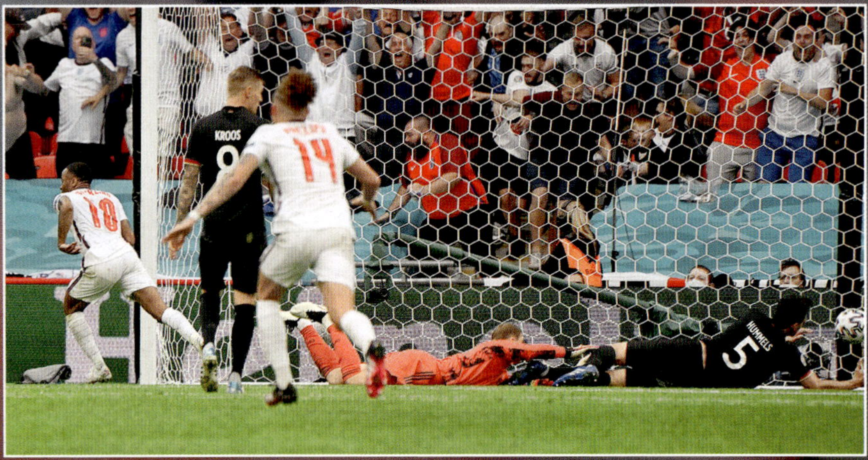

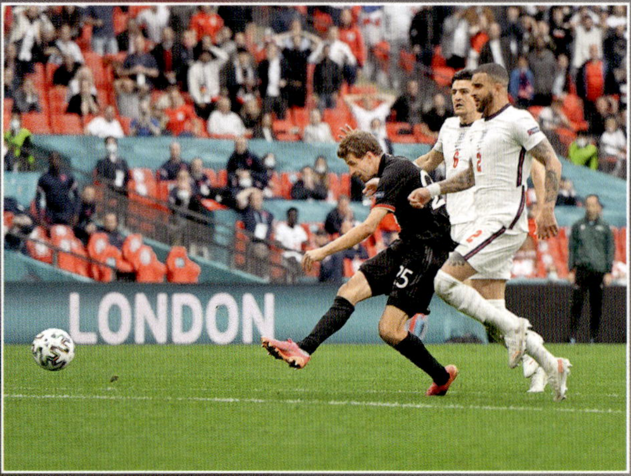

Drin: Raheem Sterling erzielt die Führung für England, Manuel Neuer und Mats Hummels können es nicht verhindern.

Daneben: Hätte Thomas Müller hier den Ausgleich erzielt, hätte Deutschland das Spiel vielleicht noch umbiegen können.

ENGLAND | DEUTSCHLAND 2:0

Müller bringt sich selbst um den Schlaf

Das Aus stand seit ein paar Minuten definitiv fest. Schon wieder so früh. Dieses Mal nach dem Achtelfinale und nach vier Auftritten mit lediglich einem Sieg. Vor drei Jahren, bei der WM 2018 in Russland, war die deutsche Nationalmannschaft schon nach den drei Gruppenspielen heimgeschickt worden. Joshua Kimmich zählte damals wie diesmal zur DFB-Delegation. Jetzt, an diesem Abend in Wembley, wurde er zum Gesicht des deutschen Elends: Kimmich konnte die Tränen, die aus seinen Augen quollen, nicht eindämmen. Er weinte bitterlich. Er lieferte ein Bild, das von dieser Europameisterschaft von der deutschen Mannschaft bleibt. Thomas Müller hätte das Leid des Kollegen verhindern können, tat es aber nicht und zeichnete so für eine andere nachhaltige Impression verantwortlich. Der 2014er Weltmeister, reaktiviert vor dieser Europameisterschaft nach zweijähriger Nichtbeachtung durch den Bundestrainer, startete, 81. Minute, 1:0 für England, nach Kai Havertz' Vorlage von der Mittellinie aus auf das gegnerische Tor zu, ausgreifend seine Schritte, den Ball vor sich hertreibend und mit viel Vorsprung vor hinterherhechelnden Briten, die ihn nicht mehr am Schuss hindern konnten, nicht Walker, nicht Stones, nicht Rice: Doch Müller schob den Ball aus 17 Metern 30, 40 Zentimeter am Pfosten vorbei. Vorbei die Mega-Chance zum 1:1-Ausgleich. Müller sank in die Knie und auf den heiligen Rasen, die Finger beider Hände durchwühlten sein Blondhaar. »Da war er, dieser eine Moment, der dir am Ende in Erinnerung bleibt, der dich um den Schlaf bringt«, postete er tags darauf. »Dieser Moment, wenn du es allein in der Hand hast, deine Mannschaft in ein enges K.-o.-Spiel zurückzubringen und eine ganze Fußballnation in Ekstase zu versetzen.« Dass er diese Möglichkeit ungenutzt gelassen hatte, tat dem Münchner, der damit auch bei seiner dritten EM torlos blieb, »verdammt weh«.

Noch in der Nacht, nach der Landung in Nürnberg, hat Müller gegenüber Joachim Löw jene Szenenfolge mit weniger Pathos, sondern »in seiner ureigenen humorvollen Art und Weise«, wie Löw es nannte, angesprochen. »Trainer«, so habe es Müller formuliert, »wenn ich diese Chance gemacht hätte, dann hätte uns das sicherlich nicht geschadet.« Bestimmt nicht, so des Bundestrainers Antwort, »es wäre das 1:1 gewesen und hätte uns logischerweise sehr geholfen.« Einen Vorwurf an den Spieler wollte Löw von dieser Anmerkung allerdings keinesfalls abgeleitet wissen. Stress zum Abschied musste nicht mehr sein, es war ohnehin nichts mehr zu ändern.

Tags zuvor, unter dem unmittelbaren Eindruck des so frühen Ausscheidens, hatte der DFB-Chefcoach den mangelhaften Umgang mit den eigenen Torgelegenheiten als allerersten Grund für das Scheitern angeführt. »Wir hatten zwei Großchancen, haben aber leider keine Tore gemacht«, klagte Löw. »Die Großchancen muss man in einem Turnier nutzen.« Nach einer guten halben Stunde hatte Kai Havertz' Zuspiel eine Schneise in die englische Abwehr geschnitten und in der halblinken Schräge einen schmalen Korridor für Timo Werner freigelegt, den der deutsche Stürmer im Höchsttempo durcheilte, den Ball am Fuß, aber ohne Vollendung: Werners Linksschuss prallte gegen den Oberschenkels des Three-Lions-Keepers Pickford, der gleich nach der Pause noch Havertz' Volley über die Querlatte lenkte. Das war's dann schon gewesen mit der deutschen Offensive. Da die englische

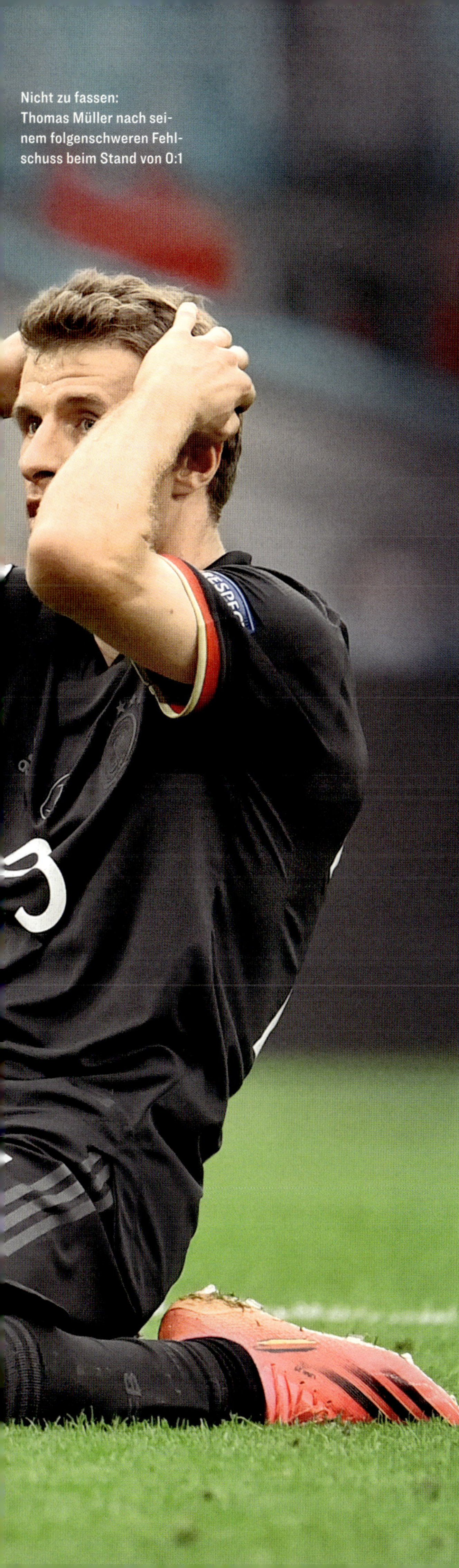

Nicht zu fassen: Thomas Müller nach seinem folgenschweren Fehlschuss beim Stand von 0:1

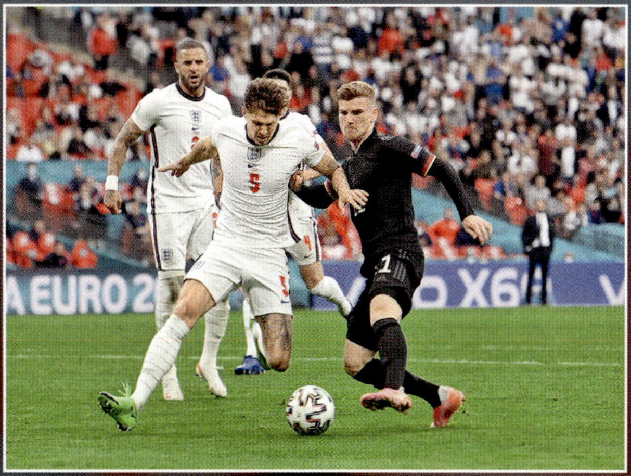

Kein Spielraum: Timo Werner findet kaum ein Mittel, sich der hautengen Bewachung durch John Stones zu entziehen.

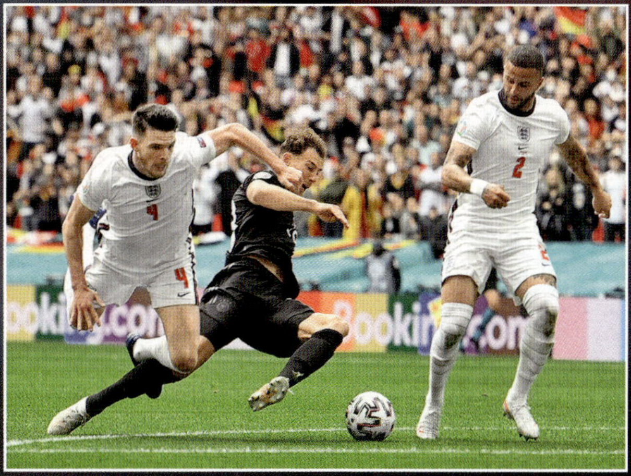

Es geht ganz schön zur Sache: Declan Rice kann Leon Goretzkas Durchbruch nur per Foul stoppen.

ebenfalls wenig produziert hatte, war die Zwei-Tore-Diskrepanz im Endergebnis umso schmerzlicher. »Der Unterschied war die Effizienz«, meinte Toni Kroos, dem das Trikot noch schweißnass am Körper klebte, und verwies auf die wenigen Chancen der Briten. Mats Hummels nahm diese verbale Vorlage auf, erwähnte konkret die »Riesenchance zum 1:0 und dann zum 1:1« und fasste zusammen: »Wir haben sie nicht genutzt, deswegen sitzen wir jetzt hier. Wir können im selben Spiel auch weitergehen, dann gibt es über alles positive Gespräche, dann war alles richtig«, nun sei »das Gegenteil« der Fall und heftige Kritik die

MATCH-DATEN

ENGLAND		DEUTSCHLAND
2	Tore	0
5	Torschüsse gesamt	9
4	Torschüsse aufs Tor	3
11	begangene Fouls/Handspiele	9
371	erfolgreiche Pässe	443
83 %	Passquote	84 %
46 %	Ballbesitz	54 %
55 %	Zweikampfquote	45 %
3	Gelbe Karten	2
0	Rote Karten	0
2	Abseits	2
3	Ecken	3

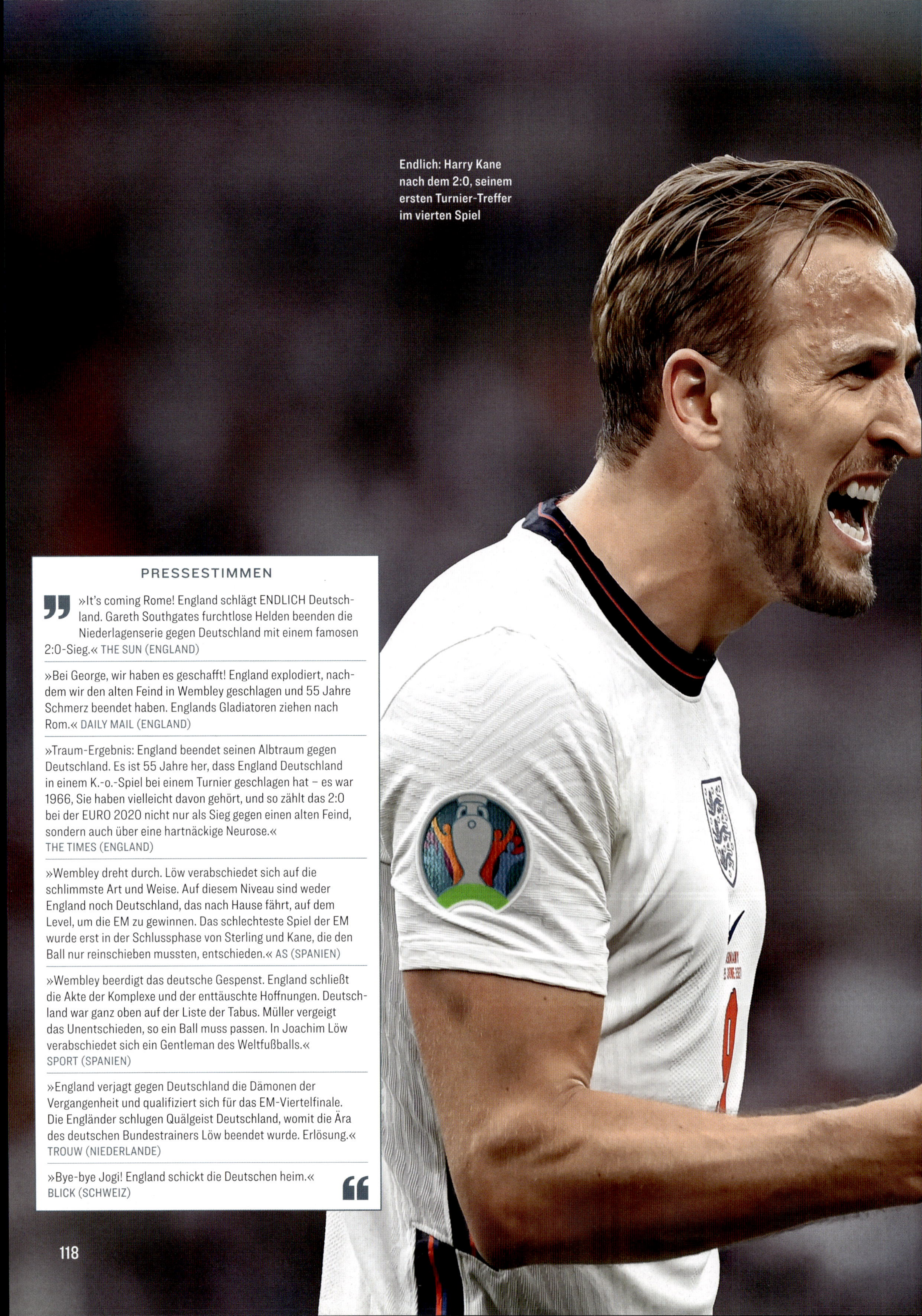

Endlich: Harry Kane nach dem 2:0, seinem ersten Turnier-Treffer im vierten Spiel

PRESSESTIMMEN

»It's coming Rome! England schlägt ENDLICH Deutschland. Gareth Southgates furchtlose Helden beenden die Niederlagenserie gegen Deutschland mit einem famosen 2:0-Sieg.« THE SUN (ENGLAND)

»Bei George, wir haben es geschafft! England explodiert, nachdem wir den alten Feind in Wembley geschlagen und 55 Jahre Schmerz beendet haben. Englands Gladiatoren ziehen nach Rom.« DAILY MAIL (ENGLAND)

»Traum-Ergebnis: England beendet seinen Albtraum gegen Deutschland. Es ist 55 Jahre her, dass England Deutschland in einem K.-o.-Spiel bei einem Turnier geschlagen hat – es war 1966, Sie haben vielleicht davon gehört, und so zählt das 2:0 bei der EURO 2020 nicht nur als Sieg gegen einen alten Feind, sondern auch über eine hartnäckige Neurose.« THE TIMES (ENGLAND)

»Wembley dreht durch. Löw verabschiedet sich auf die schlimmste Art und Weise. Auf diesem Niveau sind weder England noch Deutschland, das nach Hause fährt, auf dem Level, um die EM zu gewinnen. Das schlechteste Spiel der EM wurde erst in der Schlussphase von Sterling und Kane, die den Ball nur reinschieben mussten, entschieden.« AS (SPANIEN)

»Wembley beerdigt das deutsche Gespenst. England schließt die Akte der Komplexe und der enttäuschte Hoffnungen. Deutschland war ganz oben auf der Liste der Tabus. Müller vergeigt das Unentschieden, so ein Ball muss passen. In Joachim Löw verabschiedet sich ein Gentleman des Weltfußballs.« SPORT (SPANIEN)

»England verjagt gegen Deutschland die Dämonen der Vergangenheit und qualifiziert sich für das EM-Viertelfinale. Die Engländer schlugen Quälgeist Deutschland, womit die Ära des deutschen Bundestrainers Löw beendet wurde. Erlösung.« TROUW (NIEDERLANDE)

»Bye-bye Jogi! England schickt die Deutschen heim.« BLICK (SCHWEIZ)

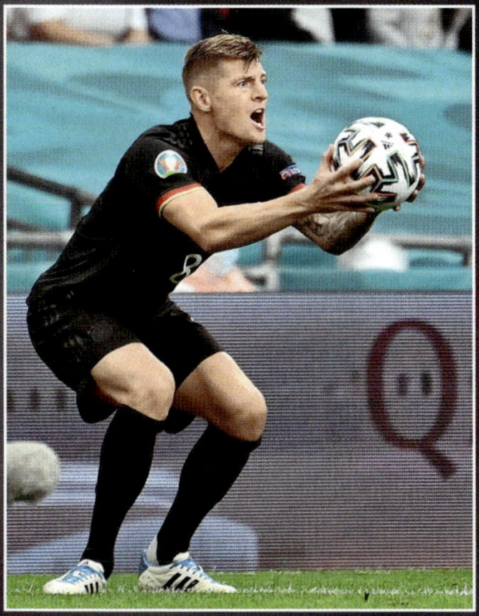

Rücktritt: Toni Kroos beendet mit dem Ausscheiden bei der EURO seine Karriere in der Nationalelf.

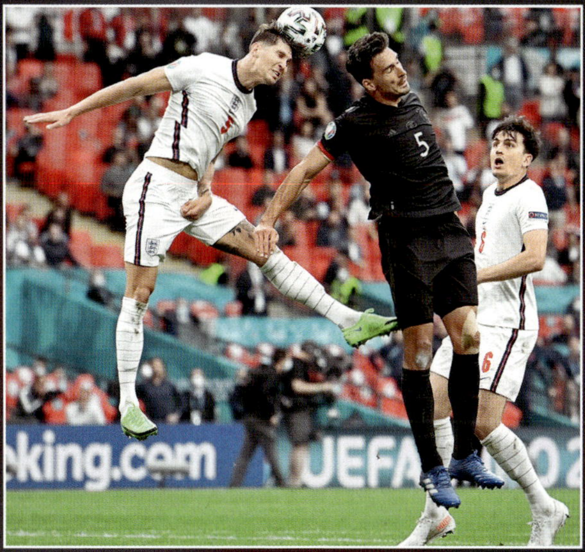

Eine Etage höher: John Stones gewinnt das Kopfballduell mit Mats Hummels.

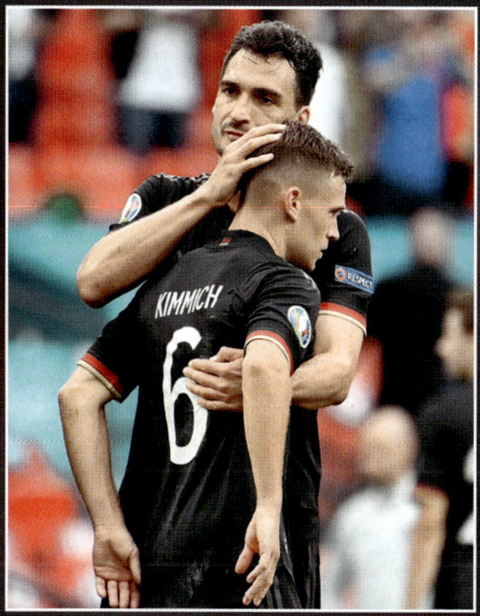

Versuch des Trostes: Mats Hummels und Joshua Kimmich nach dem Abpfiff

gängige Praxis. Ganz so einfach lagen die Dinge natürlich nicht.

Hummels, 2014 Weltmeister geworden, verwies selbst auf die zunehmenden Ballverluste, die der dominanten und imposanten Startphase folgten und »das Spiel leider in Richtung England kippen« ließen. Sodann führte er unaufgefordert statistische Belege gegen sein versöhnliches Fazit an. »Wir haben nur ein Turnierspiel gewonnen« (4:2 gegen Portugal). »Wir haben in den vergangenen sieben Turnierspielen nicht zu null gespielt« (0:1 gegen Mexiko, 2:1 gegen Schweden und 0:2 gegen Südkorea bei der WM in Russland 2018; nun 0:1 gegen Frankreich, 4:2 gegen Portugal, 2:2 gegen Ungarn und 0:2 gegen England). »Wir haben in den letzten zwei Turnieren in sieben Spielen 11 Treffer kassiert. »Wir haben viermal kein Tor geschossen« (bei insgesamt acht). Aus diesen unsympathischen Daten leitete er – ohne das immer wieder gegebene defensive Durcheinander eigens zu erwähnen – die richtige Schlussfolgerung ab, sie lautete: »Das ist natürlich zu wenig bei den Ansprüchen, die wir haben.« Kurze Pause. »Die jeder von uns hat.« Wieder kurze Pause: »Zu Recht hat.« Tatsächlich zu Recht? Die einzelnen Spieler müssten noch reifen und als Mannschaft erwachsen werden, merkte Löw an und sagte der DFB-Auswahl »eine sehr gute Zukunft« voraus. 2024 werde sie auf dem Limit ihrer Schaffenskraft sein. Dann ist wieder Europameisterschaft. In Deutschland. Aber das war dieses Mal in drei von vier Spielen auch so. Ohne große Wirkung.

England – Deutschland

2:0
0:0

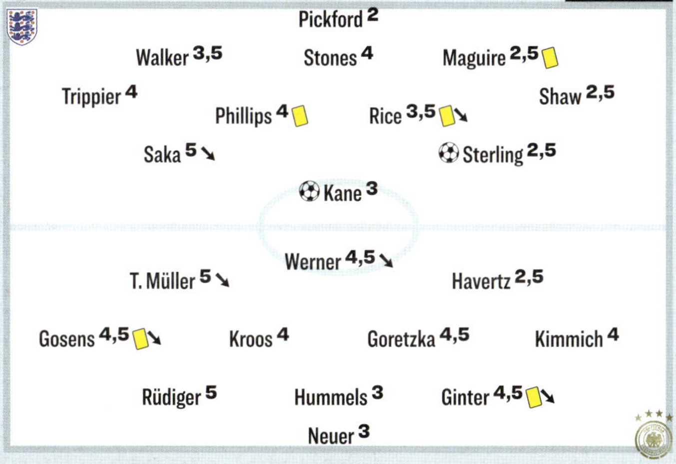

29. Juni in London

ENGLAND – DEUTSCHLAND 2:0 (0:0)

EINGEWECHSELT: 69. Grealish für Saka, 87. Henderson für Rice – 69. Gnabry für Werner, 87. Can für Ginter, 87. Sané für Gosens, 90./+2 Musiala für Müller

TORE: 1:0 Sterling (75.), 2:0 Kane (86.)

GELBE KARTEN: Rice, Phillips, Maguire – Ginter, Gosens

SCHIEDSRICHTER: Makkelie (Niederlande)

ZUSCHAUER: 41 973

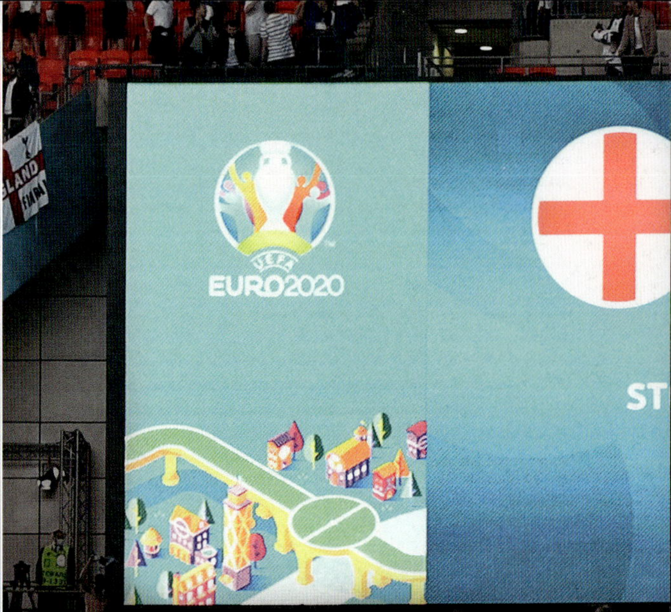

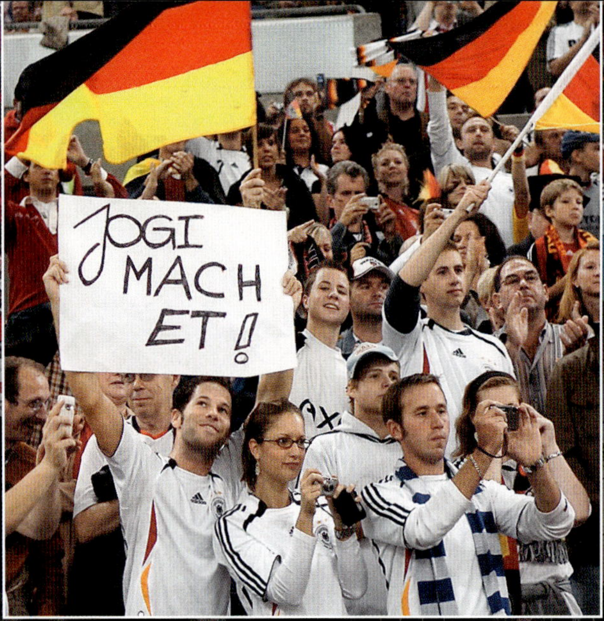

Freundliche Unterstützung: Bei den Fans ist Jogi Löw lange sehr beliebt.

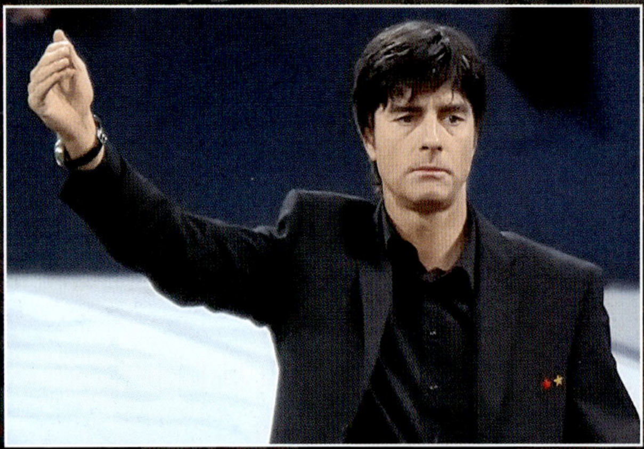

Der Anfang: Jogi Löw gewinnt sein erstes Spiel als Bundestrainer am 16.8.2006 gegen Schweden mit 3:0.

EINE BILANZ VON KICKER-CHEFREPORTER KARLHEINZ WILD

DAS ENDE EINER ÄRA

Es war ein freundlicher Klaps, den Joachim Löw (61) einem UEFA-Mitarbeiter auf dessen Schulter gab. Dann machte er sich, das Sakko unter den rechten Arm geklemmt, forschen Schrittes davon aus dem Wembley-Stadion in London. An diesem 29. Juni 2021, 19.51 Uhr MESZ, verließ Löw letztmals als deutscher Bundestrainer eine Fußball-Arena, nach 15 Jahren in diesem Amt. Das 0:2 gegen England im EM-Achtelfinale war das 198. Länderspiel, seit Löw nach der WM 2006 die Hauptrolle des DFB-Cheftrainers übernommen hatte. Dreimal war er in dieser langen Zeit absent, einmal wegen einer Sperre und zweimal krankheitshalber. Nach der nunmehr 34. Niederlage, nach 40 Unentschieden und 124 Siegen bei 467:200 Toren sagte Löw goodbye, ein paar Partien früher, als er es gewünscht hatte. Denn das Ziel vor diesem letzten Turnier unter Löws Anleitung war der Titelgewinn. Zu diesem Zweck hatte Löw nach der missratenen WM 2018 nicht aufhören wollen, mit dem EM-Gewinn sollte seine insgesamt respektable Bilanz geschönt werden. Doch nach dem deftigen WM-Knock-out 2018 folgte 2021 das frühe EM-Aus im Achtelfinale.

> »Die Ära, die Joachim Löw geprägt hat, bleibt unvergessen.«
>
> Joshua Kimmich

Von einer »großen Enttäuschung für uns alle« sprach Löw eine gute halbe Stunde nach dem Turnierausschluss. Eine sofortige Analyse fiel ihm schwer. Es ging nun ohnehin mehr um seine persönliche Befindlichkeit. Als Rentner sah er sich noch nicht, wollte sich aber »eine emotionale Pause« genehmigen, wie er sagte: »Ich muss diese Leere zulassen.« Die tägliche Beschäftigung mit der DFB-Auswahl habe ihm eine »enorme Verantwortung« aufgebürdet. Dennoch versuchte Löw noch einmal, alle seine Kräfte zu bündeln. Er wollte es allen noch einmal zeigen, der Verfall seiner Imagewerte seit 2018 war enorm. Die EM sollte zum Happy End werden, das sie nicht wurde.

Viermal trat Löw mit einer DFB-Auswahl zum europäischen Kick-Contest an, dreimal war er knapp dran an der Trophäe. 2008 wurde er mit seiner Auswahl erst im Endspiel von Spanien gebremst, 0:1. Diese Niederlage und dieser 2. Platz waren ein positiver Ertrag in jener von Löw gestalteten Zeit des Übergangs von der 2006er Heim-WM-Mannschaft, die dieser Coach noch als Assistent des Bundestrainers Jürgen Klinsmann mitgeprägt hatte, hinüber in eine neue Zeit des deutschen Fußballs.

2010 ging es richtig los, World Cup in Südafrika. Löw dirigierte seine Jungs überraschend bis auf Platz 3 und formte sie zu einer Löw-Mannschaft. Frisch war dieser Fußball, flott, fein. Dargeboten mit Kombinationen, Können, ja Kunst. Es war die Geburtsstunde der goldenen Generation der 2010er Jahre. Großes zeichnete sich ab für den deutschen Fußball, entworfen von Löw. Doch 2012, bei der EM in Polen und der Ukraine, hatte dieser Fußball-Lehrer im Halbfinale gegen Italien eine eigenwillige Startelf ausgetüftelt, sein Plan ging schief. Das 1:2-Aus hatte in erster Linie der Bundestrainer zu verantworten. Jene Niederlage in Warschau wertete Löw zum Abschluss seiner 15-Jah-

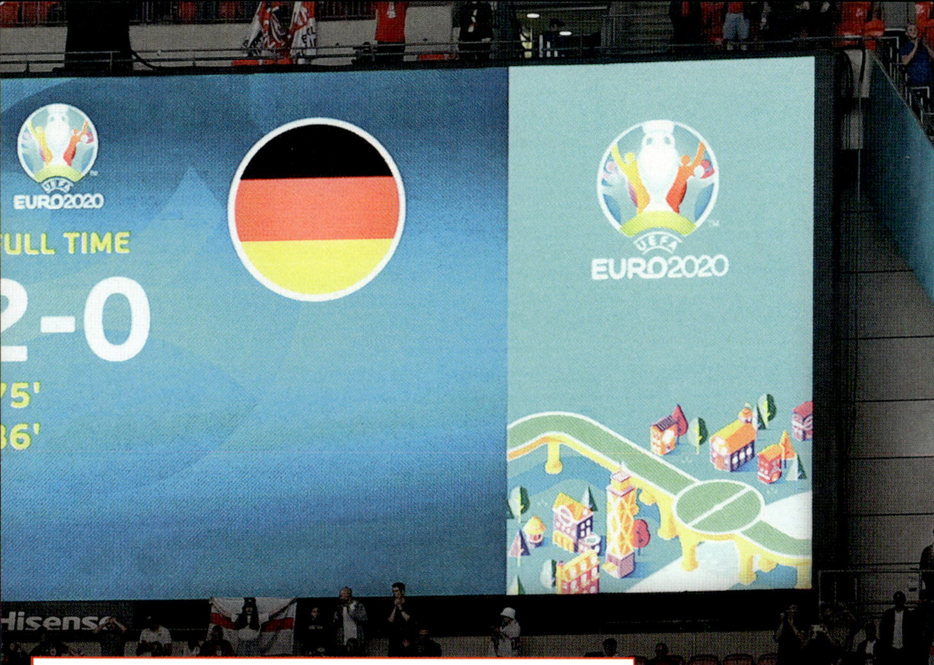

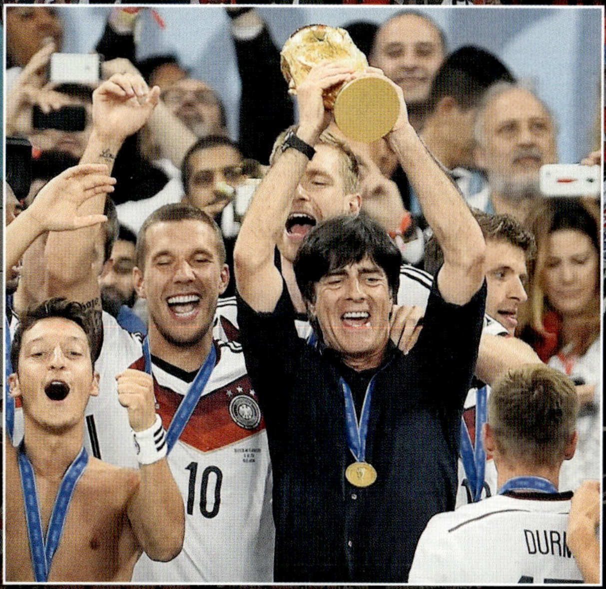

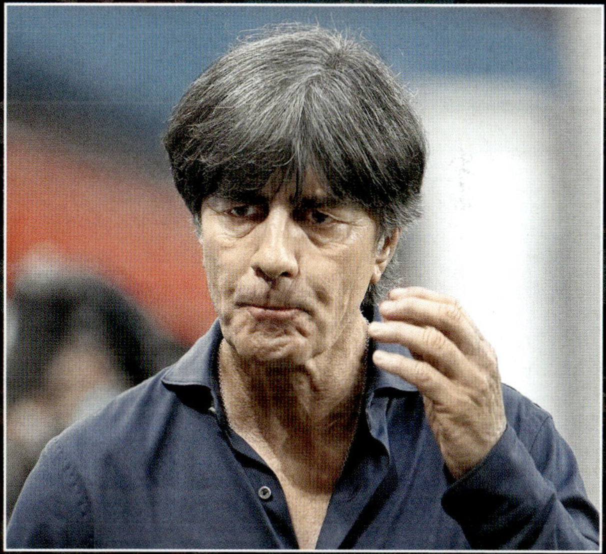

STIMMEN ZUM ABSCHIED

»Wir haben unter Jogi Löw nicht nur erfolgreichen, sondern auch traumhaften Fußball gespielt, aber in den letzten drei Jahren ist sehr viel falsch gemacht worden. Auch jetzt wieder ist eine gewisse Sturheit da gewesen: keine Systemänderung und Spieler auf Positionen, die sich dort nicht wohlfühlen. LOTHAR MATTHÄUS

Wir sollten Löw am Ende seiner Zeit als Bundestrainer für das danken, was er für den deutschen Fußball getan hat. Und damit meine ich nicht nur den WM-Triumph von 2014. Er hat unseren Fußball als Nachfolger von Jürgen Klinsmann weiterentwickelt, dabei ist er auch an seine Grenzen gestoßen. Aber er musste auch immer mit dem Spielermaterial leben, das ihm zur Verfügung gestellt wurde von den Klubs. Die Spieler sollten sich jetzt ihre Gedanken machen, warum es bei dieser EM nicht für mehr gereicht hat. BERTI VOGTS

Es ist gut, dass jetzt eine neue Ära mit Hansi Flick beginnt. Wahrscheinlich muss man sich jetzt von dem ein oder anderen Spieler trennen. Es schreit nach Veränderung. STEFAN EFFENBERG«

re-Tour positiv als letzten Anschub für den WM-Triumph 2014. Sie »hat uns nochmals richtig zusammengeschweißt« für Brasilien, wo sich Löw an jenem 13. Juli 2014 in der Geschichte des Weltfußballs verewigte. Den 1:0-Sieg gegen Argentinien hat er sogar unmittelbar beeinflusst, weil er dem Siegtorschützen Mario Götze bei der Einwechslung zugeflüstert hatte: »Zeig' der Welt, dass du besser bist als Messi!« So entstehen Legenden. Allerdings ist es keine selbstherrliche Übertreibung, wenn Löw im Rückblick die DFB-Auswahl jener Jahre »in der absoluten Weltspitze« verortet. Sehr wohl darf er nun zum Abschied feststellen: »Wir waren die Benchmark.« Seine »sehr große Befriedigung« sei ihm uneingeschränkt erlaubt. Der Höhepunkt war nun jedoch erreicht. Es folgte kein Titel mehr, Platz 1 beim international eher nachrangigen Confederations Cup 2017 ausgeklammert.

2016, bei der Europameisterschaft in Frankreich, erlebte Löw seine »bitterste Niederlage«, wie er sagt, 0:2 gegen die Gastgeber im Halbfinale. Große Enttäuschung in der deutschen Delegation, aber immerhin Halbfinale, zum fünften Mal für diesen Bundestrainer bei der fünften Turnierteilnahme. Von nun an ging es steil bergab. In Russland, bei der WM 2018, war der Weltmeister 2014 nach den drei Gruppenspielen nicht mehr geduldet. Der Cheftrainer kündigte Reformen an, die jedoch halbherzig ausfielen. Stattdessen geriet Löw auf einen Zickzackkurs, personell, systemisch, taktisch. Trotz der ansehnlichen EM-Qualifikation mit Platz 1 in der Gruppe und nur einer Niederlage gegen die Niederlande fand er keine klare Linie mehr.

Löw, ein Freund und Prediger des schönen Spiels, gab immer mehr sein Ideal preis. Wo er es in der Hoch-Zeit mit dem Ästhetizismus übertrieben und Grätschen als unpassend verurteilt hatte, verschrieb er sich nun einem drögen Pragmatismus. Mit totaler Hingabe und breiter Defensive sollte es in seinem letzten Turnier der Titel werden. Zu diesem Zweck hatte er eingangs 2021 sogar zum letzten psychologischen Mittel gegriffen und seinen Rücktritt nach der EM bekannt gegeben. Löw wollte einen grandiosen Abschied und Fußball-Deutschland versöhnen, doch es half alles nichts mehr. Und so ist sein aktuelles Erbe, das er seinem Nachfolger Hansi Flick übergibt, eine disparate Mannschaft ohne Statik und Struktur. Sein Vermächtnis insgesamt verweist allerdings sehr wohl auf eine gute, temporär sogar große Zeit des deutschen Fußballs.

Der Höhepunkt: Am 13.7. 2014 gewinnt Jogi Löw mit der deutschen Mannschaft in Brasilien den Weltpokal (oben).

Das Ende: Sein letztes Spiel als Bundestrainer verliert Jogi Löw am 29.6.2021 gegen England mit 0:2.

SCHWEDEN | UKRAINE **1:2**

Shevchenkos Elf verdient sich Liebe

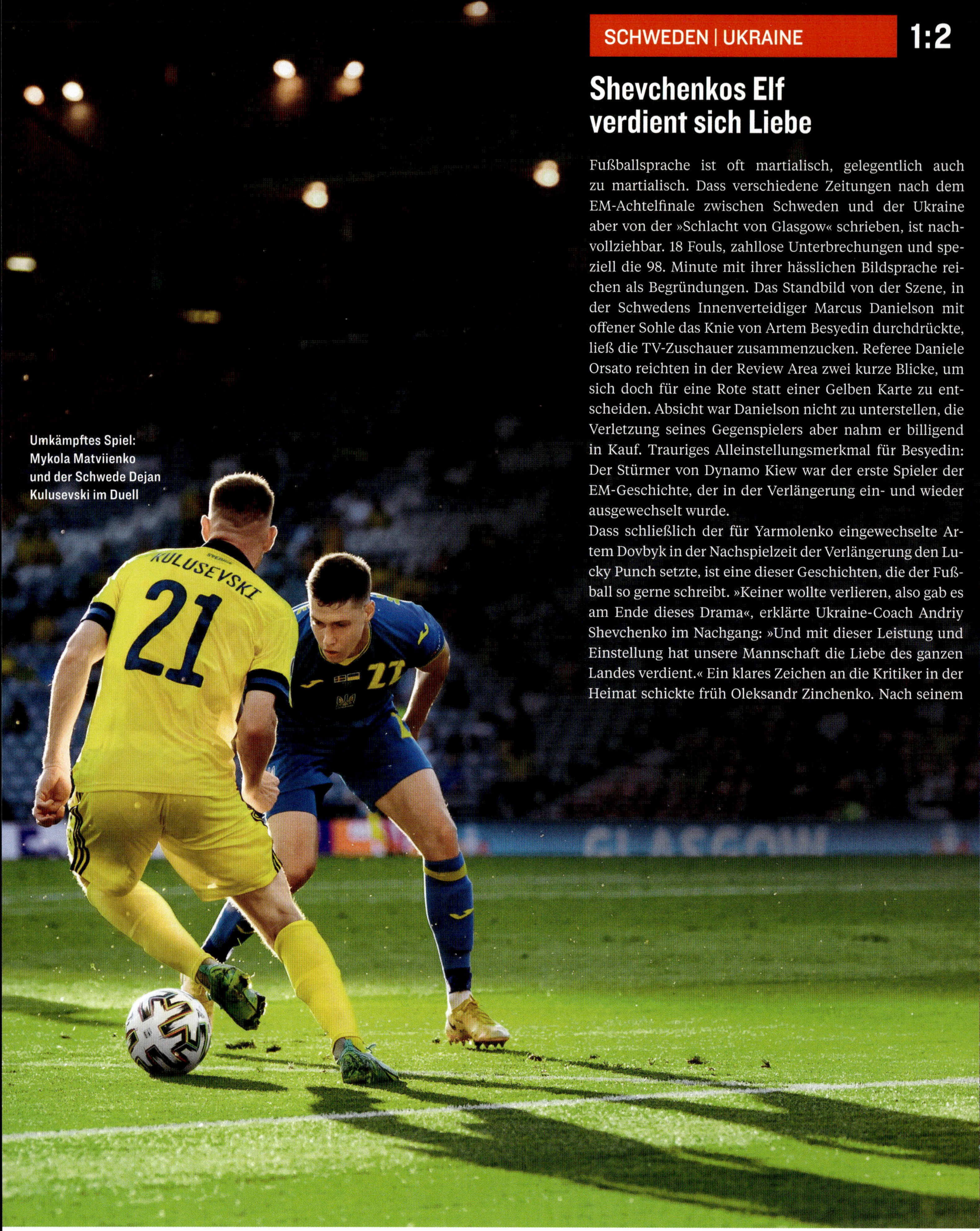

Umkämpftes Spiel: Mykola Matviienko und der Schwede Dejan Kulusevski im Duell

Fußballsprache ist oft martialisch, gelegentlich auch zu martialisch. Dass verschiedene Zeitungen nach dem EM-Achtelfinale zwischen Schweden und der Ukraine aber von der »Schlacht von Glasgow« schrieben, ist nachvollziehbar. 18 Fouls, zahllose Unterbrechungen und speziell die 98. Minute mit ihrer hässlichen Bildsprache reichen als Begründungen. Das Standbild von der Szene, in der Schwedens Innenverteidiger Marcus Danielson mit offener Sohle das Knie von Artem Besyedin durchdrückte, ließ die TV-Zuschauer zusammenzucken. Referee Daniele Orsato reichten in der Review Area zwei kurze Blicke, um sich doch für eine Rote statt einer Gelben Karte zu entscheiden. Absicht war Danielson nicht zu unterstellen, die Verletzung seines Gegenspielers aber nahm er billigend in Kauf. Trauriges Alleinstellungsmerkmal für Besyedin: Der Stürmer von Dynamo Kiew war der erste Spieler der EM-Geschichte, der in der Verlängerung ein- und wieder ausgewechselt wurde.

Dass schließlich der für Yarmolenko eingewechselte Artem Dovbyk in der Nachspielzeit der Verlängerung den Lucky Punch setzte, ist eine dieser Geschichten, die der Fußball so gerne schreibt. »Keiner wollte verlieren, also gab es am Ende dieses Drama«, erklärte Ukraine-Coach Andriy Shevchenko im Nachgang: »Und mit dieser Leistung und Einstellung hat unsere Mannschaft die Liebe des ganzen Landes verdient.« Ein klares Zeichen an die Kritiker in der Heimat schickte früh Oleksandr Zinchenko. Nach seinem fulminanten 1:0 hielt sich der Linksverteidiger von Manchester City den Zeigefinger vehement vor die Lippen.

»Für die Ukraine ist dieses Viertelfinale wie der EM-Titel«, schrieb die euphorisierte Zeitung »Tribuna«: »Selbst, wenn es in Rom schiefgeht, was soll's? Diese Jungs haben schon Geschichte geschrieben. Lasst uns feiern!« Besondere Emotionen rief der späte Siegtreffer auch bei Nationalcoach Shevchenko hervor, der mit Tränen in den Augen, nach oben gerissenen Armen und schwingenden Fäusten jubelte. »Das war unglaublich cool. Jungs, Respekt – ihr seid echte Kämpfer«, zeigte der ukrainische Präsident Wolodymyr Selenskyj via Twitter seine Anerkennung.

Das andere emotionale Extrem durchlebten die Schweden, bei denen einmal mehr Emil Forsberg überragte. Der 29-Jährige riss das Spiel in beeindruckender Manier an sich, traf nicht nur zum 1:1, sondern später auch noch Pfosten und Latte. Der Profi von RB Leipzig hatte allein genug Chancen, um das Ausscheiden zu verhindern. »So fühlt es sich also an: zu dominieren, das Spiel in der Tasche zu haben, ehe es einem vom Zufall und blau-gelben Helden gestohlen wird. Normalerweise machen das die Schweden«, haderte die schwedische Zeitung »Aftonbladet«.

Forsberg war der erste Schwede seit Kennet Andersson (WM 1994), der bei einem großen Turnier bei drei Einsätzen in Folge traf. Und nur Andersson (5) hat bei einer einzigen Endrunde mehr Tore als Forsberg (4) erzielt. Trost konnte das dem besten Schweden nicht spenden: »Wir haben als Team gekämpft und versprochen, nicht aufzugeben. Dann machen sie mit dem letzten Spielzug, einer Flanke und einem Kopfball, ein Tor. Das ist unglaublich hart.« Forsberg hatte die Schweden durchaus zu Recht als das bessere Team gesehen.

So aber durfte die Ukraine nach Rom umziehen, wo England im Kampf um ein Halbfinal-Ticket bereitstand. Zinchenko brachte die Ausgangslage treffend auf den Punkt: »Ihre Ersatzbank kostet wahrscheinlich so viel wie drei ukrainische Teams.« Doch angesichts des Umstandes, dass drei der vier besten Gruppendritten bis ins Viertelfinale vordrangen, schob der England-Legionär nach: »Ich spüre, dass in diesem Leben alles möglich ist, und wir werden dafür alles geben.«

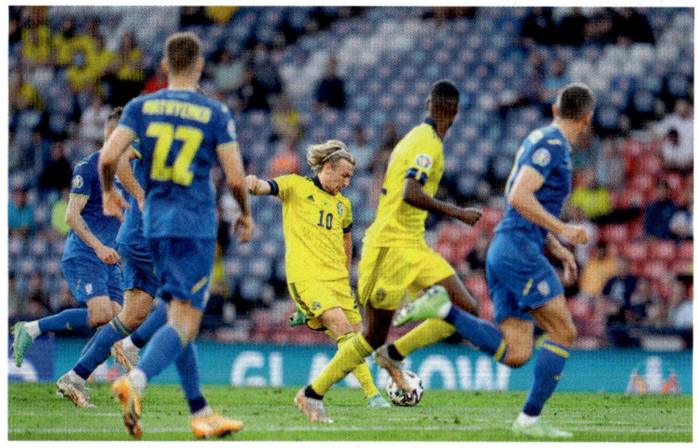

Natürlich Emil Forsberg, wer sonst: Der Ausgleich für Schweden durch einen Distanzschuss

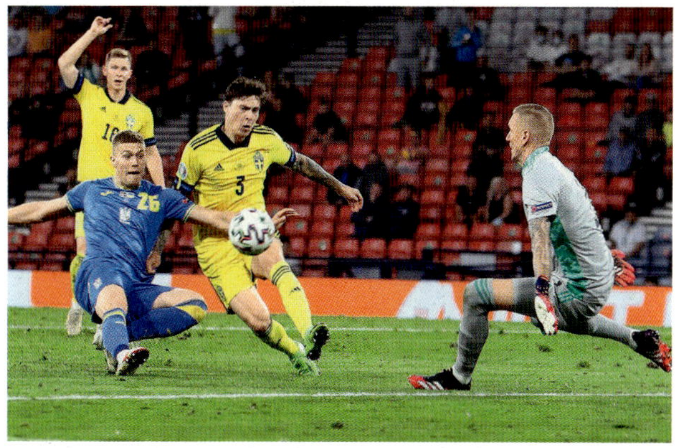

Die Entscheidung in der Nachspielzeit der Verlängerung: Das 2:1 durch den eingewechselten Artem Dovbyk

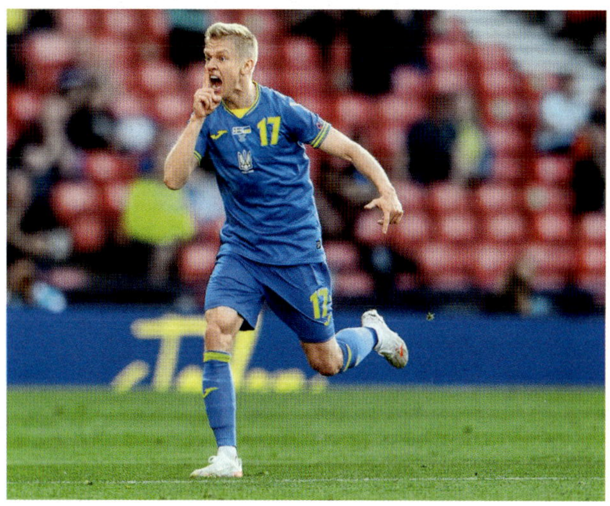

Bleibt ruhig, da geht noch mehr: Oleksandr Zinchenko nach seinem 1:0 für die Ukraine

Schweden – Ukraine

1:2
1:1, 1:1

Olsen 3,5
Lustig 4 ↘ | Lindelöf 4 | Danielson 3 (Rote Karte) | Augustinsson 3 ↘
Olsson 4 ↘ | Ekdal 3,5
S. Larsson 3 ↘ | Forsberg 2 (Tor, Gelbe Karte)
Kulusevski 2,5 (Gelbe Karte) ↘ | Isak 3 ↘

Yaremchuk 3 ↘ | Yarmolenko 2,5 (Gelbe Karte) ↘
Shaparenko 3 ↘ | Stepanenko 3,5 ↘ | Sydorchuk 3 ↘
Zinchenko 2 (Tor) | Karavaev 3,5
Matviienko 3,5 | Kryvtsov 3 | Zabarnyi 4
Bushchan 2,5

29. Juni in Glasgow

SCHWEDEN – UKRAINE
1:2 n. V. (1:1, 1:1)

EINGEWECHSELT: 83. Bengtsson (3,5) für Augustinsson, 83. Krafth (4) für Lustig, 97. Quaison für Kulusevski, 97. Berg für Isak, 97. Claesson für S. Larsson, 101. Helander für Olsson – 61. Malinovskyi (4) für Shaparenko, 91. Besyedin für Yaremchuk, 95. Makarenko für Stepanenko, 101. Tsygankov für Besyedin, 106. Dovbyk für Yarmolenko, 118. Bezus für Sydorchuk

TORE: 0:1 Zinchenko (27.), 1:1 Forsberg (43.), 1:2 Dovbyk (120./+1)

GELBE KARTEN: Kulusevski, Forsberg – Yarmolenko, Dovbyk

ROTE KARTE: Danielson (98., grobes Foulspiel)

SCHIEDSRICHTER: Orsato (Italien)

ZUSCHAUER: 9221

KOMMENTAR

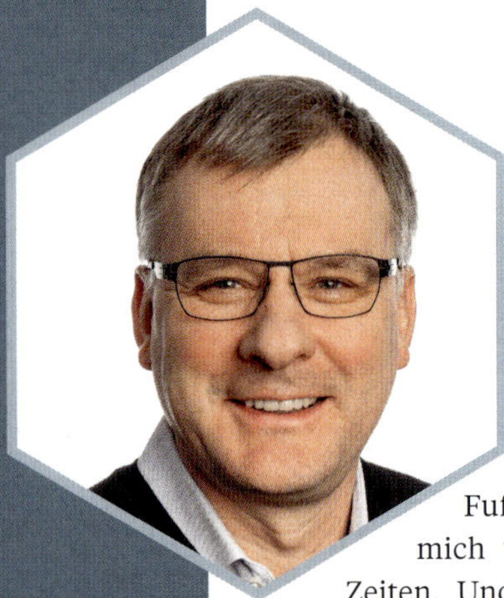

KICKER-CHEFREDAKTEUR JÖRG JAKOB:

DRAMA, BABY!

Fußball, du bist ein Scheißkerl. Machst mich verrückt, in guten wie in schlechten Zeiten. Und egal, wie's ausgeht: Ich komm von dir nicht los.

Wer auch immer gemeint hatte, diese EM 2021 werde ihn nicht berühren, spätestens mit dem Achtelfinale ist das vorbei. Von den feinsten Facetten eines einzelnen Spielzugs bis zu den großen Gefühlen einer Nation – jetzt versprüht dieses Turnier wieder alles, was die Faszination dieses Mannschaftssports ausmacht. Auf der Skala von himmelhochjauchzend bis zu Tode betrübt ist für jeden was dabei, zumal, wenn es in Verlängerungen oder Elfmeterschießen geht – oder eben nicht, weil sich das Blatt Sekunden vorher doch noch einmal wendet. Wie beim Weiterkommen der Ukraine gegen Schweden.

Die achte und letzte Begegnung setzt dieser Runde die Krone auf. Es ist nicht die schwedische, weil Artem Dovbyk in der ersten Minute der Nachspielzeit zum 2:1-Sieg einköpft, nachdem in den 120 Minuten zuvor aufseiten des Gegners Emil Forsberg Latte und Pfosten getroffen hatte und sein Landsmann Marcus Danielson in der 98. Minute des Feldes verwiesen worden war. »Das ganze Land ist stolz auf euch«, schreibt der ukrainische Staatspräsident Volodymyr Zelensky an »ein Team von 40 Millionen«, in dem während der Gruppenphase noch »Weltuntergangsstimmung« (Fußball-Ikone Oleh Blokhin) geherrscht hatte. So bleibt der Osten Europas nach dem frühen Aus von Russland und Polen doch noch am Ball.

Mehr Drama gefällig?

Spanien fabriziert zunächst ein denkwürdiges Eigentor (Torhüter Unai Simon holpert ein Rückpass von Pedri über den Fuß) und führt später 3:1 gegen Kroatien, ehe der WM-Zweite von 2018 in der Nachspielzeit doch noch die Verlängerung erzwingt, in der die Iberer ein Acht-Tore-Spektakel schließlich für sich entscheiden, 5:3.

So atemberaubend geht es unmittelbar darauf weiter, als Frankreich nach einem von Hugo Lloris gehaltenen Strafstoß des Schweizers Ricardo Rodriguez tatsächlich wie ein Weltmeister spielt, mit Traumtoren 3:1 in Führung geht – und für sein darauffolgendes Laisser-faire aufs Härteste bestraft wird. In letzter Minute erzwingt Mario Gavranovic mit dem 3:3-Ausgleich die Verlängerung. Den fünften Elfmeter der Franzosen im Stechen, den von Kylian Mbappé, wehrt Yann Sommer ab, in dem Moment ist der Torwart der nächste eidgenössische Nationalheld nach Wilhelm Tell.

»Note 1. Packend, spannend, tolle Tore, irre Wendungen, Nervenkitzel vom Punkt ... Ein Spiel, das in der EM-Historie nicht in Vergessenheit geraten wird«, heißt es in der Analyse des kicker.

»Vive le football!«. So bitter das auch für die Equipe Tricolore ist. Ausgerechnet Mbappé, der potenzielle Thronfolger der Weltfußballer Lionel Messi und Cristiano Ronaldo, schießt die Fahrkarte nach Hause. Mit CR7 (er scheitert mit Titelverteidiger Portugal an Belgien, 0:1), dem Kroaten Luka Modric (Welt- und Europas Fußballer des Jahres 2018) und dem Waliser Gareth Bale (0:4 gegen Dänemark) sind zuvor schon schillernde Figuren ausgeschieden. Es ist nun auch eine EM der Überraschungen, die sich nur zu einem geringen Teil mit dem hohen Kräfteverschleiß der Topspieler aus den Topklubs in der Corona-Saison 2020/21 erklären lassen.

Als es gilt, sind Teams da. Wie das der weiter als verschworene Gemeinschaft auftretenden Italiener (2:1 nach einem zurückgepfiffenen Tor des Österreichers Marko Arnautovic, hauchdünn Abseits!), und das der Tschechen (2:0 gegen die nach einer Roten Karte dezimierten und ihre Chancen vergebenden Niederländer) sowie die Mannschaft der bereits erwähnten Dänen (weiter getrieben auch durch das erschreckende Erlebnis mit Christian Eriksen).

»Erbärmliches Versagen.« »Armseliger Abgang.« So vernichtend lauten die Urteile in den nationalen Medien nicht in Frankreich, wo Trainer Didier Deschamps in die Kritik gerät, sondern in den Niederlanden, wo Frank de Boer seinen Job als »Bondscoach« verliert.

Dabei hat sich doch gerade die vielzitierte »Todesgruppe« F als Trainer-Falle erwiesen. Weltmeister Frankreich? Raus! Europameister Portugal? Raus! Turniermannschaft Deutschland? Ebenfalls raus!

Und das nicht mit Applaus. Die Ära des Bundestrainers Joachim Löw endet nach 15 Jahren dort, wo 1996 die DFB-Elf zuletzt Europameister wurde – im Wembley-Stadion. 2:0 gewinnt England, angeleitet von Gareth Southgate, der damals, noch unter den Zwillingstürmen des legendären ursprünglichen Stadions, den das Halbfinale entscheidenden Elfmeter verschoss. Für die Hausherren und über 40 000 Fans an diesem geschichtsträchtigen Ort unter dem modernen Bogen über der Arena ist es ein euphorisch besungener, historischer Triumph, nach 55 Jahren der erste gegen die Deutschen bei einer Endrunde einer WM oder EM. 1966 bedeutete das 4:2 nach Verlängerung den World Cup für das »Mutterland« des Fußballs. Diesmal sind Raheem Sterling und Harry Kane die Väter eines Erfolges. Es braucht keinen umstrittenen, irregulären Treffer, diesmal »langweilen« die Three Lions den Erzrivalen bewusst und nutzten ihre Chancen so konsequent und cool, dass es verdient ist, zumal Deutschland, ausgerechnet Thomas Müller (!), seine raren Einschussmöglichkeiten nicht zu nutzen versteht in einem von Taktik geprägten Ringen, dem Entfesselungskünstler fehlen.

Mit drei Spielern stellt die Schweiz das größte Kontingent einer Nation für die Top 11 des Achtelfinales. Ehre, wem Ehre gebührt – wer den amtierenden Weltmeister aus dem Turnier wirft, hat auch große Anerkennung verdient. Dass aber auch Verlierer als Einzelkönner nominiert werden können, zeigt der zweimalige Torschütze Karim Benzema von den unterlegenen Franzosen. Mislav Orsic – eingewechselt, Tor, Assist bei Kroatiens aufsehenerregender Aufholjagd gegen Spanien – musste ebenfalls nach seiner Gala die Heimreise antreten. Wiederholungstäter sind Andreas Christensen und Yann Sommer, die schon in der Top 11 der Gruppenphase standen. Sommer erarbeitete sich mit mehreren spektakulären Paraden und der Abwehr des finalen Elfmeters von Kylian Mbappé, nachdem alle Schützen bis dahin verwandelt hatten, einen hauchdünnen Vorsprung vor dem englischen Keeper Jordan Pickford.

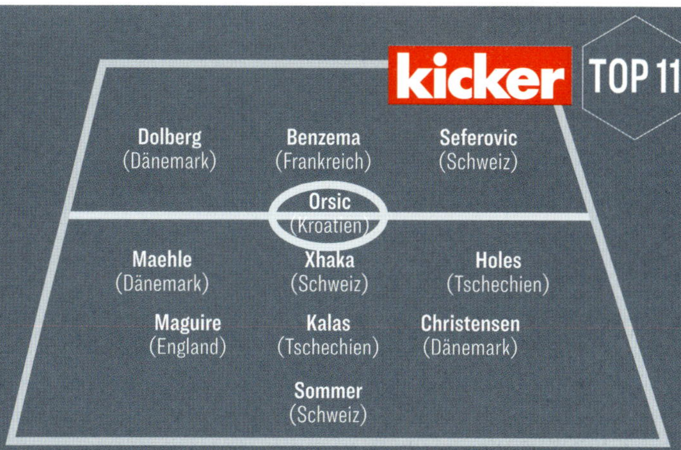

Die Dreierkette der Vorsicht schlägt eine Dreierkette aus defensiver Not. Löws Jungs mangelt es an Inspiration und Abgebrühtheit, an Intensität und Automatismen, es ist eine Enttäuschung, die man hat kommen sehen, aber nicht so richtig wahrhaben mochte. Das zweite enttäuschende Großereignis nach dem WM-Debakel 2018 beschädigt den 2014er Weltmeister-Trainer Löw, der die Verantwortung am Tag nach dem Ausscheiden ehrenvoll übernimmt, aber für die Stagnation des deutschen Fußballs gewiss nicht alleine verantwortlich ist. Wo England zu Turnierbeginn über seinen vorübergehend harmlosen Mittelstürmer Kane klagt, wäre Deutschland froh, hätte es wenigstens einen echten Mittelstürmer. Und das ist nur eine von mehreren Mangelerscheinungen, die in der jüngeren Vergangenheit eine positive Entwicklung verhindert haben.

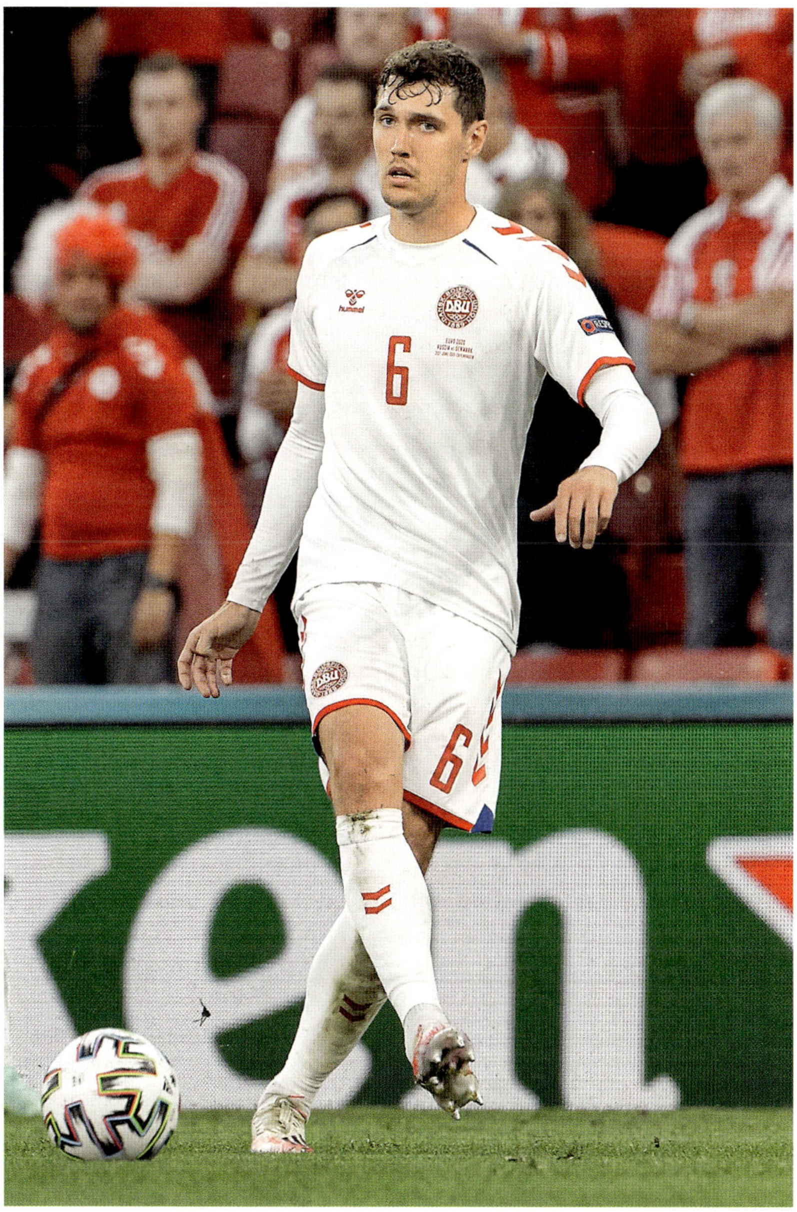

Verlässliche Größe: Dänemarks Abwehrspieler Andreas Christensen schafft es schon zum zweiten Mal in die Top 11.

An Toren mangelt es allgemein ja nicht. Mehr als die aktuellen 2,8 Treffer im Schnitt (123 in den 44 Partien einschließlich Achtelfinale) fielen zuletzt bei einer EM-Endrunde im Jahr 1976, als nur Halbfinale, Spiel um Platz 3 und Endspiel ausgetragen wurden. Nicht nur begeisternde Offensivaktionen und Eigentore sind die Gründe dafür, sondern auch auffällig viele Torwart-Patzer. Überraschung: Der englische Keeper (Jordan Pickford) hat, bislang, noch keinen Anteil daran.

Am Ende setzen sich emotionale Bilder von den Rängen fest. Hier das Mädchen, unverkennbar ein deutscher Fan, das bitterlich weint und vom Vater getröstet wird. Dort das jubelnd um- und übereinander taumelnde englische Publikum. »Football's coming home« – mit Fans trifft der Fußball, trifft diese EM, wieder ins Herz der Fans.

Wäre da nicht dieses eine große Aber, es wäre die pure Freude. Dieses Aber sind das verdammte Virus und die Sorge, dass dessen Delta-Variante ein gefährlicher Konter gelingt, weil – nicht nur in den Stadien und nicht nur in London – zu viele Menschen viel zu wenig Abstand halten.

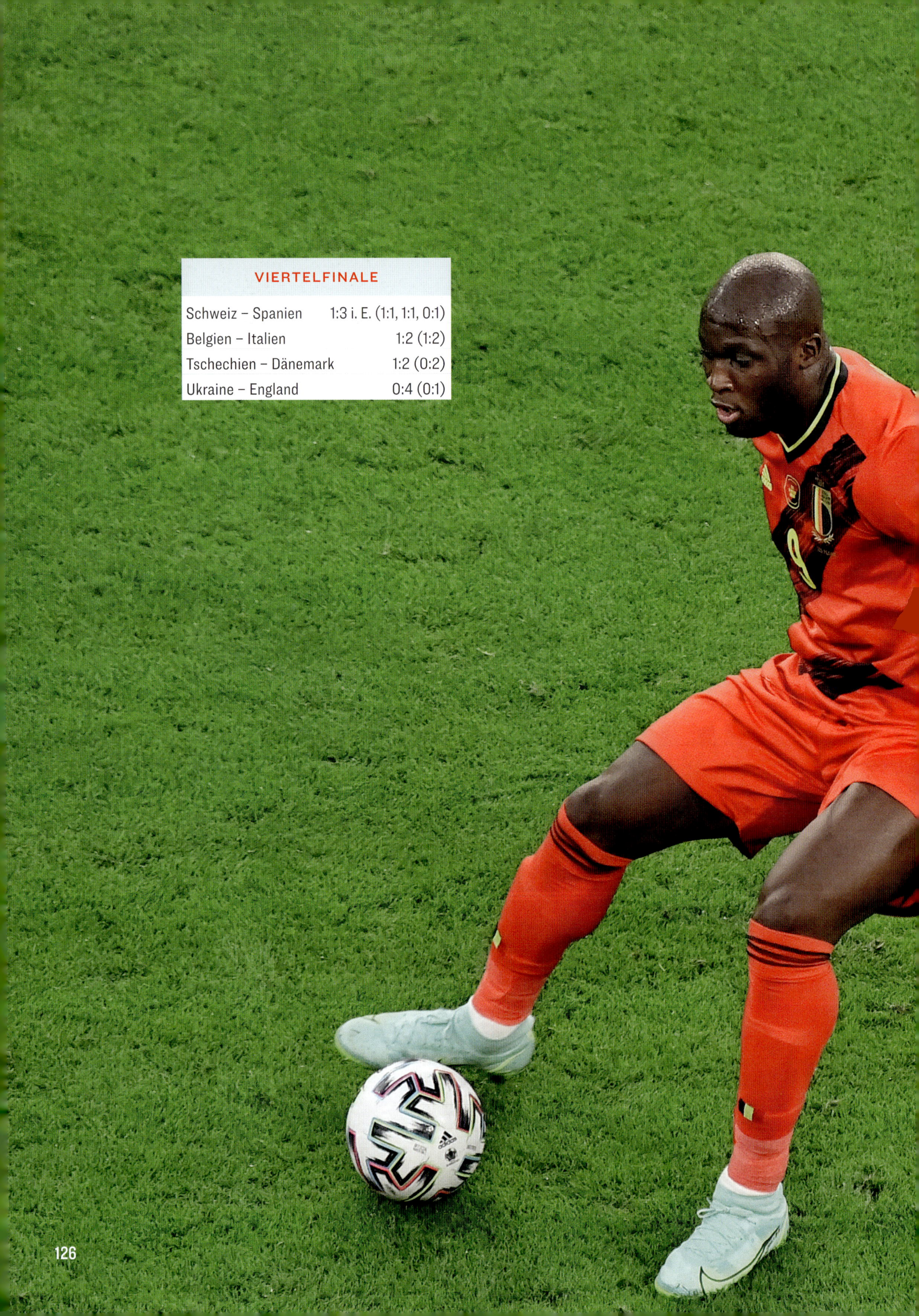

VIERTELFINALE	
Schweiz – Spanien	1:3 i. E. (1:1, 1:1, 0:1)
Belgien – Italien	1:2 (1:2)
Tschechien – Dänemark	1:2 (0:2)
Ukraine – England	0:4 (0:1)

Kein Durchkommen: Italiens Kapitän Giorgio Chiellini zeigt gegen Romelu Lukaku seine defensiven Qualitäten.

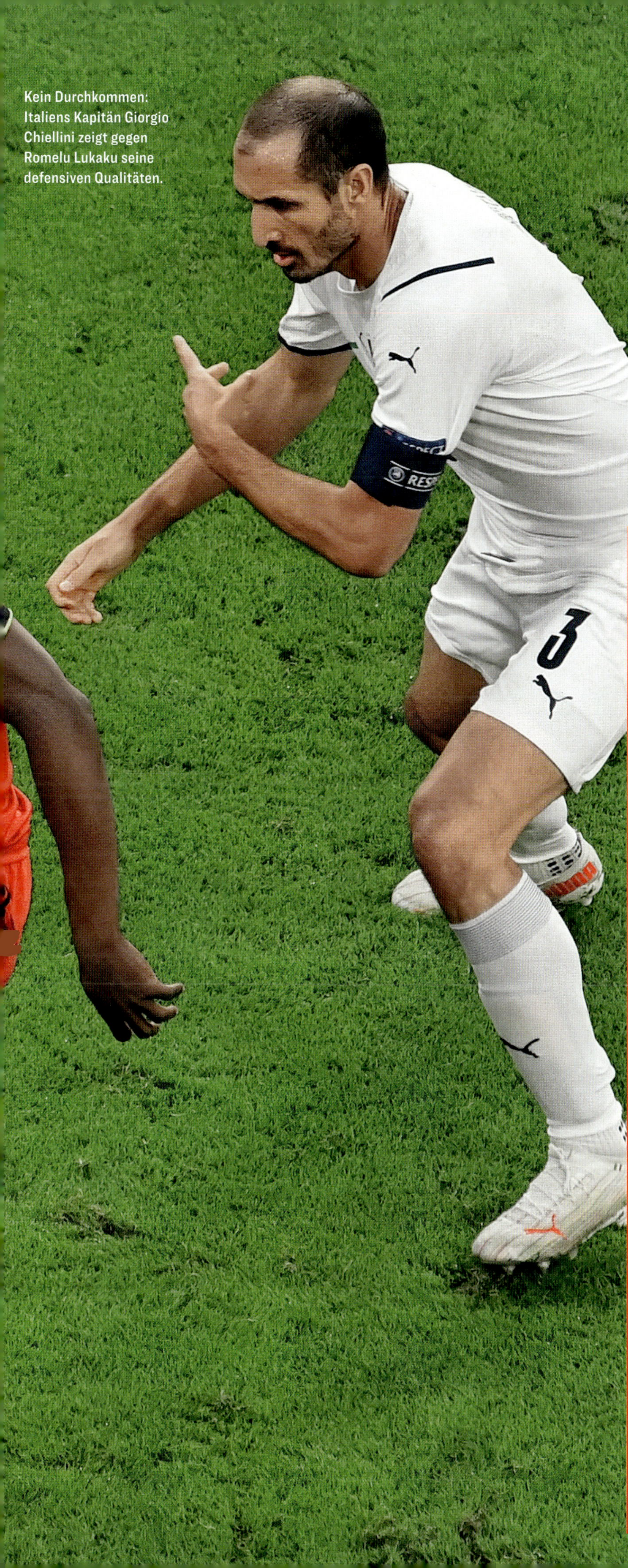

VIERTELFINALE

Das war deutlich! Mit 4:0 fegten die Engländer die Ukraine weg. Dabei erzielten sie exakt so viele Tore wie im gesamten bisherigen Turnier – und blieben bei der EURO weiterhin ohne Gegentreffer. Die Schweiz, die in der Runde zuvor den Weltmeister eliminiert hatte, schied gegen Spanien im Elfmeterschießen aus, das sie trotz langer Unterzahl nach einem Platzverweis für Remo Freuler erreicht hatte. Drei Fehlschüsse waren zu viel, gegen Frankreich hatten noch alle Spieler der Nati im Shootout getroffen. Dänemark und Italien kamen jeweils mit einem 2:1 eine Runde weiter. Tschechien half gegen die Nordeuropäer der fünfte Turniertreffer von Patrik Schick nichts, Belgien ebenso wenig der vierte von Romelu Lukaku.

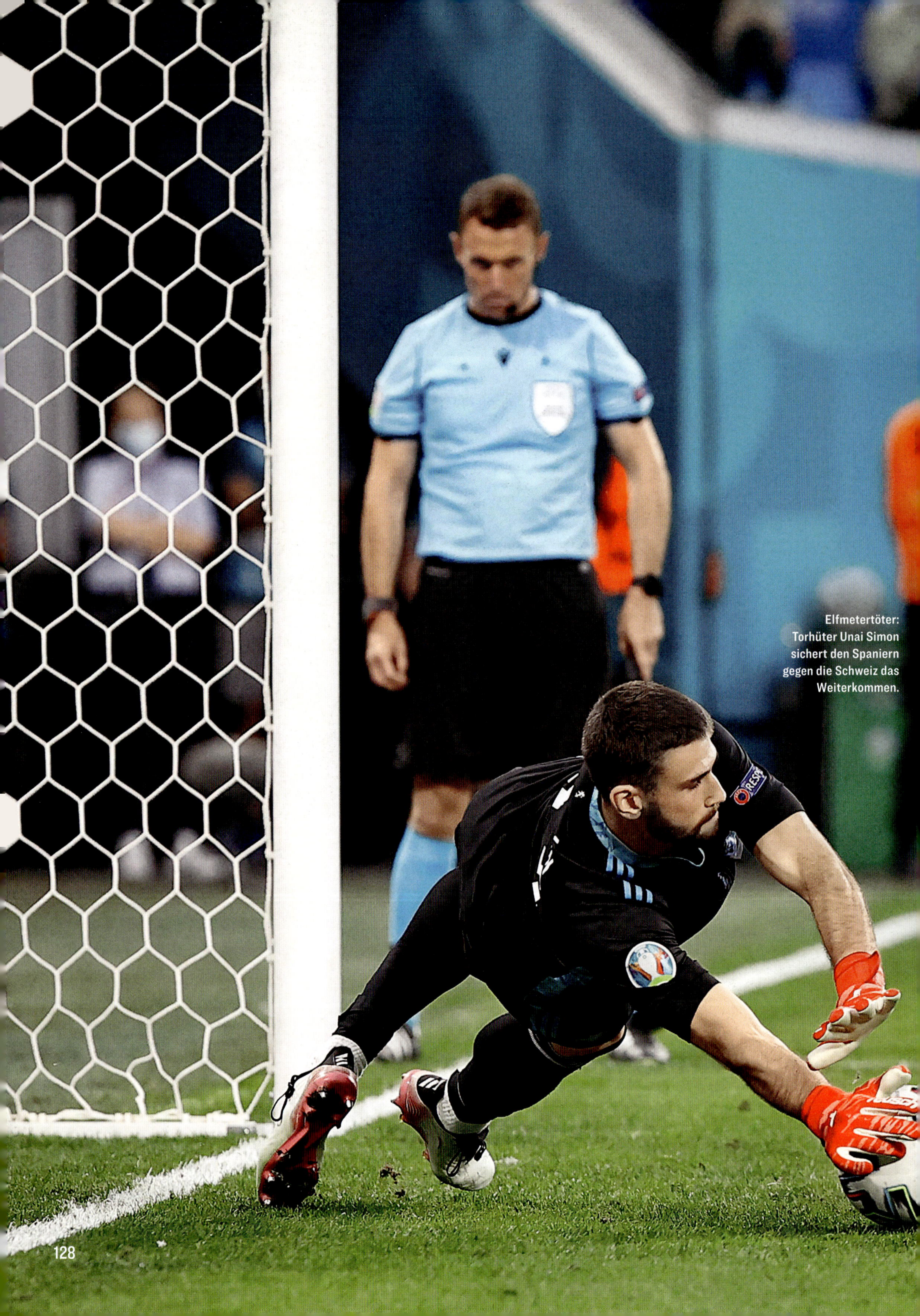

Elfmetertöter: Torhüter Unai Simon sichert den Spaniern gegen die Schweiz das Weiterkommen.

SCHWEIZ | SPANIEN **1:3**

Der Europameister der Herzen

Schweiz, Europameister der Herzen! Klingt nicht schlecht – und wäre angesichts der leidenschaftlichen Auftritte der Nati alles andere als übertrieben. Auch weil die Auswahl von Trainer Vladimir Petkovic binnen weniger Tage eine erstaunliche Metamorphose durchlebte. Von einem Team, in dem Lamborghinis und Frisör-Termine wichtiger schienen – oder mit Leichtigkeit wichtig gemacht werden konnten – als das Überstehen der Gruppenphase.
Dann aber kam das Frankreich-Spiel. Die Schweizer kegelten den großen Favoriten mit der Schuss-Präzision eines Wilhelm Tell aus dem Turnier und kletterten auf der Beliebtheitsskala fast in die Sphären der wiederauferstandenen Dänen.

»Bravo für die schöne Reise.
Ihr habt uns zum Träumen gebracht.«
Schweizer Bundespräsident
Guy Parmelin

Aber das Husarenstück gegen die Franzosen veränderte auch die Wahrnehmung des Schweizer Spiels kolossal. Im Viertelfinale zeigten sich die Spanier gewarnt, das mutige Offensivspiel der Petkovic-Elf wie gegen den Weltmeister wollten Sergio Busquets & Co nicht noch einmal zulassen. Folglich kam alles Spielerische bei den Schweizern deutlich zu kurz – Steven Zuber war als Vorlagengeber abgemeldet, Haris Seferovic als Goalgetter blass und Xherdan Shaqiri als Spielgestalter – trotz seines zwischenzeitlichen Ausgleichstreffers zum 1:1 – überfordert.
Und dennoch beflügelte die Eidgenossen abermals eine Szene mit größtem Nackenschlag-Potenzial: War es gegen Frankreich Paul Pogbas aufreizender Jubel nach dem 1:3, wuchs die Nati nach der zu harten Roten Karte für Abräumer Remo Freuler (77. Minute) in Sachen Kampfeslust gegen die Spanier über sich hinaus.

Der Rückschlag: Die Schweiz gerät durch einen von Denis Zakaria abgefälschten Schuss Jordi Albas in Rückstand, Yann Sommer kann es nicht verhindern.

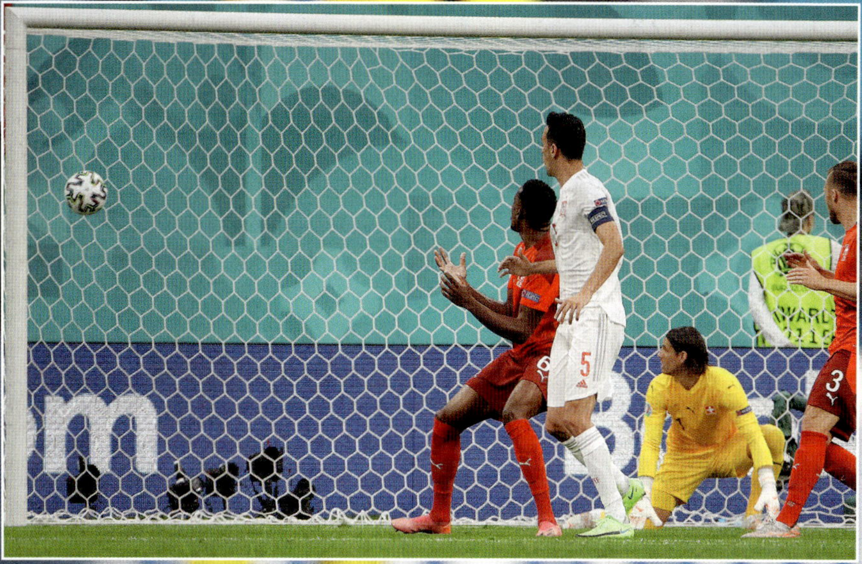

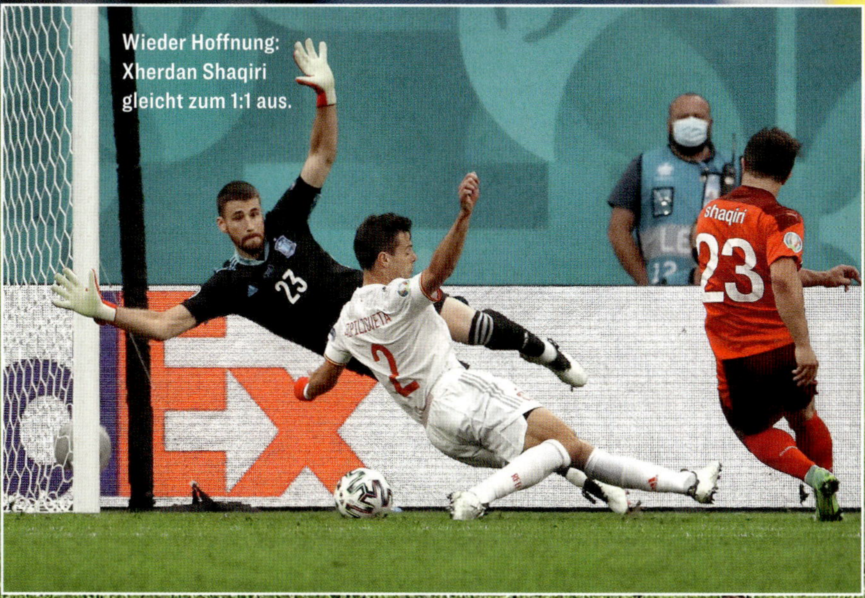

Wieder Hoffnung: Xherdan Shaqiri gleicht zum 1:1 aus.

MATCH-DATEN

SCHWEIZ		SPANIEN
1	Tore	1
8	Torschüsse gesamt	28
2	Torschüsse aufs Tor	10
15	begangene Fouls/Handspiele	14
261	erfolgreiche Pässe	880
71 %	Passquote	91 %
28 %	Ballbesitz	72 %
58 %	Zweikampfquote	42 %
2	Gelbe Karten	1
1	Rote Karten	0
4	Abseits	2
9	Ecken	13

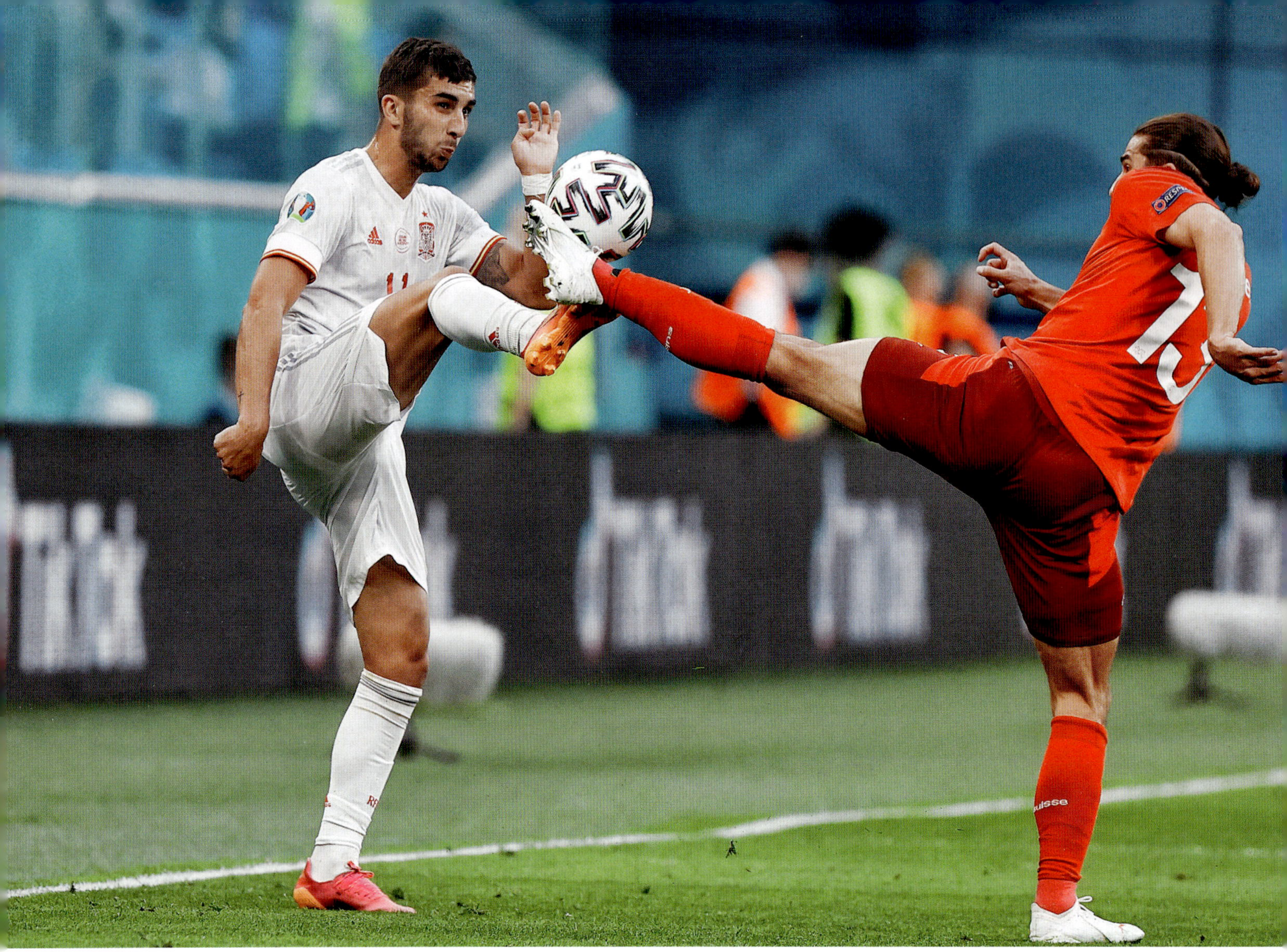

Spitzentanz: Ferran Torres und Ricardo Rodriguez

PRESSESTIMMEN

Ihr seid unsere Europameister der Herzen. Was für ein Kampf, was für eine Moral, was für ein Team. Unsere Herzen sind größer als elf Meter! Diese Nati hat die Herzen der Menschen berührt. Es ist diese Hingabe zum Sport, welche die Menschen begeistert hat. Die dafür sorgen wird, dass ab heute ganz viele kleine Kinder als Yann Sommer im Tor stehen wollen. Die sich vielleicht sogar die Haare wie Granit Xhaka färben dürfen. BLICK (SCHWEIZ)

Die Schweizer Fußballer gehen als aufmüpfige Gegner aus der Europameisterschaft, nach einer weiteren bewegenden Partie. Sie reisen heim, mit dem größten Schatz der jüngeren Schweizer Fußballgeschichte: mit der ersten Viertelfinal-Teilnahme an einer Endrunde seit 67 Jahren. NZZ (SCHWEIZ)

JAAAAAAAAAAAAA! Zwei Riesenparaden von Unai bringen uns ins Halbfinale. Spanien schaffte es in seinem bisher schwächsten Spiel gegen eine heroische Schweiz nicht, über ein Unentschieden hinauszukommen. Die Schweiz war eine Gruppe von Widerstandskämpfern, Sommer spielte im Legenden-Modus. MARCA (SPANIEN)

Die Hände eines Heiligen. Spanien steht im Halbfinale dank Unai Simon. Unai hat so große Eier. Wir haben gelitten, aber wir sind weiter. Das Elfmeterschießen war nichts für alle mit Herzschwäche. AS (SPANIEN)

Der Schweizer Traum vom Halbfinale zerschellt an der Abwehr der Truppe von Luis Enrique, die alles andere als auf Topniveau ist. TUTTOSPORT (ITALIEN)

Und dann hatten sie noch einen Yann Sommer. Der Keeper hielt alles, was auf seinen Kasten kam, mit den Händen und Fäusten, mit den Füßen und sogar mit dem Gesicht. Die Spanier verzweifelten bis zur 120. Minute. Als im Elfmeterschießen Routinier Busquets den ersten Versuch an den Pfosten setzte und Mario Gavranovic für die Nati vollstreckte, schien Sommers Unbesiegbarkeit in Stein gemeißelt und das Halbfinale zum Greifen nah.

Doch dann schlug die Stunde von Sommers Gegenüber. Unai Simon, der Pannen-Torwart aus Spaniens Achtelfinale gegen Kroatien, hielt gegen Fabian Schär und Manuel Akanji und flößte auch noch Ruben Vargas solche Angst ein, dass der Augsburger in bester »Nachthimmel-von-Belgrad-Manier« drüberballerte, wie einst der junge Uli Hoeneß. Den Rest erledigte Mikel Oyarzabal, sodass Simon nach dem Spiel die Trophäe für den »Star des Spiels« in die Höhe stemmen durfte.

Der Schlussmann von Athletic Bilbao blieb allerdings in der Sekunde des Erfolgs realistisch und fair. »Ganz ehrlich, ich hätte die Auszeichnung Yann Sommer in die Hände gedrückt.« Eine feine Geste, sicher, die harten Fakten lasen sich wie folgt: Dreimal erreichten die Schweizer bei EM-Turnieren die K.-o.-Phase und dreimal durften sie sich des Nervenkitzels eines Elfmeterschießens erfreuen, allerdings ging es nur gegen die Franzosen gut. Und die Spanier zogen ausgerechnet durch Elfmeter ins Halbfinale

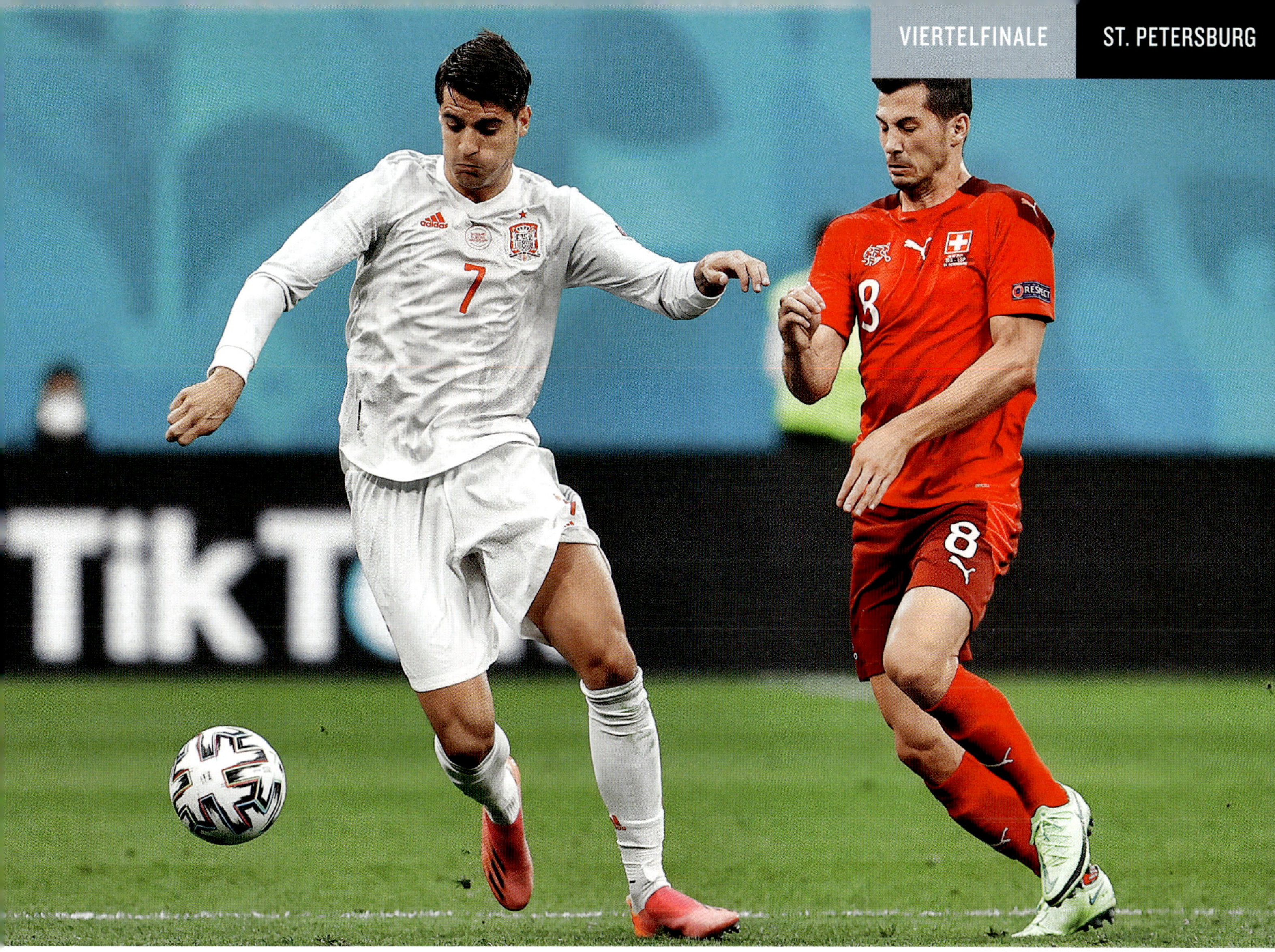

Kampf um den Ball: Alvaro Morata und Remo Freuler

ein, obwohl sie zuvor fünf Strafstöße in Folge aus dem Spiel heraus verschossen hatten. Inklusive der beiden von Sergio Ramos im November 2020 gegen die Schweiz und eben Yann Sommer.

Am Ende dieses spannenden Viertelfinals durften sich alle irgendwie als Sieger freuen. Die Spanier, weil sie nicht nur weiterzogen, sondern auch mit diesem gewonnenen Elfmeterschießen eine Mentalität zeigten, »mit der wir alle Widrigkeiten überstehen«, wie Mittelfeldspieler Koke sagte. Und die Schweizer hatten schon, kurz nachdem die Tränen von Vargas getrocknet waren, das Gefühl, Großes geleistet zu haben. »Worte können nicht beschreiben, wie stolz ich bin, Teil dieser Schweizer Nati zu sein und darauf, was wir zusammen auf dieser epischen Reise erlebt haben«, sagte Sommer, als das Team in der Heimat von den Fans empfangen wurde.

Schweiz – Spanien

i. E. 1:3 **1:1** 0:1, 1:1

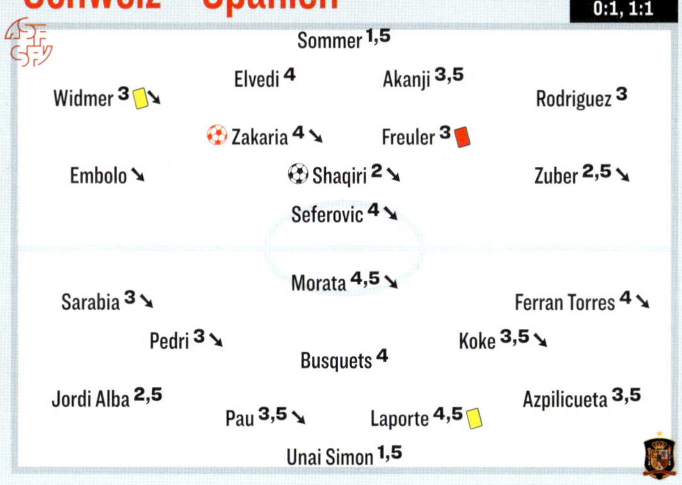

2. Juli in St. Petersburg

SCHWEIZ – SPANIEN 1:3 i. E. (1:1, 1:1, 0:1)

EINGEWECHSELT: 23. Vargas (4) für Embolo, 81. Sow (3,5) für Shaqiri, 81. Gavranovic (3) für Seferovic, 90./+2 Fassnacht (4) für Zuber, 100. Mbabu für Widmer, 100. Schär für Zakaria – 46. Dani Olmo (3,5) für Sarabia, 54. Gerard (3,5) für Morata, 90./+1 M. Llorente (3) für Koke, 91. Oyarzabal (3) für Ferran Torres, 113. Thiago für Pau, 119. Rodrigo für Pedri

TORE: 0:1 Zakaria (8., ET), 1:1 Shaqiri (68.)

ELFMETERSCHIESSEN: Busquets verschießt, 1:0 Gavranovic, 1:1 Dani Olmo, Schär scheitert an Unai Simon, Rodrigo scheitert an Sommer, Akanji scheitert an Unai Simon, 1:2 Gerard, Vargas verschießt, 1:3 Oyarzabal

GELBE KARTEN: Widmer, Gavranovic – Laporte

ROTE KARTE: Freuler (77., rohes Spiel)

SCHIEDSRICHTER: Oliver (England)

ZUSCHAUER: 24 764

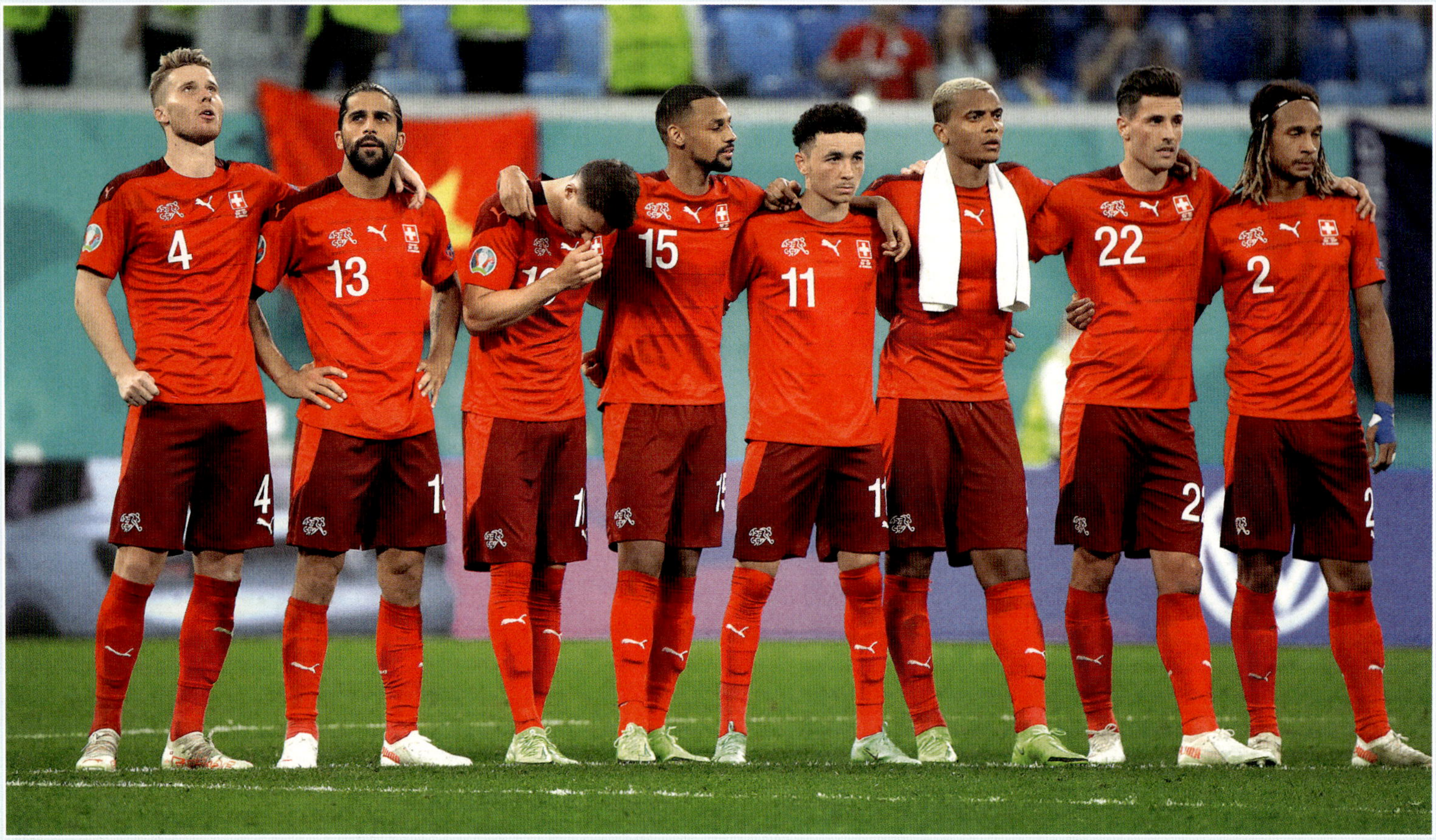

Mitfiebern pur:
Die Schweizer Spieler vor einem der zahlreichen Elfmeter

SCHWEIZ-BILANZ VON KICKER-KORRESPONDENT FABIAN RUCH:

EIN ERFOLG FÜR DIE EWIGKEIT

Es sind immer die Bilder, die bleiben von einem unvergesslichen Ereignis. Freitag, 2. Juli, Bukarest: Der große Spanier Thiago tröstet den weinenden Schweizer Offensivspieler Ruben Vargas nach dessen vergebenem Elfmeter im Penaltyschießen und dem Ausscheiden im Viertelfinale. Zu Ende geht an diesem Abend ein wilder Ritt der Schweizer durch die Europameisterschaft. Erneut im Elfmeterschießen, wie bei der letzten EURO gegen Polen eine Runde vorher. Und wieder mit drei verschossenen Versuchen – wie bei der WM 2006 in Deutschland im Achtelfinale gegen die Ukraine. Dennoch wird das Schweizer Team in der Heimat triumphal empfangen. Die Nati hat ein Sommermärchen geschrieben mit ganz vielen Helden. Begonnen hat die EM-Reise in schlechter Stimmung – und mit einem Fehlstart ins Turnier. Das 1:1 gegen Wales

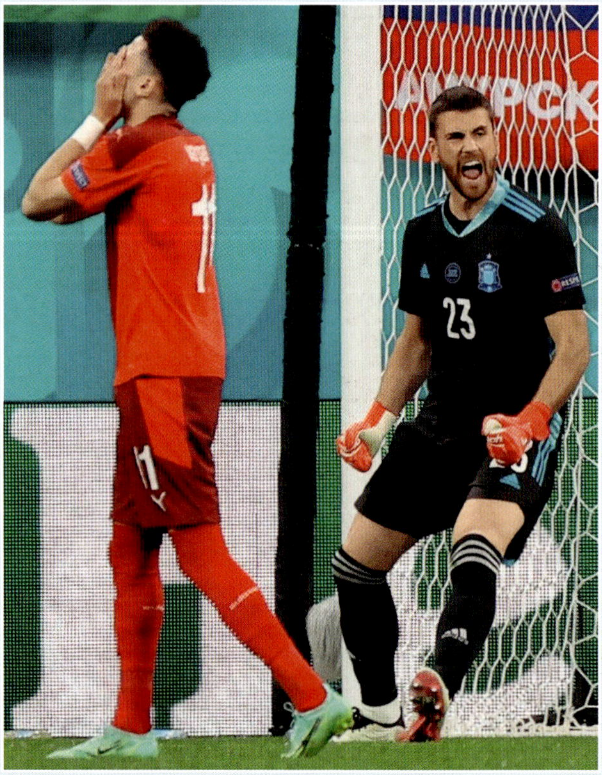

Enttäuschung pur:
Ruben Vargas nach seinem Fehlschuss gegen Unai Simon

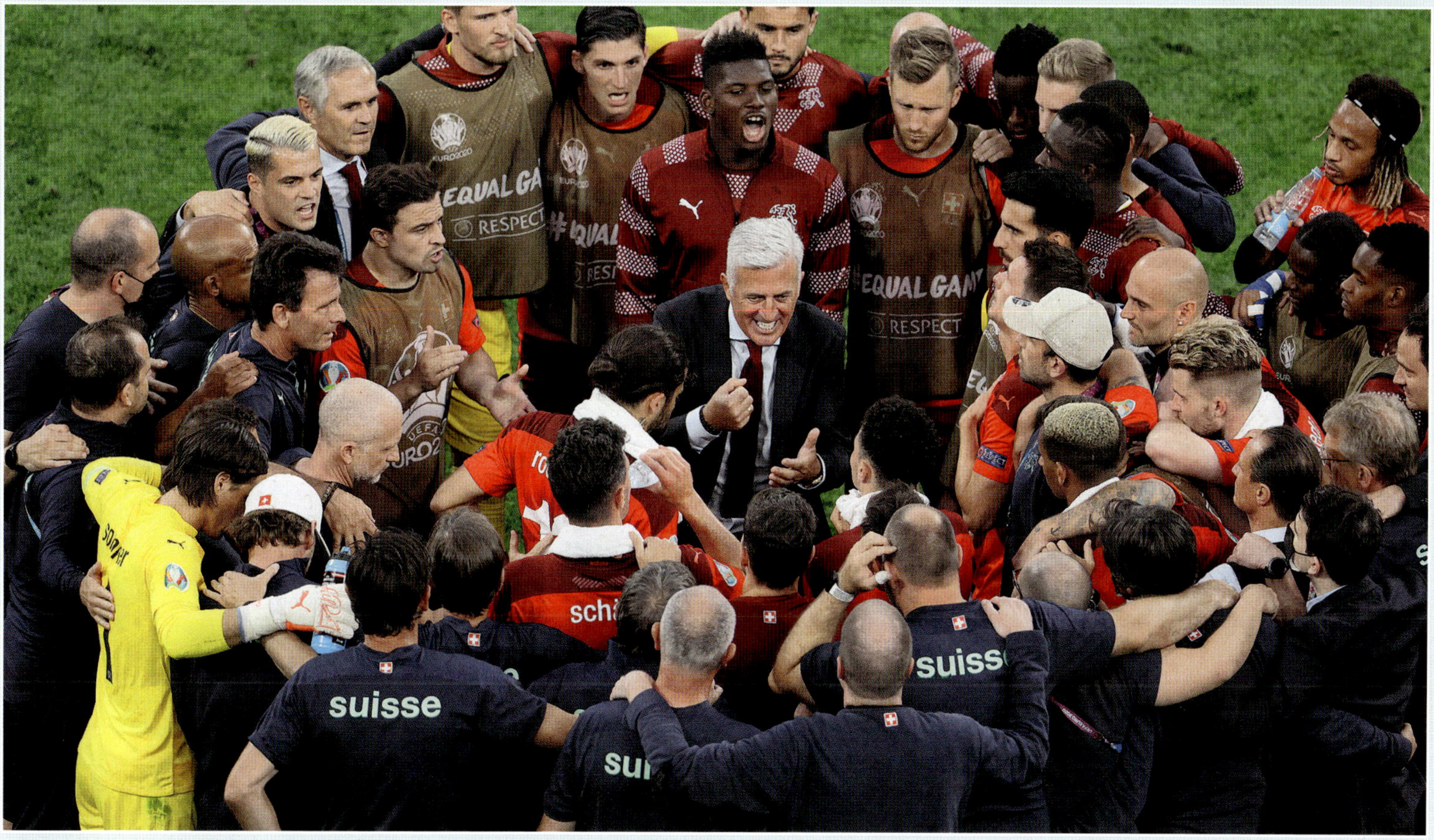

Emotion pur: Trainer Vladimir Petkovic peitscht seine Mannschaft bis ins Viertelfinale.

und vor allem der trostlose Auftritt beim 0:3 gegen Italien sorgten für Negativschlagzeilen. Gefühlt war das nach dem Turnier Ewigkeiten her. Die Schweizer hoben ab, auf ihrem anstrengenden Trip quer durch Europa: Baku, Rom, Baku, eine

> »Dieses Ausscheiden tut weh, aber wir dürfen stolz sein.«
>
> Vladimir Petkovic

Woche Training in Rom, Bukarest, St. Petersburg. Im Achtelfinale gelang ein Erfolg für die Ewigkeit. Nach einer unfassbar dramatischen Partie schickte die Schweiz trotz eines 1:3-Rückstands Weltmeister Frankreich nach Hause. Der überragende Goalie Yann Sommer wehrte den letzten Elfmeter von Kylian Mbappé ab, dem Wunderkind des Weltfußballs. Im Viertelfinale zeigt der Außenseiter im Elfmeterschießen Nerven gegen Spanien. »Dieses Ausscheiden tut weh, aber wir dürfen stolz sein«, sagt Trainer Vladimir Petkovic. Er hat das Amt vor sieben Jahren von Ottmar Hitzfeld übernommen – und die Schweizer endlich zu einem Sieg in der K.-o.-Phase geführt. Nach fünf verlorenen Achtelfinals.

Und diese starke Generation um Sommer, Xhaka, Ricardo Rodriguez, Haris Seferovic und Xherdan Shaqiri, der nun bei den letzten vier Turnieren achtmal getroffen hat, ist im besten Alter, hat mindestens noch ein großes Turnier in den Beinen. Andere wie Manuel Akanji, Nico Elvedi, Denis Zakaria und Breel Embolo wiederum sind nicht älter als 25. Diese Mannschaft hat eine gute Perspektive, doch die Ansprüche sind stark gestiegen. Und die direkte Qualifikation für die WM 2022 wird kompliziert – im nächsten Spiel Anfang September geht es gegen Italien.

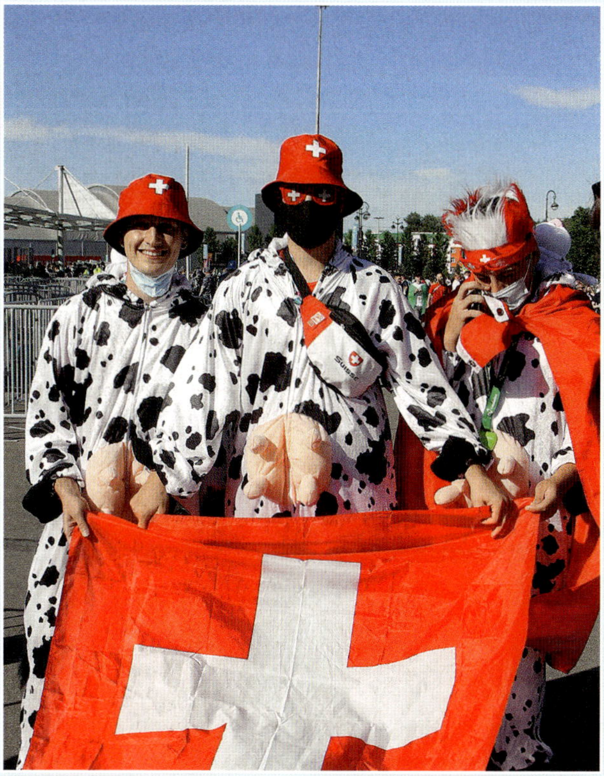

Enthusiasmus pur: Anhänger der Nati in voller Montur

BELGIEN | ITALIEN **1:2**

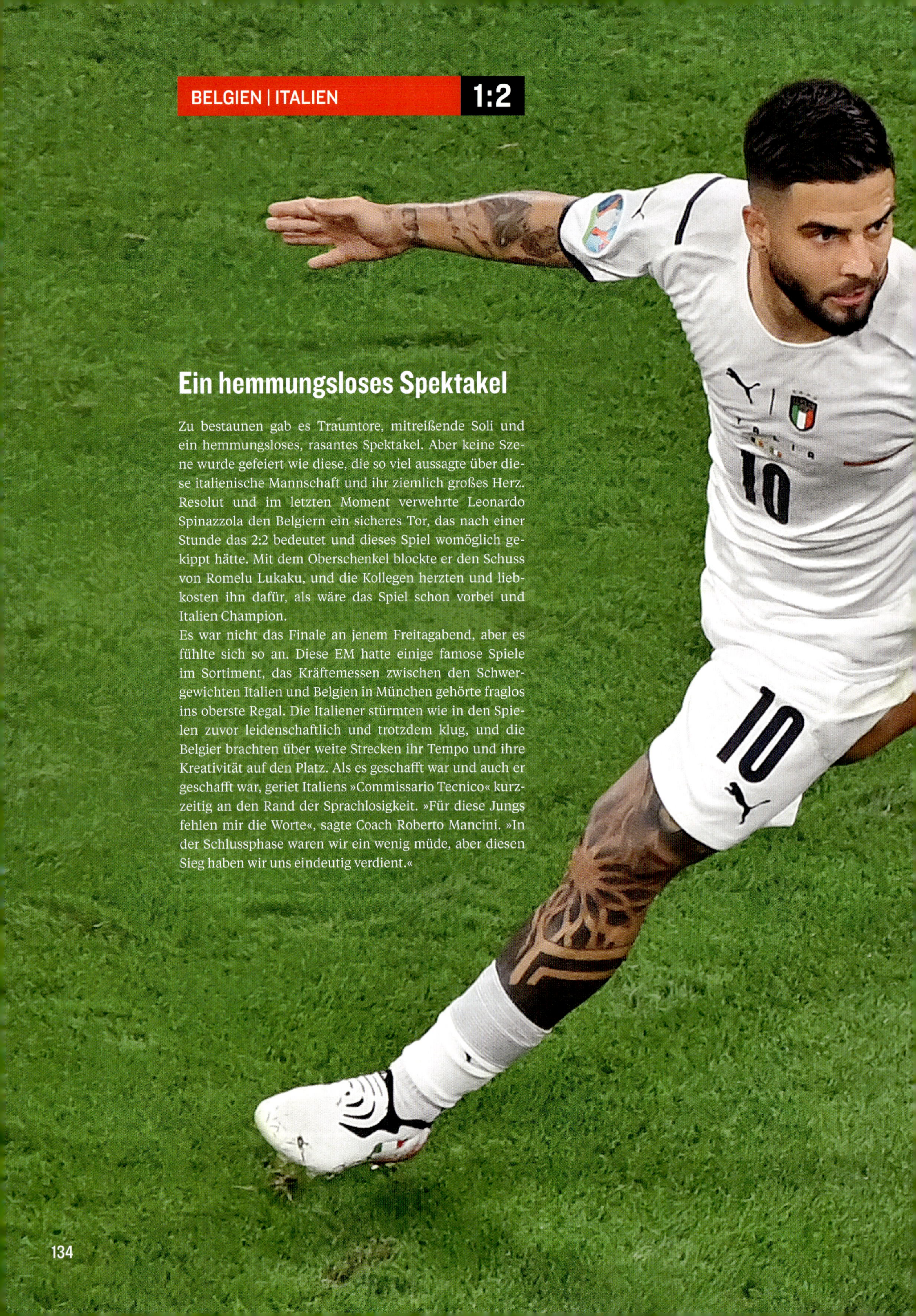

Ein hemmungsloses Spektakel

Zu bestaunen gab es Traumtore, mitreißende Soli und ein hemmungsloses, rasantes Spektakel. Aber keine Szene wurde gefeiert wie diese, die so viel aussagte über diese italienische Mannschaft und ihr ziemlich großes Herz. Resolut und im letzten Moment verwehrte Leonardo Spinazzola den Belgiern ein sicheres Tor, das nach einer Stunde das 2:2 bedeutet und dieses Spiel womöglich gekippt hätte. Mit dem Oberschenkel blockte er den Schuss von Romelu Lukaku, und die Kollegen herzten und liebkosten ihn dafür, als wäre das Spiel schon vorbei und Italien Champion.

Es war nicht das Finale an jenem Freitagabend, aber es fühlte sich so an. Diese EM hatte einige famose Spiele im Sortiment, das Kräftemessen zwischen den Schwergewichten Italien und Belgien in München gehörte fraglos ins oberste Regal. Die Italiener stürmten wie in den Spielen zuvor leidenschaftlich und trotzdem klug, und die Belgier brachten über weite Strecken ihr Tempo und ihre Kreativität auf den Platz. Als es geschafft war und auch er geschafft war, geriet Italiens »Commissario Tecnico« kurzzeitig an den Rand der Sprachlosigkeit. »Für diese Jungs fehlen mir die Worte«, sagte Coach Roberto Mancini. »In der Schlussphase waren wir ein wenig müde, aber diesen Sieg haben wir uns eindeutig verdient.«

Belgien – Italien

1:2
1:2

Courtois 2,5
Alderweireld 4,5 · Vermaelen 3,5 · Vertonghen 4
Meunier 4 ↘ · Tielemans 3 (Gelbe Karte) ↘ · Witsel 2,5 · T. Hazard 3
De Bruyne 2 · ⚽ Lukaku 3,5 · Doku 2

Immobile 4,5 ↘
⚽ Insigne 2 ↘ · Chiesa 3 ↘
Verratti 2,5 (Gelbe Karte) ↘ · Jorginho 2 · ⚽ Barella 2
Spinazzola 1,5 ↘ · Chiellini 1,5 · Bonucci 2,5 · di Lorenzo 3,5
Donnarumma 2,5

2. Juli in München

BELGIEN – ITALIEN 1:2 (1:2)

EINGEWECHSELT: 69. Chadli für Meunier, 69. Mertens für Tielemans, 73. Praet für Chadli – 74. Cristante für Verratti, 74. Belotti für Immobile, 79. Berardi für Insigne, 79. Emerson für Spinazzola, 90./+1 Rafael Toloi für Chiesa

TORE: 0:1 Barella (31.), 0:2 Insigne (44.), 1:2 Lukaku (45./+2, FE)

GELBE KARTEN: Tielemans – Verratti, Berardi

SCHIEDSRICHTER: Vincic (Slowenien)

ZUSCHAUER: 12 984

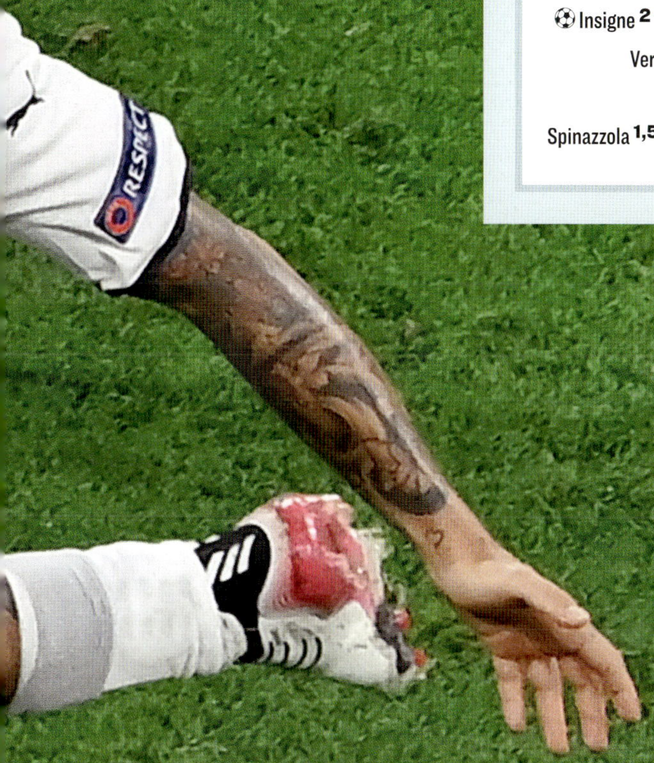

Ich könnte die ganze Welt umarmen: Lorenzo Insigne ist bereit, sich feiern zu lassen.

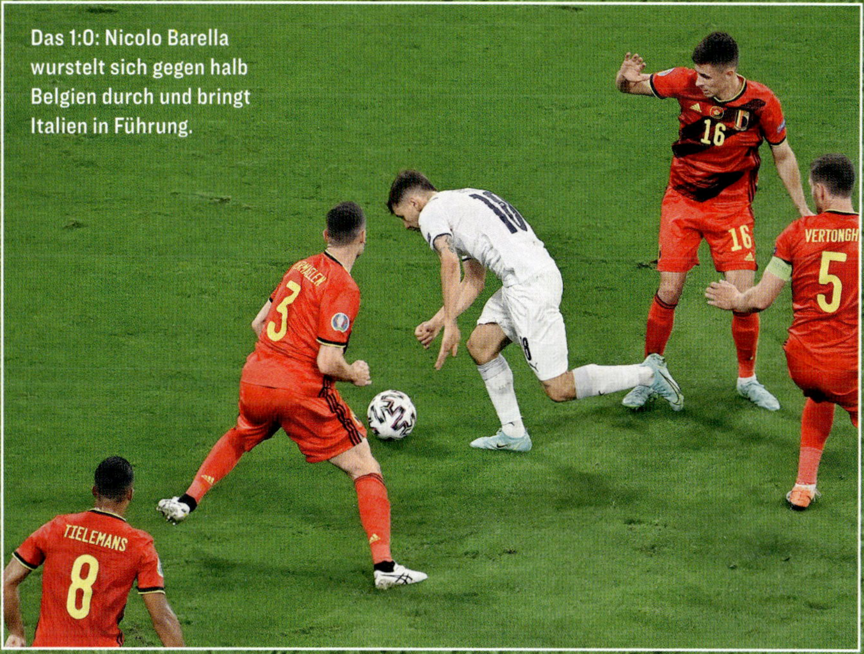

Das 1:0: Nicolo Barella wurstelt sich gegen halb Belgien durch und bringt Italien in Führung.

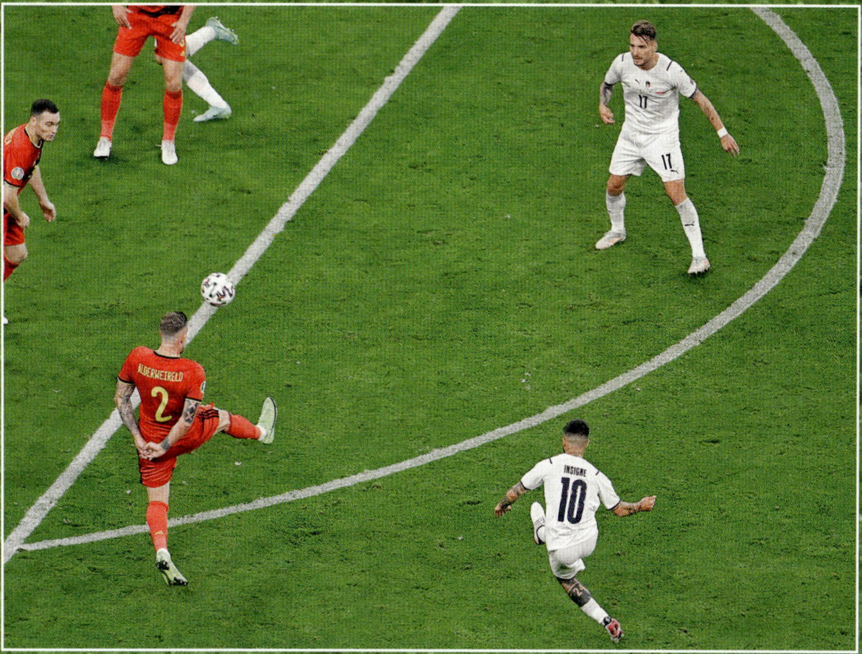

Das 2:0: Lorenzo Insigne schlenzt den Ball mit dem Innenrist elegant ins Netz.

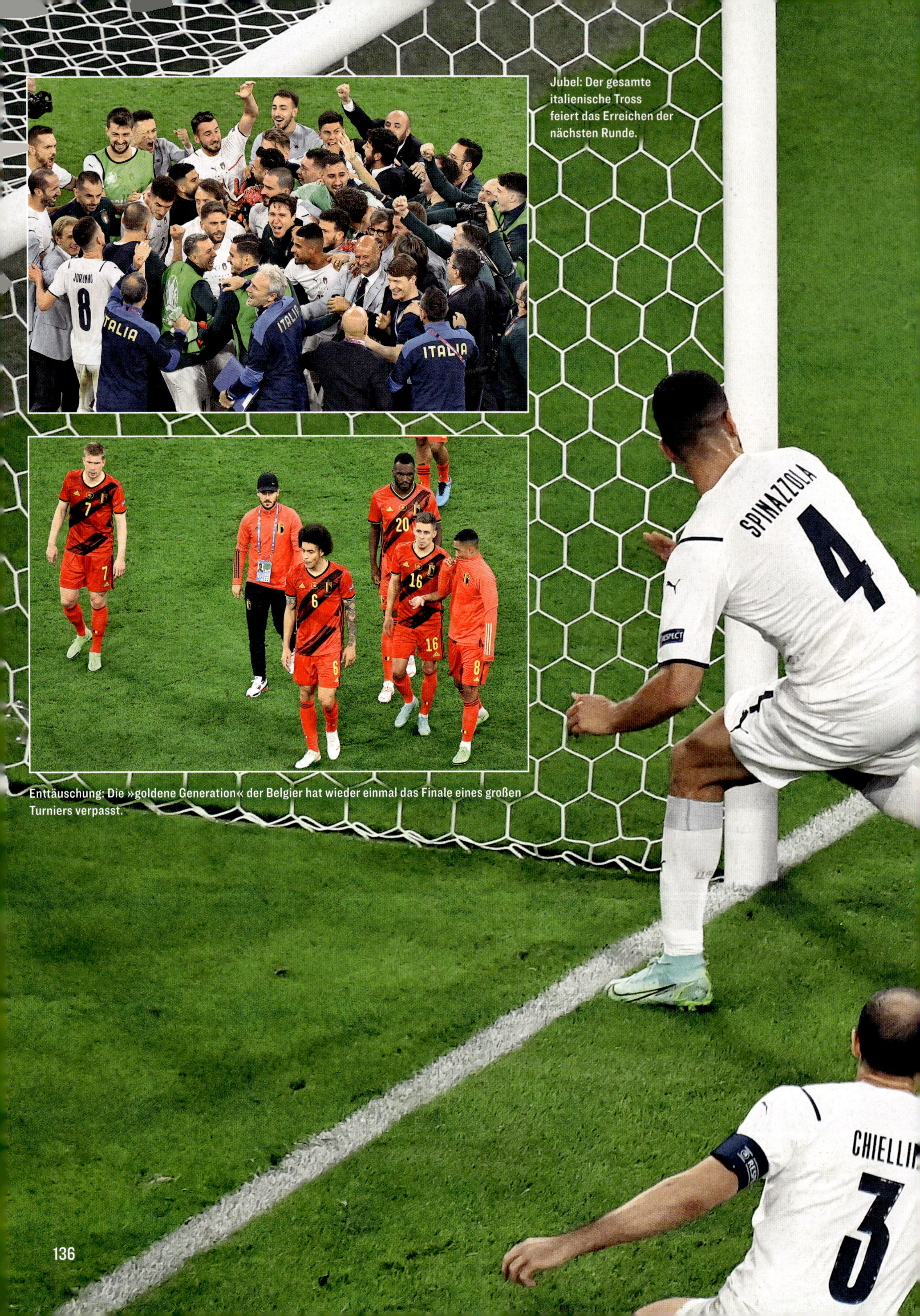

Jubel: Der gesamte italienische Tross feiert das Erreichen der nächsten Runde.

Enttäuschung: Die »goldene Generation« der Belgier hat wieder einmal das Finale eines großen Turniers verpasst.

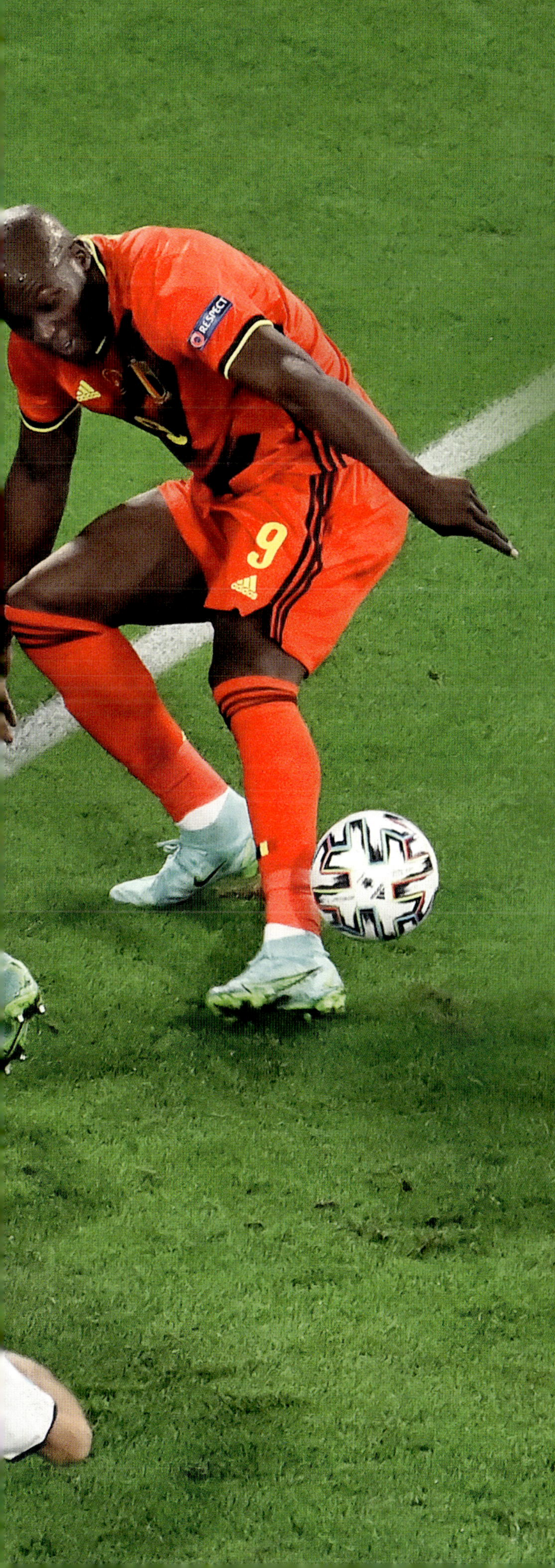

Heroische Rettungstat: Leonardo Spinazzola verhindert gegen Romelu Lukaku den Ausgleich.

So war es, und es war auch: ein Akt des Willens und der taktischen Brillanz. Hinten hielten die maximal routinierten Giorgio Chiellini und Leonardo Bonucci den Laden zusammen und die belgische Abteilung Wucht & Virtuosität – angeführt von Lukaku und Kevin De Bruyne – einigermaßen in Schach. Über links inszenierten Spinazzola und Lorenzo Insigne Angriff um Angriff, rechts trieben Nicolo Barella und Federico Chiesa das Spiel unentwegt an. Barella erzielte nach feinem Solo das 1:0. Insignes formvollendeter Schlenzer zum 2:0 ins rechte Eck war ein Monument der Schönheit. Wer die Angelegenheit damit als erledigt betrachtete, war zu früh dran. Nicht mal zwei Minuten nach Insignes Ausrufezeichen waren die Belgier zurück im Spiel. Jeremy Doku, 19 und sehr flink und frech, kam im italienischen Strafraum nach einem Schubser von Giovanni di Lorenzo zu Fall, Schiedsrichter Slavko Vincic entschied auf Elfmeter. Alle verfügbaren Italiener auf dem Rasen und der Bank protestierten gestenreich (»No! No! No!«), aber die fragwürdige Entscheidung hatte Bestand. Lukaku traf vom Punkt, 1:2. Die Italiener brachten diesen kostbaren Vorsprung ins Ziel, aber sie mussten in ihrer Glückseligkeit auch einen Moment des Schattens verkraften. Spinazzola, der diesem Turnier seinen Stempel aufgedrückt hat wie kaum einer sonst, riss sich nach 76 Minuten bei einem Sprint die Achillessehne. Er lag auf dem Rasen, die Hände vors Gesicht geschlagen, schluchzend und voller Schmerz. Der Mann, den Juventus einst siebenmal ausgeliehen hat und der erst bei der Roma sein Glück fand – für ihn war der rauschhafte Weg durchs Turnier zu Ende, auf einer Trage, unter Tränen. Italien litt mit ihm, Italien feierte die Squadra wenig später. 32 Spiele in Serie ungeschlagen, die Roten Teufel, die endlich golden schimmern wollten, zurück in die Hölle geschickt: »Magische Nacht«, titelte der »Corriere dello Sport« – und es war kein bisschen übertrieben.

Belgien – wieder hoch gewettet, wieder vorzeitig k. o. – war wie so oft in den vergangenen Jahren beides zugleich: eine Mannschaft, die Spaß machte – und die doch ein uneingelöstes Versprechen blieb. Bei der nächsten EM 2024 in Deutschland, sagte Torhüter Thibaut Courtois, »sind wir alle drei Jahre älter, das ist eine lange Zeit«. Womöglich eine zu lange Zeit für dieses mit Routiniers gespickte Team, das gnadenlos talentiert war und doch weiter ohne Titel blieb.

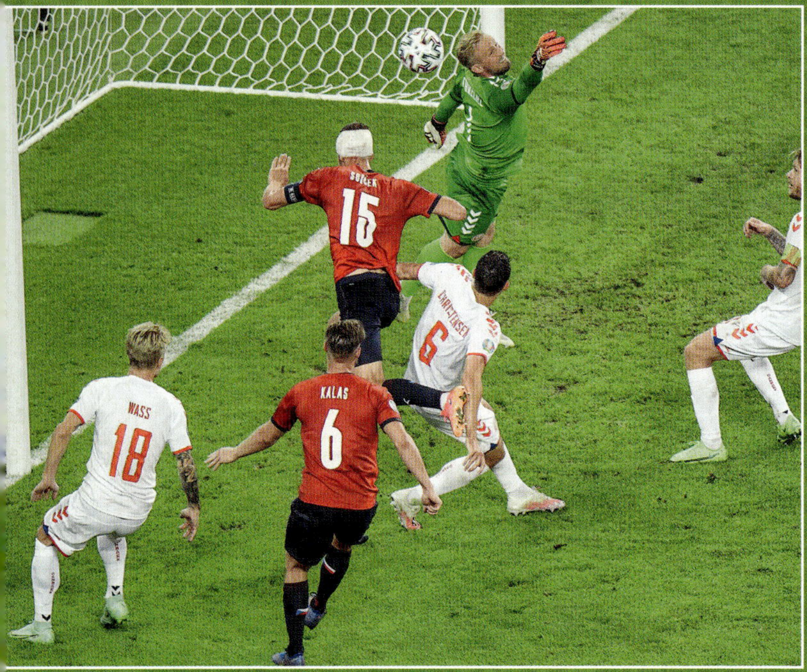

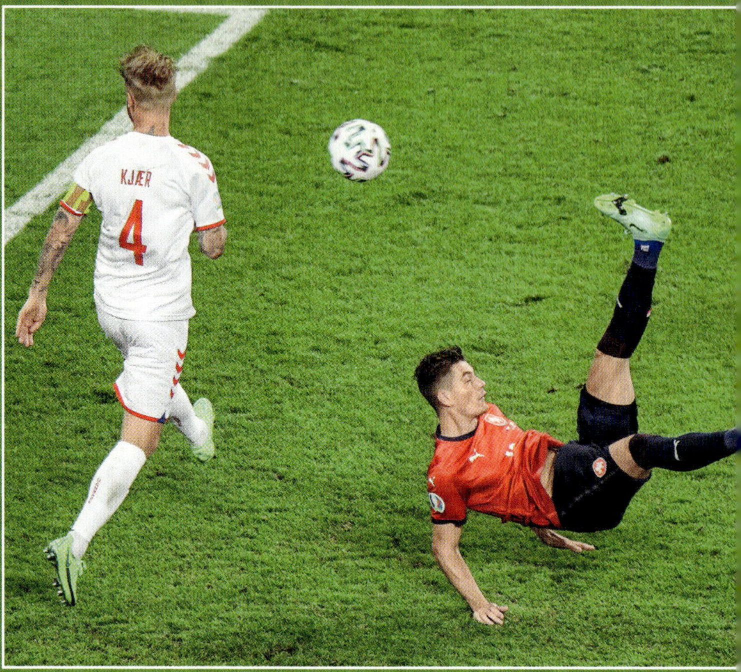

Glück gehabt: Torhüter Kasper Schmeichel greift am Ball vorbei, Tomas Soucek kann die Gunst der Stunde nicht nutzen.

TSCHECHIEN | DÄNEMARK 1:2

Mit modernem Fußball und einem Glückspulli

Bei dieser EM hatte Kasper Hjulmand schon so viele richtige Entscheidungen getroffen, doch in Baku musste der dänische Nationaltrainer einen Fehler in der Halbzeit des Viertelfinales dringend ausbügeln. Hastig zog der 49-Jährige über sein weißes T-Shirt einen schwarzen Pullover. Nicht aber, weil es seines Glücksbringers aus vorherigen Spielen bedurfte, sondern weil sich seine Schützlinge beschwerten. »Die Spieler haben mir gesagt, dass sie mich manchmal mit ihren Teamkollegen verwechselt haben, deshalb habe ich mich umgezogen«, begründete Hjulmand die Outfit-Veränderung.

Die ganz in Weiß aufgelaufenen Dänen enttäuschten ihren Coach ganz besonders in den ersten 45 Minuten nicht. »Dieses Dänemark ist Dynamit«, merkte tags darauf die spanische Zeitung »AS« mit Recht an. Tschechien lag zur Pause verdient mit 0:2 zurück, weil BVB-Profi Thomas Delaney einen – allerdings unberechtigten – Eckball platziert ins Tor geköpft hatte und Kasper Dolberg bereits sein dritter Turniertreffer gelungen war. Das zweite Tor gehörte allerdings mindestens zur Hälfte Vorbereiter Joakim Maehle, dessen butterweiche wie maßgenaue Außenristflanke auch Delaney in Staunen versetzte: »Ich habe ihn gefragt, ob er wirklich mit dem Außenrist geflankt hat. Mann, er spielt so gut.«

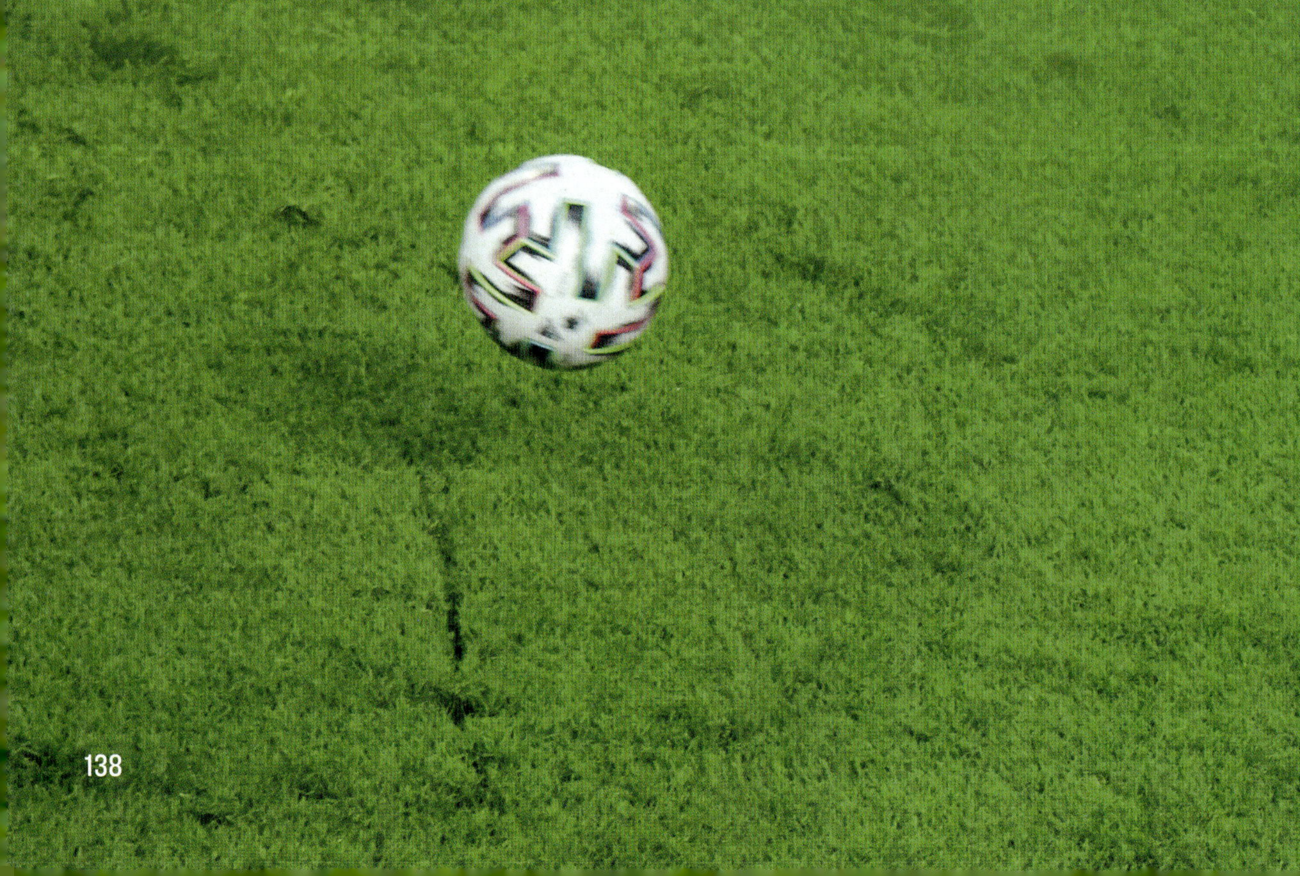

Zu schnell: Thomas Delaney klärt vor Tomas Soucek.

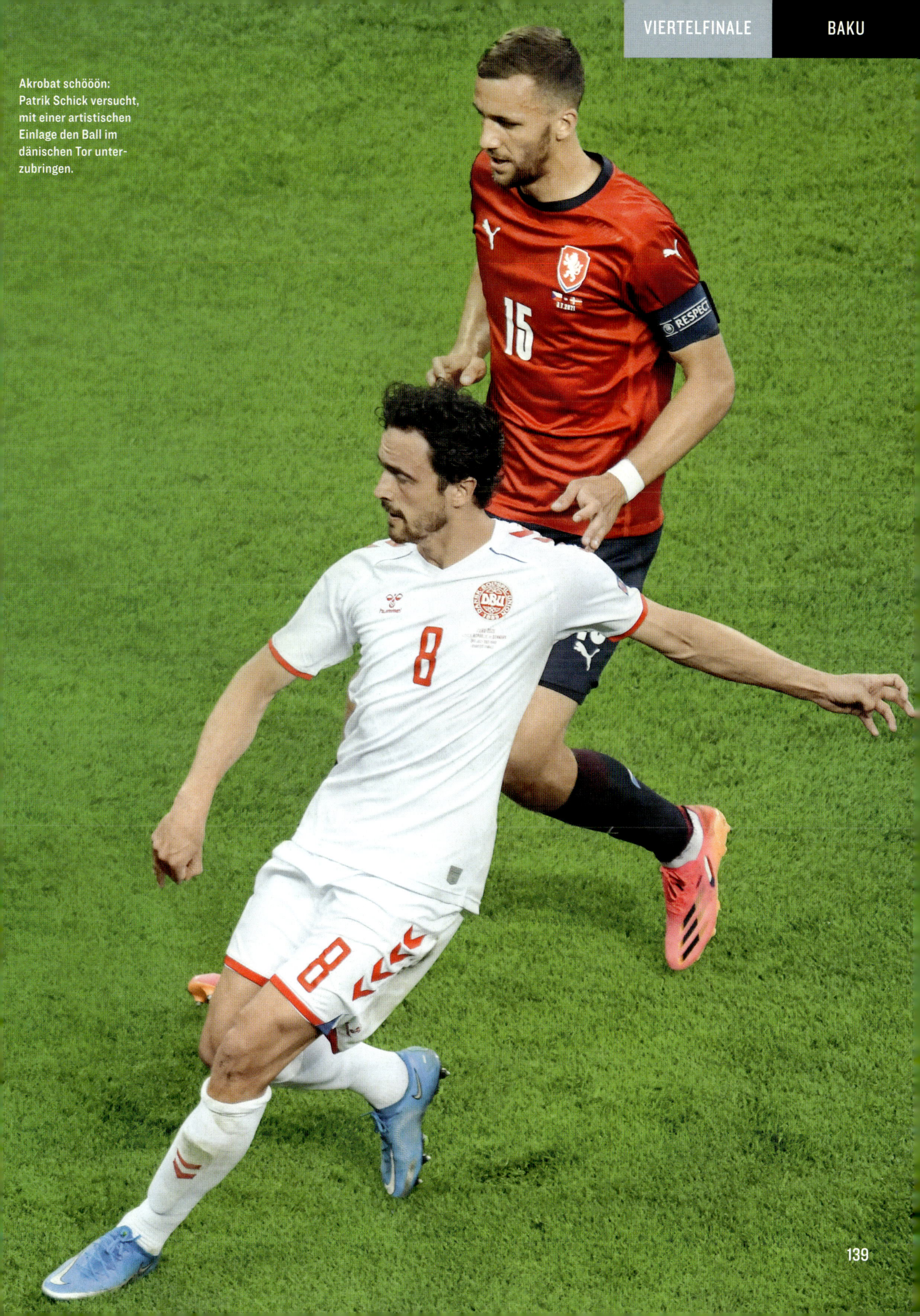

Akrobat schöööön: Patrik Schick versucht, mit einer artistischen Einlage den Ball im dänischen Tor unterzubringen.

Tschechien – Dänemark

1:2
0:2

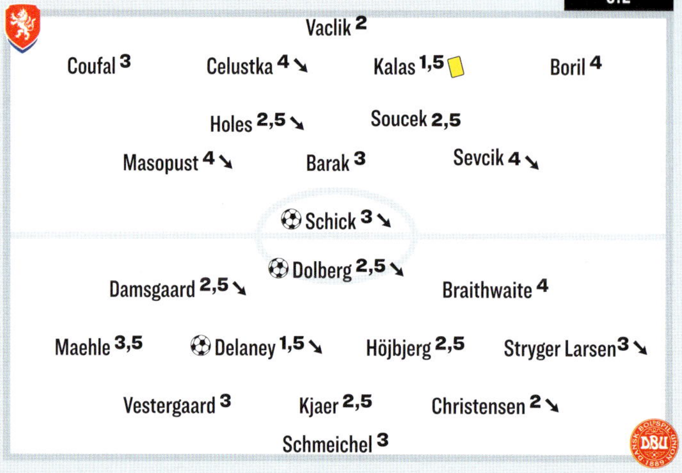

3. Juli in Baku

TSCHECHIEN – DÄNEMARK 1:2 (0:2)

EINGEWECHSELT: 46. Jankto (3) für Holes, 46. Krmencik (3,5) für Masopust, 65. Brabec für Celustka, 79. Vydra für Schick, 79. Darida für Sevcik – 59. Poulsen (2) für Dolberg, 59. Nörgaard (4,5) für Damsgaard, 70. Wass für Stryger Larsen, 81. Andersen für Christensen, 81. Jensen für Delaney

TORE: 0:1 Delaney (5.), 0:2 Dolberg (42.), 1:2 Schick (49.)

GELBE KARTEN: Krmencik, Kalas

SCHIEDSRICHTER: Kuipers (Niederlande)

ZUSCHAUER: 16 306

Abgewehrt: Joakim Maehle kommt vor Petr Sevcik an den Ball und bereinigt die Situation.

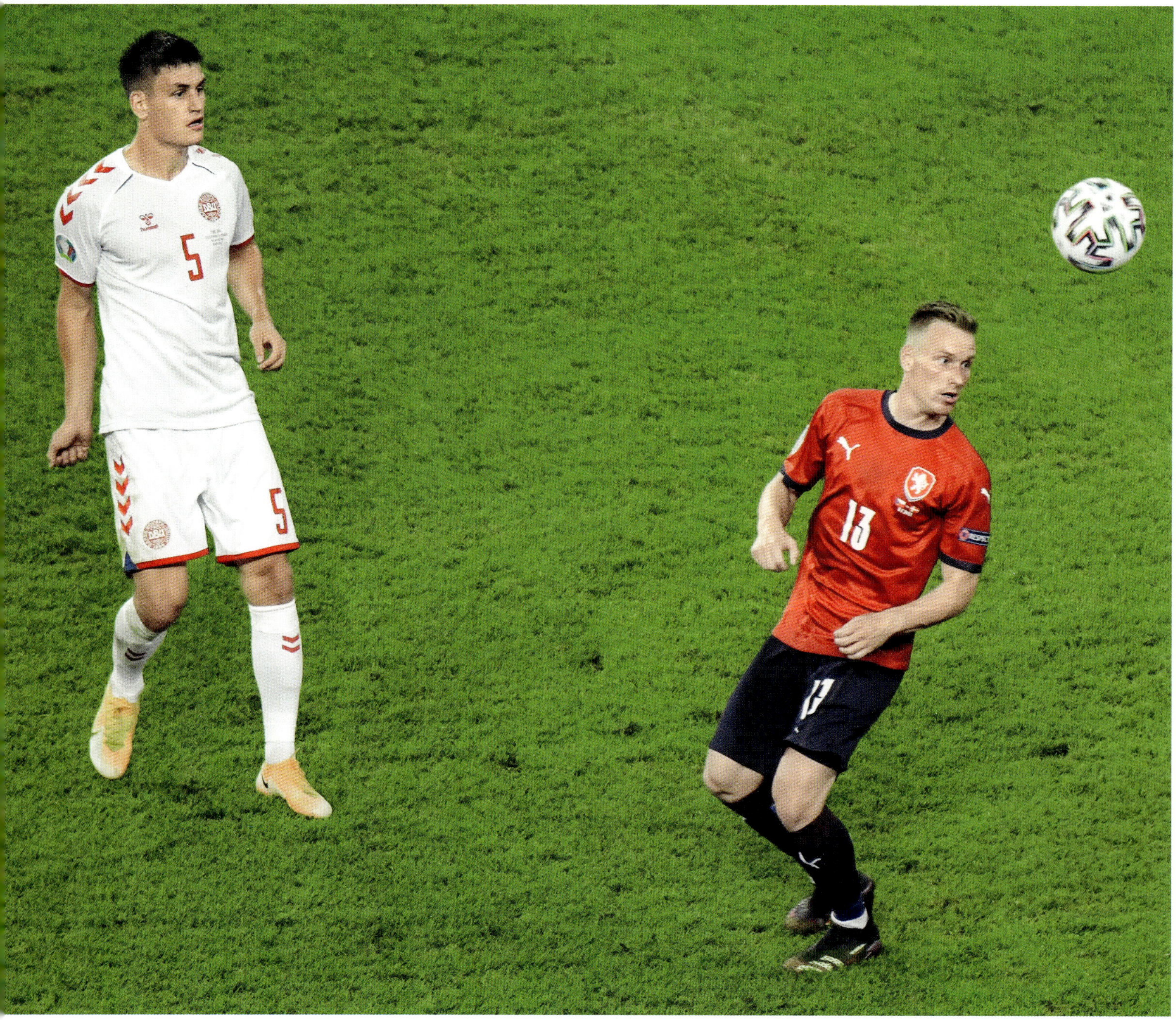

Zweikampf: Tomas Soucek gegen Pierre-Emile Höjberg

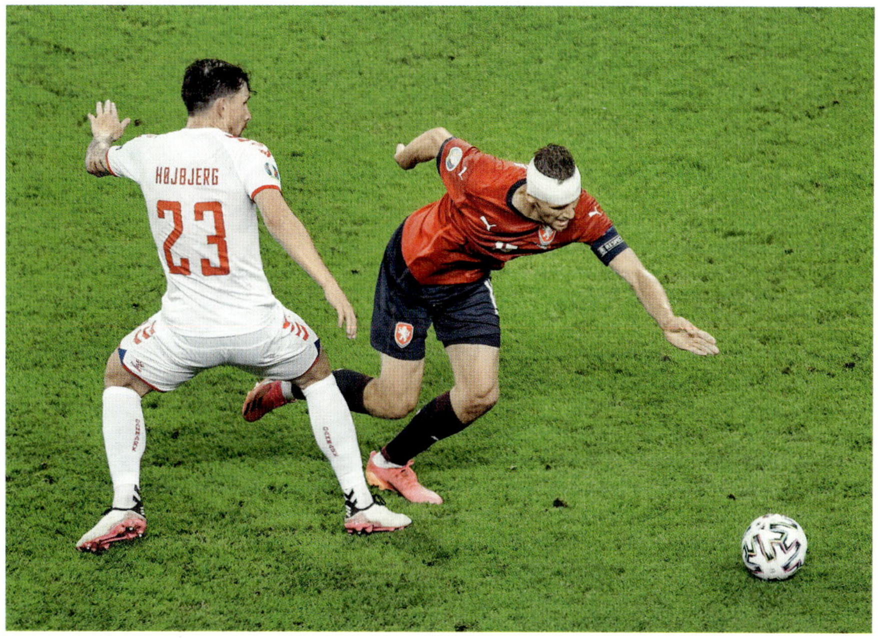

Bemerkenswert gut waren auch wieder die personellen und taktischen Kniffe von Hjulmand. Mit Dolberg anstelle des eigentlich wieder genesenen Yussuf Poulsen bewies er den richtigen Riecher. Zudem löste der ehemalige Mainzer Trainer wie beim 4:0 gegen Wales im Laufe der ersten Hälfte die Dreierkette auf, beorderte Andreas Christensen auf die Sechserposition und der Champions-League-Sieger vom FC Chelsea leitete prompt das 2:0 ein. »Das war unser Ziel von Beginn an: Wir wollten nach Wembley. Plötzlich sind wir da, das ist schwer zu glauben«, gestand Delaney, der in Baku zum »Star des Spiels«, wie die Auszeichnung durch die UEFA offiziell heißt, gewählt wurde.

Die hätte gut und gerne auch zum zweiten Mal Tschechiens Torjäger Patrik Schick erhalten können, wenn, ja wenn er seinem Anschluss- den Ausgleichstreffer hätte folgen lassen. Dass der Stürmer von Bayer 04 Leverkusen durch sein fünftes Turniertor mit Cristiano Ronaldo gleichzog und dazu den Landesrekord von Milan Baros (fünf Treffer bei der EM 2004) einstellte, konnte dem 25-Jährigen kaum Trost spenden.

»Wir haben alle das Gefühl, dass wir mehr hätten erreichen können. Dänemark war nicht unschlagbar«, haderte Schick. Nach dem Schlusspfiff saß er zusammengekauert auf der Ersatzbank, andere vergossen noch auf dem Rasen Tränen. »Das Viertelfinale gegen Dänemark hat die tschechischen Spieler an die absolute Grenze ihrer Kräfte gebracht, bis hin zur völligen Erschöpfung«, merkte »iSport.cz« richtigerweise an. Schick hatte bereits zehn Minuten vor Schluss angeschlagen aufgeben müssen, Tomas Soucek und Jan Boril schleppten sich mit teils blutdurchtränkten Kopfverbänden über den Rasen. Tschechien fehlte schlichtweg die Kraft, um einen letzten Husarenritt zu starten. »Aus den Träumen gerissen – die tschechische Nationalmannschaft wollte ganz Europa beeindrucken, ist aber irgendwo in Asien am Kaukasus vom Weg abgekommen«, brachte es die tschechische Zeitung »Nedelni Blesk« auf den Punkt.

Auch im Ausland wächst derweil die Anerkennung für die Dänen, deren elf Treffer von sieben verschiedenen Spielern erzielt wurden. »Die dänische Nationalelf hat sich erneuert und an den modernen Fußball angepasst«, lobte der italienische »Corriere dello Sport«. Nun stand die Reise nach London an, wo Mitfavorit England wartete. Hjulmand schien gewappnet: »Der Glückspullover geht mit nach Wembley.«

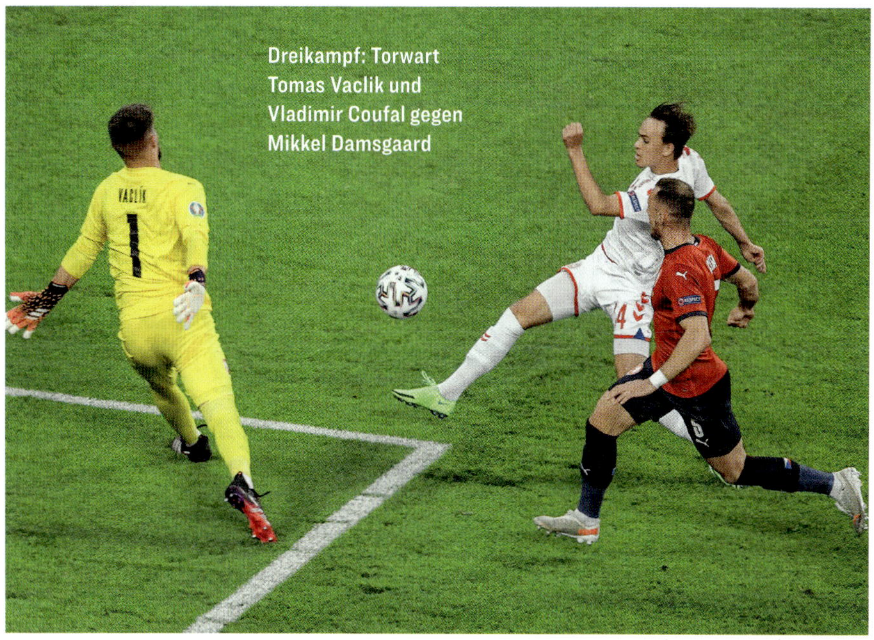

Dreikampf: Torwart Tomas Vaclik und Vladimir Coufal gegen Mikkel Damsgaard

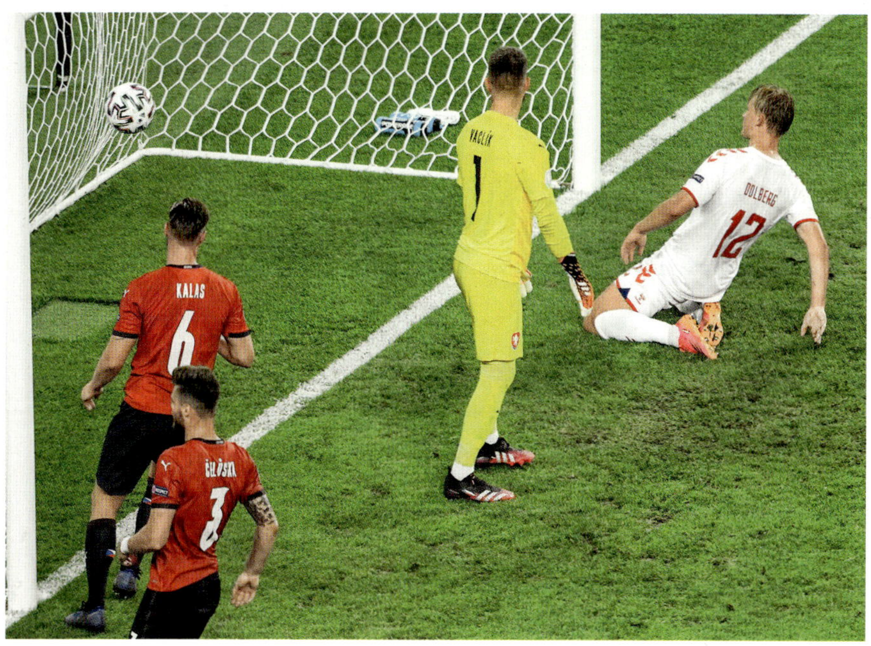

Vierkampf: Ondrej Celustka, Tomas Kalas und Tomas Vaclik (von links) können das 2:0 für Dänemark durch Kasper Dolberg nicht verhindern.

UKRAINE | ENGLAND **0:4**

Another break in the Wall

Wie reißt man eigentlich eine Mauer ein? Das geht zum einen mit Worten (»Mister Gorbatschow, come to Berlin and tear down this wall«). So sprach einst Ronald Reagan, damals US-Präsident, in grauer Vorzeit auch mal Schauspieler. Zum Zweiten weiß Wikipedia Rat: »Neben Hammer und Meißel kommt ein Winkelschneider mit Diamantaufsatz oder ein Schlagbohrhammer in Betracht. Für kleinere Durchbrüche lässt sich auch ein Kernbohrer verwenden.« England brachte beim 4:0-Sieg im EM-Viertelfinale in Rom gegen die Ukraine noch eine dritte Variante ins Spiel.

Denn die gelbe Wand war diesmal nicht die berühmte Dortmunder Südtribüne, sondern das Defensivbollwerk der Ukraine. Formiert in einem 5-3-2, hatte das Team von Andriy Shevchenko nichts anderes im Sinn, als zu zerstören. Doch als Zerstörer traten die Engländer auf, als Zerstörer der Hoffnungen der Osteuropäer. Und zwar nicht mit Hammer und Meißel, sondern mit einem feinen Pass von Raheem Sterling auf Harry Kane. Vierte Minute, 1:0. Im Prinzip war da das Match schon entschieden. England war vor dem Seitenwechsel nur noch ein großer Verwaltungsapparat, erst

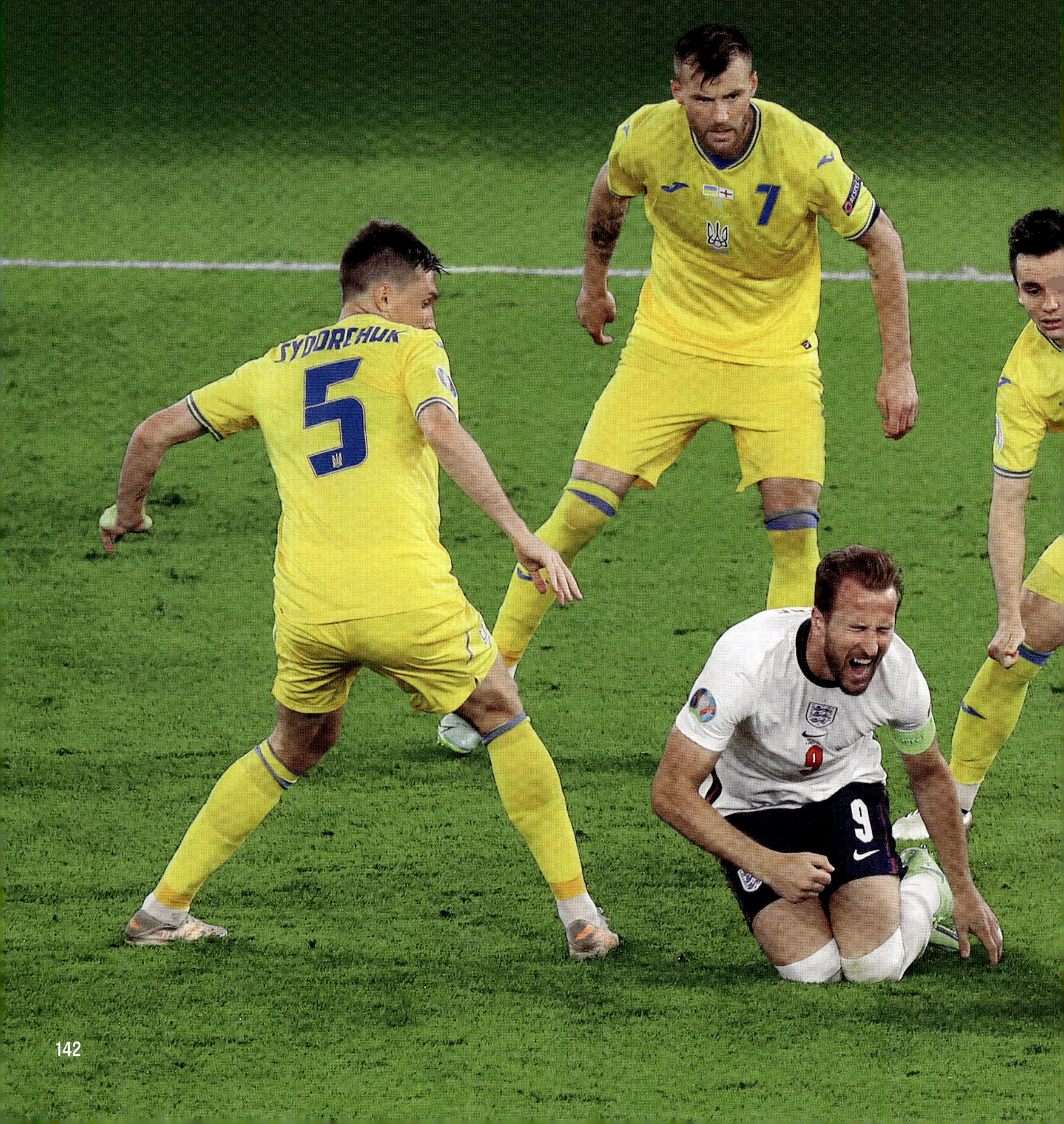

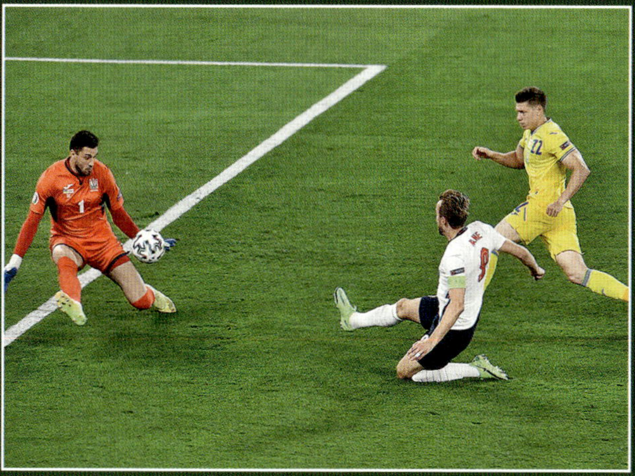

Das 1:0: Harry Kane versenkt den Ball mit gestrecktem Bein.

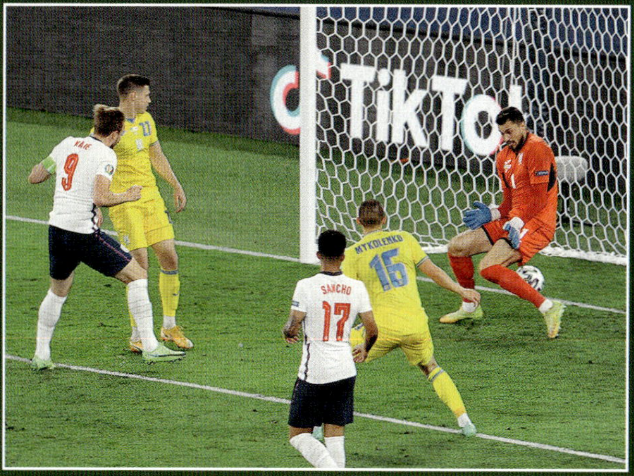

Das 3:0: Harry Kane zirkelt die Kugel Heorhiy Bushchan durch die Hosenträger.

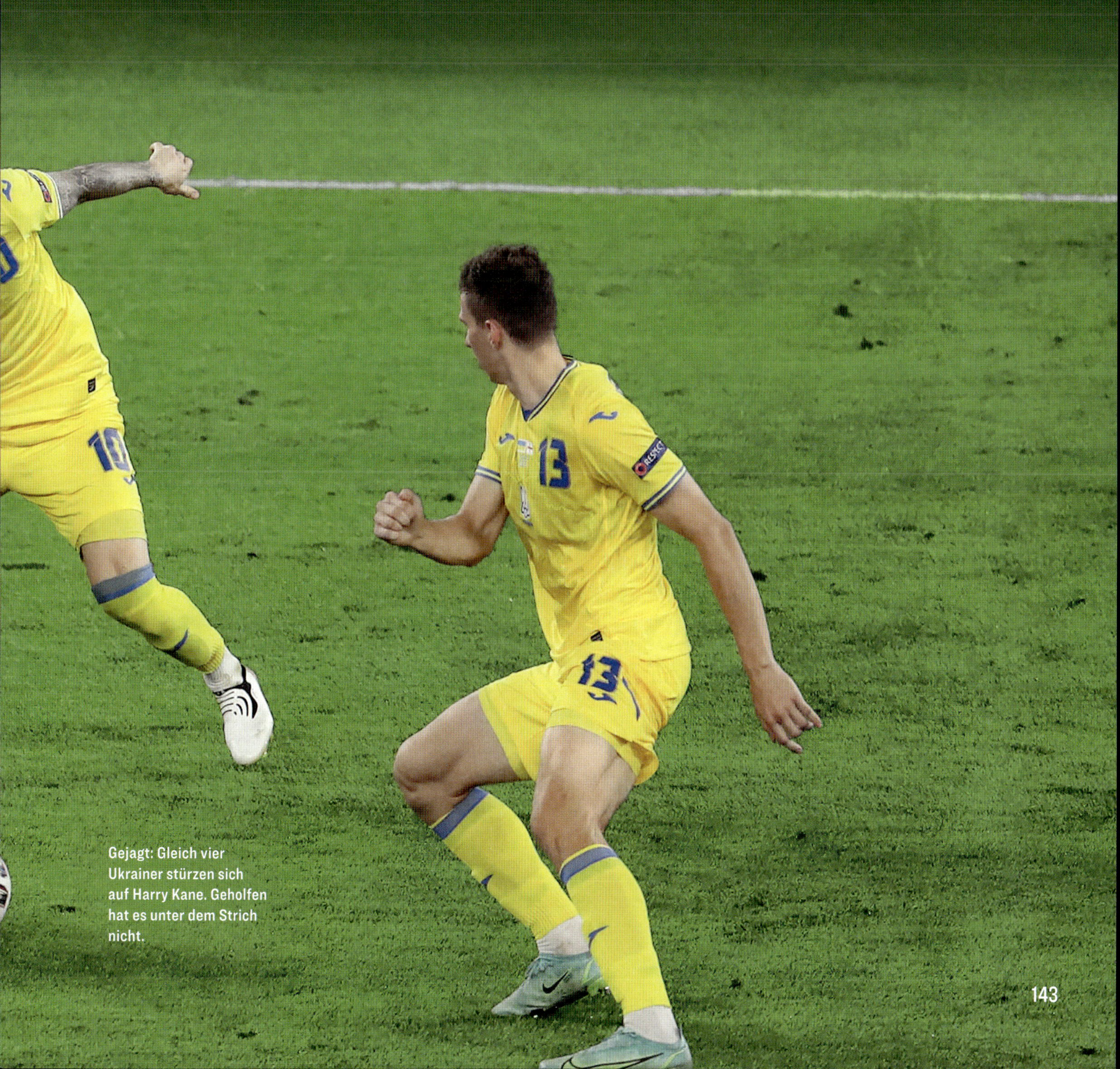

Gejagt: Gleich vier Ukrainer stürzen sich auf Harry Kane. Geholfen hat es unter dem Strich nicht.

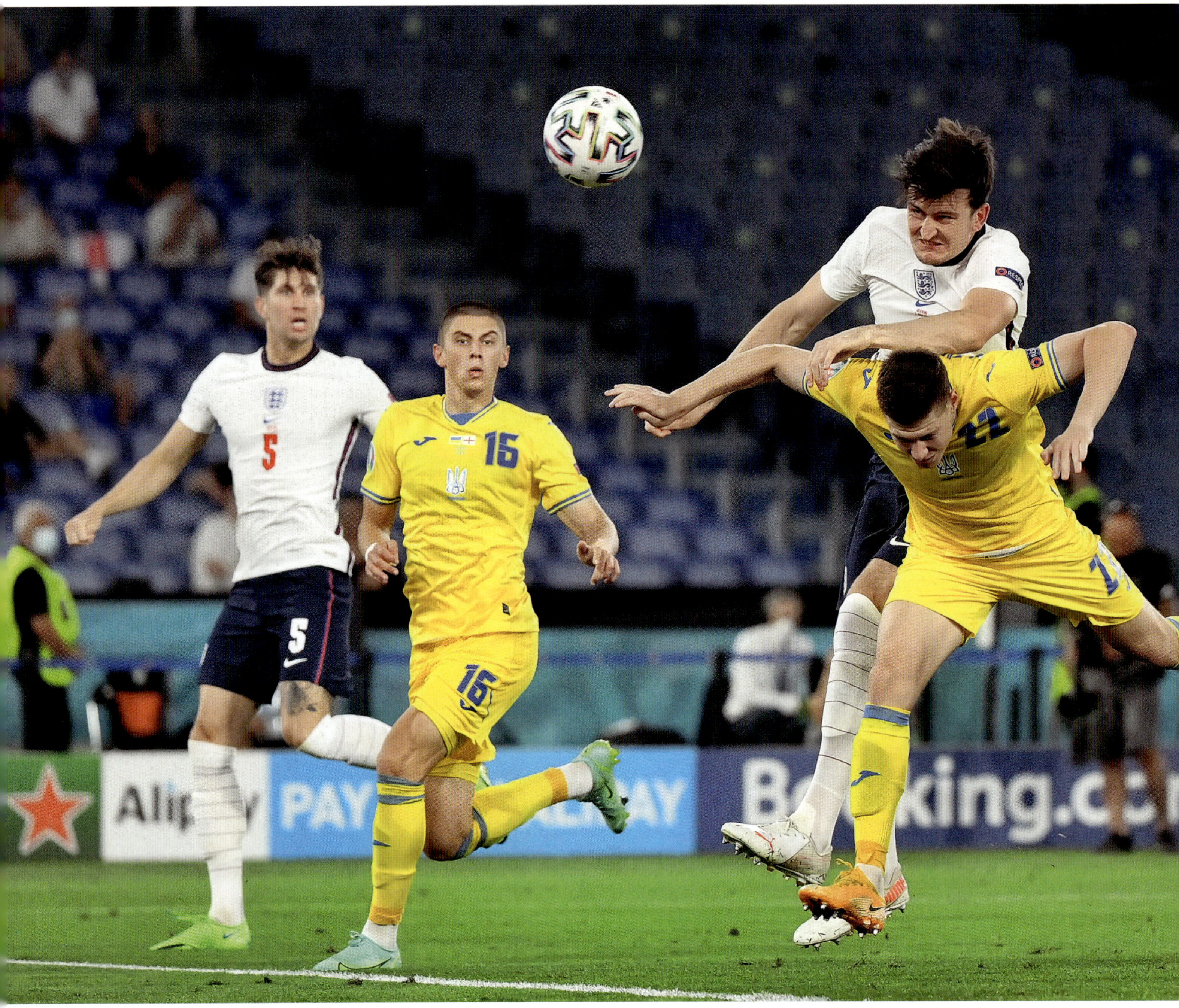

Das 2:0: Der Wucht von Harry Maguire hat Mykola Matviienko nichts entgegenzusetzen.

Ukraine – England

0:4
0:1

Bushchan 4

Zabarnyi 5 · Kryvtsov 4,5 ↘ · Matviienko 5,5

Karavaev 5 · Mykolenko 4,5

Shaparenko 4,5 · Sydorchuk 4 ↘ · Zinchenko 3,5

Yarmolenko 5 · Yaremchuk 4,5

⚽ Kane 2 ↘

Sterling 2,5 ↘ · Mount 3,5 · Sancho 3

Rice 3 ↘ · Phillips 4 ↘

Shaw 2,5 ↘ · ⚽ Maguire 2 · Stones 3 · Walker 4

Pickford 3,5

3. Juli in Rom

UKRAINE – ENGLAND 0:4 (0:1)

EINGEWECHSELT: 35. Tsygankov (4) für Kryvtsov, 64. Makarenko für Sydorchuk – 57. Henderson (3) für Rice, 65. Trippier für Shaw, 65. Rashford für Sterling, 65. Bellingham für Phillips, 73. Calvert-Lewin für Kane

TORE: 0:1 Kane (4.), 0:2 Maguire (46.), 0:3 Kane (50.), 0:4 Henderson (63.)

GELBE KARTEN: keine

SCHIEDSRICHTER: Dr. Brych (München)

ZUSCHAUER: 11 880

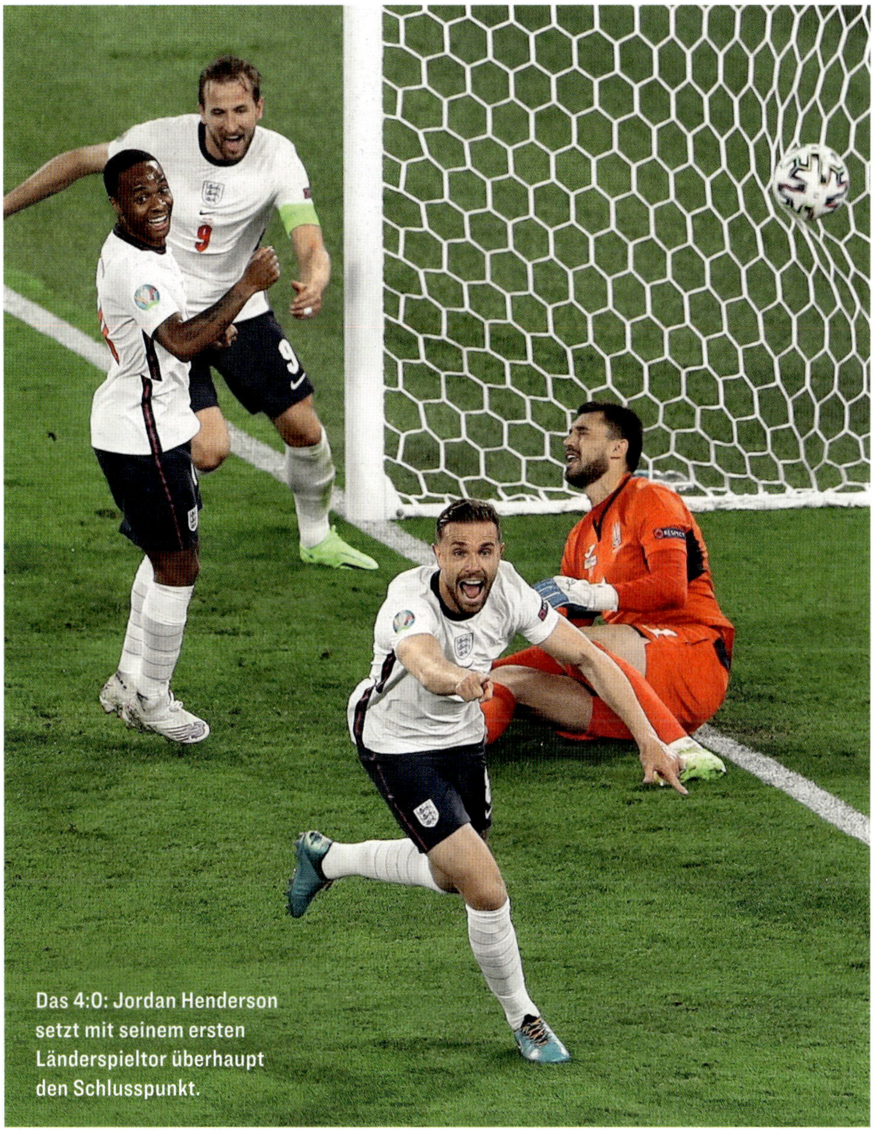

Das 4:0: Jordan Henderson setzt mit seinem ersten Länderspieltor überhaupt den Schlusspunkt.

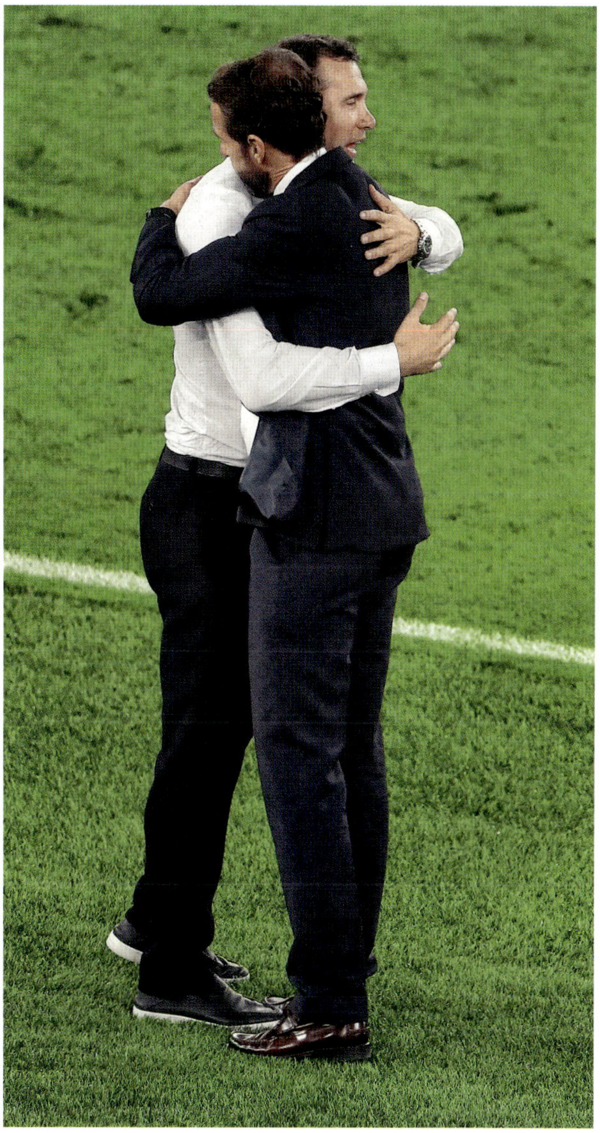

Lass dich umarmen, trotz Pandemie: Die Trainer Andriy Shevchenko (links) und Gareth Southgate interpretieren die Abstandsregeln sehr großzügig.

im zweiten Abschnitt machten die Three Lions noch drei Deckel drauf.

Kane, in der Gruppenphase noch im Geisterspielmodus unterwegs, traf auch zum 3:0 per Kopfball. »Ein großer Abend«, meinte der Spieler des Spiels danach. Doch Harry Edward Kane war nicht der einzige Harry, der in der Nacht von Rom traf und quasi schon mal den Wagen fürs Halbfinale holte, sondern auch Abwehrchef Jacob Harry Maguire. Der war vor dem Turnier verletzt, wurde langsam aufgebaut und ließ hinten gar nichts anbrennen. Zur Krönung traf auch er per Kopf zum entscheidenden 2:0, ebenso Jordan Henderson zum 4:0. Maguires Stern ging bei der WM 2018 auf. Dass England nun erneut ins Halbfinale einzog, war schon eine besondere Leistung, wenn man bedenkt, dass sich die anderen drei Vorschlussrundenteilnehmer des Turniers in Russland diesmal früher verabschiedeten: Weltmeister Frankreich, Vizeweltmeister Kroatien und auch Belgien.

Gegen die Ukraine entdeckten die Briten auch ihre Stärke bei Standards wieder, die sie vor drei Jahren so ausgezeichnet hatte. Nicht nur bei Ecken und Freistößen, auch bei Einwürfen operierte das Team von Trainer Gareth Southgate mit großer Kreativität. Apropos Southgate: Kaum war Jadon Sanchos Wechsel von Dortmund zu Manchester United perfekt, durfte der Flügelspieler in der Startelf mitklimpern. Zufall?

Wohl kaum. Ebenso scheint es, als wolle Southgate das Zufallsprinzip völlig außer Kraft setzen. Anders als Pep Guardiola, der ebenso tickt, setzt der englische Coach dabei weniger auf Kreativität und taktische Finessen, sondern auf solides Handwerk. Das kann zwar schon mal dazu führen, dass einem nicht nur die Füße einschlafen, aber eben auch in ein EM-Halbfinale. Kaum auszudenken, wenn die Engländer nun noch mit Esprit spielen würden …

Und die Ukrainer? Nachdem sie schon früh von Bob, den Baumeistern, zu Fußballern mutieren sollten, hatten sie damit so ihre Schwierigkeiten. Einzig Oleksandr Zinchenko, quasi ein halber Engländer, weil bei ManCity in Lohn und Sandwich, konnte technisch mithalten. Viel zu wenig. Immerhin gebührte Sheva und Co die Schlusspointe: Gemeinsam mit ihren Fans verabschiedeten sie sich nach isländischer Sitte mit einem gepflegten »Huh« und rhythmischem Klatschen, passend zur Klatsche eben. Ein Schelm, der Böses dabei denkt, denn an Island war 2016 England recht kläglich im Achtelfinale der EM gescheitert. Doch die Wunden sind verheilt, England ist wieder wer. Selbst gelbe Mauern können Three Lions nicht aufhalten. Another break in the Wall …

KOMMENTAR

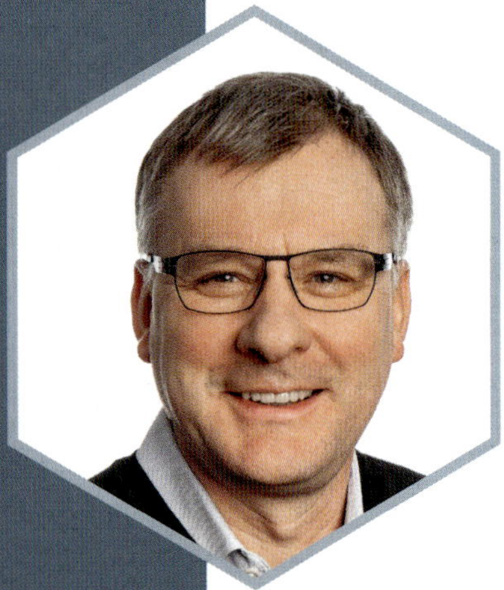

KICKER-CHEFREDAKTEUR JÖRG JAKOB:

»LET'S TALK ABOUT FOOTBALL«

Reden wir über Fußball. Über richtig guten Fußball. Über technische Raffinesse und Dribblings. Über Geschwindigkeit und Wucht. Über kompaktes Agieren im Verbund. Über anstachelnde Begeisterung. Reden wir über Belgien gegen Italien. Es ist eine hochklassige Begegnung in München. Aber auch dieses Viertelfinalspiel muss einen Sieger haben. Es ist nicht Belgien.

Nach Italiens 2:1-Sieg stellt sich wieder die Frage nach der »goldenen Generation« der Belgier. Wird sie ihr sportliches Vermögen womöglich nie mit einem Titel aufwiegen können? Den Kevin De Bruyne, Eden Hazard, Romelu Lukaku und Kollegen läuft langsam die Zeit davon. Wie nach dem 1:2-Anschlusstreffer in dieser Partie, als die Mannschaft von Roberto Martinez dem Ausgleich mehrmals nahe ist, der ihr aber nicht gelingt. Auch, weil »KDB« mit einem Bänderriss im Knie spielen muss, Eden Hazard verletzungsbedingt fehlt und Axel Witsel in diesem Turnier als Rekonvaleszent agiert; Belgiens insgesamt alterndes Aufgebot 2021 also gewissermaßen angeschlagen an der EM teilnimmt. Ein Opfer der Corona-Saison?

Italien hingegen macht einen alles andere als angezählten Eindruck. Es spult sein EURO-Erfolgsprogramm weiter ab. Bei dieser großen Show im Viertelfinale gibt es allerdings ein schlechtes Beispiel ab. Die Schauspielerei nervt, beim kollektiven Zeitschinden fällt Ciro Immobile besonders unangenehm auf. Das schmälert die Sympathien etwas, die Trainer Roberto Mancini und sein Freund, der »Capo Delegazione« Gianluca Vialli, mit ihrem Team aus der Provinz in der Heimat wie beim neutralen Zuschauer geweckt haben – keiner der 26 Spieler im Kader mit dem beeindruckenden 36-jährigen Capitano Giorgio Chiellini wuchs in einer Metropole auf.

Vor 15 Jahren ist Italien Weltmeister geworden, die WM 2018 hat es schmachvoll verpasst. Jetzt ist »Mancios« Squadra seit 32 Spielen ungeschlagen und hat den Weltranglistenersten bezwungen. Wenn das mal kein Grund ist, die Hosen runterzulassen ... einige Spieler verschenken sie statt ihrer Trikots im Publikum. Über Geschmack lässt sich streiten, darüber nicht: Italien ist heißer Titelfavorit und heiß auf den Titel.

Und der nächste Gegner heißt Spanien. Denn wir reden über Fußball und darüber, wie die Welt von heute auf morgen auf unerklärliche Weise schon wieder anders aussehen kann. Oder gibt es eine glasklare Begründung dafür, dass die Schweizer, die Frankreich soeben noch glorios im Elfmeterschießen besiegt haben, nun im Shoot-out scheitern? 1:3 – obwohl sie zweimal im Vorteil scheinen, schon nach dem ersten Versuch, den Spaniens Kapitän Sergio Busquets an den Pfosten setzte. Nun sind sie schon so weit gekommen, haben auch die Unterzahl in diesem Viertelfinale nach der Roten Karte für Remo Freuler überstanden – doch dann versagen gleich dreimal die Nerven.

Sie könnten stolz sein, sagt Trainer Vladimir Petkovic über die EM-Bilanz der »Leidgenossen« (»Bild«). Recht hat er, und Yann Sommer, der Schlussmann, muss bei diesem Lob ganz weit vorne stehen. Der stolzeste Spanier ist Sommers Kollege Unai Simon. Wir erinnern uns: Der Torhüter, der einen Part in der Slapstick-Nummer mit Pedris Eigentor spielte, ist nach zwei abgewehrten Elfmetern nun der gefeierte Held. »Wir wollen die ganze Welt erobern und Europameister werden«, sagt der 24-Jährige von Athletic Bilbao im Überschwang. Auf die Frage, ob er eine bessere Mannschaft gesehen habe als die spanische, hatte sein Trainer Luis Enrique bereits vor der Partie mit einem Nein geantwortet. Nun ja, im Halbfinale wird der Stier bei den Hörnern gepackt. Man könnte auch sagen: Dann müssen gegen Italien die Hosen runtergelassen werden.

Leisere Töne schlägt Kasper Hjulmand an. Nach dem 2:1-Erfolg gegen Tschechien redet auch der dänische Trainer über Fußball. So: »Wir sind ein Symbol für seine fundamentalen Werte. Wir alle erinnern uns in diesen Tagen nach dem Zwischenfall mit Christian Eriksen, warum wir damit angefangen haben. Ich denke jeden Tag an ihn. Wir nehmen ihn mit nach Wembley.« Die Reaktion seiner Mannschaft sei unglaublich. Gegen die Tschechen, für die Torjäger Patrik Schick (Leverkusen) seinen fünften Turniertreffer erzielt und mit Cristiano Ronaldo gleichzieht, bedeutet sie den Einzug ins Halbfinale. Angeführt vom Dortmunder Profi Thomas Delaney geht die emotionale Reise weiter. Wie die Schweizer ist auch die tschechische Vertretung mit dem Abschneiden nach dem Ausscheiden zufrieden. »Die Stimmung ist gut«, sagt Co-Trainer Tomas Galasek. Feine Verlierer.

Das sind auch die Ukrainer. 0:4 unterliegen sie England. In Erinnerung bleibt, wie das Team und Trainer Andriy Shevchenko sich gleich darauf bei ihren Fans bedanken, sich feiern lassen. Schöne Bilder, die in Rom noch durchdringen, wenngleich die vom ungehemmten Jubel auf der Insel überschäumen. Reden wir vom früher ständig sogenannten »Mutterland des Fußballs«. Zwei Heimspiele noch, der erste große Titel ist 55 Jahre nach dem Gewinn des World Cups ausgerechnet in Wembley wieder greifbar.

Andreas Christensen wird zum Dauergast in der Top 11. Der dänische Abwehrspieler wurde bisher nach jeder Runde nominiert. Nur ganz knapp an seiner dritten Berufung schrammte Yann Sommer vorbei. Der Schweizer Nationaltorhüter rettete sein Team mit spektakulären Paraden trotz Unterzahl ins Elfmeterschießen. Dort fand die Nati, zuvor im Shootout noch gefeierter Sieger über Weltmeister Frankreich, in Unai Simon ihren Meister. Der Spanier wehrte zweimal ab, das bedeutete den Gang ins Halbfinale. Sommer kann seinen zwei Berufungen also keine weiteren hinzufügen, ebenso wenig der Tscheche Tomas Kalas, ausgeschieden gegen Dänemark. Auch konnten Kevin De Bruyne und Xherdan Shaqiri mit guten individuellen Leistungen das Aus für ihre Mannschaften nicht verhindern.

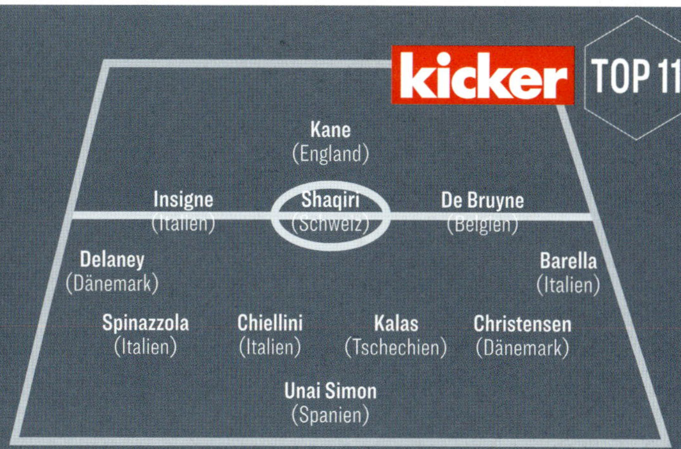

Nach so vielen vermeintlichen »golden Generations« sind wieder »Winner« am Start. Typen, die einfach nicht verlieren, nun in elf Begegnungen ohne Niederlage und in sieben ohne Gegentor geblieben sind. Die »Three Lions« agieren imponierend stabil – und englisch. Mit einem echten Neuner, der doppelt trifft (Harry Kane), konzentriertem Pressing und insgesamt drei Kopfballtreffern. Darunter das 4:0 von Jordan Henderson. Es ist das erste Länderspieltor des Liverpool-Kapitäns im 62. nationalen Einsatz. Hinzu kommt: England tritt deutsch auf, als Turniermannschaft. »Wir holen uns Selbstvertrauen von Spiel zu Spiel«, sagt der Trainer Gareth Southgate und bringt im Viertelfinale auch die jungen BVB-Profis Jadon Sancho, der zu Manchester United wechselt, sowie Jude Bellingham, den jüngsten je bei einer EM eingesetzten Spieler, aufs Feld (17 Jahre, elf Monate, 15 Tage im ersten Gruppenspiel gegen Kroatien).

Die Mischung macht's bisher bei den Engländern. »Que sera, sera, whatever will be, will be, we're going to Wembley«, singen ihre Fans hoffnungsfroh einen Klassiker. Premierminister Boris Johnson erhöht die Zuschauerzahl rund um den heiligen Rasen auf über 60 000. Bundeskanzlerin Angela Merkel bewertet das »skeptisch und sorgenvoll« angesichts der wieder in die Höhe schnellenden Inzidenzen im Vereinigten Königreich. Die Bundeskanzlerin verabschiedet sich zum Ende ihrer 16-jährigen Amtszeit auch von der Queen. Let's talk about football! Ob die Ladys über die EM gesprochen haben?

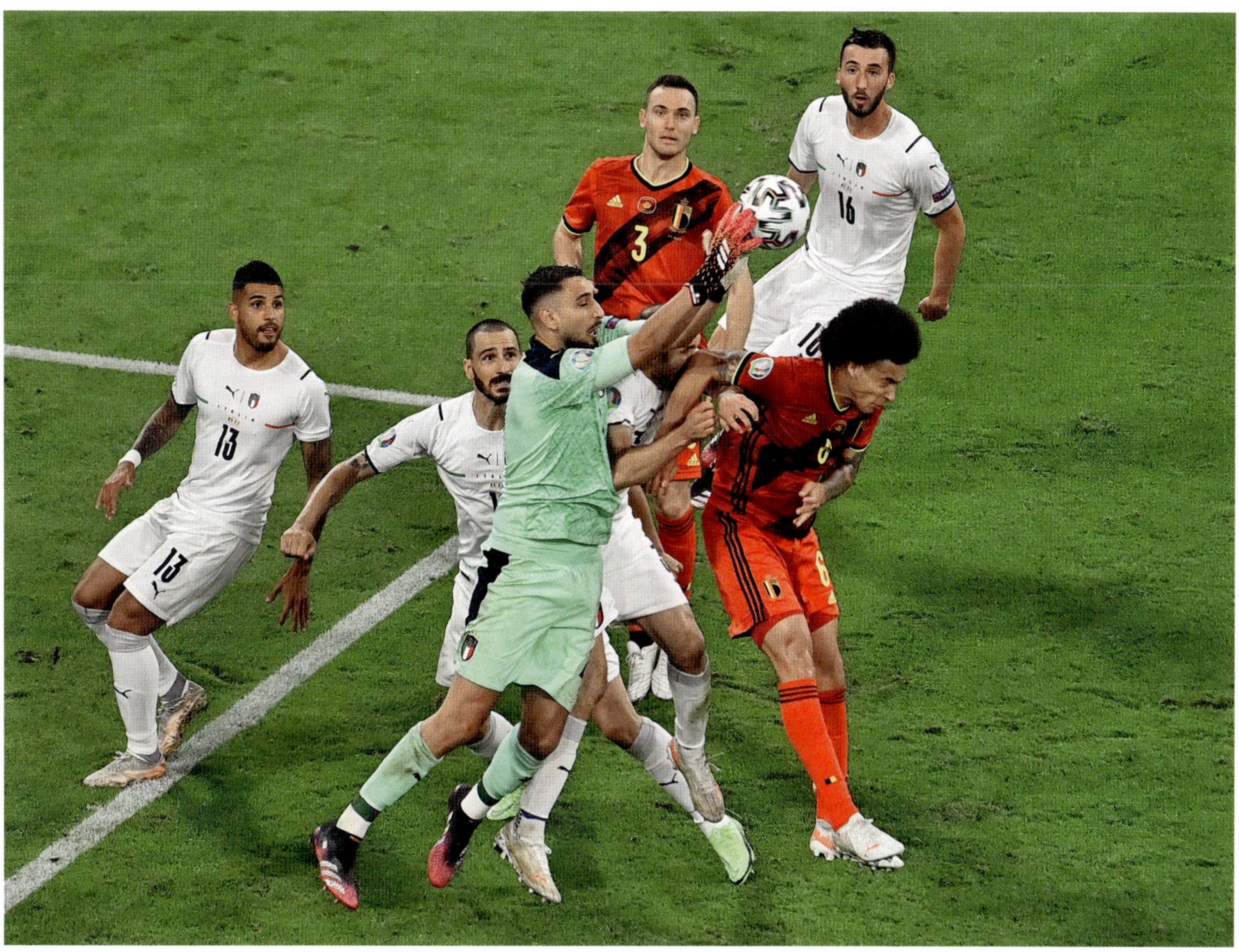

Seit 32 Spielen ungeschlagen: Italiens Torhüter Gianluigi Donnarumma greift sich den Ball vor Belgiens Axel Witsel.

HALBFINALE	
Italien – Spanien	4:2 i. E. (1:1, 1:1, 1:1, 0:0)
England – Dänemark	2:1 n. V. (2:1, 1:1, 1:1)

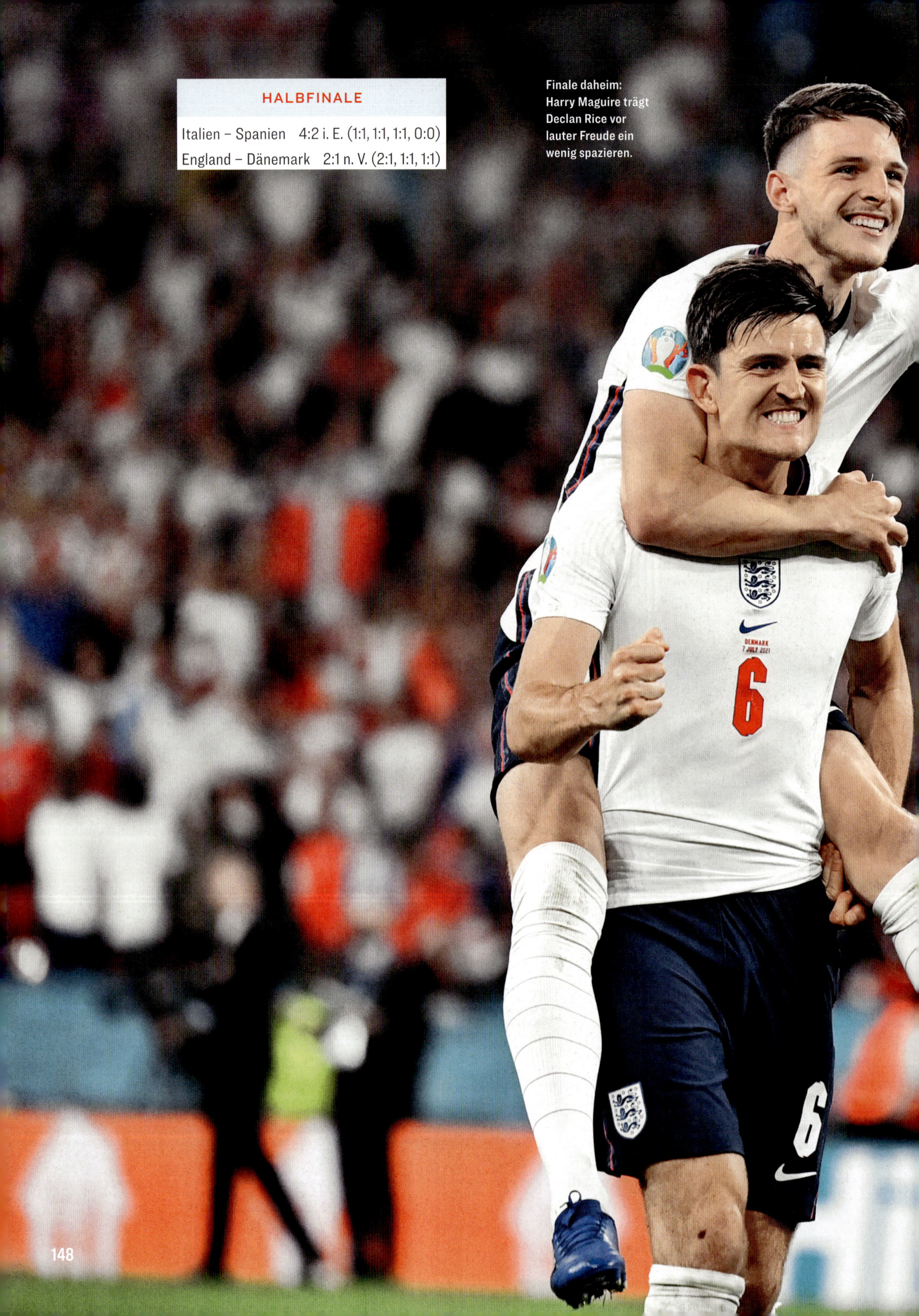

Finale daheim: Harry Maguire trägt Declan Rice vor lauter Freude ein wenig spazieren.

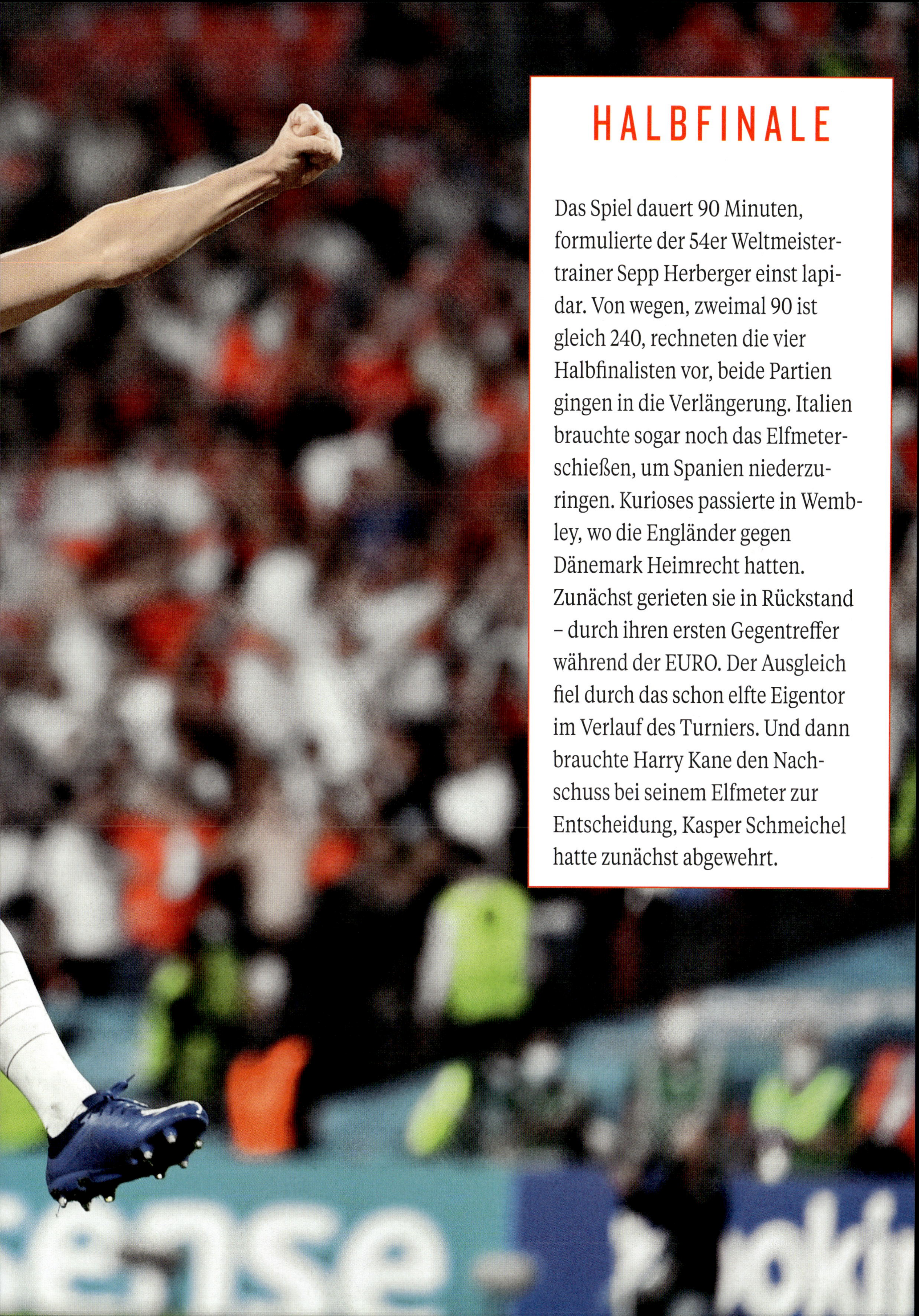

HALBFINALE

Das Spiel dauert 90 Minuten, formulierte der 54er Weltmeistertrainer Sepp Herberger einst lapidar. Von wegen, zweimal 90 ist gleich 240, rechneten die vier Halbfinalisten vor, beide Partien gingen in die Verlängerung. Italien brauchte sogar noch das Elfmeterschießen, um Spanien niederzuringen. Kurioses passierte in Wembley, wo die Engländer gegen Dänemark Heimrecht hatten. Zunächst gerieten sie in Rückstand – durch ihren ersten Gegentreffer während der EURO. Der Ausgleich fiel durch das schon elfte Eigentor im Verlauf des Turniers. Und dann brauchte Harry Kane den Nachschuss bei seinem Elfmeter zur Entscheidung, Kasper Schmeichel hatte zunächst abgewehrt.

Chiesa: Wie der Vater, so der Sohn

Von null auf hundert und wieder auf null: Alvaro Morata erlebte allein in diesem Halbfinale die maximalen Ausschläge auf der Gefühlsskala. Die eigenen Fans hatten den Stürmer in der Vorrunde als Chancentod verschrien, manch einer soll ihm gar massive Androhungen gegen seine Kinder geschickt haben. Nun hatte Nationaltrainer Luis Enrique den so heftig kritisierten Morata erstmals bei dieser EM auf die Bank gesetzt. Stattdessen wählte er für die erste Stunde der Partie gegen Italien eine Variante ohne Mittelstürmer. Nachdem der Juventus-Angreifer dann aber eingewechselt worden war, zeigte er eine engagierte Leistung – und traf nach feinem Doppelpass mit Dani Olmo zum umjubelten Ausgleich. Plötzlich war er, der stark Kritisierte, auf dem Weg zum Helden. Wenn da nur nicht das Elfmeterschießen gewesen wäre. »Morata hatte Adduktorenprobleme«, sagte Luis Enrique, nachdem sein Stürmer zum entscheidenden Versuch angetreten war und diesen vergeben hatte. »Es sagt viel über seine Persönlichkeit aus, dass er den Elfmeter trotzdem schießen wollte. Er hatte schwere Zeiten bei diesem Turnier, aber insgesamt war er brillant.«

Über das Fazit konnte man sicherlich streiten, fest stand zweifellos: Die neue spanische Generation hatte sich auf höchster europäischer Ebene erste Meriten verdient. »Wir reisen nach Hause in dem Wissen, dass wir eindeutig zu den besten Teams des Kontinents gehören«, sagte der ohnehin nie um Selbstbewusstsein ringende Luis Enrique. Dabei hatten die Spanier bei der EM gerade einmal ein einziges Spiel nach 90 Minuten gewonnen (5:0 gegen die Slowakei in der Vorrunde). So glücklich der Halbfinaleinzug zustande gekommen war, so sehr verdienten die Iberer ihn sich gewissermaßen rückwirkend. »Wir haben gegen einen mächtigen Gegner gespielt, der uns viel laufen gelassen hat«, kommentierte der italienische Siegschütze Jorginho anerkennend. »Wir haben gelitten, aber wir haben es nach Hause gebracht.«

Der Mittelfeldlenker hatte wenige Wochen zuvor schon mit dem FC Chelsea das Champions-League-Finale gewonnen. Nun winkte ihm der nächste große Titel. Nach furiosen Auftritten bei der EM hatten die Italiener diesmal allerdings ihre Probleme. Der technisch stärkere Gegner über-

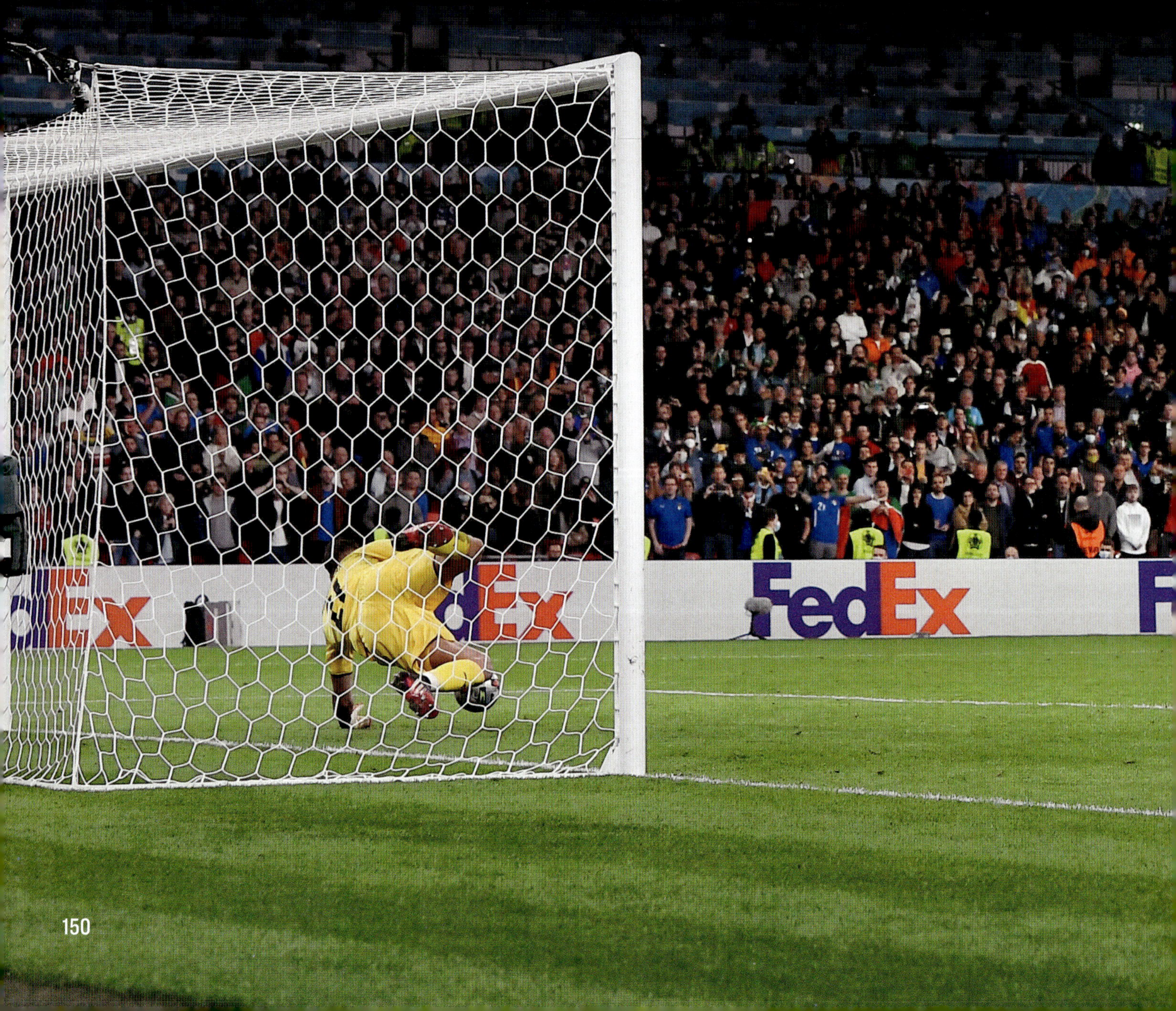

Italien – Spanien

i. E. 4:2 **1:1** 0:0, 1:1

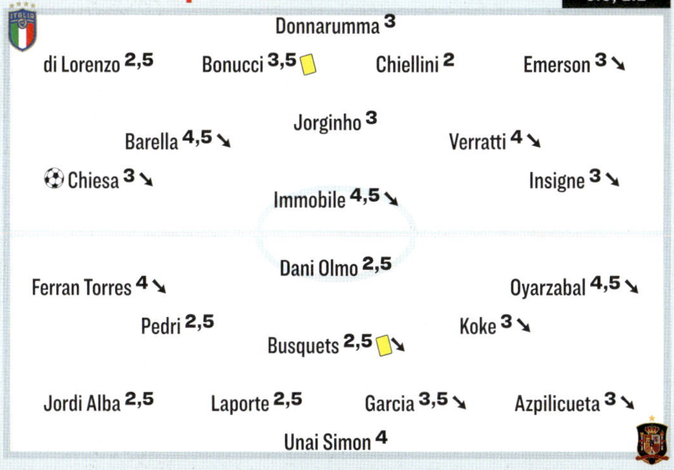

6. Juli in London

ITALIEN – SPANIEN 4:2 i. E. (1:1, 1:1, 0:0)

EINGEWECHSELT: 61. Berardi (2,5) für Immobile, 73. Pessina (4,5) für Verratti, 73. Rafael Toloi (3,5) für Emerson, 85. Locatelli (3,5) für Barella, 85. Belotti (4) für Insigne, 107. Bernardeschi für Chiesa – 61. Morata (3) für Ferran Torres, 70. Gerard (3,5) für Oyarzabal, 70. Rodrigo (3) für Koke, 85. M. Llorente (3) für Azpilicueta, 106. Thiago für Busquets, 109. Pau für Garcia

TORE: 1:0 Chiesa (60.), 1:1 Morata (80.)

ELFMETERSCHIESSEN: Locatelli scheitert an Unai Simon, Dani Olmo verschießt, 1:0 Belotti, 1:1 Gerard, 2:1 Bonucci, 2:2 Thiago, 3:2 Bernardeschi, Morata scheitert an Donnarumma, 4:2 Jorginho

GELBE KARTEN: Rafael Toloi, Bonucci – Busquets

SCHIEDSRICHTER: Dr. Brych (München)

ZUSCHAUER: 57 811

forderte die Azzurri regelmäßig, sodass die Führung durch Federico Chiesa auch etwas glücklich wirkte. Der Sieg im Elfmeterschießen später sowieso. Torschüsse, Ballbesitz, Zweikampf- und Passquote, Ecken – alles sprach für die unterlegenen Spanier. »Gott ist Italiener!«, meinte die Zeitung »Corriere dello Sport« gar. Für den angesprochenen Chiesa war es ein besonderes Tor: Schon im Achtelfinale gegen Österreich hatte er getroffen, ebenfalls in Wembley. Sein Vater Enrico wiederum hatte 1996 – wieder in England, nämlich in Anfield – auch schon ein EM-Tor erzielt.

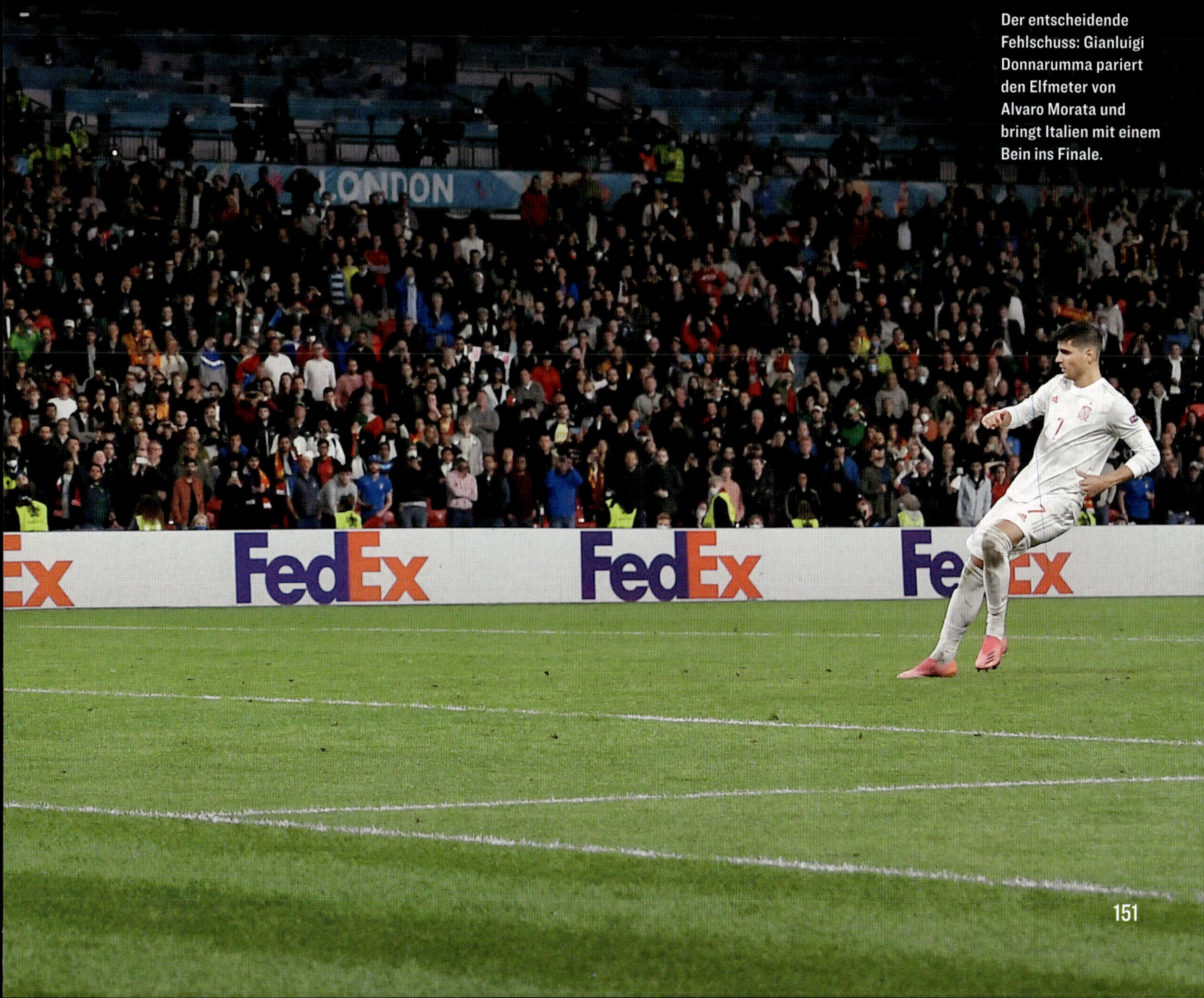

Der entscheidende Fehlschuss: Gianluigi Donnarumma pariert den Elfmeter von Alvaro Morata und bringt Italien mit einem Bein ins Finale.

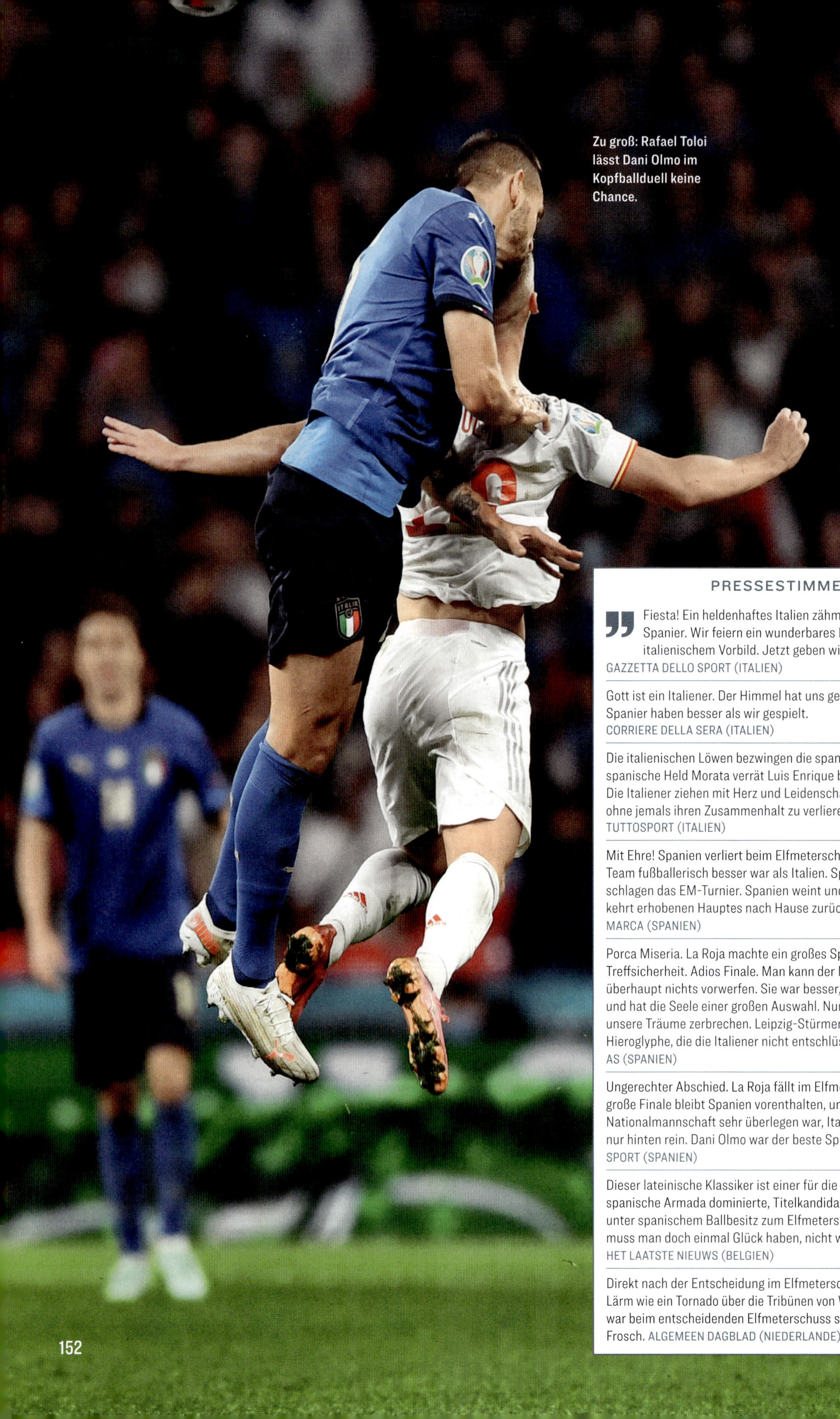

Zu groß: Rafael Toloi lässt Dani Olmo im Kopfballduell keine Chance.

PRESSESTIMMEN

„Fiesta! Ein heldenhaftes Italien zähmt nach viel Leid die Spanier. Wir feiern ein wunderbares Meisterwerk nach italienischem Vorbild. Jetzt geben wir nicht mehr auf!
GAZZETTA DELLO SPORT (ITALIEN)

Gott ist ein Italiener. Der Himmel hat uns geholfen, denn die Spanier haben besser als wir gespielt.
CORRIERE DELLA SERA (ITALIEN)

Die italienischen Löwen bezwingen die spanischen Stiere. Der spanische Held Morata verrät Luis Enrique bei den Elfmetern. Die Italiener ziehen mit Herz und Leidenschaft ins Finale ein, ohne jemals ihren Zusammenhalt zu verlieren.
TUTTOSPORT (ITALIEN)

Mit Ehre! Spanien verliert beim Elfmeterschießen, obwohl das Team fußballerisch besser war als Italien. Spanien verlässt ungeschlagen das EM-Turnier. Spanien weint und zeigt Größe. La Roja kehrt erhobenen Hauptes nach Hause zurück.
MARCA (SPANIEN)

Porca Miseria. La Roja machte ein großes Spiel, aber es fehlte die Treffsicherheit. Adios Finale. Man kann der Nationalmannschaft überhaupt nichts vorwerfen. Sie war besser, sie zeigte Charakter und hat die Seele einer großen Auswahl. Nur die Elfmeter ließen unsere Träume zerbrechen. Leipzig-Stürmer Dani Olmo war eine Hieroglyphe, die die Italiener nicht entschlüsseln konnten.
AS (SPANIEN)

Ungerechter Abschied. La Roja fällt im Elfmeterschießen. Das große Finale bleibt Spanien vorenthalten, und das, obwohl die Nationalmannschaft sehr überlegen war, Italien stellte sich nur hinten rein. Dani Olmo war der beste Spieler auf dem Platz.
SPORT (SPANIEN)

Dieser lateinische Klassiker ist einer für die EM-Geschichte. Die spanische Armada dominierte, Titelkandidat Italien winselte sich unter spanischem Ballbesitz zum Elfmeterschießen. Im Leben muss man doch einmal Glück haben, nicht wahr, Azzurri?
HET LAATSTE NIEUWS (BELGIEN)

Direkt nach der Entscheidung im Elfmeterschießen fegte der Lärm wie ein Tornado über die Tribünen von Wembley. Jorginho war beim entscheidenden Elfmeterschuss so kalt wie ein Frosch. ALGEMEEN DAGBLAD (NIEDERLANDE)“

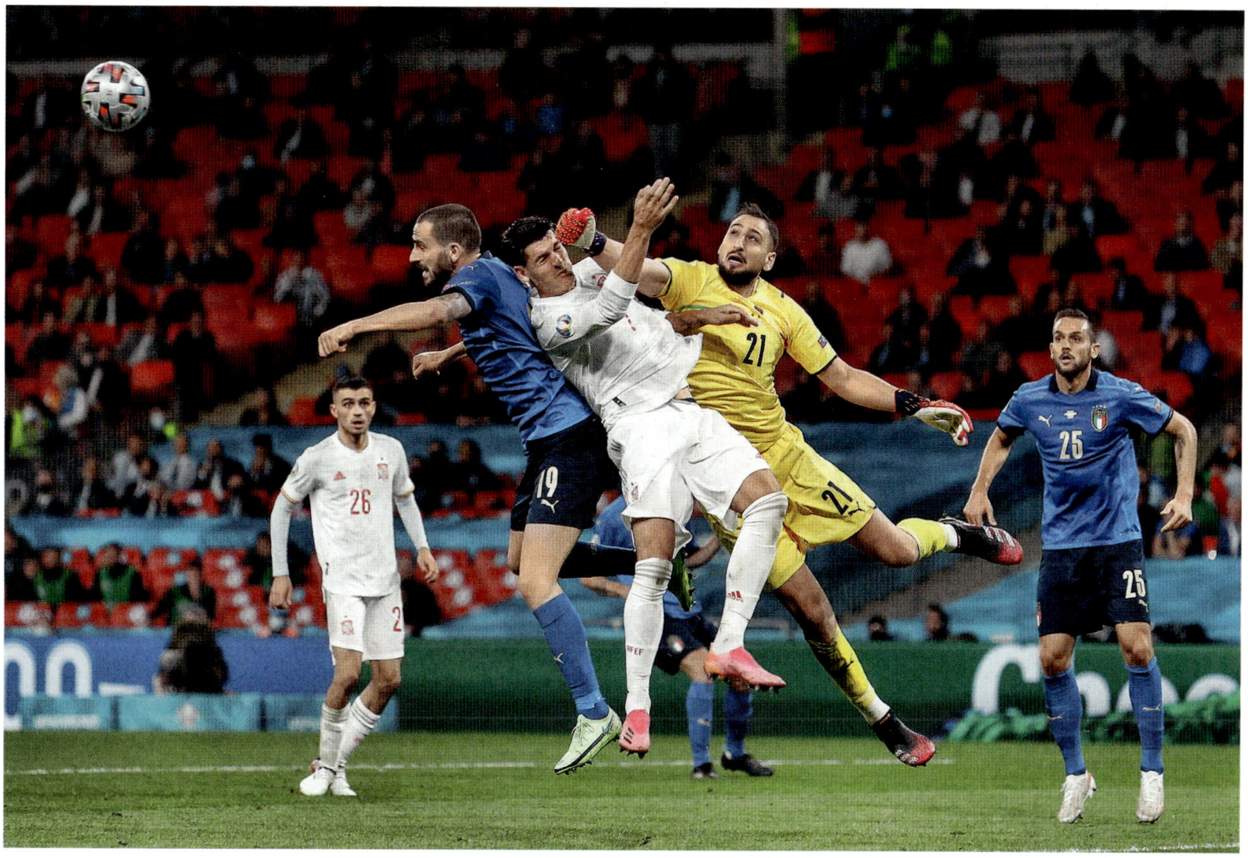

Faustrecht: Gianluigi Donnarumma fegt resolut seinen Strafraum leer.

Die Familiengeschichte wurde also immer runder. »Das war ohne Zweifel die schönste Nacht meiner Karriere«, schwärmte Chiesa junior, »ein unglaublicher Traum.«
Dabei hatte sein Trainer schon nach einer halben Stunde Ersatzmann Domenico Berardi zum Warmlaufen geschickt. Denn weder Chiesa noch dessen Offensivkollegen war es gelungen, gegen die ballsicheren Spanier zur Entfaltung zu kommen. »Es war ein hartes Spiel, sie haben uns in Schwierigkeiten gebracht und wir haben gelitten«, sagte Coach Roberto Mancini. »Kompliment an Spanien.« Warum es für sein Team dennoch gut ausging? Dabei spielte die Erfahrung eine Rolle. Das unzerstörbare Abwehrduo Giorgio Chiellini (36) und Leonardo Bonucci (34) bewies einmal mehr seinen riesigen Wert. Wie Chiellini vor der Seitenwahl fürs Elfmeterschießen mit dem spanischen Kapitän Jordi Alba maximal locker feixte und ihn herzte, während jener vor Anspannung zu platzen schien, zeigte: Diesen Italienern setzt Druck wenig zu. »Wir müssen den gleichen Willen, die gleichen Opfer bringen, um das zurückzuholen, was Italien 50 Jahre lang gefehlt hat«, sagte Kollege Bonucci in Anspielung auf den bisher einzigen italienischen EM-Titel 1968.
Er berichtete davon, dass es überraschend schwierig gewesen sei, die fünf Schützen zu benennen, weil so viele Italiener hätten schießen wollen. Selbst als der erste Auserwählte, Manuel Locatelli, gescheitert war, verloren die Azzurri nicht die Nerven. Im Gegensatz zu La Roja: Leipzigs Dani Olmo, selbst erst 23 Jahre alt und bei seinem ersten großen Turnier dabei, setzte den Ball Sekunden nach Locatellis Fehlschuss übers Tor. In der regulären Spielzeit war Olmo noch spritzig und kreativ unterwegs gewesen, in dem Moment hatte er aber schlicht noch nicht die nötigen Nerven. Und so drehte die junge spanische Mannschaft nach der bitteren Niederlage auch gleich den Blick nach vorn, auf kommende Turniere wie die Weltmeisterschaft 2022: »Wir haben Anlass zu glauben«, sagte der 20 Jahre alte Verteidiger Eric Garcia, »dass das der Start von etwas ganz Großem ist.«

Italien stürmt ins Finale: Die Squadra Azzurra nach dem letzten Elfmeter von Jorginho

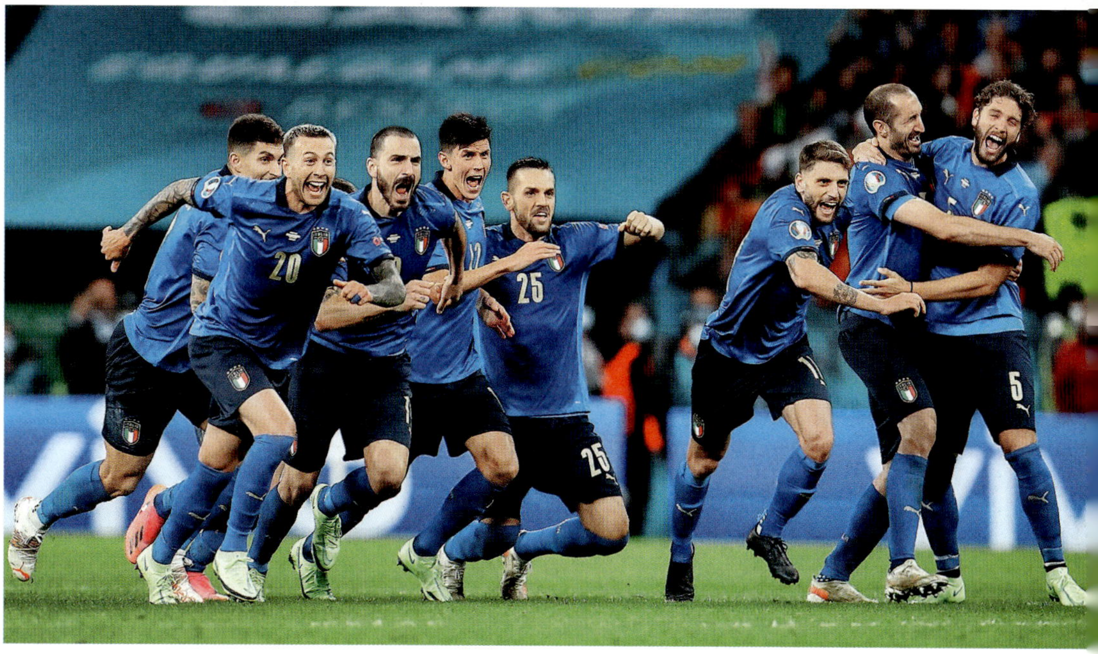

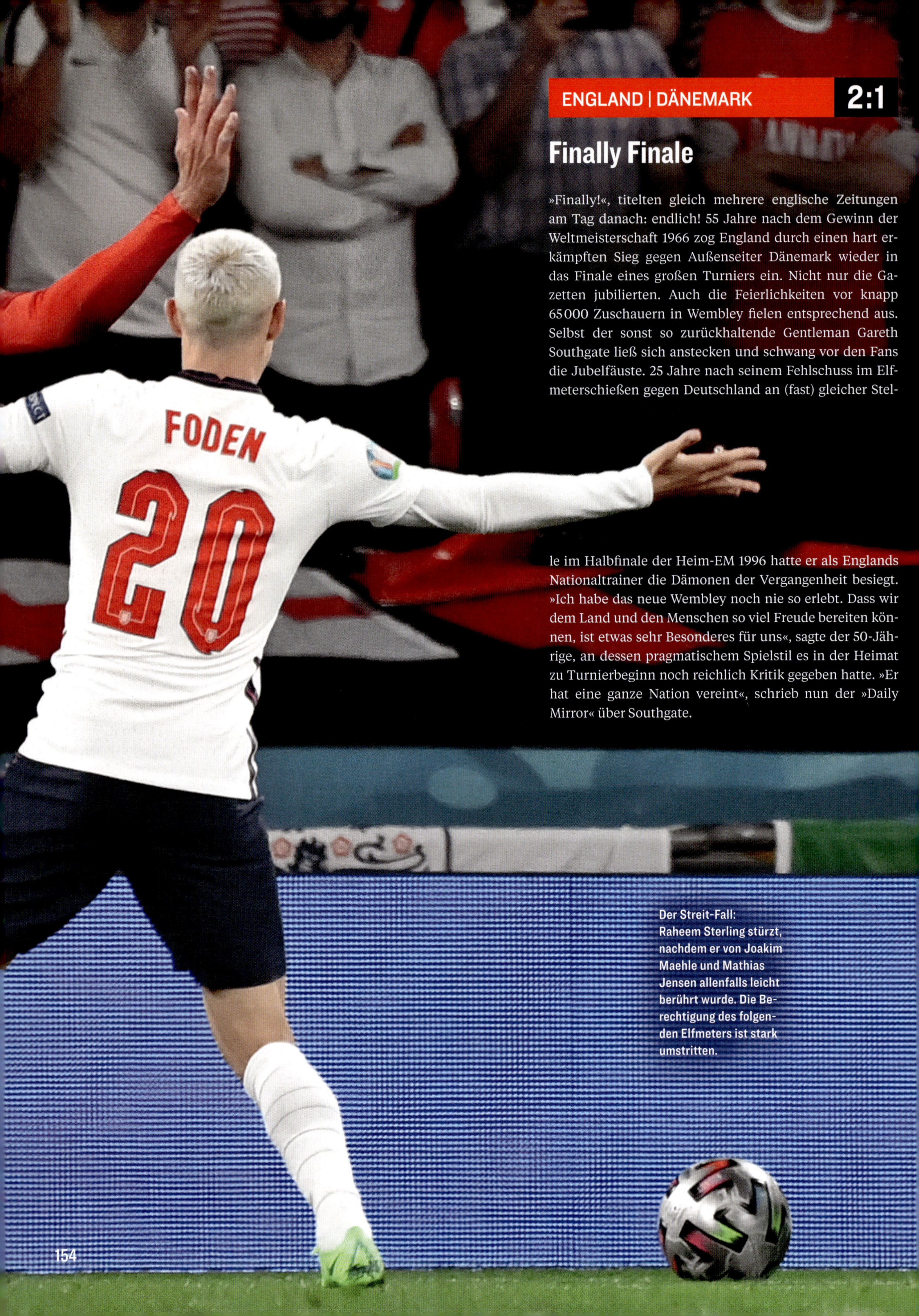

ENGLAND | DÄNEMARK **2:1**

Finally Finale

»Finally!«, titelten gleich mehrere englische Zeitungen am Tag danach: endlich! 55 Jahre nach dem Gewinn der Weltmeisterschaft 1966 zog England durch einen hart erkämpften Sieg gegen Außenseiter Dänemark wieder in das Finale eines großen Turniers ein. Nicht nur die Gazetten jubilierten. Auch die Feierlichkeiten vor knapp 65000 Zuschauern in Wembley fielen entsprechend aus. Selbst der sonst so zurückhaltende Gentleman Gareth Southgate ließ sich anstecken und schwang vor den Fans die Jubelfäuste. 25 Jahre nach seinem Fehlschuss im Elfmeterschießen gegen Deutschland an (fast) gleicher Stelle im Halbfinale der Heim-EM 1996 hatte er als Englands Nationaltrainer die Dämonen der Vergangenheit besiegt. »Ich habe das neue Wembley noch nie so erlebt. Dass wir dem Land und den Menschen so viel Freude bereiten können, ist etwas sehr Besonderes für uns«, sagte der 50-Jährige, an dessen pragmatischem Spielstil es in der Heimat zu Turnierbeginn noch reichlich Kritik gegeben hatte. »Er hat eine ganze Nation vereint«, schrieb nun der »Daily Mirror« über Southgate.

Der Streit-Fall: Raheem Sterling stürzt, nachdem er von Joakim Maehle und Mathias Jensen allenfalls leicht berührt wurde. Die Berechtigung des folgenden Elfmeters ist stark umstritten.

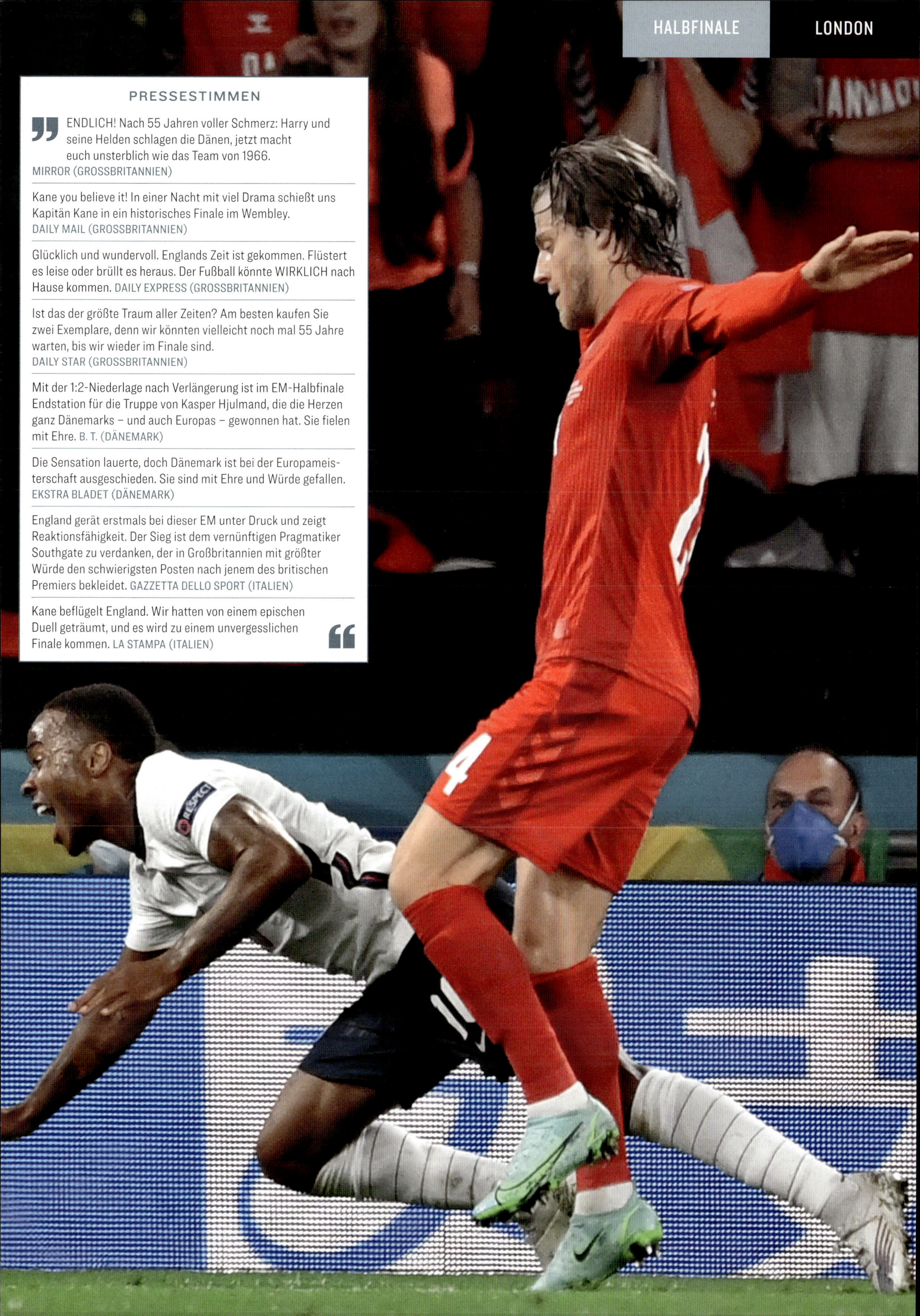

PRESSESTIMMEN

ENDLICH! Nach 55 Jahren voller Schmerz: Harry und seine Helden schlagen die Dänen, jetzt macht euch unsterblich wie das Team von 1966.
MIRROR (GROSSBRITANNIEN)

Kane you believe it! In einer Nacht mit viel Drama schießt uns Kapitän Kane in ein historisches Finale im Wembley.
DAILY MAIL (GROSSBRITANNIEN)

Glücklich und wundervoll. Englands Zeit ist gekommen. Flüstert es leise oder brüllt es heraus. Der Fußball könnte WIRKLICH nach Hause kommen. DAILY EXPRESS (GROSSBRITANNIEN)

Ist das der größte Traum aller Zeiten? Am besten kaufen Sie zwei Exemplare, denn wir könnten vielleicht noch mal 55 Jahre warten, bis wir wieder im Finale sind.
DAILY STAR (GROSSBRITANNIEN)

Mit der 1:2-Niederlage nach Verlängerung ist im EM-Halbfinale Endstation für die Truppe von Kasper Hjulmand, die die Herzen ganz Dänemarks – und auch Europas – gewonnen hat. Sie fielen mit Ehre. B. T. (DÄNEMARK)

Die Sensation lauerte, doch Dänemark ist bei der Europameisterschaft ausgeschieden. Sie sind mit Ehre und Würde gefallen.
EKSTRA BLADET (DÄNEMARK)

England gerät erstmals bei dieser EM unter Druck und zeigt Reaktionsfähigkeit. Der Sieg ist dem vernünftigen Pragmatiker Southgate zu verdanken, der in Großbritannien mit größter Würde den schwierigsten Posten nach jenem des britischen Premiers bekleidet. GAZZETTA DELLO SPORT (ITALIEN)

Kane beflügelt England. Wir hatten von einem epischen Duell geträumt, und es wird zu einem unvergesslichen Finale kommen. LA STAMPA (ITALIEN)

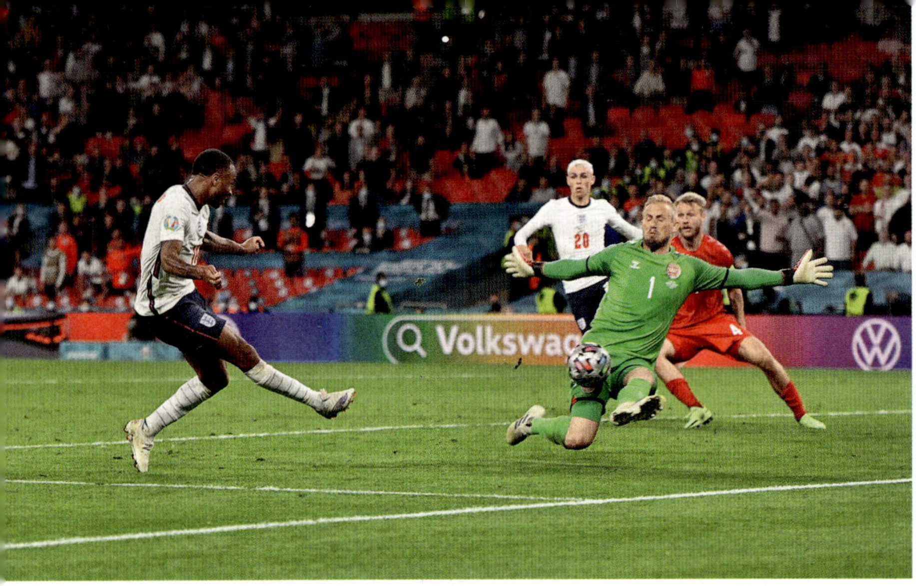

So schnell ändern sich die Zeiten. Dass sich in die englischen Jubelstürme und »Sweet Caroline«-Gesänge einer magischen Nacht ein fader Beigeschmack mischte, lag an der Szene, die in der Verlängerung zum Siegtreffer durch Harry Kane führte: Der nimmermüde Wirbelwind Raheem Sterling, der die dänischen Verteidiger immer wieder vor große Probleme stellte, zog von rechts in den Strafraum hinein und kam im Duell mit Joakim Maehle und dem kurz zuvor eingewechselten Mathias Jensen nach leichter Berührung zu Fall. Der niederländische Schiedsrichter Danny Makkelie pfiff Elfmeter. Eine sehr harte Entscheidung. »Ich habe keinen Elfmeter gesehen«, kritisierte nicht nur der dänische Nationaltrainer Kasper Hjulmand den Pfiff. »In einem solchen Spiel so zu verlieren ist ein-

Immer wieder Schmeichel: der herausragende dänische Torhüter bei einer seiner zahlreichen Rettungstaten, diesmal gegen Raheem Sterling

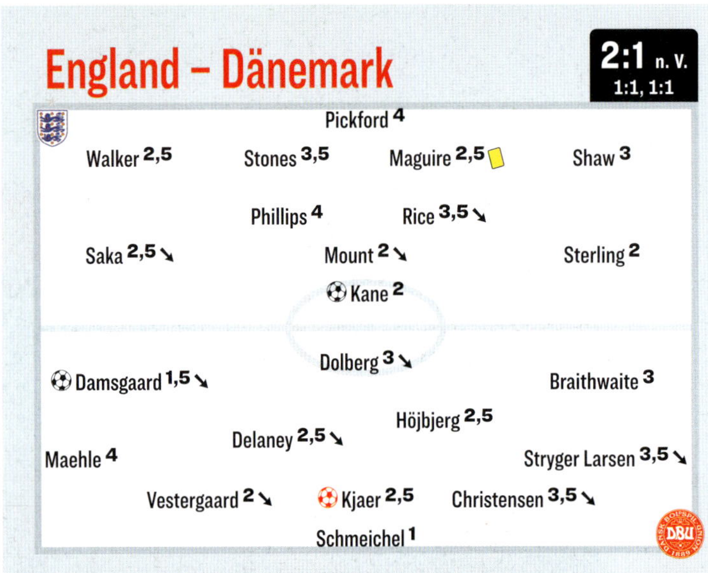

7. Juli in London

ENGLAND – DÄNEMARK 2:1 n. V. (1:1, 1:1)

EINGEWECHSELT: 69. Grealish (3) für Saka, 95. Henderson für Rice, 95. Foden für Mount, 106. Trippier für Grealish – 67. Wass (3,5) für Stryger Larsen, 67. Poulsen (5) für Damsgaard, 67. Nörgaard (4,5) für Dolberg, 79. Andersen (3,5) für Christensen, 88. Jensen (4) für Delaney, 105./+1 Wind für Vestergaard

TORE: 0:1 Damsgaard (30.), 1:1 Kjaer (39., ET), 2:1 Kane (104.)

GELBE KARTEN: Maguire – Wass

BES. VORK.: Schmeichel hält FE von Kane (104.)

SCHIEDSRICHTER: Makkelie (Niederlande)

ZUSCHAUER: 64 950

Finale erreicht: ein höchst emotionaler Gareth Southgate

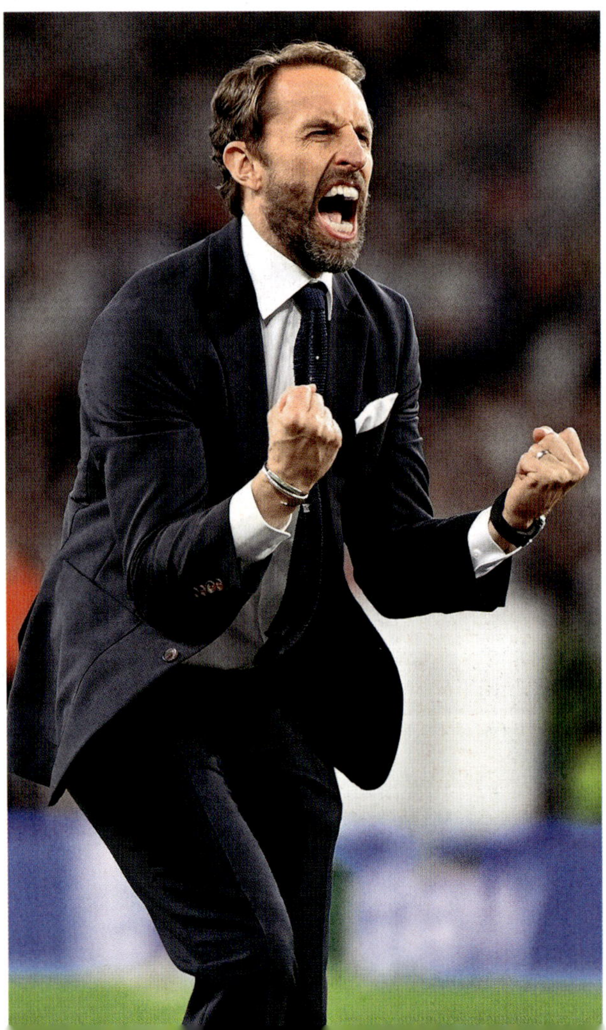

fach bitter. Es fühlt sich nicht gerecht an.« Dass in der unmittelbaren Entstehung des Strafstoßes ein zweiter Ball auf dem Spielfeld lag und Torhüter Kasper Schmeichel bei der Ausführung auch noch von einem Laser-Pointer geblendet wurde, machte den Frust bei den Dänen nicht kleiner.

Weil Jensen sich verletzte, alle sechs Wechsel aber schon aufgebraucht waren, mussten sie in der zweiten Hälfte der Verlängerung auch noch in Unterzahl agieren. Maßlos enttäuscht standen die Spieler inmitten der Feierlichkeiten auf dem Rasen. Es war das Ende einer fantastischen Reise, die für die dänische Mannschaft mit dem Kollaps von Christian Eriksen so schlimm begonnen hatte und auf der sie in Europa zahlreiche Sympathien eroberten. »Sie gaben alles, aber es gab nichts mehr zu geben«, schrieb »Jyllands Posten« über das »heroische« Team, dem am Ende die Kraft ausging.

Daran, dass der Sieg der Engländer verdient war, gab es trotz der strittigen Elfmeterszene kaum Zweifel – nicht nur wegen der Torschuss-Statistik von 20:6. Durch den ersten Gegentreffer der EM in Form des tollen Freistoßes von Turnier-Entdeckung Mikkel Damsgaard waren die Three Lions erstmals unter Druck geraten. Mit 725 Minuten in Folge ohne Gegentor knackte Torhüter Jordan Pickford, der nicht den sichersten Eindruck machte, den englischen Uralt-Rekord des legendären Gordon Banks aus dem Jahre 1966

Der zweite Versuch sitzt: Harry Kane verwandelt seinen Strafstoß im Nachschuss.

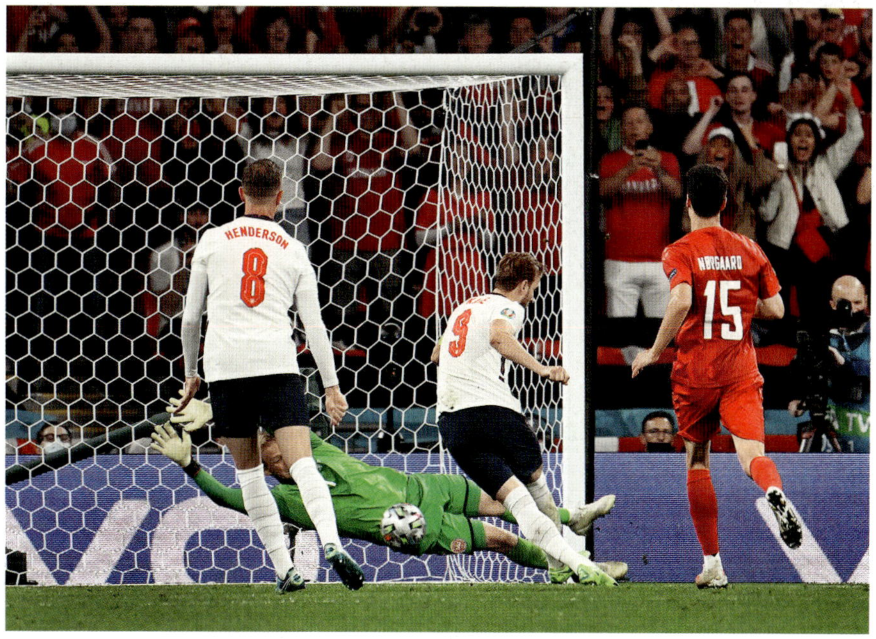

(720 Minuten) gerade so. »Wir haben den Spielern gesagt, dass wir Widerstandsfähigkeit zeigen und nach Rückschlägen zurückkommen werden müssen«, berichtete Southgate hinterher. »Und das haben wir heute gemacht.«

In der Tat bewies sein Team Reaktionsfähigkeit. In der Folge stand vermehrt Pickfords Gegenüber im Fokus: Einzig die zahlreichen Paraden des famosen Schmeichel hielten die Dänen im Spiel, als die Engländer beim Stand von 1:1 spätestens ab der 70. Minute immensen Druck aufbauten und die aus dem letzten Loch pfeifenden Dänen komplett am eigenen Strafraum einschnürten. Der Außenseiter, bei dem nach vorne nichts mehr ging, versuchte nur noch, sich mit letzter Kraft irgendwie ins Elfmeterschießen zu retten. Ein Tor hatte längst in der Luft gelegen. Die Art und Weise, wie es schließlich fiel, war für die Dänen dennoch bitter. Selbst den Elfmeter von Kane parierte Schmeichel noch, ehe er gegen den Nachschuss machtlos war. Dass der Ball dem englischen Kapitän wieder vor die Füße fiel, passte zum Matchglück, das an diesem Tag aufseiten der Gastgeber war. So schaffte es Schmeichel trotz einer überragenden Leistung nicht, in die Fußstapfen seines Vaters Peter zu treten, der mit Dänemark 1992 Europameister geworden war. England träumte in einem ekstatischen Wembley indes vom ersten EM-Titel. Sollte der Fußball wirklich, wie so oft besungen, nach Hause kommen? »Es gibt noch eine große Hürde, die es zu überwinden gilt«, betonte Southgate. Das Endspiel gegen Italien – erneut in Wembley. Nicht nur der »Mirror« forderte: »Macht euch unsterblich wie das Team von 1966.«

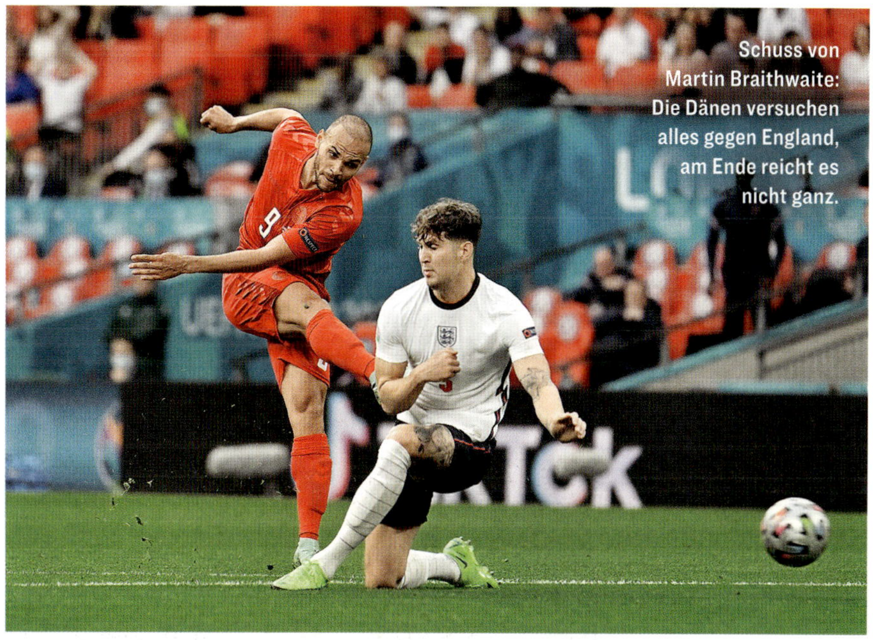

Schuss von Martin Braithwaite: Die Dänen versuchen alles gegen England, am Ende reicht es nicht ganz.

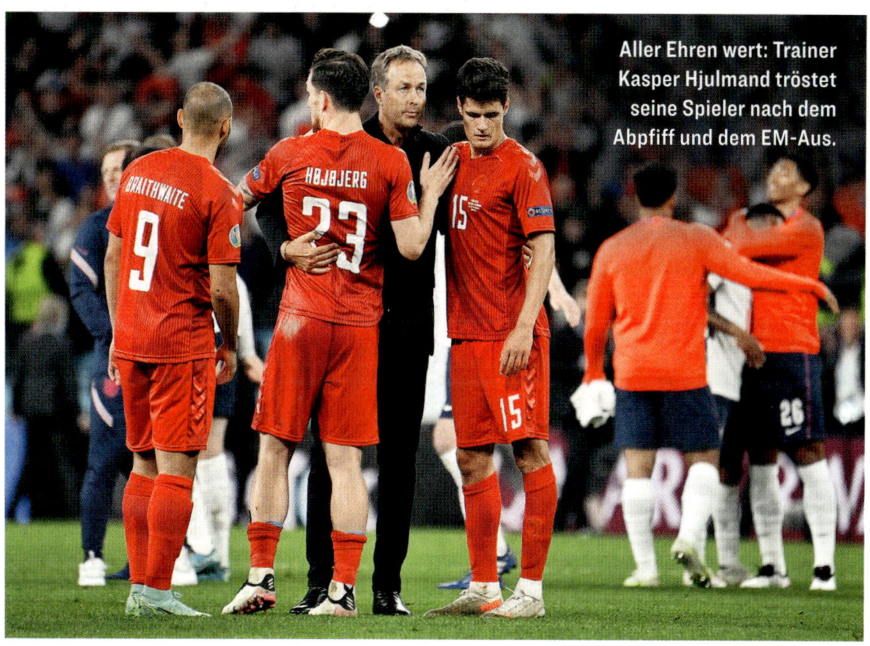

Aller Ehren wert: Trainer Kasper Hjulmand tröstet seine Spieler nach dem Abpfiff und dem EM-Aus.

STIMMEN ZUM SPIEL

» Nicht sicher, ob das ein Elfmeter war, aber wen interessiert's.

Der frühere englische Nationalspieler Michael Owen

Fußball: Es gibt nichts Vergleichbares. In der einen Minute zerreißt es dich, in der anderen schießt es dich in die Erdumlaufbahn.

Der frühere englische Nationalspieler Gary Lineker

Für mich ist das niemals ein Elfmeter. Auf diesem Niveau, einem Halbfinale bei der EM, verstehe ich die Entscheidung des Schiedsrichters nicht wirklich. (...) Ich sage es, wie ich es sehe, und ich glaube nicht, dass der Schiedsrichter gut schlafen wird.

Der portugiesische Trainer José Mourinho

Das ist kein Elfmeter. Und ich verstehe auch nicht, warum man dem Schiedsrichter nicht sagt, er solle sich das noch einmal anschauen.

FIFA-Direktor für globale Fußballförderung Arsène Wenger

Die Entscheidung war mehr als fragwürdig. Das ist bitter für die Dänen, weil sie aufopferungsvoll gekämpft haben. «

Der frühere deutsche Nationalspieler Michael Ballack

KOMMENTAR

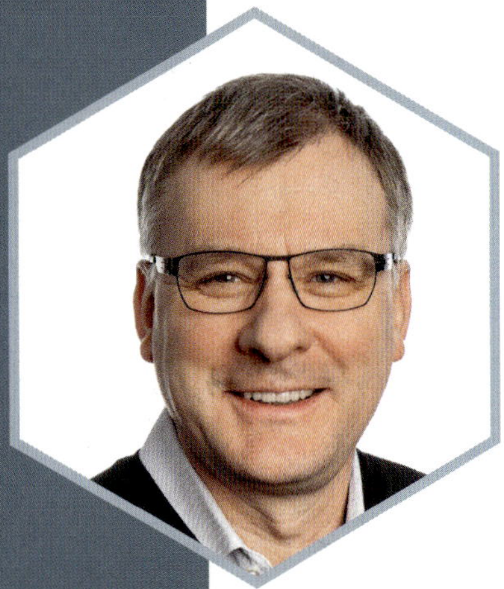

KICKER-CHEFREDAKTEUR JÖRG JAKOB:

VON LEIDEN UND SCHMERZEN

Die Antwort ist eine Gegenfrage: »Habt ihr denn schon mal gewonnen?« So pariert Dänemarks Nationaltorhüter Kasper Schmeichel vor dem Halbfinale gegen England in England lächelnd erst einmal die Frage eines offenkundig einheimischen Reporters. Der ihn darauf angesprochen hatte, dass auf der Insel nun ständig die Rede davon sei, der Fußball komme heim. Kasper kann das, er darf das. Er ist der Schlussmann von FA-Cup-Gewinner Leicester City, sein Vater eine Legende von Manchester United. Beide beherrschen das Spiel mit den (britischen) Medien. Kasper redet ja auch keinen Unsinn: »Danish Dynamite« hat 1992 gezündet und den EM-Titel gewonnen. Europameister war England noch nie ... aber dazu später mehr.

Lange 53 Jahre ist es her, dass die Italiener die Könige des Kontinents waren. Jetzt ist die erneute Krönung nur noch einen Sieg entfernt. Der 4:2-Erfolg im Elfmeterschießen gegen Spanien befördert sie ins Endspiel. Dieser Klassiker hat große Klasse. Hohe Taktik-Schule auf beiden Seiten, die spanischen Ballbesitzmonster und das neue Pressing-Wunder egalisieren sich über weite Strecken. Es ist Rasenschach in ständiger Bewegung, mit spektakulären Strafraumszenen – und mit zwei wundervollen Toren. Italiens 1:0 durch Federico Chiesa ist das Produkt eines blitzsauberen Konters. Spaniens Ausgleich durch Alvaro Morata das Resultat einer herrlichen Kombination.

Dann schlägt die Angst des Schützen beim Elfmeter wieder gnadenlos zu, nach jeweils einem Fehlversuch vorentscheidend bei Morata. Für dessen schwache Ausführung bedanken sich Gianluigi Donnarumma, der hält, und Jorginho, der daraufhin den Schlusspunkt setzt. Ende, Aus für Spanien, das Land, das von 2008 bis 2012 als Weltmeister und zweimaliger Europameister das Maß aller Dinge war und diesmal, ganz ohne Mitwirkung eines aktuellen Profis von Real Madrid, höchst respektabel, wenngleich nicht im Hochglanzformat aufgetreten ist. Aber »Spanien weint mit Würde«, wie es die Sportzeitschrift »Marca« treffend formuliert, denn Trainer »Enrique bringt La Roja den Stolz zurück« (»Mundo Deportivo«). Große Erwartungen weckt zudem der erst 18-jährige Mittelfeldstratege Pedri vom FC Barcelona. Während für den unglücklichen und zuvor schon heftig kritisierten Morata zu hoffen ist, dass sein nun alleiniger Rekord als spanischer EM-Torschütze (sechs Treffer) stärker haften bleibt, als seine Fehlversuche in diesem Turnier vom Punkt.

Zurück zum Glück: »Am Ende haben wir es auf die italienische Art gewonnen: Mit dem Messer zwischen den Zähnen, mit der Fähigkeit zu verteidigen, zu leiden und wieder aufzustehen. Wir hören nicht mehr auf«, ruft die »Gazzetta dello Sport« begeistert aus. Trainer Roberto Mancini und Verteidiger Leonardo Bonucci betonen ebenso die »Leidensfähigkeit« und Opferbereitschaft, die für das Weiterkommen elementar gewesen seien. Große Worte nach einem großen Spiel. »Ein azurblaues Märchen ohne Ende« (»Gazzetta«) – mit knochentrockenem Realismus. Denn die »Squadra Azzurra« fügt die grundlegenden Elemente des Fußballs – kluge Taktik, individuelles Können, Teamgeist – bis hierhin wie keine andere zu einem erfolgreichen Ganzen zusammen. Das Zwischenergebnis kann sich sehen lassen: Zwölf Tore stehen zu Buche, das ist die Bestmarke für Italien in großen Turnieren. Als das Land Weltmeister wurde, 1934, 1982 und 2006, reichte das Dutzend jeweils zum Titel.

... zurück zu England (und Dänemark). »30 years of hurt«, »30 Jahre Schmerzen« besangen »The Lightning Seeds« zur EM 1996 mit ihrem erwartungsvoll-selbstironischen »Football's coming home« die Lage der Fußball-Nation. 25 weitere Jahre später feiert die den Einzug ins EM-Finale als gäbe es kein Morgen – und kein COVID-19. »Sweet Caroline« schallt es durchs mit über 60 000 Zuschauer gefüllte Wembley, als der bittersüße 2:1-Sieg nach Verlängerung feststeht. Daraus spricht nicht nur die schiere Begeisterung, sondern auch gewaltige Erleichterung. Es brauchte einen höchst umstrittenen Elfmeter, einen »soften«, wie man in England sagt, nach einem leichten Kontakt von Joakim Maehle mit Raheem Sterling, und den Nachschuss von Harry Kane, nach dessen von Peter Schmeichel zunächst abgewehrten Strafstoß. Referee Danny Makkelie hat ihn gegeben, der VAR ihn nicht zurückgepfiffen.

Das Weiterkommen der »Three Lions«, für die sich das paneuropäische Turnier wie eine Heim-EM anfühlt, beendet die emotionale Reise der Dänen jäh. Die Bilder danach bringen bei allem Schmerz die Kraft des Fußballs ans Licht. Wie sich Spieler, Trainer und Betreuer beider Seiten nun beglückwünschen oder aufmuntern, das ist großer Sport. »Bye, bye Denmark« – man wird Profis wie Maehle, Kasper Dolberg oder Mikkel Damsgaard wiedersehen und noch viel von ihnen hören. Damsgaard hat mit einem Freistoßtor England-Keeper Jordan Pickford nicht gut aussehen lassen, sein Teamkollege Simon Kjaer kurz vor dem einschubbereiten Sterling das elfte Eigentor des Turniers fabriziert. In dem folgenden, unaufhörlichen Ringen hat England die buchstäblich stärkere Mannschaft.

Auch die Top 11 der Halbfinalspiele dokumentiert, wie eng es in dieser Runde mit zwei Verlängerungen und einem Elfmeterschießen zugegangen ist. Die beiden Mannschaften, die ins Finale gekommen sind, stellen mit sechs Akteuren nur eine knappe absolute Mehrheit: vier Engländer und zwei Italiener. Aus Dänemark (drei) und Spanien (zwei), für die das Turnier mit den Partien Nummer 49 und 50 des EM-Endturniers beendet war, hat sich trotz des Ausscheidens insgesamt ein Quintett eine Berücksichtigung verdient. Italiens knochiger Abwehrhüne Giorgio Chiellini und Englands Angreifer Harry Kane, der seine Torgefährlichkeit wiederentdeckt hat, auch wenn er beim siegbringenden Treffer gegen Dänemark den Elfmeter erst im Nachschuss versenkte, konnten ihre Nominierungen vom Viertelfinale wiederholen.

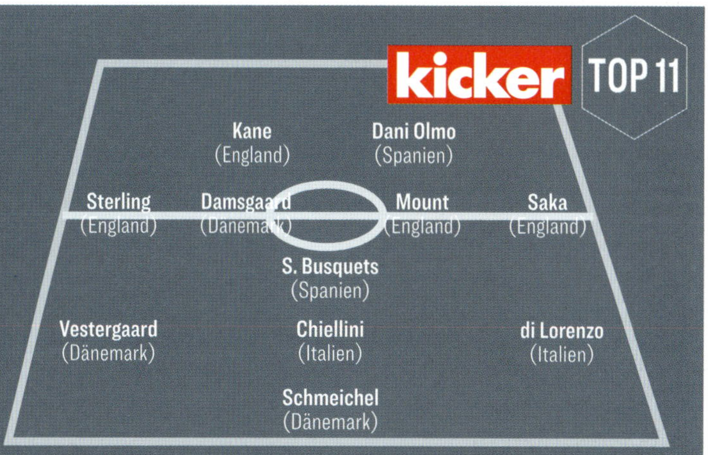

Vor 55 Jahren stand hier Gordon Banks zwischen den Pfosten. Pickford trägt wie der Weltmeister ein gelbes Jersey. Der Torhüter des FC Everton übertrifft dessen Rekord von 720 Minuten ohne Gegentor aus dem Frühsommer 1966, ehe die Kugel nach 725 Minuten und erstmals bei dieser EM hinter ihm einschlägt. Die Widerstandsfähigkeit der Abwehr um »Tower« Harry Maguire, die Ordnung im Mittelfeld mit Entdeckung Kalvin Phillips, die Dribblings von Sterling und das Durchsetzungsvermögen von Kane sprechen für den »Gastgeber«, dazu die jungen Alternativen auf der Bank, die jetzt nicht einmal in der Startelf standen: Phil Foden, Jadon Sancho, Marcus Rashford.

Nun steht Europa ein Endspiel der Pragmatiker ins Haus. Mit Italien und England haben sich die stabilsten und am besten organisierten Mannschaften durchgesetzt. Was nicht die schlechteste Voraussetzung ist für eine weitere, dann aber endgültige Entscheidung auf des Messers Schneide. Siebenmal waren bisher Verlängerungen nötig. »Wir wissen, dass es ein sehr schwieriges Spiel wird, aber wir hatten bis jetzt ein großartiges Turnier«, sagt Kapitän Kane, der Gary Linekers Rekord an Turniertoren, insgesamt zehn, eingestellt hat. »Es ist nur noch dieses eine Heimspiel, und wir können es kaum erwarten.«

Das Ende der gegentorlosen Zeit: Der Freistoß von Mikkel Damsgaard ist unterwegs und schlägt gleich im englischen Gehäuse ein.

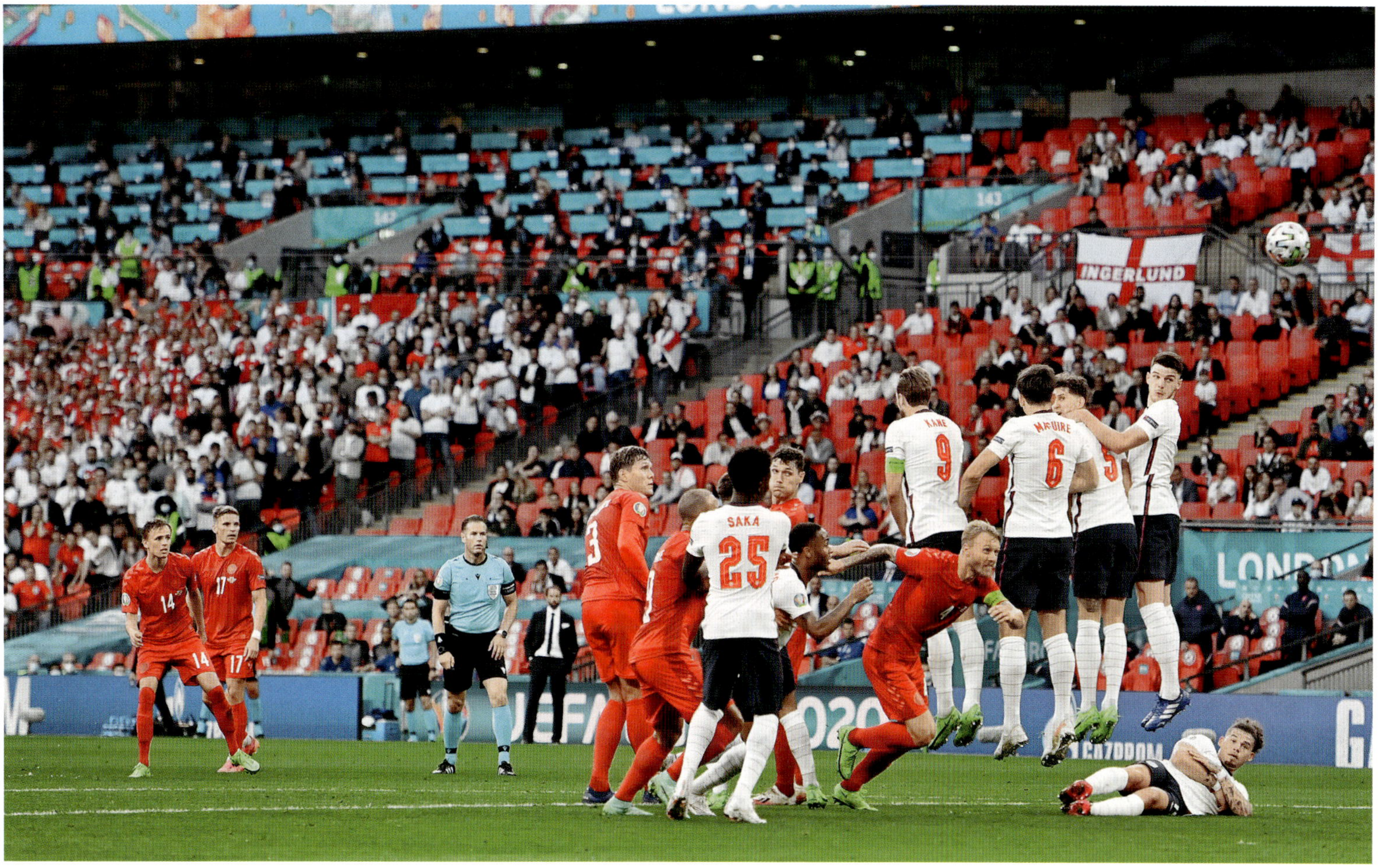

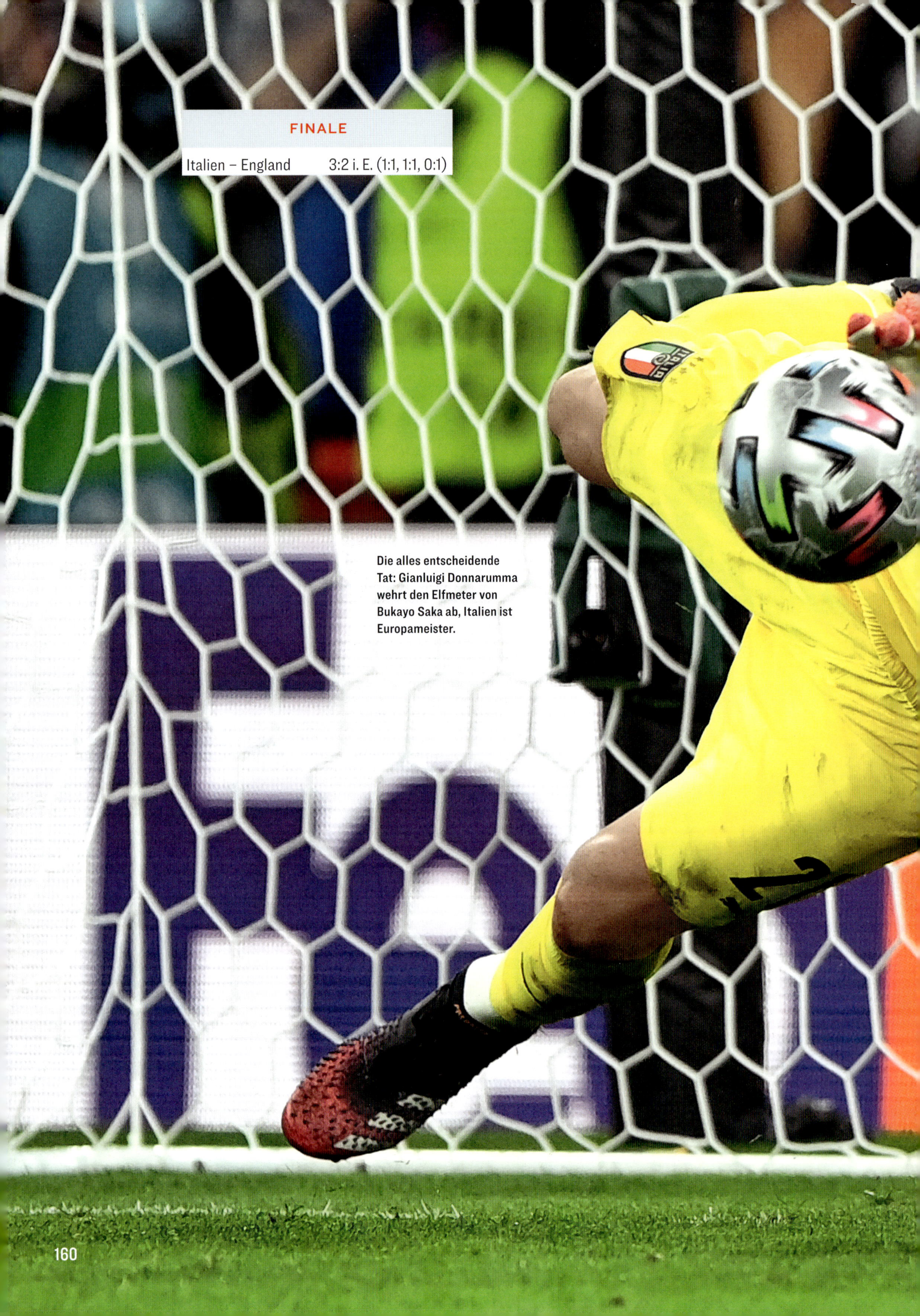

FINALE

Italien – England	3:2 i. E. (1:1, 1:1, 0:1)

Die alles entscheidende Tat: Gianluigi Donnarumma wehrt den Elfmeter von Bukayo Saka ab, Italien ist Europameister.

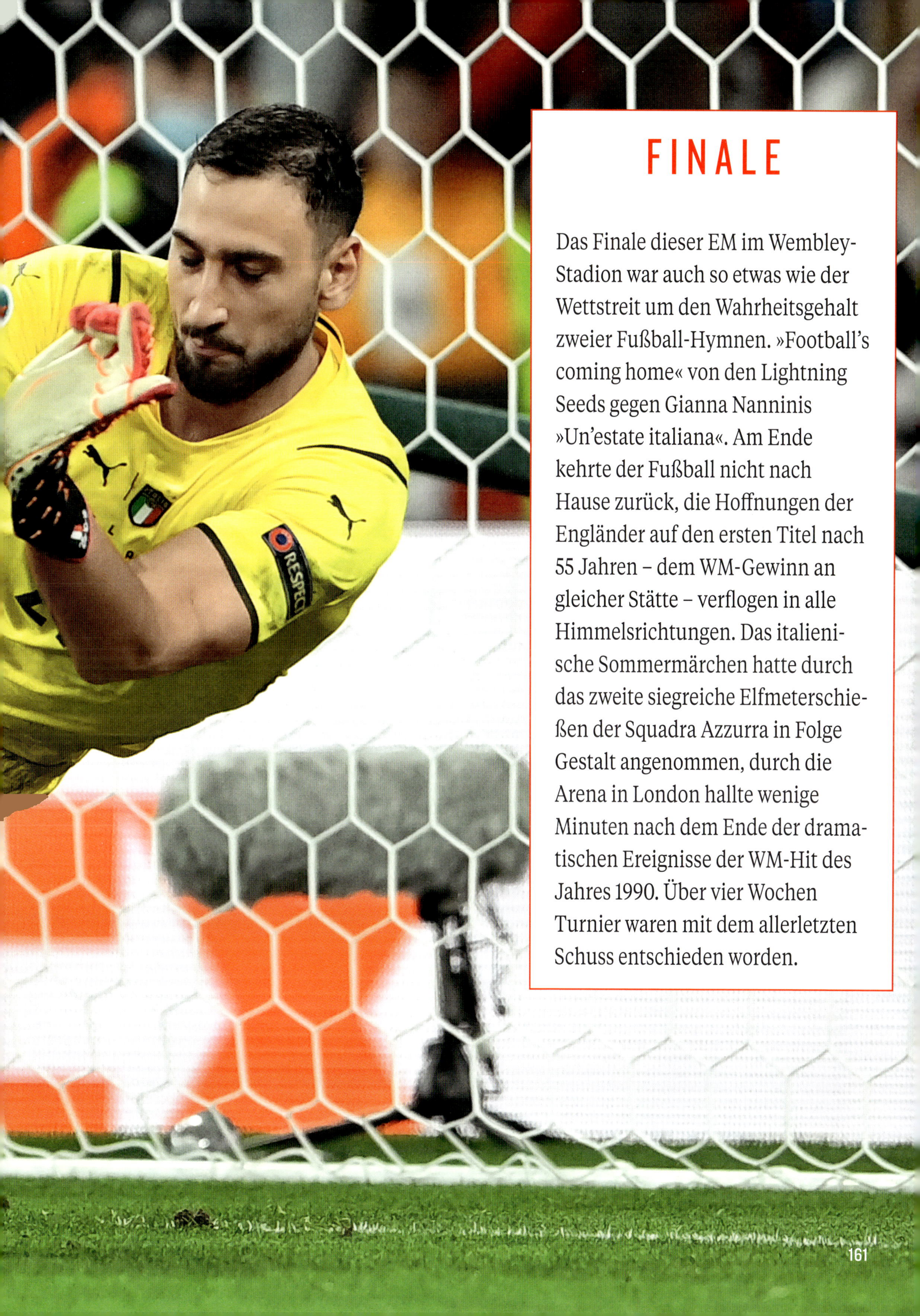

FINALE

Das Finale dieser EM im Wembley-Stadion war auch so etwas wie der Wettstreit um den Wahrheitsgehalt zweier Fußball-Hymnen. »Football's coming home« von den Lightning Seeds gegen Gianna Nanninis »Un'estate italiana«. Am Ende kehrte der Fußball nicht nach Hause zurück, die Hoffnungen der Engländer auf den ersten Titel nach 55 Jahren – dem WM-Gewinn an gleicher Stätte – verflogen in alle Himmelsrichtungen. Das italienische Sommermärchen hatte durch das zweite siegreiche Elfmeterschießen der Squadra Azzurra in Folge Gestalt angenommen, durch die Arena in London hallte wenige Minuten nach dem Ende der dramatischen Ereignisse der WM-Hit des Jahres 1990. Über vier Wochen Turnier waren mit dem allerletzten Schuss entschieden worden.

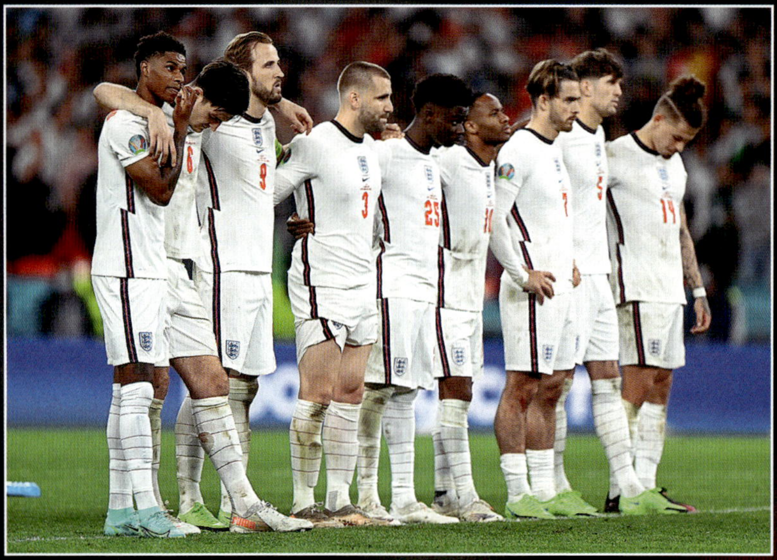

Schwindende Zuversicht: Die Engländer versuchen, ihrem Elfmeterschützen moralischen Beistand zu leisten. Dreimal vergeblich.

ITALIEN | ENGLAND **3:2**

Und immer gewinnt die Squadra Azzurra

Manchmal sind die Sachen im Fußball ziemlich einfach, denn: Wann auch immer Italien und England bei einem großen Sommerturnier, ob Welt- oder Europameisterschaft, aufeinandergetroffen sind, gab es nur einen Gewinner: die Squadra Azzurra. In der Vorrunde der EM 1980, im Spiel um Platz 3 bei der WM 1990, bei der EURO 2012 im Viertelfinale sowie in der Gruppenphase der WM 2014. Nun also fand in London beim kontinentalen Nationenwettbewerb das fünfte Duell dieser beiden Länder statt.

Im Wembley-Stadion, vor über 60 000 Zuschauern, was zu dieser Zeit zumindest fragwürdig war, gab es diesen Vergleich erstmals in einem Endspiel. Gegenüber standen sich die Mannschaft, die jedes Spiel gewonnen hat, also Italien, und das Team, das bis dahin nur ein Gegentor kassierte, England, und das war ein direkter Freistoß der Dänen im Halbfinale. Vieles von der Spielanlage der Briten erinnerte bei dieser EM an den Fußball der Franzosen bei der Weltmeisterschaft 2018 in Russland. Defensiv – wenngleich nicht in der Vierer-, sondern in der Dreier-/Fünferkette – höchst diszipliniert, lauernd auf schnelles Umschalten mit den flinken Angreifern Raheem Sterling, Mason Mount und Superstar Harry Kane. Spieler wie Jadon Sancho und Marcus Rashford saßen meist auf der Bank. Bei den Italienern hingegen waren es die höchst erfahrenen Verteidiger Leonardo Bonucci, der mit diesem Finale zu seinem 18. Einsatz kam und damit zum Rekord-Turnierspieler der Squadra Azzurra wurde (zuvor war es Gianluigi Buffon), und Giorgio Chiellini, die die Mannschaft ins Finale trugen. Bonucci (34) wurde

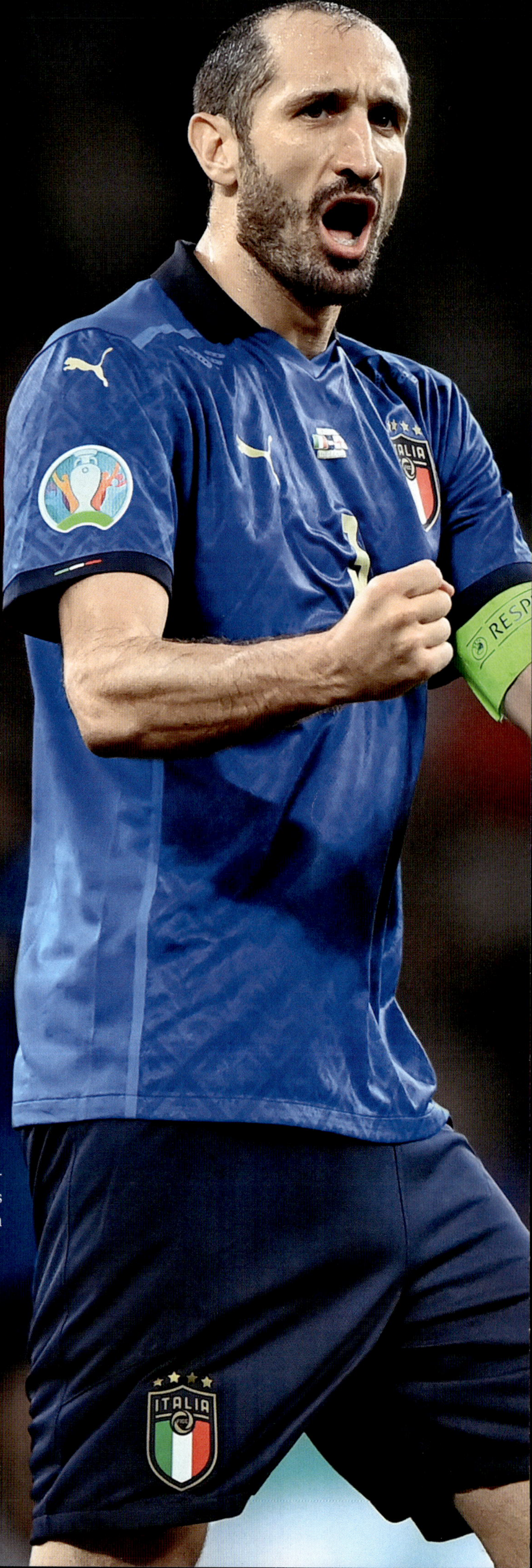

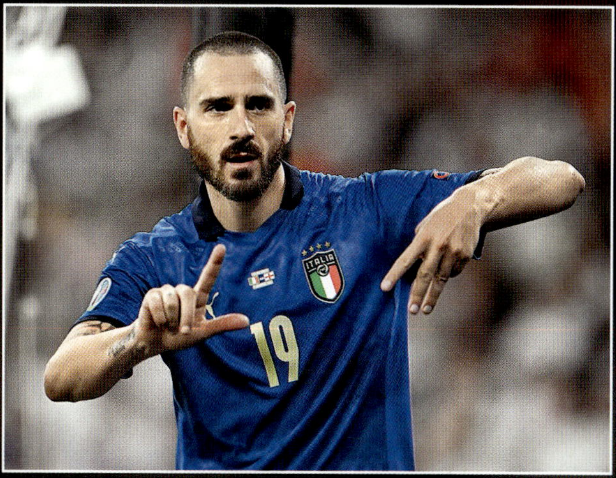

Fingerzeig: Leonardo Bonucci weist mit seinem Ausgleich Italien den Weg in die Verlängerung.

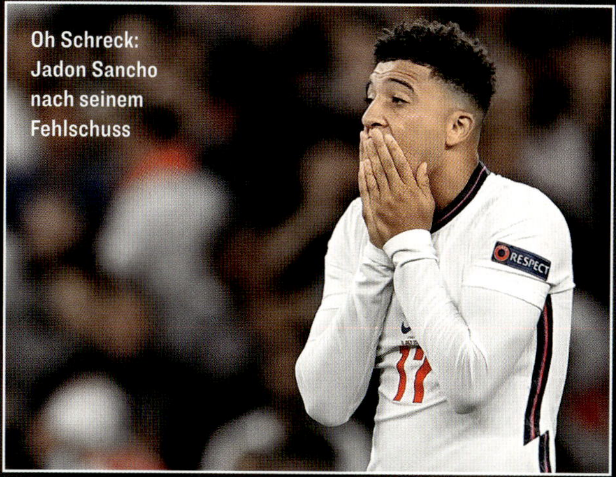

Oh Schreck: Jadon Sancho nach seinem Fehlschuss

mit seinem Ausgleich zum ältesten Spieler, der in einem EM-Endspiel ein Tor erzielte, und löste mit dieser Bestmarke Bernd Hölzenbein ab.

Die beiden Abwehrhünen gehörten bereits 2012 zum italienischen Team, unterlagen damals den Spaniern im Finale – so seltsam es klingen mag, es sollte eigentlich ein gutes Omen sein, denn noch nie hat ein Spieler bei zwei Endrunden ein Endspiel verloren. Obschon in der zweiten Minute diese Statistik ins Wanken geriet. Luke Shaw brachte die Three Lions per Dropkick schon nach 116 Sekunden in Führung, auch ein neuer Top-Wert: Noch nie hatte es in einem EM-Finale ein schnelleres Tor gegeben. Beflügelt von diesem frühen 1:0 versetzten sich Team und Publikum in einen Rausch, gerade in der ersten halben Stunde. Und Italien? Die Südeuropäer, bis zum Finalsonntag die wohl spielstärkste Nation in diesem Turnier, hatten Schwierigkeiten, ihren Offensivvortrag zu zeigen. England stand mit seiner defensiven Fünferkette zu kompakt. War diese Art Fußball zu Turnierbeginn als enttäuschend, im weiteren Verlauf der Gruppenphase als bieder oder zu verhalten bezeichnet worden, änderte sich die Einschätzung nach dem Erfolg über Deutschland im Achtelfinale. Weil genau diese geplante Zurückhaltung die höchste Qualität war.

> »Wir waren ganz unten, da brauchst du die richtigen Leute, um da wieder rauszukommen.«
>
> Leonardo Bonucci

Gegen diese Engländer leiden zu müssen, so sagte Bonucci schon vor dem Spiel, darauf sei der Weltmeister von 2006 vorbereitet: »Wir müssen den gleichen Willen, die gleichen Opfer bringen, um das zurückzuholen, was Italien 50 Jahre lang gefehlt hat.« Er meinte, egal, was passiert, nie aufzugeben.

Sein Wort in Gottes Ohr. Denn Italien baute in der zweiten Hälfte immer mehr Druck auf, fand besser in die Partie, wurde aggressiver, versammelte sich um den englischen Strafraum – und Bonucci glich in der 67. Minute aus. Und wie schon in den beiden Halbfinals, in denen sich beide Teams erst nach 120 Minuten beziehungsweise im Elfmeterschießen durchgesetzt hatten, ging es auch diesmal wieder in die Verlängerung und anschließend in die Entscheidung vom Punkt aus.

Queen Elizabeth II. durfte dem englischen Team vor 55 Jahren, bei der WM 1966, ebenfalls in Wembley, letzt-

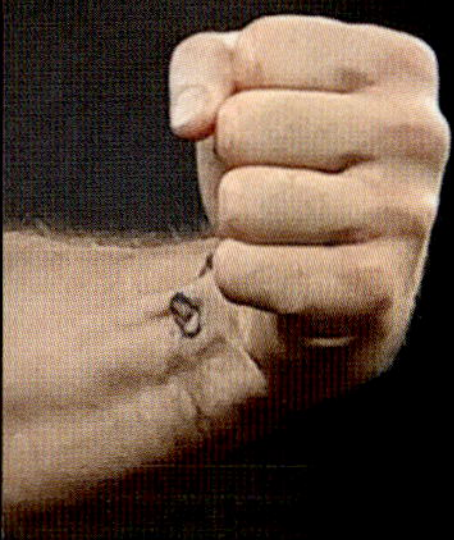

Forza Italia: Giorgio Chiellini ist eine tragende Säule des neuen Europameisters.

Italien – England

i.E. 3:2

1:1
0:1, 1:1

Donnarumma 1,5
di Lorenzo 3,5 · Bonucci 1,5 · Chiellini 2,5 · Emerson 3 ↘
Jorginho 3
Barella 4,5 ↘ · Verratti 2,5 ↘
Chiesa 2 ↘ · Insigne 2,5 ↘
Immobile 5 ↘

Kane 3
Mount 4,5 ↘ · Sterling 4,5
Shaw 2 · Rice 2 ↘ · Phillips 3,5 · Trippier 2,5 ↘
Maguire 2,5 · Stones 3 · Walker 3 ↘
Pickford 2

11. Juli in London

ITALIEN – ENGLAND 3:2 i.E. (1:1, 1:1, 0:1)

EINGEWECHSELT: 54. Cristante (3,5) für Barella, 55. Berardi (3,5) für Immobile, 86. Bernardeschi (2,5) für Chiesa, 91. Belotti (3,5) für Insigne, 96. Locatelli für Verratti, 118. Florenzi für Emerson – 70. Saka (4,5) für Trippier, 74. Henderson (4) für Rice, 99. Grealish für Mount, 120. Rashford für Henderson, 120. Sancho für Walker

TORE: 0:1 Shaw (2.), 1:1 Bonucci (67.)

ELFMETERSCHIESSEN: 1:0 Berardi, 1:1 Kane, Belotti scheitert an Pickford, 1:2 Maguire, 2:2 Bonucci, Rashford verschießt, 3:2 Bernardeschi, Sancho scheitert an Donnarumma, Jorginho scheitert an Pickford, Saka scheitert an Donnarumma

GELBE KARTEN: Barella, Bonucci, Insigne, Chiellini, Jorginho – Maguire

SCHIEDSRICHTER: Kuipers (Niederlande)

ZUSCHAUER: 67173

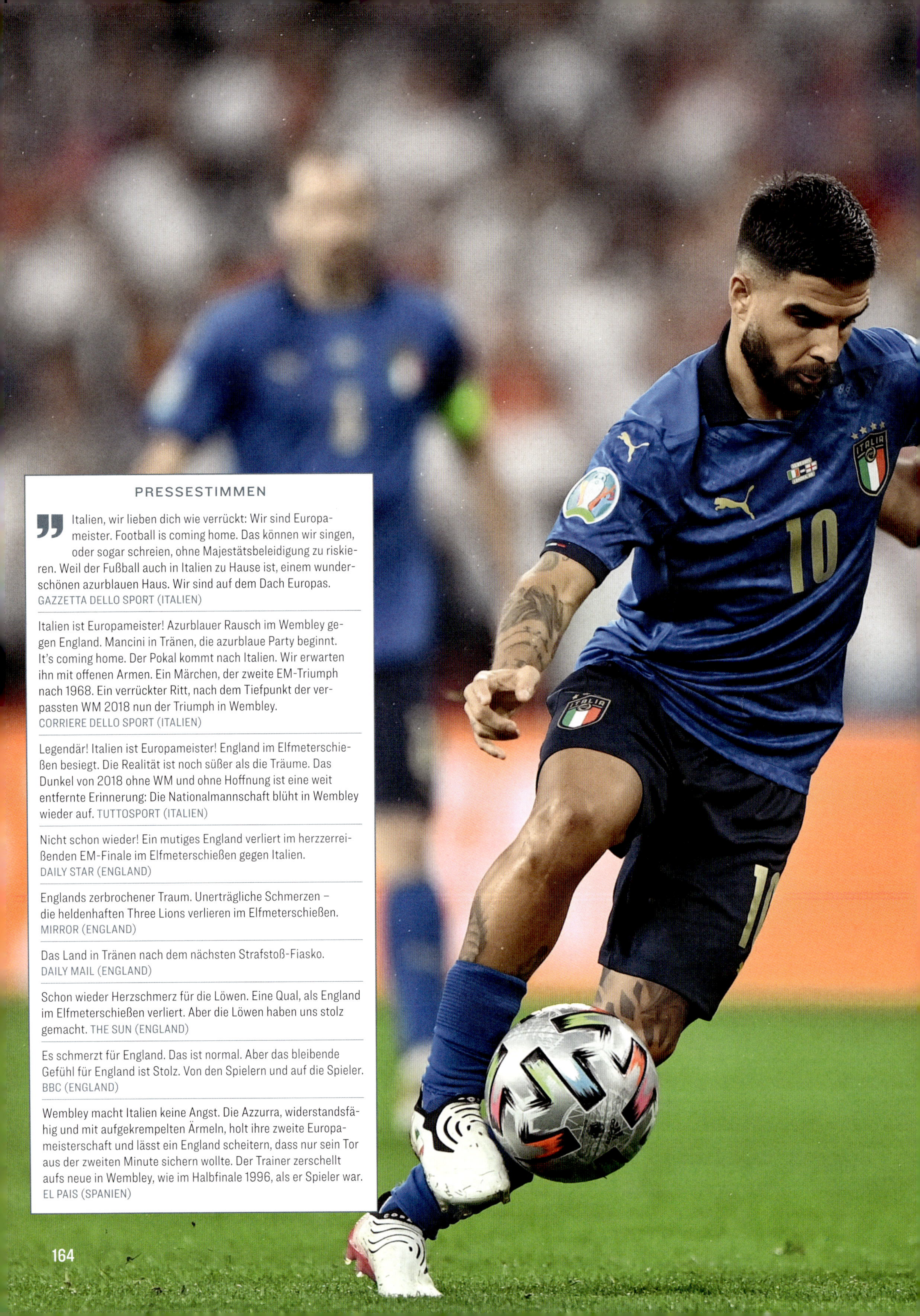

PRESSESTIMMEN

„Italien, wir lieben dich wie verrückt: Wir sind Europameister. Football is coming home. Das können wir singen, oder sogar schreien, ohne Majestätsbeleidigung zu riskieren. Weil der Fußball auch in Italien zu Hause ist, einem wunderschönen azurblauen Haus. Wir sind auf dem Dach Europas.
GAZZETTA DELLO SPORT (ITALIEN)

Italien ist Europameister! Azurblauer Rausch im Wembley gegen England. Mancini in Tränen, die azurblaue Party beginnt. It's coming home. Der Pokal kommt nach Italien. Wir erwarten ihn mit offenen Armen. Ein Märchen, der zweite EM-Triumph nach 1968. Ein verrückter Ritt, nach dem Tiefpunkt der verpassten WM 2018 nun der Triumph in Wembley.
CORRIERE DELLO SPORT (ITALIEN)

Legendär! Italien ist Europameister! England im Elfmeterschießen besiegt. Die Realität ist noch süßer als die Träume. Das Dunkel von 2018 ohne WM und ohne Hoffnung ist eine weit entfernte Erinnerung: Die Nationalmannschaft blüht in Wembley wieder auf. TUTTOSPORT (ITALIEN)

Nicht schon wieder! Ein mutiges England verliert im herzzerreißenden EM-Finale im Elfmeterschießen gegen Italien.
DAILY STAR (ENGLAND)

Englands zerbrochener Traum. Unerträgliche Schmerzen – die heldenhaften Three Lions verlieren im Elfmeterschießen.
MIRROR (ENGLAND)

Das Land in Tränen nach dem nächsten Strafstoß-Fiasko.
DAILY MAIL (ENGLAND)

Schon wieder Herzschmerz für die Löwen. Eine Qual, als England im Elfmeterschießen verliert. Aber die Löwen haben uns stolz gemacht. THE SUN (ENGLAND)

Es schmerzt für England. Das ist normal. Aber das bleibende Gefühl für England ist Stolz. Von den Spielern und auf die Spieler.
BBC (ENGLAND)

Wembley macht Italien keine Angst. Die Azzurra, widerstandsfähig und mit aufgekrempelten Ärmeln, holt ihre zweite Europameisterschaft und lässt ein England scheitern, dass nur sein Tor aus der zweiten Minute sichern wollte. Der Trainer zerschellt aufs neue in Wembley, wie im Halbfinale 1996, als er Spieler war.
EL PAIS (SPANIEN)

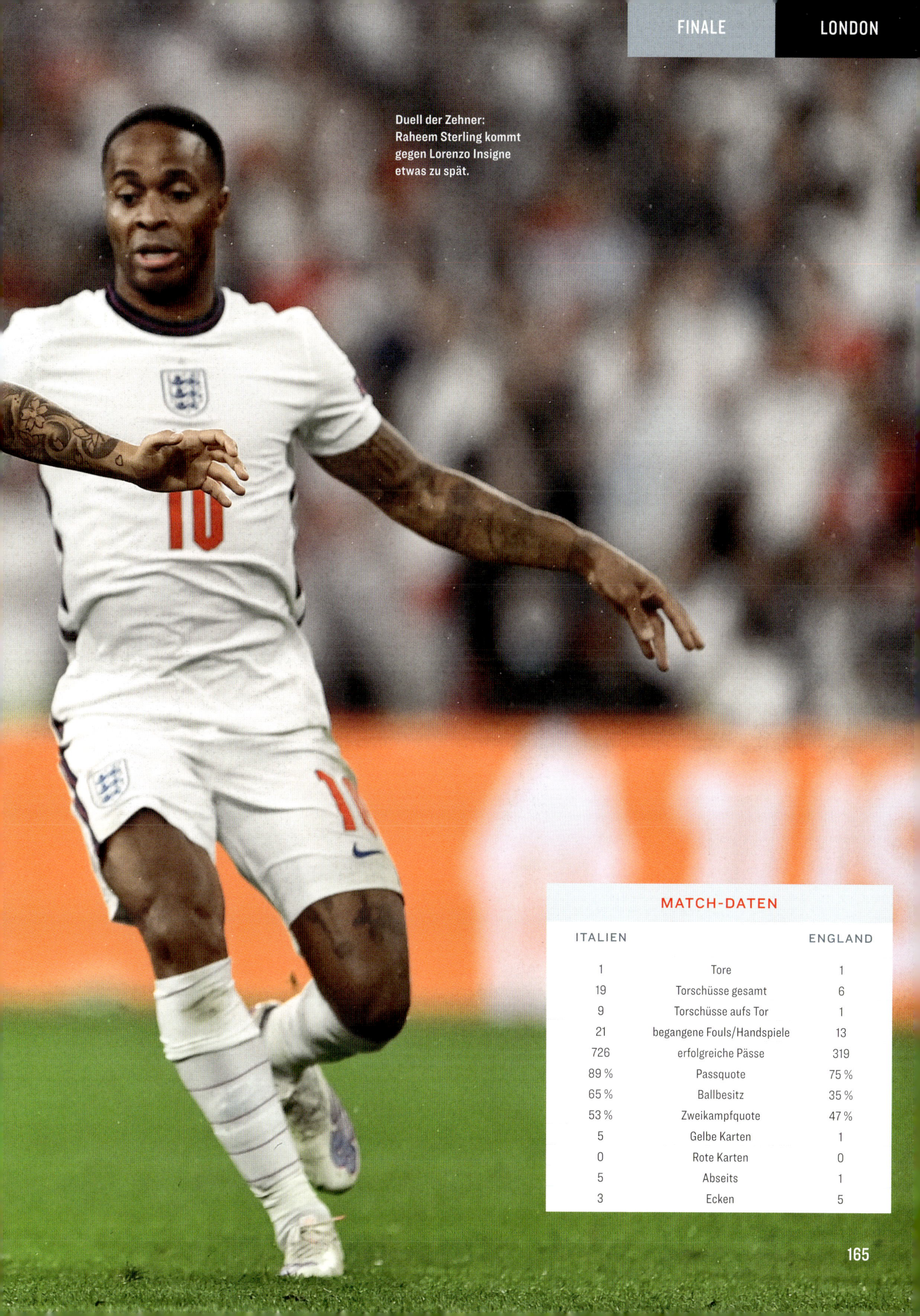

Duell der Zehner: Raheem Sterling kommt gegen Lorenzo Insigne etwas zu spät.

MATCH-DATEN

ITALIEN		ENGLAND
1	Tore	1
19	Torschüsse gesamt	6
9	Torschüsse aufs Tor	1
21	begangene Fouls/Handspiele	13
726	erfolgreiche Pässe	319
89 %	Passquote	75 %
65 %	Ballbesitz	35 %
53 %	Zweikampfquote	47 %
5	Gelbe Karten	1
0	Rote Karten	0
5	Abseits	1
3	Ecken	5

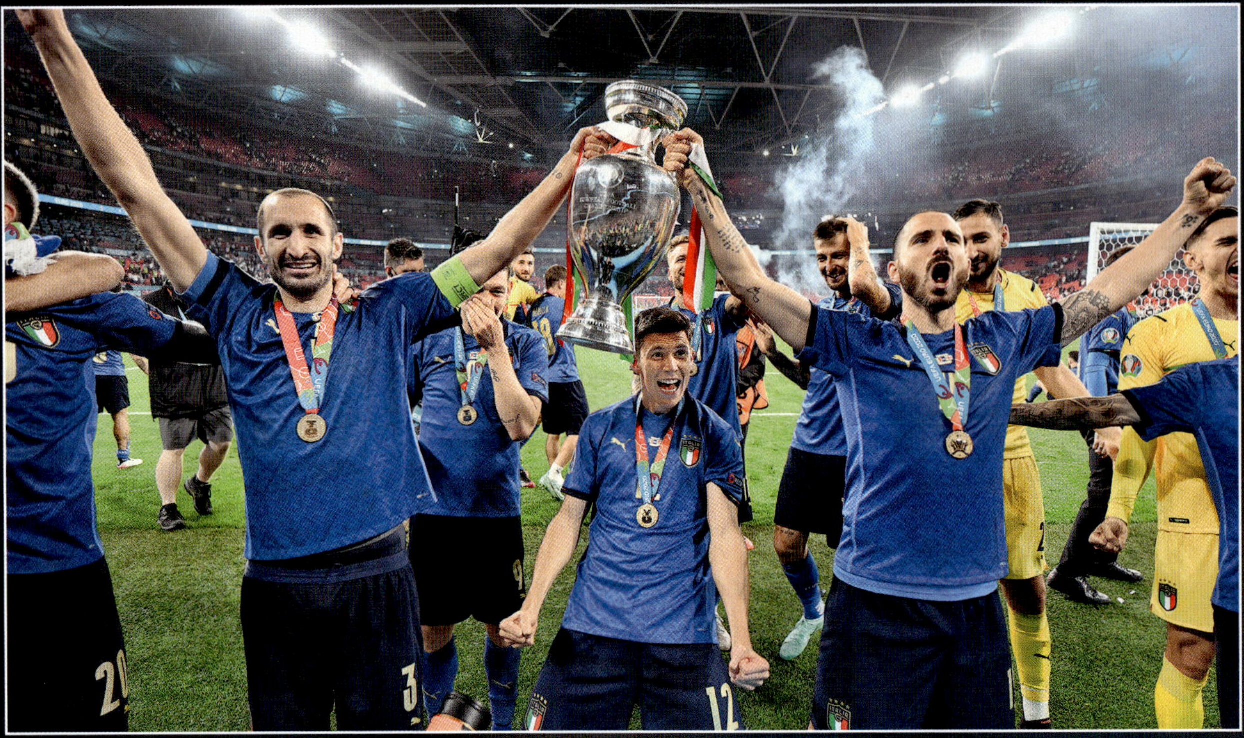

Der Pott ist uns: Die italienische Mannschaft präsentiert den Fans die EM-Trophäe.

> »Herzzerreißend. Gratulation Azzurri zu einem großartigen Sieg. England, ihr seid alle so weit gekommen, aber leider war diesmal nicht unser Tag. Ihr könnt eure Köpfe erhoben halten und so stolz auf euch sein. Ich weiß, da kommt noch mehr.«
>
> Englands Prinz William

mals einen Pokal überreichen. »Dabei habe ich gesehen, was es den Spielern, Funktionären und Betreuern bedeutete, ein internationales Fußball-Turnier zu gewinnen«, schrieb die Königin dem Team und dessen Trainer Southgate. Diesmal, so eng es auch gewesen sein mag, war das britische Staatsoberhaupt nicht im Stadion. Sie hätte es ohnehin nicht wieder tun können. Denn um 23.55 Uhr stand fest: Englands Fluch im Elfmeterschießen hält an, und Italien ist Europameister 2021. Nach 1968 zum zweiten Mal in der Geschichte.

Noch vor diesem Endspiel hatte Trainer Mancini betont: »Ich bin stolz auf das, was die Jungs geschafft haben. Das war nicht leicht. Wir haben vom ersten Tag an daran geglaubt. Aber das Finale reicht uns nicht.« Es sollte mehr sein. Der erste Turniersieg seit 2006. Und dank Keeper Gianluigi Donnarumma, der zwei der drei verschossenen Elfmeter parierte und zum besten Spieler der EM gekürt wurde, ist es gelungen. »Wir haben es wirklich geschafft«, sagt Bonucci: »Das ist wirklich unglaublich. Wenn ich daran denke, wo wir angefangen haben. Wir waren ganz unten, da brauchst du die richtigen Leute, um da wieder rauszukommen. Das ist ein großes Spektakel. Der Pokal geht mit nach Rom.« Football's coming Rome, nicht home. Sein Coach stimmt ein, sagt: »Die Jungs waren einfach wunderbar. Es ist ein wichtiger Moment für alle Fans. Wir haben es

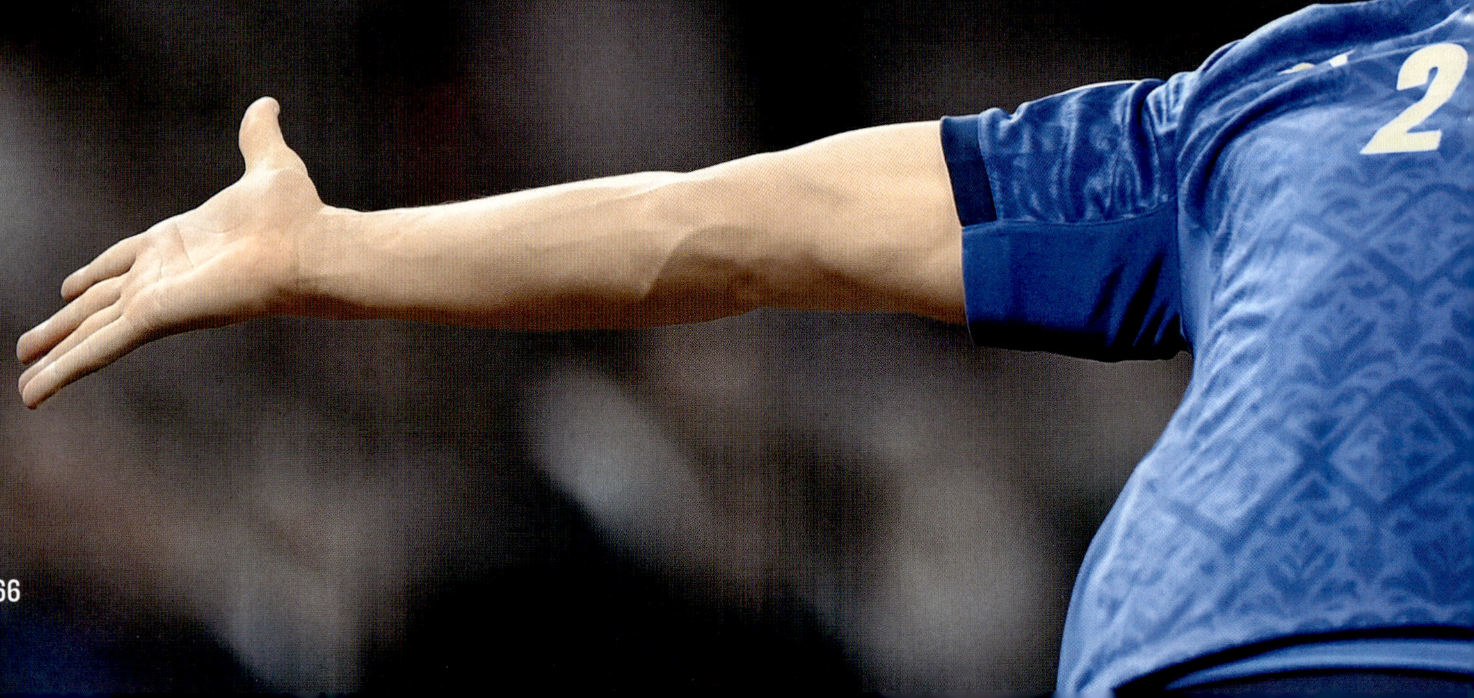

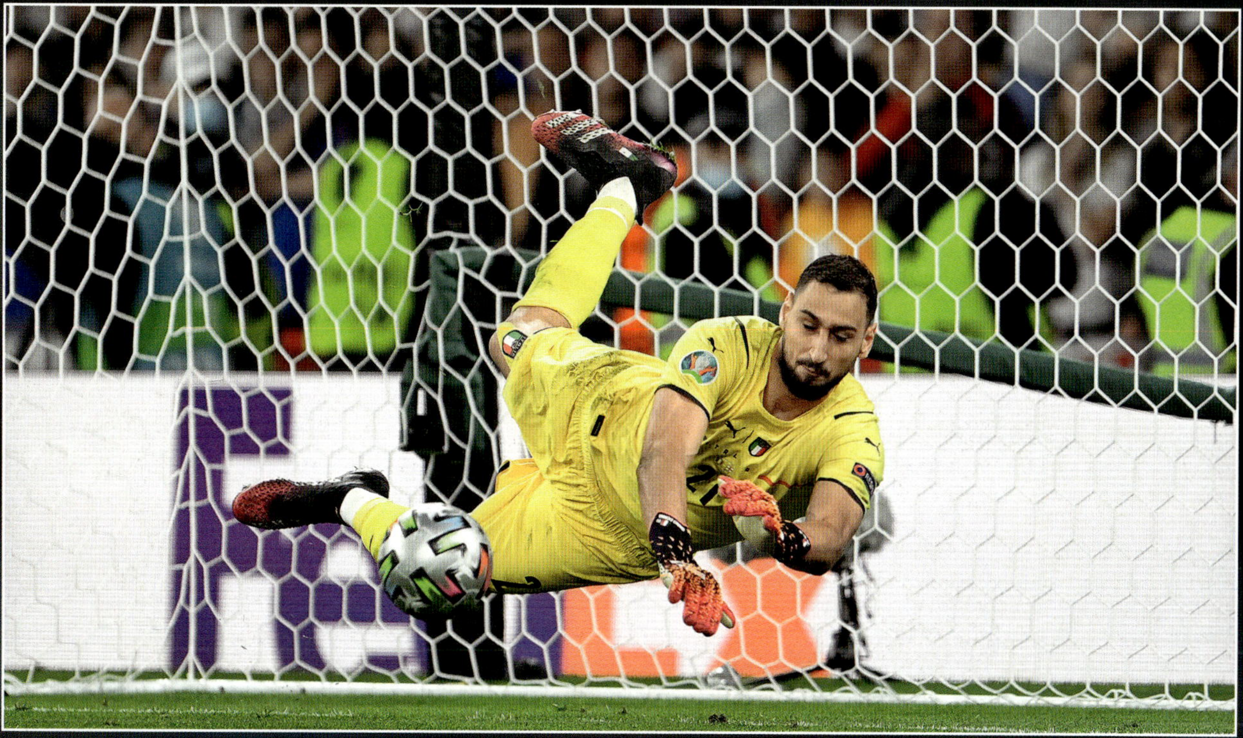

Der Held des Elfmeterschießens: Gianluigi Donnarumma triumphiert zweimal.

geschafft zu gewinnen und gut zu spielen.« Er hat recht damit. Seine Mannschaft sorgte im Gegensatz zu den anderen, oft defensiv eingestellten Teams für den wohl attraktivsten Fußball bei dieser EURO. Sie hat sich diesen Triumph erarbeitet und dabei sogar einen Rückschlag verarbeitet, hatte sich doch Leonardo Spinazzola im Viertelfinale gegen Belgien einen Riss der Achillessehne zugezogen. Dafür durfte der 28-Jährige auf Krücken als Erster des Teams die Medaille empfangen; Kapitän Chiellini nahm dann den Pokal entgegen. Er, Chiellini und Bonucci waren die Säulen dieses angesprochenen Wiederaufbaus, sie hielten die Balance einer im Vergleich zur Vergangenheit überraschend offensiv ausgerichteten italienischen Mannschaft. Dieses Italien hat nicht nur England, sondern auch den Ruf des Catenaccio besiegt, es darf sich zu Recht wie verdient Europameister nennen.

Und so bleiben am Ende die Statistiken bestehen: Noch nie verlor ein Spieler zwei Endspiele bei einer EM – und wann immer England und Italien bei einem Großereignis aufeinandertreffen, gewinnt letztlich die Squadra Azzurra.

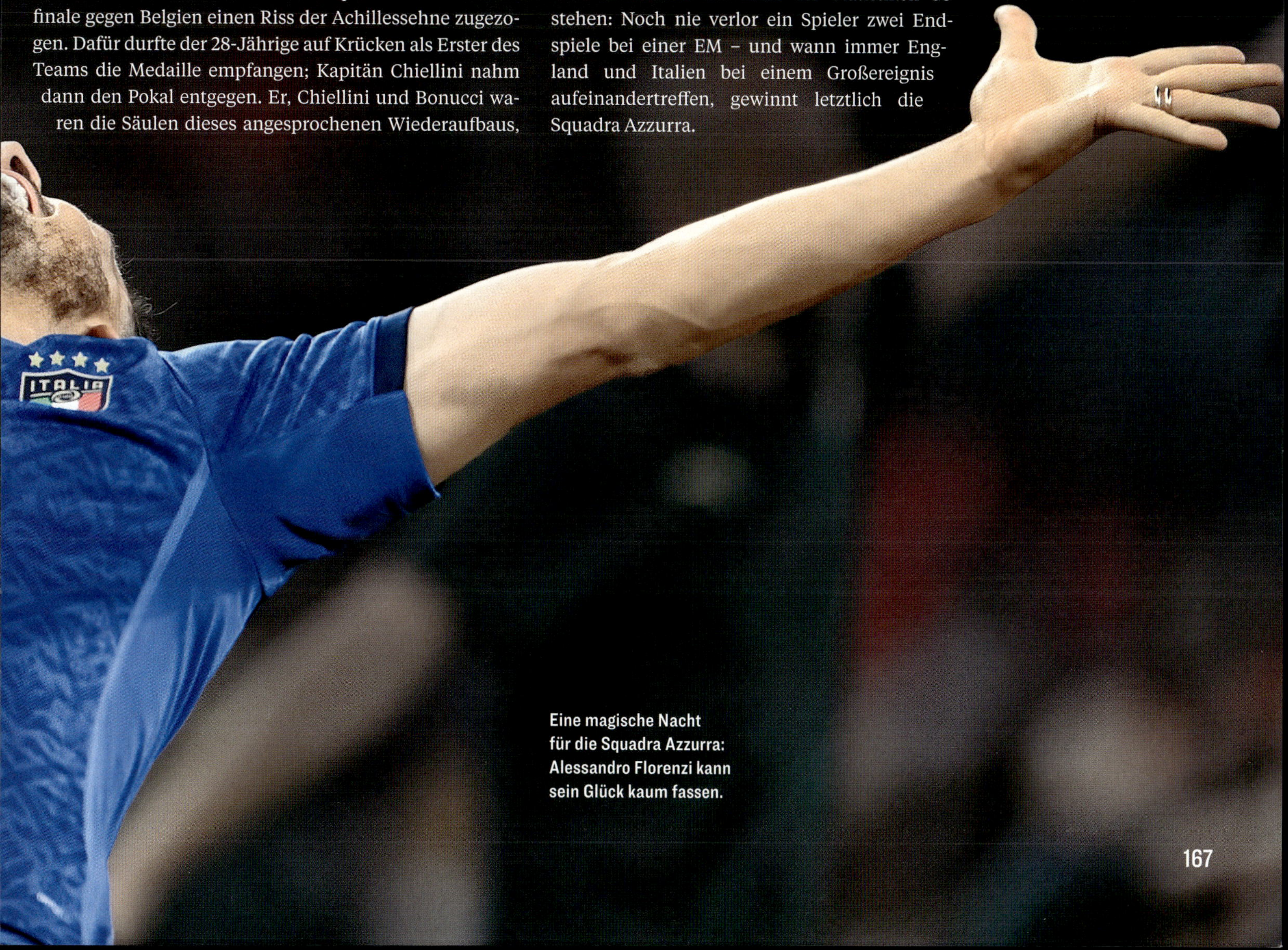

Eine magische Nacht für die Squadra Azzurra: Alessandro Florenzi kann sein Glück kaum fassen.

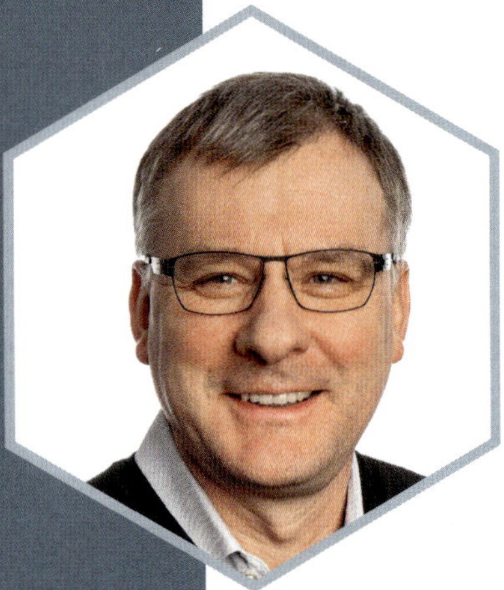

KICKER-CHEFREDAKTEUR JÖRG JAKOB:

ENGLANDS WAHNWITZIGES ELFMETERSCHIESSEN, ITALIENS MAGISCHE NACHT

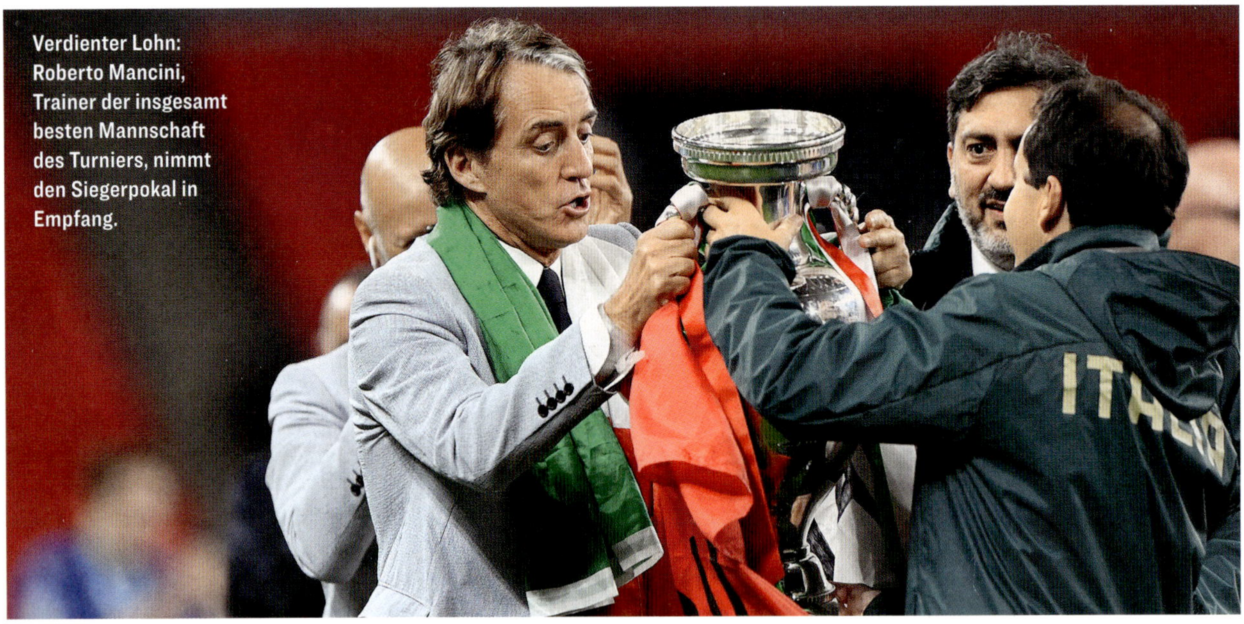

Verdienter Lohn: Roberto Mancini, Trainer der insgesamt besten Mannschaft des Turniers, nimmt den Siegerpokal in Empfang.

Die Italiener halten, was sie versprechen. »Es wird episch«, hatte Marco Verratti prophezeit. Nichts weniger als ein Finale, das diese Bezeichnung verdient, bekommt Europa an diesem späten Abend des 11. Juli 2021. Inklusive Verlängerung, Elfmeterschießen und insgesamt 14 Minuten Nachspielzeit. Es ist ein taktischer, läuferischer, verbissener Abnutzungskampf, der keinen Sieger verdient hat und 1:1 steht, ehe es im Elfmeterschießen einen Verlierer geben muss: England. Ein wahnwitziger Verlauf mündet in ein 3:2 für die Mannschaft, die auf dem Papier ein Heimspiel hat, in Wirklichkeit aber in der Höhle der Three Lions antreten muss. »Notti magiche!« Der 1990er-Hit von Gianna Nannini, »Un´estate italiana«, schallt durch Wembley. Die Squadra Azzurra ist Europameister.

Und was für einer: eine Mannschaft, die zuvor höchstens als Geheimtipp galt. Ein Aufgebot, das Nationaltrainer Roberto Mancini nach der verpassten WM-Teilnahme 2018 in einem dreijährigen »Projekt« aus insgesamt 70 Berufenen zusammengefügt hat. Ein Team, das sich als verschworene Gemeinschaft präsentiert. Ein Kader, aus dem bis auf den zweiten Ersatztorhüter Alex Meret jeder Spieler in diesem Turnier zum Einsatz kommt.

Wie schon im Halbfinale gegen Spanien stellt Mancinis Mannschaft ihre enorme Widerstandsfähigkeit unter Beweis. Sie ist hart im Nehmen, weiß immer wieder ihre offensive Schlagkraft einzusetzen, auch und gerade in diesem Fight über viele Runden mit wechselnden Punktvorteilen. Die Defensivzentrale mit den beeindruckenden Routiniers Giorgio Chiellini und Leonardo Bonucci sowie Jorginho als Sechser ist weiter das Herz Italiens, doch auch die Antriebs- und Angriffskräfte überzeugen, Marco Verratti und Nicolo Barella, davor in erster Linie Lorenzo Insigne sowie Federico Chiesa.

Keiner hat so sehr an dieses Team geglaubt wie es selbst. Das gilt insbesondere für Gianluigi Donnarumma. Der 22-jährige Schlussmann des AC Mailand war kein uneingeschränkter Liebling der Tifosi, jetzt ist er der Held, als auf den Plätzen in der Heimat die Freudenfeste beginnen. Weil er zwei Elfmeter hält, den entscheidenden von Bukayo Saka, nachdem Jorginho bereits einen Matchball vergeben hat, davor den von Jadon Sancho.

Donnarumma ergreift damit den Pott, den der englische Nationalcoach Gareth Southgate angeboten hat. Southgate, selbst Unglücksrabe vom Punkt im Halbfinale 1996 gegen Deutschland, wechselt in den letzten Sekunden der Verlängerung den Ex-Dortmunder Sancho und dessen zukünftigen Teamkollegen Marcus Rashford ein. Vermeintliche Elfmeterspezialisten, denen jetzt, vor den Augen

Die Top 11 des Turniers stellt ein Spiegelbild des EM-Austragungsmodus dar: Sie kommt paneuropäisch daher, ist aus insgesamt acht Nationen zusammengestellt. Europameister Italien stellt mit drei Spielern das größte Einzelkontingent, gefolgt vom Verlierer des Elfmeterschießens im Finale, England (2). Alle anderen sind Einzelkämpfer ihrer Länder.

Mit der letzten, aber alles entscheidenden Tat des Turniers verdrängte Gianluigi Donnarumma den Schweizer Yann Sommer aus dem Tor. Auch dessen Landsmann Xherdan Shaqiri verfehlte eine Nominierung nur denkbar knapp. Kein Weg führte an den beiden besten Torschützen der EURO, Patrik Schick und Cristiano Ronaldo (je fünf Treffer), vorbei.

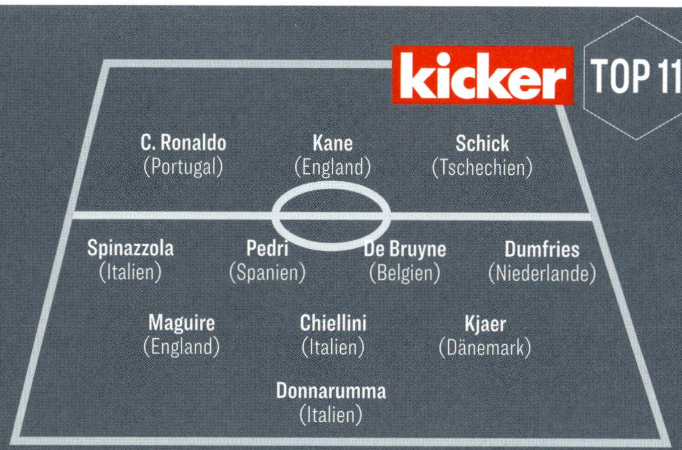

der zitternden Nation, die Nerven versagen. Sie trippeln, sie verzögern, sie verschießen. Rashford trifft den linken Pfosten. Das dicke, bittere Ende bürdet Southgate dem 19-jährigen Saka auf, der Turnierentdeckung vom FC Arsenal. Diese Last wiegt zu schwer für ihn.

In einer weiteren traurigen Nacht des englischen Fußballs folgen rassistische Beschimpfungen der drei Unglücklichen. Dass England mit ihnen und einigen weiteren jungen Spielern weiterhin eine aussichtsreiche Generation am Start hat, ist zunächst ein schwacher Trost. Doch diese Gewissheit wird sich durchsetzen, auch dank aufmunternder Botschaften an Saka wie vom Liverpooler Ex-Nationalspieler Steven Gerrard: »So brave kid«. Ja, Saka ist ein tapferer Junge und bei Weitem nicht der erste Engländer, der in einem Elfmeterschießen scheitert ... Mehr Mut in der Spielausrichtung nach dem frühen Führungstreffer nach 116 Sekunden durch Luke Shaw, dem schnellsten in einem EM-Endspiel, und dem Ausgleich durch Bonucci hätte den »Gastgebern« freilich gutgetan.

34 Spiele – eine Bundesliga-Saison lang – ist Italien seit September 2018 nun ungeschlagen, dabei hat es 87 Tore erzielt. 13 Treffer stehen nach den sieben Spielen in diesem Turnier zu Buche, so viele wie bei keiner EM-Teilnahme zuvor. Und bei einer Europameisterschaft zwei Elfmeterschießen in Folge zu gewinnen, schaffte bis dahin noch keiner.

Das Schlusswort gebührt Leonardo Bonucci, dem mit 34 Jahren und 71 Tagen ältesten Finaltorschützen der EM-Geschichte: »Wir haben es wirklich geschafft, wir haben es wirklich geschafft. Unglaublich! Unglaublich! Wirklich unglaublich. Wenn ich nur daran denke, wo wir angefangen haben. Das ist das Schöne. Wenn du aber ganz unten bist und dann die richtigen Leute hast, die die Kraft finden, dich aus dem Loch zu holen, dann ist das unglaublich. Wir müssen uns deswegen beim Trainer bedanken, beim Präsidenten, bei der Gruppe, bei der Mannschaft, bei der Mannschaft hinter der Mannschaft ... Dieser Pokal ist das Verdienst von allen, das Verdienst einer großen Nation, die trotz der ganzen Schwierigkeiten jetzt hier angekommen ist.«

Wobei mit »Schwierigkeiten« ganz bestimmt nicht nur die fußballerischen Herausforderungen seit dem Frühjahr 2020 gemeint sind.

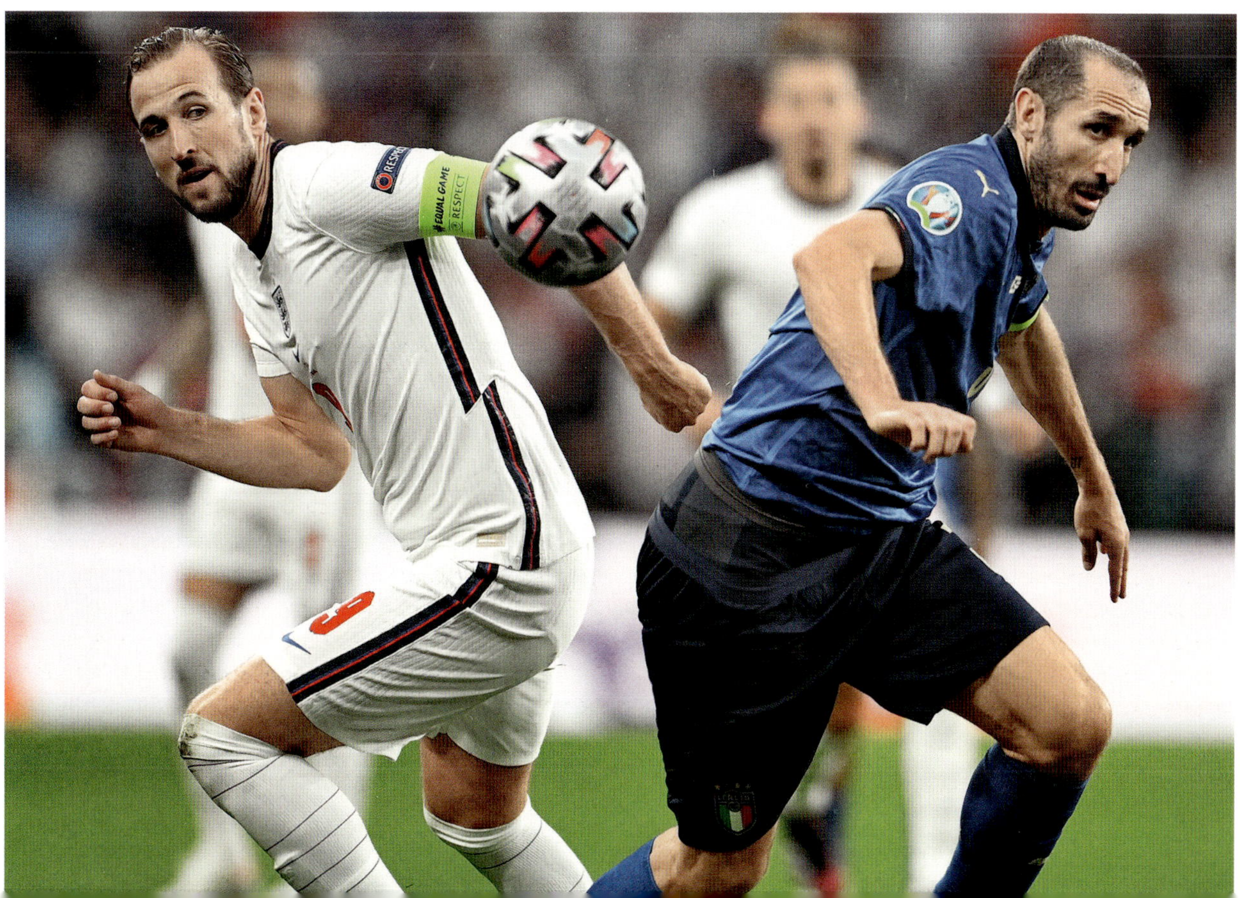

Duell der Kapitäne: Harry Kane gegen Giorgio Chiellini

Das deutsche Team

Alle 26 Spieler der EM 2021

(Stand der Angaben: bei EM-Beginn)

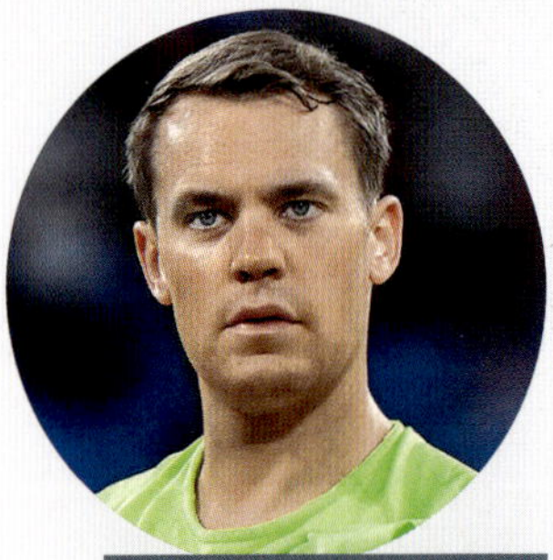

Manuel Neuer (1)

Torwart, Bayern München – Geboren am 27. März 1986 in Gelsenkirchen. Größe: 1,93 m, Gewicht: 92 kg, Länderspiele: 100

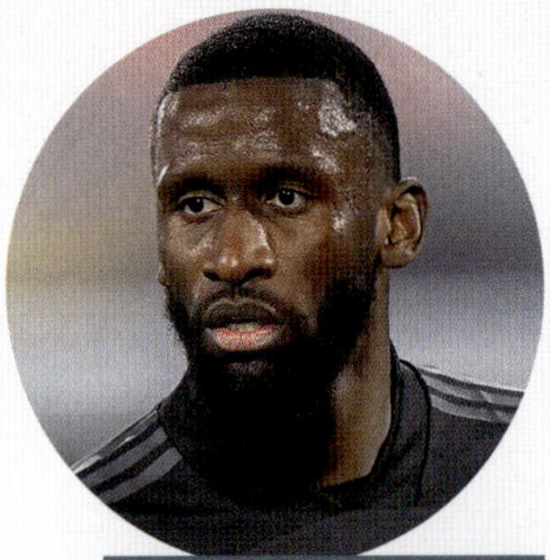

Antonio Rüdiger (2)

Abwehr, FC Chelsea – Geboren am 3. März 1993 in Berlin. Größe: 1,90 m, Gewicht: 85 kg, Länderspiele: 41

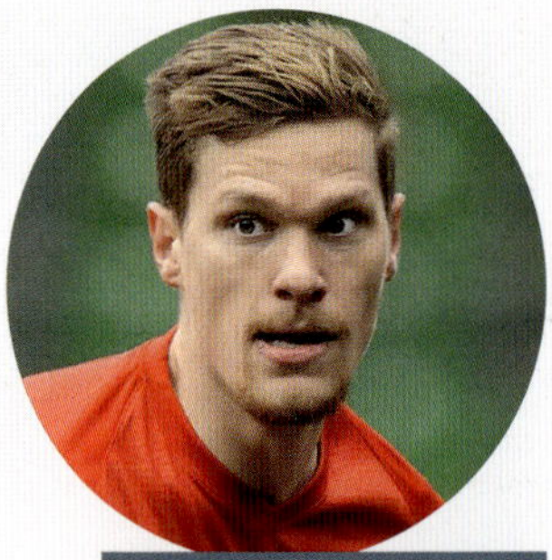

Marcel Halstenberg (3)

Abwehr, RB Leipzig – Geboren am 27. September 1991 in Laatzen. Größe: 1,88 m, Gewicht: 87 kg, Länderspiele: 8

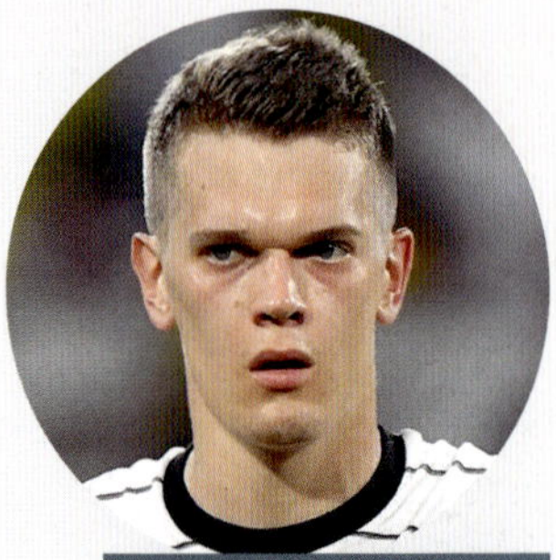

Matthias Ginter (4)

Abwehr, Bor. Mönchengladbach – Geboren am 19. Januar 1994 in Freiburg. Größe: 1,91 m, Gewicht: 89 kg, Länderspiele: 40

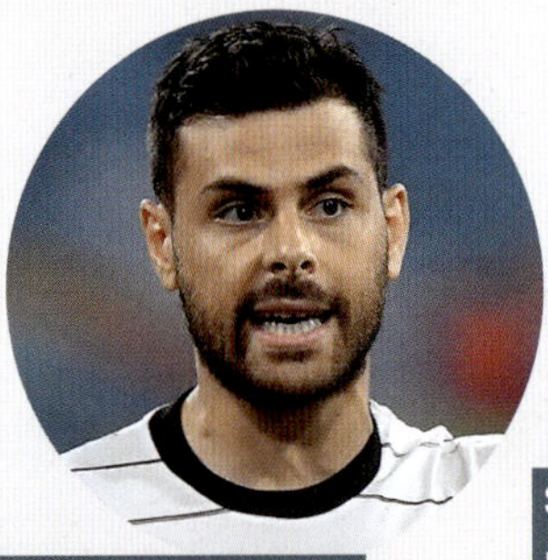

Kevin Volland (9)

Sturm, AS Monaco – Geboren am 30. Juli 1992 in Marktoberdorf. Größe: 1,79 m, Gewicht: 84 kg, Länderspiele: 11

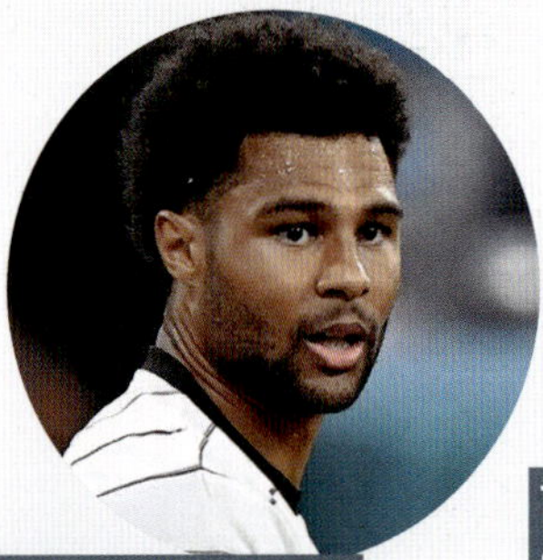

Serge Gnabry (10)

Mittelfeld, Bayern München – Geboren am 14. Juli 1995 in Stuttgart. Größe: 1,75 m, Gewicht: 75 kg, Länderspiele: 22

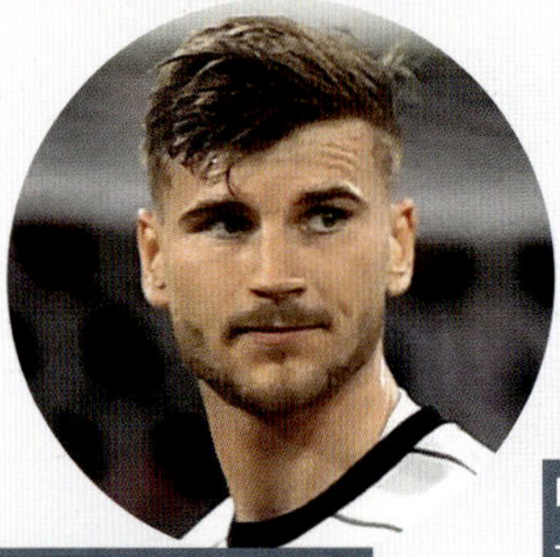

Timo Werner (11)

Sturm, FC Chelsea – Geboren am 6. März 1996 in Stuttgart. Größe: 1,80 m, Gewicht: 76 kg, Länderspiele: 39

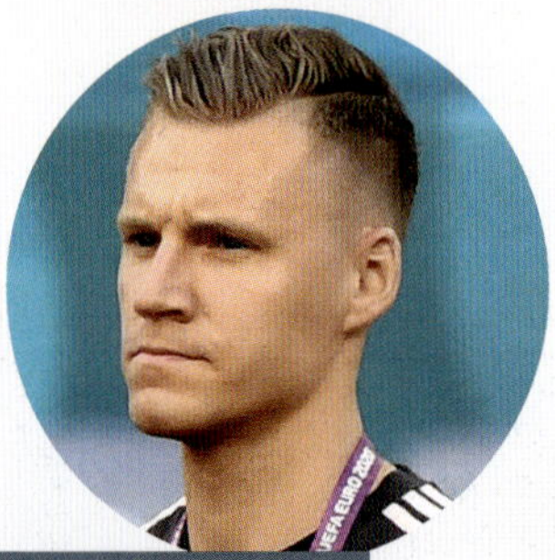

Bernd Leno (12)

Torwart, FC Arsenal – Geboren am 4. März 1992 in Bietigheim-Bissingen. Größe: 1,90 m, Gewicht: 83 kg, Länderspiele: 8

Florian Neuhaus (17)

Mittelfeld, Bor. Mönchengladbach – Geboren am 16. März 1997 in Landsberg/Lech. Größe: 1,83 m, Gewicht: 74 kg, Länderspiele: 6

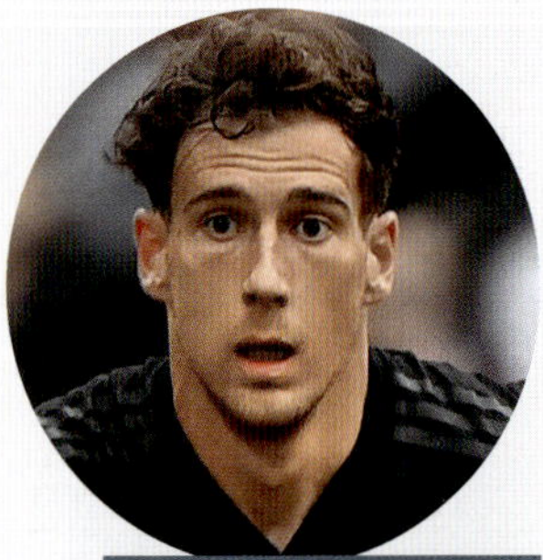

Leon Goretzka (18)

Mittelfeld, Bayern München – Geboren am 6. Februar 1995 in Bochum. Größe: 1,89 m, Gewicht: 79 kg, Länderspiele: 32

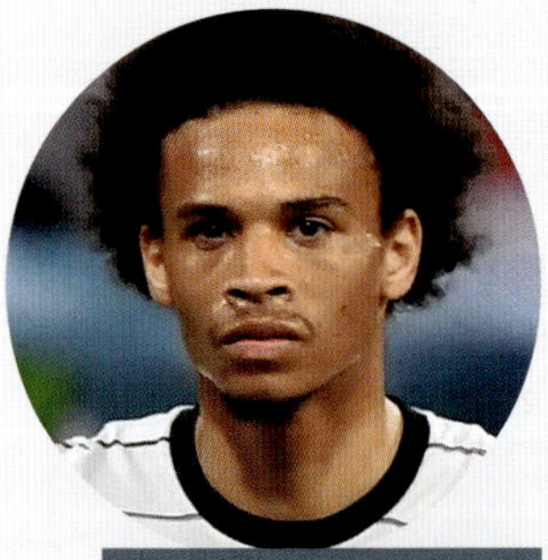

Leroy Sané (19)

Mittelfeld, Bayern München – Geboren am 11. Januar 1996 in Essen. Größe: 1,83 m, Gewicht: 75 kg, Länderspiele: 30

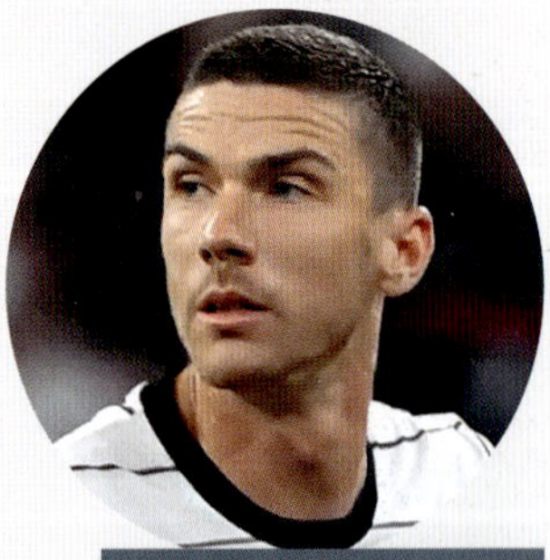

Robin Gosens (20)

Abwehr, Atalanta Bergamo – Geboren am 5. Juli 1994 in Emmerich. Größe: 1,83 m, Gewicht: 76 kg, Länderspiele: 7

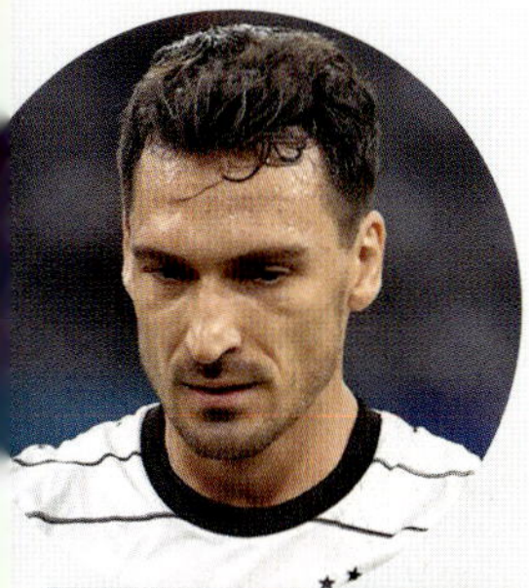

Mats Hummels (5)
Abwehr, Borussia Dortmund – Geboren am 16. Dezember 1988 in Bergisch Gladbach. Größe: 1,91 m, Gewicht: 92 kg, Länderspiele: 72

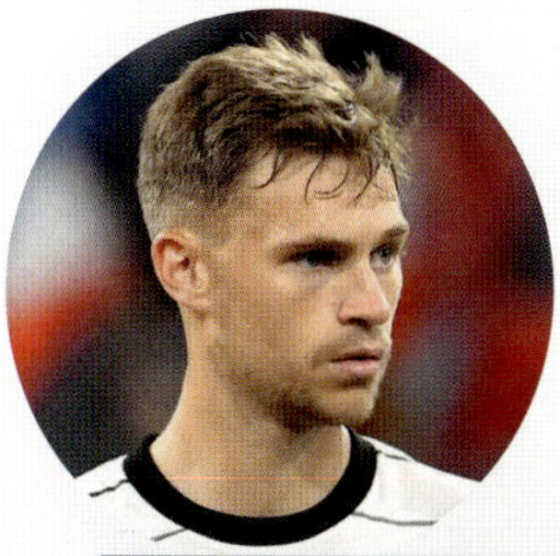

Joshua Kimmich (6)
Mittelfeld, Bayern München – Geboren am 8. Februar 1995 in Rottweil. Größe: 1,76 m, Gewicht: 73 kg, Länderspiele: 55

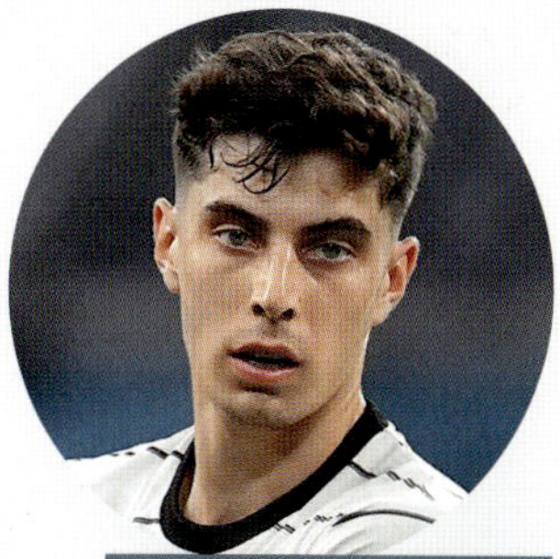

Kai Havertz (7)
Mittelfeld, FC Chelsea – Geboren am 11. Juni 1999 in Aachen. Größe: 1,89 m, Gewicht: 82 kg, Länderspiele: 14

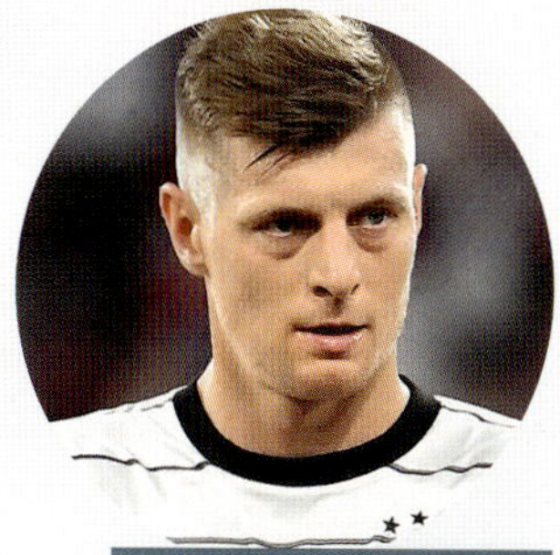

Toni Kroos (8)
Mittelfeld, Real Madrid – Geboren am 4. Januar 1990 in Greifswald. Größe: 1,82 m, Gewicht: 78 kg, Länderspiele: 102

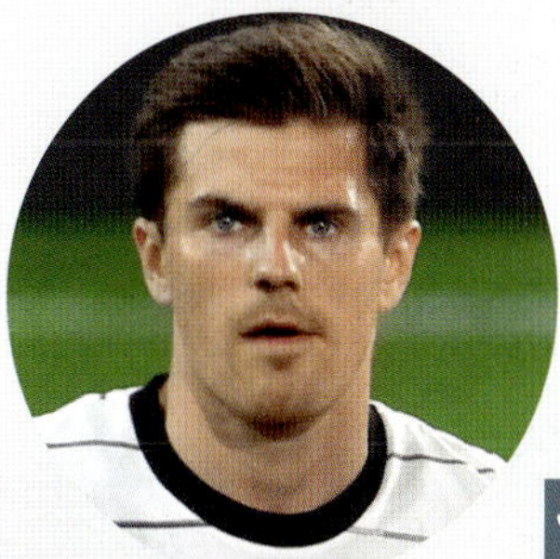

onas Hofmann (13)
ittelfeld, Bor. Mönchenglad-ach – Geboren am 14. Juli 992 in Heidelberg. Größe: 76 m, Gewicht: 70 kg, änderspiele: 3

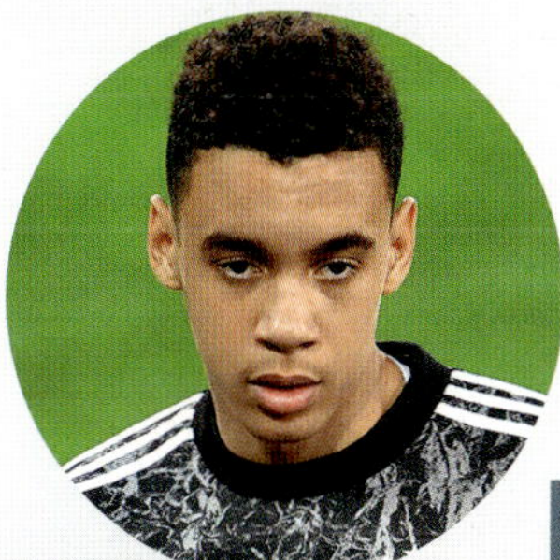

Jamal Musiala (14)
Mittelfeld, Bayern München – Geboren am 26. Februar 2003 in Stuttgart. Größe: 1,81 m, Gewicht: 65 kg, Länderspiele: 3

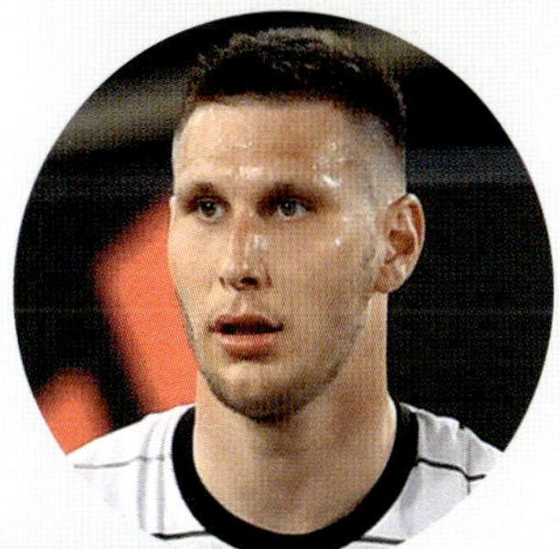

Niklas Süle (15)
Abwehr, Bayern München – Geboren am 3. September 1995 in Frankfurt am Main. Größe: 1,95 m, Gewicht: 97 kg, Länderspiele: 31

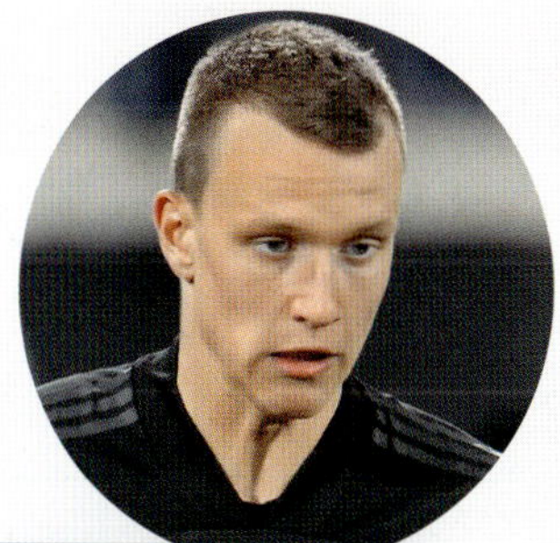

Lukas Klostermann (16)
Abwehr, RB Leipzig – Geboren am 3. Juni 1996 in Herdecke. Größe: 1,87 m, Gewicht: 88 kg, Länderspiele: 13

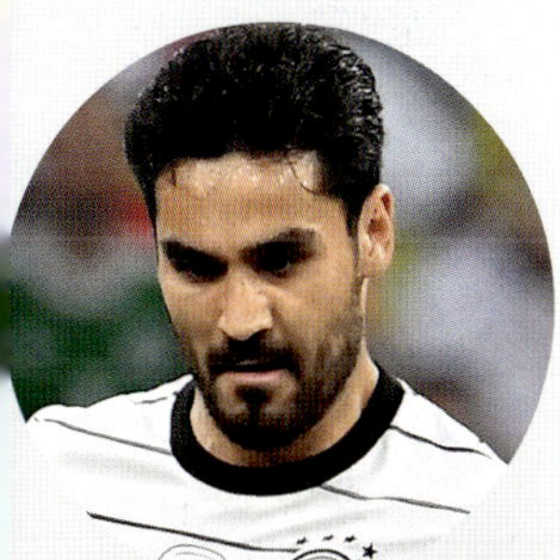

Ilkay Gündogan (21)
Mittelfeld, Manchester City – Geboren am 24. Oktober 1990 in Gelsenkirchen. Größe: 1,80 m, Gewicht: 80 kg, Länderspiele: 46

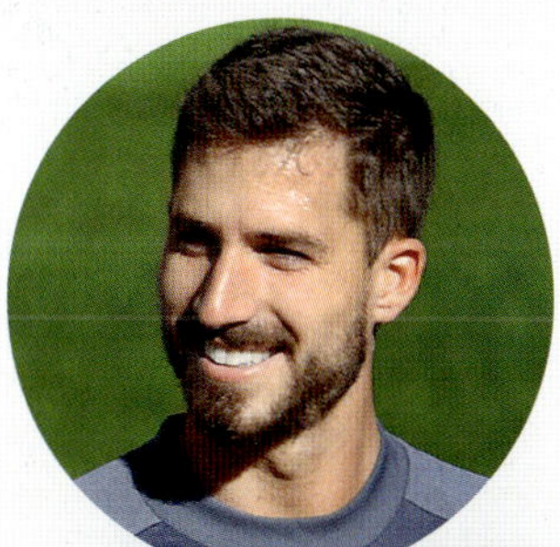

Kevin Trapp (22)
Torwart, Eintracht Frankfurt – Geboren am 8. Juli 1990 in Merzig. Größe: 1,89 m, Gewicht: 84 kg, Länderspiele: 5

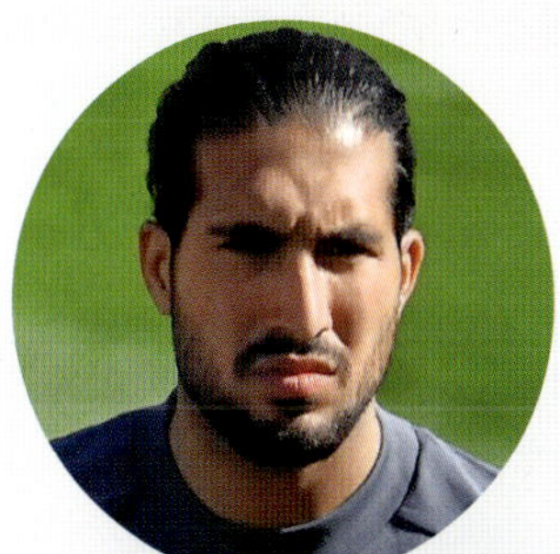

Emre Can (23)
Mittelfeld, Borussia Dortmund – Geboren am 12. Januar 1994 in Frankfurt am Main. Größe: 1,84 m, Gewicht: 82 kg, Länderspiele: 34

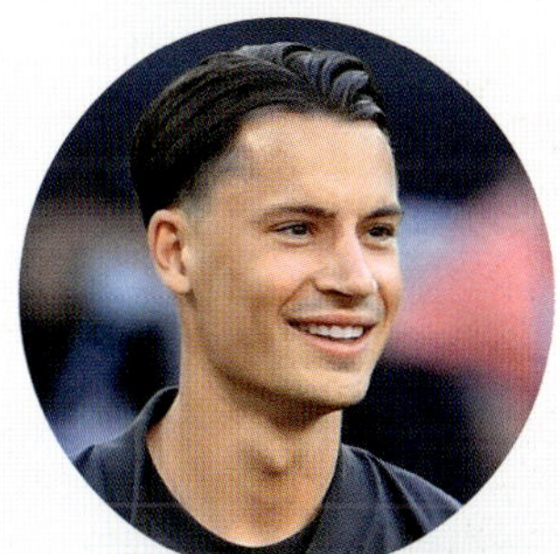

Robin Koch (24)
Abwehr, Leeds United – Geboren am 17. Juli 1996 in Kaiserslautern. Größe: 1,91 m, Gewicht: 86 kg, Länderspiele: 8

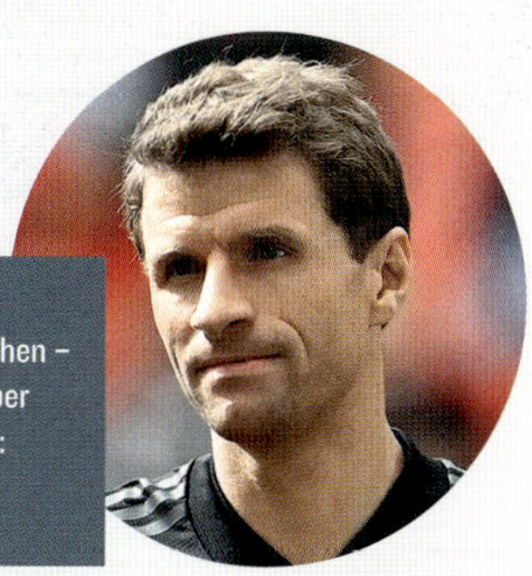

Thomas Müller (25)
Mittelfeld, Bayern München – Geboren am 13. September 1989 in Weilheim. Größe: 1,86 m, Gewicht: 75 kg, Länderspiele: 102

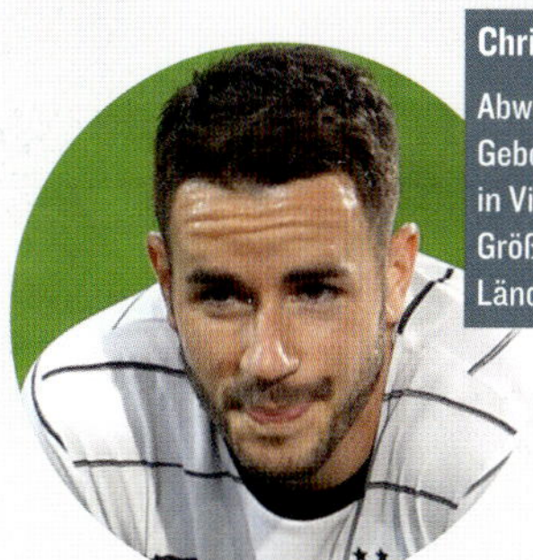

Christian Günter (26)
Abwehr, SC Freiburg – Geboren am 28. Februar 1993 in Villingen-Schwenningen. Größe: 1,85 m, Gewicht: 87 kg, Länderspiele: 3

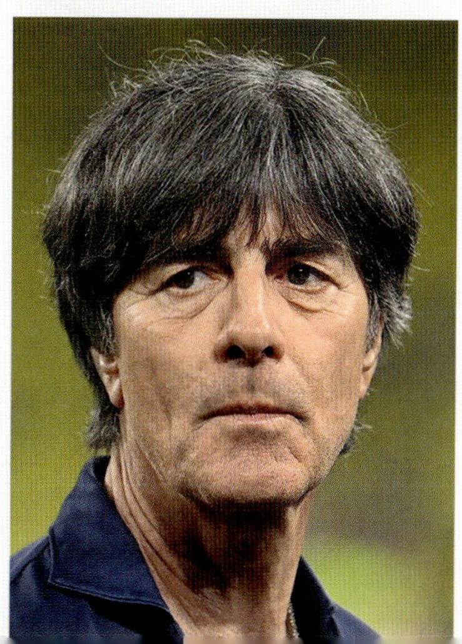

Jogi Löw (61) – nach 15 Jahren und 198 Spielen als Bundestrainer war die Niederlage gegen England im Achtelfinale sein letztes Spiel.

Alle Spiele der Endrunde 2021

Vorrunde

Gruppe A

Türkei – Italien		0:3 (0:0)	
Wales – Schweiz		1:1 (0:0)	
Türkei – Wales		0:2 (0:1)	
Italien – Schweiz		3:0 (1:0)	
Schweiz – Türkei		3:1 (2:0)	
Italien – Wales		1:0 (1:0)	
1. Italien	**3**	**7:0**	**9**
2. Wales	**3**	**3:2**	**4**
3. Schweiz	**3**	**4:5**	**4**
4. Türkei	**3**	**1:8**	**0**

Gruppe B

Dänemark – Finnland		0:1 (0:0)	
Belgien – Russland		3:0 (2:0)	
Finnland – Russland		0:1 (0:1)	
Dänemark – Belgien		1:2 (1:0)	
Russland – Dänemark		1:4 (0:1)	
Finnland – Belgien		0:2 (0:0)	
1. Belgien	**3**	**7:1**	**9**
2. Dänemark	**3**	**5:4**	**3**
3. Finnland	**3**	**1:3**	**3**
4. Russland	**3**	**2:7**	**3**

Gruppe C

Österreich – Nordmazedonien		3:1 (1:1)	
Niederlande – Ukraine		3:2 (0:0)	
Ukraine – Nordmazedonien		2:1 (2:0)	
Niederlande – Österreich		2:0 (1:0)	
Nordmazedonien – Niederlande		0:3 (0:1)	
Ukraine – Österreich		0:1 (0:1)	
1. Niederlande	**3**	**8:2**	**9**
2. Österreich	**3**	**4:3**	**6**
3. Ukraine	**3**	**4:5**	**3**
4. Nordmazedonien	**3**	**2:8**	**0**

Gruppe D

England – Kroatien		1:0 (0:0)	
Schottland – Tschechien		0:2 (0:1)	
Kroatien – Tschechien		1:1 (0:1)	
England – Schottland		0:0	
Kroatien – Schottland		3:1 (1:1)	
Tschechien – England		0:1 (0:1)	
1. England	**3**	**2:0**	**7**
2. Kroatien	**3**	**4:3**	**4**
3. Tschechien	**3**	**3:2**	**4**
4. Schottland	**3**	**1:5**	**1**

Gruppe E

Polen – Slowakei		1:2 (0:1)	
Spanien – Schweden		0:0	
Schweden – Slowakei		1:0 (0:0)	
Spanien – Polen		1:1 (1:0)	
Slowakei – Spanien		0:5 (0:2)	
Schweden – Polen		3:1 (1:0)	
1. Schweden	**3**	**4:2**	**7**
2. Spanien	**3**	**6:1**	**5**
3. Slowakei	**3**	**2:7**	**3**
4. Polen	**3**	**4:6**	**1**

Gruppe F

Ungarn – Portugal		0:3 (0:0)	
Frankreich – Deutschland		1:0 (1:0)	
Ungarn – Frankreich		1:1 (1:0)	
Portugal – Deutschland		2:4 (1:2)	
Portugal – Frankreich		2:2 (1:1)	
Deutschland – Ungarn		2:2 (0:1)	
1. Frankreich	**3**	**4:3**	**5**
2. Deutschland	**3**	**6:5**	**4**
3. Portugal	**3**	**7:6**	**4**
4. Ungarn	**3**	**3:6**	**2**

Rangliste der Gruppendritten

Die Reihenfolge der Kriterien:
1. die höhere Punktzahl
2. die bessere Tordifferenz
3. die größere Anzahl an erzielten Toren
4. die größere Anzahl an Siegen
5. das bessere Fair-Play-Verhalten während der Endrunde bezüglich der Karten
6. der bessere Rang in der Schlussrangliste der EM-Qualifikation

	Sp.	Tore	Pkte.	Gr.	GK	GRK	RK	FP
1. Portugal	3	7:6	4	F	1	0	0	1
2. Tschechien	3	3:2	4	D	4	0	0	4
3. Schweiz	3	4:5	4	A	5	0	0	5
4. Ukraine	3	4:5	3	C	2	0	0	2
5. Finnland	3	1:3	3	B	4	0	0	4
6. Slowakei	3	2:7	3	E	6	0	0	6

Fair-Play-Wertung (FP): Gelbe Karten (GK) je ein Punkt, Gelb-Rote Karten (GRK) je 3 Punkte (erste Gelbe Karte ist hier enthalten), Rote Karten (RK) je 3 Punkte

Achtelfinale

Wales – Dänemark	0:4 (0:1)
Italien – Österreich	2:1 n.V. (0:0, 0:0)
Niederlande – Tschechien	0:2 (0:0)
Belgien – Portugal	1:0 (1:0)
Kroatien – Spanien	3:5 n.V. (3:3, 1:1)
Frankreich – Schweiz	4:5 i.E. (3:3, 3:3, 0:1)
England – Deutschland	2:0 (0:0)
Schweden – Ukraine	1:2 n.V. (1:1, 1:1)

Viertelfinale

Schweiz – Spanien	1:3 i. E. (1:1, 1:1, 0:1)
Belgien – Italien	1:2 (1:2)
Tschechien – Dänemark	1:2 (0:2)
Ukraine – England	0:4 (0:1)

Halbfinale

Italien – Spanien	4:2 i. E. (1:1, 1:1, 1:1, 0:0)
England – Dänemark	2:1 n. V. (2:1, 1:1, 1:1)

Finale

Italien – England	3:2 i. E. (1:1, 1:1, 0:1)

Alle Europameister und ihre Endspielgegner

1960: UdSSR
(2:1 n. V. gegen Jugoslawien)

1964: Spanien
(2:1 gegen die UdSSR)

1968: Italien
(1:1 n. V. und 2:0 gegen Jugoslawien)

1972: Deutschland
(3:0 gegen die UdSSR)

1976: Tschechoslowakei
(2:2 n. V. und 5:3 im Elfmeterschießen gegen Deutschland)

1980: Deutschland
(2:1 gegen Belgien)

1984: Frankreich
(2:0 gegen Spanien)

1988: Niederlande
(2:0 gegen die UdSSR)

1992: Dänemark
(2:0 gegen Deutschland)

1996: Deutschland
(2:1 durch Golden Goal gegen Tschechien)

2000: Frankreich
(2:1 durch Golden Goal gegen Italien)

2004: Griechenland
(0:1 gegen Portugal)

2008: Spanien
(1:0 gegen Deutschland)

2012: Spanien
(4:0 gegen Italien)

2016: Portugal
(1:0 gegen Frankreich)

Alle Torjäger der Endrunden seit 1960

1960	
Ivanov (UdSSR)	2
Ponedjelnik (UdSSR)	2
Galic (Jugoslawien)	2
Jerkovic (Jugoslawien)	2
Heutte (Frankreich)	2
1964	
Jesus Pereda (Spanien)	2
Novak (Ungarn)	2
1968	
Dzajic (Jugoslawien)	2
1972	
Gerd Müller (Deutschland)	4
1976	
Dieter Müller (Deutschland)	4
1980	
Klaus Allofs (Deutschland)	3
1984	
Platini (Frankreich)	9
1988	
Van Basten (Niederlande)	5
1992	
Larsen (Dänemark)	3
Riedle (Deutschland)	3
Bergkamp (Niederlande)	3
Brolin (Schweden)	3
1996	
Shearer (England)	3
2000	
Kluivert (Niederlande)	5
Milosevic (Jugoslawien)	5
2004	
Milan Baros (Tschechien)	5
2008	
David Villa (Spanien)	4
2012	
Balotelli (Italien)	3
Cristiano Ronaldo (Portugal)	3
Dzagoev (Russland)	3
Fernando Torres (Spanien)	3
Gomez (Deutschland)	3
Manzukic (Kroatien)	3
2016	
Antoine Griezmann	6
2020	
Cristiano Ronaldo (Portugal)	5
Patrik Schick (Tschechien)	5

Alle deutschen Torschützen der EM-Endrunden seit 1960

	Spiele	Tore
Jürgen Klinsmann	13	5
Mario Gomez	13	5
Dieter Müller	2	4
Gerd Müller	2	4
Rudolf Völler	8	4
Lukas Podolski	12	4
Karl-Heinz Riedle	5	3
Klaus Allofs	6	3
Michael Ballack	11	3
Miroslav Klose	13	3
Bastian Schweinsteiger	18	3
Horst Hrubesch	3	2
Oliver Bierhoff	4	2
Matthias Sammer	10	2
Mesut Özil	11	2
Thomas Häßler	13	2
Philipp Lahm	14	2
Kai Havertz	4	2

20 Spieler erzielten genau 1 Tor.

Die Spiele der Qualifikation

Gruppe A

22.3.19	Bulgarien – Montenegro	1:1 (0:0)
22.3.19	England – Tschechien	5:0 (2:0)
25.3.19	Montenegro – England	1:5 (1:2)
25.3.19	Kosovo – Bulgarien	1:1 (0:1)
7.6.19	Tschechien – Bulgarien	2:1 (1:1)
7.6.19	Montenegro – Kosovo	1:1 (0:1)
10.6.19	Tschechien – Montenegro	3:0 (1:0)
10.6.19	Bulgarien – Kosovo	2:3 (1:1)
7.9.19	Kosovo – Tschechien	2:1 (1:1)
7.9.19	England – Bulgarien	4:0 (1:0)
10.9.19	England – Kosovo	5:3 (5:1)
10.9.19	Montenegro – Tschechien	0:3 (0:0)
11.10.19	Tschechien – England	2:1 (1:1)
11.10.19	Montenegro – Bulgarien	0:0
14.10.19	Bulgarien – England	0:6 (0:4)
14.10.19	Kosovo – Montenegro	2:0 (2:0)
14.11.19	England – Montenegro	7:0 (5:0)
14.11.19	Tschechien – Kosovo	2:1 (0:0)
17.11.19	Bulgarien – Tschechien	1:0 (0:0)
17.11.19	Kosovo – England	0:4 (0:1)

1.	**England**	8	37:6	21
2.	**Tschechien**	8	13:11	15
3.	**Kosovo**	8	13:16	11
4.	**Bulgarien**	8	6:17	6
5.	**Montenegro**	8	3:22	3

Gruppe B

22.3.19	Portugal – Ukraine	0:0
22.3.19	Luxemburg – Litauen	2:1 (1:1)
25.3.19	Portugal – Serbien	1:1 (1:1)
25.3.19	Luxemburg – Ukraine	1:2 (1:1)
7.6.19	Ukraine – Serbien	5:0 (2:0)
7.6.19	Litauen – Luxemburg	1:1 (0:1)
10.6.19	Ukraine – Luxemburg	1:0 (1:0)
10.6.19	Serbien – Litauen	4:1 (3:0)
7.9.19	Litauen – Ukraine	0:3 (0:2)
7.9.19	Serbien – Portugal	2:4 (0:1)
10.9.19	Litauen – Portugal	1:5 (1:1)
10.9.19	Luxemburg – Serbien	1:3 (0:1)
11.10.19	Portugal – Luxemburg	3:0 (1:0)
11.10.19	Ukraine – Litauen	2:0 (1:0)
14.10.19	Ukraine – Portugal	2:1 (2:0)
14.10.19	Litauen – Serbien	1:2 (0:0)
14.11.19	Portugal – Litauen	6:0 (2:0)
14.11.19	Serbien – Luxemburg	3:2 (2:0)
17.11.19	Serbien – Ukraine	2:2 (1:1)
17.11.19	Luxemburg – Portugal	0:2 (0:1)

1.	**Ukraine**	8	17:4	20
2.	**Portugal**	8	22:6	17
3.	**Serbien**	8	17:17	14
4.	**Luxemburg**	8	7:16	4
5.	**Litauen**	8	5:25	1

Gruppe C

21.3.19	Niederlande – Belarus	4:0 (2:0)
21.3.19	Nordirland – Estland	2:0 (0:0)

24.3.19 in Amsterdam
Niederlande – Deutschland 2:3 (0:2)
Niederlande: Cillessen – Dumfries, de Ligt, van Dijk, Blind – de Roon (90./+1 de Jong), de Jong – Wijnaldum – Promes, Depay, Babel (46. Bergwijn) – Trainer: Koeman
Deutschland: Neuer – Ginter, Süle, Rüdiger – Kehrer, Kimmich, Kroos, Schulz – Goretzka (70. Gündogan), Gnabry (88. Reus), Sané – Trainer: Löw
Tore: 0:1 Sané (15.), 0:2 Gnabry (34.), 1:2 de Ligt (48.), 2:2 Depay (63.), 2:3 Schulz (90.) – **SR:** Gil Manzano (Spanien) – **Zuschauer:** 51 694

24.3.19	Nordirland – Belarus	2:1 (1:1)
8.6.19	Estland – Nordirland	1:2 (1:0)

8.6.19 in Baryssau
Belarus – Deutschland 0:2 (0:1)
Belarus: Gutor – Shitov, Polyakov, Martynovich, Naumov, Volodko – Gromyko (57. Korzun), Maevski, Dragun – Kovalev (69. Gordeychuk) – Laptev (62. Skavysh) – Trainer: Kriushenko
Deutschland: Neuer – Süle – Ginter, Tah – Kimmich, Gündogan (81. Goretzka) – Klostermann, Schulz – Reus (76. Brandt), Gnabry (71. Draxler), Sané – Trainer i.V.: Sorg
Tore: 0:1 Sané (13.), 0:2 Reus (62.) – **SR:** Jovanovic (Serbien) – **Zuschauer:** 12 510

11.6.19 in Mainz
Deutschland – Estland 8:0 (5:0)
Deutschland: Neuer – Kehrer, Ginter, Süle, Schulz (46. Halstenberg) – Kimmich – Goretzka, Gündogan (53. Draxler) – Sané, Gnabry, Reus (65. Werner) – Trainer i.V.: Sorg
Estland: Lepmets – Teniste, Tamm, Vihmann, Mets, Pikk – Kams, Ar. Dmitrijev (59. Käit), Vassiljev (82. Kreida), S. Puri – Zenjov (71. Ojamaa) – Trainer: Reim
Tore: 1:0 Reus (10.), 2:0 Gnabry (17.), 3:0 Goretzka (20.), 4:0 Gündogan (26., FE), 5:0 Reus (37.), 6:0 Gnabry (62.), 7:0 Werner (79.), 8:0 Sané (88.) – **SR:** Palabiyik (Türkei) – **Zuschauer:** 26 050

11.6.19	Belarus – Nordirland	0:1 (0:0)
6.9.19	Estland – Belarus	1:2 (0:0)

6.9.19 in Hamburg
Deutschland – Niederlande 2:4 (1:0)
Deutschland: Neuer – Ginter (84. Brandt), Süle, Tah – Klostermann, Kimmich, Kroos, Schulz – Werner (61. Havertz), Gnabry, Reus (61. Gündogan) – Trainer: Löw
Niederlande: Cillessen – Dumfries (58. Pröpper), de Ligt, van Dijk, Blind – de Jong – de Roon (58. Malen), Wijnaldum – Depay, Babel (81. Aké), Promes – Trainer: Koeman
Tore: 1:0 Gnabry (9.), 1:1 de Jong (59.), 1:2 Tah (66., ET), 2:2 Kroos (73., HE), 2:3 Malen (79.), 2:4 Wijnaldum (90./+1) – **SR:** Soares Dias (Portugal) – **Zuschauer:** 51 299

9.9.19 in Belfast
Nordirland – Deutschland 0:2 (0:0)
Nordirland: Peacock-Farrell – Dallas, Cathcart, Evans, Lewis – Davis – McNair, Saville (70. Magennis) – C. Evans, Washington (83. Lavery), McGinn (59. Whyte) – Trainer: O'Neill
Deutschland: Neuer – Klostermann, Ginter (40. Tah), Süle, Halstenberg – Kimmich, Kroos – Gnabry, Reus (85. Can), Brandt – Werner (68. Havertz) – Trainer: Löw
Tore: 0:1 Halstenberg (48.), 0:2 Gnabry (90./+2) – **SR:** Orsato (Italien) – **Zuschauer:** 18 104

9.9.19	Estland – Niederlande	0:4 (0:1)
10.10.19	Belarus – Estland	0:0
10.10.19	Niederlande – Nordirland	3:1 (0:0)
13.10.19	Belarus – Niederlande	1:2 (0:2)

13.10.19 in Tallinn
Estland – Deutschland **0:3 (0:0)**
Estland: Lepmets – Baranov, Tamm, Mets, Pikk – Antonov – Kams, Ainsalu, Vassiljev (61. Käit), Liivak (77. Ojamaa) – Sappinen (56. Zenjov) – Trainer: Voolaid
Deutschland: Neuer – Klostermann, Can, Süle, Halstenberg – Gündogan, Kimmich – Havertz, Reus (77. Serdar), Brandt (86. Amiri) – Waldschmidt (66. Werner) – Trainer: Löw
Tore: 0:1 Gündogan (51.), 0:2 Gündogan (57.), 0:3 Werner (71.) – **Rote Karte:** Can (14., Notbremse) – **SR:** Kabakov (Bulgarien) – **Zuschauer:** 12 062

16.11.19 in Mönchengladbach
Deutschland – Belarus 4:0 (1:0)
Deutschland: Neuer – Klostermann, Ginter, Koch, Schulz – Kimmich, Kroos – Gündogan – Goretzka, Werner (68. Brandt) – Gnabry (84. Waldschmidt/90./+1 Rudy) – Trainer: Löw
Belarus: Gutor – Matveichik, Martynovich, Naumov, Polyakov – Maevski, Dragun – Kovalev (78. Skavysh), Nekhaychik (84. Bessmertny) – Stasevich, Laptev (68. Lisakovich) – Trainer: Markhel
Tore: 1:0 Ginter (42.), 2:0 Goretzka (49.), 3:0 Kroos (55.), 4:0 Kroos (83.) – **Bes. Vork.:** Neuer hält FE von Stasevich (75.) – **SR:** Grinfeld (Israel) – **Zuschauer:** 33 164

16.11.19	Nordirland – Niederlande	0:0
19.11.19	Niederlande – Estland	5:0 (2:0)

19.11.19 in Frankfurt
Deutschland – Nordirland 6:1 (2:1)
Deutschland: ter Stegen – Klostermann (65. Stark), Can, Tah, Hector – Kimmich, Kroos – Gündogan – Goretzka (73. Serdar), Brandt – Gnabry (80. Amiri) – Trainer: Löw
Nordirland: Peacock-Farrell – Smith, Cathcart, Flanagan, Ferguson – Davis – C. Evans (65. McLaughlin), McNair (77. Boyce), Thompson, Saville – Magennis (83. Lavery) – Trainer: O'Neill
Tore: 0:1 Smith (7.), 1:1 Gnabry (19.), 2:1 Goretzka (43.), 3:1 Gnabry (47.), 4:1 Gnabry (60.), 5:1 Goretzka (73.), 6:1 Brandt (90./+1) – **SR:** del Cerro Grande (Spanien) – **Zuschauer:** 42 855

1.	**Deutschland**	8	30:7	21
2.	**Niederlande**	8	24:7	19
3.	**Nordirland**	8	9:13	13
4.	**Weißrussland**	8	4:16	4
5.	**Estland**	8	2:26	1

Gruppe D

23.3.19 in Tiflis
Georgien – Schweiz 0:2 (0:0)
Georgien: Loria – Kakabadze, Khocholava, Kashia, Tabidze (60. Kvirkvelia) – Kankava, Kvekveskiri, Gvilia – Vako, Kvilitaia (74. Lobzhanidze), Ananidze (84. Katcharava) – Trainer: Weiss
Schweiz: Sommer – Lichtsteiner, Schär, Akanji, Rodriguez – Embolo (84. Steffen), Zakaria, Xhaka, Freuler (90. Sow) – Zuber – Gavranovic (60. Ajeti) – Trainer: Petkovic
Tore: 0:1 Zuber (56.), 0:2 Zakaria (80.) – **SR:** Pawson (England) – **Zuschauer:** 54 000

23.3.19	Gibraltar – Irland	0:1 (0:0)

26.3.19 in Basel
Schweiz – Dänemark 3:3 (1:0)
Schweiz: Sommer – Elvedi, Akanji, Rodriguez (46. Benito) – Mbabu, Zakaria, Xhaka (79. Sow), Freuler, Zuber – Embolo, Ajeti (71. Mehmedi) – Trainer: Petkovic
Dänemark: Schmeichel – Dalsgaard, Kjaer, Jörgensen, Stryger Larsen – Schöne (70. Höjbjerg), Delaney – Poulsen, Eriksen, Braithwaite – N. Jörgensen (70. Gytkjaer) – Trainer: Hareide
Tore: 1:0 Freuler (19.), 2:0 Xhaka (66.), 3:0 Embolo (76.), 3:1 Jörgensen (84.), 3:2 Gytkjaer (88.), 3:3 Dalsgaard (90./+3) – **SR:** Skomina (Slowenien) – **Zuschauer:** 18 532

26.3.19	Irland – Georgien	1:0 (1:0)
7.6.19	Georgien – Gibraltar	3:0 (1:0)
7.6.19	Dänemark – Irland	1:1 (0:0)
10.6.19	Dänemark – Georgien	5:1 (2:1)
10.6.19	Irland – Gibraltar	2:0 (1:0)

Turbulente Schlussphase: Henrik Dalsgaard köpft in der Nachspielzeit den 3:3-Ausgleich für Dänemark, der Schweizer Torwart Yann Sommer kann ihn nicht verhindern.

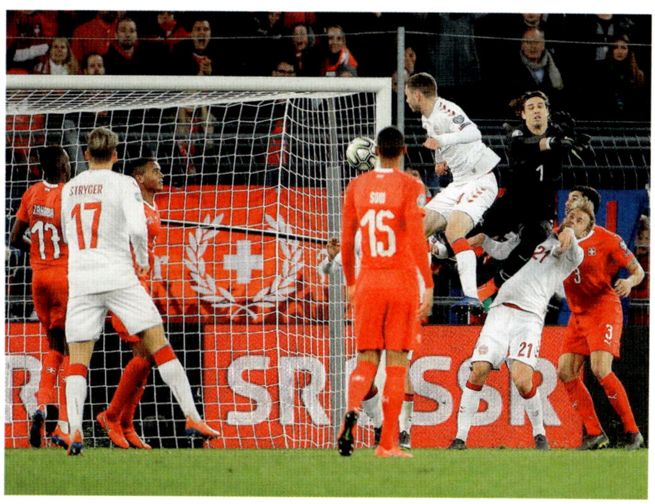

5.9.19 in Dublin

Irland – Schweiz 1:1 (0:0)

Irland: Randolph – Coleman, Duffy, Keogh, Stevens – Hourihane (82. Hogan), Whelan, Hendrick – C. Robinson (58. Judge), McGoldrick (90./+2 Browne), McClean – Trainer: McCarthy

Schweiz: Sommer – Elvedi, Akanji, Schär – Mbabu (90./+4 Fernandes), Zakaria, Xhaka, Rodriguez – Embolo (86. Ajeti), Freuler (90. Mehmedi) – Seferovic – Trainer: Petkovic

Tore: 0:1 Schär (74.), 1:1 McGoldrick (85.) – **SR:** del Cerro Grande (Spanien) – **Zuschauer:** 44 111

5.9.19	Gibraltar – Dänemark	0:6 (0:2)

8.9.19 in Sion

Schweiz – Gibraltar 4:0 (3:0)

Schweiz: Sommer – Elvedi, Benito (65. Steffen), Schär – Fernandes, Zakaria, Xhaka (74. Vargas), Rodriguez – Embolo (55. Gavranovic), Mehmedi – Ajeti – Trainer: Petkovic

Gibraltar: Coleing (25. Goldwin) – Olivero-Mascarenhas, Sergeant, Annesley, J. Chipolina – de Barr, R. Chipolina, Walker, Britto (67. Pons) – And. Hernandez (58. Coombes), Ant. Hernandez – Trainer: Ribas

Tore: 1:0 Zakaria (37.), 2:0 Mehmedi (43.), 3:0 Rodriguez (45./+4), 4:0 Gavranovic (87.) – **SR:** Orel (Tschechien) – **Zuschauer:** 8318

8.9.19	Georgien – Dänemark	0:0
12.10.19	Georgien – Irland	0:0

12.10.19 in Kopenhagen

Dänemark – Schweiz 1:0 (0:0)

Dänemark: Schmeichel – Dalsgaard, Christensen (87. Jörgensen), Kjaer, Stryger Larsen (80. P. Ankersen) – Schöne (65. Höjbjerg), Delaney, Eriksen – Cornelius, Poulsen, Braithwaite – Trainer: Hareide

Schweiz: Sommer – Elvedi, Schär, Akanji – Lichtsteiner (68. Mbabu), Zakaria, Xhaka, Rodriguez (87. Drmic) – Mehmedi (83. Freuler) – Embolo, Seferovic – Trainer: Petkovic

Tor: 1:0 Poulsen (85.) – **SR:** Kulbakov (Belarus) – **Zuschauer:** 35 964

15.10.19 in Genf

Schweiz – Irland 2:0 (1:0)

Schweiz: Sommer – Elvedi, Schär, Akanji – Lichtsteiner (70. Freuler), Zakaria, Xhaka, Rodriguez – Seferovic, Mehmedi (28. Fernandes), Embolo (88. Steffen) – Trainer: Petkovic

Irland: Randolph – Coleman, Egan, Duffy, Stevens – Hendrick, Whelan, Browne – Connolly (69. Hogan), Collins (46. O'Dowda), McClean – Trainer: McCarthy

Tore: 1:0 Seferovic (16.), 2:0 Fernandes (90./+3) – **Gelb-Rote Karte:** Coleman (76.) – **Bes. Vork.:** Randolph hält HE von Rodriguez (77.) – **SR:** Marciniak (Polen) – **Zuschauer:** 24 766

15.10.19	Gibraltar – Georgien	2:3 (0:2)

15.11.19 in St. Gallen

Schweiz – Georgien 1:0 (0:0)

Schweiz: Sommer – Elvedi, Akanji, Rodriguez – Lichtsteiner, Zakaria, Xhaka, Steffen – Fernandes (84. Sow) – Ajeti (71. Itten), Vargas (78. Fassnacht) – Trainer: Petkovic

Georgien: Loria – Kakabadze, Kashia, Grigalava, Khocholava – Kankava, Kiteishvili (85. Papunashvili) – Davitashvili (85. Gvilia), Shengelia, Vako – Kvilitaia (83. Lobjanidze) – Trainer: Weiss

Tor: 1:0 Itten (77.) – **SR:** Makkelie (Niederlande) – **Zuschauer:** 16 400

15.11.19	Dänemark – Gibraltar	6:0 (1:0)
18.11.19	Irland – Dänemark	1:1 (0:0)

18.11.19 in Gibraltar

Gibraltar – Schweiz 1:6 (0:1)

Gibraltar: Coleing – Sergeant, R. Chipolina, Barnett, J. Chipolina – de Barr (61. Coombes), Mouelhi, Walker, Badr Hassan (85. Pons), Britto – L. Casciaro (61. Styche) – Trainer: Ribas

Schweiz: Sommer – Benito, Akanji (65. Cömert), Elvedi, Rodriguez – Fassnacht, Zakaria (60. Sow), Lang, Vargas (85. Aebischer) – Xhaka – Itten – Trainer: Petkovic

Tore: 0:1 Itten (10.), 0:2 Vargas (50.), 0:3 Fassnacht (57.), 1:3 Styche (74.), 1:4 Benito (75.), 1:5 Itten (84.), 1:6 Xhaka (86.) – **SR:** Millot (Frankreich) – **Zuschauer:** 2000

1.	**Schweiz**	8	19:6	17
2.	**Dänemark**	8	23:6	16
3.	**Irland**	8	7:5	13
4.	**Georgien**	8	7:11	8
5.	**Gibraltar**	8	3:31	0

Gruppe E

21.3.19	Kroatien – Aserbaidschan	2:1 (1:1)
21.3.19	Slowakei – Ungarn	2:0 (1:0)
24.3.19	Wales – Slowakei	1:0 (1:0)
24.3.19	Ungarn – Kroatien	2:1 (1:1)
8.6.19	Kroatien – Wales	2:1 (1:0)
8.6.19	Aserbaidschan – Ungarn	1:3 (0:1)
11.6.19	Aserbaidschan – Slowakei	1:5 (1:3)
11.6.19	Ungarn – Wales	1:0 (0:0)
6.9.19	Wales – Aserbaidschan	2:1 (1:0)
6.9.19	Slowakei – Kroatien	0:4 (0:1)
9.9.19	Aserbaidschan – Kroatien	1:1 (0:1)
9.9.19	Ungarn – Slowakei	1:2 (0:1)
10.10.19	Kroatien – Ungarn	3:0 (3:0)
10.10.19	Slowakei – Wales	1:1 (0:1)
13.10.19	Ungarn – Aserbaidschan	1:0 (1:0)
13.10.19	Wales – Kroatien	1:1 (1:1)
16.11.19	Aserbaidschan – Wales	0:2 (0:2)
16.11.19	Kroatien – Slowakei	3:1 (0:1)
19.11.19	Wales – Ungarn	2:0 (1:0)
19.11.19	Slowakei – Aserbaidschan	2:0 (1:0)

1.	**Kroatien**	8	17:7	17
2.	**Wales**	8	10:6	14
3.	**Slowakei**	8	13:11	13
4.	**Ungarn**	8	8:11	12
5.	**Aserbaidschan**	8	5:18	1

Gruppe F

23.3.19	Schweden – Rumänien	2:1 (2:0)
23.3.19	Malta – Färöer	2:1 (1:0)
23.3.19	Spanien – Norwegen	2:1 (1:0)
26.3.19	Norwegen – Schweden	3:3 (1:0)
26.3.19	Rumänien – Färöer	4:1 (3:1)
26.3.19	Malta – Spanien	0:2 (0:1)
7.6.19	Schweden – Malta	3:0 (1:0)
7.6.19	Norwegen – Rumänien	2:2 (0:0)
7.6.19	Färöer – Spanien	1:4 (1:3)
10.6.19	Spanien – Schweden	3:0 (0:0)
10.6.19	Färöer – Norwegen	0:2 (0:0)
10.6.19	Malta – Rumänien	0:4 (0:3)
5.9.19	Norwegen – Malta	2:0 (2:0)
5.9.19	Rumänien – Spanien	1:2 (0:1)
5.9.19	Färöer – Schweden	0:4 (0:4)
8.9.19	Rumänien – Malta	1:0 (0:0)
8.9.19	Spanien – Färöer	4:0 (1:0)
8.9.19	Schweden – Norwegen	1:1 (0:1)
12.10.19	Färöer – Rumänien	0:3 (0:0)
12.10.19	Norwegen – Spanien	1:1 (0:0)
12.10.19	Malta – Schweden	0:4 (0:1)
15.10.19	Schweden – Spanien	1:1 (0:0)
15.10.19	Rumänien – Norwegen	1:1 (0:0)
15.10.19	Färöer – Malta	1:0 (0:0)
15.11.19	Norwegen – Färöer	4:0 (2:0)
15.11.19	Spanien – Malta	7:0 (2:0)
15.11.19	Rumänien – Schweden	0:2 (0:2)
18.11.19	Spanien – Rumänien	5:0 (4:0)
18.11.19	Schweden – Färöer	3:0 (1:0)
18.11.19	Malta – Norwegen	1:2 (1:1)

1.	**Spanien**	10	31:5	26
2.	**Schweden**	10	23:9	21
3.	**Norwegen**	10	19:11	17
4.	**Rumänien**	10	17:15	14
5.	**Färöer**	10	4:30	3
6.	**Malta**	10	3:27	3

Gruppe G

21.3.19 in Wien

Österreich – Polen 0:1 (0:0)

Österreich: Lindner – Lainer, Dragovic, Hinteregger, Wöber – Grillitsch (84. Onisiwo), Baumgartlinger – Lazaro (81. Janko), Sabitzer, Alaba – Arnautovic – Trainer: Foda

Polen: Szczesny – Kedziora, Glik, Bednarek, Bereszynski – Grosicki (90./+1 Pazdan), Krychowiak, Klich, Zielinski (59. Piatek) – Milik (46. Frankowski), Lewandowski – Trainer: Brzeczek

Tor: 0:1 Piatek (69.) – **SR:** Sidiropoulos (Griechenland) – **Zuschauer:** 40 400

21.3.19	Israel – Slowenien	1:1 (0:0)
21.3.19	Nordmazedonien – Lettland	3:1 (2:0)

24.3.19 in Haifa

Israel – Österreich 4:2 (2:1)

Israel: Harush – Dasa, Dgani, Yeini, Taha (77. Habasi), Ben Harush – Kayal (72. Cohen), Dor Peretz, B. Natcho – Dabbur (80. Hemed), Zahavi – Trainer: Herzog

Österreich: Lindner – Ulmer, Dragovic, Hinteregger, Wöber (60. Janko) – Schlager (60. Onisiwo), Baumgartlinger – Lazaro, Sabitzer, Zulj (85. Kainz) – Arnautovic – Trainer: Foda

Tore: 0:1 Arnautovic (8.), 1:1 Zahavi (34.), 2:1 Zahavi (45.), 3:1 Zahavi (55.), 4:1 Dabbur (66.), 4:2 Arnautovic (75.) – **SR:** Aranovskiy (Ukraine) – **Zuschauer:** 16 180

24.3.19	Polen – Lettland	2:0 (0:0)
24.3.19	Slowenien – Nordmazedonien	1:1 (1:0)

7.6.19 in Klagenfurt

Österreich – Slowenien 1:0 (0:0)

Österreich: Lindner – Lainer, Dragovic, Hinteregger, Ulmer – Laimer (82. Ilsanker) – Lazaro, Sabitzer (71. Burgstaller), Schlager, Alaba (90. Kainz) – Arnautovic – Trainer: Foda

Slowenien: Oblak – Stojanovic, Mevlja, Al. Struna, Jokic – Kurtic, Bijol (63. Popovic), Zajc (69. Bohar) – Ilicic, Crnigoj (78. Beric) – Sporar – Trainer: Kek

Tor: 1:0 Burgstaller (74.) – **SR:** Kulbakov (Belarus) – **Zuschauer:** 19 200

7.6.19	Nordmazedonien – Polen	0:1 (0:0)
7.6.19	Lettland – Israel	0:3 (0:1)
10.6.19	Polen – Israel	4:0 (1:0)

10.6.19 in Skopje

Nordmazedonien – Österreich 1:4 (1:1)

Nordmazedonien: Dimitrievski – Ristovski, Bejtulai, Velkovski, Alioski – Nikolov (67. Hasani), Bardhi, Ademi, Elmas (55. Ristevski) – Pandev, Nestorovski (55. Radeski) – Trainer: Angelovski

Österreich: Lindner – Lainer, Dragovic (46. Posch), Hinteregger, Ulmer – Laimer, Ilsanker, Schlager – Lazaro, Arnautovic (88. Burgstaller), Sabitzer (90./+2 Schaub) – Trainer: Foda

Tore: 1:0 Hinteregger (18., ET), 1:1 Lazaro (39.), 1:2 Arnautovic (62., FE), 1:3 Arnautovic (82.), 1:4 Bejtulai (86., ET) – **SR:** Eskov (Russland) – **Zuschauer:** 10 000

10.6.19	Lettland – Slowenien	0:5 (0:4)
5.9.19	Israel – Nordmazedonien	1:1 (0:0)

6.9.19 in Salzburg

Österreich – Lettland 6:0 (2:0)

Österreich: Stankovic – Lainer, Dragovic (82. Grillitsch), Hinteregger, Ulmer – Baumgartlinger (75. Ilsanker), Laimer – Lazaro (69. Gregoritsch), Sabitzer, Alaba – Arnautovic – Trainer: Foda

Lettland: Steinbors – Maksimenko, Dubra, Cernomordijs, Petersons – Laizans (82. Uldrikis), Ciganiks (67. Savalnieks), Tobers (77. Rugins) – Bogdaskins, Gutkovskis, Kamess – Trainer: Stojanovic

Tore: 1:0 Arnautovic (7.), 2:0 Sabitzer (13.), 3:0 Arnautovic (53., FE), 4:0 Steinbors (76., ET), 5:0 Laimer (80.), 6:0 Gregoritsch (84.) – **SR:** Hennessy (Irland) – **Zuschauer:** 16 300

6.9.19	Slowenien – Polen	2:0 (1:0)

9.9.19 in Warschau

Polen – Österreich 0:0

Polen: Fabianski – Kedziora, Glik, Bednarek, Bereszynski – Zielinski, Bielik, Krychowiak, Grosicki (70. Szymanski) – Lewandowski, Kownacki (58. Blaszczykowski/77. Klich) – Trainer: Brzeczek

Österreich: Stankovic – Lainer, Posch, Dragovic, Ulmer – Baumgartlinger, Laimer (89. Gregoritsch) – Lazaro (77. Ilsanker), Sabitzer, Alaba – Arnautovic – Trainer: Foda

SR: Kassai (Ungarn) – **Zuschauer:** 56 788

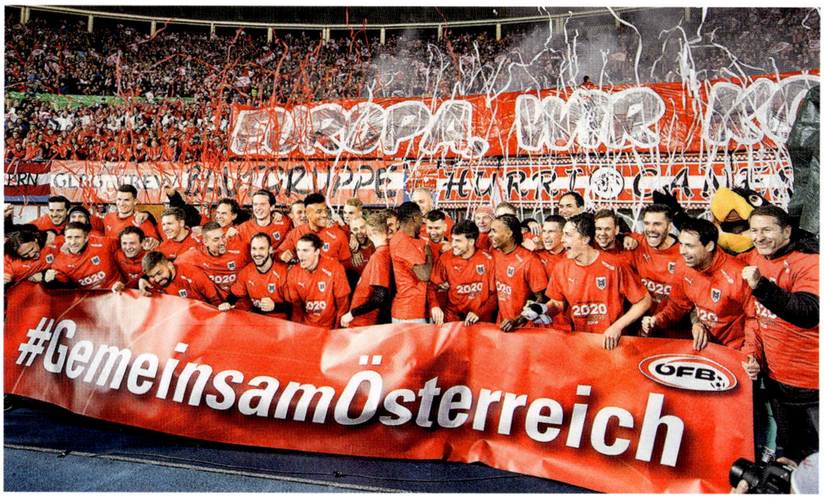

EM, wir kommen: Österreich feiert in Wien das 2:1 über Nordmazedonien, am Ende sind beide Nationen für die EURO qualifiziert.

9.9.19 Slowenien – Israel 3:2 (1:0)
9.9.19 Lettland – Nordmazedonien 0:2 (0:2)

10.10.19 in Wien
Österreich – Israel 3:1 (1:1)
Österreich: Stankovic – Posch (63. Trimmel), Dragovic, Hinteregger, Ulmer – Baumgartlinger, Ilsanker – Lazaro, Sabitzer, Laimer (59. Schaub) – Arnautovic (82. Gregoritsch) – Trainer: Foda
Israel: Marciano – Dasa, Taha (76. Y. Cohen), Abd Elhamed, Tawatha (54. Ben Harush) – B. Natcho, Tibi, Bitton – Zahavi, Dabbur (70. Weissman), Solomon – Trainer: Herzog
Tore: 0:1 Zahavi (34.), 1:1 Lazaro (41.), 2:1 Hinteregger (56.), 3:1 Sabitzer (88.) – **SR:** Collum (Schottland) – **Zuschauer:** 26 200

10.10.19 Nordmazedonien – Slowenien 2:1 (0:0)
10.10.19 Lettland – Polen 0:3 (0:2)
13.10.19 Polen – Nordmazedonien 2:0 (0:0)

13.10.19 in Ljubljana
Slowenien – Österreich 0:1 (0:1)
Slowenien: Oblak – Stojanovic, Al. Struna, Mevlja, Balkovec – Krhin (79. Popovic) – Bezjak (61. Zajc), Ilicic, Kurtic, Verbic (69. Beric) – Sporar – Trainer: Kek
Österreich: Stankovic – Posch, Dragovic, Hinteregger, Ulmer – Ilsanker, Baumgartlinger – Lazaro (88. Trimmel), Sabitzer (90./+2 Kainz), Laimer – Gregoritsch (83. Onisiwo) – Trainer: Foda
Tor: 0:1 Posch (21.) – **Rote Karte:** Popovic (89., grobes Foulspiel) – **SR:** Cakir (Türkei) – **Zuschauer:** 15 108

15.10.19 Israel – Lettland 3:1 (3:1)
16.11.19 Slowenien – Lettland 1:0 (0:0)

16.11.19 in Wien
Österreich – Nordmazedonien 2:1 (1:0)
Österreich: A. Schlager – Lainer, Dragovic, Hinteregger, Ulmer – Baumgartlinger, Laimer (90. Ilsanker) – Lazaro (79. Trimmel), Sabitzer, Alaba (90./+2 Gregoritsch) – Arnautovic – Trainer: Foda
Nordmazedonien: Dimitrievski – Ristovski, Mladenovski (46. Zajkov), Velkovski – Tosevski (62. Avramovski), Kostadinov, Bardhi, Spirovski, Ristevski – Trajkovski (13. Stojanovski), Elmas – Trainer: Angelovski
Tore: 1:0 Alaba (7.), 2:0 Lainer (48.), 2:1 Stojanovski (90./+3) – **SR:** Oliver (England) – **Zuschauer:** 41 100

16.11.19 Israel – Polen 1:2 (0:1)
19.11.19 Polen – Slowenien 3:2 (1:1)
19.11.19 Nordmazedonien – Israel 1:0 (1:0)

19.11.19 in Riga
Lettland – Österreich 1:0 (0:0)
Lettland: Steinbors – Savalnieks, Dubra, Oss, Maksimenko, Jurkovskis – Grjaznovs (90./+2 Cernomordijs), Fjodorovs, Kamess – Ikaunieks (89. Tarasovs), Uldrikis (70. Gutkovskis) – Trainer: Stojanovic
Österreich: Pervan – Trimmel, Dragovic, Posch, Wöber – Baumgartlinger (46. Onisiwo), Ilsanker (77. Ranftl) – Goiginger (69. Hinterseer), Grillitsch, Schaub – Gregoritsch – Trainer: Foda
Tor: 1:0 Oss (65.) – **SR:** Hernandez Hernandez (Spanien) – **Zuschauer:** 2781

1.	**Polen**	10	18:5	25
2.	**Österreich**	10	19:9	19
3.	**Nordmazedonien**	10	12:13	14
4.	**Slowenien**	10	16:11	14
5.	**Israel**	10	16:18	11
6.	**Lettland**	10	3:28	3

Gruppe H

22.3.19 Albanien – Türkei 0:2 (0:1)
22.3.19 Republik Moldau – Frankreich 1:4 (0:3)
22.3.19 Andorra – Island 0:2 (0:1)
25.3.19 Türkei – Republik Moldau 4:0 (2:0)
25.3.19 Frankreich – Island 4:0 (1:0)
25.3.19 Andorra – Albanien 0:3 (0:1)
8.6.19 Island – Albanien 1:0 (1:0)
8.6.19 Republik Moldau – Andorra 1:0 (1:0)
8.6.19 Türkei – Frankreich 2:0 (2:0)
11.6.19 Island – Türkei 2:1 (2:1)
11.6.19 Albanien – Republik Moldau 2:0 (0:0)
11.6.19 Andorra – Frankreich 0:4 (0:3)
7.9.19 Island – Republik Moldau 3:0 (1:0)
7.9.19 Frankreich – Albanien 4:1 (2:0)
7.9.19 Türkei – Andorra 1:0 (0:0)
10.9.19 Frankreich – Andorra 3:0 (1:0)
10.9.19 Albanien – Island 4:2 (1:0)
10.9.19 Republik Moldau – Türkei 0:4 (0:1)
11.10.19 Island – Frankreich 0:1 (0:0)
11.10.19 Türkei – Albanien 1:0 (0:0)
11.10.19 Andorra – Republik Moldau 1:0 (0:0)
14.10.19 Frankreich – Türkei 1:1 (0:0)
14.10.19 Island – Andorra 2:0 (1:0)
14.10.19 Republik Moldau – Albanien 0:4 (0:3)
14.11.19 Türkei – Island 0:0
14.11.19 Frankreich – Republik Moldau 2:1 (1:1)
14.11.19 Albanien – Andorra 2:2 (1:1)
17.11.19 Albanien – Frankreich 0:2 (0:2)
17.11.19 Republik Moldau – Island 1:2 (0:1)
17.11.19 Andorra – Türkei 0:2 (0:2)

1.	**Frankreich**	10	25:6	25
2.	**Türkei**	10	18:3	23
3.	**Island**	10	14:11	19
4.	**Albanien**	10	16:14	13
5.	**Andorra**	10	3:20	4
6.	**Republik Moldau**	10	4:26	3

Gruppe I

21.3.19 Kasachstan – Schottland 3:0 (2:0)
21.3.19 Zypern – San Marino 5:0 (4:0)
21.3.19 Belgien – Russland 3:1 (2:1)
24.3.19 Kasachstan – Russland 0:4 (0:2)
24.3.19 San Marino – Schottland 0:2 (0:1)
24.3.19 Zypern – Belgien 0:2 (0:2)
8.6.19 Russland – San Marino 9:0 (4:0)
8.6.19 Belgien – Kasachstan 3:0 (2:0)
8.6.19 Schottland – Zypern 2:1 (0:0)
11.6.19 Kasachstan – San Marino 4:0 (1:0)
11.6.19 Belgien – Schottland 3:0 (1:0)
11.6.19 Russland – Zypern 1:0 (1:0)
6.9.19 Zypern – Kasachstan 1:1 (1:1)
6.9.19 Schottland – Russland 1:2 (1:1)
6.9.19 San Marino – Belgien 0:4 (0:1)
9.9.19 Russland – Kasachstan 1:0 (0:0)
9.9.19 Schottland – Belgien 0:4 (0:3)
9.9.19 San Marino – Zypern 0:4 (0:2)
10.10.19 Kasachstan – Zypern 1:2 (1:0)
10.10.19 Belgien – San Marino 9:0 (6:0)
10.10.19 Russland – Schottland 4:0 (0:0)
13.10.19 Kasachstan – Belgien 0:2 (0:1)
13.10.19 Schottland – San Marino 6:0 (3:0)
13.10.19 Zypern – Russland 0:5 (0:2)
16.11.19 Zypern – Schottland 1:2 (0:1)
16.11.19 Russland – Belgien 1:4 (0:3)
16.11.19 San Marino – Kasachstan 1:3 (0:3)
19.11.19 Belgien – Zypern 6:1 (4:1)
19.11.19 Schottland – Kasachstan 3:1 (0:1)
19.11.19 San Marino – Russland 0:5 (0:2)

1.	**Belgien**	10	40:3	30
2.	**Russland**	10	33:8	24
3.	**Schottland**	10	16:19	15
4.	**Zypern**	10	15:20	10
5.	**Kasachstan**	10	13:17	10
6.	**San Marino**	10	1:51	0

Gruppe J

23.3.19 Italien – Finnland 2:0 (1:0)
23.3.19 Bosnien-Herzegowina – Armenien 2:1 (1:0)
23.3.19 Liechtenstein – Griechenland 0:2 (0:1)
26.3.19 Armenien – Finnland 0:2 (0:1)
26.3.19 Italien – Liechtenstein 6:0 (4:0)
26.3.19 Bosnien-Herzegowina – Griechenland 2:2 (2:0)
8.6.19 Finnland – Bosnien-Herzegowina 2:0 (0:0)
8.6.19 Armenien – Liechtenstein 3:0 (2:0)
8.6.19 Griechenland – Italien 0:3 (0:3)
11.6.19 Italien – Bosnien-Herzegowina 2:1 (0:1)
11.6.19 Griechenland – Armenien 2:3 (0:2)
11.6.19 Liechtenstein – Finnland 0:2 (0:1)
5.9.19 Armenien – Italien 1:3 (1:1)
5.9.19 Bosnien-Herzegowina – Liechtenstein 5:0 (1:0)
5.9.19 Finnland – Griechenland 1:0 (0:0)
8.9.19 Armenien – Bosnien-Herzegowina 4:2 (1:1)
8.9.19 Finnland – Italien 1:2 (0:0)
8.9.19 Griechenland – Liechtenstein 1:1 (1:0)
12.10.19 Bosnien-Herzegowina – Finnland 4:1 (2:0)
12.10.19 Italien – Griechenland 2:0 (0:0)
12.10.19 Liechtenstein – Armenien 1:1 (0:1)
15.10.19 Finnland – Armenien 3:0 (1:0)
15.10.19 Griechenland – Bosnien-Herzegowina 2:1 (1:1)
15.10.19 Liechtenstein – Italien 0:5 (0:1)
15.11.19 Finnland – Liechtenstein 3:0 (1:0)
15.11.19 Armenien – Griechenland 0:1 (0:1)
15.11.19 Bosnien-Herzegowina – Italien 0:3 (0:2)
18.11.19 Italien – Armenien 9:1 (4:0)
18.11.19 Griechenland – Finnland 2:1 (0:1)
18.11.19 Liechtenstein – Bosnien-Herzegowina 0:3 (0:0)

1.	**Italien**	10	37:4	30
2.	**Finnland**	10	16:10	18
3.	**Griechenland**	10	12:14	14
4.	**Bosnien-Herzegowina**	10	20:17	13
5.	**Armenien**	10	14:25	10
6.	**Liechtenstein**	10	2:31	2

Play-offs

Weg A
8.10.20 Island – Rumänien 2:1 (2:0)
8.10.20 Bulgarien – Ungarn 1:3 (0:1)
12.11.20 Ungarn – Island 2:1 (0:1)

Weg B
8.10.20 Bosnien-Herzegowina – Nordirland i.E. 3:4, n.V. 1:1 (1:1, 1:0)
8.10.20 Slowakei – Irland i.E. 4:2, n.V. 0:0
12.11.20 Nordirland – Slowakei n.V. 1:2 (1:1, 0:1)

Weg C
8.10.20 Schottland – Israel i.E. 5:3, n.V. 0:0
8.10.20 Norwegen – Serbien n.V. 1:2 (1:1, 0:0)
12.11.20 Serbien – Schottland i.E. 4:5, n.V. 1:1 (1:1, 0:0)

Weg D
8.10.20 Georgien – Belarus 1:0 (1:0)
8.10.20 Nordmazedonien – Kosovo 2:1 (2:1)
12.11.20 Georgien – Nordmazedonien 0:1 (0:0)

Die Spielorte und Stadien der EM 2021

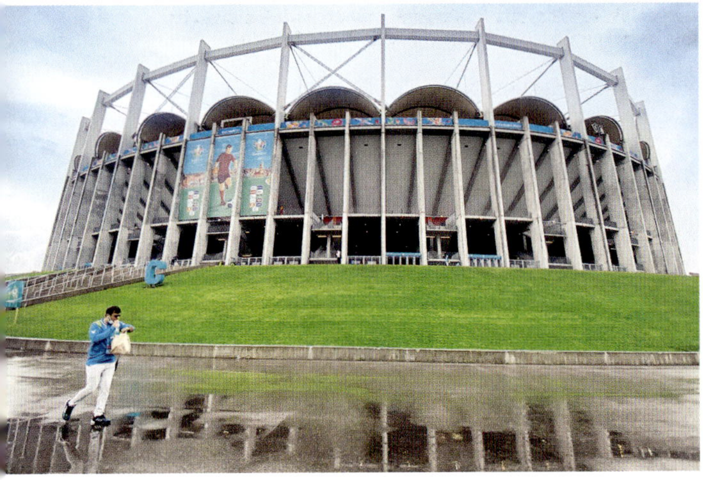

Die National-Arena in Bukarest: Hier feiert die Schweiz einen der größten Triumphe ihrer Länderspielgeschichte, als sie Weltmeister Frankreich aus dem Wettbewerb wirft.

London – Wembley-Stadion

Fassungsvermögen bei UEFA-Wettbewerben:
90 652 Plätze
Spielstätte von: Fußballnationalmannschaft England
Eröffnet: 2007

Gruppenphase
13.06.2021, 15 Uhr: England – Kroatien 1:0 (0:0)
18.06.2021, 21 Uhr: England – Schottland 0:0
22.06.2021, 21 Uhr: Tschechien – England 0:1 (0:1)

Achtelfinale
26.06.2021, 21 Uhr: Italien – Österreich 2:1 n. V.
29.06.2021, 18 Uhr: England – Deutschland 2:0 (0:0)

Halbfinale
06.07.2021, 21 Uhr: Italien – Spanien 4:2 i. E. (1:1, 1:1, 1:1, 0:0)
07.07.2021, 21 Uhr: England – Dänemark 2:1 n. V. (1:1, 1:1)

Finale
11.07.2021, 21 Uhr: Italien – England 3:2 i. E. (1:1, 1:1, 0:1)

Baku – Nationalstadion

Fassungsvermögen bei UEFA-Wettbewerben:
69 870 Plätze
Spielstätte von: Fußballnationalmannschaft Aserbaidschan
Eröffnet: 2015

Gruppenphase
12.06.2021, 15 Uhr: Wales – Schweiz 1:1 (0:0)
16.06.2021, 18 Uhr: Türkei – Wales 0:2 (0:1)
20.06.2021, 18 Uhr: Schweiz – Türkei 3:1 (2:0)

Viertelfinale
03.07.2021, 18:00 Uhr: Tschechien – Dänemark 1:2 (0:2)

Rom – Olympiastadion

Fassungsvermögen bei UEFA-Wettbewerben:
72 689 Plätze
Spielstätte von: AS Rom, Lazio Rom
Eröffnet: 1937

Gruppenphase
11.06.2021, 21 Uhr: Türkei – Italien 0:3 (0:0)
16.06.2021, 21 Uhr: Italien – Schweiz 3:0 (1:0)
20.06.2021, 18 Uhr: Italien – Wales 1:0 (1:0)

Viertelfinale
03.07.2021, 21 Uhr: Ukraine – England 0:4 (0:1)

München – Fußball-Arena München (Allianz Arena)

Fassungsvermögen bei UEFA-Wettbewerben:
75 021 Plätze
Spielstätte von: FC Bayern München
Eröffnet: 2005

Gruppenphase
15.06.2021, 21 Uhr: Frankreich – Deutschland 1:0 (1:0)
19.06.2021, 18 Uhr: Portugal – Deutschland 2:4 (1:2)
23.06.2021, 21 Uhr: Deutschland – Ungarn 2:2 (0:1)

Viertelfinale
02.07.2021, 21 Uhr: Belgien – Italien 1:2 (1:2)

St. Petersburg – Sankt-Petersburg-Stadion

Fassungsvermögen bei UEFA-Wettbewerben:
68 134 Plätze
Spielstätte von: Zenit St. Petersburg
Eröffnet: 2017

Gruppenphase
12.06.2021, 21 Uhr: Belgien – Russland 3:0 (2:0)
14.06.2021, 18 Uhr: Polen – Slowakei 1:2 (0:1)
16.06.2021, 15 Uhr: Finnland – Russland 0:1 (0:1)
18.06.2021, 15 Uhr: Schweden – Slowakei 1:0 (0:0)
21.06.2021, 21 Uhr: Finnland – Belgien 0:2 (0:0)
23.06.2021, 18 Uhr: Schweden – Polen 3:2 (1:0)

Viertelfinale
02.07.2021, 18 Uhr: Schweiz – Spanien 1:3 i. E.

Budapest – Puskas-Arena

Fassungsvermögen bei UEFA-Wettbewerben:
67 155 Plätze
Spielstätte von: Fußballnationalmannschaft Ungarn
Eröffnet: 2019

Gruppenphase
15.06.2021, 18 Uhr: Ungarn – Portugal: 0:3 (0:0)
19.06.2021, 15 Uhr: Ungarn – Frankreich 1:1 (0:0)
23.06.2021, 21 Uhr: Portugal – Frankreich 2:2 (0:0)

Achtelfinale
27.06.2021, 18 Uhr: Niederlande – Tschechien: 0:2 (0:0)

Sevilla – Olimpico de la Cartuja

Fassungsvermögen bei UEFA-Wettbewerben:
57 619 Plätze
Spielstätte von: wird selten für Fußballspiele genutzt
Eröffnet: 1999

Gruppenphase
14.06.2021, 21 Uhr: Spanien – Schweden 0:0
19.06.2021, 21 Uhr: Spanien – Polen 1:1 (1:0)
23.06.2021, 18 Uhr: Slowakei – Spanien 0:5 (0:2)

Achtelfinale
27.06.2021, 21 Uhr: Belgien – Portugal 1:0 (1:0)

Bukarest – National-Arena

Fassungsvermögen bei UEFA-Wettbewerben:
55 600 Plätze
Spielstätte von: FCSB Bukarest, Fußballnationalmannschaft Rumänien
Eröffnet: 2011

Gruppenphase
13.06.2021, 18 Uhr: Österreich – Nordmazedonien 3:1 (1:1)
17.06.2021, 15 Uhr: Ukraine – Nordmazedonien 2:1 (2:0)
21.06.2021, 18 Uhr: Ukraine – Österreich 0:1 (0:1)

Achtelfinale
28.06.2021, 21 Uhr: Frankreich – Schweiz 3:3 n. V. 4:5 i. E.

Amsterdam – Johan-Cruyff-Arena

Fassungsvermögen bei UEFA-Wettbewerben:
55 500 Plätze
Spielstätte von: Ajax Amsterdam
Eröffnet: 1996

Gruppenphase
13.06.2021, 21 Uhr: Niederlande – Ukraine 3:2 (0:0)
17.06.2021, 21 Uhr: Niederlande – Österreich 2:0 (1:0)
21.06.2021, 18 Uhr: Nordmazedonien – Niederlande 0:3 (0:1)

Achtelfinale
26.06.2021, 18 Uhr: Wales – Dänemark 0:4 (0:1)

Glasgow – Hampden Park

Fassungsvermögen bei UEFA-Wettbewerben:
51 866 Plätze
Spielstätte von: FC Queen's Park
Eröffnet: 1903

Gruppenphase
14.06.2021, 15 Uhr: Schottland – Tschechischen 0:2 (0:1)
18.06.2021, 18 Uhr: Kroatien – Tschechischen 1:1 (0:1)
22.06.2021, 21 Uhr: Kroatien – Schottland 3:1 (1:1)

Achtelfinale
29.06.2021, 21 Uhr: Schweden – Ukraine 1:2 n. V. (1:1)

Kopenhagen – Parken

Fassungsvermögen bei UEFA-Wettbewerben:
75 021 Plätze
Spielstätte von: FC Kopenhagen
Eröffnet: 1911 (Neueröffnung 1992)

Gruppenphase
12.06.2021, 18 Uhr: Dänemark – Finnland 0:1 (0:0)
17.06.2021, 18 Uhr: Dänemark – Belgien 1:2 (1:0)
21.06.2021, 21 Uhr: Russland – Dänemark 1:4 (0:1)

Achtelfinale
28.06.2021, 18 Uhr: Kroatien – Spanien 3:5 n. V. (3:3, 1:1)

Die Allianz-Arena in München: Das Stadion wird zum Politikum, weil die UEFA verbietet, dass es beim deutschen Spiel gegen Ungarn als Zeichen gegen Intoleranz in Regenbogenfarben leuchtet.

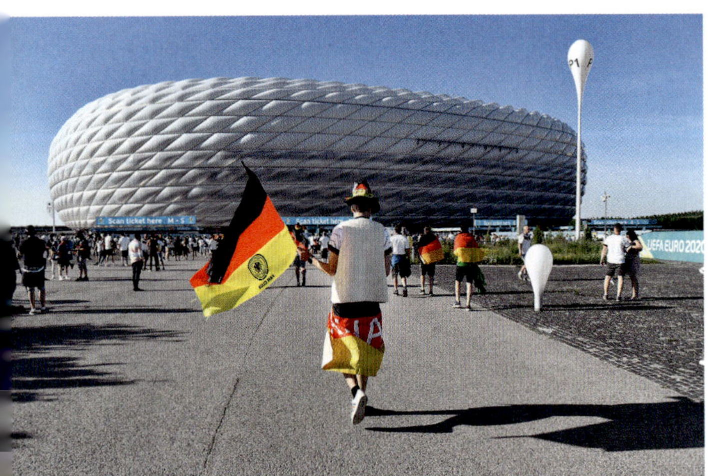

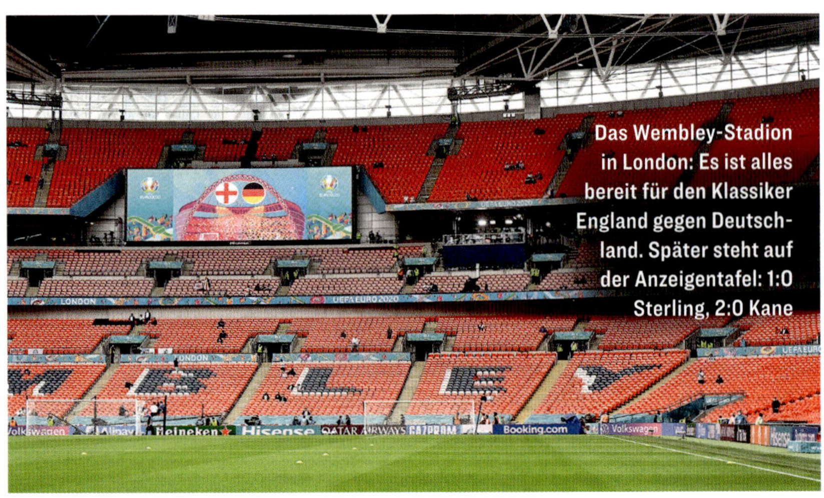

Das Wembley-Stadion in London: Es ist alles bereit für den Klassiker England gegen Deutschland. Später steht auf der Anzeigentafel: 1:0 Sterling, 2:0 Kane

Eine Produktion des Copress-Teams, Grünwald

Textredaktion: Thomas Roth (kicker sportmagazin)

Autoren: Paul Bartmuß, David Bernreuther, Thomas Böker, Matthias Dersch, André Dersewski, Martin Gruener, Oliver Hartmann, Georg Holzner, Frank Linkesch, Jan Lustig, Vladimir Milutinovic, Steffen Rohr, Thomas Roth, Maximilian Schmidt, Carsten Schröter-Lorenz, Bernd Staib, Karlheinz Wild, Sebastian Wolff, Jörg Wolfrum

Kommentare: Jörg Jakob, Fabian Ruch, Karlheinz Wild, Helmut Winklbauer

Editorial: Jörg Jakob

Korrektorat: Christian Rheingruber

Statistik: kicker-Datenredaktion

Fotos: SVEN SIMON (Frank Hörmann, Anke Wälischmiller, Franz Wälischmiller)

Weitere Fotos von: imago images (www.imago-images.de)

- Action Plus/John Patrick Fletcher: S. 63; Vagelis Georgariou: S. 62
- Aflosport/Maurizio Borsari: S. 14/15, 18 (unten), 24/25, 152; Mutsu Kawamori: S. 108/109
- Agencia EFE/Kiko Huesca: S. 66/67, 74, 132 (unten), Nachsatz rechts (unten links)
- ANP: S. 47 (oben), 49, 51, 52 (rechts), 106 (3), Nachsatz links (oben links)
- Belga/Bruno Fahy: S. 34/35; Dirk Waem: S. 108
- Bildbyran/Petter Arvidson: S. 111; Joel Marklund: S. 72 (2), 122, 123 (unten), Nachsatz rechts (oben links); Ludvig Thunman: S. 71 (unten)
- BSR Agency: S. 22 (unten), 27 (links), 28; Emre Oktay: Nachsatz links (Mitte links)
- Colorsport: S. 143 (rechts)
- East News/Andrzej Iwanczuk: S. 70 (links)
- Focus Images/Paul Chesterton: S. 104 (links)
- GEPA pictures/Alex Nicodim: S. 54/55, 95 (links); Patrick Steiner: S. 105 (rechts); Christian Walgram: S. 53 (2), 54 (2)
- Golovanov + Kivrin: S. 35, 36, 133 (oben)
- Insidefoto/Antonietta Baldassarre: S. 143 (links); Andrea Staccioli: S. 18 (oben)
- ITAR-TASS/Alexander Demianchuk: S. 39 (oben), 129 (2), 132 (oben)
- Just Pictures: S. 12/13, 19, 20/21, 21 (2), 22 (oben), 27 (rechts), 114 (links)
- Laci Perenyi: S. 100 (oben links), 101 (oben rechts)
- LaPresse/Cecilia Fabiano: Nachsatz links (unten rechts); Alfredo Falcone: S. 144; Fabio Ferrari: S. 150/151
- Lehtikuva/Markku Ulander: S. 34 (oben), 34 (unten rechts)
- Marca/Chema Rey: S. 71 (oben); Ángel Rivero: S. 128, 130, 131
- Paul Marriott: S. 102/103
- MB Media Solutions: S. 28/29, 29, 138 (2), 138/139, 140, 141 (3), Nachsatz links (unten links); Juan Jose Ubeda: S. 73 (oben rechts)
- Moritz Müller: S. 47 (Mitte), 50 (oben)
- Newspix/Cyfrasport/Lukasz Grochala: S. 70 (rechts), Vorsatz rechts (unten rechts)
- Newspix24/Tomi Hänninen: S. 34 (unten links)
- NurPhoto: S. 73 (oben links); Maxym Marusenko: Vorsatz rechts (unten links)
- PA Images: S. 107; Jane Barlow: S. 123 (oben); Mike Egerton: S. 56/57; Andrew Milligan: S. 61 (2), 65; Mark Pain: S. 64; Ian Rutherford: Vorsatz links (Mitte links)
- PanoramiC/Anthony Bibard: S. 85, 94/95, 112 (rechts), 115; Federico Pestellini: S. 112/113, 114 (rechts), 114/115
- Panoramic International/Nico Vereecken: S. 37, 39 (unten)
- Pixsell/Luka Stanzl: Vorsatz links (oben links), S. 110/111
- Pressinphoto: S. 73 (unten)
- Pro Shots: S. 52 (links)
- Ritzau Scanpix/Mads Claus Rasmussen: S. 36/37, 110
- Shutterstock/BPI/Paul Greenwood: S. 26, 112 (links), 113, 123 (Mitte), Vorsatz rechts (Mitte links); Kieran McManus: S. 60 (2), 109, 145 (links)
- sport pictures/Razvan Pasarica: S. 48 (2)
- Sportimage/Jonathan Moscrop: S. 142/143, 145 (rechts)
- Sports Press Photo/Gabor Sas: S. 80, 95 (rechts)
- TT/Aftonbladet/Wixtröm Peter: S. 75 (unten)
- Ulmer Pressebildagentur: S. 47 (unten), 50 (Mitte), 50/51, 103, 104 (rechts), 105 (links)
- Xinhua/Han Yan: S. 153 (2), Nachsatz rechts (unten rechts); Zheng Huansong: S. 43 oben, 50 (unten), 100/101 (unten), 100 (oben rechts), 101 (oben links)
- ZUMA Press/Fabrizio Corradetti: S. 23 (oben), 25 (2)
- ZUMA Wire/Massimo Insabato: S. 23 (unten); Maksim Konstantinov: S. 133 (unten), Nachsatz rechts (Mitte links)

UEFA/Aitor Alcalde: S. 69 (oben); Gonzalo Arroyo: S. 32 (oben), 33 (oben), 68 (unten); Shaun Botterill: S. 59 (unten); Denis Doyle: S. 43 (unten); Alex Grimm: S. 78 (unten); Jan Kruger: S. 58 (unten); Christopher Lee: S. 42 (unten); Matthew Lewis: S. 17 (2); Alex Livesey: S. 79 (oben); Alex Morton: S. 58 (oben), 59 (oben); Valerio Pennicino: S. 16 (oben); Tullio Puglia: S. 42 (oben); Michael Regan: S. 4/5; Chris Ricco: S. 16 (unten); Martin Rose: S. 32 (unten), 33 (unten); Fran Santiago: S. 68 (oben), 69 (unten); Sebastian Widmann: S. 78 (oben), 79 (unten)

Projektmanagement: Stiebner Verlag GmbH, Grünwald – www.copress.de

Lektorat, Bildredaktion und Umschlaggestaltung: Stefanie Klapetek, Pierre Sick

Produktion und Layout: VerlagsService Dietmar Schmitz GmbH, Heimstetten

Bildbearbeitung/Reproduktion: Digiartworx, Kaspeltshub/Nittenau

Druck und Bindung: Firmengruppe APPL, aprinta druck, Wemding

Bibliografische Information der Deutschen Nationalbibliothek: Die Deutsche Nationalbibliothek verzeichnet diese Publikation in der Deutschen Nationalbibliografie; detaillierte bibliografische Daten sind im Internet über http://dnb.dnb.de abrufbar.

ISBN: 978-3-7679-1251-9

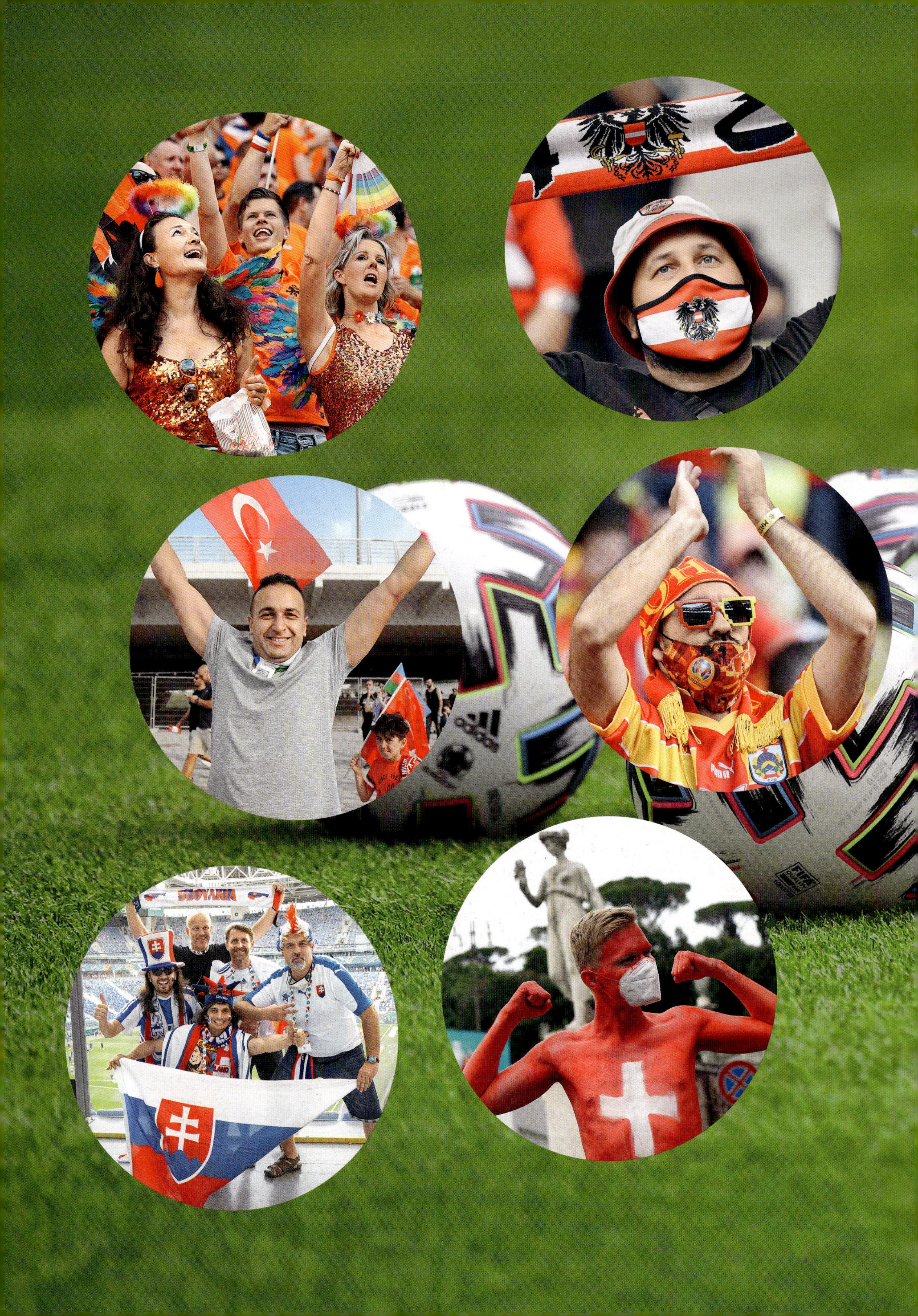
SLOVAKIA
adidas